论语的管理精义

张钢（浙江大学）◎著

机械工业出版社
CHINA MACHINE PRESS

图书在版编目（CIP）数据

论语的管理精义/张钢著.—北京：机械工业出版社，2014.11（2025.12重印）

ISBN 978-7-111-48449-3

I. 论… II. 张… III.《论语》－应用－管理学－研究 IV. C93

中国版本图书馆 CIP 数据核字（2014）第 252736 号

　　《论语》作为经典中的经典，既具有丰富的管理思想，又蕴涵独特的管理模式。本书从管理视角出发，沿着管理之道、管理模式和管理者素质三个维度，逐篇逐章详细解读了《论语》所蕴藏的管理思想，系统阐发了其中由职业规范、管理公德、管理职责、管理公正、管理方法、管理评价、管理原则等要素构成的儒家管理体系。本书致力于还原《论语》原本就有的那个生动而贴近生活实际的管理侧面，以期让人们真正认识到《论语》所具有的管理价值，尤其是它对启迪当下、创造未来的现实意义。《论语》的管理解读，不仅不会妨碍《论语》的其他视角解读及其应有的价值，反而会让这座人类共同记忆的宝藏更加熠熠生辉、魅力无穷。

　　本书可供企业、政府和各类非营利组织的管理者阅读参考，也可作为 MBA、EMBA、MPA 及其他管理专业学习者的相关课程用书。

论语的管理精义

出版发行：机械工业出版社（北京市西城区百万庄大街 22 号　邮政编码：100037）	
责任编辑：程　琨	责任校对：殷　虹
印　　刷：北京建宏印刷有限公司	版　　次：2025 年 12 月第 1 版第 10 次印刷
开　　本：185mm×260mm　1/16	印　　张：35.75
书　　号：ISBN 978-7-111-48449-3	定　　价：79.00 元

客服电话：(010) 88361066　68326294

版权所有·侵权必究
封底无防伪标均为盗版

目　录

导读

学而第一　// 1
本篇讲管理学习，提出一种融个体学习与团队学习为一体的学习模式，并详细阐述管理学习的特点、方法、内容、态度和目的。

【字词释义】【今文意译】【分析解读】【管理精义】

为政第二　// 23
本篇提出儒家管理模式——"道之以德，齐之以礼，有耻且格"，并重点讲解其中"道之以德"的内涵。儒家管理模式赖以实施的基础，在于管理者的德行，而德行之本是"诚"，即管理者思、言、行的一致性。

【字词释义】【今文意译】【分析解读】【管理精义】

八佾第三　// 51
本篇讲社会规范，重在说明儒家管理模式的第二方面内涵（"齐之以礼"中"礼"）的本质特征及其对管理者和管理的基本要求。

【字词释义】【今文意译】【分析解读】【管理精义】

里仁第四　// 81
本篇讲管理职责，意在说明管理者如何恪守以"仁"为核心的社会规范，通过履行职责的表率行为，实现"有耻且格"的目标。在儒家管理模式中，"道之以德"和"齐之以礼"是方式或途径，"有耻且格"是最终要达到的目标。

【字词释义】【今文意译】【分析解读】【管理精义】

公冶长第五 // 108

本篇讲管理评价，通过对孔门弟子和诸侯国管理者的评论，阐述儒家管理评价的核心原则和基本做法，强调对管理者本人的评价与对管理工作本身的评价的根本区别。

【字词释义】【今文意译】【分析解读】【管理精义】

雍也第六 // 140

本篇讲管理素质，一种做管理的职业素质而非个人素质。在儒家管理模式下，做管理的职业素质要求更强调角色意识和行为规范。本篇阐明管理素质的内涵，以及管理者应遵从怎样的途径来达到管理素质要求。

【字词释义】【今文意译】【分析解读】【管理精义】

述而第七 // 171

本篇讲自我管理，大量记述孔子的言行，系统阐述自我管理的内涵、要求及训练方式。对管理者在自我管理和自我修养上的高要求，是儒家管理之道和管理模式的核心特征之一。

【字词释义】【今文意译】【分析解读】【管理精义】

泰伯第八 // 211

本篇讲迂回式管理。儒家管理模式所要倡导的，是一种基于管理者职业素养及表率作用的迂回式管理，其本质在于借助管理者自我管理的示范效应，激发被管理者的自我管理行为。

【字词释义】【今文意译】【分析解读】【管理精义】

子罕第九 // 235

本篇讲管理软实力。儒家管理模式的影响力，来自管理者及其团队的德行吸引力和感召力，而非来自以资源控制为基础的权力或威慑力。管理软实力的形成绝非一日之功，需要管理者及其团队持续学习和长期修炼。

【字词释义】【今文意译】【分析解读】【管理精义】

乡党第十 // 268

本篇以孔子为例讲管理者如何在行为上率先垂范，详细记述孔子在各种不同场合的行为表现，突出孔子严谨庄重、诚敬认真、毫不苟且的人生态度和敬业精神。

【字词释义】【今文意译】【分析解读】【管理精义】

先进第十一 // 288

　　本篇讲管理的教育功能，即通过管理者的德行感召、社会规范和礼乐的引导，最终达到人人"有耻且格"的效果，其主导逻辑是：以管理学习为起点，以管理者自我修养为前提，借管理的教育功能发挥，实施迂回式管理。

【字词释义】【今文意译】【分析解读】【管理精义】

颜渊第十二 // 316

　　本篇讲衡量管理成功的标准。儒家管理模式不是用效率原则来衡量管理成功，而是用符合以仁为核心的社会规范的合法性来衡量管理成功；为达到合法性标准，管理者的率先垂范尤其重要。

【字词释义】【今文意译】【分析解读】【管理精义】

子路第十三 // 347

　　本篇讲管理公正，详细阐明体现在管理者面对同事、被管理者的态度以及各项管理事务处理上的管理公正的内涵、行为表现及其对管理者的具体要求。

【字词释义】【今文意译】【分析解读】【管理精义】

宪问第十四 // 380

　　本篇讲管理公德，全面阐述管理职业规范内在化为管理者德行准则的具体内涵及其与个人私德的区别和联系，以及对于做管理的重要意义。

【字词释义】【今文意译】【分析解读】【管理精义】

卫灵公第十五 // 432

　　本篇讲管理公德如何落实到管理行为上。管理行为多种多样，但每一种管理行为无不体现着管理公德的内在要求；强调管理行为与管理公德的一致性，正是儒家管理模式的本质特征。

【字词释义】【今文意译】【分析解读】【管理精义】

季氏第十六 // 470

　　本篇讲管理体制及其对委托人和代理人的不同角色规范，在管理者处理共同利益与私人利益、公共角色与私人角色之间关系上的基本要求。

【字词释义】【今文意译】【分析解读】【管理精义】

阳货第十七 // 488

　　本篇讲管理行为的主动性，从管理者与环境互动的角度，详解管理者如何主动改变环境条件，如何在变化的环境条件下主动学习。

【字词释义】【今文意译】【分析解读】【管理精义】

微子第十八 // 515

本篇讲管理公德与个人私德对管理者行为的不同要求，一方面说明，借助私德修养或公德修养都可以达到仁爱境界；另一方面，又突出儒家与隐士在追求仁爱境界上的不同表现，阐明儒家所坚持的公德优先原则。

【字词释义】【今文意译】【分析解读】【管理精义】

子张第十九 // 527

本篇引用子张、子夏、子游、曾子和子贡的话，重温孔子的管理思想，概述儒家管理之道和管理模式的核心内容。

【字词释义】【今文意译】【分析解读】【管理精义】

尧曰第二十 // 550

本篇讲管理原则，包括管理者选择服务对象的原则、管理者实施管理的原则和管理者自我反思的原则。管理原则是管理模式得以贯彻落实的一般指导思想，也是管理者进行自我管理和组织管理的行动指南。

【字词释义】【今文意译】【分析解读】【管理精义】

主要参考书目 // 558

导　读

记忆不是把人们带回过去，而是帮助人们认识自己和环境，更好地开创未来；共同记忆也不是让人们按照固定模式思考和行动，而是帮助人们建立起共同文本和深层知识结构，更好地相互理解。经典作为人类的共同记忆，既是一代代重新出发的起点，又是一次次再度创造的线索。《论语》是经典中的经典，浓缩着更为丰富的共同记忆元素，具有无限的想象空间，能为人们多角度反思当下、探索未来，提供不竭动力和充分可能。

在解读《论语》的多元视角中，不应忽视管理视角。只要有组织，就有管理；即便没组织，只要资源稀缺，个人也要有管理。对个人而言，如果说"未经反思的人生不值得过"，那么，没有管理的人生注定过不好。对组织而言，管理并不只是一种"工具"，更涉及权利安排、权力运用和责任归属；管理不能只考虑效率，更要关注合法性和合理性。这种包括个人管理和组织管理在内的广义管理，早已深深嵌入《论语》丰富意义的结构之中；无论对个人，还是对组织，不管多么久远的过去，抑或可持续的将来，《论语》的管理蕴意都不会因各种可能想见的理由而消失。

《论语》里既有自我管理，也有组织管理，特别是其中涉及人及其关系的内涵，更是历久弥新。管理既处理人与物的关系，也协调人与人的关系，而后者才是管理赖以存在的前提。人与物的关系可能变化很快，也许今非昔比，但人与人关系中的内在相通性或相似性，远超过时代发展所带来的差异性。"以人为本"是管理的永恒主题。孔子本人的理想、孔子的学生们的职业选择、《论语》中所列举的各种典型的人和事，不仅体现着孔子在那个时代对管理事业的孜孜以求，更昭示着"以人为本"这个管理永恒主题的跨时空意义。

孔子本人的职业理想，就是要像周公姬旦那样，做一名辅佐"君王"，实现诸侯国乃至"天下"和谐发展的真正管理者。这个理想虽没能实现，但并不妨碍孔子将他对管理之道和管理模式的追求和探索，转化为那个时代的管理研究和管理教育，并培养出许多优秀管理者。孔子的著名弟子，大都有在诸侯国或大家族里做管理的经历。诸侯国相当于那时的公共部门组织，大家族则类似于当时的私人部门组织；这两类组织虽然性质不同，但其管理的内在要求是一致的，都强调以管理者的自我管理为前提。不首先管理好自我，便难以管理好组织。这正是从"做人"到做管理的必由之路。要学管理，必先学"做人"；没有私德，无以陶冶和保证公德，也无法合理、合法地运用管理知识和技能。在《论语》文本中，孔子用各种类型的管理者和生动具体的管理事例，反复阐述了这个基本管理思想和管理模式。

这里需要特别说明的是，政治不等于管理，管理更不同于政治。对《论语》的政治解读，当然不能代替管理解读。且不说当时的诸侯国和大家族里有管理，即便个人和家庭也离不开管理；仅就诸侯国事务而言，管理与政治也有根本区别。当时诸侯国的管理更具有职业导向性，非常强调职业规范的恪守、岗位职责的履行、具体职能的实现和共同利益的创造；管理者可以选择为这个诸侯国做管理，也完全可以选择从这个诸侯国离职，去为另外的诸侯国提供管理服务。孔子周游列国，在很大程度上，正是要选择符合儒家管理之道的服务对象。这无不体现着超越政治的职业管理倾向。也许不宜否定《论语》中有政治，但不能因政治而抹杀管理。

既然讲管理，就不能没有管理者和被管理者。在《论语》中，出现频次极高的"君子"一词，既指有位者，又指有德者，也指有才者。这三者的结合，就是那个时代的管理者。"君子"与"君王"相对。"君王"专指通过掌握硬实力，如武力和财力，而获得权力的人，像当时的周天子和各诸侯国国君，他们属于委托人；"君子"则是通过自身的德行、知识和能力等软实力而得到授权的人，像当时诸侯国里的"大臣"或大家族里的"家臣"，属于代理人，具有职业管理者的性质。孔子致力于培养的正是"君子"这种具有代理人性质的职业管理者。相应地，"小人"一词，并非专指道德意义上的"坏人"，在当时的语境下，主要指生产者、劳动者或平民，是被管理者的代名词。

在君子作为管理者、小人作为被管理者的情境下，《论语》中不断提到的"为政"、"从政"、"仕"、"事君"、"为邦"等，便呈现出清晰而明确的管理含义。严格来说，孔子时代的"政"并不等于今天的"政治"，反倒具有更直接的"管理"内涵。例如，《论语》中涉及"问政"时，不限于诸侯国，还包括像第十三篇第12章"仲弓为季氏宰，问政"的内容。仲弓作为季氏家族里的管理者或"家臣"，要向孔子咨询的显然不是泛化的政治问题，而是具体的管理事务。

如果将君子看作管理者，将小人看作被管理者，将国君和大家族主人看作委托人或授权者,将"为政"或"仕"视为做管理,将"士"看成学管理的人,那么,《论语》中所蕴藏的丰富管理思想及其现代意义,便立刻展现了出来。从这个视角来阅读《论语》,便仿佛穿越了时光隧道,在面对面聆听孔子讲管理,书中那些发问者,恍惚间成了读者自己。

《论语》全部二十篇的内容,都围绕着独具特色的儒家管理之道和管理模式展开。管理之道是儒家管理体系的核心思想,用一句话来概括就是"为政以德"。其中"德"不仅指个人私德,更指职业公德,尤其强调"仁爱"与"智慧"的统一,即"中庸之德"。中庸是儒家管理之道的至高境界。管理之道渗透于管理模式之中,并通过管理者素质体现出来。

儒家管理模式包括三个方面,即"道之以德,齐之以礼,有耻且格"。其中,"道之以德"和"齐之以礼"体现为管理过程,而"有耻且格"则是管理目标。儒家管理模式非常强调管理者个人私德和职业公德的感召力量,同时也突出以"仁爱"为核心的社会规范的引导作用。在这个过程中,管理就是教育。管理者由内而外地修养自身,恪守规范,实施管理,并不是要求被管理者被动服从,而是引导被管理者由内而外地发生改变,主动学习,积极行动。以管理模式为主线,《论语》系统阐述了由职业规范、管理公德、管理职责、管理公正、管理方法、管理评价、管理原则等要素构成的儒家管理体系。

当然,儒家管理之道和管理模式,需要借助管理者素质才能最终落到实处。管理者素质的训练和提升,是儒家管理教育和管理者培养的核心主题。在儒家管理之道和管理模式下,管理者素质包括三个层次,即"做人"和私德、职业规范和公德、专业知识和技能。其中,"做人"是基础,达不到"做人"要求,难以做管理;但做管理也不能等同于"做人",做管理还有自身独特的职业规范和专业知识要求。符合儒家管理素质要求的管理者,应该实现"做人"和做管理的统一。

管理之道、管理模式和管理者素质,构成理解《论语》篇章结构的三个基本维度。基于此,《论语》的二十篇内容便呈现出清晰的内在逻辑。《论语》的第一篇可以视为导论,专讲管理学习,将管理之道和管理模式融入对管理者素质训练和提升的具体要求之中,系统概述了儒家管理体系及其学习方式。

《论语》第二篇到第四篇的内容,可以看作是提出一种独特的管理模式,并将管理之道和管理者素质要求同这种管理模式的具体内涵和特征结合起来,构建起儒家管理体系的基本框架。其中,第二篇提出儒家管理模式,并重点阐述"为政以德"中有关"德"的具体内涵;第三篇重点说明"齐之以礼"中"礼"的本质及其对管理者的基本要求；第四篇围绕"仁"阐明管理者如何通过履行职责的表率行为，实现"有耻且格"的管理目标。

《论语》第五篇到第十八篇的内容，可以看成是运用各种典型管理案例，对儒家管理之道和管理模式的不同侧面及构成要素进行详细解说。其中，第五篇至第十篇从讲管理评价开始，引申出对管理者素质及自我管理和自我修养的具体要求，进而提出一种基于管理者素质的"迂回式"管理途径，并以此为基础强调软实力对于管理的重要性，最后以孔子为典范，详细讲解管理者如何在行为上率先垂范，践行儒家管理之道和管理模式；第十一篇至第十五篇强调指出，在儒家管理模式下，管理就是教育，衡量管理成功的标准不在于当下事功，而在于培养既符合社会规范又追求共同利益的人，而且，在发挥管理的教育功能时，管理公正最重要，它要求管理者必须具备管理公德，并在日常管理行为上切实体现出来；第十六篇至第十八篇侧重于讲解在管理体制不良的环境中，管理者如何在恪守职业规范和管理公德前提下主动寻求改变。

《论语》第十九篇的内容，可以看作是对儒家管理之道和管理模式的概括，通过引用孔子的学生子张、子夏、子游、曾子和子贡的言论，既重温了孔子的管理思想，又体现出学生们对儒家管理之道和管理模式的理解、传承和发扬。

《论语》第二十篇的内容，可以视为对儒家管理之道、管理模式和管理者素质的全面总结，最终提炼出三类管理原则，即管理者选择管理服务对象的原则，管理者实施管理的原则以及管理者自我反思的原则。这三类原则整合在一起，构成了儒家管理原则体系。这既是对儒家管理之道、管理模式和管理者素质的系统总结，也在整部《论语》中起到了画龙点睛的作用，使得儒家管理体系的实际操作具有了可行的依据。

贴近生活、联系实际，是《论语》的最大特色，也是《论语》具有恒久魅力的根本原因。不管在哪个时代，也不管在什么地方，包括自我管理和组织管理在内的广义管理，都是现实生活不可分割的重要组成部分。无论私人生活还是公共生活，皆离不开管理。本书尝试对《论语》进行管理解读，恰是要还原《论语》原本就有的那个生动而贴近生活实际的管理侧面，以期让人们真正认识到《论语》所具有的管理价值，尤其是它对启迪当下、创造未来的现实意义。

《论语》的管理解读，不仅不会损害《论语》的其他侧面及其应有的意义和价值，反而会让这座共同记忆的宝藏更加熠熠生辉、魅力无穷。某种意义上说，正是这种层层叠叠的多元解读，使《论语》成为经典之中的经典，无时无刻不在关切、启发和指引着每一种情境下人们的切实行动。

  本书依照"本篇导读、原文、字词释义、今文意译、分析解读、管理精义"的体例，逐篇逐章对《论语》进行管理解读。本书以凤凰出版社 2005 年 5 月出版的朱熹《四书集注》作为原文出处；涉及"字词释义"，主要依据商务印书馆 2005 年 1 月出版的《古代汉语字典》，并参考上海古籍出版社 2007 年 8 月出版的许慎《说文解字》和上海辞书出版社 2007 年 12 月出版的《康熙字典》。

  另外，为了准确理解和把握《论语》原文的意义和背景，作者也参阅了刘宝楠的《论语正义》、杨树达的《论语疏证》、程树德的《论语集释》、杨伯峻的《论语译注》、钱穆的《论语新解》、南怀瑾的《论语别裁》、李泽厚的《论语今译》等著述。各类参考资料均列入书后的"主要参考书目"中。

  《论语》本文没有变，但时代在变，组织和管理在变，看《论语》的人和视角也在变；倘若离开了相对稳定的共同记忆，则无以理解和把握变化中的现实。在此谨向所有研究和注解过《论语》的前辈以及那些正在致力于从不同角度阅读和理解《论语》的同道，致以由衷的敬意和诚挚的感谢！

学而第一

本篇导读

《论语》共二十篇，开篇讲学习，意在告诫人们：管理者并非天生，也不能仅凭个人经验就可以成功实施管理，管理者必须学习。

本篇第 1 章开宗明义，提出一种融个体学习"三境界"与团队学习"三境界"为一体的管理学习模式。

第 2 章到第 5 章具体说明，这种独特的管理学习模式，首先要用到学"做人"上去，学"做人"是管理学习的起点。其中，第 2 章阐明"做人"的根本在孝悌；第 3 章强调指出，"做人"绝不能流于言辞形式；第 4 章将一般意义上的"做人"落实到管理情境中，提出管理职业规范的三方面内涵，即忠、信、习；第 5 章以诸侯国管理为例，进一步阐明，有了"做人"的基础，遵循管理职业规范，哪怕是大国管理，也会变得轻而易举。

第 6 章到第 10 章讲解在学"做人"和学管理过程中，所应遵循的程序、方法和原则。其中，第 6 章总结学"做人"和学管理过程中，个体亲历学习所应遵循的程序，并阐述学"做人"与学管理之间的关系；第 7 章概括个体榜样学习的基本要求；第 8 章针对个体学习向团队学习的转换，突出团队学习对于学"做人"和学管理的意义；第 9 章说明团队学习中，共同信念赖以形成的前提；第 10 章以孔子本人为例，进一步说明，学"做人"对学管理的基础作用，当"做人"达到一定境界时，别人自然愿意和你分享管理知识及体会，管理学习范围将得到拓展，管理学习有效性也会不断提高。

第 11 章到第 13 章将"做人"学习和管理学习与社会规范的学习联系起来，解释管理学习之所以要融入社会规范之中的原因。其中，第 11 章借讲"孝"来体现"仁"这一基本社会规范；第 12 章直接讲"礼"这一基本社会规范，对达到社会和谐的重要作用；第 13 章不仅讲解"义"这一基本社会规范的作用，而且突出强调仁、义、礼这些基本社会规范对于"做人"和做管理的意义。

第 14 章到第 15 章提出学习态度上的具体要求。其中，第 14 章重点讲解管理学习的"非功利化"态度；第 15 章着重分析管理学习的"精益求精"态度。

第 16 章作为本篇的结尾，明确管理学习的目的，即认识人性和理解他人。

本篇作为《论语》的开篇，重在讲解学习的基本模式、特点、方法、内容、态度和目的。

在《论语》学习中，只有真正理解了本篇所讲的个体与团队相结合的学习模式，始于"做人"的管理学习特点，学"做人"和学管理所应遵循的程序和方法，以仁、义、礼等基本社会规范为核心的学习内容，非功利化和精益求精的学习态度，认识人性和理解他人的学习目的，才能更准确地把握《论语》其他篇章的内在逻辑和精神实质，也才能更自觉而有效地进行学习。

因此，本篇可以视为《论语》的导论，它不仅为人们打开管理学习的大门，而且是整部《论语》思想内涵和知识体系的概括。

1.1 子曰："学①而时习②之，不亦说③乎？有朋④自远方⑤来，不亦乐⑥乎？人不知而不愠⑦，不亦君子⑧乎？"

【字词释义】

①学：在金文中表示儿童在学习算数，这里意指通过读书、听课等获得知识的过程，可以引申为知识学习。

②习：在甲骨文中是会意字，由羽和日组成，表示鸟在日光下飞翔，本义指小鸟反复练习飞翔，在这里引申为学以致用，将所学知识运用于实践，形成能力的过程。

③说：同"悦"，指发自内心的喜悦。

④朋：在甲骨文和金文中，"朋"的字形像两串玉或贝连在一起，古代以玉或贝做货币，"朋"字本义即指货币，后引申为同类、同门等，在这里是志同道合者的意思。

⑤远方：在这里并不特指地理意义上的遥远，而是指一种超越了传统的血缘或亲戚的亲疏远近关系，由志向或愿景联系起来的共同体关系，其意应为"五湖四海"。

⑥乐：是象形字，在甲骨文和金文中像丝弦绷附在木上的样子，本义既指乐器，又指乐器发出的和声，这里指由大家的共鸣所产生的共同快乐。

⑦愠：这里是愤怒、怨恨的意思。

⑧君子：其中"君"是会意字，由尹和口上下组合而成，尹表示掌握权力者，口表示发号施令，"君"本义指下命令的人；"子"在这里是对有知识的人的尊称。因此，君子特指因有知识和能力而获得权力并下命令的人，即管理者，尤其是指与"君王"相对的、带有职业性质的管理者，如大臣。在接下来的各篇章中，君子都可以理解为这种代理人意义上的管理者，而周天子、各诸侯国国君以及大家族的主人，则是当时条件下的委托人。孔子所强调的管理学习主体和所要培养的管理者，都是"君子"这种代理人意义上的管理者。

【今文意译】

孔子说："不仅要进行知识学习，更要学以致用、反复实践，将知识转化成能力，这样才会有心得，有了心得，才会有发自内心的喜悦；不仅要注重个体学习，还要进行团队学习，只有在志同道合者构成的团队中，通过交流和分享，才能经由共鸣而达到共同快乐；在团队学习中，不仅会有共鸣，可能还会有分歧，但不能因分歧或一时不被理解而迁怒于人，只有这样，才符合作为管理者的基本要求。"

【分析解读】

本章讲学习模式。在孔子这段话里，"学"和"习"代表两种不同的学习方式。如果说"学"的目的是获得知识，侧重于读书、听课，那么，"习"的目的则是形成能力，侧重于运用、实践，是一种"干中学"的方式。经"学"而得到的知识本身并不等于能力，只有借助"习"，在知识运用和反复实践过程中，才能将知识转化成能力。既有知识，又有能力，才会有心得，这正是"纸上得来终觉浅，绝知此事要躬行"的道理所在。有了建立在知识和能力基础上的心得，才会产生发自内心的喜悦。由此可见，孔子第一句话讲了个体学习的三种境界，即知识获得、能力形成、因心得而喜悦。

但是，若仅满足于个体学习，将会有很大的潜在风险。首先，个体获得的知识，不一定确实可靠；其次，闭门造车式的知识运用是否有效，难以检验；再次，个体心得和喜悦，只是自我陶醉也未可知。个体层次上的学习固然是一切学习的起点，但为了检验个体学习效果，修正个体学习偏差，提升个体学习境界，则必须由个体学习上升到团队学习。只有在团队层次的学习中，个体的知识、能力、心得，才能得到分享、检验、修正、完善和提升。为此，孔子在讲完个体学习三境界后，马上转到讲团队学习上来。

在第二句话中，"朋"并非一般意义上的朋友，而是专指有着共同志向或愿景的志同道合者；他们来自五湖四海，并不一定要有血缘或亲戚关系，只要有共同志向，追求共同愿景，都可以加入到团队中，这正是"远方"的含义所在。在这样的志同道合者团队里，经过交流、分享和切磋，才能产生共识和共鸣，而有了这种共识和共鸣，才有可能激发出团队层次的共同快乐。这也正体现了"乐"和"悦"的本质区别。

当然，事物总是具有两面性。在团队学习中，除了有共识和共鸣，也还会有分歧和矛盾；毕竟团队成员的知识背景、经验阅历等各不相同，在团队交流、分享和切磋中，产生观点上的分歧乃至冲突，在所难免。问题是，出现了这种情况，该如何应对呢？孔子的第三句话，恰是针对这种情况而讲的。在团队学习中，当分歧和矛盾出现时，应遵循对知识、对观点而不对人的原则，将人与知识、观点区别开来，不能因在知识和观点上不被人理解而恼怒，这才达到做管理者的基本要求。实际上，孔子的第二句话和第三句话合在一起，讲了团队学习的三种境界，即以共同愿景为基础的团队建设，基于共识和共鸣的共同快乐，针对分歧和矛盾的正确态度。

概括地说，孔子在这段话中，讲解了以个体学习三境界和团队学习三境界为基础的学习模式，其中，个体学习关键在于知识和能力的结合，团队学习则重在求同和存异的平衡。

管理精义

学习是管理的永恒主题之一。管理者不能仅满足于个体学习，更要致力于建设超越个体学习的团队和组织学习机制。为此，儒家所倡导的融个体学习三境界和团队学习三境界为一体的学习模式，无疑具有非常重要的现实指导意义。

1.2 有子①曰:"其为人也孝弟②,而好犯上者,鲜矣;不好犯上,而好作乱者,未之有也。君子务本,本立而道③生。孝弟也者,其为仁之本与!"

【字词释义】

①有子:孔子的学生,名若。
②弟:同"悌",敬爱、友爱的意思。
③道:是会意字,表示人在行走,本义指道路,这里可以引申为管理所遵循的核心思想和指导原则,即"管理之道"。管理之道是儒家管理体系中最高意义上的思想和原则,引领并决定着管理规范、管理模式和管理方法及其实施和运用。

【今文意译】

有子说:"在做人上,孝敬父母、友爱兄弟的人,很少冒犯上级;不冒犯上级,自然就不会聚众闹事。管理者要从根本处着手学习,本源确立了,管理之道才能源远流长。孝和悌,难道不是做人的根本吗?"

【分析解读】

上章阐述了学习模式,但并没有言明这种学习模式应首先用到学什么上面。本章用孔子学生有子的话,明确指出,儒家管理之道应首先从"做人"开始学习。

有子这段话的要旨在于,学管理要先学"做人",而"做人"的根本在"孝悌"。管理之道立于"做人",比较容易理解。如果掌握管理权力的人,在"做人"上靠不住,就极有可能滥用权力,甚至犯上作乱,贻害无穷。但有子为什么说"孝悌"是"做人"的根本呢?

"做人"中的"人",是社会人而非自然人,社会的基础在于组织,每一个社会人得以社会化的过程都在组织中完成。在传统农业社会,家庭组织既是基本的生活单元,也是基本的生产单位,构成了社会的基础细胞,以至于"国"和"社会"本身都是家庭化的。"国"是"家天下之王国","社会"是由错综复杂的血缘或亲戚关系交织而成的"宗法社会"。在这样的社会中,人的社会化过程主要在家庭中完成,而且社会人的工作和职业发展也主要在广义的家庭中进行。

家庭组织得以存在和发展,主要靠两重亲情关系来维系,一是父母与子女的关系,二是子女之间的关系。从子女本身成长或社会化的角度来看,关键在于学会处理这两重关系,处理前一种关系要恪守"孝",处理后一种关系要遵循"悌"。处理好了这两重关系,一个人就能在家庭里立得住,并成为一个以家庭为基础的社会中的社会人。这样的社会人,即便离开自己的家庭,到君王家或别人家里工作,也无外乎面临类似的两重关系,即上下级关系和平级间关系。因此,在农业社会,"做人"就体现在处理好特定关系,并成为特定关系中的"人"。这也可以称为"关系人或私人"。

另外，由于农业社会主要的生产和生活方式是以家庭为单位的"自给自足"，社会分工和交换不够发达，基于分工的职业化教育体系并没有真正发展起来，各类生产经验和技艺都依靠父子相承、师徒相授的方式来学习。人们要学手艺或技艺，都要找师傅，而师傅并没有职业义务必须给别人传授手艺或技艺，因此，要想获得师傅的认可，则必须像孝敬父母一样对待师傅，这也正是"一日为师，终身为父"的道理所在。某种意义上说，正是由于农业社会非职业化的知识和技能的"人格化"传授方式，进一步强化了"做人"的根本在孝悌。

管理精义

"做人"对管理者和管理而言，具有非常重要的基础作用。但是，随着时代的发展，"做人"的内涵自然也会发生变化。在今天商业文明和市场经济条件下，需要重新思考和定位"做人"的内涵。

今天的社会是法治社会。法治社会的基本单元已不再是家庭组织，而是法人组织，像企业、政府、非营利组织等都是法人组织，甚至现代以生活为核心的家庭，也成为法人组织。简而言之，现代家庭赖以成立的重要前提之一，是《婚姻法》和男女双方平等缔结的婚姻契约。现代人的出生、社会化及职业发展过程，已主要不是在传统意义上的自然家庭中完成，而是在各类法人组织中进行，如医院、幼儿园、小学、中学、大学、企业、政府、非营利组织等。现代法人组织与传统家庭组织的最大不同在于，传统家庭组织依赖于自然的血缘关系，而法人组织赖以成立的前提，则是社会的法律规则和组织的治理规则。今天若仍将"做人"的内涵局限于处理"孝悌"关系，则远远不够。

在法治社会和法人组织中，强调的是公私区分，要尽量清晰地划分公共领域和私人空间。相应地，"做人"也就不能仅体现在私人空间中处理各类人与人之间的亲疏远近关系，更重要的是在公共领域里认识规则、尊重规则、恪守规则，以及理解规则下人人平等的基本准则。因此，现代"做人"，其首要内涵是社会法律规则下的社会公民和组织治理规则下的组织公民，其次才是社会伦理规范下的特定关系中的私人；同时，现代"做人"又集中体现为如何平衡公民意识和私人关系的艺术。

"做人"乃管理之本。对于现代管理者来说，"做人"的最大挑战，莫过于平衡公民意识与私人关系，既不能以私害公，也不能以公侵私，而要使两者相得益彰、和谐发展。

1.3 子曰："巧①言令②色③，鲜矣仁④！"

【字词释义】

①巧：本义指技艺、技能，可以引申为在某方面有技艺、有技巧，工于或善于某方面活动。

②令：本义指发布命令，可以引申为使、让，善于做某事。

③色：在篆文中是会意字，本义指脸上的颜色、神情、气色，这里可以引申为看别人脸色、逢迎别人、做表面文章等意思。

④仁：是会意字，表示爱自己和他人，

可以引申为"人与人之间的关系状态"。"仁"字在《论语》中反复出现，是儒家社会规范和管理原则的根基所在。"仁"的内涵，一方面强调"人之为人"的前提，是"处于人与人的关系"之中，没有脱离这种关系状态而孤立存在的个体意义上的人，也即"人的本质是社会人"，因此，"做人"的根本就在于认识并处理好这种关系；另一方面，则突出了这种关系的本质内涵是"爱"，这里的"爱"不是空泛的，而是非常具体的"父母兄弟之爱"，即亲情，以这种亲情关系为模板，就可以更好地理解人与人之间关系的"爱"的实质内涵，并切实地践行它。因此，"做人"要从孝悌这种切实可行处入手，然后才能理解并遵行人与人之间更为广泛的关系准则。正是这两方面内涵，刻画出"仁"在儒家管理体系中的核心地位。

【今文意译】

孔子说："那些工于辞令、善于逢迎的人，其实很少有孝悌仁爱之心。"

【分析解读】

上章用有子的话，说明学管理要从学"做人"开始，而"做人"的根本在孝悌。那么，怎样做才符合孝悌的要求呢？本章先着重说明不符合孝悌要求的表现是什么。

孔子这句话，虽然直接讲的是，孝悌仁爱并不体现在花言巧语、表面形式中，但同时也隐含着孝悌仁爱要从日常行为入手的内在含义。既然孝悌仁爱不在口头和书面的"言"以及相应的表面形式，那自然就与日常生活中踏实而具体的"行"联在一起，毕竟人与人之间的互动关系无外乎言行两个方面。孝悌仁爱总是体现在切实的日常行动上。

管理精义

管理离不开语言，但管理者要慎用语言这一重要管理工具。既然管理者总要与人打交道，而与人打交道又不能不用语言；那么，在运用语言的时候，就必须牢记"言为心声"这一基本原则，以"仁爱"之心来使用语言，真正做到"言之有情理，形与实相符"；否则，语言这个管理工具运用得再娴熟，也不过是"耍嘴皮子，忽悠人"而已。也许正因为如此，儒家才更强调管理者的训练和培养应从日常行动入手，以"做人"为基础。

1.4 曾子①曰："吾日三省吾身②：为人谋而不忠③乎？与朋友④交而不信⑤乎？传⑥不习乎？"

【字词释义】

①曾子：孔子的学生，名参。

②身：本义指人的躯体，也可以引申为本

人、自己、亲自及其行为、行动的意思。

③忠：从字形上看，"忠"为"中"在"心"里。根据《中庸》的解释，"天命之谓性"，"喜怒哀乐之未发，谓之中"，因此，"中"也就是"本性"的意思；而"本性"以及在"本性"基础上经后天学习而形成的德行、知识和能力，要充分地发挥出来，还必须有环境和平台，这也就是个人所承担的职责；特别是那些已经或将要成为管理者的人，包括德行、知识和能力在内的广义"本性"与"职责"的匹配尤为重要。基于此，"忠"在这里的意思，应该是"尽己尽责"，其中"尽己"意为充分发挥本性及相应的德行、知识和能力，"尽责"则是以广义本性来切实履行职责：两者相互匹配，缺一不可，无本性不足以担当职责，无职责又难以发挥本性。值得注意的是，这里"忠"的原意，并非指对特定个人（如君王或上司）的忠，而是对自己的本性和自己所承担的职责的忠。但后来强化了"君权神授"，既然君王受命于天，代表天来行使权力，而本性也不过来自于"天命"，那么，忠于本性也就意味着忠于"天命"在人间的代理人——君王，更何况作为本性赖以发挥的平台——职责，也是君王赋予的。由此，"忠"的含义便从原来的"尽己尽责"，逐渐演变成了后来的"忠于君王"。

④朋友："同类为朋"，"同志为友"；朋友意指志趣相同者，这里可以引申为同事、同僚的意思。

⑤信：本义是以"言"立"人"，言语真实，不虚假，这里的意思即"诚信"。

⑥传：在这里是"传授、传达"的意思。一方面可以指老师传授的知识，另一方面也可以指上级传达的命令。

【今文意译】

曾子说："我每天都要对自己的行为进行反思，作为管理者，在替委托人进行谋划和实施管理的时候，是否做到了尽己尽责？在与同事交往合作过程中，是否恪守了诚实守信原则？老师传授的管理道理和知识、上级传达的命令和分配的任务，是否都付诸行动、落到实处？"

【分析解读】

上章用孔子的话，讲了仁爱不能流于言辞形式，本章则用曾子的话进一步说明，仁爱如何体现在日常管理行为之中。

曾子每日反思的三方面内容，即忠、信、习，既是一个整体，也与孝悌一脉相承，可以视为以"仁爱"为核心的社会规范在管理行为上的体现。在家中事父母的"孝"，与在外面履行职责的"忠"，本质上是一致的，尤其当"忠"的含义后来演变成"忠君"之后，"孝"父母与"忠"长上，更是近乎同义；同样，在家中处理兄弟关系的"悌"，与在外面处理同事关系的"信"，本出于一源，"悌"之友爱，其核心也在于诚信。因此，忠信本质上就是孝悌外推而来的、更为一般的做管理的职业规范。

另外，"习"的含义在于付诸行动，无论是孝悌还是忠信，只有切实体现在行动上，才能证明是真孝悌、真忠信。对父母、老师、长上所教诲、传授、传达的道理、知识、命令而言，只有自觉付诸行动而不是当成耳旁风，流于口头和表面，才能表明是真相信、真接受、真执行。从这个意义上说，"习"可以看作对孝悌和忠信的落实和检验。忠、信、习构成儒家做管理的职业规范体系。

> **管理精义**
>
> 在组织中，管理者作为代理人，接受来自委托人的授权，其职责在于运用自己的专业知识和技能实施管理，对组织的整体绩效负责，为委托人及更广泛的利益相关者群体创造价值。为了克服管理中存在的信息不对称和可能的机会主义行为，既要设计组织内部的激励和约束机制，又要依赖组织外部的管理者共同体所形成的声誉传播和监督机制；同时，更为重要的是，还要将管理职业规范内化为管理者的敬业精神，落实到具体管理行为中，激发管理者自觉摒弃机会主义行为的内在动机。只有将组织的激励和约束机制、共同体的声誉传播和监督机制、职业规范和敬业精神有机统一起来，才能从根本上解决组织管理中存在的"委托—代理"问题。
>
> 作为一种管理的职业规范和敬业精神，曾子所强调的"忠、信、习"，至今仍具有现实意义。由于组织中分工和专业化所带来的知识和信息壁垒，日常管理必然存在信息不对称，即便有组织内外部机制设计，管理者仍拥有很大的自由裁量权，这就需要管理者具有内在敬业精神和内部工作动机，实现自我约束。"忠、信、习"的基本内涵，在于"尽己尽责""诚实守信""身体力行"，而这恰是管理的职业规范和敬业精神的题中之义。

1.5　子曰："道①千乘之国②：敬③事而信，节用而爱人，使民以时④。"

【字词释义】

①道：在这里是"治理"的意思。

②千乘之国：春秋时期，诸侯国的主要军事装备是战车，战车的数量可以体现国家大小、国力强弱，有千辆战车的诸侯国可以称为大国。

③敬：是会意字，由表示做事的"攵"和表示谨慎、警惕的"苟"组合而成，含义为"谨慎做事"。

④时：在这里是时令、季节的意思。

【今文意译】

孔子说："即便治理大诸侯国，其基本原则也无外乎是：谨慎做事并讲求诚信，节约开支且体恤国民，在征用民力从事公共项目建设时，要考虑时令季节因素，将其安排在农闲时进行。"

【分析解读】

上章用曾子的话,讲解管理的职业规范,本章则借助诸侯国管理的道理,进一步阐明管理职业规范在管理实践中的具体体现。

孔子这段话表明,即便管理大国,其重要前提仍是贯彻管理的职业规范。其中"敬事而信",体现的正是"忠信"两个字,"敬事"就是谨慎做事,体现的是"尽己尽责",而"信"则是诚信;只有以"忠信"为基础,才能将"节用""爱人""使民以时"等管理要求落到实处;反过来,只有真正做到"体恤国民""节约开支"和"不违农时",也才说明管理者具有"忠信"之心。

由此可见,谨慎做事、讲求诚信,体现的是"忠信"这两项职业规范,而节约开支、体恤国民、不违农时,则体现的是"习"这一职业规范。孔子正是用诸侯国管理的五项具体要求——谨慎做事、讲求诚信、节约开支、体恤国民、不违农时,来进一步概括管理职业规范的具体表现形式。

管理精义

管理者敬业精神的培养,应优先于管理知识和技能的教育。管理之道以"做人"为本,而"做人"贵"行"不贵"言"。只有将"做人"切实付诸日常行动和管理实践之中,才有可能进一步学习各类管理知识和技能,并将其运用在有利于组织和社会发展的正确方向上。这正是"一屋不扫,何以扫天下"的道理所在。

1.6 子曰:"弟子,入则孝,出则悌,谨①而信,泛爱众,而亲②仁。行有余③力,则以学文④。"

【字词释义】

①谨:这里是谨慎、小心而又郑重、恭敬的意思,其含义与"敬"相近。

②亲:这里用作动词,是亲近、接近的意思。

③余:这里是富裕、剩下的意思。

④文:这里泛指《诗》、《书》、《礼》、《乐》、《易》、《春秋》等基础知识,以及礼、乐、射、御、书、数等基本技能,这些都是当时的管理者所应该学习和掌握的。由此,"文"也可以引申为管理知识和技能。

【今文意译】

孔子说:"作为学管理的学生,如果能够做到在家里和家外都恪守孝悌原则,对父母长上尊重,对兄弟同事友爱,谨慎做事、讲求诚信,对人们都敬重、体贴,这才表明真正学会了'做人',也才能切实践行管理规范。只有在行动上学会了'做人',并恪守管理规范,才有能力,也有可能来学习各类管理知识和技能。"

【分析解读】

在上章，孔子通过举诸侯国管理的实例，说明管理职业规范对做管理的基础作用。本章又回到管理教育主题，详细解说管理学习的三层次内涵，即"做人"和私德、职业规范和公德、管理知识和技能。

首先，在孔子这段话中，"入则孝，出则悌"可以作整体理解，即在家里要讲孝悌，出门在外也要讲孝悌。这实际上指的是学"做人"，要着力培养的是个人私德。

其次，"谨而信"与上章"敬事而信"本质上一样，说的都是谨慎做事、恪守诚信，体现的则是"忠信"。这恰是管理职业规范的基本要求，是以仁爱为核心的社会规范在管理职业中的具体表现，其精神实质与孝悌一脉相承。"泛爱众"是对孝悌的合理外推，将家里的亲情关系外推到更广泛的人与人之间的关系，其核心内涵仍是"爱"。因此，"谨而信，泛爱众"实际上指的是学习管理规范，要着力培养的是职业公德。

第三，无论是个人私德还是职业公德，强调的都是行动，而不能仅仅停留在口头。只有当行动上切实践行了"做人"和做管理的规范要求，才有可能进一步学好各类管理知识和技能。这也正是"行有余力，则以学文"的意义。

管理精义

管理教育不应是单纯的管理知识和技能教育，还应包括更广泛的"做人"和职业规范教育；管理者的培养也不宜采取从校门到校门、从书本到书本的方式，还应该着重强调在各种社会实践和点滴日常行为中磨炼。管理工作并非靠管理者自己的知识和能力就能独立完成的任务，而是结合广泛的人力和各种资源，为组织和社会创造整体和长远价值的综合型工作；管理者不仅要对自己和自己的工作负责，更要对组织、利益相关者和社会负责。管理者所承担的这种广泛责任，无不体现在各种复杂的人与人、组织与组织、人与组织、组织与社会等关系的处理之中。因此，没有广义的"做人"理念及对职业规范和敬业精神的坚守，要想学习、领会并有效运用各类管理知识和技能则非常困难。严格来说，管理者不是学出来的，而是修炼成的。

1.7 子夏①曰："贤贤②易色；事父母，能竭其力；事君，能致③其身；与朋友交，言而有信。虽曰未学，吾必谓之学矣。"

【字词释义】

①子夏：孔子的学生，姓卜，名商。

②贤贤：贤字的本义指贤能的人；在这里第一个贤字是动词，意思是"尊贤"，第二个贤字为名词，即"贤人"；两个贤字连用，意指"以贤为贤，尊重贤人"。这里的"贤贤易色"，与本篇第3章中"巧言令色"的意思正好相反，强调向贤人学习，不尚虚名，不做表面文章。

③致：本义表示"送到"，在这里引申为"用、竭尽"的意思。

【今文意译】

子夏说："追求贤能，不尚虚名，向贤人学习，不做表面文章；对待父母，能竭心尽力；服务国君，能全力以赴；与同事交往，能恪守诚信、言行一致。这样的人，即使没有学习过管理，我认为他实际上已经掌握了管理的真谛。"

【分析解读】

本章用子夏的话，进一步阐述了上章孔子关于学管理要从学"做人"开始的观点。

在子夏这段话中，"贤贤易色"实际上讲的是学"做人"和学管理的一种途径和方法。学"做人"和学管理，除了上几章讲过的要从日常行为中体会、磨砺以外，还要善于向别人学习，用别人在"做人"和做管理上的成功经验来克服自身的不足，即改变自己体会不深、只看重表面功夫的不恰当做法，这也就是"易色"的含义所在。如果说自己在日常行动中磨砺体会，是一种学"做人"和学管理上的亲历学习方式的话，那么，向"贤人"学习，就是一种榜样学习方式。在学"做人"和学管理上，两种学习方式相互补充，不可偏废。

子夏在这段话里，既谈到了榜样学习，又强调了在"事父母"、"事君"、"与朋友交"这些日常行动中进行的亲历学习。通过这两种学习，最终所要达到的就是"做人"和做管理的根本要求，即孝悌、忠信。子夏甚至极而言之，如果通过这两种学习，达到了"做人"和做管理的孝悌、忠信要求，即便不学管理知识和技能，也能胜任管理工作。

管理精义

就管理工作而言，管理者的"做人"可能比其所拥有的知识和技能更重要。关于"做人"的学习，在个体层次上，无外乎两种方式：一是亲身体验，二是榜样模仿。只有通过这两种方式的结合，人们才能深切体会，并身体力行"做人"的日常要求。不存在所谓抽象意义上"做人"的大道理或大事业。

1.8 子曰："君子不重①，则不威②；学则不固③。主④忠信，无友不如己者。过则勿惮⑤改。"

【字词释义】

①重：本义指厚重，这里意指行为的庄重严谨。

②威：本义指威力、权势，也可以引申为威信、威望。

③固：本义指四周密闭，没有缝隙，也可以引申为牢固、坚固等意思。

④主：这里是动词，以忠信为主、为根本的意思。

⑤惮：这里是害怕、畏惧的意思。

【今文意译】

孔子说："管理者如果在日常管理行为上不庄重严谨，就不可能有威信，即便学过管理知识，也无法通过有效运用，变成牢固的管理能力。因此，管理者应以尽己尽责、诚实守信为根本，注重团队学习；团队成员各有所长，正可以取长补短。在学习中不要担心犯错误，只有发现和改正错误，才能不断进步。"

【分析解读】

本章用孔子的话，再次阐述"忠信"是管理规范之本的道理，并在上章关于两种个体层次学习方式介绍的基础上，将管理学习提升到团队层次，强调学习的本质在于"试错"。

以"忠信"为本的行为，是管理知识和技能得以有效运用的前提。失去了立基于"忠信"的庄重严谨，管理者在组织中难以赢得信任，更不要说有威信了。没有信任，管理知识的运用就不会产生效果；没有管理知识的持续有效运用，管理者也就难以建立起坚实而牢固的能力基础。

另外，在孔子这段话里，"无友不如己"的含义，并非要在团队成员之间进行比较，只有找那些水平比自己高的团队成员才能学到东西。如果真是那样的话，换位思考后就不难发现，其他团队成员若也想找比自己水平高的成员去学习，那你又如何能找到水平比自己高的团队伙伴呢？这岂不是意味着大家都不愿意与水平比自己低的人组成团队吗？果真如此，还有团队伙伴或"友"吗？其实，"无友不如己"这句话，恰是要淡化比较，强调每个团队成员各有所长，而异质化的专长本身就是不可比较的。因此，这句话可以理解为"没有一个团队成员完全像自己一样"。在管理学习背景下，这种理解也许更恰当一些。

管理精义

管理学习不仅限于个体层次的亲历学习和榜样学习，还包括团队层次的学习。为了有效开展团队学习，一方面必须强化异质型团队建设，让具有不同特点和特长的人组成团队，以更有效地推动团队学习。另一方面必须认识到学习本质上是一个"试错"过程，学习中出错是必然的，关键在于分析、反思和改正错误；尤其是在团队学习中，异质化知识和技能的碰撞，更容易产生各种新观点、新方法，当然，"犯错"的可能性也就更大。若不能形成宽容错误的团队氛围，人们可能因为有其他团队成员在场而更担心犯错误，这就会大大限制个人和团队创造力的发挥。因此，在团队学习中，管理者更应大力倡导，并积极推动建设一种宽容氛围，让每位团队成员都能做到"过则勿惮改"。

1.9 曾子曰:"慎终①追远②,民德③归厚④矣。"

【字词释义】

①终:本义指到头、终了、最后,这里意指生命的结束。

②远:本义指空间距离长、遥远,也可以引申为时间长久、久远的意思。

③德:本义指道德、品行,引申为信念、心愿。这里意指信念。

④厚:本义指山陵很厚或上下的距离大,这里引申为笃实、宽厚的意思。

【今文意译】

曾子说:"如果能够慎重地对待生命的终结,认真地治办丧事,而且能够追溯思考遥远的过去,真诚地进行祭祀,人们的信念就会笃实坚定。"

【分析解读】

上面第6章到第8章,讲了学管理要从学"做人"开始,而学"做人"重在日常行为上的学习和体会,这不仅限于个体层次的亲历学习和榜样学习,还要在团队层次开展互动式的"试错"学习。虽然日常事情上的磨炼有助于人们切实体会"做人"的道理,但其弊病在于,容易将学习者的视野局限于具体事功,养成功利化的思维和行为习惯。另外,在团队学习中,若团队成员都过于看重眼前,只想从对方那里获得当下对自己"有用"的东西,而不关心团队的长远发展,那么,团队学习也难以为继,甚至有无可能建立团队学习机制,都值得怀疑。因此,无论是个体学习还是团队学习,都必须超越眼前的功利性,树立长远眼光和团队共同信念。这正是本章要说明的核心问题。

曾子这句话说的是,如何使人们超越功利性,形成坚定信念。中国古代社会相对缺乏超越的宗教信仰,在引导人们从日常事务的功利中超脱出来,形成共同信念的时候,往往借助对生命和祖先的敬畏乃至崇拜。"慎终追远"恰是一种激发人们共同信念的方式。

只有建立起笃实坚定的信念,人们在学"做人"中才能既不脱离日常具体事务,又能从中体悟出具有超越含义的"做人"道理,从而跳出狭隘的眼前事功,形成非功利化思维方式。这样才能达到儒家所追求的不离世俗日用,又超越眼前功利的学习目的;同时,也正是基于共同的信念追求,团队学习机制才有可能建立起来,人们也才能在团队学习中摆脱个人的患得患失,关心团队的整体及长远发展,并超越眼前的"利弊"而深究"是非"本身,真正做到在团队学习中"只问是非、不计利害"。

管理精义

曾子这句话可以在"慎终追远"前面加上"君子"两字,也即"君子慎终追远",

而"民德归厚矣"。当管理者真正具有长远战略眼光,重视并从行为上体现出追求共同信念时,组织成员的信念才能够坚定,组织共享愿景才能为人们所坚信。管理实践固然离不开绩效和功利追求,但如果没有信念和愿景的引领、提升,个人、团队和组织都难以实现自我超越,不仅有效的个体和团队学习难以为继,即便绩效也是不可持续的。从这个意义上说,信念和愿景恰是管理者和管理实践得以自我超越的动力源泉。

1.10 子禽①问于子贡②曰:"夫子至于是邦也,必闻其政③,求之与?抑④与之与?"子贡曰:"夫子温、良、恭、俭、让以得之。夫子之求之也,其诸异乎人之求之与!"

【字词释义】

①子禽:孔子的学生,姓陈,名亢。

②子贡:孔子的学生,姓端木,名赐。

③政:是会意兼形声字,本义指匡正、纠正,可以引申为政事、法令以及涉及国家管理的事务,也可推广至一般组织的管理。因此,孔子时代的"政"可理解为"管理或命令"的意思。

④抑:在这里用作连词,或者、还是的意思。

【今文意译】

子禽问子贡:"先生每到一个诸侯国,都要了解该国的管理,这到底是先生请求人家告诉他的呢,还是人家主动讲的呢?"

子贡说:"先生的'做人'已达到极高境界,他的行为,表现得平和、善良、恭敬、节俭、谦让,自然就赢得认可和尊重,所以,大家都愿意和先生分享他们的管理经验。即便其中有些是先生要求的,但这与别人所要求的情况完全不同,大家都心甘情愿地与先生交流分享。"

【分析解读】

本章通过孔子本人的例子,进一步阐明"做人"与做管理之间的关系。

子禽和子贡的对话,生动地刻画了孔子身体力行,以"做人"为先,不断求取各种管理知识的态度和行为表现。孔子极其谦虚好学,虽然他在鲁国亲身从事管理实践的时间并不长,却通过广泛了解各个诸侯国的管理模式,积累起丰富的管理知识和管理案例。孔子的学习态度和行为,既昭示着"做人"在学管理乃至学其他各种知识中的基础作用,同时也体现出广泛学习别人间接经验的重要性和可能性。

孔子讲"做人"、谈管理,都不是抽象和空洞的说教。讲"做人",一定密切联系日常生活，从人伦日用的点点滴滴出发，具体而实在；谈管理，总是直接触及国家事务，从政策措施的方方面面着手，详尽而明确。孔子之所以能做到这一点，一方面是他自己在"做人"上身体力行，形成了独具特色而又极富感召力的"温良恭俭让"的行为模式，这正是他在"做人"上所形成的独特风格和所达到的极高境界；另一方面，他又非常善于调查研究，每到一个诸侯国，都要广泛听取和详细了解该国的管理事务，从而积累了极其丰富而又鲜活的管理案例和间接管理经验。正是这两个方面，为孔子的管理教育奠定了坚实基础。

管理精义

首先，"做人"不仅对于自己亲身从事管理实践至关重要，同时也是获取管理间接经验，学习和借鉴别人管理心得的基本前提，没有"做人"这个前提，别人没有义务一定要和你分享他的经验体会。

其次，"做人"贵在持之以恒，并形成独特而又为人们所认可的风格。"做人"风格是"做人"境界的自然体现，并非人为强求的结果。对管理者而言，个体的"做人"风格，不仅是个人的事情，同时也会影响团队和组织独特风格的形成，可见独特风格也正是团队文化和组织文化的重要组成部分。某种意义上说，个人、团队和组织，正是靠独特的风格来影响和吸引他人，进而形成团队和组织的凝聚力和竞争力。

最后，对于实践中的管理者而言，向其他不同类型的组织进行学习是一个持续过程。如果说学校教育有一定的时间阶段的话，那么，管理教育应该是一个开放、多元、无止境的过程。管理者在管理实践中应该保持开放的学习态度，不断学习其他组织的最佳管理实践，从而兼收并蓄，形成自己以及所在组织的独特管理风格。当管理者形成了独特的"做人"风格，并匹配上独特的管理风格之后，才可以说达到了"做人"与做管理相统一的境界。

1.11 子曰："父在，观其志①；父没，观其行。三年无改于父之道②，可谓孝矣。"

【字词释义】

①志：本义是意念，心意所向的意思，这里引申为志愿、志向。

②道：这里指社会规范或行为规范。

【今文意译】

孔子说："父亲在世，关键在于观察儿子的志向追求；父亲去世，关键在于观察儿子的行为表现；若长时间不改变做儿子应该恪守的对待父亲的行为规范，这才能称为孝。"

【分析解读】

本章看似讲孝，实则讲仁。作为人与人之间关系状态的仁，其核心就是人与人之间的亲情关系，以及由此产生并外推而来的"爱"，因此，对父母的孝，就是仁的集中体现。这也正是"亲亲为仁"的含义所在。孔子在这里，并非抽象地谈论作为学管理的重要内容之一的仁，而是用日常行为中最能体现仁的孝，更形象而又深刻地揭示仁的内涵及其在学管理中的重要地位。

孔子这段话，如果超越作为父子之间关系准则的孝，而从仁这个更一般的角度来理解，应该是指，人们在处理与长上的关系时，不能将对长上的尊重流于一时的形式，而是既要体现在志向追求的精神层面，又要注重日常做事的行为层面；既要看长上在场时的言辞，又要看长上不在场时的做法；只有持久地做到无论是志向追求还是行为表现，无论长上在场与不在场，都能严格恪守相应的社会规范，这才是仁的真正体现。

如果将这段话放到管理情境下来理解，就意味着管理者在处理与上级或委托人的关系时，应始终恪守"忠"这个最基本的管理规范。"忠"就是管理情境下仁的具体表现，它也意味着管理者的志向追求和管理行为要符合上级或委托人以及组织的愿景和规范要求。另外，管理者的尽己尽责而又符合规范要求的志向和行为，还不能只是一时或短期的表现，也不能仅考虑上级或委托人在场或有明确要求的情况，而应该将它变成长期自觉的追求，这样才真正达到了管理情境中仁的要求。

管理精义

作为下级的管理者，在处理与上级之间的关系时，不仅强调行为上的尊重和服从，还要在志向追求上相匹配以及在行为上符合规范要求。对于上下级关系而言，志向追求相匹配是有效合作的前提。在这个前提下，一方面下级的工作自然会方向明确，不需要上级时时提醒和事无巨细的指导，即便上级不在场、不要求、不指示，下级也自然知道做什么和如何做；另一方面，即便在技术层面或具体工作细节上产生争执甚至冲突，也不会妨碍上下级的有效合作关系及对共同目标的追求，反而会激发下级在不偏离大方向的前提下自觉地持续改进工作。

作为代理人的管理者，在处理与作为委托人的所有者之间的关系时，以利益为基础的激励机制设计固然重要，但由于代理人与委托人之间的知识和信息不对称，单纯基于利益的激励相容机制不一定能有效实施。因此，除了基于利益的激励机制之外，还需要考虑基于共同志向追求的激励机制，并将两者有机协调起来，才有可能从根本上消除委托—代理关系中双方的机会主义行为，保证委托—代理关系的长期和谐以及组织的可持续发展。不容否认的是，任何组织的发展，都不可能不遇到挫折和困境，仅考虑利益相容的激励，当遇到困境暂无利益，甚至这种无利状态还会持续一段时间的时候，那可能就意味着委托—代理关系的解体、合作的终结。如果委托人和代理人之间不仅有利益相容的激励，还有信念或志向相容的激励，则同舟共济、共渡难关就将成为可能。

1.12 有子曰:"礼①之用,和②为贵。先王之道,斯为美;小大由之。有所不行,知和而和,不以礼节之,亦不可行也。"

【字词释义】

①礼:是会意兼形声字,本义是指履行祭神求福之事,可以引申为社会规范和行为准则。礼是儒家管理体系的核心概念之一,也是社会规范的具体体现;它代表着维系家庭关系和社会关系的基本准则,是将仁所要求的基于亲情的爱,具体化为日常行为规范的重要形式。因此,如果说仁是礼的内在精神要求,那么,礼就是仁的外在具体表现,也即通过各种具体的行为准则来体现仁。

②和:是形声字,本义表示声音相应,这里引申为和谐、和睦。

【今文意译】

有子说:"社会规范的作用,就是要达到人与人之间关系和睦、组织与社会和谐发展。历史上的管理之道,就在于崇尚社会规范,无论家里的私事还是国家的公务,都依据社会规范来处理。但是,即便如此,也有行不通或处理不当的时候,那是因为一味地追求关系和谐,而忘记了社会规范这一根本原则;没有社会规范约束的和谐,自然就行不通了。"

【分析解读】

上章用孔子的话,说明了学管理所必须学习的内容之一是仁,本章则用有子的话,解释了另外一项重要的学习内容——礼。

有子这段话,突出强调了作为社会规范具体表现形式的礼,在人们日常生活中的基础作用。一方面,它规范着小到家庭私人生活,大到国家公共管理中的行为,是达到家庭和睦、社会和谐的重要途径。缺少了这种为人们所共同遵循的社会规范,家庭和社会将难以凝聚在一起,更不要说实现可持续发展了。这也正是有子用"先王之道"来说明礼的重要性的意义所在。

另一方面,作为社会规范具体表现形式的礼,也是渗透在家庭和社会中的人们行为的根本指导原则。如果违背礼或无原则地追求"为和谐而和谐",满足于一团和气,不仅真正的家庭和睦与社会和谐无法实现,还会从根本上破坏家庭和社会的可持续发展。

管理精义

任何组织与社会都期望和谐发展,但和谐并非无原则、无规范的一团和气。只有建立起行之有效的行为规范,组织与社会的和谐发展才能实现。

在传统农业社会,作为社会规范和行为准则具体表现形式的礼,是自上而下确立起来的,就像传说中周公姬旦"制礼作乐"那样。这种自上而下确立的礼,不仅强化着家庭和社会中的等级差别,也不太注重区分私人和公共领域,不管是国家和社会中的公共事务及活动，还是家庭里的私人空间及活动，都纳入礼的规范之下。例如，在记载各种具体礼仪规范的典籍《仪礼》之中，大多数规范是用来调整家庭里子女与父母、丈夫与妻子等的关系。随着时代的发展，这些自上而下、强化等级、公私不分的具体礼仪内容，自然要发生根本变化。

在今天的法治社会和法人组织背景下，首先，要区分涉及公共事务和公共活动的正式规则体系，如社会中的法和组织中的规则，与调整私人空间和私人活动的非正式规范，如社会和组织中基于愿景和价值观的文化规范。其次，无论是正式的法律规则，还是非正式的文化规范，都不再是自上而下创设的，而是由组织和社会的利益相关者共同协商、谈判、对话来制定的。最后，这些正式规则和非正式规范，都不是为了强化等级差别，而是确保人们的权利在规则和规范面前得到平等的界定和保护。

因此，今天再来谈礼的时候，应该将其理解为，在社会的法以及组织内部的规则体系下，与之互补的一种非正式的社会或组织规范，承载着组织或社会的共享愿景和共同价值观，是组织公民或社会公民自觉自愿接受的非正式行为准则，构成了组织文化或社会文化的重要方面。

1.13 有子曰："信近于义①，言可复②也；恭近于礼，远耻辱也；因③不失其亲，亦可宗④也。"

【字词释义】

①义：是形声兼会意字，繁体字为"義"，上面的"羊"字代表收获、财富，下面的"我"字是象形字，从"戈"，指一种刀形兵器，"以刀对羊"意为切开分肉。由此推断，"義"字原指分配，而分配要有标准，标准又必须是大家所共同接受的公平或公正的标准，因此，"义"可以引申为符合公平标准的分配，这也就是合宜、适宜的意思。为了进一步强调"义"的公平、公正的含义，又经常将"义"与"正"连在一起，构成"正义"一词，正义即公平，也就是正确地分配，即公平地分配的意思。当然，分配的对象并不限于物质财富，还可以引申到精神层面，这也就是道义、意义等词的来源。其中，符合道义，也就是符合蕴藏在道中原本的公平、公正的标准，这就是一种关于公平、公正标准的合法性来源的阐述。"义"是儒家管理体系中另外一个非常重要的概念，用以刻画和阐明社会中资源及利益，尤其是公共资源及利益得以公平分配的规范。如果在家庭和社会中，只有"仁"所表征的人与人之间的以亲情为基础的"爱"的关系，而没有对这种关系赖以维系和发展的资源及利益进行分配的规范，家庭和社会的稳定与和谐发展是不可想象的。因此，从这个意义上说，"仁"和"义"是两个互补的社会规范，一个用以调整人与人之间的社会关系，一个用以调整人与人之间的利益关系，两者共同构成了社会规范的两块互补的基石，而"礼"恰是这两种基本社会规范外在的具体表现形式。

②复：是形声字，本义是在曾经走过的路上行走，这里引申为践行诺言的意思。

③因：是会意字，本义指草席，这里引申为依靠、凭借的意思。

④宗：是会意字，表示设有祖先神位的房子，这里引申为本源、根本宗旨、主旨的意思。

【今文意译】

有子说:"做人诚信,重在言行一致,但只有当承诺符合正义的准则时,承诺才可践行;对人恭敬是做人的基本要求,但只有当恭敬符合礼仪规范时,恭敬才不会招致误解,甚至给自己和他人造成难堪;做人也离不开对他人的信任和依靠,但只有信赖那些与自己有密切关系的人,才是在社会中立足的根本。"

【分析解读】

上两章分别介绍了管理学习的两方面重要内容,即仁和礼,本章继续引用有子的话,阐述了管理学习的第三方面内容——义,以及学"做人"、学管理与学习这三方面社会规范之间的关系。

有子在这段话里,首先突出了"义"这个基本社会规范和行为准则对于学管理和学"做人"的重要意义。前几章曾多次提到管理中"诚信"的基础作用,但是如果个人的诚信不以社会的正义准则为前提,在做出的承诺有可能损害组织和社会的共同利益时,还一味地去履行它,自然就是不恰当的行为,因此,绝不能无视社会的正义准则,盲目地讲言行一致、一诺千金。

其次,这段话也强调了"做人"上的恭敬以及与他人信任关系的建立,都像"诚信"一样,不是孤立的个人行为,总是与特定的社会规范联系在一起。对人恭敬要以"礼"为前提,而信赖别人要体现"亲",也就是"仁"这个重要的社会规范。由此可以看出,儒家所讲的"做人"和做管理,并不是孤立的个人行为,而总是与"仁、义、礼"这些基本社会规范联系在一起,学"做人"和学管理必须联系着学习社会规范。"仁、义、礼"这些社会规范,自然成为管理学习的基本内容。

> **管理精义**
>
> 管理者对他人的诚信、恭敬和依靠,如果不以社会规范为前提,即便有善意的行为出发点,也可能产生相反的结果。诚信有可能损害公益,恭敬有可能带来耻辱,信任有可能被人利用。因此,管理者的"做人"修炼,一定要与社会规范的学习相结合。当然,不同时代社会规范的内涵、性质和作用并不完全一样。今天的组织和社会,不仅强调规范的重要性,更突出法律体系和治理规则的基础作用。为此,今天的管理者应结合时代、社会和组织的特点,致力于将社会层面的法律、组织层面的规则、文化层面的规范的学习和自己"做人"的修炼融为一体。

1.14 子曰:"君子食无求饱,居无求安,敏①于事而慎于言,就有道②而正焉,可谓好学也已。"

【字词释义】

①敏:本义指快速、灵活,这里引申为努力、勤奋的意思。

②道:这里泛指知识和规范。

【今文意译】

孔子说："管理者不在意个人得失，不追求物质享受，做事勤奋努力，说话谨慎负责，虚心向有知识、守规范的人学习请教，以克服自身的不足。能做到这些，才说明具备好学的态度。"

【分析解读】

第11章到第13章分别讲了管理学习的三方面内容，即仁、义、礼，本章和下章则分别讲解学习的态度。

孔子这段话在于告诫学生们，要想通过学习成为管理者，就必须具有超越个人享受和眼前功利的视野和胸襟，不仅要勤于在人伦日用、日常做事中学习，还要善于向那些有各方面知识、能力专长，并遵循社会规范的人学习，借鉴别人的成功经验以弥补自己认识的不足，纠正自己行为的偏差。只有具备了这种超越功利的好学态度，才能为学习管理奠定坚实的基础。毕竟做任何事情，态度都是首要的内部条件。没有超越功利的好学态度，学管理无异于缘木求鱼。

管理精义

对于从事管理工作的人来说，由于绩效责任的压力，功利化思维和行为往往不可避免，但是，思维和行为的功利化不仅会局限管理者的视野，更会影响管理者的胸襟，以致遇人遇事都习惯从眼前和局部利益出发，这将严重危及组织的可持续发展。为了克服功利化思维和行为的局限性，管理者在学习阶段就应该有意识地超越功利，不能将管理学习仅视为谋求个人福利的手段和途径。所谓"书中自有千钟粟，书中自有黄金屋"。这种为个人谋福利的学习态度，对于管理者的培养来说非常不利。严格来说，管理者不仅是为自己在工作，也不仅是对自己负责，而是在为组织工作，对利益相关者负责。这种管理工作态度和责任意识的培养，必须从学习管理时的正确学习态度的养成入手。没有超越功利的正确学习态度，就不可能形成基于责任意识的正确管理态度。

1.15　子贡曰："贫而无谄^①，富而无骄，何如？"子曰："可也。未若贫而乐，富而好礼者也。"子贡曰："《诗》云：'如切如磋，如琢如磨'^②。其斯之谓与？"子曰："赐也，始可与言《诗》已矣！告诸往而知来者。"

【字词释义】

①谄：这里是巴结、奉承、谄媚的意思。
②如切如磋，如琢如磨：原意为用骨角和玉石制作器皿，都要经历反复研磨、雕琢，这里引申为精益求精。

【今文意译】

子贡问:"贫穷却不谄媚,富贵而无骄奢。先生怎么看这种态度?"

孔子说:"不错。但还不如贫穷却也乐在其中,富贵而能追求礼仪。"

子贡又问:"《诗经》里的'如切如磋,如琢如磨',说的就是这种精益求精、追求上进的态度吧?"

孔子说:"很好啊!可以和子贡谈《诗经》了。子贡已能够举一反三、灵活运用所学知识了。"

【分析解读】

本章一方面继续阐明超越个人福利的非功利化学习态度的重要性,另一方面又强调了精益求精的学习态度是不断提升管理学习境界的重要前提。

孔子和子贡的对话,首先进一步表明,好学的态度应该超越个人的贫贱富贵,不管是贫穷还是富贵,都能泰然处之,好学依旧,而且能从自身所处的状态中体会出学习的真谛,借生活体悟升华自己的学习态度,从贫穷中感受到学习的乐趣,在富贵里认识到追求礼仪的责任。

其次,借用《诗经》中的诗句,说明精益求精的学习态度是不断提升学习境界的内在条件。有了精益求精的态度,既能从小处着眼,注重细节,日积月累;又能不满足于已有思想和知识水平,持续提升学习境界,不断寻求进步。不计功利、精益求精,恰是学习管理应具备的基本态度。

管理精义

在管理工作中,宏观视野和战略思维固然重要,但若没有精益求精的态度,从细节着手、一步一个脚印、不畏艰难、扎实推进的耐心和毅力,再好的战略也难以落到实处。这正是"既要高瞻远瞩,又要脚踏实地"的道理所在。问题是如何才能将高瞻远瞩与脚踏实地结合起来。

要实现高瞻远瞩与脚踏实地的结合,除了需要有合理的制度设计,并依靠组织的战略职能与运作职能的有效分工协作之外,还需要通过管理者的培养和管理文化的建设,在组织中培育一种不计功利和精益求精的态度。不计功利才能高瞻远瞩,而精益求精则会脚踏实地。将不计功利和精益求精有机结合起来,再匹配以合理的制度设计,才有可能在管理工作中做到既高瞻远瞩又脚踏实地。

1.16 子曰:"不患人之不己知,患不知人也。"

【今文意译】

孔子说:"管理学习的目的,不是为了出人头地、人前显贵,因此,不用担心别人不知道或不理解自己，而应该关心自己能否认识人性，从而更好地理解他人。"

【分析解读】

作为第一篇的结束，本章意在阐明，只有牢记学习目的，才能在接下来各篇章的学习中不失根本、融会贯通。

本章提醒那些立志学管理的学生们务必注意，管理工作本身的性质决定了学管理不是单纯个人的事情，也并非仅为实现个人抱负，更不是扬名天下的捷径；学管理的最终目的，在于认识人性、理解他人，发挥组织成员的特长，实现组织的协同效应，为利益相关者和社会创造价值。从这个意义上说，管理职业和管理角色都具有很强的公共性。学管理并立志成为管理者，应该从公共而非私人目标出发。只有将学习目的定位在认识人性、理解他人，而不只是彰显个人魅力，才能学好管理，也才有可能在管理职业生涯中顺利成长。

管理精义

管理者要对组织的行为和结果负责，而非只对自己负责。管理者的价值要通过组织的整体价值体现出来。管理工作的评价自然应借助组织的整体绩效来进行，而不能只看管理者的个人表现。因此，管理者的个人魅力和领袖风范必须服务于组织整体价值的实现，绝不能让组织及其成员服务于管理者个人形象的树立。

良好组织的生命周期远长于管理者个人的寿命，而且管理者个人的职业生涯总会交织着各种正面和负面的声名，为了使组织能够可持续发展，并保持社会声誉，在组织中应淡化管理者的个人色彩，管理者只能是组织发展和组织成员成长的辅助者。从这个意义上说，管理职业本质上是一种服务业，而服务业最重要的职业素养就是认识人、理解人、尊重人，并以此为基础，给予那些具有不同个性特点的个体以真诚而又到位的服务。这也正是"不患人之不己知，患不知人也"的真谛所在。

难以想象，一个管理者整天考虑的是如何引人注目，如何傲视群雄，而不去认识、理解、关注、尊重和服务组织成员，就能因他个人的所谓魅力和成功，将组织带上可持续发展的轨道。

为政第二

本篇导读

本篇讲管理模式。儒家管理模式有三方面内涵,即"道之以德,齐之以礼,有耻且格"。本篇重在讲解"道之以德",尤其是与管理者"德行"修养有关的内容。这也是儒家所倡导的管理学习的核心主题之一。通过本篇的学习,可以更深入地理解儒家独特的管理之道和管理模式。

本篇大致可以分为四个部分。第一部分涵盖第1章到第4章的内容,重点阐述儒家管理模式及其对管理者"德行"的要求。其中,第1章提出儒家"为政以德"的管理思想;第2章借《诗经》的隐喻,指出"德"的本质在"诚";第3章通过与法家管理模式的对比,提出儒家独特的管理模式;第4章以孔子本人在修"德"上的境界提升过程,说明以"诚"为本的德行修养的基本要求,以此确立儒家管理模式的根基。

第二部分由第5章到第9章的内容构成,意在说明管理者在管理实践中首先要明确管理权力的合法性来源,处理好与委托人或授权者的关系;当面对委托人或授权者时,管理者同时也是被管理者,因此,管理者只有先学会做被管理者,才能学好做管理者;而儒家所强调的学"做人"须从"行孝"入手,正是要管理者从处理与父母的关系中,切身体会如何处理与委托人或授权者的关系。其中,第5章讲解如何依据社会规范而"行孝";第6章阐述如何体会父母对子女的慈爱之心,然后以同理心来"行孝";第7章解释如何用诚敬之心"行孝";第8章说明如何将"和悦"之色与诚敬之心、笃实之行统一起来,以和颜悦色的表现来"行孝";第9章以孔子学生颜回的例子,刻画了恰当处理与父母长上关系的具体表现。

第三部分包括第10章到第18章的内容,主要在于阐述儒家管理模式对管理者"德行"提升的基本要求。其中,第10章强调指出,在儒家管理模式下,管理者必须持续进行"德行"的自我学习和自我修炼,不能有丝毫掩饰和伪装;第11章提出管理者自我学习和自我修炼的主要方式;第12章阐述管理者岗位职责的定位和知识基础的特点;第13章说明管理者如何在管理实践中做到言行一致;第14章借助与被管理者的对比,阐明管理者所应具备的视野要求和知识特点;第15章从管理工作特征出发,论述管理者自我学习和自我修炼的特殊要求;第16章解说管理者借助自我学习和自我修炼所应具备的思维方式;第17章强调"自知之明"在管理者自我学习和自我修炼过程中的至关重要性;第18章概括了管理者通过自我学习和自我修炼所应达到的"诚"的具体表现。

第四部分由第19章到第24章的内容构成，不仅说明了管理者如何以"诚"实施管理，还解释了"诚"是让组织和社会得以维系，并实现可持续发展的社会规范的核心内涵。其中，第19章解说管理者如何赢得组织成员的信服；第20章从管理者和被管理者互动的角度，阐述管理者如何激励被管理者；第21章用孔子本人的例子，阐明管理无所不在、不一定非要有管理岗位才能做管理的道理；第22章强调"诚信"和"信用"对于管理者的至关重要性；第23章讲解人与人之间关系中的"诚"，是社会发展变化过程中不变的根基，管理者只有立足于这个根基，才能把握社会发展的趋势；第24章概述管理者的"德行"和社会规范是儒家管理模式不可分割的两方面内容。

儒家管理模式赖以实施的基础，在于管理者的"德行"，而"德行"之本是"诚"，即管理者思、言、行的一致性。这不仅体现于管理者处理各种关系的实践中，而且也体现在管理者的各类管理行为与社会规范的契合上。

2.1 子曰："为政以德①，譬如北辰②，居其所而众星共③之。"

【字词释义】

①德：这里是道德、品行、德行的意思。
②北辰：北极星。
③共：同"拱"，围绕、环绕的意思。

【今文意译】

孔子说："管理者用自己的德行实施管理，就像北极星一样，只要在那个位置上，自然就会众星环绕。"

【分析解读】

本章提出儒家管理之道，强调做管理要从管理者德行修养开始。

在儒家看来，最有效的管理方式就是管理者的德行感召。管理者率先垂范、以身作则，被管理者自然会清楚方向、明确标准，知道该怎么做。因此，管理过程同时也是教育过程，管理者就是教育者，身教远胜于言教。

孔子这里所讲的"德"，包括个人私德和管理职业公德两个层面，其中私德是一般意义上的"社会人"所具有的德行，是社会规范在个人身上的具体反映；而管理职业公德则是管理者所应有的职业德行，是管理职业规范在管理者身上的具体体现。无论是个人私德还是职业公德，其本质含义都是内在"心得"，即在自身社会化和职业化过程中，习得并恪守的社会规范和职业规范，最终成为自己"做人"和做管理的原则或道德准则。而且，这种个人内在的道德准则又总是与行动联系在一起，只有体现在发乎内心的行动中而不是言辞形式上的"德"，才是真"德行"。管理者之所以能扮演教育者的角色，恰在于管理者的"德行"昭示着社会规范的基本要求，让被管理者得以清楚地看到并理解它们，从而产生有效的组织行为。

"为政以德"是儒家管理体系的核心指导思想，也即儒家管理之道，它直接决定着儒家管理模式的基本特征以及对管理者素质的具体要求。

管理精义

管理者的自我管理是实施组织管理的前提。无法让自己的行为符合社会规范要求，以实施有效自我管理的人，岂能管好一个组织？管理者虽然拥有岗位权力，但权力本身的合法性及其实施的有效性，却并不掌握在管理者手中；权力本身的合法性来自于委托人或授权者的信任，权力实施的有效性在很大程度上源于下属的心悦诚服。虽然管理者的岗位胜任力，即知识和技能，在获取权力的合法性和实现权力的有效性过程中具有重要作用，但从根本上说，管理者本人作为一个超越岗位角色的完整意义上的人，他的私德和公德直接影响着岗位胜任力水平得以发挥的程度。因此，在既有社会规范下，管理者若不能有效管理自我的社会化和职业化过程，在私德和公德上不为人们所认可，往往也难以胜任组织管理岗位的要求。

2.2 子曰："《诗》三百，一言以蔽之，曰'思①无邪②'。"

【字词释义】

①思：在这里是语助词，无实际含义。　　②邪：在这里是不正、歪斜的意思。

【今文意译】

孔子说："《诗经》中所有诗篇的风格特点，如果用一句话来概括，那就是'直抒胸襟、发乎真情'。"

【分析解读】

上章指出儒家管理之道的落脚点在管理者的"德行"，本章则借《诗经》的风格特点，讲解"德行"的本质内涵。

在这段话里，为了解释"德行"的本质内涵，孔子用《诗经》中诗篇的风格特点作比喻，强调指出，这些诗篇都体现了质朴而不造作的真感情，是思想和情感的直接表达，没有丝毫的曲意逢迎。

用《诗经》的这个风格特点来比喻"德行",所要揭示的正是"德行"具有的"一致性"内涵,即所思、所言、所行的一致性。思言行的一致性恰是"德"的本质所在。与此相反,若言不由衷、言行不一,则很难说"有德"。

当然,个体意义上的思言行一致性,又要以社会规范为前提;若没有特定社会规范所赋予的一致性标准,个体意义上的思言行一致性也就失去了共同基础,成了个人的自说自话、自我标榜。这种基于特定社会规范的个体思言行一致性,也就是"诚"。"诚"的本义是指真实不欺,与伪、诈相对,而真实的自我,正是思言行一致的自我。这样的自我,对己对人都真实不欺。因此,"诚"所体现的就是儒家管理之道中对个人私德和管理公德的根本要求。可以说,在"诚"上,个人私德和管理公德是相通的。

管理精义

管理者离不开思言行的一致性,但管理者的思想、言论和行动,各自又都构成一个相对独立的系统,思想不是单一的,言论也不是一次性的,行动会反复出现。因此,管理者的思言行一致性,首先体现在思想本身的一致性、言论本身的一致性以及行动本身的一致性;其次体现为其中两两组合的一致性,如思言一致,言行一致;最后则是思言行整体的一致性。

这三个层次的一致性,也可以理解为"系统化"或"结构化"。也就是说,只有系统化或结构化的思想,才更有可能保持一致,也只有系统化或结构化的言说或行动才可能保持一致性;只有建立起思言行的有机整体结构,使之常常相互关照,不断完善内在的系统或结构,才能保持思言行的一致性。

系统化或结构化的核心是"规则或规范"。没有规则或规范,就不可能有结构。对于组织和社会而言,规则或规范赖以产生的前提是共识,或共同愿景,也就是对"原本是什么"的一种内在追求,这就构成了基本社会规范。因此,管理者的思言行一致性,必须建立在社会规范基础上,并将社会规范内化到组织和管理的行为之中。

2.3　子曰:"道①之以政,齐②之以刑③,民免而无耻;道之以德,齐之以礼,有耻且格④。"

【字词释义】

①道:这里作"导",引导的意思。

②齐:是象形字,本义指禾麦吐穗,上面平整,即整齐一致,可引申为一致、整齐、整治的意思。

③刑:是会意兼形声字,本义指处罚罪行,可引申为处罚、刑罚、法规等。

④格:本义指树木枝条很长,转指木栅栏,可引申为准则的意思。

【今文意译】

孔子说:"用命令来引导,以刑罚去规范,人们就会在表面上尽力避免违背命令、触犯刑罚,但内心却可能失去羞耻感;用德行来引导,以礼仪去规范,人们不仅会有羞耻之心,而且行为上也自然会有准则和规矩。"

【分析解读】

上两章讲了儒家管理之道的本质在"德",而"德"的根本在"诚";那么,儒家"为政以德"的管理之道,如何落实到管理实践中去呢?本章通过与法家管理模式的对比,明确提出了儒家的独特管理模式。

孔子这段话既体现了儒家和法家在管理模式上的区别,更突出了儒家管理模式强调由内而外、自然而然的根本特征。

法家管理模式重命令和刑罚,将自上而下制定的正式规则体系视为管理第一要义;儒家管理模式则重德行和礼仪,将基于社会规范的道德感召作为管理第一要义。

在儒家看来,法家管理模式可能会产生一时之效,但由于忽视了人们内在道德准则的培养,从长远来看,缺乏内心认同基础的法家管理模式,反而容易造成表里不一、阳奉阴违的局面,管理成效难以持续;而儒家管理模式从管理者德行修养入手,配合社会规范,向人们展示各种道德准则和社会规范,人们自然会在日常的寓教育于管理过程中,慢慢习得并认同这一系列内在道德准则和外在社会规范,由此,人们自然而然会形成内心和行为的一致性,管理成效也就变得可持续了。

儒家管理模式有着三方面表现形式和具体要求:①"道之以德",强调对管理者的"德行"要求;②"齐之以礼",强调一切管理行为要符合社会规范的要求;③"有耻且格",强调管理要由内而外影响别人,以达到可持续发展的要求。

管理精义

在今天的时代背景下,首先需要明确的是,法家的管理思想并不等于现代意义上的"法治"思想。法家虽然重"法",但是,一方面,法家的法是自上而下制定的,是管理者用以制约被管理者的工具,权力不仅在法之先,而且超越法之上;另一方面,在法家之法的面前并非人人平等,管理者尤其是最高管理者可以不受这些法的制约。因此,法家管理思想本质上仍是"人治"而不是"法治",是管理者借助法对下实施的管理。从这个意义上说,法家的法不是"法律",而是"法令"或"刑罚"。

如果从被管理者的角度看,既然法家和儒家的管理者都超越于"法"或规则之上,那么,与其接受管理者用命令和刑罚这些严酷的手段来实施管理,还不如接受管理者用德行、礼仪来实施管理。毕竟作为管理手段,德行和礼仪更为温和;也许更重要的是,用德行和礼仪来实施管理,起码对管理者本人还能起到约束作用,管理者先要具备基于社会规范的德行才能为人们所认可和接受,而不像法家管理者那样,既不受自上而下制定的"法"的约束,也不相信德行的自我约束,这岂不是"无法无天"?

但是,在今天的法治社会和法人组织中,情况则完全不同。在法人组织中,没有天然的权力拥有者,权力合法性来源于规则体系,而规则体系是由组织的利益相关者代表共同协商确定的;规则体系一旦确立,便不能为任何个人或个别利益相关方随意改变,要改变或修订规则,必须重新启动利益相关者之间的协商谈判机制。在这样的规则体系面前,包括管理者在内的所有组织成员及利益相关方都是平等的,管理者的权力也是由规则体系界定并在规则体系下行使。以此为基础,管理模式的选择,不再是正式规则体系与非正式伦理规范、管理者个人德行与岗位职权的非此即彼的替代性选择,而是真正实现了两者的平衡与互补。

今天的组织之所以称为法人组织,就是因为社会中有正式法律规则体系,以此为依据,才能建立组织内部的正式规则体系,以及基于组织正式规则体系的管理岗位职权体系。这是现代组织管理的基本前提,也是区别于传统组织管理的根本所在。只有明确了组织的正式规则体系及相应的岗位职权,管理者的组织角色和权力来源才有了合法性。但是,合法性并不等于有效性,从合法性到有效性,除了需要管理者的岗位胜任力及其他相应的内外部条件以外,管理者本人的德行及其背后所依据的社会规范,是将组织成员凝聚起来,实现组织目标,创造价值的重要力量。

从某种意义上说,社会规范和管理者德行,是组织价值观和行为规范的重要源泉。没有社会规范,组织所确立的价值观和行为规范就失去了依托,这正像没有社会法律体系,组织内部的正式规则体系就失去了依托一样。以组织价值观和行为规范为基础的组织文化,必须符合社会规范的要求,并从中获得基本价值源泉。但是,如果组织价值观和行为规范仅仅流于表面形式,而不体现在组织成员的行为中,这样的价值观和行为规范不仅不能发挥作用,而且还会塑造出说一套、做一套的两面人,对组织的凝聚力不仅无益,还贻害无穷。

要使组织的价值观和行为规范落到实处,管理者必须率先垂范、身体力行。如果连管理者都不信奉组织的价值观,其行为都不符合组织的行为规范,这样的价值观和行为规范形同虚设也就可想而知了。因此,管理者的德行和组织文化总是紧密交织在一起,成为组织正式规则体系及管理者岗位职权赖以产生有效性的重要前提。现代管理必须将制度建设与文化建设、岗位胜任力与个人德行有机结合起来,才能从根本上保证管理权力的合法性和有效性。

2.4 子曰:"吾十有五而志于学,三十而立,四十而不惑,五十而知天命①,六十而耳顺②,七十而从心所欲,不逾矩③。"

【字词释义】

①天命:其中"命"是形声会意字,本义是用口下令,一般引申为命令、使命;而天

命意指来自上天的命令或使命,既可以引申为个人本性的来源,也可以指权力以及社会规范的天然合法性。天命在儒家管理体系中也是一个非常重要的概念,在用来指示权力合法性来源的时候,为儒家管理模式奠定了重要基础。

②耳顺:其中"耳"有两种意思,一是耳朵,二是助词"而已";相应地,"耳顺"在这里就有两种可能的解释,一是指能听得进各种不同意见,具有宽容之心;二是指顺应天命,以承接前文的"知天命"。实际上,这两种解释可以兼容,如果将"天命"理解为个人本性与社会规范合二为一的共同来源,那么,只有达到顺应天命的境界,才能做到心胸坦荡、兼容并蓄、融会贯通。

③逾矩:其中"逾"本义指越过,这里是超越、违背的意思;"矩"在这里是标准、准则的意思;逾矩意指超越标准、违背准则。

【今文意译】

孔子说:"我十五岁确立信仰追求,三十岁形成做人、做事的基本准则,四十岁可以用自己的观点对各种现实问题进行解释,五十岁真正理解人性和社会规范的天然合法性,六十岁能够做到对各种意见兼收并蓄、融会贯通,七十岁达到随心所欲而又不违背各种准则和规范的境界。"

【分析解读】

上三章说明儒家"为政以德"的管理之道和管理模式的核心在于"德行",本章则借孔子的人生体验进一步阐释"德行"的终生修养过程及其不同阶段的相应境界。

孔子的人生道德修养经历了六个不同阶段。达到每个阶段的具体年龄可能因人而异,但作为人生道德修养所要经历的六个阶段,应该具有共同性。正像本篇第2章所指出的,道德的本质在于"诚",而"诚"的核心则是思言行的一致性,因此,人生的道德修养过程,也就要围绕着思言行三者各自的一致性及其相互间的一致性的训练和养成来展开。

道德修养从"立志"开始,而"立志"就意味着信仰和核心价值观的确立,其本质恰是"思"的自我一致性。以"思"的一致性为基础,才有可能不断确立"行"的一致性;也就是说,行动只有在信仰和核心价值观引领下才能保持一致性,借助行动的一致性,才能确立"做人"的规范和准则,进而自我才得以在社会上立足。在"思"和"行"的一致性及其训练的基础上,才可能运用核心价值观以及"做人"的规范和准则,对各种现实问题进行解释,进而在"不惑"的基础上达到"言"的一致性,从而完成人生道德修养的第一轮循环,即从"立志"到"立身"再到"立言"的循环,实现思言行的自我同一性。

道德修养并非止步于思言行的纯粹自我同一性。虽然道德是社会规范的内在化,但是,自我道德不仅要内化并体现社会规范的基本要求,更应为社会规范的发展做出探索和贡献。因此,人生道德修养在完成第一轮循环、达到思言行的自我同一性之后,还要开始第二轮循环,实现自我与社会的同一性。

第二轮循环从自我超越或孔子言说的"知天命"开始,也即将自我的信仰和核心价值观真正完全融入社会规范之中，洞悉人生和社会的天然合法性根据，进而在"思"上达到自我与社会的一致性。以此为基础，才有可能理解和宽容各种不同的观点，达到"言"的自我和社会一致性。通过"思"和"言"的自我超越以及自我和社会一致性的实现，最终才有可能达到人生道德的至高境界，即在"行"上进入自我和社会相同一的那种游刃有余的"化境"。这样也就完成了人生道德修养的第二轮循环，即从"立命"到"立人"再到"立德"的循环，最终实现思言行的自我与社会同一性。

本章用孔子人生道德修养所经历的两轮循环、六大境界，清晰地刻画了德行修养的终生历程。这为儒家"为政以德"的管理之道和管理模式下的管理者培养和管理学习指明了方向。

管理精义

在迅速变化的时代，管理者和组织只有借助持续不断的学习，才能跟上变化、适应变化，乃至引领变化，因此，终生学习也就成为管理者和组织应对变化时代的必然选择。但是，以往人们所关注的终生学习，其内涵更多地侧重于知识和技能，很少涉及"做人"和"德行"的学习。这种单纯关注知识和技能的学习理念是不完全的。管理者和组织都无法脱离社会而孤立存在，要在社会中生存和发展，以"做人"和"德行"为基础的管理行为和组织行为必不可少。在这个变化的时代，关于"做人"和"德行"的学习，同样应该是管理者终生追求并践行的目标。如果将知识和技能的持续学习看作是狭义的终生学习理念的话，那么，包括"做人"和"德行"的持续学习在内的终生学习理念就应该是广义的。管理者和组织无疑应该建立广义的终生学习理念，从而推动知识、技能、德行的同步持续提升。

2.5　孟懿子①问孝。子曰："无违。"樊迟②御③，子告之曰："孟孙问孝于我，我对曰'无违'。"樊迟曰："何谓也？"子曰："生，事之以礼；死，葬之以礼，祭之以礼。"

【字词释义】

①孟懿子：鲁国的大夫。
②樊迟：孔子的学生，名须。
③御：本义是驾驭车马，这里是驾车的意思。

【今文意译】

孟懿子请教关于"孝"的问题。孔子说："不违背关于孝的社会规范，即'孝道'，就是孝。"

樊迟替孔子驾车，孔子告诉他说："孟懿子问我关于孝的问题，我告诉他'不违背孝道就是孝'。"樊迟问："这是什么意思呢？"孔子说："父母在世，依据礼的规范来侍奉他们；父母去世，依据礼的规范来安葬他们，并依据礼的规范来祭奠他们。"

【分析解读】

前四章重在阐述儒家管理之道和管理模式以及德的内涵和修炼过程，本章开始通过讲解"孝"的不同含义，以隐喻管理者在管理实践中要明确权力的合法性来源，首先学会做好被管理者。

孝是仁的集中体现，而且由家里对父母的孝，可以外推至一般组织中处理与上级的关系。但是，无论是处理与父母的关系，还是处理与上级的关系，都不能一味地迎合对方，而应首先遵循社会规范。只有依据规范来处理与长上的关系，才真正符合"仁"的要求。

所谓"孝顺"，并非完全顺从父母的意志，只是听话和服从，而是强调"顺礼而孝"，服从的首先应该是"礼"，依照礼的规范行孝，才是真"孝顺"。另一方面，也只有遵循社会规范而孝，才能在行孝上始终如一，不因父母在世与去世以及去世时间长短而有所不同。只有建立在以"仁"为核心的社会规范基础上的德行，才能真正做到持之以恒。

【管理精义】

管理者在组织中首先要明确权力合法性的来源。作为代理人的管理者，其岗位权力来自于委托人或授权者。管理者明确权力合法性来源，处理好与委托人或授权者的关系，是实现管理有效性和组织有效性的前提。管理者在处理与委托人或授权者的关系时，不能一味地逢迎和顺从，而应该恪守原则，最根本的原则就是社会和组织的正式规则体系和非正式文化规范。只有依据规则和规范来处理同委托人或授权者的关系，才能保证组织的健康可持续发展；否则，不遵循规则和规范，无原则地迎合委托人或授权者，既有损于自己的人格尊严，也不利于委托人或授权者的从善纳谏，更有损于组织的持续发展。

另外，管理者在处理与委托人或授权者的关系时，还应保持一致性，不因特定的人、事、情而改变恪守原则、始终如一的态度和行为。要做到这一点，关键还在于遵从规则和规范，毕竟规则和规范已成共识，相对稳定而又超越具体情境，管理者以此为基础，更容易保持态度和行为的一致性。

2.6　孟武伯①问孝。子曰："父母惟其疾之忧。"

【字词释义】

①孟武伯：孟懿子的儿子。

【今文意译】

孟武伯请教关于"孝"的问题。孔子说:"父母唯恐子女生病,而子女也应该将心比心,既不让父母担心,又关心父母,这就是孝。"

【分析解读】

上章是从礼的角度来谈孝,本章则从父母的视角来看孝。

孔子在这里所讲的孝,重点在于要理解父母深爱子女之心,也即父母的慈爱之心。若能理解父母的慈爱之心,经过换位思考,自然就会达到孝。因此,孝心同慈心,孝慈本一体。本节所要讲的也正是这种"同心而孝"。这与上章所讲的"顺礼而孝"互为补充。

管理精义

管理者在处理与委托人或授权者的关系时,同样需要换位思考。委托人或授权者也有他们的职责所系,而且他们的职责范围可能更大,绩效要求也更高。从根本上说,委托人或授权者与作为代理人的管理者,在目标追求和利益定位上具有一致性,只有在组织的整体绩效和可持续发展得到保证的前提下,委托人或授权者与管理者的价值才都能得以实现。这便是管理者在处理与委托人或授权者的关系时所应遵循的基本前提。

2.7 子游①问孝。子曰:"今之孝者,是谓能养。至于犬马,皆能有养。不敬,何以别乎?"

【字词释义】

①子游:孔子的学生,姓言,名偃。

【今文意译】

子游请教关于"孝"的问题。孔子说:"人们经常说能供养父母就是孝。对于犬马,人们也都能供养;如果没有敬重之心,又怎样区别供养父母与供养犬马呢?"

【分析解读】

上章讲解了体谅父母慈爱之心基础上的孝,本章进一步解说发乎自己内心的孝。

孝要有发自内心的敬重。既然在上章已经讲了要理解父母的"慈心",那么,在此基础上，自然就应该有发自内心敬重的孝，这便是"持敬而孝"，与"同心而孝"相互依存。如果没有"敬重之心"，而只有"供养之行"，那确实就与畜养犬马没有什么区别了。

管理精义

作为代理人，管理者工作的有效性在很大程度上受到委托人或授权者的影响。如果管理者无法处理好与委托人或授权者的关系，权力的合法性都会有问题，更不要说权力的有效运用了。管理者处理与委托人或授权者的关系，同处理与下属的关系，在"德行"要求上是一致的，都需要"敬"；而且，"敬上"、"敬下"与"敬事"是相通的。管理者既要在工作上尽己尽责、谨慎做事，又要对上级和下属敬爱尊重、表里如一。

2.8 子夏问孝。子曰："色难。有事，弟子服其劳；有酒食，先生馔①。曾②是以为孝乎？"

【字词释义】

①馔：这里是吃、食用的意思。　　②曾：这里是竟、乃的意思。

【今文意译】

子夏请教关于"孝"的问题。孔子说："和颜悦色最难。长辈有事，晚辈替他们做；也让长辈吃好喝好。这就是人们所说的孝吗？"

【分析解读】

上章讲到孝需要以发乎内心的敬重为前提，但如果只有敬重之心、供养之行，而没有和颜悦色的表现形式，仍称不上真正的孝。本章即在于说明孝的形式也非常重要。

孝应该是从内心到表现的统一，而表现又不限于具体做事和供养的行动，同时还应体现在日常侍奉长辈的表情中，这就是和颜悦色的要求。能够始终如一地保持和颜悦色确实非常难。唯其难，才更显示出其重要。反过来，即便有孝行，服劳做事，侍奉供养；也有孝敬，心里知道敬重；但是，如果总给父母长辈脸色看，同样会引发父母长辈的不愉快，甚至因此而造成误解，结果反而可能是不孝。

管理精义

管理者在处理与委托人或授权者的关系时，同样需要注意方式方法，并不是只要尽到职责，完成任务就够了。管理者与委托人或授权者的关系总是复合型的，除了职责、任务、工作等所蕴涵的各种正式交往关系或统称工作关系之外,还有不同情境下的非正式人际交往关系(其实,即便是工作关系也嵌入在人际交往关系之中)。因而,管理者在处理与委托人或授权者的关系时,就不能不考虑人际交往中的情感因素,而情感因素又往往受到细微的表情或肢体语言的影响。这就要求管理者应该使用恰当的表现形式,来处理与委托人或授权者的关系并开展工作。缺乏适当的表现形式,管理者在"做事"和"做人"上的努力,不仅无法达到预期效果,甚至可能适得其反。

2.9 子曰:"吾与回①言终日,不违如愚。退而省其私,亦足以发②。回也不愚。"

【字词释义】

①回:孔子的学生,姓颜,名回,字子渊。 开导的意思。
②发:本义是射箭,这里是引导、启发、

【今文意译】

孔子说:"我和颜回谈了一整天,他自始至终没有违背做学生的规范,表面上看,好像很愚钝一样。实际上,他回去后能很好地运用我所讲的道理反思自己,并能引申出新的观点来。这足以说明颜回并不愚钝。"

【分析解读】

上四章分别从"顺礼而孝"、"同心而孝"、"持敬而孝"、"和悦而孝"四个方面,阐述了孝的完整内涵,本章用颜回的例子做总结,进一步说明如何将孝落到实处。

在孔子这段话里,"不违"应做广义理解,并非指不违背孔子的意志、顺从听话的意思。结合上四章的内容即可明白,这里的"不违",意指"不违礼"、"不违心"、"不违敬"、"不违悦"。学生对待老师,就像子女对待父母一样,也应该恪守"孝"的规范。本章用颜回的例子,恰在于说明,孝应如何体现在日常行为中。颜回对待孔子的"不违",实际上就是将"顺礼而孝"、"同心而孝"、"持敬而孝"、"和悦而孝"落到实处的集中体现。颜回在处理与老师的关系中恪守了孝的规范,既建立了和谐的师生关系,又从中获得了教益,并能深入思考,形成自己独特见解。

管理精义

管理者在面对委托人或授权者时,若要将"做人"准则落到实处,就必须谨记四个方面的具体要求，即符合规范、换位思考、敬爱尊重、方式方法。管理者只有将这四个方面的具体要求整合起来，在日常管理行为中切实做到不违背原则、不违背共识、不违背庄敬、不违背面子，才有助于建立和谐的工作关系，推动组织管理工作的有效开展。

2.10　子曰："视其所以①，观其所由②，察其所安③。人焉廋④哉？人焉廋哉？"

【字词释义】

①以：本义指用，这里引申为做、从事的意思。

②由：在这里是原因、缘由的意思。

③安：本义是平静、安宁，这里引申为安乐、所好的意思。

④廋：这里是隐匿、藏匿的意思。

【今文意译】

孔子说："通过检视他所做的事，观察他的行为，细究他的爱好，就可以了解一个人。想隐匿又怎么可能呢？"

【分析解读】

上五章集中讲解以孝为基础的"德行"内涵及其要求，从本章开始着重讲"德行"的自我修养。本章在于说明修德在己，不能自欺欺人。

既然"德行"的核心内涵在于"诚"，即思言行的一致性，那么，要了解和把握管理者在日常行为和管理实践中是否有"德"或"诚"，最有效的方式就是观察他的思言行是否一致。因此，孔子这段话说的是，一个人要修养自己的"德行"，必须恪守"诚"这一核心原则，努力做到思言行一致；期望通过藏匿信息、隐匿行动以达到所谓"瞒天过海"的目的是不可能的，别人总会通过对事实、行为和偏好的持续观察、对比和分析，来认识一个人的"做人"和"德行"。从另外角度看，孔子这段话也指出了怎样才能更全面、更深入地认识和理解他人。这对于达到儒家管理学习的目的，即"认识人性、理解他人"来说，无疑是非常重要的。

管理精义

管理者必须清醒地认识到，期望借助藏匿信息、隐匿行动，在管理实践中人为造成信息不对称，来达到自己的目的是非常困难的。因为这样一来，言语和行为表现中的不一致将是必然的，迟早会被别人发现，这也正是"人民的眼睛是雪亮的"道理所在。另外，管理者也要善于从事实、行为和偏好上去观察人、认识人、理解人，以便更好地发挥每个人的潜能和专长。

2.11 子曰："温故而知新，可以为师矣。"

【今文意译】

孔子说："只有通过对自己过去的所学、所行、所言、所思进行持续反思和总结，才能更好地理解和把握自己的思言行一致性，并知道未来该怎么做，这本身就是一个自我学习、自我教育的过程。"

【分析解读】

上章讲解了"诚"或思言行的一致性可以从三个方面来观察和认识，本章则重在说明，管理者要恪守"诚"，关键在于自我反思、自我学习。

孔子这句话中的"温故"和"知新"都可以做广义理解，其中"温故"并不一定单纯针对所学过的特定知识而言，还可以包括自己过去做过的事、说过的话、想过的问题等，而且在反思基础上的"知新"，也不一定局限在"新知识或对原有知识的新理解"上，更重要的应该是对自己更清醒的认识，特别是对自己在"诚"或思言行一致性上的把握。只有更清醒地认识和把握住自己，才能知道在未来如何更自觉地恪守"诚"的原则，保持日常行为和管理实践中思言行的一致性，也才能更有效地学习新知识，并将之纳入自己"做人"的原则体系和做管理的知识体系之中，真正做到融会贯通、为我所用。

另外，孔子这句话中的"可以为师"，也可以理解为做自己的老师。管理学习，尤其是"做人"和德行修养，关键在于当事人自己由内而外地探索，实现自我学习、反思、实践和提升，而在这个过程中，只有通过广义的"温故而知新"才能得以完成。

管理精义

在管理者的培养和教育过程中，正式教育体系和团队学习机制固然重要，但既然管理者的"做人"和管理知识都需要终生学习，那么，在这个终生学习过程中，自我学习和自我训练就是一种至关重要的常规化机制，而且这种自我学习和自我训练的关键之处就在于保持自我思言行的一致性。

从某种意义上说，孔子之所以能经历立志、立身、立言、立命、立人、立德六大境界，不断提升自己的德行修养水平，关键恰在于不断进行反思、检验、实践和提升的自我学习和自我训练过程。同样，那些具有高明的"做人"境界、丰富管理知识和实践经验的管理者，大多也是通过终生的自我学习和自我训练而取得成功的，并非完全依靠正式教育体系和团队学习机制培养出来。管理者的"做人"和德行修养关键在于自己,"做人"并非做给别人看,自觉自愿的终生学习最为要紧。

2.12 子曰:"君子不器①。"

【字词释义】

①器:是会意字,本义指器物或器皿,可引申为工具、器具、本领、才干、气度、胸怀等,这里指有专门用途的器具及由此引申出来的"专才"的意思。

【今文意译】

孔子说:"管理者不能把自己变成具有专门用途的器具,而应超越组织中的各项具体专门职能,将它们整合起来实现组织的整体价值。"

【分析解读】

上章讲管理者的自我学习和自我训练,本章进一步说明管理者应该训练成什么样的人,具有怎样的知识基础。

具体地说,孔子这句话可以从两个方面来理解。首先,管理者不是器具,而是人。人与器具的最大区别在于,人既有精神境界又有创造力,因此,管理者既要做有精神境界和道德追求的人,又要不断挖掘自己的创造潜能。

其次,每种器具都有其专门功用,而管理的职业特点,决定了管理者不能像具有专门功用的器具一样,只具有特定专长,管理者必须能够将具有专门功用的器具和有着专业技能的专才结合起来,为组织及其利益相关者创造整体价值。因此,管理者所应具备的知识基础,应该是关于社会规范的知识以及将其他专门知识整合在一起的综合类知识。

管理精义

管理工作的知识基础和管理者的职责定位,都有其特殊性。管理者不应太过专注于狭义的、具有特定用途的专门知识,而应关注那些涉及人与人关系处理的社会规范知识,以及那些有助于将各类专门知识、专业人才和专用器具整合在一起的综合类知识。另外,管理者的重要职责之一在于整合,即将各类不同性质的工作整合在一起,产生1+1>2的整体效果。因此,管理者并非对某一项具体专业活动负责,而是对组织整体活动效果负责。

2.13 子贡问君子。子曰:"先行其言,而后从之。"

【今文意译】

子贡请教关于管理者的问题。孔子说:"先做后说,这样的话,人们也就自然知道该怎样做了。"

【分析解读】

本章意在阐述管理者如何做到言行一致。这恰是儒家管理模式对管理者的基本要求之一,也是管理者"德行"在日常管理行为中的基本表现。

孔子这句话一方面说明,管理者在处理"言"与"行"之间的关系时,要让"行"在"言"先,则可确保言行一致。另一方面,管理者在组织中具有示范作用,正所谓"上行下效"。如果管理者能够做到"行"在"言"先、言行一致,下属自然也会效仿,整个组织就容易形成言行一致的氛围。更重要的是,人们通过观察管理者的"行",也更容易理解和认识到自己该怎样做;否则,若管理者只是说或发布命令,人们并不一定能够理解或体会到该怎样行动,尤其当管理者言行不一时,更容易使人们迷失方向。这也正是管理者"行胜于言"的道理所在。因此,孔子这句话中的"而后从之",既可以理解为"言"从于"行",也可以进一步引申为人们跟从管理者的行为。在管理情境中,这种引申理解更为顺理成章。

管理精义

在现实管理实践中,管理者的言行一致非常重要,也为组织成员们所普遍期待,但问题是,管理者如何才能做到言行一致,从而在组织里营造言行一致的氛围呢?这就需要管理者区分不同的管理情境,有针对性地恰当处理"言"与"行"之间的关系。比如,在一些涉及日常的规范化运营管理问题上,特别是那些在既有的规则和规范体系下关乎大多数人切身利益的问题上,管理者应从大局出发,基于规则和规范,恪守"先做后说"的原则;但是,在涉及组织的战略问题以及规则和规范的制定或修改问题时,又另当别论,管理者应先"言",并充分讨论,然后才能"行",并且在"行"中严格遵从先前的"言",这同样是言行一致的基本要求。

2.14 子曰:"君子周①而不比②,小人③比而不周。"

【字词释义】

①周:在甲骨文中像种满庄稼的农田之形, 表细密、紧密之义,在这里可引申为普遍、全

面、周到的意思。

②比：在这里是褊狭、个别的意思。

③小人：原义为地位卑微的人，可引申为平民、劳动者、普通人，在更多情况下可以指代"被管理者"。

【今文意译】

孔子说："管理者要整体和全面地分析问题，而不能将视野局限在某一狭窄的方面；被管理者则要具体和专业地解决问题，而不能将眼光流连于宏大宽泛的全局。"

【分析解读】

本章借助管理者和被管理者岗位职责要求的对比，进一步阐述了管理者的知识基础和视野定位。

结合本篇第12章"君子不器"中对管理者知识基础的界定，不难理解，孔子这句话意在说明，管理者与被管理者的知识基础、职责要求和视野定位是不一样的。既不能以管理者的标准来强求被管理者，也不能按被管理者的定位来比照管理者，管理者和被管理者应各司其职、各尽其责。

由于人们习惯于将君子和小人做好与坏的价值判断，相应地，似乎"周"与"比"也有了好与坏的不同；好像是作为普遍、全局的"周"就一定好，作为褊狭、个别的"比"就一定不好。

实际上，在管理实践中，"周"与"比"并没有好与坏的分别，不同的组织岗位对"周"与"比"的要求是不一样的。在非常具体而专业的某个被管理岗位上，"比"就成了岗位职责所要求的专业眼光和专业知识能力，而"周"反而可能流于空泛，缺乏应有的岗位胜任力；当然，若针对管理岗位，尤其是组织的高层管理岗位，"周"则成为全局视野、战略意识的基本岗位职责要求。

因此，如果从管理者和被管理者的角度来理解君子和小人，进而从管理者和被管理者岗位职责要求的差异来看待"周"和"比"，那么，孔子这句话的意义就非常清楚了。它并非一般意义上的人生格言，意在告诫人们应该怎样看问题并处理人与人之间的亲疏远近关系，而是针对管理者和被管理者在组织中的岗位职责不同，对两者的视野和工作提出了不同的要求。

管理精义

管理者一方面要清醒地认识到自己在组织中所承担的岗位职责及其对自身视野定位和知识基础的要求，不断强化自己的整体观和全局观，以便更为全面地看问题和分析问题，用自己的综合知识基础来有效地整合各种专门知识、专业人才和专用资源；另一方面，管理者还应理解被管理者的工作特点和岗位职责要求，不能以自身的标准强求被管理者。岗位的专业化特点，决定了被管理者习惯于从自己所在岗位的局部立场和自身专业知识的视角出发，来看待问题和解决问题。被管理者在某些情况下和有些时候看不到

> 整体、无法具备全局视野是正常的，不能因此而否定其专业而又具体工作的价值。

2.15 子曰："学而不思则罔①，思而不学则殆②。"

【字词释义】

①罔：通"惘"，是迷惑、昏乱的意思。
②殆：本义指危险，这里引申为思想上的偏颇和危险。

【今文意译】

孔子说："只进行知识学习而不思考，就会陷入迷茫；但是，只沉浸于自我思考而不学习，又会面临思想偏颇的危险。"

【分析解读】

上章讲解了管理者知识基础和视野定位及其特点，本章进一步说明，为了达到这样的知识基础和视野定位，管理者应该怎样进行学习和思考。

孔子这句话所要表达的意思是，管理者要达到宽广的视野和综合的知识基础，必须将知识学习和自我反思有机结合起来。没有自我反思，只是一味地获取各种知识，虽然表面上看知识很丰富，但那不过是些杂乱无章的知识碎片的堆积而已，难以形成自己一以贯之的知识体系，也就无法建立真正有效的综合知识基础，更无从引申思路和开阔视野。缺乏综合知识基础和宽广视野的管理者，自然难以有自己的思想，只会人云亦云，到头来仍是疑惑不已。反过来，若不注重知识学习，只是一味地进行所谓"独立思考"，这种自说自话式的"独立思考"，又极有可能将管理者的思路引向死胡同，走上极端的方向，以这种褊狭的"思路"来指导行动，不仅对管理者个人有危险，对组织更是灾难性的。

管理精义

在现实管理实践中，人们经常说"思路决定出路"，也就是说，管理者的思路直接决定着组织的发展出路。问题是，管理者正确的思路从哪里来？管理者的思路来源于管理者所拥有的视野和知识基础，而视野和知识基础又来自于知识学习和自我反思的有机统一，并且从时间角度看，管理者的知识学习与自我反思，还是一个终生学习和持续反思的不断互动过程。因此，管理者一方面要有终生学习的态度，另一方面又要有持续反思的习惯，并将两者有机结合起来；只有这样，管理者才有可能形成正确的思路，引导组织健康发展。

2.16 子曰："攻①乎异端，斯害也已。"

【字词释义】

①攻：是形声字，本义指攻打、进攻，这里引申为治、专攻的意思。

【今文意译】

孔子说："管理者在思想和行为上走极端，危害非常大。"

【分析解读】

上章讲了管理者如何才能产生正确思路，本章则告诫管理者不能走极端。

要理解孔子这句话，必须联系本篇第12章、第14章和第15章中对管理者的知识基础、视野和思路的具体要求。孔子这句话并不是泛泛地对所有人来说的。实际上，对于那些从事专业工作或纯研究工作的人来说，有时需要的恰是"片面的深刻"，而不是"全面的肤浅"；在专业发展和知识进步过程中，往往正是那些勇于走极端的人提出来的，在当时可能认为是"异端邪说"的理论或方法，后来被证明是推动专业发展和知识进步的真正动力。因此，如果将孔子这句话理解为对所有人而言的，岂不是孔子要人们墨守成规、四平八稳，不要进行探索和开拓了吗？

如果联系上几章所讲的内容来理解孔子这句话，就不难看出，这句话只是讲给管理者听的，前面若加上"君子"两个字，即"君子攻乎异端，斯害也已"，其意义就非常清楚了。如果管理者走极端，那么，对于管理岗位职责的履行而言，对于组织整体发展而言，自然就非常危险了。由于管理者扮演的是代理人角色，其职责所系并非一己，而是委托人乃至整个组织及其利益相关者；在这样的前提下，管理者若走极端，岂不意味着拿委托人、整个组织以及利益相关者的利益做赌注？

当然，管理者不走极端，并不意味着在组织里也不允许特定专业岗位上的专业人员走极端，如研发人员打破常规，进行那些不一定有短期效果的、带有极端性的技术探索，这种带有极端性的技术"试错"活动之所以能够存在，恰是因为组织中有着宽容和自由的文化氛围。从某种意义上说，正是管理者不走极端，才为被管理者"走极端"创造了条件，而只有被管理者勇于"走极端"，才能让管理者更好地不走极端。

管理精义

在"变是唯一不变的法则"的全球化竞争时代，创新成为组织竞争制胜的关键。组织中的创新活动大致可以分为两类，即技术或专业类创新和管理创新。其中，管理创新不是目的，而是为更有效地推动技术或专业类创新服务的，管理者不能为了管理创新而进行管理创新。因此，组织中的管理创新应非常慎重，甚至管理创新越少越好，这样才能保证组织规则和规范具有相对稳定性，以形成可持续的宽容和自由氛围，让组织成员无后顾之忧地从事技术或专业类创新活动。对于管理者而言，在管理实践中自己不走极端，与宽容乃至鼓励被管理者在专业领域里敢于走极端并不矛盾。没有被管理者敢于走极端的勇气，就难以产生各类推动组织持续发展的技术或专业类创新。管理者不走极端与被管理者走极端、管理创新与技术或专业类创新之间的平衡，是现代组织管理的基本要求之一。

2.17　子曰："由①，诲女②知之乎！知之为知之，不知为不知，是知也。"

【字词释义】

①由：孔子的学生，姓仲，名由，字子路。
②女：通"汝"，人称代词"你、你们"的意思。

【今文意译】

孔子说："子路，告诉你什么才叫知道或有知识吧！知道的就是知道，不知道的就是不知道，这才是真知道啊！"

【分析解读】

本章讲解管理者所应具备的"自知之明"的学习和工作态度。

孔子这段话包含了两层意思，第一层讲的是管理者在学习过程中应有"自知之明"的态度。考虑到管理者知识基础的综合性要求，如果管理者没有"自知之明"的学习态度，自以为是，那是不可能有内在动机持续学习、超越自我的，也就不可能获得宽广的知识基础，来满足管理岗位的职责要求。

第二层意思讲的是，管理者在管理实践中同样应具有"自知之明"的态度，坦诚面对自己所不知道和不懂的专业领域。因为管理者的工作关乎组织的整体和全局，其中有一些管理者所不了解乃至一无所知的专业领域实属正常。管理者应勇于承认自己在特定专业领域中的无知，虚心学习并听取专业人员的意见和建议，而不能不懂装懂，瞎指挥。从某种意义上说，管理者在工作态度上的"自知之明"更为重要，也只有具备了工作中的"自知之明"，才真正有动机去学习，并做到学习中的"自知之明"。

管理精义

管理者贵有自知之明。现实中经常出现的情况是，管理者随着职位晋升，似乎知识和视野也自然同步提升,一旦到了组织的最高管理岗位上,就好像变得"无所不知、无所不能"一样,对什么专业领域都敢指手画脚,以至于组织中的最高管理者的指示没有不重要的,讲话没有不深刻的。造成这种现象的原因,一方面固然在于权力的高度集中,另一方面也与管理者缺乏"自知之明"有关。如果管理者能够时刻清醒地认识到自身局限性,恪守"自知之明"的原则,即便组织中存在权力集中的情况,管理者也会从内而外自我约束,限制可能出现的瞎指挥式权力滥用。

管理者的权力滥用可能有两种表现形式:一是谋私利式权力滥用,二是瞎指挥式权力滥用。在今天的法治社会和法人组织中,要从根本上防止管理者谋私利式权力滥用和瞎指挥式权力滥用,便不能只是依靠管理者个人内在修养,而应同步强化外部规则和规范体系建设,通过制度设计来限制权力的集中和滥用。在现代法人组织中,只有内外兼顾,双管齐下,才有可能使管理者认真履行职责,让管理工作步入正轨。

2.18

子张①学干②禄③。子曰:"多闻阙④疑,慎言其馀,则寡尤⑤;多见阙殆,慎行其馀,则寡悔。言寡尤,行寡悔,禄在其中矣。"

【字词释义】

①子张:孔子的学生,姓颛孙,名师。

②干:是象形字,像一支长柄武器,本义指一种兵器,这里引申为求取、谋求的意思。

③禄:是形声字,本义指福禄,可引申为官吏的薪俸,这里意指做官或做管理者。

④阙:这里指空缺、搁置的意思。

⑤尤:这里是错误、罪过的意思。

【今文意译】

子张希望学习做管理的核心要义。孔子说:"多听,将其中没有把握的部分搁置起来,即使那些比较有把握的部分,说起来也要谨慎,这样就可以不说错话;多看,将其中不是很确定的部分搁置起来,即便那些比较确定的部分,做起来也要小心,这样就可以不后悔。说话不出错,办事不后悔,做管理自然就没有问题了。"

【分析解读】

本章用孔子告诫子张如何做管理者的例子,阐明在管理实践中如何才能做到"诚",即思言行一致性。这也是对上几章关于管理者自我学习和自我训练的总结。

孔子所说的管理要义,其核心还是一个"诚"字。对管理者来说,"诚"的外在表现就是言行一致,但仅有言行一致还远远不够;若言有错,行有悔,则说明可能言不由衷,行不关心。严格来说,言和行都应该反映思或心。在古人看来,"心之官则思","思"体现的恰是"心"的功能,而"心"就是"思"的主体。因此,要真正做到思言行的一致,则必须做到言为心声。当心中装有社会规范之后,言就不太会出错;同样,当行为符合心中所想,也符合社会规范的要求时,行自然也就不会后悔。言不出错,行不后悔,就说明思言行一致了,也就达到了"诚"的德行要求。

既然如此,那么如何才能保证言不出错,行不后悔呢?前提还是要善于学习,其中既要在理论中学,又要在实践中学。对管理学习而言,更重要的则是在实践中学,即在实践中多听、多看,兼收并蓄,既要学"做人",又要学管理,两者结合,互相促进,才能不断提升"做人"和做管理的境界。

管理精义

在管理实践中,"做人"和做管理是相统一的。"言寡尤,行寡悔"既是"做人"的原则,也是做管理的要义。这无疑将平常所说的管理者的"言行一致"提升到一个更高的境界。管理者在日常管理实践中仅有"言行一致"是不够的,还必须将社会和组织的规则及规范内化于心,从内心恪守的准则出发,在管理实践中不仅做到言行一致,而且要使言和行都符合内心所恪守的规则和规范要求,这样才能真正做到"言寡尤,行寡悔",也才能真正达到思言行的一致性。

2.19 哀公①问曰:"何为则民服?"孔子对曰:"举直②错③诸枉④,则民服;举枉错诸直,则民不服。"

【字词释义】

①哀公:鲁国国君,姓姬,名蒋。
②直:本义指双目直视,这里意指正直,正直的人。
③错:通"措",放置、放弃的意思。
④枉:本义指曲、不正直,这里意指不正直,不正直的人。

【今文意译】

鲁哀公问道:"怎样做才能让人们信服呢?"

孔子回答说:"选用正直的人,舍弃那些不正直的人,人们就会信服;选用不正直的人,却舍弃那些正直的人,人们就不会信服。"

【分析解读】

本章讲解如何将"诚"的原则贯彻于处理和下属的关系之中,赢得下属信服的问题。这是日常管理非常重要的内容。

　　孔子的回答非常清楚，管理者要让被管理者信服，就必须将"诚"的原则推广至整个组织，不仅管理者自己要做到思言行一致，还要重用那些思言行一致的正直的人，从而使整个组织形成"诚"的氛围。这样一来，不仅被管理者会信服管理者，更重要的是，整个组织也会形成信任氛围，从而产生凝聚力和竞争力。

管理精义

　　组织中要有正能量，建立信任氛围，关键在于管理者在处理与组织成员的关系中能否恪守"诚"的原则，选用正直的人，远离不正直的人。如果管理者能够超越个人好恶以及与自己的亲疏远近关系，从"诚"的原则出发，以正直标准建立管理者与被管理者的关系，那么，组织中就容易建立起信任氛围，更有利于践行各类组织规则和规范。换句话说，尽管在组织中，规则是第一位的，但若没有组织成员的心悦诚服，规则及其赋予管理者的权力都难以发挥应有的作用。在现代法人组织中，基于正式规则体系的管理者权威，与基于非正式社会规范的管理者德行并行不悖。也只有将两者结合起来，才更有利于组织管理的有效性。

2.20　季康子①问："使民敬、忠以劝②，如之何？"子曰："临之以庄则敬，孝慈则忠，举善而教不能则劝。"

【字词释义】

①季康子：鲁国大夫季孙氏，名肥。
②劝：本义是勉励或人因勉励而努力，这里是有积极性、努力的意思。

【今文意译】

　　季康子问："怎样做才能让人们不仅谨慎做事，尽己尽责，而且还有积极性更努力地工作呢？"

　　孔子说："对人们庄重，人们就会谨慎做事；对年长的尊重，对年幼的慈爱，人们就会尽己尽责；选用善良的人，并注重培养人，人们就会有积极性。"

【分析解读】

　　本章进一步讲解管理者如何激励下属的问题。

　　在这段对话里，"敬"、"忠"都不是针对管理者个人而言，这与第一篇第 4 章中的"为人谋而不忠乎",以及第一篇第 5 章中的"敬事而信"都是对管理者的要求有所不同。这里说的是,管理者希望人们或被管理者能够做到"谨慎做事"、"尽己尽责"。也就是说,在组织中,不仅需要管理者"敬"和"忠",同样也需要被管理者"敬"和"忠"。问题是,管理者如何才能让被管理者不仅在履行自己工作职责时"敬"和"忠",而且能够更积极主动地工作呢?孔子的建议是,若希望被管理者怎么做,那么管理者自身首先就应该这么做;管理者在考虑让被管理者为组织做什么的时候,应首先考虑自己能为被管理者和组织做什么。只有当管理者能尊重被管理者,并从职业发展的角度关心和培养被管理者时,被管理者才会尽己尽责、谨慎做事,进而具有主人翁意识,积极主动地工作。

管理精义

对于组织成员的激励,除物质激励外,还必须注重文化方面的激励。在文化激励上,管理者的"做人"以及由此慢慢形成的组织氛围非常重要,它能引导人们超越功利目的,追求人格尊严和职业发展。因此,在一定程度上说,由管理者"做人"的示范效应所激发出的组织氛围,其本身就蕴藏着某种价值观和行为规范,这就是组织文化在现实中的具体表现。这本身也是一种组织激励机制,可以称为文化激励机制。管理者身体力行地践行组织文化规范的过程,也就是不断强化对组织成员的文化激励的过程。

2.21 或谓孔子曰:"子奚①不为政?"子曰:"《书》云:'孝乎惟孝,友于兄弟,施于有政。'是亦为政,奚其为为政?"

【字词释义】

①奚:是代词,怎么、为什么的意思。

【今文意译】

有人对孔子说:"先生为什么不做管理呢?"

孔子说:"《尚书》上说:'孝敬父母、友爱兄弟,和从事管理一样。'这也就是管理,为什么非要有管理职位才是做管理呢?"

【分析解读】

本章用孔子本人的事例说明,管理无所不在,不一定非要在组织里担任管理者才是从事管理。

在家侍奉父母、处理与兄弟之间的关系,都需要有管理的理念、思维和行动,能做好这些，也就意味着有了做好管理的基础，它们的道理是相通的。因此，学管理不一定非要专门针对管理知识和活动才能学管理，做管理也不一定非要有特定的管理职位才能做管理；只要是有心人，在日常生活的点点滴滴中都能学管理、做管理。这也可以对照第一篇第 7 章中子夏的观点来理解。

> **管理精义**
>
> 　　管理具有普遍性。从个人管理、家庭管理，到组织管理，其管理要义一脉相承，不一定非要在管理岗位上才能践行管理和体会管理。管理者要有在一切活动中学习管理的意识，这样才能无时无处不训练自己的管理思维和管理能力，提升自己的管理境界和管理格局，以胜任更大的管理职责的要求。
>
> 　　另外，管理研究与管理实践并不完全等同，不是只有做过管理的人才能理解管理、研究管理乃至承担管理教育的工作。孔子虽然从事实际管理工作的时间很短暂，但他作为一名管理研究者和教育者，却能够充分利用丰富的历史资源、各诸侯国管理的典型案例以及从日常生活中提炼出来的各类经验体会，总结出超越具体管理实践而具有普遍性的管理理念、原则和方法，并通过恰当的教育方式，传授给他的学生，又通过学生们的管理实践，进行检验、修正、完善和提升。这个过程一方面体现了管理研究、管理教育与管理实践的区别，另一方面也说明管理研究对管理实践的指导作用。正因为管理研究超越了个别的、具体的管理实践，它才能透过管理实践的经验现象看到其背后的原则和机理，不仅能知其然，更能知其所以然。以此来指导实践，才能让管理实践超越个体的局限性，以更高的境界和格局来面对具体的管理事务。这提醒管理者认真思考如何有效利用管理研究成果，在接受管理教育的基础上，实现管理者终生学习和持续修炼。

2.22 子曰："人而无信，不知其可也。大车无輗①，小车无軏②，其何以行之哉？"

【字词释义】

①輗：古时大车辕端和横木相连的关键。　　②軏：放在车辕前端与车横木衔接处的销钉。

【今文意译】

　　孔子说："做人没有了信用，真不知道还能不能立足。这就像大车没有连接辕端和横木的关键，小车没有衔接车辕前端与车横木的销钉，怎么可能行走一样。"

【分析解读】

　　上几章讲了管理者以"诚"来处理与被管理者的关系，以践行儒家管理模式的基本要求,本章进一步强调"诚"是管理者乃至每个人在社会上得以立足的根本。

在孔子这段话里,"信"可以理解为"信用",是"诚"或"诚信"的外在表现,也就是一个人的言行一致已被人们所认可,形成了稳定的声誉或信誉,从而被认为是讲"信用"的人。对管理者来说,若要赢得组织成员的信任,其言行一致的水平,也即"信用"水平,就是至关重要的决定因素。用孔子的话说,这就像大车、小车得以运行的关键部件一样。管理者若失去了"信用",在组织和社会中便无法立足了。

【管理精义】

组织要在社会中存在和发展,很大程度上靠的是组织信用,也即组织所提供的产品或服务的品质为人们认可后所形成的社会声誉或口碑,其中还包含着组织管理者的信用因素。只有当管理者在组织与社会中具有高水平的信用,才更有利于激发和保持组织成员及组织行为的高信用水平,也才能逐渐积累组织的信用。信用就是一种口碑,而组织的口碑是由那些有口碑的管理者和组织成员通过创造高品质的产品或服务赢得的。

2.23 子张问:"十世①可知也?"子曰:"殷因于夏礼,所损益可知也;周因于殷礼,所损益可知也。其或继周者,虽百世可知也。"

【字词释义】

①世:在小篆中是会意兼形声字,本义指代的意思。三十年的时间,引申为一辈子,这里即是辈、

【今文意译】

子张问:"人们能否预知未来十代的发展趋势?"

孔子说:"殷商沿袭了夏朝的礼仪规范,只是结合当时的社会特点略作调整,因此是可以理解和把握的;周朝继承了殷商的礼仪规范,也只是结合当时的社会特点略作调整,因此也是可以理解和把握的。此后的社会发展同样可能继承周朝的礼仪规范,这样的话,哪怕未来再发展百代也是可以预知的。"

【分析解读】

上章讲解了个人的立足之本在"诚"及其外在表现"信用",本章则说明社会同样也是万变不离其宗,这个"宗"就是调整人与人之间关系的"礼"。

孔子这段话所要说明的是,社会发展有章可循,其依据便是调整人与人之间关系的礼

仪规范。每一个特定的朝代，虽然都会有独特的体制及政策，但是，当涉及人与人之间关系时，每个朝代又无不是在家庭的自然亲情关系基础上进行调整罢了，其具体表现形式可能会有所变化，而内在关系实质，即仁和义，却是一脉相承的。这便是社会万变不离其"宗"的原因所在。因此，只要把握住了人与人之间关系的实质及其对"做人"的基本要求，虽历经百代，社会发展变化的大趋势仍是可以预知的。由此不难理解，儒家管理模式为什么如此重视"礼"及其所内秉的"仁"和"义"。只有把握住了仁义礼，才能预知社会发展趋势，也才能更好地推动组织的可持续发展。

管理精义

组织的存在和发展离不开社会环境，而社会环境不仅包括正式制度规则，还包括社会规范。由社会规范所创造的社会文化秩序，具有更强的稳定性、渗透性和自主性，并在很大程度上决定了社会正式规则体系的合法性和有效性。因此，管理者要想把握社会环境发展变化的趋势，就必须深刻理解社会规范及其历史演进的逻辑。对于社会文化的变迁和发展来说，只有站在历史的角度，才能把未来看得更清楚。

2.24 子曰："非其鬼而祭之，谄也。见义不为，无勇也。"

【今文意译】

孔子说："选择不应当祭祀的对象来祭祀，缺乏内在的诚，不过是谄媚而已。依据社会规范的要求而应该做的事情，却不去做，则是没有勇气的表现。"

【分析解读】

本章作为全篇的总结，再次强调指出，作为德行之本的"诚"与社会规范的统一，是儒家管理模式中"道之以德"的核心内涵。

孔子这段话表达了相互联系、密不可分的两层含义。首先，在古代，祭祀是一种非常重要的社会活动，也是一种对信念或信仰追求的表达方式，要以"诚"为基础，必须"真诚"地从事祭祀活动。这也正是第一篇第9章所讲的"慎终追远，民德归厚"的道理所在。因此，祭祀不仅是一种仪式，更是内在信仰追求的真诚表达。如果祭祀的对象并非自己真诚相信的、应该祭祀的对象，那么，祭祀活动便是徒有其表，做样子而已；既然是做样子，岂不就是"逢迎"或"谄媚"吗？要么是逢迎祭祀的对象本身，要么就是向那些应当祭祀该对象的有影响力的人献媚。无论哪种情况，都说明祭祀之心不诚。缺少"诚"，不仅祭祀活动失去了意义；更重要的是，由此还可能失去人们的信任，从而危及儒家管理模式的根基。

其次，从社会规范的角度来看，人们的行为不仅要发乎"诚"，而且还要符合社会规范的要求；否则，即便思言行一致，也有可能损害他人乃至社会的利益。对于那些符合社会规范而应当做的事情，恪守着社会规范与"诚"相统一原则的人们，都应该义无反顾地去做，这才叫有勇气、有担当。

从本质上说，内在的"诚"与外在的社会规范的统一，构成了儒家"为政以德"的管理之道和管理模式中"德行"不可分割的两方面内涵。这也正是孔子用"祭祀贵诚"和"见义勇为"两个隐喻所要表达的含义所在。

管理精义

管理离不开信念追求。信念是组织文化的第一价值观或核心价值观的来源，而信念之所以能为组织所信奉和追求，关键又在于管理者的"诚"。如果管理者在内心并不相信组织的信念追求及核心价值观，只是将其作为形式和口号，这就是典型的"非其鬼而祭之"，不过"谄媚"而已。这不仅无益于组织的信念追求和文化建设，反而会破坏组织氛围，使组织行为具有两面性，说一套、做一套，从根基上慢慢侵蚀着组织的凝聚力和竞争力。

当然，管理者的"诚"和组织的信念追求，还要符合社会的正式规则和非正式规范的要求。不同时代的规则体系和文化规范会有所变化，但不管在什么时代，不管在何种社会环境，组织信念和组织文化的有效性都离不开管理者的"诚"及其与社会规则规范的一致性。只有在符合社会规则规范的前提下，管理者"真诚"地追求组织信念并恪守核心价值观，组织文化才能真正发挥作用。

八佾第三

本篇导读

本篇讲社会规范,重在说明"齐之以礼"中"礼"的本质内涵及其对管理者和管理的基本要求,与上篇关于"道之以德"中"德"的阐述相呼应。

本篇大致可分为四个部分。第一部分由第1章到第6章的内容构成,通过列举管理者僭越礼仪规范的典型事例,阐明"礼之本为仁"的道理。其中,第1章和第2章分别举出鲁国大夫在不同礼仪规范上僭用的例子,意在说明当时社会规范和管理规范缺失的状况;第3章提出"礼之本为仁"的观点;第4章进一步阐述了基于"仁"的礼仪规范的具体要求;第5章用"夷狄"和"华夏"的对比,解说礼仪规范对管理者的基本要求;第6章再举鲁国大夫违"礼"的事例,说明违背礼仪规范将从根本上危害管理权力的合法性。

第二部分由第7章到第15章的内容构成,从正面阐述了礼仪规范的形式与内容相统一的重要性,及其对管理者"诚"的德行的具体要求。其中,第7章用射箭礼仪来解说社会礼仪规范在管理职业规范中的具体表现;第8章借用化妆和绘画的比喻,再次阐明"礼"的本质及其对管理者的要求;第9章通过谈论夏商两代的礼仪规范,说明"礼"重在内涵和应用,而不在文字和形式;第10章和第11章重点分析周朝"大祭之礼"的现状,并由此引申出儒家"礼治"的管理思想;第12章讲解礼仪规范对管理者"诚敬"的要求;第13章则用祭祀灶王神的礼仪,继续讲解以"诚敬"行"礼"的重要性;第14章解释周朝礼仪规范对夏商两代的继承和发展;第15章用孔子本人的例子,概括礼仪规范关键在于形式和内容相统一的核心观点。

第三部分涵盖第16章到第21章的内容,重点讲解儒家"礼治"或"齐之以礼"管理思想的实现方式。其中,第16章借用"射箭之礼"说明包容性目标的设置对于管理的重要性;第17章用"告朔之礼"阐述计划和时间管理;第18章借"事君之礼"解说管理权力和组织秩序的来源;第19章通过"君臣之礼"阐明日常管理中权力运用的基本原则;第20章引用《诗经》中的篇章,解释管理控制中的适度原则;第21章借助谈论"社树之礼",提出管理中事后控制的三条原则。

第四部分包括第22章到第26章的内容,意在总结提炼"齐之以礼"的核心内涵和具体要求。其中,第22章通过评价法家管理思想的代表人物管仲,再次凸显儒家管理模式的本质特征；第 23 章以音乐演奏过程为隐喻，解说"齐之以礼"所要达到的"有耻且格"效果；第 24 章借助卫国地方官的评价，点明儒家管理模式致力于追求长期有效性，而非一时功利；第 25 章借谈论音乐以阐明管理所应追求的社会责任；第 26 章总结全篇，概括"齐之以礼"的基本要求。

儒家管理模式就是要通过"道之以德"、"齐之以礼"，最终达到"有耻且格"的境界。本篇承接上篇关于"道之以德"的讲解，重点围绕"礼"来阐述"齐之以礼"。这两篇的内容为下篇解说"有耻且格"打下基础。

3.1 孔子谓季氏①："八佾②舞于庭，是可忍也，孰不可忍也？"

【字词释义】

①季氏：鲁国大夫季孙氏。
②佾：古代乐舞的行列，一行八人为一佾。跳舞时用佾的多少，标志官阶等级的差别，天子八佾、诸侯六佾、大夫四佾、士二佾。

【今文意译】

孔子评论季氏说："作为鲁国的大夫，季氏竟然在家里使用'八佾'这种周天子才能用的乐舞规格，如果这样的僭越行为都能容忍，还有什么不能容忍的呢？"

【分析解读】

本章作为第三篇的开篇，借用鲁国大夫季孙氏僭用乐舞规格的例子，意在说明，管理职业规范的首要之处在于恪守本分、不僭越。

孔子这段话表面上是批评季氏在乐舞规格上违背了社会礼仪规范，使用了本应是周天子才能使用的"八佾"规格，但实际上是要以此典型事例来提醒管理者，必须明确自己的职业定位。既然选择了做管理者，无论是在诸侯国中做管理者，还是在别人家族里做管理者，都首先要清醒地认识到管理者应有的职业规范，不能僭越或图谋别人的地位和财产，这种图谋不轨的想法和行为是管理者的职业大忌。这不仅会影响当事人的职业声誉，还会连累整个管理者职业共同体的声誉，甚至摧毁管理职业的根基。

这种僭越或图谋不轨行为，其影响并非只是表现在最终"篡位"或"谋财"的结果上，还会通过这种行为本身所具有的信号传递功能，产生潜在而深远的影响。即便如举办舞会的规格这样看似平常的礼仪规范上的僭越行为，也会传递出一种不良信号，不仅影响别人对管理者的看法，也会在不知不觉中淡化管理者本人对职业规范的认同和恪守，从而导致管理者在态度和行为上的"不敬"。长此以往，虽然管理者在形式上没有"篡位"或"谋财"，但实际上已经不把国君或"东家"放在眼里，自己操控实权，将他们变成傀儡，这也正是当时季氏与鲁国国君之间关系的状态。如此一来，管理者便失去了作为管理者应有的职业本分。难怪孔子会说，"是可忍也，孰不可忍也？"

> **管理精义**
>
> 当管理成为一种职业，作为代理人的管理者，是接受委托人的授权和责任托付，来履行相应的管理职责。这其中最为重要的职业规范要求就是，管理者不能超越自己的职责定位，利用自己的专业知识和能力，损害委托人的利益，更不能"登堂入室"，侵犯甚至窃取委托人的权利。为了防止出现这种僭越职权的行为，除了外部严格的制度设计之外，还需要在管理者的职业共同体中建立起职业规范，并将之内化成管理者的职业操守或敬业精神，以使管理者能够由内而外地自觉恪守职业规范，履行管理职责。这种职业规范和敬业精神的形成，需要管理者职业共同体内长期持续的职业互动，以及和其他职业共同体的协同发展。

3.2 三家①者以《雍》彻②。子曰："'相维辟公，天子穆穆'。奚取于三家之堂？"

【字词释义】

①三家：指三位鲁国的大夫，即孟孙、叔孙和季孙，当时这三位大夫把持了鲁国的大权。

②彻：是会意字，意思是吃完饭后，人用手撤去食具，这里指祭祀完之后撤除祭祀用品。

【今文意译】

鲁国大夫孟孙、叔孙和季孙三家在祭祀完之后，都唱着《雍》歌撤去祭祀用的物品，而《雍》歌原本是天子宗庙里祭祀时才能用的。孔子说："'诸侯们列队伫立，周天子庄严肃穆'。这本是周天子在宗庙里祭祀完之后撤去祭祀用品时唱的歌，怎么能用到这三位大夫的家族祭祀中呢？"

【分析解读】

本章再举孟孙、叔孙和季孙三家祭祀时僭越礼仪规格的例子，进一步说明管理者恪守职业规范、不僭越本分的重要性。

祭祀在古代是非常重要的社会活动，象征着国家和家庭的共同信念，也是凝聚力的重要来源。在祭祀活动中，对君王和管理者都有严格的规范要求，这体现在各种与祭祀有关的礼仪规格之中。当鲁国的三位大夫僭用周天子的祭祀规格时，这不仅说明他们作为管理者违背了职业规范，更重要的是，他们是鲁国的三位主要权臣，他们全都违背职业规范的现象表明，当时的管理者共同体已不再认同和恪守职业规范。这不仅意味着对个别委托人权力和利益的损害，还意味着管理者职业共同体的瓦解以及对社会利益的长期危害。

因此，在这段话里，孔子既是对鲁国三位大夫僭越行为的批评，也是在告诫他的学生们，既然要学管理、做管理者，就必须恪守职业规范，在各项具体管理实践中，尤其是像祭祀这样关乎信念与文化的重要活动中，严格依照社会礼仪规范的要求行事，不能僭越管理者的本分。

【管理精义】

管理者的行为不仅要符合社会法律体系和管理职业规范的要求，还应在组织的规则体系下时刻体现着组织的价值观和行为规范，这也可以看作是对管理者行为的双重规范。在这样的前提下，管理者在管理实践中不仅自己不能逾越社会法律和职业规范，还要确保组织的价值观和行为规范必须与社会规范体系保持一致。这在某种程度上也可以视为管理者和组织的社会责任。

另外，管理者也并非孤立的个体，而是管理职业共同体中的一员。管理职业规范本质上是管理职业共同体的基本价值观和职业伦理规范，这需要管理者有超越个人及其所在组织的职业认同和职业行为，才能更有效地维系管理职业共同体的健康可持续发展。

3.3 子曰："人而不仁，如礼何？人而不仁，如乐何？"

【今文意译】

孔子说："如果人们不理解人与人之间的关系及其本质，无法摆正自己在其中的位置，缺少仁爱之心，还要礼仪和音乐干什么用呢？"

【分析解读】

上两章分别用典型事例说明了管理者在礼仪规格上的僭越行为，本章则通过解释礼仪、音乐的本质，揭示管理者僭越行为的内在原因。

孔子这句话阐明了"礼"和"乐"的本质是"仁"的道理。也就是说，"仁"是"礼"和"乐"的内在要求，"礼"和"乐"则是"仁"的外在形式。如果没有了对"仁"这种表征人与人之间关系状态及人在其中所扮演的特定社会角色规范的认同和恪守，各种社会礼仪以及相应的音乐和舞蹈就会变成纯粹的、空洞的外在形式；当人们只注重社会礼仪和音乐舞蹈的外在形式时，也就自然会忘记自己所扮演的社会角色、职业角色及其规范要求，而一味地追求华丽、高档次的外在形式。这或许正是鲁国大夫们在举办舞会和祭祀祖先时，对所谓

"高规格"过分追求的内在深层次原因。不管鲁国大夫们这样做是有意僭越还是无意为之,都说明他们并没有理解礼仪、音乐作为一种社会规范的外在表现形式,总是与"仁"这种本质的社会规范联系在一起的。人为地割裂"仁"与"礼"、"乐"的关系,其结果很容易导致在过分追求形式时陷入僭越的境地。

管理精义

管理的职业规范和敬业精神是一个整体,除了外在的形式、规格乃至社会角色或地位之外,还有其内在的信念和价值观。管理者要理解并践行职业规范、具有敬业精神,必须首先认同并恪守管理职业的信念追求与核心价值观,然后才能真正理解和把握各类外在的形式规范,如特定的职位及其职责要求、特定的社会角色及其礼仪规范等。只有明确了管理职业内在的信念和价值观,管理者才能在自己的职业发展中更好地处理与组织、与利益相关者、与上下级、与社会等的各类关系。

3.4 林放①问礼之本。子曰:"大哉问!礼,与其奢也,宁俭;丧,与其易②也,宁戚。"

【字词释义】

①林放:鲁国人。　　　　　　　　②易:这里是轻慢、轻率的意思。

【今文意译】

林放请教关于礼仪规范的本质问题。孔子说:"这个问题非常好!就礼仪规范的本质而言,理想的状态应该是礼仪形式与它所要体现的内涵相一致。当形式与内容难以统一时,与其追求形式奢华,不如节俭内敛更好;就像办丧事,与其轻慢地大肆治办,还不如以悲伤的心情从俭办理。"

【分析解读】

本章承接上章,继续讲解"礼"的本质问题,以此说明在管理实践中不宜过分追求外在形式,而应注重形式与内容的统一。

孔子这段话将上章所讲的"礼"与"仁"之间的关系做了进一步阐述。从本质上说,"礼"必须体现"仁"的内在要求;否则,"礼"就变成了空泛的外在形式,失去了其应有的规范人与人之间关系的社会作用。因此,遵从"仁"的内在要求,实现"礼"的形式与内容的一致,即是"礼"的本质所在,这也是"礼"的理想境界。其实,任何社会规范都具有这种在理想条件下所应达到的理想境界的特点。但是在现实中，理想的条件难以完全满足，因此，多数情况下，像"礼"这样的社会规范就很难达到形式和内容的完全统一。既然如此，在无法达到形式和内容相统一时，如何践行"礼"呢？孔子给出的答案是，在"礼"的形式和内容不可兼得的情况下，宁可注重内容，恪守"仁"的原则，也不要一味地追求形式。

> **管理精义**
>
> 任何规则体系都有其赖以发挥作用的理想条件，只有满足了这些理想条件，规则才能有效发挥其应有的作用。从这个意义上说，任何规则都带有一定的理想性质。但是，在现实中，规则赖以发挥作用的理想条件很难完全满足，这就使得规则的实际执行结果难以完全达到预期的理想状态。这也体现了规则的不完全性或局限性。
>
> 正是由于规则具有这种不完全性或局限性，才需要有更高层次的指导原则来辅助规则的执行。也就是说，在现实中，当规则赖以发挥作用的理想条件不能完全满足时，管理者应该按照某种更高层次的指导原则来进行权衡，以实现规则的灵活运用，而这种指导原则就体现了规则的本质。原则之不同于规则，恰在于它明确了规则赖以制定的前提及其要体现的核心价值观。因此，管理者如果只了解或熟知规则，而不理解规则背后的指导原则，那么，在实际执行规则时还是无法很好地应对各种突发的现实情况。
>
> 这里需要强调指出的是，管理者在执行规则时固然有一定的自由裁量权，但如果管理者自由裁量权的行使不遵从一定的指导原则，就极有可能导致肆意妄为。

3.5　子曰："夷狄①之有君，不如诸夏②之亡也。"

【字词释义】

①夷狄：古时认为，中华文明范围以外都是未开化的地区，按照东南西北四个方位，分别称为东夷、南蛮、西羌和北狄。这里用"夷狄"泛指周边的各民族及其国家。

②诸夏：在孔子所处的时代，黄河沿岸的诸侯国自认为是中华文明的正统，常自称"华夏""诸夏"。

【今文意译】

孔子说："在四周那些未开化民族里，尚且有良好的管理职业规范，既有明'君'，又有贤'臣'，而不像在号称华夏正统的各诸侯国中，管理失范，'君'名存实亡，'臣'僭越本分。"

【分析解读】

本章进一步讲解由于人们忘记了礼仪规范的本质，不仅只追求礼乐形式上的奢华，失去了对内在仁爱要求的恪守，还不断僭越管理者的本分，以至于号称延续着中华文明正统的诸侯国，都失去了管理的职业规范和有贤能的管理者。

在这里，孔子用"夷狄"和"诸夏"作对比，意在说明当时诸夏管理者不遵循职业规范所带来的严重后果。一方面，管理者无视各种礼仪形式内在的职业规范要求，一味地追求形式上的奢华，不断僭越管理职业应有的规范要求；另一方面，伴随这样的违规行为，作为委托人的"君"和作为代理人的"臣"之间的关系也失去了约束，代理人超越自己的职业边界，不仅形式上僭用本应属于委托人的礼仪，而且实际上也将委托人架空，从根本上侵害了委托人的利益，让作为委托人的"君"名存实亡。在孔子看来，这种状态的存在，已严重损害了各诸侯国的正常管理秩序和社会秩序。

管理精义

管理者的职责不仅在于创造组织绩效，还在于延续组织的文化价值观以及组织赖以嵌入的社会文化传统，这其中对管理者非常重要的要求就是，践行管理职业规范，并确保管理职业规范与组织、社会价值观的契合及协调。难以想象的是，如果管理者不恪守职业规范，或者管理职业规范与组织、社会的价值观相冲突，管理者还能有效履行其创造组织绩效及其可持续性的管理职责。因此，管理者的责任既包括绩效责任，也包括文化责任；若没有文化责任担负，管理者即便创造了组织绩效，这种绩效也可能被私人侵占而难以对组织及其利益相关者产生真正的价值。

管理者的文化责任意识，关键在于管理者的角色意识及对职业规范的恪守和践行。管理者要时刻清醒地认识到自己的角色定位以及作为代理人的职责要求，切不可逾越本分，侵害委托人和组织利益相关者的利益。在委托人和利益相关者的利益得不到保护的组织中，不仅组织的发展不可持续，即便管理者本人的利益也难以保证。

3.6 季氏旅①于泰山。子谓冉有②曰："女弗能救与？"对曰："不能。"子曰："呜呼！曾谓泰山不如林放乎？"

【字词释义】

①旅：是会意字，在甲骨文和金文中像众人会集在旗下，这里引申为祭祀的意思。

②冉有：孔子的学生，名求，当时是季氏的家宰，即掌管家族事务的管理者。

【今文意译】

季氏要去泰山祭祀。孔子对冉有说："你是他的管家，不能劝阻他吗？"冉有回答说："不能。"孔子感叹道："难道泰山之神还不如林放懂得礼仪的本质吗？"

【分析解读】

本章借季氏僭用鲁国国君祭泰山之礼的例子，再次警示管理者不可违背职业规范，而且还暗示，管理者违背职业规范终归要被职业共同体所抛弃。

根据当时的礼仪规范，只有诸侯国的国君才能到境内的名山去祭祀。因此，要到泰山祭祀，按礼仪要求，只能是鲁国国君而不能是鲁国大夫。季氏作为鲁国大夫去泰山祭祀，显然僭用了国君的礼仪规格，这在当时又是管理者违背职业规范的典型案例。而巧合的是，孔子的学生冉有此时正在季氏家里做管家，孔子希望他能劝阻季氏，冉有却说无法劝阻。这充分说明季氏去泰山祭祀不仅仅是他不懂礼仪规范的问题，更深层次的原因是他已经不把鲁国国君放在眼里，或者干脆已经自视为鲁国实际的"国君"或"无冕之王"。这已不再是纯粹形式上的僭越问题，而是实质上的"野心"昭然若揭。如果说第1章中歌舞规格和第2章中祭祀规格的僭越，还可能仅是纯粹礼仪形式上追求奢华的话，那么，本章祭泰山的例子，且作为管家的冉有又无力劝阻，则已充分说明季氏不再将自己看作一般管理者，已有替代鲁国国君的野心和行动了。在这种情况下，孔子只能寄希望于泰山的山神一定会比鲁国人林放更懂得礼仪的本质，从而拒绝季氏这种僭越式祭祀。

管理精义

管理者对于职业规范应有敬畏之心，这种敬畏不一定非要缘于"神"或冥冥之中的神秘力量，还可来自于管理者职业共同体所形成的正式规则和非正式规范的激励约束机制，以及管理者内心所形成的职业认同和自我激励。正是这种内外兼容的激励约束力量，使得管理者能够恪守职业规范、长葆敬业精神。

管理者若失去了职业敬畏之心，不仅会损害委托人和组织利益相关者的利益，而且从长远来看，也会损害管理者本人和管理职业共同体的利益。毋庸置疑，组织要可持续发展，一定离不开一大批作为代理人的职业管理者；若没有职业规范和敬业精神，也就不可能形成稳定的管理职业共同体，每个人只能是自给自足的个体经营者。组织缺少了职业管理者和规范化管理，是无法做大、做强和可持续发展的；各类组织的持续成长，必然会对具有职业规范和敬业精神的管理职业共同体的发育和发展提出迫切需求。

3.7 子曰："君子无所争，必也射①乎！揖②让而升，下而饮，其争也君子。"

【字词释义】

①射：这里指射箭比赛，由于"射"是当时管理者的重要技能之一，因此，这里可以引申为管理者的技能竞赛。

②揖：本义指"攘也"，即拱手推至远胸，这里是拱手行礼的意思。

【今文意译】

孔子说:"管理者不应为一己之私而争名夺利,甚至做僭越之事。当然,管理者也会参与竞争,如参加体现管理者技能的射箭比赛,但射箭比赛遵循着严格的规矩,双方要先拱手行礼,相互礼让,然后才正式比赛,结果无论输赢,仍以礼相待,彼此敬酒。管理者参与的竞争总是要符合管理者的角色规范才行。"

【分析解读】

上几章用管理者僭越的例子,说明了"礼"与"仁"的关系,本章开始进一步解释管理者的职业规范及其现实意义。

孔子这段话以射箭比赛为例,生动地刻画出管理者职业规范的特点,即这是一种职业角色规范,并非个人利益或个体化要求。从这个意义上说,管理者作为一种职业角色,在组织和管理活动中并不是为个人争利益,而是履行职业角色的规范要求。因此,管理者参与竞争,是管理者角色使然,而非个人利益争夺,管理者必须恪守这种职业规范来进行竞争,不涉及个人利害和恩怨。只有这样,哪怕是在射箭比赛这种胜负立现的竞争情境中,当事人也能泰然处之,既合乎规范,又尊重对方。如果管理者在各项管理活动中都能做到这一点,那么,像僭越、违"礼"之类的事情自然就不会发生了。

管理精义

在管理实践中,很多违背规则和规范的行为之所以会出现,很大程度上源于管理者没有将管理者角色及其所代表的公共利益,与个人角色及其所代表的私人利益区别开来,有意或无意地混淆了组织中公私角色界限。为了个人利益而运用管理者角色及其所能支配的公共资源,这不仅损害了公共利益,更严重的是,当私人利益的要求越来越大之后,这种私人利益的无节制追求,便会驱使管理者不断超越管理角色的职权范围,寻求获得更大的权力,支配更多的资源,以满足无限膨胀的私人欲望。在某种意义上说,混淆管理者的管理角色与个人角色、突破公与私的边界,是导致管理者僭越职权、违背规则和规范的重要原因。因此,管理者必须具有明确的角色意识,时刻注意将管理者的公共职业角色与个人角色区别开来,以职业角色参与各类职业竞争和组织竞争,而不能为了私人利益,运用公共资源参与竞争。

3.8 子夏问曰:"'巧笑倩兮,美目盼兮,素①以为绚②兮'。何谓也?"子曰:"绘事后素。"曰:"礼后乎?"子曰:"起予者商也!始可与言《诗》已矣。"

【字词释义】

①素:本义指未经加工的细密的本色丝织品,这里指未加修饰的原本样子。

②绚:本义指五彩缤纷的花纹,这里是色彩斑斓的样子。

【今文意译】

子夏问道:"《诗经》里说,'娇俏的笑容,美丽的眼睛,再施以脂粉和彩妆,岂不是更漂亮啊'。这是什么意思呢?"

孔子说:"原本漂亮的人化妆后才更好看,绘画与化妆类似,也要先打粉底,然后才能施以其他色彩。"

子夏又问:"这是否意味着'仁'为'礼'之本呢?"

孔子说:"子夏,你给了我很大启发!可以和你好好谈谈《诗经》了。"

【分析解读】

本章用化妆和绘画作比喻,进一步阐明了"礼"的本质。

在这段对话中,子夏先向孔子请教关于《诗经》中几句诗的理解。这几句诗讲的是,化妆不过是一种锦上添花的形式,只有原本就漂亮的人,经过化妆才更好看。这说明漂亮的关键在于人本身,人漂亮才是根本,化妆只是一种表面形式。

接着,孔子又用绘画中的"着色"作类比,来进一步解释化妆的道理。着色之前必须先打底色,也即素底或粉底,然后才能上其他各种颜色,从而使色彩更加绚丽多姿。

基于化妆和绘画两个比喻,子夏悟出了"礼"以"仁"为本的道理。这就是说,"礼"作为社会规范,在于调整人与人之间的关系,而人与人之间自然的亲情关系,即"亲情之爱",就是人与人之间关系本来的样子或底色,这便是体现为"孝悌"的"仁";只有在"仁"的基础上施以社会规范,这种"礼"的规范才能落到实处并发挥作用,也才能让"仁"得以发扬光大,有效外推到自然亲情以外更广泛的人际关系之中。

本章用化妆和绘画作比喻所阐明的"礼"与"仁"的关系,也正是本篇第3章所表达的观点,即"人而不仁,如礼何?"

> **管理精义**
>
> 管理的职业规范应以管理者的德行要求和敬业精神为基础。换句话说,管理者若无法在做人上达到应有境界,再怎么讲职业规范也是枉然。这就像一个本来就不漂亮甚至很丑的人,再怎么化妆也无法改变其本色一样。因此,管理者若要恪守职业规范,切实履行管理职责,不做作、不敷衍,不违礼、不僭越,还是要从做人这个根本处着手,在日常生活和管理实践中磨砺自己的品行,提升自己的道德境界;只有真正做到了内在诚信与外在规范合一,才有可能将管理的职业规范和敬业精神落到实处。

3.9　子曰:"夏礼,吾能言之,杞①不足征②也;殷礼,吾能言之,宋③不足征也。文献④不足故也,足,则吾能征之矣。"

【字词释义】

①杞:指杞国,周朝的诸侯国之一,是夏　的后代。

②征：这里是验证、证明的意思。

③宋：指宋国，周朝的诸侯国之一，是商的后代。

④献：本义指祭祀时以犬作为供奉的祭品，在这里引申为贤人、贤士的意思。

【今文意译】

孔子说："我可以讲夏代的礼仪规范，但夏代后裔所在的杞国，已没有充分的证据来验证我所讲的了；商代的礼仪规范我也可以讲，但在商代后裔所在的宋国，也没有充分的证据来验证我所讲的了。这主要是因为关于夏代和商代的礼仪规范，已经缺乏记载它们的典籍和践行它们的贤士了，若还能找到典籍和贤士，就足以证明我所讲的夏商之礼了。"

【分析解读】

本章举夏代和商代礼仪的例子，继续讲解礼仪规范重在内涵实质及其应用，不在表面形式和文字。"礼"不是用来谈论的，而是用来遵循和奉行的。言"礼"而有据，方可践行。

在孔子这段话里，"夏礼"指的是夏朝时的礼仪规范，"殷礼"指的是商朝时的礼仪规范。虽然在商、周立国之初进行分封时，将夏的后代封在杞国，将商的后代封在宋国，但由于时代的变迁，即便是夏代后裔、商代后裔也并不一定会再保留早期的礼仪典籍，更没有继续践行旧礼的贤能之士了。因此，礼仪规范总是随着时代发展而变化，真正能够发挥作用的礼仪规范是那些形式与内容相统一，并为人们所信奉和恪守，能指导人们现时行为的礼仪规范。如果一味地模仿"旧礼"的形式和规格，而无视其内涵随时代的变化，也只是空谈罢了。

管理精义

管理的职业规范总是具有时代特征。不同时代有不同的管理职业规范，而且在特定时代发挥作用的规范，一定是内容和形式相统一的规范。人们在学习管理过程中，当然要学习历史上不同时代的管理思想和职业规范，实现以史为鉴、古为今用；但是，学习并不等于模仿或照搬，若无视不同时代的历史条件差异，割裂规范形式与时代内涵之间的关系，必然会导致因循守旧和食古不化。

另外，即便是对历史上不同时代管理思想和职业规范的学习，也应言之有据，从当时的历史条件出发来理解其思想和规范的根源性、合法性和有效性，尽量还原历史的本来面目，努力做到既知其然，又知其所以然，而不能随心所欲，完全按照当下的需要去剪裁历史。只有以这种严谨的态度面对历史上的管理思想、管理规范和管理实践，才能从中汲取对今日管理有益的营养。这也正是管理者所必须具备的"管理的历史思维"。

3.10 子曰:"禘①,自既灌②而往者,吾不欲观之矣。"

【字词释义】

①禘:本义指古代一种形式特别详尽周密的祭祀,有各种不同的方式。这里是指周朝礼仪中的一种大祭祀活动。

②灌:古代祭祀时的一种仪式,将酒浇到地上。

【今文意译】

孔子说:"就是周礼中最隆重的大祭祀活动,从把酒浇到地上这个环节以后,我就不想再看了。"

【分析解读】

上章讲了夏代和商代的礼仪规范,随着时代变迁而不再为人们所了解,本章则举周礼中"大祭之礼"的例子,进一步说明即便是"周礼",也徒有其表了。

孔子这句话说的是,到了春秋晚期,不仅"夏礼"和"殷礼"已不为人们所知,即便是"周礼",也只剩下表面形式,像大祭祀这样隆重的活动,不仅缺乏内在的诚敬之意,而且在形式上也不符合应有的礼仪规范要求,以至于孔子对这种代表当时管理权力合法性来源的重大祭祀活动,都不想看和不忍看了。

管理精义

管理离不开权力,而权力的合法性非常重要,它不仅决定着权力的有效性,更是管理职业规范和敬业精神的根本源泉。在古代,管理权力合法性往往来自于"神"或"祖先",因而,祭祀活动就成为彰显权力合法性的重要礼仪活动。借助这种活动,也可以提醒并强化管理者的职业规范和敬业精神,使管理者时刻保持一种职业的神圣感和自觉自律意识。

但是,如果仅仅将这种祭祀活动视为一种表面形式,履行一下程序或走一回过场,那么,这种礼仪活动不仅不能起到昭示权力合法性并约束管理者行为的作用,还会诱导人们无视管理职业规范和敬业精神的神圣性,将之视作表面文章,沦为行使权力乃至欺骗人的工具,其效果适得其反。

这种看似久远的祭祀活动,实际上对于今天的组织文化建设,以及管理者共同体的职业规范和敬业精神的形成,同样具有借鉴价值。

3.11 或问禘之说。子曰:"不知也。知其说者之于天下也,其如示①诸斯乎!"指其掌。

【字词释义】

①示:同"视",这里是看的意思。

【今文意译】

有人向孔子请教禘祭之礼。孔子说:"我不知道。如果人们知道像禘祭之礼这样的礼仪规范,对于天下的治理来说,不就像看自己的手掌一样简单了嘛!"孔子边说边指着自己的手掌。

【分析解读】

本章承接上章,继续谈周礼中的"禘祭"之礼,并由此引申出儒家的"礼治"思想。

在孔子看来,正是由于当时人们,尤其是管理者,都不理解并恪守礼仪规范,才使得天下和诸侯国里非"礼"横行、管理混乱,难以达到有效治理的目的。因此,如果能自上而下信奉和遵行礼仪规范,即便是天下或周王朝的治理,也会易如反掌。孔子在这里所表达的"礼治"思想,与第二篇第3章中所阐述的儒家管理模式,即"道之以德,齐之以礼",是一脉相承的。

管理精义

管理者若能通过身体力行、率先垂范来确立行为规范,并借助行为规范和正式规则体系的互补来实施管理,就更容易提升管理的有效性。在当今时代背景下,法人组织中的管理,当然不能仅依靠价值观和行为规范以及管理者的德行感召,但也不应在强调法人治理结构和管理规则体系的时候,忽视文化规范和管理者的表率作用对组织成员潜移默化的影响;只有将制度规则和文化规范有机结合起来,而且使管理者在日常行为中不仅恪守制度规则,同时也笃信并践行文化规范,组织才能形成稳定而又可持续的信任机制,将组织成员及利益相关者凝聚起来,充分发挥管理的整合功能,实现组织的可持续发展。

某种意义上说,管理者若真能做到将组织的制度规则和文化规范整合起来、落到实处,组织管理也会变得易如反掌。

3.12 祭①如在，祭神如神在。子曰："吾不与②祭，如不祭。"

【字词释义】

①祭：这里指"祭祖先"。　　　　②与：这里是参加、参与的意思。

【今文意译】

祭祖先要像祖先就在眼前一样，祭神要像神就在眼前一样。孔子说："我不亲自参与而请人代为祭祀，还不如不祭祀。"

【分析解读】

本章继续讲解祭祀的礼仪规范的核心要求。祭祀之礼在古代的组织和社会中具有重要意义，是人们共同信仰的来源及其具体表现形式，而且某些特定的祭祀活动，还昭示着管理权力合法性的来源。因此，祭祀之礼历来为人们所重视，但遗憾的是，人们往往只注重形式和规格，却忘记了内秉于其中的精神和信仰追求。

这段话先描述了孔子本人在祭祀中的表现，都极其真诚和庄重，恰如祖先和神祇就在眼前一样，这体现的是"无欺"，也即"诚"。试想，若管理者在最能体现共同信仰、共享价值观的祭祀活动中，对自己的祖先和神祇都缺乏"诚"意，还能期望他对其他组织或社会成员有"诚"意吗？果真如此，组织与社会的信任机制岂不是解体了吗？也许正因为这样，孔子不仅自己在祭祀活动中严谨庄重，还特别强调指出，若祭祀之心不诚，甚至自己都不能亲自参加祭祀而要别人代劳，还不如不祭祀。这种徒有其表的祭祀活动，反而动摇了人们对共同信仰的坚守，也破坏了人们对管理者和组织的信任。

管理精义

组织文化建设的成败，关键在于管理者的诚敬是否发乎内心。组织文化本质上就是组织共享的价值观和行为规范，它是一种与组织正式制度规则体系相对应而又互补的非正式规范，而且，组织中的核心价值观或第一价值观就是组织的共同信念和共享愿景。组织文化往往通过组织的一些礼仪活动乃至经典事例或人物来体现和传承。在这一点上，组织文化的形成、表达、传播、继承和发扬，非常类似于古代包括祭祀活动在内的各种礼仪活动。因此，在组织文化建设及其相关的活动中，对管理者的要求本质上是相同的，都注重于内在的精神和德行追求，而不能只看重外在的形式奢华、规格隆重。

更重要的是，管理者绝不能将文化活动与日常管理活动分割开来，只在文化活动中讲愿景、价值观和行为规范，而到了日常管理活动中却又我行我素，或只看指标、业绩，为了完成特定任务目标可以不择手段。这样一来，文化和管理就成了两张皮，甚至互相抵触，长此以往，文化活动不仅起不到应有的作用，反而容易在组织中造成说一套、做一套的氛围。为了防止出现这样扭曲的文化，管理者务必要将信念、愿景、价值观和行为规范融入日常管理行为和组织行为之中，切实保持管理实践和组织实践中的"思言行"一致，即"诚"，让文化真正体现在管理中，让实践中的管理文化和宣传中的组织文化真正融为一体。

3.13　王孙贾①问曰："'与其媚②于奥③，宁媚于灶'，何谓也？"子曰："不然，获罪于天，无所祷④也。"

【字词释义】

①王孙贾：卫国的大夫。
②媚：本义指亲爱、喜爱，这里是讨好、巴结的意思。
③奥：会意字，古人用双手捧着禾麦，祭拜室内西南角的神灵。这里指室内西南角上的灶王神。
④祷：这里是向神或向上天祷告以祈求幸福的意思。

【今文意译】

王孙贾问道："俗话说，'与其在室内西南角的神龛处祭拜时讨好灶王神，还不如直接在灶台处做饭时讨好灶王神'，这是什么意思呢？"

孔子说："这话不对，祭神不诚而获罪，再祷告也没有用啊。"

【分析解读】

本章用祭灶王神的礼仪，继续讲解以"诚"行"礼"的重要性。

在过去，家里常会供奉和祭拜灶王神。正式供奉灶王神的神龛设在室内的西南角，而灶王神据说是保佑家里饮食无忧的神，与家里的灶台息息相关；或者通俗地说，灶王神日常生活起居离不开灶台，当正式接受祭拜时才回到室内西南角的神龛上。以此为隐喻，要说明的是，每个管理者都有正式的公开场所或办公地点，同时也有私下的日常起居场所和关系圈子；因此，与其在公开场合及正式工作中讨好管理者，还不如在私下场合及非正式往来中讨好管理者；或者说，与其直接讨好管理者，还不如讨好那些管理者身边亲近的人。但是，无论是对灶王神还是对管理者，这样做所体现出来的，都是当事人的不"诚"和别有用心。因此，孔子才斩钉截铁地说，这样做不对，既然祭神，便要心诚，不能向神献媚；神代表天，天和自然怎能欺骗？受上天惩罚，再向谁祷告呢？

> **管理精义**
>
> 在法治社会和法人组织中，管理权力合法性来自于规则以及组织成员乃至组织利益相关者的认可和信任，因此，管理者的"诚"就表现为对规则以及组织成员和组织利益相关者的思、言、行的一致性。组织成员和组织利益相关者的眼睛是雪亮的，如果管理者失去了"诚"，而期望在形式上来"讨好"组织成员和利益相关者，以谋求自己和小集团的利益，那么，早晚是要被发现的，那时再后悔也来不及了。实际上，某些管理者运用岗位权力谋求私利的方式，往往都和"与其媚于奥，宁媚于灶"异曲同工。当明确了管理权力合法性来源后，就可以构筑更牢固的制度规则和文化规范相结合的屏障，使得这种"讨好"和"献媚"的伎俩没有市场。

3.14　子曰："周监①于二代，郁②郁乎文哉！吾从周。"

【字词释义】

①监：在甲骨文和金文中像人在面对盛水的器皿低头照脸，本义为照影、照视，这里是借鉴的意思。

②郁：本义指草木茂盛，这里引申为富有文采的样子。

【今文意译】

孔子说："周朝借鉴、继承了夏和商两个朝代，在礼乐制度和文化上非常发达，我愿意遵从周朝的礼仪规范。"

【分析解读】

本章讲周朝礼仪制度是在继承夏、商两代的基础上发展而来，具有兼收并蓄的综合优势。本章也可以与本篇第9章、第二篇第23章联系起来理解。

孔子历来强调对历史上各种典章制度和管理案例的学习借鉴。从某种意义上说，第二篇第11章所讲的"温故而知新"，并非单指个人的自我学习和自我训练而言，也可以引申为一个组织、一个社会所应具备的历史感或历史意识，只有善于从历史中学习、借鉴，一个组织和社会才能超越自身意识、视野和经验的局限性，在兼收并蓄中获得丰富的发展资源，尤其是制度和文化资源。孔子在这里之所以愿意遵从周朝的礼仪规范，恰是因为周朝善于吸收借鉴并发扬夏商的制度和文化，遂使自身的文明发展到一个很高的水平。孔子借此也启发他的学生们注意培养自己的历史思维。

> **管理精义**
>
> 管理者似乎都知道"以史为鉴"的重要意义,但在管理实践中却又常常为眼前功利所累,把历史的经验和教训抛在脑后,甚至还美其名曰,"只有甩掉历史包袱,才能放眼展望未来"。但是,无论对于组织还是社会来说,未来都是在历史的基础上创造出来的;只有将历史拉得更近,才能把未来推得更远;没有历史思维,难以形成战略眼光。管理者总是身处历史与未来之间,管理的艺术恰在于用历史思维去平衡现在的生存与未来的发展之间的关系。

3.15　子入太庙①,每事问。或曰:"孰谓鄹②人之子知礼乎?入太庙,每事问。"子闻之,曰:"是礼也。"

【字词释义】

①太庙:鲁国祭周公姬旦的庙。
②鄹:鲁国的一个小邑的名称,孔子的父亲叔梁纥曾在该邑任大夫,孔子也出生在这里。

【今文意译】

孔子进入鲁国祭周公的庙,对每件事情都要仔细询问。有人就说:"谁说叔梁纥的儿子懂礼仪呀?他到周公庙里,什么事都问。"

孔子听到这话后,说道:"这正是礼仪的要求啊。"

【分析解读】

本章用孔子的故事,进一步总结了礼仪规范是形式与内容的统一,若只注重形式,则无法理解"礼"之根本,而要理解礼仪的内容和本质,就必须不耻下问,既知其然,又知其所以然。这种学"礼"的态度本身就是合乎礼仪规范要求的。

本章所讲故事的背景是,孔子很小时就对各种礼仪规范非常感兴趣,认真学习演练,还很年轻就因懂得各种礼仪规范而闻名乡里。即便如此,孔子还是好学不倦,一有机会就追根问底,详细了解各种礼仪规范的来龙去脉及其内涵实质。时人对孔子的学习态度和动机不理解,反而讥讽他说,"盛传孔子很懂礼,那怎么到了周公庙还事事都要问呢?"实际上,孔子之问并非因不懂而要知其然,而是在知其然基础上知其所以然,或者在知其所以然基础上进一步考究、反思、提升以把握其本质。这不仅是学习的更高境界,也恰是重"礼"的表现,即以"诚"心来学习"礼"和践行"礼"。只有这样,才不会割裂礼仪规范的内容和形式,更不会使礼仪规范徒有其表。

> **管理精义**
>
> 管理的职业规范和组织的文化规范，同样是形式和内容的有机统一。管理者的培养和职业化过程，以及一般社会人经过组织中的再社会化变成组织成员的过程，本质上都是对管理的职业规范和组织的文化规范的学习，并内化为自身的价值认同乃至敬业精神和组织精神的过程。因此，管理者对职业规范的习得，以及组织成员对组织的文化规范的习得，都应该是一个既知其然又知其所以然，既了解形式又把握实质内涵的过程。在这个过程中，与各类规范的形式有关的"事"当然重要，只有学会做特定的"事"，才能体现出职业特征和文化特征，但同时，深刻理解蕴藏在这些"事"背后的"理"更重要，只有懂得"理"，才能让人更全面地认识到敬业精神和文化价值观的现实意义。因此，"做事"与"晓理"不可偏废，应交织相容以体现职业规范和文化规范的形式与内容的统一。

3.16 子曰："射不主皮，为力不同科①，古之道也。"

【字词释义】

①科：是会意字，由禾和斗两部分组成，表示以斗量禾，本义是品类、等级，这里是类别、等级的意思。

【今文意译】

孔子说："射箭比赛主要看是否射中靶心，而不在于贯穿靶子上的皮革，因为每个人的力量不一样，这种目标设置中的包容原则，正是自古以来的管理之道。"

【分析解读】

本章开始讲解礼仪规范在管理实践中的应用，用射箭的礼仪来说明管理中目标设置的包容原则。

古时射箭比赛用的靶子，是用布做成的，在靶心处贴上皮革。要使射出的箭贯穿靶心上的皮革，需要射手有很大的力气，这不是每个射手都能达到的。因此，射箭比赛的规则只要求射中，而不要求射穿皮革。这种比赛目标和规则的设置，就是考虑到每个射手的力量有大小，射中是经努力训练能达到的，而射穿皮革则有赖于力量禀赋。

孔子借用射箭礼仪所要揭示的，正是一种目标设置中的包容原则。管理的宗旨是要发挥每个人的特长，而每个人的禀赋特点又是不一样的，若硬要用某个人或某类人的特长去要求所有人，则不仅无法发挥每个人的特长，反而会扭曲激励机制，挫伤相当一部分人的积极性，使他们失去努力的动机。这种无视人的不同特点、不具有包容性的目标和规则显然是不公平的。

目标设置本身就是一种激励。具有包容性的目标设置，应该让那些有着不同禀赋特点的人经过努力都可以达到要求，实现自我价值，这样才能给组织和社会带来最大价值。

管理精义

任何组织都必须设置目标，并用目标来凝聚和激发组织成员在实现自我价值的同时为组织和社会创造价值。组织目标的设置应该具有包容性，让那些具有不同专长和个性特点的组织成员都有机会参与到组织目标的实现中来。换句话说，虽然每个组织成员的能力有大小，但是在面对具有包容性的组织目标时，又完全可以各尽其能。组织设置这种包容性目标，自然就会产生强大的激发效应，能激励不同的组织成员，尽自己的努力为组织目标的实现做出贡献。

在现实中，组织目标的设置以及相应的实现目标的规则或规范的制定，往往并不具有包容性，只是组织中个别人或小群体的意志和特点的体现，尤其仅是管理者意志和特点的体现。这就好比在射箭比赛中，制定规则的人力量大，则设置的目标和规则就是"射穿皮革"。这样一来，那些射得很准但力量有限的选手就被排除在外了。这不仅无法发挥他们的优势和专长，还会造成严重的不公平感，大大损害组织的凝聚力和竞争力。

3.17 子贡欲去告朔①之饩②羊。子曰："赐也！尔爱其羊，我爱其礼。"

【字词释义】

①朔：是形声字，本义是月相名称，引申指这种月相出现的那天，即朔日，也就是每月农历初一。古时候由天子或中央政府统一确立每月初一在哪一天，一般是在年末颁行来年十二个月的初一（即朔日）给各诸侯国，而各诸侯国国君则要受朔并迎到祖庙。这种颁朔和受朔的礼仪规范是当时社会的重要礼仪规范之一，被称为"告朔之礼"。

②饩：是形声字，本义指在招待客人时，送给客人的粮食，这里指在"告朔之礼"上的祭品。

【今文意译】

子贡想去掉在诸侯国祖庙里接受周天子颁布朔日时祭祀用的羊。孔子说："子贡啊！你爱惜的只是祭祀用的羊，而我爱惜的却是告朔之礼。"

【分析解读】

本章借讲"告朔之礼"来说明计划对管理的重要性，当计划的权威性失去之后，管理也就形同虚设了。

　　从管理的角度来看，古代的"告朔"意味着颁布统一的时间标准，而"饩羊"则是通过献祭活动，赋予这种时间标准以神圣性和权威性，所以，"告朔之礼"本质上是古代关于时间管理及其神圣化的活动规范。但是，到了孔子所处的时代，周天子的权威已经不复存在，诸侯国各自为政，像确定每个月的"朔日"这样涉及农时的重要时间管理事宜，诸侯国也都各行其是，不再遵从周王朝的统一计划。这就相当于周王朝已失去了制定各类重大事项的计划和时间表的权力，这无疑象征着周王朝统一的国家管理权威的丧失。

　　当时虽然这种"告朔之礼"已经不存在了，但这种祭祀形式仍存在于诸侯国的祖庙里。例如在鲁国，已多年不再接受周天子颁布的"朔日"了，实际上"告朔之礼"已废，但鲁国祖庙仍定时杀羊祭祀"告朔之礼"。正是在这样的背景下，子贡才觉得既然"告朔之礼"已废，何必还要白白杀羊祭祀，这岂不是浪费吗？因此，他想免除这个毫无意义的杀羊祭祀环节。但是，孔子看到的却不仅是杀羊浪费的问题，而是"告朔之礼"的管理意义，以及该礼之存废所象征的周王朝管理权威的问题。

　　在当时的背景下，由周天子在所属诸侯国颁布统一的"朔日"，既有管理象征意义，象征着国家的统一和周天子的权威；又有实际管理价值，它便于统一计划，合理安排各项重大事宜。周天子的"告朔"，在当时实际上发挥着管理的计划职能，也可以看作是一种统一的时间管理模式；而且，为了体现这种计划和时间管理的严肃性、权威性和神圣性，还专门制定了相应的礼仪规范，即"告朔之礼"，这成为当时周王朝管理的合法性和有效性的重要体现。但是，当各诸侯国的势力增大，象征统一计划、一致行动的"告朔之礼"，也就慢慢退出管理的历史舞台。此"礼"的立废，标志着周天子管理权威的兴衰。这就是孔子说"尔爱其羊，我爱其礼"的原因。

管理精义

　　管理离不开计划，而计划的本质是时间管理。管理的权威性在很大程度上通过计划和时间管理的权威性体现出来。这一方面是因为计划是组织中一切工作的蓝图和依据，没有了计划，目标实现和任务完成中所谓的分工、协作及整体大于部分之和的协同效应等，就都成了空话；另一方面，由于时间供给的刚性而需求的无限，时间对个人抑或组织来说都是一种最为稀缺而宝贵的资源，缺乏合理而有效的时间管理机制，不仅会浪费时间资源，严重影响组织运行效率，还会损害组织成员的主观幸福感。在没有合理计划和时间安排的工作环境中，人们无法自主地掌握自己的时间，慢慢会陷入一种烦躁、焦虑、失望、无助乃至颓废的心理状态，这将会从根本上剥夺人们在工作中的主观幸福感。也正因为如此，当管理的计划职能出问题，时间管理付诸阙如或形同虚设之后，管理的权威性也就自然丧失殆尽了。

　　因此，管理者必须有很强的时间观念，将时间管理作为自我管理和组织管理的基础环节，不仅要用计划和时间管理提高组织工作效率，更重要的是，要用高水平的时间管理来解放自己和他人，通过合理的计划使自己和他人都真正成为时间的主人，通过自主掌控时间，在提高主观幸福感的同时，激发创造力，更好地贡献于组织的创新和可持续发展。

3.18 子曰："事君尽礼，人以为谄也。"

【今文意译】

孔子说："严格按照礼仪规范的要求来处理和国君的关系，人们反倒认为是在献媚。"

【分析解读】

上章用"告朔之礼"讲解管理的计划职能，本章借"事君之礼"说明管理权力和组织秩序的来源问题。

孔子说这话的背景是，鲁国的三大家族（季氏、叔氏和孟氏）做大之后，无视鲁国国君的存在，僭越规范，把持了鲁国的管理权力，鲁国国君不仅没有实权，而且在礼节上也得不到应有的尊重。这时，孔子仍恪守君臣之礼，严格按照对待国君的礼仪要求来处理和鲁国国君的关系，鲁国那些依附三大家族的人自然看不惯孔子的做法，反倒讥讽他是向鲁国国君献媚。孔子借此所要说明的是，管理的重要基础之一是权力，没有权力无法实施管理，自然也就不能保证组织的秩序，但是，管理者首先要清楚管理权力的来源。

在当时的历史条件下，诸侯国国君的权力来自周天子的授予或分封，而周天子的权力则来自于"上天"；作为诸侯国大夫的管理者，其权力则来自于国君的任命。明确了权力的来源，自然就清楚了组织中的权力结构，而当时的"事君之礼"，实际上就是关于管理权力来源以及诸侯国内部权力结构的社会规范。有了这样的管理权力结构及其规范，才能保证诸侯国正常运行秩序。到了孔子所处的时代，各诸侯国国君已无视其权力来源，不断上演着僭越对周天子权力的管理悲剧，而包括鲁国在内的很多诸侯国内部则不断重演着作为管理者的大夫，因位高权重而僭越国君权力的管理闹剧。这种管理权力的僭越和已有权力结构的破坏，使得周王朝和很多诸侯国正常运行秩序遭到破坏。在当时那种扭曲的权力结构和混乱的国家秩序面前，孔子依然严格遵从原有的权力和秩序规范而受到讥讽，自然就容易理解了。

管理精义

虽然伴随时代的发展，确立管理的权力结构和组织秩序的原则及规范会发生很大变化，今天已不可能再讲"君权"和"天命"，但毋庸置疑的是，任何时代的组织和社会，要想有秩序，并以此为基础实现可持续发展，都离不开合理的权力结构安排，这也正是管理的"组织"职能的核心所在。在管理的组织职能中，组织结构设计本质上就是用合理的权力安排来保证正常的组织秩序，从而为组织的日常管理和持续发展打下基础。

因此，管理者必须时刻警醒自己权力的合法性来源，并严格遵循组织得以建立权力结构和运行秩序的基本原则、规则和规范，合法而有效地运用权力，既不能僭越权力，也不能滥用权力。

3.19 定公①问："君使臣，臣事君，如之何？"孔子对曰："君使臣以礼，臣事君以忠。"

【字词释义】

①定公：鲁国国君，是哀公的父亲。

【今文意译】

鲁定公问道："国君如何处理与大臣的关系，大臣如何履行职责呢？"

孔子回答说："国君应该本着礼仪规范来处理与大臣的关系，而大臣则应尽己尽责。"

【分析解读】

本章讲解日常管理中权力的运用问题，包括作为委托人或授权者的国君的权力运用，以及作为管理者的大臣的权力运用。

既然上章已经明确了权力结构的重要性，而且无论是权力结构还是组织秩序，都应该建立在社会规范基础上；那么，虽然大臣的权力来自君命，但君命绝非国君个人的意志和好恶，而是由特定社会规范决定的；同样，虽然大臣因知识和能力而获得国君的授权，但这并不意味着大臣有僭越和滥用权力的理由。因此，作为委托人或授权者的国君，在处理与大臣的关系时，需要恪守社会规范，而不能将个人意志强加于大臣；作为代理人的大臣，在运用权力、履行职责的过程中，则应遵循管理规范，切实做到尽己尽责。国君和大臣只有如此运用各自的权力，权力结构和组织秩序的有效性才能充分发挥出来。

管理精义

合法的权力结构只不过为管理有效性的发挥提供了可能性，要真正实现管理有效性并维持正常的组织秩序，还有赖于管理权力的日常运用水平，而这恰恰体现了管理的"领导"职能。领导的本质在于权力的日常运用。权力的运用既要符合规范，也要体现不同层次管理者的敬业精神要求，其中最核心的管理敬业精神就是"忠"，即尽己尽责。只有借助规范的约束和个人职业素养的提升，管理权力的有效运用才能得到保证。

3.20 子曰:"《关雎》①乐而不淫②,哀而不伤。"

【字词释义】

①《关雎》:是《诗经》的第一篇,原文是:"关关雎鸠,在河之洲。窈窕淑女,君子好逑。参差荇菜,左右流之。窈窕淑女,寤寐求之。求之不得,寤寐思服。悠哉游哉,辗转反侧。参差荇菜,左右采之。窈窕淑女,琴瑟友之。参差荇菜,左右芼之。窈窕淑女,钟鼓乐之。"

②淫:这里是过度、滥的意思。

【今文意译】

孔子说:"《关雎》这首诗的格调,欢乐而不过度,同情而不伤感。"

【分析解读】

本章引用《诗经》中《关雎》这首诗,来说明管理者在日常权力运用中自我控制、适中有度的重要性。

在孔子看来,这首诗在表达情感的时候恰到好处:既有激动和快乐的感受,却又不过分和滥用;也有忧心和失落的情绪,但又不怨艾和悲伤。因此,孔子以这首诗为喻,说明管理权力的运用要达到"和"的境界。第一篇第 12 章中讲到"礼之用、和为贵",其实说的就是在社会规范之下管理权力运用的要求,即达到一种合"礼"、适度、恰到好处的境界,而要达到这种权力运用的境界,除了明确"礼"的规范之外,管理者个人的自我控制也非常重要。难以想象,没有管理者对"礼"的认识和尊重,以及对个人德行和管理职责的自觉恪守,完全依靠来自上下级和外部的监督,就能保证权力的合法而有效的运用。

因此,在儒家管理模式下,管理的控制,尤其是对权力有效运用的控制,首先要强调管理者的自我控制,而这种控制又必须达到让权力运用符合适度而又合"礼"的境界。

【管理精义】

管理的"控制"职能固然是面向整个组织活动的检查、修正、完善和提升环节,以保证组织运行朝向组织目标,并符合计划要求,当然其中还包括依据内外部条件的变化来调整目标、完善计划的内涵;但不容否认的是,在日常组织运行中,管理者的权力运用扮演着重要角色,管理者权力运用的有效与否,直接影响甚至决定着组织活动的有效性。因此,关于组织活动的控制职能,自然离不开对组织中权力运用的监控,而管理权力运用的外部监控固然重要,且扮演着基础控制机制的作用,但离开了管理者内在的自我控制,外部监控机制也不一定能充节分发挥作用。从这个意义上说,儒家管理模式强调社会规范与德行要求相结合的管理控制模式,就有着非常重要的现实启示。这启发今天的组织在进行合理的权力结构设计和完善的监控体系建设的同时，还要注重管理的职业规范和敬业精神的教育和训练。只有将规则、规范与职业素养结合起来，管理权力才可能被真正束缚住。

3.21 哀公问社①于宰我②。宰我对曰："夏后氏以松，殷人以柏，周人以栗，曰使民战栗。"子闻之，曰："成事不说，遂③事不谏，既往不咎。"

【字词释义】

①社：是会意字，本义表示对土地神的祭祀，这里指用以祭祀土地神的土地庙。古时立国都要建土地庙来祭祀土地神，土地庙里还要栽种适宜当地生长的树木，用以象征土地神在当地的代表，即"社主"或"土地庙之主"。

②宰我：孔子的学生，名予。

③遂：是形声兼会意字，本义是逃亡的意思，这里意指已开始、大势所趋。

【今文意译】

鲁哀公向宰我询问关于土地庙之主的事。宰我回答说："夏朝用松树作土地庙之主，商朝用柏树，周朝用栗树，据说其用意是让人们害怕。"

孔子后来得知了宰我的回答，就说："已经完成的事，就不要再议论了；已经开始做的事，就不要再进谏了；过去犯的错误，就不要再追究了。"

【分析解读】

本章借鲁哀公与宰我的对话，提出管理的事后控制的三条基本原则。

这里谈论夏商周三代"社树"之事，意在告诫管理者慎重对待事后控制，尤其是在信息不确切和不完全的情况下。就像三代土地庙中的"社树"，现在人们只知道当时用的是什么树，最多也只能由此推断三个朝代立国都的所在地适宜生长的树种，却无法判断三个朝代选择不同种类的树作为"社树"的象征意义及管理用意，尤其不能望文生义地说，周朝用栗树作为"社树"，就是为了让人们"战栗、害怕"。用这种态度和方式对过往的事情进行议论、评价乃至引申对下一步行动的借鉴，都是不恰当的。

为此，孔子提出了三条有针对性的原则，即"成事不说，遂事不谏，既往不咎"，以此作为管理过程中事后控制的基本原则，不仅有利于较为恰当地看待过去，还可以帮助管理者建立和谐的上下级关系，更好地开创未来。

管理精义

广义的管理控制职能,不仅是对具体活动的检查、修正、完善和提升,还包括对组织已经完成和正在进行的各类事情乃至组织历史的评价,而任何评价都离不开信息,没有较为切实可靠和相对完全的信息,评价和控制都难以有效开展。因此,在信息不完全的情况下,如何进行事后评价和控制,就成为管理者面临的巨大挑战,尤其是涉及组织更广泛的利益相关者的利益时,这种评价和控制更应恪守一些基本原则。从这个意义上说,孔子提出的三条事后评价和控制的基本原则,对于今天处理信息不完全条件下的事后评价和控制问题,仍具有重要的借鉴价值。

3.22 子曰:"管仲①之器小哉!"或曰:"管仲俭乎?"曰:"管氏有三归②,官事不摄③,焉得俭?""然则管仲知礼乎?"曰:"邦君树塞门④,管氏亦树塞门。邦君为两君之好,有反坫⑤,管氏亦有反坫。管氏而知礼,孰不知礼?"

【字词释义】

①管仲:齐桓公时齐国宰相,帮助齐桓公成就霸业,是早期法家管理思想的代表人物之一。管仲去世94年后孔子出生,在《论语》中四次提到管仲,除本章外,还有第十四篇第10章、第17章、第18章。

②归:是形声字,本义指女子出嫁,这里引申为府第的意思。

③摄:是形声字,本义指把东西提起来或拉过来,这里指兼理、代理的意思。

④树塞门:意指在大门外树立照壁墙。

⑤坫:是指搭建在堂中两楹间的土台,诸侯相会时用以置放空杯或玉圭等物。

【今文意译】

孔子说:"管仲的气度很小啊!"

有人就问:"您的意思是说管仲过分节俭,很小气吗?"

孔子说:"管仲有三处府第,而且每处府第都各设有一批专门办事的人,这怎么能说是节俭呢?"

那人又问:"那您的意思是管仲很懂得礼仪吗?"

孔子说:"按照礼仪规范,只有诸侯国国君才能在大门外建照壁墙,也只有国君才能在室中两楹间搭建土台,以备宴请其他诸侯国国君时放置酒杯或玉圭等物,而管仲家里也有照壁墙,也在堂中两楹间搭建土台。如果说管仲懂得礼仪,那谁又不懂得礼仪呢?"

【分析解读】

本章借评价管仲，进一步阐明儒家与法家管理模式的区别，以凸显儒家管理模式的本质特征。

在这段对话里，孔子借对管仲的评价，暗示儒家管理模式与法家有根本不同。儒家强调的是管理者"德行"和"社会规范"对管理的基础作用，这也正是第二篇第3章所讲的"道之以德，齐之以礼"，其中"德"和"礼"正是儒家管理模式的根本所在；而法家则突出"命令"和"刑罚"的基础作用，这也正是第二篇第3章所说的"道之以政，齐之以刑"中"政"和"刑"的意义所在。

管仲作为一名法家管理模式的实践者和代表人物，虽然帮助齐桓公成就霸业，但从儒家管理模式的角度来看，管仲本人却无法达到儒家管理者的基本要求。一方面，这表现在管仲日常生活的奢华和对礼仪规范的僭越；另一方面，作为管理者，管仲的这些行为表现势必产生示范作用，进而导致齐国的礼仪规范形同虚设，长此以往，就会造成"民免而无耻"的后果。即便管仲能取得一时功业，但却不可持续。历史也验证了这一点，在管仲去世后，齐国的霸主地位很快随之动摇并失去了。正是从管理的教育功能和管理者的示范作用视角来看，孔子认为管仲个人的器度和胸襟都不够宽广，也缺乏长远战略眼光。

管理精义

任何组织和社会的可持续发展，最终还是取决于人的综合素质的持续提升，其中不仅仅指知识和技能，更重要的是广义的"做人"素质，这又离不开组织和社会中为人们所接受并恪守的各种规范。规范的建立，在很大程度上有赖于管理者身体力行的示范作用。管理者的德行和社会规范是相辅相成、相得益彰的；只有管理者愿意习得、恪守和践行社会规范，才有可能使社会规范为组织和社会成员所接受，并发挥其应有的作用；同样，只有形成了有章可循的社会规范体系，也才能更有针对性地培养和教育管理者，并以此为基础规范管理者和组织成员的行为。当然，今天的社会规范并非单独起作用，而总是与正式的社会法律规则体系和组织的治理规则体系相结合的。

3.23 子语鲁大师①乐，曰："乐其可知也：始作，翕②如也；从之，纯如也，皦③如也，绎④如也，以成。"

【字词释义】

①鲁大师：鲁国掌管音乐事宜的官员。

②翕：是形声字，本义指飞起来，这里引申为钟鼓齐鸣的意思。

③皦：是形声字，本义指玉石的洁白，这里引申为清晰的意思。

④绎：是形声字，本义指抽丝，这里引申为一个接一个、连续不断的意思。

【今文意译】

孔子告诉鲁国掌管音乐事宜的官员说:"音乐的演奏过程是这样的:开始时鸣金、敲钟鼓,以激发人们的热情;继而是清纯和谐的各种乐器的合奏,以陶冶人们沉醉其中;最后是余音袅袅,不绝如缕,以使人们回味无穷。"

【分析解读】

本章用音乐的演奏过程来比喻儒家管理模式在于激发人们内在的情感和追求,以达到"有耻且格"的效果。

孔子这段话看似谈论音乐演奏过程,实则以乐理喻管理,意在阐发儒家管理模式通过管理者的德行感召和社会规范的影响,所要达到的潜移默化、润物细无声,由内而外影响和改变人们的效果。这也正是儒家管理模式由"道之以德,齐之以礼",必然达到的"有耻且格"的结果,而这个结果的达成恰是管理者顺其本性,自然"无为",却又实现"无不为"的至高管理境界。管理与乐理,本义相通。这也是儒家管理模式总是将"礼"和"乐"并列,作为重要的管理方式的原因所在。

管理精义

管理过程同时也就是教育过程。管理若要让组织成员各司其职、各尽所能,以实现整体大于部分之和的协同效应,就必须建立组织成员的培养机制,不仅培养组织成员的岗位胜任力,更要将组织成员培养成认同组织价值观和行为规范的"组织公民",这便是组织成员在组织中的"再社会化过程"。该过程的要旨在于,一方面组织要有明确的价值观和行为规范,另一方面,管理者要真诚相信并笃实践行这些价值观和行为规范,进而以此熏陶和影响组织成员,最终建立起良好的组织氛围,使组织文化得以持续,远远超越个人的生命周期,影响一代又一代组织成员。这样的组织才能实现基业长青。

这种以组织文化影响和改变人们,通过组织中的"再社会化"过程来维系组织可持续发展的方式,与孔子所讲的音乐演奏过程本质上是一样的。组织文化在开始时正是要激发人们的激情和愿景追求,继而以组织文化的包容性潜移默化地影响和陶冶着人们,塑造着人们共享的价值观和行为规范,最后才能源远流长,代代相传。

3.24 仪封人①请见,曰:"君子之至于斯也,吾未尝不得见也。"从者见之。出,曰:"二三子②何患于丧③乎?天下之无道也久矣,天将以夫子为木铎④。"

【字词释义】

①仪封人:"仪"是卫国的一个邑的名称,"封人"即地方官,这里是指卫国仪邑的地方官。

②二三子：这里指孔子的学生们。
③丧：这里是失去、丧失的意思。
④铎：古代乐器名。形状像大铃，振舌发声。铁舌叫金铎，传达军令时用；木舌叫木铎，宣布政令时用。

【今文意译】

卫国仪邑的地方官请求面见孔子，他说："凡是真正懂管理的人到我这里来，我还没有不见的呢。"孔子的学生们领着他去见孔子。见过之后，他对孔子的学生们说："你们何必担心先生失去了在鲁国的职位呢？当今天下偏离管理正道已经很久了，上天特派先生来复兴管理之道。"

【分析解读】

本章借卫国仪邑地方官的话，在于说明，儒家管理模式虽然还没有引起人们的重视，但从长远来看必将为人们所接受。

当时孔子刚辞去鲁国的官职，离开鲁国，周游列国，路过卫国仪邑，地方官见过孔子后给出了上述评价。在当时，儒家管理模式并没有为各诸侯国所接受，相反，法家管理模式却有较大影响力。虽然从短期来看，法家管理模式似乎更容易产生直接的绩效结果，而儒家管理模式则难以奏一时之效；但若从长期来看，管理者德行的养成、社会规范的建立以及一代代合格国民的教育和培养，才是一国长治久安的基础。可能正是源于此，本章借用仪邑地方官的话，指出儒家管理模式不在于计较一时之得失，而致力于组织和社会长期和谐可持续发展。这也恰是第一篇所强调的管理学习要培养"不计功利"的学习态度的真谛所在。

管理精义

对于一种管理理念、管理模式乃至管理措施的评价，不能仅看眼前一时一事的结果，更不能以眼前成败论英雄，而应"风物长宜放眼量"，从长远可持续发展的角度来做出评价，尤其要关注其对人的影响。毕竟管理离不开人，管理理念、模式和措施对人的影响，才是最终决定组织和社会长期成败得失的根本所在。而对人的影响，特别是将管理过程同时也视为一个教育过程，则要有"十年树木，百年树人"的视野和胸襟，着眼于组织和社会可持续发展的人的培养和贮备，才是最终判断一种管理理念、模式和措施有效与否的根本所在。因此，一种管理模式若不能以"人"为立足之本，也就难以扎根于组织、社会和文化之中，更不可能产生持久的影响力。

3.25 子谓《韶》①："尽美矣，又尽善②也。"谓《武》③："尽美矣，未尽善也。"

【字词释义】

①《韶》：舜时代的音乐名称。

②善：是会意字，在金文中，由上面的羊和下面的两个言组成，表示共同利益，也可以引申为追求或符合共同利益的人、事和行为。

③《武》：周武王时代的音乐名称。

【今文意译】

孔子在评论舜时代的乐曲《韶》时说："它既符合音乐上完美的要求，又能激起人们对社会共同利益的追求，具有社会教育功能。"

孔子在评论周武王时代的乐曲《武》时说："它只达到了音乐上的完美，但不能激发人们对社会共同利益的追求，无法起到社会教育作用。"

【分析解读】

本章再次借谈音乐来说管理，意在阐明，管理不仅要担负岗位职责和组织责任，更应担负社会责任。

在这里，孔子对乐曲的评价使用了两套标准，一是音乐本身的"美"的标准，二是音乐所产生的社会影响的"善"的标准。在孔子看来，对于音乐而言，美固然重要，但由此产生的社会效果也不能忽视；若音乐在达到美的要求的同时，又能发挥社会教育功能，有利于社会共同利益的追求，那便是"尽善尽美"了。

对管理而言，道理相同。管理也不只是要满足岗位和组织的绩效要求，管理行为和组织行为同时也会影响到社会更大的范围，因此，管理不可避免地承担着社会责任。组织责任与社会责任的统一，应是管理责任的题中应有之义。

孔子通过评价乐曲所要表达的，正是儒家管理模式追求的社会责任和组织责任的统一。儒家管理模式致力于达到的"有耻且格"的结果，正是儒家管理发挥社会教育功能，履行社会责任的具体表现。

管理精义

管理要承担社会责任，虽早为人们所广泛认可，但管理如何履行社会责任还需要深入思考。实际上，管理者在日常管理过程中，将管理过程同时视为教育过程，以价值观和行为规范来影响人们，培养符合社会法律体系和伦理规范的组织成员的过程，同样也是在履行社会责任。因为每个组织成员都是广义的社会人，他们在组织之外也会影响更大范围的

> 人们，这种社会影响传播开来，自然就会使管理模式和管理行为产生有利于社会和谐发展的效果，而这种超越组织和管理本身目标的社会效果，不正是社会责任的具体体现吗？

3.26　子曰："居上不宽①，为礼不敬，临丧不哀，吾何以观之哉？"

【字词释义】

①宽：是形声字，本义指房屋宽敞，这里引申为度量大、宽容的意思。

【今文意译】

孔子说："管理者实施管理，没有宽容之心，从事礼仪活动，没有诚敬之心，面对丧事，又没有悲伤之心，这些徒有表面形式的事情，有什么可看的呢？"

【分析解读】

本章总结全篇，强调指出，儒家以礼仪规范来实施管理，不仅立基于管理者的德行，还有赖于礼仪规范的形式与内容相统一。

孔子这段话概括了儒家管理模式中"齐之以礼"的要义。管理者要用礼仪规范来协调人们的行为，就必须有宽容之心，因为在人们认识、理解并践行礼仪规范的过程中，最重要的学习方式就是"干中学"，是学以致用，是将各种礼仪规范落实到自己的行为上，这不可避免地会出错，如果管理者没有宽容之心，人们就不会"错不惮改"，也就无法真正将礼仪规范变成自己的行为准则。同样，管理者还必须对各种礼仪规范保持诚敬之心，以此为基础，才能更好地去践行这些礼仪规范，并引导人们恪守和践行它们；否则，礼仪规范就会变成纯粹的形式，而徒有其表的礼仪规范是无法产生实际效果的。

管理精义

管理者在管理实践中实际奉行的价值观和行为规范就构成了管理文化。组织中的管理文化是组织文化的核心，也是组织文化赖以形成并发挥作用的前提和保证。若管理者实际奉行的管理文化与管理者倡导和宣传的组织文化相脱节，就会造成组织文化的表面化和形式化，更严重的结果则是在组织中形成"说一套、做一套"的不良风气，这将严重损害组织的凝聚力、竞争力和持续发展潜力。

因此，在组织文化建设中，管理者的身体力行、率先垂范非常重要，这集中体现在管理者实际奉行的管理文化与组织文化的一致性上。只有管理文化与组织文化保持一致，组织文化才能真正发挥出凝聚人心、保证组织可持续发展的作用。

里仁第四

本篇导读

本篇讲管理职责，意在说明管理者如何恪守以"仁"为核心的社会规范，通过履行职责的表率行为，实现"有耻且格"的目标。

本篇大致可分为三个部分。第一部分包括第1章到第7章的内容，重点阐述以"仁"为核心的社会规范及其意义。其中，第1章讲"仁"以及"仁"的社会意义；第2章从人与物关系的角度，阐明只有追求"仁爱"境界，人们才有可能摆脱物质条件和物质欲望的束缚；第3章从人与人关系的角度，说明对"仁爱"境界的追求，能够帮助人们建立超越个人好恶的社会评价标准；第4章从个体行为的角度，阐述人们若致力于追求"仁爱"境界，就可以实现行为上的自我约束；第5章提出作为社会规范核心内涵的"仁"对管理者行为的具体要求；第6章阐明人们并非天生就具备"仁爱"，必须通过后天持续不断的追求，才有可能达到"仁爱"境界；第7章说明人们对"仁爱"境界的追求是一个社会过程，只有借助社会互动和学习，才能更好地理解和把握自己在"仁爱"境界追求中所达到的具体阶段。

第二部分由第8章到第16章构成，侧重于阐述基于社会规范的管理职责及其特点。其中，第8章强调管理者应该将追求社会规范的至上境界作为自己的信仰和核心价值观；第9章指出，判断管理者是否具备信仰，关键在于看其能否超越物质条件和物质欲望的束缚；第10章明确区分了管理者的个体私人角色与他所承担的管理角色；第11章借助管理者与被管理者的角色对比，阐明管理角色和管理职责的特点；第12章从管理职责特点出发，说明在履行管理职责时，只追求物质利益、只有正式规则约束，远远不够；第13章强调履行管理职责，关键在于将礼仪规范与物质利益有机统一起来；第14章说明管理者应该更多考虑的是自己是否达到管理职责的要求，而不要过分关心是否被重用；第15章总结儒家管理模式下职业规范的基本内涵及其对管理者的要求；第16章通过与被管理者职责的对比，概括管理的核心职责。

第三部分涵盖第17章到第26章的内容，着重解释管理者如何履行职责，才能实现"有耻且格"的目标。其中，第17章阐明管理者履行职责的过程，既是一个学习过程，也是一个教育过程；第18章讲解管理者在履行职责时如何处理与委托人或授权者的关系；第19章阐述管理者在履行职责过程中对委托人或授权者所应承担的"说明义务"；第20章指出，管理者应保持对委托人或授权者承诺的一致性和长期性，这也是管理职责的重要组成部分；第21章说明管理者在处理与委托人或授权者关系时所应具备的恭敬态度；第22章解释管理者在履行职责时如何保持言行一致；第23章解说管理者在履行职责时如何避免出现不必要的过失；第24章明确"言"与"行"之间关系的优先序，这是管理者在履行职责时必须恪守的基本原则之一；第25章强调管理者始终要坚信和坚持"德行"的社会引导作用；第26章总结管理者履行职责的注意事项。

儒家管理模式包括三方面内涵，即"道之以德，齐之以礼，有耻且格"，其中，"道之以德"和"齐之以礼"是方式或途径，"有耻且格"是最终要达到的目标。第二篇侧重讲"道之以德"，第三篇着重讲"齐之以礼"，本篇围绕"有耻且格"进行讲解。这三篇内容构建起儒家管理模式的基本框架。

4.1 子曰："里①仁为美。择不处仁，焉得知？"

【字词释义】

①里：是会意字，由田和土两部分组成，合起来表示有了田地种庄稼，就可以定居了，意指居住之地。

【今文意译】

孔子说："邻里充满仁爱风气，居住环境就会和美。不以仁爱为标准来选择居住环境，怎么可能获得社会知识和判断力呢？"

【分析解读】

从本章开始重点讲"仁"。在孔子看来，"仁"是一切社会规范的核心，也是人们判断是非、对错的共同标准；缺乏良好的社会氛围，人们便无法习得并恪守以"仁"为核心的社会规范，自然也就不会有基本的社会知识和判断力了。

孔子认为，"做人"是从事包括管理在内的一切职业活动的根本所在，而"做人"实际上就是对社会规范这类社会知识的学习和实践，其核心在于处理各种类型的人与人之间关系。"做人"的学习和实践，不可能脱离特定社会环境，在真空中完成，而最直接的社会环境就是居住环境。因此，孔子非常强调邻里的仁爱风气是选择居住环境的首要标准。只有居住在符合社会规范要求、有仁爱风气的邻里环境里，人们才能更有效地进行社会学习，在完成自身的社会化过程中，形成内在的是非对错标准和社会判断力。

> **管理精义**
>
> 组织的文化氛围是促发组织成员形成角色认同,进而建立组织凝聚力和竞争力的重要因素。组织成员不是以个体来面对组织的正式规则体系和非正式文化规范,他们总会结成特定的非正式群体,并由此形成潜在的群体氛围。这种群体氛围也是组织文化氛围的重要组成部分。组织文化并非只是来自管理层正式倡导的价值观和行为规范,还包括组织成员自发形成的非正式群体的价值观和行为规范。有效的组织文化建设,应致力于将两者结合起来,共同形成和谐向上的组织文化氛围。因此,管理者要注重从员工非正式群体氛围与组织氛围协调的角度,引导组织成员习得、适应并融入组织文化之中。

4.2 子曰:"不仁者不可以久处约①,不可以长处乐。仁者安仁,知②者利③仁。"

【字词释义】

①约:是形声字,本义指缠绕捆缚,这里引申为节俭、穷困的意思。

②知:同"智",有智慧的意思。

③利:是会意字,本义表示犁地、耕地,这里引申为"有利"的意思。

【今文意译】

孔子说:"那些不努力追求仁爱境界的人,无法长期处于穷困状态,也无法长期生活在安逸之中;长期穷困就会违法乱纪,长期安逸则又骄奢淫逸。那些致力于追求仁爱境界的人,才能安心于和谐的人与人之间关系状态而超越物欲的羁绊;那些深刻理解了社会规范的真谛、有智慧的人,才能看到人与人之间和谐关系所带来的长远利益。"

【分析解读】

上章讲如何习得并恪守"仁",本章则阐述追求"仁爱"境界的人和不追求"仁爱"境界的人在行为上的不同表现。

孔子一方面强调,"仁"本质在于人与人之间关系的和谐,而不受自然生态环境和物质上贫困或富贵的影响;另一方面又着重指出,是否理解了"仁"的核心要义并致力于追求"仁爱"境界,其行为表现是完全不同的。没有理解"仁",也不追求"仁爱"境界的人,无法超越物质环境的限制,长期贫困就会有"违礼仪、坏规矩"的行为,而长期富足又会有"纵物欲、逞骄横"的表现;只有真正理解了"仁",才有可能具备社会知识和判断力,也才能说有智慧,这样的人才能看到"仁"所具有的更广泛的长远利益;更重要的是,只有真正致力于追求"仁爱"境界的人，才能将"仁"作为终生的行为准则，安心于此，超越外在束缚。

> **管理精义**
>
> 组织绩效总是有涨有落，组织发展总是迂回曲折。如果将组织管理的有效性完全建立在物质利益之上，那么，组织绩效无论高低都有可能对组织成员产生负面影响。绩效高则可能自足自满、不思进取，绩效低乃至陷入困境，又可能人心浮动、涣散；无论绩效高低、经济状况好坏，人们都无法超越物质利益，看到更广阔的前景和更大的广义价值；也许更糟糕的是，完全以物质利益为基础的管理机制设计及相应的文化氛围，可能会造成人们在物质利益上斤斤计较，陷入围绕眼前利益的"恶性竞争"，损害团队精神和组织凝聚力，从而在根本上侵蚀组织竞争力和可持续发展潜力。因此，在构建组织管理机制时，物质利益和绩效标准固然重要，但绝不能唯利益或绩效马首是瞻，排斥其他价值观和行为规范的作用，让组织文化变成利益导向的文化。

4.3 子曰："唯仁者能好人，能恶①人。"

【字词释义】

①恶：在这里是动词，讨厌的意思。

【今文意译】

孔子说："只有致力于追求仁爱境界的人，才能超越个人好恶，客观地评价他人。"

【分析解读】

上章讲致力于追求"仁爱"境界的人在处理人与物的关系上的行为表现，本章则说明致力于追求"仁爱"境界的人在处理人与人的关系上的行为表现。

在处理人与人的关系，特别是涉及对他人进行评价时，人们往往会带有较强的主观色彩，以自己的好恶标准，按照"相似性原则"来评价他人。这不仅会有失偏颇，甚至还会造成人与人之间不恰当的亲疏远近关系，破坏组织和社会的和谐。为了克服这种主观倾向，人们就必须努力超越个人好恶，摆脱"相似相亲"的思维方式，以社会规范的共同准则为基础来处理人与人的关系，对他人进行评价。人们只有习得并恪守了以"仁"为核心的社会规范，才有可能正确处理人与人的关系，并对他人做出恰当评价。这正是孔子这句话的意义所在。

管理精义

管理者不可避免地要对组织成员进行评价，也总是要在更大范围内处理各种人际关系，这就要求管理者必须超越个人好恶，客观公正地评价他人，处理各类关系。为此，组织必须建立相对完善的正式规则体系，并将组织文化规范与更大范围的社会规范结合起来，形成与正式规则体系互补的文化规范；以此为基础，组织才能构建起有关内部成员及利益相关者的不同评价模式，用以超越管理者个人的主观评价标准。

4.4 子曰："苟志于仁矣，无恶①也。"

【字词释义】

①恶：在这里是名词，罪恶、邪恶的意思。

【今文意译】

孔子说："假使真心立志追求仁爱境界，就不会做出邪恶的事情来。"

【分析解读】

上章讲解致力于追求"仁爱"境界的人在处理人与人之间关系时的行为表现，本章则解说致力于追求"仁爱"境界，就会使人们有很强的自律行为。

根据孔子的观点，若人们能够把以"仁爱"为核心的社会规范变成自己真诚的信念追求，自然就不会存心作恶；即便行为上可能有过错，那也是无心之过，绝不会有刻意违反社会规范、损害他人及社会利益的行为。

管理精义

对组织管理而言，如果能够将组织文化与更广泛的社会规范融合起来，使之成为管理者和组织成员共同信奉的愿景和信念追求，那么，管理者和组织成员自然就有了内化的、超越个人好恶的是非善恶标准；以此为基础，组织中的自我约束机制就得以建立；相应地，作为组织管理的理想境界，"管理少为，乃至无为"也将成为可能。

4.5　子曰："富与贵，是人之所欲也；不以其道得之，不处也。贫与贱，是人之所恶也；不以其道得之，不去也。君子去仁，恶乎成名？君子无终食之间①违仁，造次②必于是，颠沛③必于是。"

【字词释义】

①终食之间：指一顿饭工夫，即片刻之间的意思。

②造次：在这里是匆忙、急促的意思。

③颠沛：在这里是困苦、受挫折的意思。

【今文意译】

孔子说："人们都想追求富贵，但是，不符合社会规范而得到富贵，管理者不会接受。人们都会讨厌贫贱，但是，因不符合社会规范而致于贫贱，管理者也不会放弃。离开了以仁爱为核心的社会规范，还能有管理者吗？管理者不能有片刻时间违背以仁爱为核心的社会规范，匆忙之时、困苦之时，都要坚守它。"

【分析解读】

本章专门讲解以"仁爱"为核心的社会规范对管理者的基本要求。

管理者当然可以追求富贵、摆脱贫贱，但无论追求富贵还是摆脱贫贱，都要符合社会规范。管理者不能为了追求富贵而不择手段，也不能为了摆脱贫贱而背信弃义。管理者之所以成为管理者，恰在于社会规范赋予其社会角色以合法性；如果管理者不能时刻遵循以"仁爱"为核心的社会规范，在组织和社会中起到表率作用，社会规范被遗弃之时，也就是管理者社会角色和岗位职权的合法性丧失之日。没有社会规范，还有真正意义上的社会组织吗？没有社会组织，还有管理者吗？

管理精义

面对组织文化规范和更广泛的社会规范，管理者必须以身作则、率先垂范，用自己的真诚信念和踏实行动来昭示规范的意义。只有这样，组织和社会规范才能切实发挥作用；没有管理者的表率作用，再好的规范也会形同虚设。为此，管理者必须时刻反思并处理好个人利益与共同利益之间的关系问题，真正做到"君子爱财，取之有道"。

4.6　子曰："我未见好仁者、恶不仁者。好仁者，无以尚①之；恶不仁者，其为仁矣，不使不仁者加乎其身。有能一日用其力于仁矣乎？我未见力不足者。盖有之矣，我未之见也。"

【字词释义】

①尚：是形声字，本义指增加，又指希冀，这里引申为超出、超过的意思。

【今文意译】

孔子说:"我没有见过天生就喜欢'仁',讨厌'不仁'的人。如果天生就喜欢'仁',那就已经达到无法超越的至上境界了;如果天生就讨厌'不仁',那也就是'仁'的境界,再也没有'不仁'能强加到他身上。'仁'的境界,既非天生,也非一日之功,需要持续不懈的努力才能达到。我没见过在'仁'的学习和实践过程中还有力所不逮的情况。也许有吧,我没见过。"

【分析解读】

本章讲解要达到"仁爱"境界,需要持续努力,对以"仁爱"为核心的社会规范的学习和实践是没有止境的。

具体地说,孔子这段话包含了三层含义。首先,孔子强调"仁爱"境界并非人们天生就具备。如果人们天生就有"仁爱"境界,那便已是人生的至上境界,说明人们一生下来就成了"完人",不需要后天的任何努力,这显然不符合现实。因此,"仁爱"境界必定是后天借助对社会规范的持续学习和实践才能达到的。

其次,对以"仁爱"为核心的社会规范的学习和实践,并非短期内就能完成,期望倾一日之全力就达到"仁爱"境界是不可能的,它需要长期乃至终生的持续努力。关于这一点,若联系着第二篇第4章所讲的孔子"德行"修养过程及其不同阶段所达到的不同境界,便很容易理解。

最后,每个人都有能力来学习和践行以"仁爱"为核心的社会规范。实际上,这个学习和实践过程就是学"做人",每个人都有成为"人"的潜在能力。学"做人"与学其他专业知识或技能不同,在特定的专业知识和技能学习中,可能会出现力所不逮、不适合学习的情况,但在学"做人"上,绝不可能出现能力不足的情况,只是愿意不愿意付出努力罢了。因此,孔子才会说:"我未见力不足者。"

管理精义

关于组织规范和社会规范的学习,应该是对每个管理者和组织成员的基本要求。在组织和社会中,任何人都首先是一名组织公民和社会公民;虽然他们的职业角色、岗位职责及相应的专业知识和能力有所不同,但他们在扮演职业角色、履行岗位职责的时候,都必须以组织公民和社会公民这个共同角色为基础;难以想象的是,无法有效履行组织公民和社会公民角色的人,能够很好地履行职业和专业角色。因此,组织管理的第一要义,在于要求包括管理者在内的所有组织成员,必须认真践行组织规范和社会规范,建立起组织公民和社会公民的角色认同;以此为基础,才能各尽其能,履行好各自的职业角色和专业职责。

4.7 子曰:"人之过也,各于其党①。观过,斯知仁矣。"

【字词释义】

①党:是形声字,本义指不鲜明、色泽黝黯,古代常用来指代一种地方组织,五百户人家为一党,可以引申为乡里、同类、同伙等意思。

【今文意译】

孔子说:"人们在'做人'上的偏差和过错,都有相似性,通过观察这些偏差和过错,就可以了解人们在追求'仁爱'时所达到的境界。"

【分析解读】

本章承接上章,讲解对以"仁爱"为核心的社会规范的学习,本质上是一个社会过程,通过分析其中出现的偏差,就可以了解人们关于社会规范学习的状况。

孔子这句话进一步强调指出,"仁爱"境界是后天学习和实践的结果,而且这个后天学习和实践过程也是一个社会过程,正像第一篇在讲学习时提到的,总是要通过个体层次的亲历学习和榜样学习以及团队层次的学习才能完成。在这个社会学习和实践过程中,出现偏差、犯错误是不可避免的;也正因为学习和实践的社会性,这种偏差和错误也必然带有社会相似性。因此,借助对以往出现的类似错误的分析和归类,就可以更好地帮助人们学习和践行社会规范,也可以通过人们所犯错误,来判断这种学习和实践所达到的程度,以便更好地帮助人们改进和提升学习方法。

【管理精义】

组织规范和社会规范的学习也是一个社会化过程,需要借助组织内部正式团队和非正式群体的力量来共同推进;同时,也正因为这种学习所具有的社会化特点,就更需要在社会学习过程中建立相应的类型和模式,以便辅助新成员的学习。当然,这种学习类型和模式的建立,也便于及时有效地诊断偏差、发现错误,实现持续改进。

4.8 子曰:"朝闻道,夕死可矣。"

【今文意译】

孔子说:"如果实现了理想,达到了社会规范所要求的至上境界,即便当下死去,也在所不惜。"

【分析解读】

本章开始讲管理者应如何学习和实践以"仁爱"为核心的社会规范，并以此为基础创建良好的社会氛围，由内而外地影响别人。

在孔子这句话里，"道"一方面指的是社会规范及其知识体系，另一方面也指以社会规范践行的至上境界为理想。所以，这里的"道"既是"做人"和做管理的道理，又是"做人"和做管理上的理想追求，合二为一，也就是对"做人"和做管理之道理的执着追求。这也就是儒家管理模式的"求道"信仰。人生有涯，"求道"无涯。若真能一朝闻道，既通晓了全部"做人"和做管理的道理，又实现了"做人"和做管理的理想，便此生无憾，死不足惜。

孔子这句话在于指明，"做人"和做管理的道理或"求道"的信仰，作为儒家管理模式的核心价值观，远比生命重要，因此，一个致力于学习儒家管理模式的未来管理者，必须先树立"求道"的信仰，即终生学习和追求"做人"和做管理的道理。以此为基础，才能产生持续提升自我一致性的内在动力，并履行管理职责，感召别人；另外，也才能寻找到志同道合者，共同学习提升，实现自我与社会的同一性。

管理精义

> 组织文化的本质在于核心价值观或第一价值观，它决定了什么才是组织成员共同认可的、最有价值或最重要的东西，这也正是组织的价值底线和共同信仰追求。只有确立起核心价值观，组织才能义无反顾地朝着终极目标或愿景前进，不为各种外部诱惑和挫折所动摇。在确立组织的核心价值观过程中，管理者扮演着至关重要的角色。难以想象的是，如果组织中的管理者都不认同组织的核心价值观，不将之作为自己的信仰追求，一般组织成员会全心全意认同并追求它。因此，在组织文化建设中，核心价值观的确立是最为关键的环节，而核心价值观又不能与管理团队的信仰追求相割裂。

4.9 子曰："士①志于道，而耻恶衣恶食者，未足与议也。"

【字词释义】

①士：本义指能分析复杂现象，由博返约的人，可以引申为有知识的人。"士"与"仕"相对应，"仕"的本义指学习做官之事，可以引申为任官职、做管理者，而"士"则可以理解为学习管理、准备成为管理者的人。因此，"士"在这里可以理解为"学管理的人"或"未来管理者"。

【今文意译】

孔子说:"学管理的人本应以'求道'为信仰,但若对衣食斤斤计较,便没有必要和他谈论'做人'和'做管理'的道理。"

【分析解读】

本章承接上章,继续讲解确立"求道"信仰对于学管理的重要性。

根据孔子的观点,既然要学管理,就要确立"求道"信仰;而一旦信仰确立,也就意味着核心价值观或第一价值观建立起来,"求道"将成为人生最重要和最有价值的事情,其价值甚至超过生命。既然如此,就不应再对日常衣食住行斤斤计较;否则,将衣食住行看得很重,那又如何摆正"求道"这个第一价值观的位置呢?

当然,人们也许会说,"求道"信仰完全可以和讲究衣食并行不悖,既讲衣食又"求道",岂不更好?但孔子这里讲的是两者不可得兼的情况,也只有在这种情况下,才能真正体现出第一价值观或核心价值观的作用。在"求道"和衣食不可兼得的情况下,若没有平时对两者重要性的清晰把握和切实践行,就很难做出合理选择。更何况,孔子这里用的是"恶衣恶食",意思是当下的衣食状况并不理想;此时,若有明确和坚定的"求道"信仰和第一价值观,自然就会对"恶衣恶食"泰然处之,做到"安贫乐道";若"求道"信仰和第一价值观不明确或不坚定,在面对"恶衣恶食"时就会不自在,甚至感到抬不起头来,这恰说明没有将"求道"作为第一价值观,而将当下的衣食住行看得太重。这也正是孔子不愿意和那些"耻恶衣恶食者"谈论"做人"和"做管理"的道理的原因。

管理精义

信仰的本质是核心价值观或第一价值观,组织的核心价值观实际上就是组织成员的信仰共识,它规定着组织的价值底线。对组织而言,一旦核心价值观得以确立,组织成员尤其是管理者,就要在日常行为中严格恪守,将有限的资源投向核心价值观所规定的方向上,这也是组织的终极目标追求,不能因一时一事的侵扰或环境暂时困难而偏离方向。当然,在顺境中,资源和机会都相对充足,可以在追求信仰的同时兼顾其他目标,但仍要明确优先序,而不能本末倒置,因其他次要目标而转移注意力、迷失大方向;一旦组织处于逆境中,资源和机会都变得匮乏,更需要明确方向,将有限的资源投向根本目标上去,以确保沿着正确的方向执着前行。

能在逆境中不迷失方向、坚守第一价值观,有赖于平时的持续修养和训练。难以想象的是,在顺境中,一方面讲理想追求,一方面又贪图衣食住行奢华高贵的管理者,在遭遇逆境时能坚守信仰、安于贫困,仍能矢志不渝地追求终极目标。因此,在组织的核心价值观确立之后,对管理者的选择,既要看知识、技能及对组织核心价值观的认同,又要看其日常生活中的行为表现,要了解其真正在意和关心的是什么。也许正是这些点滴小事,才能更有效地折射出其心目中真正的第一价值是什么,而不只是口头上所说的。

4.10 子曰:"君子之于天下也,无适①也,无莫②也,义之与比。"

【字词释义】

①适:是形声字,本义指前去、前往,可以引申为适当、恰好的意思。

②莫:是会意字,本义指太阳快落山的时候,可以引申为不要、不能、不可的意思。

【今文意译】

孔子说:"从管理者个人的角度来看,天下之事并没有什么可以做、什么不可以做的严格区分,现在之所以有当做之事和不当做之事,都是管理角色和岗位职责的要求使然。"

【分析解读】

本章重点讲管理者本人与他所扮演的管理角色的区别。上两章讲解学管理的人要确立"求道"信仰,本章开始阐述在信仰的基础上还要理解管理角色的特点,才能更好地履行管理职责。

作为个人,管理者像普通人一样,只要不违反社会规范,似乎没有什么特别能做或不能做的事情;但是,作为管理者,则必须担负起管理角色和岗位职责的要求,而这些要求中就明确规定能做什么和不能做什么。最典型的如管理者不可避免地要承担起在一定范围内对公共资源的"分配"职责,这在传统的家庭组织和以家庭组织为模板的社会组织中都是非常重要的管理职能,而"分配"中关键是要恪守"公平"的标准。恰是管理职责中公平和正义的要求,使得管理者有了当做和不当做的严格区分。这也正是"义之与比"的含义所在。这里的"义",其原义正像第一篇第13章中所讲的那样,指的是分配中的公平,而"公平分配"就是正义。这正是管理角色的核心要求。

管理精义

"做人"虽然是"做管理"的基础,但"做管理"并不能直接等同于"做人",毕竟"做管理"还有其职业和岗位的特殊要求。因此,管理者除了要满足"做人"要求之外,还必须时刻牢记自己所扮演的管理角色及所承担的岗位职责。这其中最重要的要求,也许就是管理者在职责范围内对公共资源进行分配时所必须恪守的基本原则,即公正原则。正是管理职责所内秉的公正原则,严格规定了管理者能做什么和不能做什么。

4.11 子曰："君子怀①德，小人怀土②。君子怀刑，小人怀惠③。"

【字词释义】

①怀：在金文中是会意字，像将东西怀挟在衣中，可以引申为怀念、思念。

②土：在甲骨文中是会意字，表示泥土，本义指土地，可以引申为田地、家乡、居住的地方等。

③惠：是会意字，本义为仁爱，可以引申为好处、恩惠。

【今文意译】

孔子说："管理角色更突出德行，被管理角色更专注任务。管理角色更强调规则，被管理角色更看重奖励。"

【分析解读】

上章区分了管理者本人的私人角色和所扮演的管理角色，本章则通过管理角色与被管理角色的对比，进一步明确了管理角色的特征及其基本要求。

首先，这里的"君子"和"小人"可以理解为两类社会角色，君子指管理角色或扮演管理角色的管理者，小人指被管理角色或扮演被管理角色的被管理者，这与第二篇第14章所讲的君子和小人的含义是一样的。

其次，在传统农业社会，被管理者的主要工作是农业生产，通俗地说就是"下地劳动"、"干农活"，他们的工作终日与土地打交道，因此，孔子这句话中的"土"字点明了当时被管理者的工作性质，可以引申为他们所关注的日常"任务"。

最后，虽然儒家管理模式强调"齐之以礼"，但这仅指一般管理理念而言，一旦落实到具体管理角色及其履行特定职能的活动中，就不可能没有各种具体规则或"刑"，管理者必须时刻牢记这些规则，否则，就无法有效处理各类日常事务，甚至包括合理、公平地分配公共资源；然而，对被管理者而言，他们却不一定非常清楚每条规则的具体规定，从他们的角度来看，只需要知道怎么做、做什么会得到奖励或鼓励，从而获得应有的收益就可以。这也正是"刑"和"惠"的分别所在。

管理精义

管理者必须明确管理角色与被管理角色的差异，一方面切实履行自己的职责，另一方面也能从被管理者职责出发来理解和激励他们的工作，而不能将自己的职责或意志强加到被管理者身上。

另外，从岗位特点和工作性质来看，管理角色具有更强的超越性，需要超越具体任务、具体事情乃至具体利益，去关注更为一般的规则制定和规范建设的公平性问题。换句话说，管理者的工作中"务虚"的成分似乎更多一些，主要与那些较为抽象的规则、规范和价值打交道；而被管理者的工作中"务实"的成分似乎更多一些，主要与那些较为具体的任务、事情和利益打交道。这恰是组织和社会角色分工、职能定位的必然要求。只有通过这种虚与实、抽象与具体、规则规范与任务利益的合理分工、有机整合，组织与社会才能更有效地实现和谐、可持续发展。

4.12 子曰："放①于利而行，多怨。"

【字词释义】

①放：是形声字，本义指驱逐、流放，在这里引申为放纵、放任的意思。

【今文意译】

孔子说："只追求物质利益目标，任由物质利益来驱使人们的行为，会招致更多抱怨。"

【分析解读】

上章明确了管理角色与被管理角色的差异，本章以此为基础进一步指出，只有物质利益追求及正式规则约束是远远不够的。

既然管理职责要超越具体任务，关心更大范围的共同利益，而共同利益又不仅仅指物质利益，还有价值观的内涵，那么，如果管理者在目标设定上只关注物质利益，忽视共同利益中的价值观内涵，这就会扭曲人们对共同利益的认知，将共同利益仅仅理解为一种由管理者所代管的"共同物质利益"，进而就有可能将这种"共同物质利益"追求与管理者个人利益追求联系起来，从根本上动摇对各类社会规范及管理者"德行"的信任；更重要的是，为了实现物质利益目标，过度强化物质激励，则容易激发人们为追求物质利益而工作的外部动机，抑制基于事业和价值观追求的内部动机。如此一来，物质利益目标及其激励效应，会慢慢消解掉原本期望确立的社会规范和德行感召的作用，最终反而可能造成价值观念和行为规范的混乱，引发不满和抱怨。

另外，由于物质资源的稀缺性，当管理者将目标追求和激励机制置于物质利益之上时，即便有正式规则约束，但由于信息不完全、不对称以及环境条件的变化等各种内外部原因，现实中物质利益分配的不公平现象在所难免，一旦这种情况出现，人们首先想到的可能就是管理者近水楼台，利用权力谋求了更多的物质利益，毕竟管理者是所谓"共同物质利益的代管人"。这样一来，由人们感觉到的物质利益分配的"不公平"所引发的抱怨就会更加严重。

这时，从管理者的角度看，当他认识到无论自己是否"以权谋私"，都会被别人看作"以权谋私"之后，不仅同样会心生怨恨，而且还有可能真的走上"以权谋私"之路。最终结果可能是，人们完全失去了共同价值观和行为规范，互不信任，只相信"眼见为实"的物质利益，以至于物欲横流、弱肉强食、怨声载道。

虽然孔子在这里说的只是极端情况，即"放于利而行"或完全任由物质利益驱使，但意在提醒人们注意，一旦目标追求完全锁定在物质利益之上，仅希望依靠正式规则来约束人们的物质利益追求行为，不仅远远不够，而且已经来不及了；应该在目标确立的时候，就很好地平衡物质利益追求与价值观追求，用"求道"来统摄"求利"。只有这样，才能从根本上解决"多怨"的问题。

管理精义

组织的共同利益并非单指物质利益而言，尤其不能理解为管理者和组织成员的物质利益，而应该包括组织所致力于追求的事业及社会价值，这就体现在组织的愿景、使命和价值观之中。正是这种更为丰富的组织共同利益内涵，让组织行为及组织成员的日常工作有了意义，并具有了可持续行动的内在动力基础。

如果一个组织将共同利益和共同目标完全锁定在物质利益上，激励机制也以物质利益为核心，什么赚钱做什么，其结果会导致组织及其成员失去事业的自豪感和社会价值感。在物质资源稀缺的前提下，物质利益的增长永远赶不上不受约束的物质欲望的增长，再加之盲目的横向比较，不满足感、不公平感和无意义感自然会与日俱增，行为动机也会逐渐削弱，怨气、怨言和怨行日益增多，从而在根本上动摇组织的可持续发展潜力。因此，对管理者而言，确立物质利益目标、进行物质利益激励，看似最直接、最简单、最有效，但从长远发展来看，尤其是从培养"组织人"的角度来看，这恰是管理者不负责任的表现。

4.13 子曰："能以礼让为国乎，何有？不能以礼让为国，如礼何？"

【今文意译】

孔子说："能够只用礼仪规范和谦让德行来治理国家吗？若能，治国岂不是太容易了吗？若不能，还要礼仪规范干什么呢？"

【分析解读】

上章讲了不能完全靠物质利益来激发人们的行为，本章则指出，也不能完全靠礼仪规范和谦让德行来实施管理，应该将两者结合起来。

结合上两章，尤其是第11章的内容，不难理解，既然被管理者关心的是任务和奖励，那么，管理者一方面不能完全迎合被管理者的需求，一味地依靠物质利益来激发被管理者的行为；另一方面，也不能完全无视被管理者的物质利益诉求，只是从礼仪规范和德行要求上去约束被管理者。在现实中，无论是"放于利而行"这种只看重物质利益的做法，还是"以礼让为国"这种只强调礼仪规范的做法，都行不通。真正有效的管理，一定是两者的结合，即：用礼仪规范赋予物质利益以合理的意义，来更好地引导和约束人们追求物质利益的行为。这也正是第11章所强调的管理者所应承担的两方面职责，即"德"与"刑"或德行与规则，德行本于礼仪规范，而规则用来对物质利益进行合理追求和公平分配。只有将两者结合起来，管理者才尽到了自己应尽的职责。

管理精义

　　管理者必须清醒地认识到，管理总是要面对物质利益，也总是要对人们追求物质利益的行为进行激励和约束；只有内外兼顾，既有外部正式规则的公平和公正，又有基于非正式规范的内在自觉和自愿，才能确保物质利益的追求合理、合法、可持续。在内、外部机制的结合上，若能实现由内而外、自然而然，则可谓达到了管理的理想境界。

4.14　子曰："不患无位，患所以立；不患莫己知，求为可知也。"

【今文意译】

　　孔子说："不要担心没有职位，而应考虑凭什么能获得职位、履行职责；不要担心别人不理解、不重用自己，而应考虑凭什么能让别人理解和重用。"

【分析解读】

　　上几章解释了管理角色、岗位职责及其基本要求，本章则告诫管理者，首先应考虑的是，自己是否具备承担管理职责的德行、知识和能力，这是履行管理职责、被委托人或授权者选择和任用的前提，而不要过分在意如何被别人重用，获得管理职位。因此，管理者应致力于从管理职责及其要求入手，不断提升自身的德行修养以及专业知识和能力，这才是管理职业发展的正途。

管理精义

　　管理的本质是责任。管理者只有牢记职责要求，不断强化管理职业规范和专业知识技能的学习，才能履行管理职责，促进职业发展。相反，管理者若整天想的是如何为人所知、为人所用，关心的是利益交换、人前显贵，则势必进入拉关系、走门路的非职业化轨道。这种非职业化轨道对比管理职业化途径而言，可谓"不务正业"；若这种模式演变成歪风斜气，则会严重扭曲管理职业规范，乃至造成"劣币驱逐良币"的局面。这会使组织价值观和行为规范形同虚设，"德行"反而成为虚伪的标签，赤裸裸的物质利益变成唯一追求，"无耻"和"多怨"当然不可避免。

4.15 子曰："参乎！吾道一以贯之。"曾子曰："唯①。"子出。门人问曰："何谓也？"曾子曰："夫子之道，忠恕②而已矣。"

【字词释义】

①唯：是形声字，这里是答应声。
②恕：是形声字，本义是用自己的心去推测别人的心，这里是仁爱、推己及人的意思。

【今文意译】

孔子说："曾参啊！我所讲的管理之道是一以贯之的。"
曾参说："是的。"
孔子走了出去。其他同学问曾参："这是什么意思呢？"
曾参说："先生所讲的管理之道，无外乎尽己尽责、推己及人罢了。"

【分析解读】

既然上章讲了管理者不要过多考虑是否有职位和是否被重用，而应关心自己是否达到管理职责的要求，那么，儒家管理模式下管理职责的内涵又是什么呢？本章借用曾子的话，概括了儒家管理职责的核心内涵，即"忠"或尽己尽责和"恕"或推己及人。其中，"恕"的内涵在于由"同理心"而达到的一种人与人之间的关系状态，也就是由人同此心、心同此理、推己及人而建立起来的一种对人性及人与人之间关系的认知和理解。在儒家管理模式下，当涉及人与人之间关系时，其本质便是"仁爱"。因此，"恕"在儒家管理模式下就是一种超越个人以及亲情之上的更广义的人与人之间的"仁爱"关系状态，是以"仁爱"为核心的社会规范在管理者行为上的具体要求。

由此不难理解，"忠"强调尽己尽责，"恕"突出推己及人，两者相结合，恰是儒家管理模式对管理职业规范的明确表达。当然，在这里"忠"和"恕"的内涵及其要求，与第一篇第4章所讲的"忠"和"信"的内涵及其要求是一致的，都体现了儒家管理模式下管理职责的核心内涵。

管理精义

对于职业管理者而言，职业规范和敬业精神可能比专业化知识和能力更为重要。如果能够将尽己尽责和推己及人融入现代管理职业规范和敬业精神之中，可能对于管理者更好地履行职责具有重要现实意义。尤其是推己及人，它告诫管理者不能将自己的意志强加到被管理者身上，而应从被管理者的立场和实际情况出发，切实理解被管理者的需要，将组织发展与组织成员成长融为一体；不能只是要求被管理者服务于管理者，甚至牺牲个人利益来服务于组织利益，而应寻求被管理者利益与组织利益的契合点，实现两者的同步发展。从这个意义上说，推己及人体现的是对他人的理解和尊重，这应该成为一切管理职责得以履行的出发点。只有将尽己尽责和推己及人结合起来，管理者才能不仅自己全身心投入组织活动之中，也能激发组织成员投身其中，为实现组织目标而努力。

4.16 子曰："君子喻于义，小人喻于利。"

【今文意译】

孔子说："管理者的主要职能在于公平地分配，被管理者的主要职能在于高效率地生产。"

【分析解读】

要理解孔子这句话，就要把握两个关键字"义"和"利"。正像第一篇第13章和本篇第10章中所提到的"义"一样，在这里，"义"的含义仍是"分配"，尤其是对于公共资源和共同利益的公平分配，也即恪守为大家所共同认可的公平标准的分配。"利"的本义指犁地、耕地，也即从事农业社会最基本的生产活动，而生产中最重要的要求就是有效率，因此，在这里，"利"可以引申为高效率地生产。

在农业社会，无论是家庭组织还是国家组织，都离不开生产和分配两项基本活动；生产创造财富，维系组织生存，而分配解决了消费和再生产的激励问题，维系组织秩序和可持续发展。由于农业社会的交易活动不够发达，在家庭组织和国家组织的生存和发展过程中，基本的社会分工及角色职责界定都是围绕着生产和分配展开的。一般来说，分配主要是管理者的职能，生产主要是被管理者的职能。虽然管理者有时也从事生产活动，如一般家庭组织中的家长，而被管理者有时也会参与到分配活动中，如家庭组织中就分配问题所召集的家庭成员会议，但不容否认的是，分配职能主要由管理者承担，生产职能主要由被管理者承担，这在当时的诸侯国或国家组织的正式管理体系中更是如此。

管理者在承担分配职能时，首先要清晰理解和把握分配规则，而不能以个人意志或好恶标准来分配，这就要求管理者将所承担的管理角色与个人所具有的私人角色区别开来，运用管理角色所赋予的职权，按照正式规则的要求来进行公平分配。这种对管理者的职责要求，也正是本篇第 10 章所讲的"君子之于天下也，无适也，无莫也，义之与比"以及第 11 章所强调的"君子怀刑"的意义所在。

当然，由于人的理性有限性以及环境条件的发展变化性，事先制定的正式规则总是不完全的，仅依据规则进行分配不一定能够适应所有情况的需要，这就要让管理者在援引规则进行分配时有一定的自由裁量权。如何合理而有效地使用自由裁量权，又对管理者提出了更高的要求。管理者在使用自由裁量权时完全可以凭借自由意志，想怎么做就怎么做吗？当然不是。这时管理者必须恪守基于社会规范的内在化所形成的"德行"原则或内在准则。从某种意义上说，在正式规则不完善程度比较高或环境条件变化非常大的情境下，管理者的"德行"原则在公平分配中所扮演的角色，可能比正式规则还要重要。尤其是在传统农业社会，正式规则往往都是自上而下制定的，并不一定能够很好地体现出被管理者的诉求以及组织发展的实际需要，而且这样的正式规则往往又是粗放的，甚至长期不变的，这就给执行规则的管理者留下了很大的自由裁量空间。此时若没有对管理者"德行"的较高要求，在管理者行使自由裁量权时很可能会出现公权私用和分配不公现象。这也正是儒家管理模式非常强调管理者"德行"的原因所在。在这里，管理者不仅要学习各种有关正式规则及其运用的知识和技能，更要学习和践行社会规范，并将之内化为自己的"德行"，这样才能更好地履行管理职责，在有充分自由裁量权的情况下，仍能遵循社会规范和"德行"原则，进行公平分配，从而建立公正氛围，形成良好秩序，激励被管理者更有效率地投入生产活动，以保证组织和社会的可持续发展。

在农业社会中，生产活动主要体现为以体力劳动为主的农业生产活动，对被管理者的知识要求并不高，因此，在多数情况下，效率不是由生产工具的改良和创新带来的，而是表现在体力和劳动的投入以及服从命令、更有秩序地工作之上。在这种背景下，对被管理者的生产知识和技能的教育、培训似乎就显得不重要，而是要引导被管理者超越单纯对物质利益的追求，遵循社会规范，产生有利于组织和社会的行为。这也许正是儒家管理模式要让被管理者达到"有耻且格"的原因。

总之，孔子这句看似简明的话，却深刻揭示了儒家管理模式下管理者和被管理者的职能定位及其特点。这里的"喻"是明白的意思，但明白不只是意味着知道怎样分配和怎样生产，而是更意味着深刻理解分配背后所蕴涵的公平规则和规范，生产背后所蕴涵的集体劳动的效率准则。这恰是一种管理者和被管理者对各自角色定位和岗位职责的理解。

管理精义

组织中最基本的分工之一，就是管理者和被管理者的角色分工，这也是组织秩序的重要保证。因此，在选择和任用管理者之前，组织应首先明确岗位职责及其权力范围，这既是劳动分工的基本要求，也是防止权力滥用的重要机制。组织绝不能只是任用管理者，让其自行决定如何履行职责。

另外，管理的重要职能之一是分配。为了保证公共资源和共同利益的公平分配，仅有不完全的正式规则远远不够，还必须要有源自文化规范的内在"德行"原则，以便由内而外地约束管理者自由裁量权的运用。

4.17 子曰："见贤思齐焉，见不贤而内自省也。"

【今文意译】

孔子说："在履行管理职责过程中，看到做得好的，就要认真学习，努力做到；看到做得不好的，也要自我反思，尽力避免。"

【分析解读】

从本章开始，孔子着重讲解管理职责的履行问题。本章强调指出，履行管理职责的过程同时也是一个学习过程。

既然管理职责的履行，关键在于遵循正式规则和社会规范，那么，管理者就应该将履行管理职责的过程，同时看作一个持续学习和践行正式规则和社会规范的过程，这其中既可能有正面榜样的启发，也可能有负面例子的警示。只有借助这种双重学习，管理者才有可能真正理解和把握隐藏在规则执行和规范践行背后的隐性知识或诀窍，将各类规则和规范内化于心，并体现在行动中，以便更好地履行管理职责。

同时，管理者对职责的履行本身，也能起到对被管理者的示范作用，可以昭示出正式规则和社会规范对组织和社会的意义，也让被管理者更清楚地认识到行为所应遵循的内在准则，由内而外地派生出合乎规则和规范的行为；更重要的是，借助管理者的榜样示范效应，被管理者也同样理解了"贤"与"不贤"的内在标准和外在表现，进而也会在自己的日常生活和生产活动中努力做到"见贤思齐"，"见不贤而内自省"。这样一来，组织和社会秩序就可以自然而然地建立起来。这正是儒家管理模式致力于追求的"有耻且格"的境界。

管理精义

管理职责履行过程，乃至广义的管理实践过程，都蕴藏着大量规则执行和规范践行中的默会知识或诀窍，很难用语言清晰表达，需要借助榜样示范和自我体会来慢慢习得。这种关于隐性知识或诀窍的学习，也被称为"干中学"，这中间既有个体亲历学习，也有榜样学习。由于个体亲历所能获得经验的局限性，榜样学习或借助示范作用的反思式亲历学习方式，就成为"干中学"最重要的学习方式。从这个意义上说，管理实践过程本质上也是一个管理学习过程，其中尤其要善于从正反两个方面的例子中认真体会别人的经验和教训，少走不必要的弯路，少犯不必要的错误。这种榜样学习方式，既可以减少管理成本，又可以为组织成员树立学习典范，鼓励他们在自己工作中也开展榜样学习，从而形成良好的学习氛围，使组织逐渐发展成学习型组织。

4.18 子曰："事父母几①谏，见志不从，又敬不违，劳而不怨。"

【字词释义】

①几：是象形字，像矮小的桌案，这里引申为细小、细微的意思。

【今文意译】

孔子说："父母有过错，应委婉规劝，若意见没有被采纳，仍要保持尊敬，不违背规则和规范，并再找时机继续规劝，没有抱怨。"

【分析解读】

本章看似讲子女对父母的进谏方式，实则阐明管理者应如何在履行职责中处理与委托人或授权者的意见分歧。管理者在履行职责，尤其是行使自由裁量权时，很可能与委托人或授权者产生意见分歧。这时若委托人或授权者的意见不合理，甚至有错误，管理者应如何表达自己的不同意见呢？孔子在这里以子女规劝父母做例子，对该问题进行了阐述。

在当时的社会背景下，以"仁爱"为核心的社会规范在家庭行为中的具体要求就是"孝悌"，在管理行为中的具体要求就是"忠信"或"忠恕"；以"孝悌"来隐喻"忠信"，可以让人们更清楚地理解管理者在处理与委托人或授权者关系时所应遵循的基本规范。正像子女规劝父母所应遵循的规范一样，当管理者面对委托人或授权者的过错时，也应该婉言进谏，即便不被采纳，也要恭敬依旧，并寻机再谏而无怨言。管理者这样做不仅是在遵循社会规范，构建和谐的上下级关系，更重要的是，这也昭示了社会规范的权威性和可行性，从而对被管理者产生示范作用，有助于形成和谐的组织氛围，维系组织和社会秩序。

管理精义

虽然在今天的时代背景下，法人组织淡化了严格的等级秩序，强化了在规则和规范面前人人平等的理念，但是，强调平等，并不等于否认履行岗位职责时对别人的尊重。虽然现代法人组织更注重岗位角色的"非人格化"色彩，但毕竟履行职责的是人而非机器，对人的尊重是让"非人格化"角色职能得以有效发挥作用的前提。因此，在现代组织中，管理者无论是对待"上级"还是"下属"，特别是面对不一致意见时，都应首先尊重人格尊严，即便用直接而非委婉的方式进行批评或争论，也要以不损害人格尊严为底线，同时又要恪守和践行规则和规范。只有这样，才能更有效地处理意见分歧，也才有可能让别人更体面地接受意见、改正错误。

4.19 子曰:"父母在,不远游①。游必有方②。"

【字词释义】

①游:是形声字,本义指旗帜的垂饰,这里引申为游学、旅行、外出求学或求官的意思。

②方:是象形字,本义指和圆相对的方形,这里既可引申为地理上的方位,也可引申为时间上的期限。

【今文意译】

孔子说:"父母在的时候,不宜离开太远或太长时间。确实要离开,也必须有明确的方向和时限。"

【分析解读】

本章继续借父母和子女关系的隐喻,来说明管理者如何保持与委托人或授权者的信息通畅和有效沟通。

在古代,由于缺乏便捷的交通工具和有效的信息沟通手段,人与人之间的交流和沟通往往以面对面的方式为主。在这种情况下,管理者履行管理职责,处理与委托人或授权者的关系,在涉及信息分享时,无论是接受指令还是汇报工作,最有效的交流和沟通方式常常是面对面,只有当面沟通才能充分阐明问题、明确职责、达成共识、建立信任。因此,孔子借子女向父母行孝不宜"远游"作比喻,意在说明,管理者要保持和委托人或授权者之间的信息畅通和及时沟通,也不宜离开太远或太久,否则,容易因为信息不对称、沟通不及时而产生误解,严重影响管理职责的有效履行。即便责任所系,一定要离开,也应让委托人或授权者了解清晰的方位和时间安排,一方面让委托人或授权者清楚管理者的行动及意图,便于及时指导;另一方面,偶遇突发情况,也可以及时应对,有合理预案,不至于因管理者杳无音讯而贻误时机,给组织带来损失。

管理精义

作为代理人的职业管理者,他的重要职责之一就是及时向委托人说明工作思路、进展和可能遇到的风险,以便委托人及时了解组织情况,并给予相应的指导和帮助。职业管理者所承担的这种"说明义务",既包括对委托人的承诺,又包括对被管理者和利益相关者的承诺,本质都在于有效的信息分享。

在今天信息技术飞速发展的条件下,管理沟通已不再像古时候那样主要依赖于现场的面对面交流,但毋庸置疑的是,面对面的信息交流今天仍是管理沟通的重要方式。管理者充分利用面对面沟通方式,可以更容易获得委托人、组织成员和利益相关者的理解和认同。

4.20 子曰:"三年无改于父之道,可谓孝矣。"

【今文意译】

孔子说:"若能长时间不改变作为子女应该恪守的对待父母的行为规范,这才能称为孝。"

【分析解读】

本章与第一篇第 11 章后半部分的内容一样,但在这里,这句话所体现出来的管理意义略有不同。在第一篇第 11 章中,这句话与"父在,观其志;父没,观其行"连在一起,是要一般性地说明在处理与父母长上关系时不能流于一时形式,而是要从精神、行为上长期恪守社会规范,不管父母长上在还是不在都一样。本章用这句话所要表明的是,管理者应恪守社会规范,保持对父母长上承诺的长期性和一致性。

既然上章讲了信守承诺、履行承诺是管理者履行对委托人或授权者职责的重要方面,那么,保持承诺的一致性和履行承诺的长期性,就自然成为管理者履行职责的必然要求。管理者在接受授权前或接受授权时,往往都要做出不同形式的承诺,这在一定程度上也是管理者得以被授权的重要前提。既然做出了承诺,在获得授权后,就应该矢志不渝地信守承诺,保持承诺的前后一致性,并执着地履行承诺,这才是管理者应尽的职责。相反,若接受授权时说得天花乱坠,而一旦获得授权,又将承诺抛到脑后,我行我素,不仅不履行承诺,甚至歪曲承诺,对承诺做出有利于个人或小团体利益的随意解释。这样的管理者难以在管理职业中立足,正如第二篇第 22 章所讲的那样,"人而无信,不知其可也"。

> **管理精义**
>
> 管理者信守承诺是履行管理职责的基本前提。管理者若不能保持承诺的一致性和长期性,管理者向委托人或授权者所承担的"说明义务"根本就无从兑现,更谈不上对结果负责了。在管理实践中,管理者只有时刻牢记自己的职业承诺和岗位承诺,才能切实履行职责,做管理者应该做的事,尽管理者应尽的义务。

4.21 子曰:"父母之年,不可不知也。一则以喜,一则以惧。"

【今文意译】

孔子说:"父母的年龄,应该放在心上。一方面对他们的长寿感到高兴,另一方面也对他们的衰老感到担忧。"

【分析解读】

孔子这段话虽然讲的是子女对父母的态度，但也可以引申为管理者对委托人或授权者及所承担责任的态度。首先，管理者对于委托人或授权者，除了有角色职责等"非人格化"方面的互动之外，还会有"人格化"方面的交往，这时对委托人或授权者的尊重，就应既包括"非人格化"的职责方面，又包括"人格化"的人情方面，将两者结合起来，更有利于建立良好的工作关系。

其次，管理者在履行职责时，也应时刻注意两个方面，即暂时成功或良好绩效和未来可持续发展，或是暂时困难和未来光明前景。这两个方面总是交织在一起的。管理者应该建立起面向眼前和未来进行权衡的正确态度，既不能因眼前的成功而沾沾自喜，忘记未来发展可能有的艰辛，也不能因眼前的困难而灰心丧气，失去对未来发展的信心。只有做到既能居安思危，又能不畏艰难，才是履行管理职责的正确态度，也才可能在管理实践中真正做到尽己尽责。

本章和上三章看似都在讲"孝"，实际上由于"孝"是"仁"的集中体现，而"仁"又是社会规范的核心所在，因此，这四章都是在以"孝"喻"仁"，通过讲"孝"来说明管理职责履行中首先要恪守以"仁"为核心的社会规范，而社会规范在管理职业中的具体体现就是"忠"，即尽己尽责。实际上，这四章内容所讲的都是管理者在履行职责时如何处理与委托人或授权者的关系，以便在管理实践中切实做到尽己尽责。

管理精义

管理职责的重要内涵之一是对结果负责，即对组织整体绩效和长期绩效负责。管理者对结果负责在时间尺度上包括眼前和长远两个方面。在职责履行上，不能一味地追求眼前利益，仅满足于短期收益，而忽略长期可持续发展；同时，也不能一遇到眼前困难就丧失信心，没有了坚持下去的决心和勇气。管理者只有对眼前的收益或困难保持清醒或乐观的态度，才能更好地处理短期与长期绩效的关系。反过来，管理者也只有处理好长期与短期绩效的关系，才能更好地履行职责，真正做到对结果负责。

4.22　子曰："古者言之不出，耻躬①之不逮②也。"

【字词释义】

①躬：是会意字，本义指身体，可以引申为自身、亲自的意思。

②逮：是形声字，本义为到、及，可以引申为赶上、到达的意思。

【今文意译】

孔子说："过去人们之所以不轻易承诺，就是担心自己的行为不能兑现承诺。"

【分析解读】

上几章讲解管理者在履行职责时如何处理与委托人或授权者的关系，从本章开始，侧重说明管理者在日常管理实践中如何履行职责。本节着重讲管理者的言与行之间的关系。

孔子这句话借古喻今，意在说明，管理职责的履行很大程度上体现为言行一致。管理者之所以要谨言慎行，主要就是担心不能兑现承诺，失信于人。这不仅违背了管理职责的要求，更会给组织成员做出不好的表率，在组织里形成不守信、不尽责的风气，最终损害组织形象和长远利益。

管理精义

管理者由于在组织中掌控着公共资源和机会，其言行总是为组织成员所关注和期待，因此，管理者应避免轻率承诺。每当需要承诺的时候，管理者首先要认真考虑兑现承诺的可能性。随意承诺却又不能兑现，不仅会危及管理者的形象，更会损害组织的凝聚力和竞争力。

4.23 子曰："以约失之者鲜矣。"

【今文意译】

孔子说："很少有因为谨言慎行、勤俭节约而出现大失误的，尤其是在'做人'方面。"

【分析解读】

孔子这句话表达了两层含义。第一，管理职责的履行，也即管理权力的运用。作为代理人，管理者的权力来自委托人或授权者，其运用既要对委托人或授权者负责，又要对组织成员及外部利益相关者负责。在这多重责任交织的背景下，管理者运用权力应保持谨慎小心和节俭内敛。农业社会的各类组织，缺少外部竞争压力，也相对缺乏明确的绩效目标，因此，往往以成本节约、减少开支来考察管理者的工作态度和管理能力，这也是第一篇第5章所讲的"节用而爱人"的要求。如果管理者不能厉行节约，那就损害了委托人或授权者的利益，也会危及组织成员的利益。孔子这句话的第一层含义就在于强调管理成本。在当时的历史条件下，管理者节约了开支，也就相当于创造了绩效。

第二，这句话也强调了管理者的"做人"在履行职责时的重要性。虽然表面上看，这句话里并没有直接讲到管理者"做人"的问题，但如果联系着本篇第2章所讲的"不仁者不可以久处约"，就不难理解，只有当管理者恪守了社会规范，达到"做人"上的德行要求，才真正能够做到谨言慎行、勤俭节约，因此，"约"这种在管理实践中所表现出来的谨言慎行、勤俭节约，恰是管理者"做人"在履行职责中的具体体现。只有当管理者将"做人"融入管理实践中，才能切实为被管理者树立榜样，让大家都自觉地厉行节约。这就是农业社会物质财富相对匮乏的背景下，组织管理中非常重要的氛围或规范要求。这也是农业社会往往将"节俭"作为重要美德之一的原因。

管理精义

即便在今天商业文明和市场经济条件下，管理者在履行职责时也应具有一种谨言慎行、勤俭节约的态度。毕竟作为代理人，管理者并不是在用自己所拥有的资源从事经营和管理，而是在运用委托人和利益相关者的资源；管理者的谨言慎行和勤俭节约本身就传递了一种信号，表明管理者对待他人资源及其使用的慎重态度。这更容易赢得委托人和利益相关者的信任，尤其更会引发人们对管理者"做人"的认可，从而为管理者履行职责创造更有利的条件。

4.24 子曰："君子欲讷①于言而敏于行。"

【字词释义】

①讷：是形声字，本义指说话困难、反应迟钝。这里指言语少且谨慎。

【今文意译】

孔子说："管理者在言语上要少且谨慎，在行动上要多且迅速。"

【分析解读】

本章进一步讲解管理者在履行职责上如何做到言行一致。如果说第22章强调的是，说话之前要先想着能否做到，不要说大话、放空炮，那么，本章则重在说明，对管理者来说，言和行哪个更重要，应如何把握两者之间的优先序。

根据孔子的观点，管理者在履行职责时，一定要少说多做，而且还要言语谨慎、行动迅速。这也是保持言行一致的基本原则之一。说得多且不谨慎，很多话势必无法兑现，这就会失信于人；反之，说得少且谨慎，而又做得迅速，自然就更容易做到言行一致，赢得信任。不仅如此，管理者的言行一致还容易激发出组织言行一致的氛围，让组织成员更清楚言和行的优先序，从而在组织里养成"实干"的风气。

管理精义

作为代理人的管理者，确实需要通过语言来解释愿景、目标、战略乃至各种具体措施,言语表达成为管理者非常重要的日常工作之一。然而组织的绩效和价值最终是通过行动来创造的,如果管理者的"言说"只停留在字面和口头,却不能转化成行动,说过了就等于做过了,那么,一切绩效和价值都只能是空中楼阁。因此,"讷于言而敏于行",对于今天的管理者仍有现实意义。其意义不在于"不说",而在于"慎言"。

4.25 子曰:"德不孤,必有邻。"

【今文意译】

孔子说:"有德行的人不会孤独,一定能找到志同道合者。"

【分析解读】

本章讲解管理者履行职责时要坚持"德行"的引导作用,以实现儒家管理模式所追求的"有耻且格"目标。

根据孔子的观点,"德行"具有社会性,也就是说,"德行"本质上是社会规范通过社会化过程转化成的个体内在行为准则,其根源在于社会的价值观共识,因此,恪守社会规范、秉持德行要求,就一定不是个体的孤立奋斗。只要有社会规范存在,就必然会有恪守社会规范的人存在,这就是说,有"德行"的人一定会有志同道合者。

恪守规范和修养德行的人们用不着悲观,不仅社会上一定会有志同道合者,而且"德行"本身也具有社会吸引力,它一样会吸引人们追随有"德行"的人,形成有"德行"人的共同体或组织。尤其是对管理者而言,其重要职责之一就在于将组织成员凝聚起来,朝向共同目标前进。根据儒家管理模式,管理者得以凝聚被管理者的重要方式就是用自己的"德行"作表率,昭示方向,起到向心力作用,这样才能让被管理者在内心形成明确的是非、善恶、应该做什么和不应该做什么的标准,也才能由内而外地产生符合规则和规范的行为。这正是"有耻且格"的含义所在。

总之,孔子这句话一方面强调德行不完全是个体意义上的,它是社会规范在个人身上的体现;另一方面又揭示出管理者通过"德行"去感召别人的合理性和可行性。因此,从某种意义上说,本章也可以视为对儒家管理模式的合理性的一种解说。

管理精义

管理者的"德行"修养并非个人的事情。无论是管理者对社会规范的恪守和践行,还是管理者对组织价值观和行为规范的率先垂范,都具有很强的社会性,自然会产生一定的社会效应和组织结果,吸引人们朝着共同愿景和目标努力。因此,管理者应该对社会和组织的文化价值观抱有信心,尤其是对自己身体力行这种价值观、提高自己的"德行"修养充满信心。没有共享价值观和行为规范的组织不可能基业长青,而离开了管理者的以身作则，遵行组织价值观和行为规范只能是天方夜谭。管理者只有坚信"德不孤，必有邻"，才能义无反顾地沿着自己认定的方向，在遵循社会规范和组织文化规范的基础上执着地走下去。

对于今天的组织管理者来说，既要对法律体系和组织规则充满敬畏，尊重、恪守和履行职责，同时也要对文化规范和德行修养充满信心，追求、秉持和践行道德。

4.26 子游曰："事君数，斯辱矣；朋友数，斯疏矣。"

【今文意译】

子游说："给国君或上司提意见和建议，若不被采纳，应适可而止，不可一而再、再而三地不断提，那样会适得其反；给朋友或同事提意见和建议也一样，若不能适可而止，也会让关系变得疏远。"

【分析解读】

本章用子游的话总结了管理者在履行职责时应注意的问题，即适可而止、不可过度。以此作为本篇的结束语，意在告诫管理者，职责履行切不可自以为是，固执己见，那样反而会好心办坏事，适得其反。此乃管理者尽责之大忌。

在子游这句话里，"君"可以理解为委托人或授权者，也就是一般意义上的"上司"或广义的"上级"，而"朋友"也可以理解为同事。管理者在处理与"上级"和"同事"的关系时，要恪守"忠"、"信"的基本原则，也即第一篇第4章所讲的："为人谋而不忠乎？与朋友交而不信乎？"即便如此，在提出意见和建议时，也要讲究方式方法。若"上级"或"同事"对于意见和建议一时无法理解，不予采纳，则不宜不考虑对方的立场、情绪和可接受性，一味地固执己见，这样不但无法达到预期效果，反而有可能破坏和谐关系，造成严重负面影响。因此，管理者在履行职责时，既要有原则性，也要有灵活性，只有将原则性和灵活性统一起来，才能达到理想效果。

管理精义

管理者无论是遵从正式组织规则还是践行非正式文化规范，都必须具体问题具体分析，要善于考虑当事人的立场和感受，而不能自以为"原则在手、意见正确"，就不顾一切，强求对方一定接受自己的意见。这种不讲究方式方法的原则性，只会让事情变得更糟。管理职责的履行，并非让管理者只能讲原则性而没有灵活性。在解决具体问题、实现特定目标时，原则性和灵活性的结合，恰是管理者所应具备的基本素质。无论是处理与委托人或授权者的关系，还是处理与同事的关系，抑或处理与下属的关系，讲究方式方法、适可而止、恰到好处，都是有效履行管理职责的重要保证，也是管理艺术性的集中体现。

公冶长第五

本篇导读

本篇讲管理评价。通过对部分学生和诸侯国管理者的评论,本篇意在说明,对管理者本人的评价与对管理工作本身的评价是不同的,在实际评价过程中不应混为一谈。另外,本篇也借助具体人物和事例来进一步阐明儒家管理之道和管理模式。如果将第二篇至第四篇看作关于儒家管理模式的理论阐述的话,那么,本篇及接下来各篇则通过具体事例,进一步说明儒家管理模式,并引申其在当时的现实意义。

本篇大致可以分为四个部分。第一部分包括第1章至第7章的内容。其中,第1章用公冶长和南容的例子说明,"做人"是底线,即便因各种缘故影响了做管理的效果,只要恪守"做人"底线,仍可以在社会上立足;第2章用子贱的例子表明,做管理需要良好的环境,管理评价总是与环境评价联系在一起;第3章借对子贡管理才能的评论,意在阐明对做管理的评价应"就事论事";第4章通过评论冉雍,强调指出,应将对个人的德行评价与管理才能评价区别开来,即便在管理才能评价中,口才也不是最重要的;第5章借漆雕开的例子表明,一个人是否适合从事管理工作,关键在于自我把握,外人很难给出恰当评价;第6章对子路的管理才能进行评论,意在说明管理决策在管理工作中的重要地位;第7章借助对子路、冉有、公西华三位学生的评论,再次强调管理评价的关键在于将个人德行评价与管理才能评价区别开来,不能因某方面的才能就对德行进行推断或评价,应该恪守"就事论事"的原则。

第二部分由第8章到第13章构成,重点对管理学习和意志力要求进行评价。其中,第8章借对颜回学习能力的评论,说明管理中系统思考的重要性以及管理学习中老师与学生的平等关系;第9章通过对宰我的批评,强调意志力对管理学习的核心作用;第10章借对申枨的评论,解释意志力的具体表现和内在要求;第11章通过评论子贡,说明意志力与宽容之间的关系;第12章借子贡的话进一步说明,管理评价和管理教育一样,都要从日常具体事务入手,切不可抽象、笼统和空泛地议论;第13章用子路的例子说明,管理重在行动,而且关键在于管理者的自律和意志力。

第三部分涵盖第14章到第24章的内容,通过对部分诸侯国管理者的评价,进一步阐述管理评价的核心原则。其中,第14章用卫国大夫孔圉的例子,说明只有将"做人"评价与做管理评价区别开来,才能做到客观公正地评价;第15章借郑国大夫子产的事例,阐述儒家管理之道的核心内涵；第16章通过评论晏婴，意在说明管理沟通要有长远眼光，持之以恒；第17章借对鲁国大夫臧文仲的评论，着重阐明管理决策所应恪守的原则；第18章评论了楚国上卿子文和齐国大夫陈文子，再次说明，关于管理角色和职责的评价，应与管理者本人"做人"的评价区别开来；第19章通过对鲁国大夫季文子的评论，进一步解释了管理决策的基本原则；第20章举了人们关于卫国大夫宁武子的评价相矛盾的例子，着重说明管理评价中经常容易犯的错误；第21章强调指出，管理者实现志向、发挥作用还有赖于外部环境和机遇，因此，管理评价不应完全从管理者个人出发；第22章借评论伯夷和叔齐，意在阐明，管理者要自觉地将公与私区别开来，在管理职责履行中不能掺杂个人恩怨；第23章用鲁国人微生高的例子，重在说明，管理评价中不宜由事和工作直接上升到对人本身的一般化评价；第24章则强调指出，在管理评价中避免对人本身进行评价，并不等于管理工作中"做人"不重要，正因为"做人"非常重要，且是底线，才不宜贸然评价。

第四部分包括第25章到第27章的内容，作为全篇的总结，这3章意在说明外部的管理评价固然重要，但关键还在于管理者的自我定位、志向追求和自我修养，由于信息不对称，外部管理评价不可能是完全准确的。其中，第25章通过孔子和颜回、子路谈论志向追求，意在说明，管理者"做人"和做管理都不是要给别人看的，关键在于自我的持续追求和自我约束；第26章进一步阐明，管理者的志向追求是内在自我修养过程，很难从外部进行评价，也不需要刻意做给别人看；第27章作为全篇的总结，意在说明，达到了"做人"底线并不必然保证一个人成为优秀和卓越的管理者，只有在"做人"基础上持续学习，善于汲取别人的间接经验，才能不断提升自己"做人"和做管理的水平和境界。

管理离不开评价。管理者既要对人和事进行评价，又要接受来自外部对自身和工作的评价。管理评价在某种意义上说也是一种激励，慎重评价对管理者和管理而言都至关重要。本篇以各种人物和事例为典型案例，阐述了儒家管理评价的核心原则和基本做法。

5.1 子谓公冶长①，"可妻也。虽在缧绁②之中，非其罪也。"以其子妻之。子谓南容③，"邦有道，不废④；邦无道，免于刑戮。"以其兄之子妻之。

【字词释义】

①公冶长：孔子的学生，姓公冶，名长。

②缧绁：其中"缧"是捆绑犯人的黑色绳子，"绁"是绳索，"缧绁"在这里可以引申为监狱或监牢的意思。

③南容：孔子的学生，名縚。

④废：是形声字，本义指房屋坍塌，这里可以引申为潜伏、偃伏、埋没的意思。

【今文意译】

孔子评论公冶长说："他做人靠得住，可以成为好丈夫。虽然曾经进过监狱，但那并不是他的错。"孔子将自己的女儿嫁给了公冶长。

孔子评论南容说:"他做人谨言慎行,在国家兴旺发达、治理有方的时候,一定不会被埋没;在国家混乱衰落、治理无方的时候,又能避免牢狱之灾。"孔子将自己兄长的女儿嫁给了南容。

【分析解读】

本章借对公冶长和南容两位学生的评论,突出强调了管理者"做人"的重要性。即便由于各种客观原因,无法成为一名成功的管理者,也要堂堂正正"做人",才能在社会上立足。

从做管理或履行管理职责来看,似乎南容比公冶长成功,因为无论是"邦有道"还是"邦无道",南容都能安然无恙,而公冶长在"邦无道"时则有牢狱之灾。但是,公冶长的牢狱之灾并不是他的错,也不能说明他在"做人"上有问题。因此,从"做人"角度看,公冶长和南容一样符合社会规范的要求。也许正因为如此,孔子才会将自己的女儿和侄女分别嫁给二人。

从做父亲和长辈选女婿的角度看,人们更注重的是"人品",即"做人",而非管理职业上的成功。再成功的管理者,若"做人"靠不住,也无法扮演好家庭中丈夫的角色,家庭也不可能和睦幸福;反过来,从儒家管理模式来看,一个无法让家庭和睦幸福,达不到"齐家"要求的管理者,也很难在管理职业道路上走太远。因此,本章看似在讲孔子如何选女婿,实际上是以选女婿的标准为典型例子,说明"做人"对管理者的至关重要性。有了"做人"的根基,即便做不了管理者,也还不失为一个可信赖的人,照样能在社会上立得住。

管理精义

管理者同时扮演着多重角色,除了组织中的管理角色外,还有家庭中丈夫、妻子、父母乃至子女的角色。虽然这些不同角色有公私之分,即:管理角色具有公共性,而家庭角色具有私人性;但毕竟它们都由同一个人扮演,不同角色之间的互相影响、互相制约在所难免。虽然在法治社会和法人组织中,管理角色的公共性更为人们所强调,避免私人角色对公共角色的干扰,也是规则和规范设计所要考虑的重要内容;但是,从另外角度看,管理者若能符合社会规范,扮演好私人角色,可能会更有利于管理角色的扮演和岗位职责的履行。这可能恰好说明自我管理是组织管理的前提,做管理需先"做人"的道理。

5.2 子谓子贱①,"君子哉若人!鲁无君子者,斯焉取斯②?"

【字词释义】

①子贱:孔子的学生,姓宓,名不齐。

②斯焉取斯:前一个"斯"指代子贱,后一个"斯"指代"德行",这句话的意思是:子贱怎么能获得这种德行呢?

【今文意译】

孔子评论子贱说:"他才是名副其实的管理者啊!鲁国若没有管理者的职业共同体,他又怎么能获得这种管理者必备的德行呢?"

【分析解读】

本章对作为管理者的子贱进行评论,再次阐明管理者"德行"的社会性,也即:管理者的"德行"不是凭空产生的,总是植根于特定社会规范之中。

孔子对子贱的评论,一方面突出了管理职业规范和敬业精神的社会性,另一方面也说明有"德行"的管理者并不是孤立的个体,一定会有职业上的志同道合者,这正是第四篇第25章所说的"德不孤,必有邻"的道理。在孔子看来,子贱之所以能在鲁国成为名副其实的管理者,关键在于鲁国有相应的社会规范和管理者共同体,正是通过共同体的互动机制,才塑造出像子贱这样名副其实的管理者。

另外,孔子借子贱的例子,再次阐明了儒家管理模式的核心原则,即管理者"德行"的首要性。管理者应保持对"德行"追求的自觉和信心,做管理不是在进行个人奋斗,而是在从事一种共同的事业。

管理精义

管理者的培养,固然离不开管理者个人的自我学习和自我修养,但管理职业共同体的影响和支持也不容忽视。"德行"并非个体的先天禀赋,而是社会规范的内在化。借助职业共同体内的良性互动和职业规范下的榜样学习,管理者才能更有效地进行自我学习和自我修养。这也正是管理职业化的意义所在。

5.3 子贡问曰:"赐也何如?"子曰:"女,器也。"曰:"何器也?"曰:"瑚琏①也。"

【字词释义】

①瑚琏:指古代宗庙里盛黍稷的器皿,这里指很有才能的人。

【今文意译】

子贡问道:"您看我怎么样啊?"

孔子说:"你像一种有专门功用的器皿,是可用之才。"

子贡又问:"是什么器皿呢?"

孔子说:"是宗庙里盛黍稷的器皿,堪当大用。"

【分析解读】

本章借对子贡的评论,再次阐明管理者的知识基础和职责定位。明确知识基础和职责定位,是遵循"就事论事"原则进行评价的基本前提。

当然,如果联系第二篇第12章"君子不器"来看,便不难理解,孔子虽然认为子贡像瑚琏一样有特殊功能或才能,能担当重任,但离管理者的要求还有距离。管理者的知识基础和职责定位并非专门知识和功用,而是要以全局视野,将各种专门知识和专门人才整合起来,创造组织的整体价值。子贡虽"贵为瑚琏",但还只具备专门才能,要成为管理者,仍需要进一步提升综合素养和整合能力。

管理精义

管理有自身特殊的职业要求,并不是在其他专业领域取得了成功的人都能胜任管理岗位的要求。一个人可能是很好的专家型人才,但不一定适合做管理,反之亦然。因此,组织中要充分发挥人的专长,必须设计多元职业轨道,让那些具有不同职业志趣和能力专长的人,得以自主选择、自由发展。这将为组织带来巨大的创造力。

5.4 或曰:"雍①也仁而不佞②。"子曰:"焉用佞?御人③以口给④,屡憎于人。不知其仁,焉用佞?"

【字词释义】

①雍:孔子的学生,姓冉,名雍,字仲弓。
②佞:这里是有口才、能言善辩的意思。
③御人:这里是处理人与人之间关系、与别人相处的意思。
④给:这里是能言善辩、口齿伶俐的意思。

【今文意译】

有人说:"冉雍虽然达到了仁爱境界,但口才略显不足。"

孔子说:"怎么要用口才呢?靠能言善辩来处理人与人之间关系,反而会不断惹人憎恶。我不知道冉雍是否达到了仁爱境界,但为人处世何必要靠口才呢?"

【分析解读】

本章借对冉雍的评论,再次阐述了"德行"比口才重要。这可以与第四篇第24章"君子欲讷于言而敏于行"联系起来看。另外，若没有"德行"做保证，只有"巧言令色"，那恰与儒家对管理者的要求背道而驰。这便是第一篇第 3 章所讲的"巧言令色，鲜矣仁"。

即便在孔子所处的时代，做管理的人似乎也需要有好口才，毕竟管理者离不开发号施令和沟通说服。无论是力排众议式的决策，还是兼听则明式的沟通，好像都对管理者口才有很高的要求，而口才又是别人看得见的才能，因此，口才好坏往往成为人们判断某人是否适合做管理者的重要标准。也许正是在这样的背景下，有人评价孔子的学生冉雍，说他有"仁爱"品质，却逊于口才。言下之意，冉雍做管理还略有欠缺。转换成今天的说法也许是，冉雍人很不错，但能力有点弱。

孔子从儒家管理模式出发，认为做管理重要的是"德行"而不是口才，没有"德行"根基的口才，反而会招人憎恨，不仅做不好管理，还可能适得其反。但是，"德行"并不像口才那样短期内就能观察和判断，需要"日久见人心"。因此，孔子才会说，"不知其仁，焉用佞?"也就是说，现在还很难判断冉雍是否达到了"仁爱"境界，但有一点可以确定，做管理不必依赖于口才。

孔子在这里并不是说口才或其他才能对管理者和管理工作不重要，而是强调脱离了"德行"基础，离开了对社会规范的坚守，口才或其他才能不仅无法发挥出正面作用，反而会给组织带来严重的负面后果。从这个意义上说，孔子最后这句话也可以理解为反问或设问，即：在不知道冉雍是否达到了"仁爱"境界的前提下，谈论口才或使用口才还有什么意义呢?

当我们无法判断一个人的"德行"时，他的口才或其他才能的真正价值就很难确定。当以组织共同利益为标准来衡量才能的价值时，只有贡献于组织共同利益的才能，才是有价值的，而无利甚至有害于组织共同利益的才能，则可能是无价值的。能否保证个人才能运用于对组织共同利益有利的方向，取决于个人对社会规范的认同和自我"德行"修养所达到的境界。也就是说，"德行"决定着才能的使用方向及其最终价值。基于此，便不难理解孔子关于口才这种管理者的代表性才能的观点了。

管理精义

"德"与"才"的关系一直困扰着管理者。虽然人们认为，对管理者而言，"德"比"才"重要，在"德才"难以兼具的情况下，宁取"德"。但问题是，"德"的内涵并不容易把握，尤其是在社会处于急剧转型和变革时期，社会规范正处在变化之中，文化价值观的多样性，使得用统一标准来衡量"德"变得更加困难。再加之，对"德行"的观察比对"才能"的考察需要更长的时间，也使得对"德行"的判断成本高昂。因此，虽然人们说着"德"比"才"重要，但在现实中却有意无意地更看重显性的、具有即时价值的"才"，而相对忽视隐性的、可能有更长远价值的"德"；更值得注意的是，由于"德"的标准不明确，也难以观察和衡量，那些强调"德"的组织和管理者，往往又会按照个人或小集团的好恶标准来评价一个人的"德"，以至于将"德"扭曲为个人间或小圈子内的"相似性"，而其背后，实际上是个人或小集团利益的一致性。这种打着"德行"和"做人"的旗号，却强化私人圈子内的行事风格和准则的做法，反而会使"德"混同于管

> 理"计谋"和工具,结果是滥用了"做人"和"德行",破坏了组织风气。
> 　　在今天的组织和管理中,绝不能只是说着"做人"和"德行"这样的名词,更应努力明确其内涵,尤其是结合今天商业文明和市场经济的要求,在自己组织中,一方面明确如何结合法治社会和法人组织的正式规则要求,另一方面,则是结合社会历史发展和文化传统,明确自己组织的核心价值观和信念追求,以及在此基础上的价值观体系和行为规范。但不管组织之间在信念、价值观和行为规范上有怎样的差异,其共性还是非常清楚的,这就是在正式规则前提下,管理者及其团队应该率先恪守"忠信"的管理职业规范和敬业精神,做一个符合社会公民和组织公民要求的职业管理者。

5.5　子使漆雕开①仕。对曰："吾斯之未能信。"子说。

【字词释义】

①漆雕开：孔子的学生,姓漆雕,名开,字子若。

【今文意译】

孔子让漆雕开去做管理者。漆雕开回答说："我自己对做管理者还没有把握,仍需要继续修养和学习。"孔子听了很高兴。

【分析解读】

本章用漆雕开的例子说明,管理者的才能,相对而言可以从外部观察到,但德行修养自己更清楚,因此管理者的自知之明非常重要,这是做好管理的前提。

在这里,孔子作为老师,也只能相对容易地对自己学生的知识和能力作出判断,涉及德行方面,则需要更长时间、更深入的交往才能真正体察到。因此,从某种意义上说,只有当事人自己才更清楚自己的德行。这正是管理者"自知之明"更为本质的内涵。

另外,管理者的"自知之明"本身也是德行的具体表现。根据儒家管理模式,管理者德行的基础是"诚",在职业规范上的基本要求则是"忠信",而"诚"要求"思言行的一致性","忠"要求"尽己尽责","信"要求"诚实守信",这些基本要求都可以具体化为对自我的清醒认识和把握,并保持"自我同一性"。这也恰是管理者"自律"的表现。由此不难理解,当孔子让漆雕开去做管理者,漆雕开推辞,孔子不仅没有责备他,反而很高兴。

管理精义

管理者的"德行"并不抽象,自我认知和自律本身就是管理者"德行"的直接体现。"尽己尽责"是管理职业规范的基本要求,其中"尽责"的前提是"尽己",而"尽己"要以对自己的清醒认识和严谨自律为基础。难以想象,一个对自己没有自知之明,也无从把握的人,能在管理工作中做到"尽己尽责"。从这个意义上说,要培养管理者"尽己尽责"的敬业精神,就必须从自知之明和严谨自律做起。管理者必须养成自我反思和自我修养的习惯,只有做到"吾日三省吾身",才有可能不断认识自己、把握自己,也才有可能不断提升"做人"和做管理的境界。

5.6　子曰:"道不行,乘桴①浮于海。从我者,其由与?"子路闻之喜。子曰:"由也好勇过我,无所取材②。"

【字词释义】

①桴:是形声字,本义指房屋的二梁,这里是小竹筏的意思。

②材:通"裁",这里是裁决、判断的意思。

【今文意译】

孔子说:"当今之世,管理之道难以施行,我只好乘坐竹筏漂洋过海了。能和我一起去的,难道不是子路吗?"

子路听说大喜。孔子又说:"子路的勇气可嘉,这点比我强,但是做管理仅凭勇气是不够的,更重要的是审时度势,做出正确判断。"

【分析解读】

本章借评论世道艰难和子路的勇气,说明管理者应具备审时度势的判断和决策能力。

孔子在这里用"道不行"和"浮于海"隐喻世道艰难,管理者将面临巨大挑战。乘坐"竹筏"漂浮于海上,将是多么凶险而又前途难料的事情;时逢乱世,做管理恰如"乘桴浮于海",需要勇气和胆量。孔子的学生子路向来以勇气著称,这时似乎就有了用武之地。

孔子话锋一转,又说勇气固然重要,但在惊涛骇浪之中驾驭竹筏,更要靠审时度势,恰当地做出判断和决策。也就是说,做管理关键在于判断和决策能力,尤其是在复杂而又高风险的环境中,良好的判断和决策能力,可能比勇气和胆量更重要;仅凭大无畏的气概,有时可能导致无谓的牺牲,还于事无补。考虑到管理者所肩负的面向全局和未来的责任,判断和决策能力的重要性就更为突出了。

> **管理精义**
>
> 在今天的全球化竞争时代，组织处在高度复杂、瞬息万变的"超竞争"环境中，管理者正面对前所未有的不确定性挑战。这就需要管理者具有广义的创业精神，即一种敢于突破已有资源束缚、大胆追求新机会和新价值的勇气。
>
> 但是，管理者具有创业精神和勇于承担风险，并不等于说管理者就可以盲目行动而无视各种环境条件。创业精神不能成为无视风险和不负责任的借口，勇气也不等于蛮干。负责任的管理者应该将创业精神和合理决策统一起来，既要有创业精神和直面不确定性的勇气，又要有严谨求实的态度和科学合理的决策。
>
> 将创业精神和合理决策联系起来的，是责任意识和有效的规则程序。对管理者而言，若没有对组织及利益相关者的整体利益及长远利益负责任的意识，创业精神很可能就变成盲目行动、孤注一掷、不计后果但却冠冕堂皇的借口，失败也总是可以用"付学费"和"风险成本"来遮掩；对管理决策来说，若没有合理的规则和程序，完全依赖于管理者个人的德行和能力，由于个体理性的有限性，在面临高不确定性环境时，机会的识别、把握以及价值实现都只能是想当然。
>
> 因此，只有在组织中建立起严格的规则和程序，并通过正式规则和非正式规范将责任意识深植于管理者的理念和行为之中，才有可能将创业精神孕育于合理的决策程序，形成既有创业精神，又不失规范要求的管理决策机制，从而使管理者在面对高不确定性环境时，能将创业精神与审时度势的决策行为有机结合起来，引领组织在激烈的全球化竞争环境中，不断发现机会、把握机会、创造价值、赢得竞争优势。

5.7 孟武伯问："子路仁乎？"子曰："不知也。"又问。子曰："由也，千乘之国，可使治其赋①也。不知其仁也。""求也何如？"子曰："求也，千室之邑②，百乘之家③，可使为之宰也。不知其仁也。""赤④也何如？"子曰："赤也，束带立于朝，可使与宾客言也。不知其仁也。"

【字词释义】

①赋：是形声字，本义指聚敛、征敛、征收，这里引申为征兵、治理军队的意思。

②千室之邑：指有千户人家的地方，意指大地方或大城镇。

③百乘之家：指有百辆车的人家，意指大户人家。

④赤：孔子的学生，姓公西，字子华。

【今文意译】

孟武伯问："子路达到仁爱境界了吗？"孔子说："不知道。"

孟武伯又继续追问。孔子说："子路啊，可以让他管理大国的军事，但不知道他是否达到仁爱境界。"

孟武伯又问："冉有怎么样？"孔子说："冉有啊，可以做大地方的地方官，大户人家的管家，但不知道他是否达到仁爱境界。"

孟武伯再问："公西华怎么样？"孔子说："公西华啊，可以做外交官，在朝堂之上迎接宾客，但不知道他是否达到仁爱境界。"

【分析解读】

在上几章分别评论不同学生的管理才能的基础上，本章通过对三位学生的集中评论，进一步说明管理才能相对德行来说更容易评价。也许正因为德行在现实中很难评价，才更需要自我把握，也变得更为重要。

在孔子眼里，子路可治军，冉有能做地方官或管家，公西华可做外交官，但孔子却坚持不对他们的德行或仁爱境界给予评价。这一方面说明德行或仁爱境界相对管理才能而言更难评价，孔子的不评价或者说"不知道"，恰是对人的尊重；另一方面，孔子不对学生的德行或仁爱境界给出评价，并不等于说德行不重要，恰恰相反，儒家管理之道和管理模式将德行放在第一位，强调"为政以德"。既然如此，那为什么孔子看重德行，却不对德行进行评价呢？究其原因，在于德行或仁爱境界首先是一种内在自我体验，德行只有自己最清楚，外人很难准确把握和评价，这就更凸显了潜移默化的培养和教育过程的重要性，只有在这个过程中培养出德行修养和终身学习的良好习惯，才能在未来职业生涯中自觉坚守德行底线，而不需要外部评价和监督。因此，孔子不评价德行或仁爱境界，实际上也意在说明，要靠外部评价来修养德行，那就大有问题了。

另外，孔子不对学生的德行或仁爱境界进行评价，也是要说明德行在"行"而不在"言"。这不仅是指当事人的"行"，也包括组织和上级的"行"。试想，若老师或上级对某个人的德行或仁爱境界进行评价，那便要依赖语言以及用语言表达的某种标准，随后就可能引发人们对这种所谓"标准化德行"的刻意模仿，这将导致某种"德行"逐渐变得刻板化、形式化乃至表面化，由此反而会造就出"巧言令色"的人。因此，孔子对德行或仁爱境界不评价，恰恰突出了德行所具有的"行"而不是"言"的本质特征。

当然，在本篇第 1 章里，孔子隐含或迂回地评价了公冶长和南容的德行，而且将女儿和侄女分别嫁给了他们，在第 2 章里又说子贱是名副其实的管理者，若从儒家管理模式突出德行的优先性出发，则意味着孔子认可子贱的德行。相比较而言，为什么孔子在本章中不评价子路等三位学生的德行呢？

首先，即便对公冶长和南容的评价，孔子也只是就事论事，并且是从私人角度进行的，即通俗所说的"选女婿"，这不过是私人事务。在私人事务中讲德行与管理中讲德行，虽然本质相通，但含义及其影响却完全不同。从德行角度来选女婿，与基于德行的评价来选择管理者有着本质区别。选女婿是私事，可以用个人对德行的认识做出判断和评价，特别是只需从做丈夫这个非常具体的方面进行评价即可，这里体现的是私德；选管理者却是公事，不可以用个人对德行的判断来代替大家公认的职业规范标准，更何况，选管理者所涉及的公德评价，类似于"是否达到仁爱境界"这样非常综合的评价，这都使得个人要做出关于管理者公德的评价变得异常困难。因此，当孟武伯询问子路等三位学生"是否达到仁爱境界"时，孔子都说"不知道"。

其次，孔子对子贱的评价，严格来说，并不是对子贱本人德行或仁爱境界的评价，而只是说鲁国有一个管理者共同体，形成了良好的职业规范和职业氛围。换句话说，孔子是在评价鲁国的管理者共同体的职业操守，而不是针对子贱本人的评价。

管理精义

德行历来被视为管理者培养和选择的重要考量因素，有着"德才兼备，以德为先"的说法。但是，德行与才能的性质不同，不可能像才能那样形式化和标准化，并进行考核和评价；如果一定要按照特定模式和标准对德行进行考核和评价，反而会使德行蜕变成人为操纵的工具，甚至在工具化的德行尺度下，出现"德行的逆向选择"，被选择出来的人恰是那些会迎合"德行标准"的人，这与重视德行的初衷可能背道而驰。

德行固然重要，但其重要性并非一定要通过考核和评价来体现。德行要体现在行动上，而不是形式化评价中。强调德行的重要，应首先从管理者的自律入手，在日常管理实践中强化管理职业规范和敬业精神；真正的德行，体现在组织执行规则、践行规范时自上而下的身体力行，而不是那些措辞优雅的口号和声嘶力竭的倡导。

5.8 子谓子贡曰："女与回也孰愈①？"对曰："赐也何敢望回？回也闻一以知十，赐也闻一以知二。"子曰："弗如也！吾与女弗如也。"

【字词释义】

①愈：这里是胜过、强过的意思。

【今文意译】

孔子问子贡："在学习能力上，你和颜回谁强啊？"

子贡回答说："我哪敢和颜回比呀。颜回能闻一知十、见微知著，我只能闻一知二、由此及彼罢了。"

孔子说："是不如颜回啊！我和你都不如颜回啊。"

【分析解读】

本章借评论子贡和颜回的学习能力，一方面说明系统思考的重要性，另一方面也强调指出，在学习上老师和学生是平等的，老师不一定就比学生强，"青出于蓝而胜于蓝"。

系统思考是管理思维的本质要求，而管理学习的目的之一就是要学会系统思考。现实的组织和环境总是错综复杂、变化无常，如果在管理决策中不能做到闻一知十、见微知著，由局部迅速推断和把握整体，并且在看似没有联系的地方观察到隐藏的关系，从而对未来变化趋势做出预判，那么，期望通过有效管理决策引领组织发展，就只能是一句空话。因此，关于组织与环境及其变化的整体观和普遍联系观，就成为管理者系统思考习惯的直接表现。这本身也是通过持续管理学习慢慢养成的。

另外，这段对话也清楚地表明，孔子和子贡都具备清晰的自我认知，有自知之明，尤其是孔子，作为老师，更难能可贵地认识到，学生在学习能力上和系统思考方面超过自己。这也表明孔子在学习上所具有的平等意识。

管理精义

没有基于整体观和普遍联系观的系统思考，要在复杂多变的环境中做出正确判断和决策非常困难。但是，系统思考并不一定完全依赖于个人，而且，管理者在系统思考上不一定就比被管理者强，在一些特殊领域或面对非常专业的决策任务时，更是如此。在这种情况下，管理者应具有清晰的自我认知，并能充分调动他人的积极性，利用他人和团队的力量达到系统思考。换句话说，系统思考对管理决策非常重要，并不意味着管理者本人必须在各个方面、各个领域都具备系统思考能力，更不意味着管理者的系统思考能力就一定要比被管理者强；管理决策，特别是涉及组织整体利益和战略发展的重大决策，并不是管理者个人的选择，也不能光靠管理者一己之力，必须有效整合各方面智慧和知识资源，借助团队乃至组织力量，才能做出更有效的管理决策。

从这个意义上说，今天的管理决策并非简单的个人决策，而是一个复杂的团队决策过程；同样，管理决策所要求的系统思考，也不是仅指个人的系统思考能力，而是一种复杂的团队互动思维能力。要达到有效的团队系统思考，一方面要求管理者有清醒的自知之明，尊重团队成员知识背景和思维特点的差异；另一方面，要能够建立起有效的内部整合机制，在团队成员平等而有序的互动基础上，取长补短，超越个体认知的局限性。

在这种团队思维互动过程中，管理者应时刻牢记，系统思考是管理思维的本质要求，但并不一定就是通过个人努力能达到的；管理思维所要求的系统思考，在很大程度上只有通过团队思维的持续互动才能涌现出来。在今天的时代背景下，个人再期望能达到颜回那种"闻一知十、见微知著"的系统思考能力是不现实的。

5.9 宰予①昼寝。子曰："朽木不可雕也，粪土之墙不可杇②也。于予与③，何诛④！"子曰："始吾于人也，听其言而信其行；今吾于人也，听其言而观其行。于予与，改是。"

【字词释义】

①宰予：孔子的学生宰我。　　②杇：是形声字，本义指涂抹墙壁的工具，

这里引申为粉刷、涂饰的意思。

③与：用在句末，表示疑问、感叹或反诘，同"欤"，相当于吧、吗、啊。

④诛：是形声字，这里是谴责、责问的意思。

【今文意译】

宰我白天睡觉。孔子说："腐朽的木材，不可能拿来做雕刻；用粪土垒成的墙，也不可能刷白。对于宰我这种不可救药的人啊，责备还有什么用！"

后来孔子又说："开始时我对人的态度，总是听其言而信其行；可现在我对人的态度，则是听其言而观其行。就是因为宰我啊，我改变了对人的态度。"

【分析解读】

本章通过对宰我的批评，揭示了意志力对于管理学习的核心意义，而意志力主要体现在行为的自我约束上。

根据儒家管理模式，管理者要"以德服人"，就必须在日常行为上严格要求自己；严谨而不苟且的态度和行为，要在学管理和做管理过程中，从点点滴滴小事做起，才能逐渐养成。宰我作为孔子的学生，要学管理，却又不能严格要求自己，竟然在大白天睡觉。这自然引起孔子的极大不满，才说出"朽木不可雕"、"粪土之墙不可杇"这样的话。

孔子批评宰我，意在说明，管理学习的本质是意志力的培养，尤其是儒家管理模式，非常强调管理者以身作则，这就要求管理者必须克服自身惰性，以社会规范和德行准则严格要求自己。难以想象的是，一个毫无意志力可言，明知该做的事却无力坚持，明知不好的习惯却又无力克服的人，能履行好管理职责，将一个组织变成一个有意志力的组织，坚定地朝着愿景目标前进。

另外，意志力要体现在行为上而不是语言中。如果只是想得很好，说得也信誓旦旦，但就是在行动上难以落实和坚持，这恰恰说明没有意志力。可以推断，作为孔子的学生，宰我平时在学习和讨论儒家管理模式的时候，也头头是道，但在日常行为上却离儒家管理模式的要求相差甚远。这就难怪从宰我这件事上，孔子都要改变对人的看法，从"听其言而信其行"转变到"听其言而观其行"。

管理精义

意志力对于管理者来说至关重要。这不仅是因为儒家强调"为政以德"，更关注管理者的"做人"和德行榜样作用。更重要的是，无论对于自我管理还是组织管理而言，目标都是不可或缺的，没有目标，特别是带有终极性质的愿景目标的引领作用，自我管理和组织管理就失去了方向和准绳。

愿景目标不能只停留在口头和书面上，只是作为口号和宣传，更要体现在坚持不懈的一步一步日常行动中，而在这样朝向目标的坚定行动中，遇到挫折和困难是自然的，有时挫折和困难还会非常严重,这时若没有意志力,愿景目标就只能是空中楼阁。换句话说,对于愿景目标及任何有挑战性目标的实现来说,意志力都是必备的内因之一。

另外,任何管理都离不开规则和规范,而规则和规范的作用,在很大程度上就是要克制个人的随心所欲和本能惰性。在尊重、服从和践行规则和规范时,同样需要意志力。特别是组织中的规则和规范首先是用来约束管理者的,其设计在某种程度上就是要防止权力的滥用,抑制管理者可能在私欲驱使下的随心所欲、滥用权力。因此,管理者在日常管理实践中能够恪守规则和规范,尽己尽责,诚实守信,也正是意志力强的集中体现。

基于此,在管理者的教育和培养过程中,乃至在日常管理实践中,都应该时刻关注意志力问题,应注重管理者意志力的训练。在这方面,儒家管理模式值得借鉴,特别是其中有关在行动中体现"做人"的要求,更是值得今天的管理者学习和借鉴。虽然在今天的法治社会和法人组织中,"做人"的内涵已发生了很大变化,更强调"公民"和"私人"的平衡;但"做人"从日常行为入手、体现在点点滴滴的行动中,是一个身生学习和修养的过程,却并没有发生改变;而且,"做人"的终身学习和修养过程,也正是一个意志力的持续训练过程。

5.10 子曰:"吾未见刚①者。"或对曰:"申枨②。"子曰:"枨也欲,焉得刚?"

【字词释义】

①刚:在甲骨文中是会意字,由网和刀两部分组成,像用刀砍断网的样子,表示坚硬、锋利的意思,在这里引申为刚强、坚强。

②申枨:孔子的学生。

【今文意译】

孔子说:"我还没有见到过刚强的人。"

有人回答说:"申枨不是刚强的人吗?"

孔子说:"申枨有很多欲望,怎么可能刚强呢?"

【分析解读】

上章解释了意志力对管理学习的重要性,本章则说明意志力的具体表现和内在要求。

孔子所说的"刚强的人",实际上就是真正具有意志力的人,或者说,意志力的具体表现就是刚强,也即能够克服内部欲望、抵御外部诱惑,而在这两者之中,克服内部欲望更根本。因为外部诱惑之所以能成为诱惑,往往是因为它激发了内部欲望;如果不能有效克制内部欲望,那么,抵御外部诱惑也只能是一厢情愿。像上章宰我白天睡觉,便可以看作嗜睡的欲望没能被有效克制，更深层次的原因则是缺乏执着的信念和愿景追求以及相应的严格自律，从而被内在欲望和外在诱惑所左右。按照同样的逻辑，孔子认为申枨不是一个刚强的人，因为他有很多欲望没能被有效克制，在这种情况下要抵御外部诱惑就很困难。一个不能有效克制内部欲望和抵御外部诱惑的人，怎么能说是一个刚强的人呢？

【管理精义】

　　管理者拥有岗位职权以及由此带来的相应资源和机会。虽然法人组织通过各种规则的设计，试图避免管理者对权力的滥用，但由于正式规则的有限性，管理者在规则执行上有较大的自由裁量权，这除了给管理者造成责任压力和挑战外，也带来了满足个人欲望的各种诱惑。当然，规则的发展和完善，总是希望将这类诱惑降到最低，却不可能完全消除。这时就需要管理者用意志力克制内部欲望、抵御外部诱惑，而不能放纵欲望，以权谋私，更不能借口规则不完善来为意志力薄弱开脱。

　　实际上，规则的不完善是常态。若没有管理者基于意志力的自我约束，组织的规则不仅不会完善，而且会形同虚设。"无欲则刚"虽然是一种理想境界，但也应该是管理者努力追求的方向之一。其实，儒家管理模式下管理者终身学习和自我修养所要达到的正是这个境界。在今天的法治社会和法人组织中，管理者在尊重、恪守和践行各类规则和规范的前提下，仍需要朝向这个境界努力。这是管理职业规范和敬业精神的最高要求。

5.11　子贡曰："我不欲人之加诸我也，吾亦欲无加诸人。"子曰："赐也，非尔所及也。"

【今文意译】

　　子贡说："我不希望别人强加于我，我也不想强加于人。"
　　孔子说："子贡，你还没有达到这个境界呀。"

【分析解读】

　　本章进一步从人与人之间互动中的宽容的角度，阐述意志力和刚强并不等于强加于人。
　　子贡这里所说的"不希望别人强加于自己"，也就意味着自己表现出了"刚强"，这就是说，刚强不仅表现为克制欲望、抵御诱惑，还表现在能够坚持自己的观点和主张，坚持做自己想做的事，而不要别人强加和干涉。这恰是意志力另一方面的重要表现，即坚持做自己想要做的事情，排除外在干扰。
　　当然，坚持自己的观点、主张和要做的事情，自然也就意味着自己同样不能强加于人。这是一种对等的关系，也正是子贡第二句所说的"自己也不想强加于人"的意思。只不过这种意志力所表现出来的境界，比单纯克制欲望、抵御诱惑更高，所以，孔子认为子贡还没有达到这个境界。从另一方面也说明，要达到这个境界需要终身学习和自我持续修养才行。

管理精义

> 管理者排除干扰，坚持自己的主张，贯彻既定的政策，非常难能可贵。这不仅需要勇气，更需要意志力。特别是在遇到挫折和非议的情况下，能够做到力排众议，矢志不渝，没有很强的意志力，实难做到。但是，需要特别注意的是，管理者的意志力也会带来另外的结果，那就是将自己的意志强加给别人。换句话说，管理者总是希望别人不要强加于自己，以便能够相对自主地贯彻自己的主张，但反过来，管理者却时常自觉不自觉地将自己的意志强加于人，剥夺别人的自由，让别人完全按照自己的意图办事，还美其名曰"执行力"。也就是说，别人能贯彻管理者的意志就是有执行力，反之就是没有执行力。这是一种典型的不对等关系，它会严重挫伤组织成员的积极性，甚至损害他们的人格尊严，从而在根本上扼杀组织成员的创造力和组织持续创新的可能性。因而，在现代组织中，管理者的宽容应该和管理者的意志力同样重要，它们是相辅相成的关系。

5.12 子贡曰："夫子之文章①，可得而闻也；夫子之言性②与天道，不可得而闻也。"

【字词释义】

①文章：这里泛指《诗》、《书》、《礼》、《乐》、《易》等具体知识，也可以理解为管理知识。

②性：是形声字，这里是天性或天生特质的意思。

【今文意译】

子贡说："先生关于具体管理知识的论述，经常可以听到；但是，先生关于抽象人性和自然道理的论述，却很少能够听到。"

【分析解读】

本章用子贡的话，意在说明，孔子的教学和人才培养，更侧重于从日常生活和具体管理知识入手因材施教，很少抽象地谈论人的天性禀赋和自然道理。

具体来说，子贡这句话包含了两层意思。首先，管理者之所以成为管理者，既不是依靠先天的禀赋，也不是靠后天的运气，而是有赖于自己持续不懈地学习和修养。因此，孔子很少在学生面前谈论天生禀赋和外部环境，过多谈论这些，可能会不经意间引导学生们去思考做管理是否需要天分，是否要靠来自外部环境的运气或机遇。孔子更相信个人的自我修养和努力奋斗。孔子不言"性与天道"，是为了更好地鼓励学生们努力学习和持续修养。

其次，孔子在教学和人才培养中，更侧重于从日常"做人"和做管理的实践要求出发，贴近生活和工作，引导学生去践行和体会"做人"和做管理的道理。这与第一篇所讲的儒家管理学习模式一脉相承。

管理精义

卓有成效的管理者既非天生，也难凭运气，需要持续乃至终身的自我学习和自我修养。因此，管理者应注重日常生活和管理工作中日积月累的磨炼和修为，切不可怨天尤人，也不应自暴自弃；只有脚踏实地做自己的主人，修炼成卓越的自我管理者，才有可能成为卓越的组织管理者。

5.13 子路有闻，未之能行，唯恐有闻。

【今文意译】

子路如果听到好的意见或建议，又没有来得及付诸行动，则一直会忐忑不安，唯恐再听到新的意见或建议。

【分析解读】

本章用子路的事例，阐明管理者行动的重要性，而积极行动的前提则是管理者的意志力和自律。本章可以与第一篇第 4 章曾子所说的"传不习乎"联系起来看。

子路有勇气，也有很强的行动能力，只要是好的意见或建议，或来自老师和上司的教诲与指示，总是不遗余力地去贯彻落实；一旦由于种种原因没有及时付诸行动，就一定会感到内心愧疚，担心再接到新的指示或听到新的建议。这种在行动上对自己的严格要求，与曾子唯恐"传不习乎"，本质上是一样的，都体现出儒家管理模式对行动的极度重视。

管理精义

执行力一直为人们所津津乐道。现实中，执行力总是与管理者的自我要求和意志力密切相关。由于组织中信息不对称以及正式规则本身的局限性，管理者有很大的自由裁量权，相应地，执行力也就有了较大的自由权衡空间。很多意见或建议，很多任务，是否需要贯彻落实以及落实到什么程度，往往都由管理者自主判断。这时管理者若没有很强的意志力和自律，在信息不对称，也缺乏外部审查和监督的情况下，很多意见、建议和任务可能就得不到有效落实和执行。因此，执行力除了依赖分工协作的正式机制和技术手段之外，还要依靠管理者的意志力、自律和自我反思能力。

5.14 子贡问曰："孔文子[①]何以谓之'文'[②]也？"子曰："敏而好学，不耻下问，是以谓之'文'也。"

【字词释义】

①孔文子：卫国大夫，姓孔，名圉，谥号为"文"。　　②文：这里指谥号，意思是"有好学精神"。

【今文意译】

子贡问道："卫国大夫孔圉为什么会得到'文'这个谥号呢？"

孔子说："他机敏好学，不以向地位低的人请教为耻，因此获得'文'这个谥号。"

【分析解读】

本章用卫国大夫孔圉的例子，说明在对管理者进行评价时，应将"做人"评价与做管理评价区别开来，这样才能做到公正评价。

据记载，孔圉在"做人"上有瑕疵，所以子贡感到奇怪，"做人"上有瑕疵的孔圉怎么会获得"文"这个谥号呢？针对子贡的疑问，孔子的解释不是从孔圉的"做人"着手，而是从"文"这个谥号本身的含义入手。一个人之所以能获得"文"这个谥号，是因为他在管理实践中能够勤勉地学习管理知识和技能，并能就各类具体问题向比自己地位低的人请教，这就是一种"好学精神"。也就是说，"文"这个谥号表彰的是一种在管理实践中表现出来的"好学精神"，并不必然与个人的"做人"联系在一起。孔圉在管理实践中具备这种"好学精神"，并很好地履行了管理职责，就能够获得"文"这个谥号。不能因为他"做人"上的瑕疵，掩盖了他在管理实践中的"好学精神"。

本章对孔圉的评价与本篇前几章对学生们的评价，在思路上是一致的，都强调在评价时要将"做人"和做管理区别开来。虽然儒家管理模式突出管理者"做人"的首要性，但在对管理者及其管理工作进行评价时，孔子又非常注意将"做人"评价与做管理评价严格区分开来，在"做人"上虽然可能会有不同的境界，也可能会因此产生各种不同的意见和看法，但不能用"做人"上的评价代替做管理上的评价；同样，也不能因做管理上的成败而影响了对"做人"的评价。前者如本章对孔圉的评价，虽然他在"做人"上有不足，但不能因此而否定他在做管理上的"好学精神"；后者如在本篇第1章中对公冶长和南容的评价，他们虽然在做管理上差异很大，但并不影响对他们"做人"上的评价。

因此，儒家管理模式虽然非常重视"做人"，但又能在具体评价上将"做人"和做管理区别开来，就事论事，既不用做管理上的成败看"做人"，也不因"做人"上的不足抹杀做管理的成功。只有将两者在实际评价中区别开来，才能对管理者公正评价，也才能真正激励管理者更好地工作，并确立合理而清晰的标杆，推动管理者的教育培养和管理实践走上良性循环的轨道。

管理精义

在管理实践中，经常出现混淆"做人"评价和"做事"评价的现象，要么"因人议事"，要么"因事代人"。因为某个人"做人"比较好，即便做事不合适，也常常息事宁人；而因为某个人"做人"不太好，即便做事很成功，也会因人废事。反之，因为某件事成功了，即便这个人"做人"不太好，也会姑息容忍；而因为某件事不成功，即便这个人"做人"比较好，也被认为一无是处。这种将"做人"和做事混为一谈的评价方式，不仅会挫伤人们的积极性，还会严重影响组织氛围。因此，管理者在评价时注意将人和事区别开来，坚持就事论事的原则，就变得非常重要。

5.15 子谓子产①，"有君子之道四焉：其行己也恭，其事上也敬，其养民也惠，其使民也义。"

【字词释义】

①子产：郑国大夫公孙侨。

【今文意译】

孔子评论子产说："像子产这样的管理者，其成功在于四个方面：日常行为恭敬认真，对待上司严谨庄重，对待下属关爱帮助，实施管理依据规范。"

【分析解读】

本章借对郑国大夫公孙侨的评价，进一步阐述了儒家管理之道的核心内涵。

据记载，子产做郑国大夫，不仅有突出的业绩，还赢得了很好的口碑，被视为"做人"和做管理都很成功的典型。孔子举子产的例子在于说明，成功的管理者在"做人"和做管理上都会持续努力，以达到四方面要求，即严格律己、敬重上级、爱护下属、恪守规范。

> **管理精义**
>
> 管理者在日常管理中，无外乎面对这样四重关系，对自己、对上级、对下属、对规则，并在此基础上实施管理。管理者应如何处理这四重关系呢？根据儒家管理模式，对自己，关键在于自律；对上级，关键在于尊重；对下属，关键在于爱护；对规则，关键在于恪守。关于这四方面关系的处理，也可以理解为管理职业规范和敬业精神的具体要求。在今天的时代背景下，管理者同样面临这四重关系，只不过需要将这四重关系，纳入社会的法律框架和组织的规则体系之中，并从规则和规范相结合的角度来把握和处理罢了。

5.16 子曰："晏平仲[①]善与人交，久而敬之。"

【字词释义】

①晏平仲：齐国大夫，名婴。

【今文意译】

孔子说："晏婴善于同别人交往，能长久地尊重别人，也得到别人的尊重。"

【分析解读】

本章通过对晏婴的评论，突出了管理者与人交往要有长期眼光，不能只图眼前有利。

人们在与别人交往的时候，经常会带有一些特定的目的。特别是管理者，由于担负着管理职责，与别人的交往常常源于组织公共事务，因此，在交往过程中，为了达到目的，开始可能会对别人有所尊重，一旦目的达到或交往结束，这种尊重之心就会随之减弱。尤其是当考虑到尊重的相互性之后，就不难理解，恰是由于交往中的目的性，相互之间的尊重会随着时间而消减，由此就更突出了在人际交往中"久而敬之"的难能可贵。另外，也只有从互动的角度，真正做到了"久而敬人"，又"久而为人所敬"，才能说是"善与人交"。在孔子看来，齐国大夫晏婴做到了这一点。

> **管理精义**
>
> 管理者离不开与人打交道。从某种意义上说，管理就是沟通。在沟通或与人打交道过程中，持久地互敬，是管理者为组织和个人赢得口碑、信誉的重要前提。这也许就是人们常说的"生意不成情意在"的道理。情意的基础在于相互理解、相互尊敬。这需要管理者恪守社会规范，有正确的"做人"态度，用长远的、非功利的眼光来看待人际交往。

5.17 子曰:"臧文仲①居②蔡③,山节藻棁④,何如其知也?"

【字词释义】

①臧文仲：鲁国大夫臧孙氏，名辰。

②居：这里是储存、珍藏的意思。

③蔡：在甲骨文及金文中是象形字，状似一株草的样子，本义指野草。古时又称占卜用的大乌龟为蔡，有人认为这是因为这种大龟出产于蔡地，所以称为"蔡"。这里即指占卜用的大龟。

④山节藻棁：其中"节"指古时屋顶层层探出的弓形承重结构，也叫"斗拱"，"山节"意指在斗拱上雕刻着山峦图案；"藻"是一种水草，"棁"是梁上的短柱，"藻棁"意指在梁上的短柱上雕刻着水草图案。在这里，"山节藻棁"指藏龟的屋子装饰得非常考究，雕梁画栋，像供奉神祇的庙宇一样。

【今文意译】

孔子说："臧文仲养着一只占卜用的大乌龟，养龟的屋子雕梁画栋，装饰得像神庙一样，遇到事情都要通过占卜来决定，像这样怎么能说有智慧呢？"

【分析解读】

本章借对鲁国大夫臧文仲的评价，说明决策对管理的重要性及其应该遵循的原则。

据记载，臧文仲做鲁国大夫，曾以有智慧、善决策而闻名。但在孔子看来，靠占卜做决策，怎么能叫有智慧呢？孔子评论臧文仲，意在告诫学生们，要学管理，除了"做人"和德行修养外，还要学会在调查研究的基础上做决策，而不要期望借助像占卜这样的神秘力量，就能做出合理的管理决策。

管理精义

管理的核心职能之一是决策，而管理者的权力和责任也体现在决策中。为了做出有效决策，管理者必须努力学习和积累各类相关知识和经验。更重要的是，管理者必须具有正确的决策态度，清醒地认识到，合理决策的做出是靠人的努力。当然，这里的决策主体并不一定专指管理者个人或管理团队，还应包括具有专业知识和能力的咨询人员乃至一般组织成员。只有调动各方面人员的积极性，共同参与决策过程，才有可能克服个人或团队决策者知识、能力和经验的局限性，做出更有效的决策。但是，若认识不到个体理性的有限性，或不借助他人和团队的力量来弥补个体理性的不足，都有可能给管理决策带来严重偏差。前者可能导致个人的自以为是，盲目决策；后者则有可能陷入对神秘力量的追求。因此，对于有效决策来说，管理者所具有的正确态度，有时比特定的知识、能力和经验还重要；知识、能力和经验都可以通过他人来弥补，而一旦态度出问题，决策方向就会出现不可逆转的偏移。

5.18 子张问曰:"令尹①子文②三仕为令尹,无喜色;三已之,无愠色。旧令尹之政,必以告新令尹。何如?"子曰:"忠矣。"曰:"仁矣乎?"曰:"未知。焉得仁?""崔子③弒齐君④,陈文子⑤有马十乘⑥,弃而违⑦之。至于他邦,则曰:'犹吾大夫崔子也。'违之。之一邦,则又曰:'犹吾大夫崔子也。'违之。何如?"子曰:"清矣。"曰:"仁矣乎?"曰:"未知。焉得仁?"

【字词释义】

①令尹:官名,楚国的上卿职位。
②子文:姓斗,名穀於菟。
③崔子:齐国大夫,名杼。
④齐君:齐庄公,名光。
⑤陈文子:齐国大夫,名须无。
⑥有马十乘:当时用四匹马驾一辆车,意指有四十匹马,也可以引申为"作为大夫的家业"。
⑦违:这里是离开、避开的意思。

【今文意译】

子张问道:"楚国上卿子文三次做上卿职位,没有因此而喜形于色;三次被免去上卿职位,也没有因此而恼羞成怒。前任上卿的政策思路和管理模式,一定会转告给新任上卿。子文怎么样啊?"

孔子说:"应该称得上尽己尽责了。"

子张又问:"达到仁爱境界了吗?"

孔子说:"不知道。怎么能从这样一件事就看出是否达到仁爱境界呢?"

子张又问道:"崔杼杀害了齐庄公,同为齐国大夫的陈文子不愿与崔杼为伍,抛弃家业,离开齐国。到了其他诸侯国之后,发现'那里的大臣们也像齐国大夫崔杼一样',又离开了。再到另一个诸侯国之后,又发现'那里的大臣们也像齐国大夫崔杼一样',再次离开了。陈文子怎么样啊?"

孔子说:"应该称得上洁身自好了。"

子张再问:"达到仁爱境界了吗?"

孔子说:"不知道。怎么能从这样一件事就看出是否达到仁爱境界呢?"

【分析解读】

本章借评价楚国上卿子文和齐国大夫陈文子,再次说明关于管理者角色和职责履行的评价,应该与管理者个人德行的评价区别开来,不能因一时一事而给出德行是否达到"仁爱"境界的评价。

孔子针对楚国上卿子文在"三仕三已"中的表现,给出的评价是"忠",即尽己尽责,这也是管理者所应遵循的基本职业规范;针对齐国大夫陈文子不与弒君者为伍的表现,给出的评价是"清",即洁身自好,这在某种程度上也是管理者遵循"信"这一基本职业规范的具体表现。因为"信"的核心要义在于"诚实守信",若与弑君者为伍,则必然违背做管理的基本规范,这便使那些有职业操守的管理者无法保持"思言行"一致,陈文子选择离开,也就恪守住了"信"。在这里,孔子对子文和陈文子的评价,都是从他们所扮演的管理角色着眼,称赞他们能很好地践行管理职业规范,做到"尽己尽责"和"洁身自好"。

但是,当子张问子文和陈文子是否达到"仁爱"境界时,孔子却说"不知道"。因为评价一个人是否达到仁爱境界,与评价一位管理者是否恪尽职守完全不同。仁爱境界是德行修养的最高境界,需要一个人终身学习和持续修炼,不可能仅仅通过在一件事或几件事上的表现,就贸然判断一个人是否达到了仁爱境界。但是,对于管理者是否践行管理职业规范的评价却是具体的,完全可以针对某件特定的事情进行评价,如楚国上卿"三仕三已"和齐国大夫不与弑君者为伍。尽管这些具体事情也体现着管理者的德行修养水平,但却不能因在这几件事上是否尽到管理职责而对管理者个人德行给出最终结论。孔子在这里所坚持的评价原则,与本篇前几章中对学生们的评价是一样的,都强调应该将对具体管理事务的评价同管理者本人德行修养的评价区别开来。

> **管理精义**
>
> 即便涉及像"忠"、"清"这类管理职业规范践行的评价,也要注意将其与管理者个人的德行评价严格区别开来,不能因管理角色的扮演情况就直接推断或评价管理者本人的"做人"或德行。严格来说,个人及其所扮演的角色、个人德行及其所履行的职责,都是不一样的,切不可在管理评价中混为一谈。

5.19 季文子①三思而后行。子闻之,曰:"再,斯可矣。"

【字词释义】

①季文子:鲁国大夫,名行父。

【今文意译】

季文子遇事总是三思而后行。孔子听说后,评论道:"其实思考两次也就可以了。"

【分析解读】

本章借评论鲁国大夫季文子,一方面说明管理者在决策时应有果敢的表现,另一方面也告诫管理者，管理决策强调共同利益导向，过多顾虑之后，反倒容易公私混淆。

在鲁国，季文子曾以遇事"深思熟虑"而闻名。孔子却不以为然，认为管理者肩负公共职责，在做决策时固然要"谨慎小心"，却不能瞻前顾后、畏缩不前，在管理决策中过多思虑反而容易导致犹豫不决、贻误时机；更重要的是，当管理者反复思考之后，反倒容易使自我利益或小团体利益纠缠进管理决策中，造成公私交织的局面，最终导致不利于共同利益的决策产生。基于此，孔子才说"再，斯可矣"。孔子在这里并不是反对谨慎思考，而是说思考不可过度，一旦思虑过度，则容易走向反面，不仅会丧失果敢，而且还会起"私意"而害"公益"。

管理精义

管理决策离不开理性思考，否则就可能演变成主观臆断和盲目选择。但是理性思考绝不能成为犹豫不决的借口，更不能变作假公济私的挡箭牌。特别是在日益复杂、瞬息万变的全球化竞争环境中，管理者更需要在决策中勇于担当、善于决断，既能尊重决策的理性原则，严谨恪守合理的决策程序，又能在面对具体情境时，果敢而灵活地做出决策。这并不是不讲合理的决策程序，也不是不要理性思考，而是强调将理性思考与灵活果敢相结合，做到具体问题具体分析，将管理决策的原则性和灵活性有机结合起来，以更有效地应对纷繁复杂的决策情境。

5.20 子曰："宁武子①邦有道则知，邦无道则愚。其知可及也，其愚不可及也。"

【字词释义】

①宁武子：卫国大夫，名俞。

【今文意译】

孔子说："宁武子恪尽职守，始终如一，在国家兴旺、治理有方的时候，这被认为有智慧，在国家衰落、治理无方的时候，这却被认为很愚笨。人们之所以说他有智慧，是因为他在国家兴旺、治理有方时这样表现可以理解；人们之所以说他愚笨，是因为他在国家衰落、治理无方时还这样表现，难以为人们所理解啊。"

【分析解读】

本章举卫国大夫宁武子的例子，进一步说明在管理评价中，人们经常容易混淆人和事、个人特征和职责要求。

据记载，宁武子在卫国做大夫历经卫文公和卫成公两朝。卫文公治国有方，而卫成公治国无方，以致卫国衰落，受晋国欺压。无论在卫文公时期还是卫成公时期，宁武子都能尽己尽责，尤其是卫成公时期，卫国危难，很多所谓有智慧的人都避难离国，而宁武子不避艰险，仍尽心竭力辅佐卫成公，时人甚至因此认为宁武子不识时务，不够灵活，很愚笨。

孔子在这里举宁武子的例子，一方面说明管理者应恪守"忠"的职业规范，只要选择了做管理，不管环境好还是不好，都要兢兢业业、尽己尽责，这是做管理的基本要求；另一方面，也强调指出，人们对管理者的评价，习惯于从看得见的"事功"出发，以此来推断管理者本人的特征乃至动机，难以做到"就事论事"。像宁武子，同样是恪尽职守，在卫文公时期就被评价为有智慧，而到了卫成公时期却被评价为愚笨。这实际上是因为人们并没有真正理解管理职业规范对做管理的基本要求，只看到那些随环境变化的"事功"，眼前成功了，就说有智慧，眼前不成功又执着坚守就是很愚笨。这种以"事功"代"职责"的评价，在孔子看来是不恰当的，它会抹杀管理者在职业规范和敬业精神上所付出的努力，也会扭曲做管理的职业激励机制，导致信奉"成王败寇"、追逐眼前利益的风气蔓延。

实际上，如果说宁武子在卫成公时期仍尽己尽责是"愚"的话，那也是对职业规范和敬业精神的"愚守"，也可以说是"愚忠"，当然这里的"忠"是尽己尽责的意思。这恰是作为管理者最难能可贵的职业操守，在当时自然不易为人们所理解了。所以，孔子才说，"其愚不可及也"。

管理精义

人们对管理者的评价以及管理者对别人的评价，经常喜欢以结果论英雄，成功了就是好，不成功就是不好，而无视环境变化以及其他复杂的影响因素。这种评价模式，容易激发不择手段的机会主义行为和趋利避害的锦上添花行为，抑制遵行规范的共同利益追求行为和勇于担当的雪中送炭行为。在这种评价模式下，选择出来的所谓"成功人士"，往往是那些很会满足评价指标需要，能够利用各种方式取得当下"事功"的人，而那些恪守职业规范，从共同利益出发，脚踏实地做事情的人则被"淘汰"掉了。由于评价机制扭曲所带来的这种"逆向选择"，会从根本上损害组织的整体利益和长远利益，评价机制及其指导原则的确立，确实是现代组织管理者必须深思慎行的大事。

5.21 子在陈，曰："归与！归与！吾党之小子①狂简②，斐③然成章④，不知所以裁之。"

【字词释义】

①吾党之小子：这里指孔子那些留在鲁国的学生。当时孔子正在周游列国，只带了部分学生，还有一些学生仍在鲁国。

②狂简：这里是志向远大的意思。

③斐：是形声字，本义指不同的花纹、文采有条理地组合在一起。这里是色彩美丽的意思。

④章：是象形字，本义指花纹、文采，这里指彩色的丝织品。

【今文意译】

孔子在陈国时说："回鲁国去吧！回鲁国去吧！我们那些留在鲁国的学生志向远大，就像花纹美丽、色彩鲜艳的丝绸面料，正不知道如何剪裁使用呢。"

【分析解读】

本章承接上章，意在进一步说明，管理者要实现志向、发挥作用，还有赖于外在环境和机遇的匹配。

据记载，当孔子周游列国到达陈国时，听说鲁国要重用他的学生冉有，才发出了这样的感叹。孔子之所以周游列国，很大程度上是因为他的治国安邦的志向和才能，并不能为当时的各诸侯国国君所理解和看重。基于此，孔子才打比方说，有志向和才能的人，就像花纹美丽、色彩鲜艳的丝绸面料一样，还需要合适的剪裁之后才能使用啊；没有懂得管理之道的国君和良好的治理环境，再远大的志向、再高水平的知识和能力，也无用武之地。

管理精义

管理者要实现自己的理想，履行管理职责，取得职业成功，除了自身的修养、知识和能力之外，还有赖于各种环境因素，特别是委托人或授权者以及相应的管理机制。只有当内外部条件匹配时，管理者个人的志向、敬业精神、知识和能力才能得到充分展示，并发挥出应有的作用。因此，对管理者及其工作的评价非常复杂，需要系统考量多方面综合因素，切不可简单化为某一个方面的评价。

5.22 子曰："伯夷、叔齐①不念旧恶②，怨是用希③。"

【字词释义】

①伯夷、叔齐：殷商时期封立的孤竹国国君墨胎氏的两个儿子，伯夷名允，字公信，叔齐名智，字公达，是伯夷的弟弟。

②旧恶：这里的"恶"也是"怨"的意思，"旧恶"即"宿怨"，是过去的怨恨或仇恨。

③希：在这里是少、罕见的意思。

【今文意译】

孔子说："伯夷和叔齐从不计较以往的各种怨恨，心底坦然而少有戾气。"

【分析解读】

本章用伯夷和叔齐的事例说明，管理者履行的是公务，不应纠缠于私人恩怨；管理者若能做到一切从管理角色和岗位职责出发，自然就不会心怀怨恨了。

管理者虽免不了在与人打交道时起摩擦、遭误解，但管理者必须铭记的是，管理工作乃公务而非私事，其中的摩擦和误解都是因为共同利益和职责所系，与个人好恶没有关系，不应将工作中的摩擦和误解变成个人仇恨；若不能很好地区分工作关系和私人关系，将公务和私怨纠结在一起，怀恨于心，一定会导致心情不畅，工作不顺，乖戾之气滋生，良好的工作环境在不知不觉中被破坏，进而造成心情更糟、戾气更盛，由此进入"公私纠缠不清"的恶性循环。孔子在这里用伯夷、叔齐的例子告诫学生们，管理环境与其说在人，还不如说在己，尤其是自己对公与私、人与事的清晰理解和把握。

管理精义

管理者在日常管理工作中应善于区分公职与私事，切不可将工作关系混同于私人关系，这种公私边界的混淆，会造成公权私用、公报私仇，严重损害公共利益。尤其是公报私仇，不仅会破坏坦诚互助的工作氛围，还会扭曲岗位职责和工作关系，以至于人人自危、怨气蔓延，从根本上危害组织的文化价值观。

5.23 子曰："孰谓微生高①直？或乞醯②焉，乞诸其邻而与之。"

【字词释义】

①微生高：鲁国人，姓微生，名高。　　②醯：是会意字，这里即"醋"的意思。

【今文意译】

孔子说："谁说微生高耿直？有人借醋，他明明没有，却不直说，而是向邻居借了再给别人。"

【分析解读】

本章用鲁国人微生高的例子进一步说明，不宜直接对人进行评价，无论正面还是负面评价，都有可能言过其实。管理者在评价中应遵循"对事不对人"的原则。

微生高在鲁国以"耿直"闻名，而孔子用"借醋"这件小事，说明对人本身的评价是很难的。如果只是笼统地说某人好或不好，都带有一般化的特点，这种一般化的评价，严格来说，只要能举出一个反例，就很难站住脚了。当人们给微生高贴上一般化的"耿直"标签后，就容易让人联想到微生高在任何情况下都是耿直的，因此，孔子只要举出"借醋"这个例子，至少可以说明微生高并不总是耿直的，反而有爱面子、好掩饰的特点。

值得注意的是，在这里，孔子并不是要评价微生高，也不是要否定微生高的耿直，而只是以此为典型案例，告诫学生们，不要轻易评价人，给别人下一般化的结论，而要在评价中遵循"对事不对人"的原则。

管理精义

> 管理者总是要面对各种人和事，也免不了要对人和事进行评价。管理者需要铭记的是，评价一定要立足于事实而非想象。事实总是具体的，即便与人有关的事实，也总是与人的具体行为和情境联系在一起；超越具体事实、行为和情境，对当事人进行正面或反面的一般化、结论性评价，都很容易犯以偏概全、人为类型化的错误。这不仅容易误导人们，更容易引起人们的反感，从根本上动摇人们对管理者及其公正性的信任。

5.24 子曰："巧言、令色、足恭①，左丘明②耻之，丘亦耻之。匿怨而友其人，左丘明耻之，丘亦耻之。"

【字词释义】

①足恭：这里是过分谦恭、讨好人的意思。
②左丘明：鲁国人，姓左丘，名明，相传为《左传》的作者。

【今文意译】

孔子说："花言巧语、做表面文章、过分谦恭，左丘明以此为耻，我也以此为耻。将对别人的怨恨隐藏起来，表面上又去讨好他，左丘明以此为耻，我也以此为耻。"

【分析解读】

本章承接上章，进一步说明，避免对人进行评价，并不等于没有"做人"的原则。也就是说，孔子虽然不对人进行评价，却有自己正直的"做人"原则。某种意义上说，正是不对"做人"进行评价，才可能避免在"做人"上刻意迎合他人、满足评价要求的表面功夫。

可以将本章与第一篇第3章"巧言令色，鲜矣仁"联系起来理解。儒家管理模式突出"做人"的优先性，而"做人"要求由内而外，诚实正直；与此相反，则是表里不一、虚伪做作，甚至两面三刀。孔子在这里通过引用左丘明的观点，再次强调"做人"绝不等于"巧言、令色、足恭"以及"匿怨而友其人"这样一些表面功夫。正因为"做人"是一个由内而外的长期修养过程，所以更不能因一时一事而贸然对"做人"进行评价。上章讲的微生高可能有"直"名，但不一定有"直"实；人们不能被"名声"所累，以至于忘记了"做人"的"诚"和"直"原则。

> **管理精义**
>
> 不轻易对人进行评价，不给人下断语，并不等于在"做人"上没有原则。相反，正是因为在"做人"上有原则，而且清醒地认识到"做人"需要身体力行、持续修炼，所以，管理评价中才不能轻易给人下结论，而应该用更为开放和多元的眼光来看待人。这既体现了管理评价中对人的尊重，也反映了管理所应有的宽容特点。这里需要特别强调指出的是，对"做人"的倡导，与对工作表现和任务完成的评价区别开来，可以更好地包容具有不同特点和特长的人，从而激发人们的积极性和主动性。

5.25　颜渊、季路侍。子曰："盍①各言尔志？"子路曰："愿车马，衣②轻裘③，与朋友共，敝④之而无憾。"颜渊曰："愿无伐⑤善，无施⑥劳。"子路曰："愿闻子之志。"子曰："老者安之，朋友信之，少者怀之。"

【字词释义】

①盍：在这里是副词，何不、何为的意思。

②衣：在这里是动词，穿衣服的意思。

③裘：在甲骨文中是象形字，像毛在外的皮衣，这里是皮衣的意思。

④敝：是形声字，这里是破旧的意思。

⑤伐：是会意字，本义是击刺、砍杀的意思，这里可以引申为炫耀、自夸、夸耀的意思。

⑥施：是形声字，原指旗子飘动的样子，这里可以引申为硬加、施加的意思。

【今文意译】

颜回、子路和孔子在一起。孔子说："何不谈谈你们的志向追求？"

子路说："希望能有志同道合者在一起同舟共济、同甘共苦，车马衣服都可以共享，破旧了也在所不惜。"

颜回说："希望能做到既不炫耀自己的才能和优势，也不强人所难。"

子路又说："想听听先生您的志向追求。"

孔子说："老人们能过上安宁祥和的生活，同事们能相互信任，年轻人能有发展机会。"

【分析解读】

本章借谈论志向，意在说明，管理者"做人"和做管理都不是要做给别人看的，而是要追求自己的志向，因此，也不需要别人来对自己"做人"和做管理的动机进行评价，关键在于自律。

这段对话，一方面说明，"做人"和做管理关键都是自我追求，其动机和动力主要在内部而非外部。严格来说，一个人不可能是为了满足外部评价而持续乃至终身追求"做人"和做管理的境界。因此，无论是"做人"还是做管理，外部评价和激励固然重要，但更重要的是自我志向追求的确立，以及以此为基础的自律过程。

另一方面，这段对话也深刻揭示了管理责任的内涵。作为管理者的志向追求，不能只是自我完善和小群体的共同价值实现，而应该是更大的社会责任追求，也即"以天下为己任"。子路的志向只是在志同道合者群体中的同舟共济、同甘共苦；颜回也只是从自我完善外推到直接相关的人，以实现"修己安人"。这只能说是管理者承担起了管理职责和组织职责，还远没有担负社会责任。因此，孔子在子路和颜回的志向基础上，进一步拓展了管理责任的范围，以达到更广泛的社会责任领域，这便是"老者安之，朋友信之，少者怀之"。其中，前两者比较好理解，关键是"少者怀之"如何体现出管理的社会责任？管理总是要面向人的需要，满足人的需要，而青年人所迫切需要的正是未来发展的机会，对青年人来说，有了机会，就有了希望。因此，管理者及管理所应承担的重要社会责任之一，就是给年轻人创造机会，并能不断激励、帮助和培养年轻人，这自然就为组织和社会的可持续发展奠定了基础。

管理精义

管理责任除了岗位责任、组织责任和利益相关者责任之外，还包括社会责任在内。管理的社会责任担当，不仅有来自外部规则和规范的激励和约束，更重要的是源自管理者教育和培养过程中所内化的职业规范和敬业精神。只有这样，管理者承担社会责任才会有内部动机和动力。这就对组织和社会中的管理者教育培养机制及过程提出了更高要求，必须有一种超越于知识和能力教育之上的、内在化的职业规范和敬业精神训练，才能更好地满足广义管理责任的要求。

5.26　子曰："已①矣乎！吾未见能见其过而内自讼②者也。"

【字词释义】

①已：这里是完毕、终止的意思。
②讼：是形声字，本义指争论，这里可以引申为责备的意思。

【今文意译】

孔子说："不要这样想了！我就从来没有见过犯了错误能内心自责的人啊。"

【分析解读】

本章进一步说明志向和自我修养都是内在过程，外人难以看到，自己也不需要刻意做给别人看。

可以从两个方面来理解孔子这句话。首先，从个人角度来看，当一个人犯了错误而内心自责的时候，别人又怎么能看得到或体会得到呢？所以，孔子才说没有见过犯了错误而能内心自责的人。这就意味着，真正的自我认识和自我责备不是要做给别人看的，而是发乎内心，真诚地自责和改进，并非刻意做样子。只有这样才能真正认识到自己的不足，并将错误变成进步和提高的机会。这也正体现了自我学习和自我修养本质上是一种"试错"过程，要"过则无惮改"才行。

其次，从管理者角度来看，不要期望能看到下属或组织成员内心的自责。既然是内心的自责，从外部就难以观察。若管理者硬要强调或推行"自责"方式，营造"自责"氛围，那反而可能激发出装样子、做表面文章式的"自责"或自我批评，自然失去了内心自责所应有的那份真诚。这样做不仅无法达到通过自责来提升和改进工作的目的，相反，还会造就表里不一的"两面人"。这对于管理者的初衷来说，恰恰事与愿违。也许正因为如此，孔子才对那些希望成为管理者的学生们说，"已矣乎"，即："不要这样想了吧！"意思就是，不要再期望通过鼓励自责或自我批评就能建立一种有责任心的工作氛围。

管理精义

> 在组织工作中，对任何岗位而言都一样，由于信息不对称，管理者不可能观察到每位组织成员的每个工作细节，因此，工作中的自我管理、自我负责，乃至自我责备和自我改进就变得非常重要。既然是自我责备和自我改进，当然只有发自内心才有效果，否则，只能是做样子、装门面。管理者既然无法观察到别人真诚的内心自责，那该如何营造一种自我负责、自我改进的工作氛围呢？或者说，管理者怎样才能激发出员工自觉自愿的自我批评和自我提升的内在动机呢？不要期望直接倡导就能达到效果，过分强调反而可能事与愿违。有效的方式只能是迂回的，通过共享愿景、分享利益和宽容错误这三条看似间接的途径，才有可能由内而外地形成自我负责、自我改进的工作氛围。

5.27 子曰："十室之邑，必有忠信如丘者焉，不如丘之好学也。"

【今文意译】

孔子说："即便是只有十户人家的小村子，也一定能找到像我一样尽己尽责、诚实守信的人，但要找到像我一样善于学习的人就不容易了。"

【分析解读】

本章作为全篇的总结，点明了善于学习借鉴别人的间接经验，对于学"做人"和学管理都至关重要。这也是对全篇点评各类管理者和管理案例的学习意义的最好概括。

根据孔子的观点，做管理只靠"忠信"是不够的。"忠信"是管理职业规范，是做管理的底线；若达不到管理职业规范"忠信"的要求，显然无法做管理；但是，只是达到了"忠信"要求，也不一定能做好管理。要想做好管理，除了"忠信"要求之外，还必须有高水平的知识和能力，这就需要持续不断地学习；其实，即便是"忠信"，也有不同境界，也需要持续乃至终身的学习和修炼。因此，好学的态度及相应的学习能力，就成为做好管理的关键因素。

另外，管理者本人的经验总是有限的，只有通过不断学习别人的间接经验，才能超越自我，以更高的境界、更宽广的视野、更有效的方式看待管理、实施管理。这也正是本篇对各类管理者和具体管理事例进行点评和分析的意义所在。

最后，孔子在这里也暗示，"好学"态度正像前几章讲的"志向"和"自责"一样，都是心灵的事，既不是做给别人看的，别人也强求不得。因此，做管理一定要由内而外，关键在于形成内部动机和动力机制。这也是本篇的主旨所在，即：不要用外部评价抑制了内部动机和动力。

管理精义

管理者的"做人"固然重要，但"做人"只是底线，在"做人"底线之上还有着无限的职业空间需要开拓，也存在无止境的发展前沿亟待探索。管理者要致力于追求卓越，就必须在"做人"底线之上，强化"好学"精神；尤其是在全球化背景下，新事物层出不穷，知识进步日新月异，这更要求管理者以终身学习的态度，持续提升"做人"和做管理的境界，以服务于组织和社会的健康可持续性发展。

雍也第六

本篇导读

本篇讲管理素质，即做管理所应具备的角色意识、行为规范和能力要求。这是一种职业素质而非个人素质。在儒家管理模式下，做管理的职业素质要求，更强调角色意识和行为规范。本篇借着对孔子学生和诸侯国管理者中典型人和事的分析，意在阐明管理素质的内涵，以及管理者应遵从怎样的途径来达到管理素质要求。

本篇大致可以分为三个部分。第一部分包括第 1 章到第 10 章的内容，主要讲管理角色对管理者态度和行为的基本要求。其中，第 1 章借对子桑伯子的评论，阐明管理态度和行为的关系；第 2 章通过对颜回的评论，指出管理工作中对待不满和错误所应有的态度；第 3 章利用公西华的典型事例，说明管理工作中涉及公共资源分配或使用时所应遵循的基本原则；第 4 章借评论冉雍，阐明管理工作中对人的评价，应重在本人表现而非出身和背景；第 5 章通过评论颜回，指出恪守规范对做管理的重要意义；第 6 章借评论子路、子贡和冉有，意在表明 "用人所长" 是选择管理者的基本原则；第 7 章用闵子骞拒做季氏家臣的事例，阐明管理者应有自己的原则和主见，不应无原则地为委托人或授权者服务；第 8 章用冉耕病重的事例，说明管理环境的不确定性；第 9 章举颜回的例子，强调管理者面对环境不确定性时所应有的态度；第 10 章再举冉求的例子，突出做管理贵在自强不息，既不在环境，也不在禀赋。

第二部分由第 11 章到第 19 章的内容构成，重点讲管理角色与个人角色的区别，管理者如何恪守管理角色规范，履行管理岗位职责。其中，第 11 章讲解管理与被管理的角色定位及培养模式差异；第 12 章通过澹台灭明的例子，说明管理中公私分明的重要意义；第 13 章用孟之反的事例，阐述管理者所应具备的责任意识；第 14 章以子鱼和公子朝的例子，进一步说明个人特征与管理角色的差异，在管理中不能将两者混淆起来，管理素质并不等于个人素质；第 15 章重点讲解管理素质要以管理规范为基础；第 16 章进一步概括管理素质中德行和知识之间的匹配关系；第 17 章用人生之道比喻管理之道，阐明正直是做管理的根本要求；第 18 章解释如何遵循 "做人" 和做管理的正道；第 19 章通过讲解体悟人生之道中的个体差异，说明做管理中的层级原则及其运用。

第三部分涵盖第 20 章到第 28 章的内容，概括总结了管理素质的两方面内涵及其关系。其中，第 20 章提出管理素质由智慧和仁爱两方面构成；第 21 章进一步阐述智慧和仁爱的特征和作用；第22章通过分析齐国和鲁国的管理风格，说明智慧和仁爱相结合才是管理之道的根本要求；第23章阐明缺失了智慧和仁爱这样的素质内涵，管理将名存实亡；第24章论述智慧和仁爱不能分割、必须统一的道理；第25章进一步讲解智慧与仁爱的关系，强调智慧应以仁爱为基础；第26章举孔子见南子的事例，说明在履行管理角色时无所谓个人意义上的"好"与"坏"，管理者应将个人声誉与管理声誉区别开来；第27章明确提出达到仁爱与智慧的统一和平衡，并能恰到好处地落实在行动上，就达到了管理的最高境界，即"中庸"；第28章指出达到做管理的"中庸"境界的途径和方法。

管理素质虽然离不开管理者的个人素质，却并不等同于个人素质。管理素质建立在管理职业的特点和角色规范的基础上，是对所有管理职业从业者的一种"非人格化"的基本要求。在管理素质中，既有特定的知识和能力要求，也有职业规范和敬业精神要求。儒家将管理素质的这两方面内涵，分别概括为智慧的头脑和仁爱的心灵，并用仁爱的心灵统摄智慧的头脑。这集中体现了儒家管理之道和管理模式"为政以德"的根本特征。

6.1 子曰："雍也可使南面①。"仲弓问子桑伯子②。子曰："可也简③。"仲弓曰："居④敬而行简，以临其民，不亦可乎？居简而行简，无乃太简乎？"子曰："雍之言然。"

【字词释义】

①南面：这里指做诸侯国的国君。
②子桑伯子：鲁国人，以为人质美而简单著称。
③简：这里是简单、简略的意思。
④居：这里引申为内心或精神的立足点。

【今文意译】

孔子说："冉雍可以做诸侯国的国君。"冉雍不解地问孔子，是否子桑伯子也可以做国君。

孔子说："从简单而不烦琐的角度看，是可以的。"

冉雍说："内心谨慎而行事简单，这样来面对国民、治理国家，不就可以了吗？若是内心简单而行事也简单，那岂不是太简单了吗？"

孔子说："冉雍说得对。"

【分析解读】

本章通过对子桑伯子的评论，说明管理态度和管理行为之间的关系，并确立起处理两者关系的基本原则。

鲁国人子桑伯子以为人单纯、行事简单而著称。从儒家管理模式来看，诸侯国的国君，应遵循"以简驭繁"的原则，不要用各种复杂烦琐的规定和事务来劳烦人们，而应该靠"德行"感召，以无为达到"有耻且格"的效果。因此，孔子认为，从简单而不烦琐的角度，冉雍和子桑伯子都可以做诸侯国的国君。

但是，冉雍进一步深化了对"简单"的理解，区分出内心态度上的"简单"与外在行为上的"简单"。管理者在内心态度上，应该是"谨慎小心"，即要"劳心"，而不是"省心"，但在行为上却应该简单不烦琐，即要"省事"，而不是"费事"。管理者只有在行动上简单、省事，才能少劳烦被管理者，让他们得以安心从事分内工作，完成任务；但另一方面，若没有管理者的劳心过程，也难以使职责定位、任务分配、工作安排等达到简洁、有序、可行的目的。

因此，管理者只有在态度上用心而谨慎，才能在影响被管理者行为上简单而不烦琐；否则，若管理者从态度到行为都一味求简，只图自己省心又省事，其结果反而会使工作没有章法，任务乱作一团。冉雍关于"简单"的这种深化理解，得到了孔子的认可。

管理精义

管理工作的基本原则之一，是将复杂事情简单化。如果管理者无法做到将复杂事情简单化，必然会给下属的工作带来困扰，使组织在实现目标过程中走弯路。要在管理工作中做到"化繁为简"，关键还在于管理者的态度，只有用心思考，劳心而非省心，才能梳理出思路和程序，从而确保行动上简单而不费事。"居敬而行简"、"劳心则省事"，说的就是这个道理。

6.2 哀公问："弟子孰为好学？"孔子对曰："有颜回者好学，不迁怒，不贰①过，不幸短命死矣！今也则亡②，未闻好学者也。"

【字词释义】

①贰：这里是重复的意思。　　　　②亡：通"无"，没有的意思。

【今文意译】

鲁哀公问："您的学生中谁好学呢？"

孔子回答说："颜回好学，他从来不将不满迁移到别的人和别的事上去，也从来不重复犯同样的错误。不幸过早去世了！目前还没有谁称得上好学，也没有听说有好学的人。"

【分析解读】

本章通过对颜回好学的评价，阐述了管理学习和管理评价中对待不满和错误所应有的态度。

在孔子看来，颜回的好学主要体现在两个方面，即"不迁怒"和"不贰过"。这也是管理学习和管理评价中对待不满和错误的正确态度。既然是学习，既然要评价，不满和错误就在所难免；学习中犯错误是常态，学习中有挫折和不满也很正常，关键是如何对待错误，处理不满。

正确的方式应该是"就事论事"，仔细分析，将改正错误看成最好的学习机会，以确保不再犯同样的错误，而将不满局限于产生不满的特定对象上，不要迁怒于其他的人和事，这种态度和方式才能使自己在管理学习中不断进步。

同样道理，在管理评价中，无论好坏、对错，都应该就事论事，不能以偏概全，抓住一点不及其余，因一件事、一个失误而迁怒于整体，甚至迁怒于毫不相干的人和事，这不仅不利于总结经验，从错误中学习，而且会形成回避错误、掩盖错误的不良氛围，从而造成重复犯同样错误的后果。

当然，"不迁怒"与"不贰过"也是紧密联系在一起的。能够做到"不迁怒"，才能更好地做到"不贰过"；而做到了"不贰过"，才能真正养成"不迁怒"的习惯。

管理精义

管理工作中遇到不满和错误很正常，关键是如何正确对待和处理。管理者在处理不满和错误时，颜回的"不迁怒"和"不贰过"值得借鉴。"不迁怒"能够让管理者更清楚地认识、分析、理解和把握各类不满，以便在未来防止出现类似的不满；"不贰过"能够让管理者将错误看成学习机会，认真探究，举一反三，防微杜渐，避免重蹈覆辙。将"不迁怒"和"不贰过"结合起来，会更有助于管理工作的持续改进。

6.3 子华使于齐，冉子为其母请粟。子曰："与之釜①。"请益。曰："与之庾②。"冉子与之粟五秉③。子曰："赤之适齐也，乘肥马，衣轻裘。吾闻之也：君子周④急⑤不继⑥富。"原思⑦为之宰，与之粟九百⑧，辞。子曰："毋！以与尔邻里乡党乎！"

【字词释义】

①釜：古代容量单位，六斗四升为一釜。

②庾：古代容量单位，十六斗为一庾。

③秉：古代容量单位，一百六十斗为一秉。

④周：同"赒"，救济、接济、周济的意思。

⑤急：本义指心胸狭窄，这里可以引申为急难、危难、窘迫的意思。

⑥继：这里是补充、补偿的意思。

⑦原思：孔子的学生，名宪。孔子做鲁国司寇时，曾让原思做管家。

⑧粟九百：并非实指数量，代指做管家的俸禄。

【今文意译】

孔子派公西华去齐国办事，冉有替公西华向孔子请求给他母亲些粮食。孔子说："给她六斗四升吧。"

冉有请求再多给点。孔子说："那就给她十六斗吧。"

冉有觉得还是有点少，就自己做主给了她八百斗。

孔子后来说："公西华这次去齐国，驾着豪车肥马，穿着皮衣美服，怎么会缺钱呢？我听说：管理者接济穷迫而不补偿富有。"

当年原思替孔子做管家时，孔子给他俸禄，他推辞。孔子说："不必推辞，可以分给你的邻居和乡亲们中需要的人嘛！"

【分析解读】

本章通过谈论公西华出使齐国的补贴问题，阐明管理者在资源分配或使用中所应恪守的"雪中送炭而非锦上添花"的原则。

在本章的事例中，孔子非常清楚公西华的家境，因此，当冉有替公西华向孔子请求粮食补贴时，孔子便答应给六斗四升，大致相当于一个人一个月的口粮；当冉有请求增加时，孔子也只是加到十六斗；在冉有自作主张给了八百斗后，孔子并没有直接批评他，而是借机讲了做管理的一个重要原则：雪中送炭而非锦上添花。既然公西华家并不缺粮，再给更多的粮食也没有实际效果，而应将粮食给那些更需要的人。后面举原思的例子，进一步阐明了这个原则。

管理精义

管理的重要职责之一，是对公共资源的分配。在公共资源分配中，除了"多劳多得"原则外，管理者还应恪守"雪中送炭，扶危济贫"的原则。一般来说，市场运行和组织激励机制设计，遵循的都是"多劳多得"原则。在这个前提下，由于个体差异或环境原因，人与人之间可能会在"所得"或财富上出现差异，以至于那些处于社会底层或组织边缘的个体，不仅生活窘迫，还会产生对社会和组织的疏离感。这就要求管理者在进行公共资源再分配时，必须恪守"雪中送炭而非锦上添花"的原则，更多地将资源分配给那些处于社会底层或组织边缘的人，而不是那些已经拥有很多资源的人。

6.4 子谓仲弓，曰："犁①牛之子骍②且角，虽欲勿用，山川③其舍诸？"

【字词释义】

①犁：是形声字，本义指耕地，这里可以引申为不同的颜色、杂色的意思。

②骍：是形声字，本义指赤色的马，这里引申为红色。

③山川：这里指代山川之神。

【今文意译】

孔子评论冉雍说："杂色的牛生出来的牛犊，也可能是红色的，并长着周正的角，虽然人们不想用它来祭祀，但山川之神怎么会因为父母是杂色而嫌弃它呢？"

【分析解读】

本章通过对冉雍的评论，再次说明管理者并非天生，选择和评价管理者不应该看出身和背景。

在当时，对祭祀用的牲畜有比较严格的要求，颜色要红色，角要周正，以此表示对神的虔敬。因此，杂色的牛是不能用于祭祀的。然而，杂色的牛却可能生出红色且有周正牛角的小牛来，人们也许有成见，因其父母是杂色而不想用它来祭祀，但神却不会因其出身而嫌弃它。这里隐含的意思是，神总是公正的，只看本身是否符合要求，而不管其出身如何。

据记载，冉雍的父亲有恶行劣迹。孔子用这个比喻来评论冉雍，恰在于说明，不能因为父亲的行为而影响对儿子的判断。这也正是"英雄不问出处"的道理。

> **管理精义**
>
> 管理者不是天生的，而是靠后天的教育、培养和自我修养出来的。因此，在选择、任用和评价管理者时，应从管理者本人的行为表现和工作实际出发，不能一味强调出身和背景。这样才能在管理职业共同体中产生正向激励效应，鼓励人们努力提升德行修养和管理能力。

6.5 子曰："回也，其心三月不违仁，其馀则日月至焉而已矣。"

【今文意译】

孔子说："颜回啊，他可以长期将基于仁爱的社会规范牢记心中，时时注意不违背，其他学生对社会规范,不过是一天或一个月才偶尔想起一次罢了。"

【分析解读】

本章通过评论颜回和其他学生在恪守社会规范上的差异,用以强调管理者应时刻将规范铭记于心,否则难以做到"以身作则"。

儒家强调"为政以德",而其中的"德",既体现为内在的"诚",也表现为对社会规范的恪守;只有当管理者时刻将基于仁爱的社会规范铭记于心,并通过日常行为直接体现出来,才能真正践行"道之以德,齐之以礼,有耻且格"的儒家管理模式。

因此,儒家在培养管理者时,就要求他们时刻牢记社会规范,使自己的"思言行"既保持一致,又有章可循。孔子借着对颜回的评论,意在鞭策学生们努力做到心中时刻想着社会规范,行动上无时不遵循社会规范。

管理精义

在今天的法治社会和法人组织中,管理者的权力和责任都来自规则和规范;只有在规则和规范下行使权力、履行责任,才具有合法性。如果管理者根本就没有规则和规范意识,甚至都不了解或不知道相应的规则和规范,那么,权力的运用和责任的履行便会失去依据和准绳,滥用权力、推诿责任也就在所难免。因此,管理者只有时刻铭记规则和规范,才有可能在运用权力和承担责任的行动上践行规则和规范。

6.6 季康子问:"仲由可使从政也与?"子曰:"由也果,于从政乎何有①?"曰:"赐也可使从政也与?"曰:"赐也达②,于从政乎何有?"曰:"求也可使从政也与?"曰:"求也艺③,于从政乎何有?"

【字词释义】

①何有:这里是"何难"的意思。

②达:是形声字,本义指在路上行走,有通达、畅通等意思,这里可以引申为通达事理、通晓、明白的意思。

③艺:是形声字,本义是种植,这里可以引申为技艺、技能、本领的意思。

【今文意译】

季康子问:"子路可以做管理吗?"孔子说:"子路果敢决断,做管理有何难?"

季康子又问:"子贡可以做管理吗?"孔子说:"子贡通达事理,做管理有何难?"

季康子再问:"冉有可以做管理吗?"孔子说:"冉有多才多艺,做管理有何难?"

【分析解读】

本章借评论三位学生,阐明选择管理者,贵在"用人所长"。

子路、子贡、冉有各有所长。无论果敢决断,还是通达事理,抑或多才多艺,都是做管理所需要的,但不一定要求每位管理者都具备这些特长,毕竟管理职业本身也有分工,人们只要有一方面专长,就可能胜任专门的管理岗位要求。因此,在选择管理者时,不必求全责备,而要善于发现人之所长,然后用人所长,最终才有可能产生整体大于部分之和的效果。

管理精义

在"做人"和做管理的基本素质达到要求后,选择管理者贵在专长特色而非面面俱到。实际上,"用人所长"不仅是选择管理者的基本原则,也是组织中任何岗位"用人"的基本原则。

这里需要说明的是,众所周知的"木桶原理",其实并不适合用在个人身上。"木桶原理"说的是,决定木桶装水多少的是其短板,只要能将短板加长,木桶盛水量就会提升,隐喻着"短板"而非"长板"才决定整体水平。"木桶原理"更适合用在组织发展或团队建设上。一方面,团队和组织是以整体绩效而非个人或部门绩效获得竞争优势,因此,必须寻找团队和组织的"短板",只有发现并提升了"短板",整体水平或绩效才能提升;另一方面,团队和组织是由个人组成,只有选择水平高的个体,才能从整体上提升团队和组织水平。

但是,将"木桶原理"用于个人却并不合适。在专业化分工时代,个体主要不是靠自身的综合水平,而是靠一技之长,来为团队和组织做出贡献。在这个前提下,若一味地寻找个体的"短板",并将个体有限的时间、精力和资源用于提升"短板",其结果可能使个体成为"长板不长、短板不短",面面俱到,却又别无专长的"平庸"之人。由这样的个体构成的团队和组织也只能是"平庸"的。因此,团队和组织要想有更高的整体水平,就必须鼓励每个成员专注其"所长";能够让每个成员的"长板"更长,整个团队和组织的水平自然就会更高。

6.7 季氏使闵子骞①为费②宰。闵子骞曰:"善为我辞焉!如有复我者,则吾必在汶③上矣。"

【字词释义】

①闵子骞:孔子的学生,名损。
②费:鲁国的地名,时为季氏家的私邑。
③汶:河流的名称,是鲁国和齐国的边境。"汶上"在这里指代齐国。

【今文意译】

季氏派人请闵子骞替他管理费邑这个地方。闵子骞对来人说:"请好好替我辞谢吧!如果再来请我,那么,我就只好到齐国去了。"

【分析解读】

上章讲了委托人或授权者在选择管理者时的"用人所长"原则,而本章借闵子骞的事例,说明管理者也应该对委托人或授权者有所选择,不应该无原则地替别人做管理。

作为三桓之一,季氏当时正把持着鲁国政事。从儒家管理之道和管理模式来看,季氏不仅没有尽到大夫的职责,还僭越了规范,架空鲁国国君。对于闵子骞来说,若去做季氏的家臣,即他的私人领地费邑这个地方的总管,明显违背儒家做管理的原则,无异于"助纣为虐"。因此,闵子骞断然拒绝季氏的邀请,还明确表示,若再强求,只好远走他国。这表明,管理者不仅要找到赖以发挥才能的岗位和舞台,更要有原则和气节。

管理精义

在今天的时代背景下,职业管理者不仅要被各类委托人或授权者所选择,同时也面临着为什么样的委托人或授权者服务的抉择。既然广义的"做人"在今天仍有现实意义,而且,做管理也有着明确的职业规范要求,那么,管理者就应该遵循自己的信念、价值观和管理职业规范,来选择志同道合的委托人或授权者,而不能只考虑个人利益或发挥个人才能的机会。

6.8 伯牛①有疾,子问之,自牖②执其手,曰:"亡之,命矣夫!斯人也而有斯疾也!斯人也而有斯疾也!"

【字词释义】

①伯牛:孔子的学生,姓冉,名耕。　②牖:是形声字,窗户的意思。

【今文意译】

冉耕生重病,孔子去探望,隔着窗户握住他的手,说:"失去这样的学生,真是命啊!这样的人怎么会生这种病啊!这样的人怎么会生这种病啊!"

【分析解读】

本章用冉耕病重的事例,隐喻环境总有不可把握的变数,与上章关于委托人或授权者的选择相对应。

孔子对冉耕患病的感叹，意在说明，总是有很多不确定因素在影响着人们的选择。对于那些立志要成为管理者的人来说，虽然学习、修养和自主选择都非常重要，是人生和事业的立足之本，但是，人们也必须认识到，环境和未来都充满了不确定性。因此，管理者切忌自以为是和意气用事，要正确对待包括个人生老病死以及组织生存发展中的各种不确定性，切实做到"敬人事，畏天命"。

【管理精义】

由于知识的有限性，不确定性必然存在。如何看待不确定性，常常决定了一个组织的竞争定位和机会把握。实际上，管理者关于组织生存和发展的各种谋划成功与否，很大程度上取决于组织内部条件和外部环境的匹配，其中，那些具有决定性的因素往往是不确定的。人们常说，"谋事在人，成事在天"。面对不确定性，管理者所能改变的也许只有自己的态度。乐观积极，不屈服于不确定性，正确看待各种成功和失败，可能是管理者直面不确定性所应有的态度。

6.9　子曰："贤哉，回也！一箪①食，一瓢②饮，在陋③巷，人不堪其忧，回也不改其乐。贤哉，回也！"

【字词释义】

①箪：盛饭的圆形竹器。
②瓢：用剖开的葫芦制作的盛水容器。
③陋：是形声字，本义指狭隘，这里可以引申为窄小、简陋的意思。

【今文意译】

孔子说："颜回真是德才兼备啊！吃着极其简单的饭食，住在窄小僻陋的胡同里，别人都无法忍受这样的艰难困苦，颜回却能不改变他的志向追求。真正德才兼备的人，就是颜回啊！"

【分析解读】

上章讲了人们总会面对各种不确定性，本章则用颜回的例子，说明在困境中所应有的态度。

孔子对颜回的评价，至少包含着三层意思。首先，当人们面对艰难困苦的环境时，应采取怎样的态度？孔子用颜回的事例说明，恰当的态度应该是乐观向上，不因此而改变自己的志向追求。也就是说，人们虽然无法左右环境，但可以把握自己，尤其是自己的志向追求。只有保持执着的志向追求和乐观向上的态度，才能在各种环境面前泰然处之，宠辱不惊。

其次，判断一个人是否德才兼备，或者说，在"做人"和做管理上是否都达到较高境界，往往不是看他在顺境或良好的环境条件下的表现，而是看他在逆境或恶劣的环境中的表现。只有在艰难困苦的环境中，能够不为环境所屈服，继续执着追求自己的志向和目标的人，才可以说德才兼备。这也是孔子反复赞叹颜回德才兼备的原因。

第三，颜回的事例也充分说明，个人意志力和自律在克服恶劣的环境条件时所起的核心作用。如果颜回没有很强的意志力和自律，如何能够在别人无法忍受的艰难条件下仍不改其志，安贫乐道。这种意志力和自律是通过持续自我学习和修养达到的，也体现了儒家所倡导的"好学态度"，即第一篇第14章所讲的"君子食无求饱，居无求安，敏于事而慎于言，就有道而正焉，可谓好学也已"。

管理精义

> 任何组织在发展过程中都有可能遭遇困境，一帆风顺反倒是特例。困境各有不同，不同困境需要不同的应对策略；但无论应对何种困境，管理者所必须具备的态度或心态却是一致的，这就是"不忘初心，乐观向上"。这里的"初心"意指愿景目标或志向追求。没有了原本的愿景目标，或一遇到挫折就动摇乃至放弃愿景目标，便不可能有"乐观向上"的心态。因此，管理者为了练就这种"不忘初心，乐观向上"的心态，就必须在确立愿景目标或志向追求的基础上，通过日常行为反复磨砺和锤炼自己的意志力和自律性；只有将愿景目标、意志力和自律性融为一体，管理者才能在各种困境面前，保持一种积极的心态。

6.10 冉求曰："非不说①子之道，力不足也。"子曰："力不足者，中道而废②。今女画③。"

【字词释义】

①说：同"悦"，这里是喜欢的意思。
②废：是形声字，本义指房屋坍塌，这里引申为停下、中止的意思。
③画：在甲骨文中是会意字，上部表示手握一支笔，下部是用笔画出的交叉线条，合起来表示以手拿笔画交叉线条、图形。这里引申为划断、截止的意思。

【今文意译】

冉求说："我并非不喜欢先生的管理之道，只是自己有些力所不逮啊。"

孔子说："若力所不逮，在中途会停下来。现在你是自己画地为牢，不思进取。"

【分析解读】

本章承接上章，通过对冉求的批评，再次说明志向追求和自我修养关键在自己，既不在环境，也不在禀赋。

儒家管理之道的核心在于管理者的德行修养，而这是一个需要持续不断进行自我学习和修炼的过程，其中离不开坚定执着的信念和志向追求，也需要意志力和自律的同步提升和强化。从这个意义上说，儒家管理之道和管理模式对管理者的意志力和自律有着非常高的要求，需要树立终身学习和修养的态度，并持之以恒，毫不懈怠。

颜回在学习和追求儒家管理之道上树立了榜样，但冉求却有一定的畏难情绪，虽然他不是推脱于环境或从外部条件上找理由，却借口于不可改变的禀赋特征，说自己"力不足"，也就相当于说自己"资质和能力"不够；这样一来，虽然明知道孔子管理之道很好，却也无法持续追求并达到孔子的要求。对冉求的这种说法，孔子一针见血地指出，若真是"力有不足"或"资质和能力"不够，早就"半途而废"了，还用等到今天，这分明是给自己找借口、自我限定、不思进取。

孔子对冉求的批评，与第四篇第6章所讲的"有能一日用其力于仁矣乎？我未见力不足者"，其含义一脉相承。儒家管理之道贵在管理者的自我学习和修养，虽然不可否认有环境不确定性和个体禀赋资质的影响，但关键还在于管理者本人执着的信念和志向追求，以及持之以恒的意志力和自律修炼。

管理精义

无论是组织的可持续发展，还是管理者的职业生涯，都离不开信念和志向引导下的坚持不懈，尤其当面临逆境时，更是如此。管理者在职业生涯和组织发展中放弃坚守，通常既不是由于外部环境的原因，也不是个人禀赋的原因，而是缺乏意志力和自律的原因。因此，在管理者的选择、教育和培养过程中，意志力和自律的训练至关重要，也是管理者"做人"的核心要义之一。有意志力和自律的管理者，在职业生涯和组织发展中才有可能做到坚定执着，永不言弃。

6.11 子谓子夏曰："女为君子儒①，无为小人儒。"

【字词释义】

①儒：是形声字，本义指性格温和的人。春秋后期在社会上出现了专门掌握诗、书、礼、乐、射、御等的人，被称为"术士"，这里引申为教授这些知识和技艺的人，即教师职业。

【今文意译】

孔子对子夏说："作为管理领域的教师，你要培养的是管理者而不是被管理者。"

【分析解读】

本章讲解管理者和被管理者的角色定位不同，培养方式及相应要求也不一样。

据记载，当时子夏已经开始办学，讲授《诗》、《礼》等知识，所以，孔子叮嘱他要明确办学宗旨和人才培养目标。

在当时的历史条件下，社会分工相对简单，管理者以脑力劳动为主，被管理者以体力劳动为主；培养管理者除了"做人"和社会规范的训练之外，主要讲授的知识和技艺就是《诗》、《书》、《礼》、《乐》等，而被管理者一般不需要接受这些知识和技能的训练，他们关键在于掌握农业生产的知识和技能，这些更多依赖于生产活动中的父子相承、师徒相授，几乎没有专门的学校教育方式。如果无视社会劳动分工的现实，向被管理者或劳动者传授那些知识和技能，反而有可能影响正常生产秩序。至少在当时的历史条件下，这不仅难以达到教育目的，相反会带来负面后果。因此，孔子告诫子夏，既然要办学讲课，就要首先明确"你是管理者的老师，不是被管理者的老师"，你所传授的知识和技艺，以及培养出来的人要适合做管理，而不是从事生产劳动。

管理精义

今天管理与被管理工作的分工，不再是严格的脑力与体力劳动的分工，而是更强调专业化知识和技能的差别，被管理工作也同样体现出越来越专业化、知识化，并依赖于脑力劳动的特点。特别是进入知识经济和知识社会之后，更难以再用脑力和体力劳动来区别管理工作和被管理工作。但不容否认的是，在专业化分工日益深化的今天，管理和被管理工作的界限和性质都发生了很大变化，而且管理工作本身也日益细化。在这样的背景下，管理工作已不再是一种社会地位的象征，而只是众多社会职业中的一种。

作为一种特定职业的从业者，管理者同样需要经过专业化知识和技能，以及特定的职业规范和敬业精神的训练。因此，无论是对于管理职业教育机构，还是管理者本人，抑或各类组织而言，都应该明确管理的职业定位以及管理者的培养模式，以此为基础，才能更好地发挥出管理职业在社会分工中所应有的作用，而管理者也才能在组织和社会中扮演恰当的角色。

6.12 子游为武城①宰。子曰："女得人焉尔乎？"曰："有澹台灭明②者，行不由径③；非公事，未尝至于偃④之室也。"

【字词释义】

①武城：是鲁国的一个邑名。

②澹台灭明：鲁国人，姓澹台，名灭明，字子羽。

③径：这里指人行的小路、捷径的意思。

④偃：子游姓言，名偃。

【今文意译】

子游做武城邑的地方官。孔子问他:"你在武城发现人才了吗?"

子游回答说:"有个人叫澹台灭明,做人正直,行事不走捷径;除公事外,从来不到我这里来。"

【分析解读】

本章一方面强调管理以发现和重用人才为第一要义,另一方面也指出,人才应以正直"做人"、秉公做事为本。

孔子和子游的对话表达了两层含义。首先,做管理贵在得人才。管理不是管理者个人的事情,管理者之所以能对组织整体绩效负责,关键在于能发现人才,用人所长。发现人才、重用人才,是做管理的第一要义,因此,孔子一上来就问子游是否在武城发现了人才。

其次,通过子游的回答可以看出,儒家将人才标准界定为两个方面:其一,"做人"是否正直;其二,做事是否公私分明。澹台灭明的行事风格光明磊落,从来不"循小路、走捷径",即使面对武城的地方官子游,也是公事公办,不因私事而登门拜访。澹台灭明的"做人"、做事,正体现了儒家所要求的正直诚实、公私分明。

管理精义

在当今全球化竞争背景下,人才的重要性无须多言。关于人才的界定或人才的标准,当下人们更多关注的是专业知识和技能,而相对忽视职业规范和敬业精神。专业知识和技能固然重要,但专业知识和技能的有效运用,并能为组织和社会创造价值的前提,却依赖于特定职业规范赋予专业人员运用知识和技能的理念、态度及方式。难以想象的是,一个不遵循职业规范、没有敬业精神的专业人员,仅凭其专业知识和技能就可以为组织和社会提供有效服务。

尤其是对管理职业而言,由于管理岗位所拥有的职权和责任的特殊性,管理职业规范和敬业精神自然就对管理者有了更高的要求。因此,管理职业中的人才标准,就不能仅局限在管理知识和技能上,特别是那些兼有其他知识背景的复合型管理岗位,如技术管理、财务管理等,更不能只看专业知识和技能,而应该从管理职业特点出发,考察管理者在职业规范和敬业精神上的表现。

在职业规范和敬业精神的考察上,儒家关于人才的界定仍具有借鉴意义。从职业规范的角度来看,正直"做人"在很大程度上就表现为表里如一,光明正大,不曲径通幽;秉公"做事"则表现为公私分明,既不损公肥私,也不以公侵私。这其实正是现代意义上的"做人"内涵,即:首先做社会公民和组织公民,并能恰当平衡公民角色与私人角色之间的关系。

6.13 子曰:"孟之反①不伐②。奔③而殿④,将入门,策其马,曰:'非敢后也,马不进也。'"

【字词释义】

①孟之反:鲁国大夫,名侧。
②伐:在这里是炫耀、自夸、夸耀的意思。
③奔:在这里是战败逃跑的意思。
④殿:是形声字,本义指敲击的声音,这里引申为压阵、行走在最后的意思。

【今文意译】

孔子说:"孟之反不用自我表功来推卸责任,战场溃败,亲自殿后以掩护军队撤退。回到鲁国,进城门时,他打马说道:'不是我敢于殿后掩护,而是我的马跑不动了。'"

【分析解读】

本章用鲁国大夫孟之反勇于担责的事例,说明管理者所应具备的整体责任意识。

据记载,鲁哀公十一年,孟之反率军与齐国交战,失败后,自己殿后,掩护大军撤退;回到鲁国后,因勇敢表现而受到人们的欢迎,在快要进城门时,孟之反策马说了这样的话:"非敢后也,马不进也。"意思是说,并非自己勇敢,若真勇敢就不至于战场溃败了。

孔子用这个事例,在于说明,管理者要勇于承担责任,不能在整体失利的情况下寻找个人成功的借口,通过表功或自夸来推卸责任。就像孟之反这个例子一样,大军战败,作为指挥官的个人勇敢又有何意义?毕竟指挥官要对整场战役的胜败负责,而不能只对个人的行为表现负责;若是一名普通士兵,即便大军溃败,也不能抹杀其个人行为的勇敢。这表明,对作为管理者的指挥官和作为被管理者的士兵,其责任范围及相应的评价尺度完全不同。

管理精义

管理者要对组织行为的整体后果负责任,因此,在管理实践中,应注意区分管理者的个人行为和组织行为。只有那些能够促进组织行为及其效果的管理者个人行为,才是有效的行为;否则,如果组织行为及其效果不利甚至失败,而管理者却以个人行为的成功来为自己辩护,甚至邀功请赏,那实际上就是对组织和管理不负责任。

6.14 子曰："不有祝①鮀②之佞，而有宋朝③之美，难乎免④于今之世矣。"

【字词释义】

①祝：在甲骨文中像一个人在祖宗牌位前跪着向神灵祷告祈福，这里引申为古代祭祀时主持祭祀并念颂词的人，即掌管宗庙祭祀的官员。

②鮀：卫国大夫，字子鱼，有口才。

③朝：宋国公子，人长得漂亮俊美。

④免：在这里是幸免、避免、免职的意思。

【今文意译】

孔子说："如今在卫国做管理，若没有卫国大夫子鱼的口才，而只有宋国公子朝的相貌，恐怕也很难立得住。"

【分析解读】

本章承接上章，继续阐述应将管理者的个人特征与管理角色所承担的职责区别开来，不能因管理者个人的口才和相貌而影响对管理角色或岗位胜任力的考察。

据记载，孔子当时正在卫国，而卫国国君和朝野上下都喜欢有口才、相貌又好的人，并形成了这样一种社会风气，即以口才和相貌取人，用个人的表面特征代替管理角色或岗位胜任力。孔子发出这样的感叹，意思是说，哪怕只有宋国公子朝的好相貌，若没有卫国大夫子鱼那样的口才，也难以在这里为人们所认可。实际上，无论口才还是外貌，皆不过个人外表特征而已，与做管理的关系并不大，但当时卫国的社会风气，已演变到无视"做人"和做管理的内在要求，而只关心个人的外表特征。卫国这样的大环境自然会导致对管理者的"逆向选择"。

孔子这句话并不完全是讲一般意义上的"做人"，而是有针对性地讲做管理。一方面，孔子说这话的背景是针对卫国国君和朝野；另一方面，无论是卫国大夫子鱼，还是宋公子朝，他们扮演的都是管理角色，而非纯粹私人角色。因此，孔子在这里再次强调，要将管理角色的要求与私人角色特征区别开来。

管理精义

对管理者来说，个人特征不可能完全排除在管理角色之外；但是，一方面应该区别内在"做人"或德行特征与外在表面特征，如口才、相貌、唱歌、体育等；另一方面，更应该从具体管理岗位所要求的胜任力出发，选择符合特定管理角色和岗位需要的、达到"做人"和管理职业规范要求的人，而不能为各类表面特征所迷惑，更不能仅以各类外在表面特征选人和用人。

6.15 子曰:"谁能出不由户①?何莫②由斯道也?"

【字词释义】

①户:在甲骨文中是象形字,像一扇门的形状,在这里就是指门的意思。

②莫:在这里是不、不要的意思。

【今文意译】

孔子说:"谁能出入房屋不走门?但为什么在管理中不遵循应有的规范呢?"

【分析解读】

本章解说管理者遵从规范的重要性,正是规范保证了管理角色行为的有效性,也遏制了私人角色行为可能存在的随意性。

孔子用房门作比喻。房屋的门就是进出房屋的正道,它本身是一种规范,限定着人们进出房屋的行为。在日常生活中,人们自觉或下意识地遵从着这种规范,除非是不正常的紧急情况,如地震、火灾等,或者个别人的不正常行为,如小偷行窃,否则人们是不会破门翻窗出入房屋的。但是,在管理实践中,管理者却经常忘记了所应遵循的基本规范,任由个体的私人角色混淆管理角色,致使管理行为逾越了应有规范,使公事与私事混为一谈,管理角色行为与私人角色行为模糊不清。如此一来,岂不是相当于组织或社会这座公共大厦失去了门户正道?

从孔子这个比喻来看,对组织或社会而言,规范就像房屋的门一样,是保证出入行止的正道;若管理者都不能遵循正道而行,整座组织或社会的大厦就将失去门户,其结果可能是公共利益被瓜分殆尽。

管理精义

规则和规范之于组织,正像门户之于房屋一样,都是保证秩序、出入平安的"正道"。从这个意义上说,管理者应该是这种"正道"的践行者和守护者。因此,管理者首先要明确管理角色的定位,并将其与个体私人角色区别开来;其次,在管理实践中要严格恪守管理角色的基本规范,真正做到"出由户、由斯道"。只有这样,管理者才能为组织守好门户,保证秩序,从而使组织这座大厦屹立不倒。

6.16 子曰:"质①胜文则野②,文胜质则史③。文质彬④彬,然后君子。"

【字词释义】

①质:是形声字,本义指典当,这里引申为朴实、质朴的意思。

②野：在甲骨文和金文中是会意字，本义表示郊外或边邑，这里引申为粗鄙、少文采。

③史：在甲骨文中是会意字，本义指记录事情的人，这里引申为文辞繁多、华而不实。

④彬：是会意字，本义指既有文采，质地也很好；在这里，"彬彬"即文采与品质兼备的意思。

【今文意译】

孔子说："做人虽然质朴，但是，若缺乏管理的专业训练，做管理也会粗放鄙陋；虽然经过管理的专业训练，但是，若没有做人的质朴，做管理则会华而不实。只有将做人的质朴与管理的专业训练统一起来，恰到好处，相得益彰，才符合管理者的要求。"

【分析解读】

本章概括前几章的内容，再次强调管理角色的基本要求，即德行与管理知识的统一。

要更好地理解孔子这句话，可以同第一篇第6章联系起来。在那里，孔子说"行有余力，则以学文"，其中的"行"，结合前文不难理解，指的是"做人"，也即"孝悌仁爱"，只有在"做人"上达到了要求并有"余力"，才能更好地接受管理知识的训练，即"学文"。理解了第一篇第6章的含义，则不难理解孔子在本章中所说的"质"和"文"的关系，实际上指的是管理者的"做人"和专业知识能力之间的关系。也就是说，对于一位合格的管理者来说，单有"做人"的质朴或管理知识能力并不够，必须将两者统一起来，相互支撑。毕竟管理者同时扮演着至少两类角色，一是个体私人角色，二是管理角色。虽然两类角色在现实的管理和生活中常常交织在一起，但为了更好理解它们各自的内涵及其界限，并切实履行好双重角色，管理者必须对"做人"和做管理有深入理解。前者离不开自我修养，体现为"质"，即"做人"上的质朴，后者则离不开管理专业训练，体现为"文"，即对管理知识和技能的学习和实践。只有两者互补，才能更好地履行双重角色，并有效区分两者的界限，既不混淆也不干扰，达到相得益彰的效果。

管理精义

管理者总是扮演着双重角色，即私人角色和管理角色。要使这双重角色互相支持而不是互相干扰，需要管理者同时具备"做人"的质朴和做管理的知识能力，两者不可偏废。若过分强调了"做人"的质朴，可能会导致管理角色履行中的个体化倾向，尤其是在今天，管理已成为一种社会专业化分工中的职业的前提下，管理角色的个人化，很容易造成粗放式经验管理；反过来，过分强调做管理的专业化，也可能会导致私人角色的管理化倾向，即用管理的专业知识能力谋求个人私利，最终造成公权私用，以私害公。因此，即便在今天的时代背景下，广义的"做人"与做管理也应相互支撑，彼此协调。

6.17 子曰:"人之生也直,罔①之生也幸而免。"

【字词释义】

①罔:是网的异体字,本义指一种捕鱼的用具,这里引申为诬陷、陷害、不正直等意思。

【今文意译】

孔子说:"人生在世,要靠正直诚实立足;虚伪不实而又能生存,只不过是侥幸罢了。"

【分析解读】

本章承接上章,继续讲解做管理的素质要求。

孔子这句话一方面在讲人生之道,另一方面也在讲管理之道。在儒家管理模式下,"做人"和做管理,其道相通。就"做人"来说,正直诚实是根本,以正直诚实立人,是人生在世的常态,也是"做人"的正道,循此道而又不能立足于世的情况,只不过是特例,实为不幸而已;虚伪不实并非"做人"的正道,也不是人生在世的常态,循此歪门邪道而又能立足于世的情况,也实属特例,只是侥幸罢了。因此,从"做人"或学"做人"来说,正道、常态可循、可学,而歪道、特例则不可循、不可学。只是看到个别虚伪不实之人也能在世上立足,就错把特例当常态,误将邪道做正道,也想循此路径"做人",那无异于饮鸩止渴。

从做管理来看,道理完全一样。做管理贵在"忠信",即尽己尽责、诚实守信。循此正道而成功是常态,偶有失利,也不过特例不幸而已;相反,欺瞒敷衍、用佞弄权,却不是做管理的正途,走此歪道,却又能成功,实属特例侥幸罢了。如果只看到走歪道而能成功的特例,就想追随学习,幻想着小概率事件也能在自己身上再次发生,这岂不是异想天开?

由此不难理解,孔子这句话看似谈人生,实则讲管理,意在警示人们,做管理和"做人"一样,都要循正道而行。

管理精义

管理者要清楚理解和把握管理中的合规与违规、常态与特例、大概率事件与小概率事件。无论在自己做管理的实践中,还是向别人学习管理间接经验时,都要首先在两者之间做出恰当权衡和选择;有时两者之间的界限并不像想象的那么泾渭分明,这恰需要管理者的感悟和判断。某种意义上说,这也正体现了管理的艺术性。

6.18 子曰:"知之者不如好之者,好之者不如乐之者。"

【今文意译】

孔子说:"对于做人和做管理的道理,只是了解或知道远远不够,还需发自内心喜欢,身体力行,主动追求;如此仍不够,更要持之以恒,并与志同道合者切磋交流,相互鼓励,共同追求,乐在其中。"

【分析解读】

上章讲人生和管理之道,本章则阐明应如何追求"做人"和做管理的正道。

具体地说,孔子在这句话中表达了两层含义。首先,人们仅仅知道"做人"和做管理的道理是不够的,哪怕是理解并记住了,因为那些只是停留在知识层面的道理,对当事人来说仍是外在的和被动的,无法达到影响并改变当事人的效果。要让知识或道理能够影响并改变人,必须激发当事人的内在兴趣,使他们对这些知识和道理产生发乎内心的喜爱,不满足于知道或了解,更希望身体力行,按照这些知识和道理的要求去思考、言说和行动。由此,人们才能进入对知识和道理的主动实践和追求的境界。这便是"知之者不如好之者"的含义。

其次,如果只是停留在个体的自我喜好、自我实践和自我追求阶段,一方面,个体对这些知识和道理的理解可能有误,行动也会出偏差;另一方面,由于个体意志力的局限性,明明知道这些知识和道理好,也在实践中有所体会,但要想持之以恒、不懈追求,可能还会受困于个体的意志无力,难以坚持,更加之自我追求中不可避免的错误和挫折,都会造成个体喜好和追求上的心有余而毅力不足的情况。此时,若有志同道合者共同追求,相互切磋纠正,互助共勉,就可以在很大程度上克服个体的意志无力,使得对这些知识和道理的持续追求成为可能。这正是"好之者不如乐之者"的含义,其中的"乐",本义是乐器的和声,也即"众乐"的意思,是志同道合者之间互助共勉、共识共鸣之后所达成的状态。

为了更好地理解孔子这句话,可以联系着第一篇第1章关于学习模式的讲解。实际上,对"做人"和做管理的道理的追求,本身就是一个持续不断的终身学习过程。从这个意义上说,孔子在这里所讲的两层含义,正是第一篇第1章所讲的学习模式的具体运用。

管理精义

管理学习,尤其是在管理实践中的学习,是一个自我修炼和团队共同学习相结合的持续过程。在这个过程中,不仅要了解各种"做人"和做管理的理念、知识和技能,还要努力实践,将其切实贯彻到日常管理行动之中,使得关于"做人"和做管理的学习变成内在的兴趣和追求;不仅如此,更要在管理团队中建立共同愿景和共同规范,真正将管理团队变成志同道合者的学习共同体。只有这样,才能让管理者对人生和管理之道的追求,变成团队的事业而非个人孤独的奋斗,也才能更有效地克服个体的意志无力,使管理学习、人生和管理之道的追求变得可持续。

6.19 子曰:"中人以上,可以语上也;中人以下,不可以语上也。"

【今文意译】

孔子说:"像体悟人生之道有个体差异一样,在管理中也有层级之分,对于中层以上的管理者,可以直接告知整体战略和高层的目标要求;对于中层以下的管理者,则不宜直接告知整体战略和高层的目标要求,而应从其所在部门和岗位特征出发,确立具体的工作目标要求。"

【分析解读】

本章既讲在学习和体悟人生之道中的个体差异,又讲管理中的层级原则。

孔子这句话一方面说明,在体悟人生之道上确有个体差异,对于那些还没有达到特定人生境界或层次的人来说,直接向他们讲人生的大道理,不仅不起作用,可能还会有逆反效果。

另一方面,从管理的角度来看,组织的管理结构设计,一般都包括高中低三个管理层次。对于高层管理者而言,他们关心的是组织的愿景、战略、整体绩效及派生出来的策略和要求;这些带有长期性、全局性的战略和要求,对于组织的中层以上管理者,不仅能够理解、体会和把握,更重要的是,需要他们直接来贯彻落实。因此,对于中层以上管理者来说,不仅要"语上",而且,必须让他们领会并执行这些整体战略和目标要求。

但是,对于组织的基层管理者乃至一般员工来说,重要的不是理解整体战略,而是完成自己所负责的具体任务;而且,这些具体任务并不是直接由高层管理者来设计和布置的,而是由其所在部门或团队的中层甚至基层管理者设计和布置的。因此,若直接向基层管理者乃至一般员工"语上",不仅不易为他们所理解,更有可能因越级指挥,打乱了组织中应有的指挥链和上下级关系,反而破坏了组织的正常运行秩序,无法保证组织战略目标的实现。

由此不难理解,孔子这里表面上是在讲人生之道,实质上也是在讲管理之道。

管理精义

管理实践中比较忌讳越级指挥。组织结构设计中的层级安排,主要源于一般劳动和管理劳动的分工及其协调。基于合理的分工和协调,组织的秩序、效率及可持续发展才有了保证。但是,由于工作性质不同和岗位职责要求上的差异,分工必然带来信息不对称。

组织中高层、中层和基层的职责定位不同,获得信息的性质和数量自然不同。层级距离越远,信息不对称程度也越大。高层与基层之间的信息不对称程度,远大于高层与中层、中层与基层之间的信息不对称程度。因此,组织中的越级指挥,不仅会造成"权力链"混乱,更重要的是,会带来信息理解上的偏差,以致扰乱组织分工与协作的基础。

> 当然，在现代知识型组织中，由于信息技术进步和专业化分工的深化，组织结构扁平化趋势日益明显，淡化甚至取消了中层管理，由高层直接面对各个不同的专业部门或团队。在这种扁平化结构中，信息不对称主要不是由层级带来的管理信息不对称，而是由深度专业化分工带来的专业信息不对称。面对这种专业信息不对称，影响组织秩序和效率的主要因素，不再是"权力链"清晰，而变成了专业信息分享的有效性。这就需要建立跨部门、跨团队、跨领域、跨专业的信息共享机制。

6.20　樊迟问知。子曰："务民之义，敬鬼神而远之，可谓知矣。"问仁。曰："仁者先难而后获①，可谓仁矣。"

【字词释义】

①获：这里是收到、得到的意思。

【今文意译】

樊迟请教关于智慧的问题。孔子说："专心追求人们的共同利益及其公平分配，敬畏鬼神，却不依靠鬼神来做管理决策，这才可以说是智慧。"

樊迟又请教关于仁爱的问题。孔子说："有仁爱之心的人要吃苦在先，享受在后，这才可以说是仁爱。"

【分析解读】

本章讲解管理素质的智慧和仁爱内涵及其具体要求。

樊迟向孔子请教的两个问题，恰体现了儒家管理模式下做管理所必备的两方面素质要求，一是智慧的头脑，二是仁爱的心灵。没有智慧的头脑，无法清晰把握管理的根本目标，也无法完成管理的核心职能，即决策；缺乏仁爱的心灵，更难以达到管理更广泛的责任要求。

针对智慧的头脑，孔子给出的解释是，一方面要明确管理的根本目标是什么，那便是人们的共同利益及其公平分配，这也是儒家所强调的"义"；另一方面，不仅要明确目标追求，还要能在日常管理实践中做出正确决策，这才能保证目标的实现，为此，便不能诉诸鬼神这样的神秘力量，虽然对于不可知的力量要敬畏，但敬畏并不等于迷信，更不等于依靠不可知的力量来做管理决策。关于这一点的理解，可以联系第五篇第 17 章讲鲁国大夫臧文仲靠神龟占卜来做管理决策的例子。

针对仁爱的心灵，孔子则进一步阐述了儒家管理之道和管理模式"为政以德"的核心内涵，它对做管理的具体要求就是"先难后获"，即"吃苦在先，享受在后"。如果没有这种具体的行为保证,所谓"为政以德",就容易变成一句漂亮的口号。

在孔子看来,只有将智慧的头脑和仁爱的心灵结合在一起,才能达到做管理的基本素质要求。

管理精义

管理就是决策,但有效决策离不开三个基本要素,即合理的目标定位、有效的方法选择,相应的责任担当。

管理目标虽然在于追求组织绩效,但组织绩效最终还是要服务于利益相关者的共同利益及其公平分配,因此,管理决策的根本要务,在于用利益相关者的共同利益及其分配,来规范具体方案和方法的选择,这也是管理决策的根本准则。

在合理的目标规范下,管理决策应遵从科学的程序和方法,不应仅凭个人的意志、想象、经验乃至神秘力量和运气。也就是说,管理决策要用科学程序和方法,来保证组织目标的实现。

在整个决策过程中,管理者还必须具有对决策后果的责任意识,而且,管理决策责任不仅意味着岗位责任和组织责任,同时还包括社会责任。因此,管理决策的责任意识是广义的,是对更广大的组织和社会利益相关者的整体和长远利益负责。

6.21 子曰:"知者乐水,仁者乐山。知者动,仁者静。知者乐,仁者寿。"

【今文意译】

孔子说:"智慧就像水一样,顺势而变;仁爱则像山一样,泰然自若。智慧得以把握变化;仁爱能够平心静气。智慧的头脑,能使志同道合者达致共同快乐;仁爱的心灵,能让利益共同体实现持续发展。"

【分析解读】

本章承接上章,继续阐述智慧和仁爱的特征及作用,尤其是对做管理的意义。

孔子在这里用水和山作比喻,形象地刻画出智慧和仁爱的特征。水处于流动中,总能顺势自然、周详滋润、恰到好处,这正象征着管理的智慧头脑,能审时度势、全面分析、合理选择;山屹立在那里,总是岿然不动,稳定庄重,宁静致远,象征着管理的仁爱心灵,能固本培元、宽厚公允、处变不惊。

另外,也只有借助管理的智慧头脑,才能在志同道合者的团队和组织中达成共识和共鸣,进而达到共同快乐的境界;同样,也只有通过管理的仁爱心灵,才能更好地维系利益相关者的共同利益,创造共同价值,从而实现团队和组织的和谐可持续发展。

因此，智慧和仁爱是管理素质的两方面基本内涵，缺一不可。

管理精义

管理离不开正式规则体系以及相应的岗位职权的运用，这在一定程度上体现为管理的决策活动；同时，管理也需要信念和价值观以及相应的行为规范的践行，这在一定程度上体现为管理的沟通活动。决策和沟通离不开智慧的头脑和仁爱的心灵的有机统一。本质上说，管理既是使用头脑的工作，又是借助心灵的事业；不用心，正像不用脑一样，都无法做好管理。管理面对人与事，恰处在心与脑之间。只有协调好心脑，才能做好管理。从这个意义上说，管理既是科学，也体现人文；管理是人文精神和科学理念的结合。

6.22 子曰："齐一变，至于鲁；鲁一变，至于道。"

【今文意译】

孔子说："齐国要改变其重智慧而轻仁爱的管理风格，这样也就兼有鲁国的仁爱管理风格了；而鲁国要改变其重仁爱而轻智慧的管理风格，这样才能达到管理之道的要求。"

【分析解读】

本章以齐国和鲁国的管理风格为例，进一步说明智慧与仁爱相结合才符合管理之道的要求。

在孔子所处时代，齐国仍保留着当年姜太公看重智慧头脑，"尊贤尚功"的管理风格，鲁国则延续着当年周公推崇仁爱心灵，"亲亲尚恩"的管理传统。虽然当时齐强鲁弱，但孔子并不因齐国国力强于鲁国，就认为智慧强于仁爱，而是坚持弘扬智慧和仁爱不可偏废的管理之道。因此，孔子认为，齐国和鲁国都应该改变各自偏颇的管理风格，从而使智慧头脑和仁爱心灵相结合。这样完整的管理素质所形成的周全的管理风格，才能保证一个国家的长治久安；否则，偏于一端，会给国家带来潜在危机。

管理精义

管理素质决定管理风格，管理风格则会影响组织的发展方式和发展前景。智慧和仁爱作为管理素质的两个基本构成要素，直接决定着一个组织的管理风格。只侧重于管理智慧，其风格可能是重事功、轻人心，重规则、轻文化，过分强调结果导向、绩效优先；而只看重管理仁爱，其风格又可能是重人心、轻事功，重关系和谐、轻规则严明，过分强调关系导向、共同利益优先。这两种带有极端化的管理风格可能都不利于组织的竞争优势和可持续发展。没有结果和绩效，不足以产生竞争优势，但没有和谐与共同利益，竞争优势可能又难以持续。因此，可行而合理的管理风格应该是两者兼顾，这就要求管理者在做管理时，必须同时具备智慧头脑和仁爱心灵。

6.23 子曰："觚①不觚，觚哉！觚哉！"

【字词释义】

①觚：是形声字，本义指一种酒器，这里指一种有棱的酒器。

【今文意译】

孔子说："有棱的酒器去掉了棱角，还是有棱的酒器吗？还能叫觚吗？"

【分析解读】

本章用一种有棱的酒器作比喻，说明当智慧和仁爱不存在了，管理本身也就名存实亡了。

在古时候，酒器的容量、形状、名称都有明确的规定和对应。一种容量为两升、有棱的酒器被称为"觚"。以"觚"饮酒，其寓意在"寡"，即有节制、不过量。但是，到了孔子所处时代，酒器的容量、形状和名称已没有了严格规定和对应。"觚"这种酒器已被制成有棱角的圆形，容量也超过了两升，却还使用着"觚"这个名称。

孔子用这个徒有其名的酒器"觚"设喻，目的在于说明，当时各个诸侯国的管理，既没有了智慧的头脑，更失去了仁爱的心灵；根本没有将人们的共同利益放在管理决策的首要位置，做决策总是依靠神秘力量，在日常生活和管理中追求奢华、享受，只注重形式。这样的管理，已完全失去了智慧和仁爱的内在素质要求，空有其名了。这不正像没有了棱角和特定容积限量的"觚"，也只是徒有其名吗？

管理精义

管理虽然表面上体现为权力的运用和发号施令，但更重要的应该是内在素质要求，即权力运用的质量。这一方面体现为"权力为谁而用"，意指运用权力追求的是谁的利益，可视为权力运用的合法性或"仁爱"方面；另一方面，则体现为"权力怎样运用"，意指用什么样的方式和方法运用权力，做出决策，可视为权力运用的合理性或"智慧"方面。

现代管理素质，在很大程度上就体现为权力运用的合法性和合理性。无论是背弃这两个方面，还是割裂这两个方面，都有可能使管理沦落为纯粹的权力运用，甚至是"权谋"或"权术"。这样的管理，名不副实，只是徒有其表。

6.24 宰我问曰："仁者，虽告之曰'井有仁①焉'，其从之也？"子曰："何为其然也？君子可逝②也，不可陷③也；可欺也，不可罔④也。"

【字词释义】

①仁：在这里同"人"。
②逝：是形声字，本义指前去、去，这里是前往察看的意思。
③陷：是会意字，这里是落入井中的意思。
④罔：在这里通"惘"，是迷惑、昏乱的意思。

【今文意译】

宰我问道："有仁爱之心的人，假设告诉他'有人掉到井里'，他会跟着跳到井里去救吗？"

孔子说："为什么要这样做呢？管理者可以前往察看，但不可盲目下井；可以偶尔被骗，但不可糊涂昏聩。"

【分析解读】

本章说明仁爱和智慧不能割裂，应相辅相成。

在这里，宰我之问暗含着割裂仁爱心灵与智慧头脑，意思是说，有仁爱心灵的人一旦听说"有人落井"，便会不顾一切地下井救人，既不考虑后果，也不想想这可能是人为骗局。这岂不是将仁爱之人都看得很"傻"，从而割裂了仁爱与智慧吗？

孔子的回答明确指出了宰我对仁爱与智慧的割裂。管理者虽然可以不顾个人安危，但其责任所系并非个人，而是更大的利益相关者群体，因此，在现实中，管理决策所面临的情况远非下井救人这么简单，这就更需要有智慧头脑。正是基于宰我的问题，并由此引申到更一般的管理决策情境，孔子才强调指出，管理者可以去察看情形，再做决定，但不可盲目行动；在更为复杂的管理决策情境中，由于信息不完全，甚至被人为操纵，管理者可能偶尔被欺骗，做出错误的判断，但却不能让自己处于昏乱迷惑的状态，一而再、再而三地做出昏聩的决策，这便是没有智慧的典型表现。这样的管理者再有仁爱之心也无济于事，反而会被别人利用，做出有损组织和社会利益的决策。因此，智慧和仁爱在管理中缺一不可，它们共同构成了管理素质不可分割的两个方面。

> **管理精义**
>
> 　　管理决策是管理权力运用的集中体现。在管理决策中，权力运用的合法性和合理性不可偏废。明确了合法性，才能使管理决策真正服务于组织成员和利益相关者的更广泛的共同利益要求，但若没有合理性的保证，合法性就只能是一种理想。在现实管理决策中，由于内外部环境的复杂性和变化性，更由于个体理性的有限性，单靠个人的有限知识、经验和能力，无法保证管理决策的合理性和有效性，这就对管理决策过程中的分工、协作、反馈、改进机制及相应的原则、规则、程序和规范的设计提出了更高的要求。这也可以称为科学决策机制。只有建立起基于认知分工和协调的科学决策机制，才能保证权力运用的合理性，也才能让权力运用的合法性落到实处。这就像没有智慧的头脑，是无法保护仁爱的心灵一样。只有良好愿望是不够的，必须有科学的机制设计。两者相辅相成，才能从根本上提升管理决策质量。

6.25　子曰："君子博学于文，约①之以礼，亦可以弗畔②矣夫！"

【字词释义】

①约：在这里是约束、制约的意思。　　②畔：通"叛"，背叛、背离的意思。

【今文意译】

　　孔子说："管理者要广泛地学习各类管理知识和技能，同时又要用规范来约束自己的行为，这样才能不背离管理之道的要求！"

【分析解读】

　　本章阐明智慧应以仁爱为基础，而仁爱则通过规范体现出来。

　　具体地说，孔子一方面强调，智慧的头脑依赖于广博的知识和精熟的技能，这就是当时管理者所必备的《诗》、《书》等知识和射、御等技能，在此基础上，再加上丰富的经验，才能培养和训练出智慧的头脑。但是，仅有智慧的头脑还不够，关键还要看管理者将智慧运用到什么方向上去。这正是孔子所要强调的另一方面内涵，即管理者的管理行为乃至日常行为还必须符合"礼"的规范。正如第三篇第3章所讲的"礼之本在仁"，如果管理行为符合社会规范的要求，则说明管理者具有仁爱之心。也就是说，用规范来约束管理者的行为，实际上首先指的是，管理者将社会规范内化为自己的"德行"准则，并自觉恪守和践行，以仁爱之心来运用知识和技能。这也明确体现出，儒家管理模式强调智慧以仁爱为基础，管理行为以规范来约束的特点。

由此不难理解，儒家所强调的管理素质的两方面内涵，既相辅相成，又有体用之别。其中，仁爱为体，智慧为用。两者虽缺一不可，但又要以"体"统"用"，以仁爱的心灵及其所体现出来的"礼"，来约束或规范智慧的头脑。这样管理者的行为才能不背离管理之道的要求。

管理精义

在处理管理权力运用的合法性和合理性的关系时，一个需要遵循的基本原则是，合理性要为合法性服务，合法性制约着合理性。在这里，权力运用的合法性相当于管理所要达到的终极价值目标，而权力运用的合理性相当于管理所赖以使用的流程、方法和工具。高效率的工具运用固然重要，但更重要的是，这种高效率的工具运用到什么方向上去，为谁创造价值及如何分配价值。若不明确管理的终极价值及其归属，或者说没有合法性的约束，再高效率的工具，也可能在具体使用时出现"南辕北辙"的情况。

6.26 子见南子①，子路不说。夫子矢②之曰："予所否③者，天厌之！天厌之！"

【字词释义】

①南子：卫国国君灵公的夫人。
②矢：通"誓"，发誓的意思。
③否：这里指不符合规范的意思。

【今文意译】

孔子见了卫灵公夫人南子之后，子路不高兴。孔子发誓说："我的行为若不符合规范，会遭上天讨厌！会遭上天讨厌！"

【分析解读】

本章用孔子见南子的事例，说明管理者具备智慧和仁爱的素质，则不必拘泥于特定人和事，其行为举措必然不会违背各种内外部规范要求。

据记载，卫灵公夫人南子的名声不太好，当孔子周游列国到达卫国后，南子慕名要见孔子，孔子不得已去见了南子。这引发了人们的议论，子路秉性耿直，便当面向孔子表达了不满和不解。孔子则郑重地向子路声明了自己行为的合"礼"性。这一方面表明孔子对学生意见的尊重，既没有对子路的不满置若罔闻，更没有斥责子路；另一方面，通过孔子见南子的事例也说明，若具备了智慧和仁爱的素质要求，管理者则可以正确面对各类人和事，不必畏惧和回避。只要心直、意正、行端，而且又有能力相机行事，见任何人、做任何事，都会有一定之规。

从另外角度看，既然担当了管理角色和岗位职责，管理者就不能因为爱惜个人名声而回避乃至逃避矛盾和冲突。孔子在这里更关心的是"天道"，即"做人"之道和管理之道，而非"人议"或"人言"。因此，孔子才发誓说："予所否者，天厌之！"

管理精义

管理者不可避免地要处于私人角色和管理角色的冲突之中。有的时候，为了组织及利益相关者的利益，管理者必须面对不良的人和事，甚至由此可能连带导致别人对管理者本人的误解乃至非议。如果从私人角色来看，为了个人的名声或利益，完全可以回避特定的人和事，以便达到避开冲突和非议的目的，但这样可能损害组织的整体利益。为此，管理者有时就必须置个人荣辱于不顾，恪守管理角色的规范要求，直面各种矛盾、冲突乃至毁誉非议，最终为组织挣得利益。这正是管理中的"大是大非"问题，也是更大的整体利益或"大善"超越了狭隘的个人利益得失或"小善"的问题。

6.27 子曰："中①庸②之为德也，其至矣乎！民鲜久矣。"

【字词释义】

①中：在甲骨文和金文中像一面旗子，有一旗杆竖立中间，上面有多条旗子的飘带，旗杆中央有一点或一个圆圈，本义是一种特殊的旗子，作为氏族的族徽或标志。这里引申为本性、天命的意思。

②庸：是会意字，本义指施行，这里引申为平常、日用的意思。

【今文意译】

孔子说："具有仁爱心灵和智慧头脑，并能使两者相得益彰、恰到好处地体现于日常行为中，这种德行就是'中庸之德'，是德行的最高境界！长久以来，人们都很少能达到这种境界啊。"

【分析解读】

本章明确指出，能实现仁爱与智慧的平衡，并恰到好处地落实在日常行为上，就达到了德行的最高境界，即"中庸"。

在这里，"中"代表的是先天的"本性"，具有儒家意义上"天命"的含义，也就是说，"中"规定了"人之为人"的根本。从"本性"的意义上说，"中"具有个体先天的禀赋成分，而从"天命"的意义上看,"中"又具有超越个体的社会规定性。因此,可以将"中"理解为"人之为人"的个体性和社会性相统一的本质特征。

在孔子看来,自我学习和自我修养的过程,是一个不断认识、彰显和践行自己的这种本性和天命的过程,而这个过程又非脱离日常生活和人伦日用的隐秘修行或神秘启示过程,它切实体现在世俗工作和生活的方方面面。这便是"庸"的含义,即平常的工作和生活。

基于此,孔子所强调的"中庸之德",就可以理解为,是一种在平常工作和生活中发现自我、践行自我的德行。这其中最根本的要求是"诚",即思言行一致,也就是说,要使自我成为一个整体,既要符合本性要求,又要符合社会规范要求。这种"诚"具体表现在两个方面,即仁爱和智慧。仁爱使得作为社会人的个体得以在社会之中立足,智慧又使这种仁爱得以更好地彰显和有效实施。从这个意义上说,"中庸之德"作为德行的最高境界,它的具体表现就是仁爱和智慧相统一、相平衡,并恰到好处地落实在日常行为之中。这也就是在第二篇第4章中所刻画的孔子德行修养的至高境界,即"从心所欲,不逾矩"。要达到这样的境界确实很难,也难怪"民鲜久矣"。

管理精义

管理素质不仅要求权力运用的合法性和合理性的统一,更要求将两者的统一贯彻在日常管理实践中。只是了解、知道两者统一很重要,远远不够,真正的认识和理解要体现在行动上,而且要在行动中恰到好处地处理权力运用的合法性和合理性关系问题。这正体现了管理过程中价值和工具的统一。

6.28 子贡曰:"如有博施①于民而能济众,何如?可谓仁乎?"子曰:"何事于仁,必也圣②乎!尧、舜其犹病③诸!夫仁者,己欲立而立人,己欲达④而达人。能近取譬⑤,可谓仁之方⑥也已。"

【字词释义】

①施:是形声字,本义指旗子飘动的样子,这里可以引申为给予恩惠。

②圣:是形声字,本义指听觉灵敏,这里引申为有最高仁爱、智慧和地位的人。

③病:是形声字,原意是生物体发生不正常或不健康的现象,这里可以引申为担心、忧虑、害怕的意思。

④达:这里是达成所愿、得志的意思。

⑤譬:这里是比喻、例子的意思。

⑥方:这里是方法、途径的意思。

【今文意译】

子贡问:"如果有人能广泛地帮助和周济民众,那怎么样呢?可以说达到仁爱境界了吗?"

孔子说:"这不是只靠仁爱就能做到的,还必须有智慧和地位才行!即便像尧舜那样有仁爱、智慧和地位的圣人,也还担心做不到啊!具有仁爱之心的人,能够尽自己所能,做到'己欲立而立人,己欲达而达人'。能从身边的日常小事做起,以小见大,这可以说是达致仁爱境界的正确方法和途径。"

【分析解读】

本章阐述达到仁爱境界和"中庸之德"的方法和途径。

可能正是由于孔子说了"中庸之德","民鲜久矣"的话,子贡才发问说,若能做到"广施博济",是否就可以视为具备以仁爱为基础的"中庸之德"了?子贡这种问法,其隐含的前提,是将仁爱建立在财富和地位之上;既然如此,一个没有财富和地位的人,又如何能做到"广施博济"呢?不能做到"广施博济",岂不无法达到"仁爱"境界或具备"中庸之德"了?子贡的这种理解,显然背离了儒家所强调的德行先于地位或管理岗位,"做人"先于做管理的基本原则。

因此,孔子才有针对性地解释说,"广施博济"并非单靠仁爱之心就能做,还需要有资源和地位;即便像尧舜那样既有仁爱之心,又有资源和地位的古代圣人,也未必能完全做到"广施博济";毕竟资源总是有限的,而"广施博济"的事情却是无穷无尽的。由此不难理解,追求和修养仁爱之心,不一定非要好高骛远地去"广施博济",只要尽己所能,从身边事做起就可以;只要时刻牢记并践行"己欲立而立人,己欲达而达人"的原则,也就是走在通往仁爱境界和"中庸之德"的正确道路上了。

管理精义

组织中的管理岗位总有层级之别,既有掌握更多资源的高层管理岗位,也有只能支配较少资源的基层管理岗位;但在日常管理实践中,不能因管理层级的差别,降低对管理基本素质的要求,或者说,不能只是那些掌握更多资源的高层管理岗位,才关注权力运用的合法性和合理性问题。任何管理岗位,无论层级高下,都离不开权力的运用;只要涉及权力运用,就必须考虑其合法性和合理性问题。这既是管理工作的基本素质要求,也集中反映了管理者的角色意识。

述而第七

本篇导读

本篇讲自我管理，借孔子的言行示范，意在说明自我管理对于组织管理所具有的基础作用。在这里，自我管理有广义和狭义之分。广义自我管理泛指任何人对自己工作、生活乃至人生的管理。这种广义自我管理是任何人都需要的，不仅限于管理者。狭义自我管理则专指管理者在日常管理活动及个人生活中的自我管理，也可以理解为管理者的以身作则、率先垂范，这正是儒家管理模式对管理者的必然要求。本篇所讲的自我管理，在很多情况下具有广义内涵，与"做人"密切相关。

本篇大致可以分为五个部分。第一部分包括第 1 章到第 6 章的内容，重在讲解自我管理的基本内涵及其具体要求。其中，第 1 章强调自我管理要从尊重传统开始，没有对文化传统和社会规范的尊重，自我管理就失去了依据；第 2 章说明自我管理本身也是一种学习活动，应具备认真而执著的学习态度；第 3 章讲解如何将这种学习态度付诸行动，并坚持不懈；第 4 章进一步阐明，将自我管理所应有的态度和行为融为一体之后，可能达到的状态；第 5 章着重说明，将理想与榜样相结合，才能使自我管理获得内在动力源泉；第 6 章概括了自我管理的四方面内涵及其具体要求。

第二部分涵盖第 7 章到第 15 章的内容，集中讲解自我管理关键在于自我把握、恪守职责，这也是管理者自律的具体表现。其中，第 7 章阐明管理者在管理中恪守"一视同仁"原则是自我管理的基本前提，也是自律的基本要求；第 8 章说明管理者面对下属时，应采取"启发式管理"；第 9 章阐述管理者在自我管理中恪守"诚"的德行原则、保持行为一致性的重要意义；第 10 章通过比较颜回和子路，意在说明，管理者承担的是公共职责，应谨慎小心、自我克制；第 11 章讲解管理者的自我管理应从内在的志向追求出发，而不能一味地满足外在的物质欲求；第 12 章通过记述孔子慎重对待的三方面事情，强调管理者面对不确定性时应有的态度；第 13 章用听音乐的例子说明，管理者对自我管理的内在理解和感悟，是提升管理有效性和价值的重要基础；第 14 章阐明管理者不能因个人恩怨而损害社会规范，这正是管理者自律的集中体现；第 15 章概括管理者的自律关键在于志向确立和内在动机形成，基于此，才能持续自我提升。

第三部分由第 16 章到第 24 章的内容构成，具体讲解作为终身学习过程的自我管理的基本要求。其中，第16章说明作为终身学习的自我管理，需要与人生体验相结合，脱离实践感悟的管理学习难以产生有效结果；第17章阐述将学习融入生活，过一种学习导向的生活，对于自我管理的重要意义；第18章阐明管理者所应具有的好学态度和孜孜以求的切实努力；第19章进一步讲解管理者的自我管理和组织管理能力都非天生，要靠后天的学习和实践才能获得；第20章说明管理者日常谈话的主题和语言运用，无不体现着自我管理的水平，管理者必须慎重对待日常交流的主题选择；第21章阐明管理学习无处不在，管理者要善于将学习贯彻于日常交往的各种场合之中；第22章强调当管理者自我管理达到更高境界之后，就会超越各种是非恩怨，也不会惧怕外部威胁；第23章指出管理学习的立体化特点，强调不能只从语言文本上下工夫，要善于体察别人的言行举止，这种立体化学习正是自我管理落实到日常生活中的具体表现；第24章概括孔子所奉行的立体化教育模式的基本内涵。

第四部分包含第25章到第29章的内容，讲解基于社会规范进行自我管理的重要意义。其中，第25章阐述自我管理要做到表里如一，管理者就不能自我"神圣化"；第26章说明"仁爱"原则不仅体现在人与人关系中，也可外推到人与物关系中；第27章讲解管理学习重在借鉴别人的间接经验，以此为基础，才会使创新有所依托；第28章强调基于"仁爱"原则的自我管理不只在于洁身自好，更重要的是由己及人，帮助别人共同进步；第29章进一步说明只有将"仁爱"原则变成内在的志向追求，才能真正使自我管理有章可循。

第五部分由第30章到第37章的内容构成，进一步说明在社会规范基础上如何将自我管理付诸日常行动，从而使自我和社会融为一体。其中，第30章一方面说明管理行为要符合社会规范要求，这是自我管理的基础，另一方面也阐明管理者要勇于承认和改正错误，这也是自我管理的根本要求；第31章借音乐的社会教育功能，阐明管理者的自我管理本身就是对别人的正面引导；第32章通过孔子的谦辞，说明自我管理的追求是无止境的；第33章继续阐明自我管理是一个持续的学习和修养过程；第34章阐明自我管理的关键在于日常修养和行为约束，而不是通过祈求神明就能达到的；第35章解说在适中的物质条件难以确保的情况下，管理者对物质条件的要求应该是宁章俭勿奢华；第36章借管理者与被管理者的比较，阐明管理者自我管理的特殊要求，以及管理者应有的对被管理者的理解；第37章以孔子所达到的境界为例，总结自我管理的理想状态，以及自我"角色管理"的具体要求。

对管理者在自我管理和自我修养上的高要求，是儒家管理之道和管理模式的核心特征之一。本篇大量记述孔子的言行，系统阐述了自我管理的内涵、要求及训练方式，这为下篇讲解极具特色的迂回式管理途径奠定了基础。

7.1　子曰："述[①]而不作[②]，信而好古，窃[③]比于我老彭[④]。"

【字词释义】

①述：是形声字，本义指沿着原来的道路向前走，这里是传承的意思。

②作：是会意字，本义指兴起、起立，这里是创始、创新的意思。

③窃：这里是自谦之词，私自、私下的意思。
④老彭：据《大戴礼》记载，是殷商时期贤能的官员，以恪尽职守、保持政策连续性而闻名。

【今文意译】

孔子说："做管理，贵在保持政策的连续性，尊重传统，慎言创新；还要有规范的一致性，相信历史，致力传承。私下以为，在这方面，我的观点和做法，同老彭是一致的。"

【分析解读】

本章以孔子对自己的要求，阐明管理者自我管理以及保持管理的稳定性和连续性的重要意义。

孔子这句话看似讲"做人"或个人对待传统和历史的态度，但实际上是在讲管理者如何处理个人抱负和管理连续性问题。关于这一点，从最后一句"窃比于我老彭"就很容易看出来。孔子引以为榜样或自比的对象，是商朝著名的管理者老彭。据记载，老彭做管理，以尊重前任确立的规范、保持政策连续性著称。孔子自比老彭，不仅是要讲个人态度和修养，更重要的是借老彭的例子来说明，管理者不能以管理角色或管理工作来谋求个人声望，总是想在组织发展中打上个人烙印。为此，不惜以组织作为实现个人抱负的工具，不断进行所谓"政策创新"和"管理创新"，不尊重传统，无视前任工作，打破政策的连续性和规范的一致性，致使每个管理者上任后都有一套"新思路"、"新做法"、"新模式"、"新要求"。这样一来，组织发展就不可避免地处于反复"折腾"之中，最终吃苦头的是组织成员，损害的则是组织整体和未来利益。

因此，从本质上说，管理工作和一般专业工作相比，更强调的是尊重传统、恪守规范、保持一致，而不是一味地创新。换句话说，管理者可能更需要一些"保守"气质。这也许正是孔子说自己"述而不作，信而好古"的原因。

管理精义

管理总要在变与不变、稳定与发展之间寻求平衡。从组织的专业化分工和角色定位的角度看，管理者更需要立足于不变和稳定，将变和发展的探索，更多地交给其他专业人员，这样才能更好地保持组织的可持续发展。尤其需要注意的是，管理者切忌超越管理角色定位和组织整体利益诉求，将个人意志强加于组织，把组织变成实现个人理想的工具。这不仅违背管理职业规范，还会使组织事业因管理者个人更替而兴废，动摇组织可持续发展的根基。

7.2 子曰:"默①而识②之,学而不厌,诲③人不倦,何有于我哉?"

【字词释义】

①默:是形声字,本义指狗追逐咬人,却不出声,这里可以引申为不说话、沉默的意思。

②识:是形声字,本义是旗帜,这里可以引申为记住的意思。

③诲:是形声字,这里是指导、教育的意思。

【今文意译】

孔子说:"学做人,用心观察,不断实践;学管理,持之以恒,永不满足;培养人,全心全意,毫不懈怠。除了这三个方面,我别无所求。"

【分析解读】

本章给出管理者在"做人"和做管理上的三方面要求。

在孔子这段话里,"默而识之"是关于学习"做人"或德行修养的要求。"做人"贵在行动而不在言谈;相反,"巧言令色,鲜矣仁"。如果说"做人"或德行也是一种知识的话,那么,这种知识的突出特点恰在于默会性或意会性,而不是编码化。德行知识主要是一类不可言说的默会知识,需要在日常行为和各种事情上用心观察体会,身体力行,反复实践,才能最终获得或养成内在的价值准则和外在的行为习惯。因此,"做人"或德行修养方面的知识,非"默而识之"不可。

"学而不厌"则可以理解为针对管理的专业学习而言。组织发展和管理实践总会遇到各种不确定性,只有知识才能排除或改变不确定性,因此,管理工作对知识和技能的要求是无止境的,管理者必须将管理过程同时视为一个持续学习过程。只有保持持之以恒、永不满足的终身学习态度,才能适应组织发展和管理实践的需要。

最后,按照儒家管理模式的要求,管理工作的本质在于培养人,"管理过程也是一个教育过程",因此,管理者要在管理实践中扮演教育者的角色,就必须具备"诲人不倦"的态度。

在孔子看来,除了德行修养上的"默而识之",管理学习上的"学而不厌",人才培养上的"诲人不倦"之外,一位儒家管理者别无所求。

管理精义

在知识经济时代,知识和人才成为组织赢得竞争优势的基础,但知识和人才离不开组织的有效学习和培养机制。当然,这里的知识不限于各类专业知识和技能,也包括社会和组织的规范和个人的德行修养;同样,这里的人才也不只是掌握专业知识和技能,还必须遵循职业规范,具备敬业精神。建立起这种广义的知识学习和人才培养机制的组织,也被称为"学习型组织"。

这种"学习型组织"的建设,关键在于学习型文化氛围的养成,其中最重要的是形成共享愿景、共同价值观和行为规范,并落实到日常管理行为和组织行为中。以此为基础,才有可能在组织中建立起关于各类知识和技能的"学无止境、学而不厌"的良好氛围,以及战略导向的人才培养机制,从而为组织赢得可持续的竞争优势。

7.3 子曰:"德之不修,学之不讲①,闻义不能徙②,不善不能改,是吾忧也。"

【字词释义】

①讲:这里是研究、商讨的意思。
②徙:在甲骨文中是会意字,表示人移动双脚在路上走,这里是迁移的意思。

【今文意译】

孔子说:"不修养德行,不磨砺知识和能力,符合社会规范的事情又不去做,明知不对的行为却不能改,这正是我所担忧的啊。"

【分析解读】

本章承接上章,继续讲解管理者需要在个人德行、知识和能力以及恪守规范方面持续进行自我修炼和提升。

根据儒家管理模式的要求,管理者首先要持续修养德行,才能在管理中做到"道之以德";其次,管理者还要不断研讨管理知识、锻炼管理能力,才能应对各种不确定性,胜任岗位职责的要求;第三,管理者必须率先遵循社会规范,做符合社会规范和管理角色要求的事,这正体现了"义"对管理者和管理的规定,如此才可能做到"齐之以礼";第四,自我修养是一个终身学习过程,其中犯错误在所难免,关键在于正确认识并及时改正错误,才能沿着符合社会规范的道路持续前进。

对于管理者的自我修养和终身学习来说,上述四个方面必须时刻铭记于心,不可须臾离弃和偏废。

管理精义

在现代法治社会和法人组织中,管理权力运用的合法性主要来自于规则和规范,但是，管理权力运用的合理性和有效性，除了正式的机制设计之外，在很大程度上还有赖于管理者个人。换句话说，管理者能否做到以身作则、率先垂范，在今天仍是权力运用合理性和有效性的重要影响因素。毕竟权力运用最终有效与否，还取决于下属是否"心悦诚服"。因此，儒家所强调的管理者的自我修养和自我提升，仍不失现代启示意义，尤其是涉及"修德、讲学、闻义徙、改不善"这四方面内容，很值得今天的管理者反思和借鉴。

7.4 子之燕①居，申②申如也，夭③夭如也。

【字词释义】

①燕：这里是舒适、安闲的意思。
②申：通"伸"，舒展的意思。
③夭：这里是屈、弯曲的意思。

【今文意译】

孔子闲来无事，坐在那里，舒展庄敬，屈弛和悦。

【分析解读】

本章用孔子闲暇时的行为举止、神情状态，来说明管理者的自我管理不仅体现在工作中，也具体反映在日常点滴的生活表现上，处处事事都能体现出德行的核心要义，即"诚"或思言行的一致性。

具体地说，这里的"申"通"伸"，"申申"刻画出孔子坐姿的端正舒展，从中体现出来的神态和气质，是庄重、恭敬；"夭"是"屈"的意思，踞坐时身体会有弯曲，而"夭夭"意在表明孔子屈身松弛的姿态，透露出来的则是自然、放松、和气。因此，"申申如也，夭夭如也"既生动地刻画了孔子闲暇时的神情状态，也深刻揭示出，当一个人的自我修养和自我管理达到一定境界后，自然流露出来的"诚"或思言行的一致性。这正是"中庸之德"的典型表现，即平常见性，自然而然。

管理精义

管理者的自我管理是从事组织管理的前提，而自我管理无所不在。不只是在组织情境和工作过程中需要自我管理，在日常生活中也无不体现着自我管理。管理者只有恪守"思言行一致"的根本原则，将"诚"贯穿于工作和生活的方方面面，真正做到不虚伪、不掩饰、庄重、恭敬、自然、坦诚，才能在自我管理上达到更高境界，也才能更好地从事组织管理。

7.5　子曰："甚矣吾衰也！久矣吾不复梦见周公。"

【今文意译】

孔子说："我已经衰老得很厉害了！好久都没有再梦见周公了。"

【分析解读】

本章一方面说明，孔子的梦想是像周公那样做一名管理者，辅佐君王"制礼作乐"，维系天下太平；另一方面也表明，管理者的自我管理要从树立志向和榜样开始。

孔子这句话清楚地表明，他一直以周公为榜样，致力于做一名管理者，实现匡扶天下的梦想。在某种程度上，也正是有了这样的梦想和抱负，并找到了周公这样一位杰出管理者做榜样，孔子才能义无反顾地执着追求自己的目标，即便遇到各种挫折，甚至到晚年，明知道无法再实现自己的抱负，仍无怨无悔、孜孜以求，全力培养有理想、有抱负的未来管理者，丝毫没有动摇自己对周公的信念。也许正因为如此，孔子这句话中才饱含感情和感叹，韵味深长。

首先，这句话说明，孔子从来没有放弃要成为周公那样的管理者的理想，只是到了极度衰老之时，才无法在梦中与周公相会。

其次，孔子以自己能否梦见周公作为是否衰老的标志，说明孔子更看重的是心志而非身体。

第三，这句话也表明，在当时的条件下，孔子要成为周公那样的管理者，只能是纯粹的梦想，已经不可能有机会在现实中去一展抱负。

对孔子而言，重要的不是能否有机会做管理，实现自己的抱负，而是能否有理想、信念和追求，能否一直沿着自己的理想目标坚定地走下去。虽然外部环境、时势和机遇无法为自己所左右，但自我的心志、自我的榜样选择、自我修养和自我管理，却完全掌握在自己手中，没有必要怨天尤人。一旦明确了自己的志向追求，就要无怨无悔、义无反顾地走下去。

孔子做了一生的"周公梦"，其意义也许正是：不一定能像周公那样"做管理"，却可以用"周公"做标杆，来管理自己，尤其是自己的心志。

管理精义

管理者的自我管理，以及由此所达到的格局和境界，很大程度上由管理者自我选定的职业榜样或标杆决定。因为，正是这种职业榜样，将抽象的理想或终极目标具体化，从而转化为行动的内在动机和动力，由内而外地焕发出激情和力量。正所谓"榜样的力量是无穷的"。当然，这种榜样一定是自主、自愿选择的，其标志就是能够进入管理者的"梦乡"。一旦有了这种梦想般的榜样，管理者执着前行便不再是孤独地奋进，而是总有榜样相伴相随；同时，管理者的自我管理也不再是痛苦地挣扎，而是总有榜样参照提醒。

7.6 子曰:"志于道,据①于德,依②于仁,游③于艺④。"

【字词释义】

①据:这里是依靠、凭借的意思。
②依:这里是按照、遵循的意思。
③游:这里是游览、把玩的意思。
④艺:这里指"礼、乐、射、御、书、数"六艺。

【今文意译】

孔子说:"立志追求管理之道,坚守德行底线,遵从社会规范,修习各种技艺。这是管理者自我修养、自我管理的基本要求。"

【分析解读】

本章总结了自我管理的四方面内涵及其内在逻辑。

要进行有效的自我管理,管理者首先要有明确的志向追求,即信念或信仰,而且既然要做管理,这种信念或信仰就应该聚焦于管理之道,即传承和发扬以"仁爱"为核心的社会规范。可以说,儒家所信奉的管理之道也就是以"仁爱"为核心的社会之道。

其次,信念或信仰必须体现在行动中,否则,只能是漂亮的口号。这就需要管理者不断将社会规范内化为自己的德行修养,通过习得、修炼社会规范而养成内在的德行准则,并切实体现在行动中。

第三,在日常行为中严格遵循社会规范的同时,将以仁爱为核心的社会规范通过自己的行为彰显出来,不仅自己率先垂范,而且能引导人们遵从社会规范。

第四,还需要不断学习各类具体管理知识和技能,这样才能胜任管理岗位职责的要求。管理知识和技能的学习,本质上和德行的修养一样,都需要持续的自我学习和修炼。自我学习和修炼是管理者得以"做人"和做管理的真正基础,而这个过程本身,也是自我管理的重要方面。

当然,孔子这里所说的,从"志"到"艺"的自我学习和修炼过程,并不是简单的线性展开过程。"志于道"固然是"据于德"的基础,但反过来,"据于德"也可以使"志于道"更为坚定;同样,"据于德"与"依于仁"也是相辅相成的关系,"据于德"是"依于仁"的内在根据,"依于仁"是"据于德"的外在表现,两者不可分割;进一步说,没有"志于道、据于德、依于仁"的定向和规范,"游于艺"就可能蜕变成纯粹的技艺把玩,甚至于玩物丧志,反之,若没有"游于艺"所形成的执行能力,"志于道、据于德、依于仁"也难以落到实处。

因此,孔子在这里提出来的管理者自我管理的四方面内涵,正是第六篇第20章到第28

章所讲的管理素质的两个方面——仁爱与智慧在自我管理上的具体表现。或者说，管理者若要提升仁爱和智慧素质，以达到"中庸之德"的境界，就必须遵从自我管理的四方面要求，即志于道、据于德、依于仁、游于艺。

管理精义

人们虽然常说"自我管理是组织管理的前提"，但并没有详细刻画出自我管理的内涵及其具体要求。相比组织管理的范围性和阶段性而言，自我管理既无所不在，又永无止境，是一种需要处处用心、终身修养的活动。从根本上说，自我管理渗透于日常的"做人"与做事的方方面面，并内含着一种学习和修养态度。这就要求管理者，以主动学习的态度，刻意训练的方式，在现代广义"做人"以及生活和工作的"做事"过程中，反思、提炼、践行自己的信仰、德行，并恪守规则和规范，不断学习和提升专业知识和能力。

7.7 子曰："自行束脩①以上，吾未尝无诲焉。"

【字词释义】

①束脩：其中，"束"在甲骨文和金文中是象形字，像一只中间或两端被捆扎起来的口袋，本义专指扎住袋口，这里可以引申为量词，"捆、扎"的意思；"脩"本义指干肉；"束脩"在这里指学生送给教师的礼物或酬金，也称为"脩金"。

【今文意译】

孔子说："只要自己带着薄礼来求教，我从来没有拒绝指导过。"

【分析解读】

本章解说管理者对待下属的态度，应以无歧视或一视同仁为准则。

在当时，孔子兴办私学，只要学生交了"束脩"或"干肉"做学费，孔子就会一视同仁，进行教诲和指导。这也体现了孔子"有教无类"的思想。

孔子在这里既讲师生关系中应恪守的基本原则，即学生尽到做学生的礼数，教师就要尽到做教师的责任，那便是"诲人不倦"；同时，也是用师生关系做隐喻，说明管理者与被管理者或下属之间的关系。对于管理者而言，当下属尽到了做下属的职责之后，管理者便应该恪守无歧视原则，一视同仁地对待下属，尽到管理者应尽的职责，而不能将个人好恶或其他非工作因素加入到处理与下属关系中。某种意义上说，这也体现了管理者自我管理的水平，即遏制个人好恶，尽到管理职责要求，平等对待每位被管理者。

> **管理精义**
>
> 管理者在面对不同下属时，容易混淆管理角色和私人角色，将个人好恶或私人亲疏远近关系，掺和进同下属的关系之中，难以平等对待下属。这不仅有可能使关于下属的评价有失公允，还容易导致"任人唯亲"，扭曲组织中的人际关系，挫伤下属积极性。为了避免这种现象出现，管理者在日常管理中，应注意从岗位角色和工作职责角度来看待下属，以组织规则和规范的标准而非个人偏好来要求下属，这才有可能做到公正合理地处理组织中的人际关系。

7.8　子曰："不愤①不启，不悱②不发，举一隅③不以三隅反，则不复④也。"

【字词释义】

①愤：是形声字，这里是郁闷、烦闷的意思。

②悱：这里指想说却不知如何表达的样子。

③隅：是形声字，本义指角落，这里指方位。

④复：是形声字，本义是在曾经走过的路上行走，这里是回答、答复的意思。

【今文意译】

孔子说："只有当被管理者反复思考后仍想不通，才给予提示；想说却不知如何表达，才进行引导；能做到举一反三，才布置新任务。"

【分析解读】

本章承接上章，继续讲解管理者在面对被管理者时，所应遵循的"启发式管理"原则。

像上章一样，孔子既是在讲师生关系，又是在讲管理者和被管理者之间的关系。因为在儒家管理模式下，管理就是教育，管理者在管理过程中还承担着教育被管理者的职能。

从教育的角度看，孔子提倡的是启发式教育而非灌输式教育，只有当学生自己思考并努力尝试表达思想之后，才给予适时的启发和引导；只有当学生在某一个知识点上能做到举一反三之后，才会告知新知识点。

从管理的角度看，管理者同样不能只是将下属看作完成任务的工具，一味地下达命令，并让下属完全按照管理者的意图、程序乃至步骤来完成任务，而没有任何独立思考。这种被动完成任务的过程，不可能达到培养下属的目的。因此，管理者也必须运用"启发式管理"模式，让下属在执行任务过程中，进行独立思考，发挥创造力；只有当下属真正遇到难题时，管理者才给予启发和帮助，也只有当下属真正能够举一反三地完成任务时，才交给他新任务。通过这种"启发式管理"，管理者才有可能培养出独当一面、创造性完成任务的下属来。

> **管理精义**
>
> 管理过程同样也是人才培养过程，对于那些处在激烈竞争中的知识型组织来说更是如此；能否在日常运行中创造性地执行任务，在很大程度上决定了知识型组织的创造和创新水平。因此，注重"启发式管理"，充分调动知识工作者的主动性和创造性，从而让他们在日常工作中独立思考、自主探索，应该是现代知识型组织管理的重要指导原则。在"启发式管理"过程中，最重要的环节是管理者与被管理者之间的创造性互动；管理者能否适时、适度地调动和启发被管理者，是"启发式管理"成功与否的关键。

7.9 子食于有丧者之侧，未尝饱也。子于是日哭①，则不歌。

【字词释义】

①哭：这里指吊唁、哭吊的意思。

【今文意译】

孔子在戴孝的人旁边吃饭，从来没有吃饱过。孔子在参加吊唁活动的当天，就不歌唱。

【分析解读】

本章以孔子的行为表现为例，说明管理者应具有同理心，保持行为一致性。

在第三篇第26章里，孔子讲"居上不宽，为礼不敬，临丧不哀，吾何以观之哉？"其中，"临丧不哀"并非专指个人遇到丧事的情况，也指面对别人的丧事。这充分体现出管理者所应具备的对他人的"同理心"或基于同情的理解。

本章则从管理者自我管理的角度，用孔子的事例，进一步阐明了管理者具有"同理心"以及在恪守社会规范上保持行为一致的重要性。在孔子身上，这种行为的一致性，既体现在孔子面对"有丧者"的感同身受，即"未尝饱也"，也体现在他参加吊唁活动，当天便不唱歌。本来音乐教育是孔子非常推崇并积极实践的一种重要教育方式，但遇到丧事吊唁时，音乐活动也要停止。由这些细节可以体会到，孔子在自我管理上多么严谨和严格。

> **管理精义**
>
> 做管理总是要与人打交道。在与人打交道时，一方面要遵循规则和规范，另一方面也要用"心"，这里的用"心"，关键在于"同理心"。只有具备了这种基于同情的理解、感同身受的"同理心"，才能用真心去践行规则和规范，也才能发乎内心地尊重他人，保持思言行一致性。这是管理者自我管理的关键所在。

7.10　子谓颜渊曰："用之则行，舍之则藏，惟我与尔有是夫！"子路曰："子行三军，则谁与？"子曰："暴①虎冯②河，死而无悔者，吾不与也。必也临事而惧，好谋而成者也。"

【字词释义】

①暴：是会意字，本义指暴露、急骤等，这里可以引申为徒手的意思。

②冯：这里是徒涉、蹚水的意思。

【今文意译】

孔子对颜回说："有机会就积极做管理，没机会则潜心自我修养，只有我和你能这样做啊！"

子路说："先生若要统帅三军，将会和谁在一起呢？"

孔子说："徒手打老虎，徒步涉大河，即便死了也不后悔的人，我是不和他在一起的。做管理，需要的是遇事谨慎、多谋善断。"

【分析解读】

本章借评论颜回和子路，说明管理者贵在自我修养以及基于自我修养之上的责任意识，而不能仅凭一己之勇，贸然行动。

孔子首先评论颜回，说他能以自我管理和自我修养为本，而不以是否能得到做管理的机会或岗位为意。这也正是"用之则行，舍之则藏"的深意所在。其中，"用"、"舍"是指外部做管理的机会，"用"即被重用，"舍"即得不到重用，都是指外部条件；而"行"、"藏"则指个人对管理之道的践行和修炼，"行"是做管理，通过实践来推行管理之道，"藏"是潜心于自我修养，通过自我管理来修炼管理之道。实际上，若没有对管理之道的自我把握和修炼，并达到一定境界，即便有了外部机会，也无法真正履行管理职责；反过来，若真正掌握了管理之道，即使没有外部机会，也可以通过自我管理，来不断完善"做人"、做事的境界。因此，对于个人而言，作为外部条件的"用"、"舍"在别人，自己无法左右，但是，作为管理之道的践行和修炼的"行"、"藏"却在自己，完全可以把握。这正是自我管理优先于组织管理的意义所在。

当孔子给颜回以很高评价后，子路问了这样一个问题：如果要靠勇气来管理军队，还需要过分强调自我管理和自我修养吗？毕竟军队和军事的管理离不开勇气，这自然也体现了子路的优势。由此引发了孔子对子路的评论，并进一步指出，无论是军事管理还是一般管理，对管理者的要求都一样，不能仅凭个人的勇气或意气用事来做管理。

"徒手搏虎、徒步涉河"确实非常危险，需要有过人的勇气和能力，但这与做管理并不必然联系在一起。管理的职责所系并非个人利弊得失。个人可以说"死而无悔"，哪怕在搏虎、涉河中牺牲都在所不惜，那只是个人的选择；但作为管理者，他的每个决定的影响所及，是整个组织及其利益相关者。若没有谨慎谋划就贸然决策，其潜在危害巨大深远。因此，对管理者而言，并不是不需要勇气和勇敢，而是首先要意识到管理职责；管理者要将勇气和勇敢建立在责任意识的基础上。

由此不难理解，孔子在这里所说的"临事而惧，好谋而成"，并非否定子路的勇气和勇敢，而是强调管理责任的首要性。

管理精义

做管理，离不开外部条件和内部素质的匹配。对管理者个人而言，外部条件无法把握，内部素质却可改变。要改变自身素质，就必须强化自我管理和自我修养。机遇总是光顾有准备的人。做管理上的准备，集中体现在通过日常自我管理训练所养成的责任意识、深思熟虑、多谋善断、谨言慎行等这些基本素质上。

7.11 子曰："富而可求也，虽执鞭①之士，吾亦为之。如不可求，从吾所好。"

【字词释义】

①执鞭：这里指代最基层的职位。

【今文意译】

孔子说："做管理并不是为了求富贵，若是为了求富贵，即便最基层的职位，我也会去做。既然不是为了求富贵，那便要遵从我自己的志向和偏好。"

【分析解读】

本章在上章讲外部条件和德行修养之间关系的基础上，进一步阐述做管理应该是发自内心的职业选择，而非向外求富贵。

若从孔子自身经历来看，这段话就很容易理解。孔子在鲁国做大司寇兼摄相事，因与季、孟、叔三大势力政见不合，只做了三个月便去职。如果孔子做管理是为了求富贵，那么，他在鲁国做到这样的位置，已经很显赫，为保住得到的富贵，自然会与三大势力妥协，而断不会得罪他们，只做三个月便辞职。由此不难理解，当孔子说"虽执鞭之士，吾亦为之"时，其潜台词应该是，"我连大司寇兼摄相事的职位都能放弃，哪里是为了求富贵啊！"

既然做管理不是为了求富贵，那便要从内心追求出发，以做管理来实现自己的抱负。这实际上与上章所讲的"用"、"舍"与"行"、"藏"的关系一脉相承。富贵和"用"一样，都不过是外部条件或身外之物，不能成为"做人"和做管理所要追求的目标，更不能因这些外部条件而扭曲了自己的志向和偏好。就像孔子在鲁国任职一样，若为了富贵和"用"，委曲求全，讨好三家势力，保住职位，那就是用外部条件扭曲甚至伤害内在追求的管理之道。这是孔子坚决不会做的，正如第四篇第5章所说的"富与贵，是人之所欲也；不以其道得之，不处也"。

管理精义

自我管理的重要内涵之一，就是将做管理的职业诉求与个人利益所得严格区分开来。也就是说，做管理首先是一种职业选择，虽然职业选择中难免会有个人利益考量，但不应该将物质利益放在职业选择的第一位，更不能以物质利益遮蔽了内心的志向和偏好。对于职业选择来说，首先应该考虑的是自己的志向追求和职业偏好，或者说，要善于倾听心灵的声音，了解自己到底最在乎什么，第一价值观是什么，真正喜欢什么；然后，以此为基础，再来考量和选择相应的职业，这样才不会被外部的物质利益遮住眼睛，也才能排除各种外部诱惑，坚定地选择自己喜欢又能胜任的职业。任何职业的选择都要从内心出发，以心灵的声音为第一准则，这样才可能会有职业底线的坚守。这也正是孔子所说的"从吾所好"的深意所在。

7.12 子之所慎：齐①、战、疾。

【字词释义】

①齐：通"斋"，斋戒的意思。

【今文意译】

孔子平时慎重对待的事情是斋戒、战事、疾病。

【分析解读】

本章讲管理者面对不确定性时所应采取的"谨慎"态度。

在孔子所处时代，管理者缺乏相应知识而无法把握的事情很多，其中最重要的可能包括：祭祀活动、诸侯国间的战争、各种疾病。面对这些极其不确定的事情，管理者切忌不懂装懂、自以为是，也不可不计后果、盲目行动，毕竟管理者肩负的责任远远超越个人利益和安危。

这里需要说明的是，斋戒是祭祀活动前的"准备"，是为了表达对神和祖先的虔敬。若对斋戒活动不真诚、不慎重，则可能触犯神和祖先，从而带来不可预知的后果。因此，管理者在斋戒活动中必须慎重，这就像对待管理者同样缺乏知识、无法预知和把握后果的战争、疾病一样。

由此可见，孔子所慎重对待的三件事情，在当时都属于高度不确定性事件。这也充分体现出，儒家要求管理者在面对高度不确定性时所应采取的态度：高度重视、小心翼翼、一丝不苟。

管理精义

管理者总是要面对各种各样的不确定性，而不确定性之所以存在，恰因为人们缺乏相应知识。由于知识分布的不均衡，不确定性在不同个人和组织之间的分布也是不均衡的。不确定性的不均衡分布，创造出各种机会。直面不确定性，并有针对性地开发知识和策略，是个人和组织把握机会、创造价值的重要前提。态度决定行动。包括知识和策略开发在内的各种行动，都会受到管理者对不确定性态度的影响。在不确定性面前，管理者应有的态度是谨慎认真，以此为基础，才能更好地将仔细的研究与大胆的行动结合起来，以把握机会、创造价值。

7.13 子在齐闻《韶》，三月不知肉味，曰："不图①为乐之至于斯也！"

【字词释义】

①图：是会意字，本义指谋划而苦其难，这里引申为预计、预料的意思。

【今文意译】

孔子在齐国欣赏到《韶》乐，陶醉其中，竟长时间忘了肉的滋味，说道："没有料到做音乐可以达到这种境界啊！"

【分析解读】

本章用孔子在齐国听《韶》乐的体验，说明管理与乐理有着内在的相通性，体验音乐，也可以感悟管理。

联系第三篇第23章、第25章讲音乐的内容，可以发现，本章至少包括四层含义。首先，乐理通管理。《韶》之所以能让孔子如此陶醉，不仅在于音乐之美，更在于其社会教育功能，这就是孔子评价《韶》为"尽善尽美"的原因。音乐如此，管理也如此。真正的管理，不仅体现在岗位职责和组织绩效上，同样要有社会价值。

其次，要能体会《韶》乐中的美与善，需要欣赏者不仅懂音乐，还能理解音乐的社会价值，或者说，"尽善尽美"的音乐更需要有"知音"，而孔子正是这样的"知音"。要能达到这种"知音"的水平，没有长时间的训练和修养是不可能的。同样道理，要想真正理解做管理所具有的广义责任内涵，不经过自我管理和自我修养的长期训练，也是无法企及的。

第三，既然做音乐能达到像《韶》一样"尽善尽美"的境界，那么，做管理也同样可能达到"中庸之德"的至高境界，关键需要做管理的人执著追求，反复实践。

第四，一旦做管理达到了像做音乐一样的至高境界，管理者和被管理者同样会进入一种忘我状态，甚至于"三月不知肉味"，这就意味着超越了外部条件的束缚和个人利益的考量，真正陶醉于追求和践行管理之道中。

管理精义

管理意味着责任，而管理责任至少包括三个方面：岗位责任、组织责任和社会责任。这种广义的管理责任，对管理者的责任意识和综合素质提出了很高要求。在今天日益深化的专业分工背景下，管理职业的专业知识和技能要求也越来越细化。接受不断细化的专业知识和技能训练，固然是成为职业管理者的重要前提，但是，合格的管理者与优秀甚至卓越管理者的差距，可能主要不在专业知识和技能上，而在于内化的责任意识以及超越具体工作的综合素质上。这种责任意识和综合素质的形成，很大程度上又依赖于管理者的自我管理和自我修养的持续磨砺。

7.14 冉有曰："夫子为①卫君②乎？"子贡曰："诺。吾将问之。"入，曰："伯夷、叔齐何人也？"曰："古之贤人也。"曰："怨乎？"曰："求仁而得仁，又何怨？"出，曰："夫子不为也。"

【字词释义】

①为：是会意字，在甲骨文和金文中像人手牵象，意思是用象来协助人劳作，这里引申为帮助的意思。

②卫君：卫国国君出公，是卫灵公的孙子，灵公时所立世子蒯聩的儿子。当年灵公驱逐了所立世子蒯聩，灵公死后，立蒯聩的儿子辄为卫君，就是出公。

【今文意译】

冉有说:"先生会帮助卫国国君吗?"

子贡说:"好的。我去问问看。"

子贡到孔子屋里,问道:"伯夷、叔齐是什么样的人呢?"

孔子说:"古代的贤人啊。"

子贡又问:"他们有怨恨吗?"

孔子说:"他们追求仁爱的境界,并且达到了仁爱的境界,又怎么会怨恨呢?"

子贡从孔子屋里出来,说道:"先生不会帮助卫国国君。"

【分析解读】

本章用孔子在卫国的经历,说明管理者应将社会规范置于个人利益之上,不能因为报答个人恩惠而违背社会规范。

据记载,卫灵公时期,卫国世子蒯聩被父亲驱逐,流亡晋国。卫灵公去世后,卫灵公的孙子,也就是蒯聩的儿子继位,即卫出公。此时晋国却将蒯聩送了回来,而卫国拒绝接纳。作为儿子的卫出公,在父亲和王位的抉择上,选择了王位,抛弃了父亲,这就严重违背了儒家信奉的以亲情仁爱为核心的社会规范。当时恰逢孔子在卫国,卫出公给予孔子和他的学生很好的款待,因此,冉有才会有疑问,不知道孔子是否会因为卫出公的招待而站在他一边给予帮助。

针对这个疑问,子贡并不直接问孔子是否会帮助卫出公,而是故意询问伯夷、叔齐是什么样的人。其实,正如第五篇第22章所讲的那样,孔子平时经常用这两个人做榜样,说明遵从社会规范、以仁爱为本的重要性。子贡故意这样问,可能想看看孔子平时讲的和现在要做的是否一致。当孔子一如既往地肯定伯夷、叔齐在亲情与王位之间宁选亲情而去国的做法时,子贡自然就知道了孔子在卫出公拒绝接纳父亲这件事上的态度。

这充分说明,儒家强调仁爱是社会规范之本,而社会规范则是实施管理的前提,管理者应时刻遵从社会规范,绝不能因个人利益而违背社会规范。虽然卫出公帮助了孔子,但孔子绝不会违背社会规范去帮助卫出公。这就是孔子和儒家管理模式的底线。

管理精义

自我管理像组织管理一样,要遵循规则和规范,不能用规则和规范做交易。不因个人利益而损害规则和规范,应该是自我管理和组织管理的共同底线要求。只不过对这个底线要求的清醒认识和切实坚守,应该首先从自我管理做起;只有在自我管理中不断强化对底线要求的认识,并经受各种考验和磨砺,才能在组织管理中更有效地抵御外部诱惑,坚守内部底线,不做损害规则、规范和共同利益的事情。

7.15 子曰:"饭①疏②食,饮水,曲肱③而枕之,乐亦在其中矣。不义而富且贵,于我如浮云。"

【字词释义】

①饭:是形声字,这里是吃饭的意思。
②疏:是会意字,本义指清除阻塞,使之畅通,这里是稀薄、稀疏的意思。
③肱:是形声兼会意字,像一条弯着的胳膊,这里是手臂、胳膊的意思。

【今文意译】

孔子说:"吃淡饭、喝清水,弯起胳膊当枕头,乐在其中。不合规范得富贵,对我来说就像浮云一般。"

【分析解读】

本章解说管理者的自律和自我管理所应达到的境界。

孔子这段话充分表达了他的志向追求和行为操守。一方面,粗茶淡饭,枕臂而卧,乐在其中,说明孔子有更远大的志向追求,能超越眼前的物质条件,这正是自律和意志力的体现,不仅能抵御外在诱惑,还能自得其乐。当然,这里孔子并非喜好吃淡饭,喝清水,而是一旦有了更高的追求,便不在意粗茶淡饭,自然就超越了对此种境遇的关切。正像第六篇第9章讲到颜回时说"一箪食,一瓢饮,在陋巷,人不堪其忧,回也不改其乐"一样。

另一方面,正因为孔子有更高的志向追求,并将自己的志向融入社会规范之中,时刻践行社会规范,才能做到"不义而富且贵,于我如浮云"。这与本篇第11章所讲的"富而可求也,虽执鞭之士,吾亦为之。如不可求,从吾所好"意义相似,说的都是做管理并非为个人求富贵,个人的富贵应以符合社会规范为准,不符合社会规范的富贵,绝不是管理者所应追求的。

管理精义

组织总有兴衰浮沉的生命周期,做管理也不可能总是一帆风顺。管理者若平时不注重自我管理和自我修养的训练,培养起自律和意志力,当遭遇逆境时就可能灰心丧气,甚至放弃底线坚守,其结果不仅影响管理者个人的职业生涯,还有可能损害组织利益。当然,管理者日常的自我管理训练以及自律和意志力培养固然非常重要,但仍需要有外部规则和规范的激励约束,以及志同道合者之间的鼓励鞭策。只有将自我管理和自我修养、规则和规范设计、管理团队建设统一起来,才能让管理者的自我管理和组织管理相互支撑、良性发展。

7.16 子曰："加我数年，五十以学《易》，可以无大过矣。"

【今文意译】

孔子说："再给我几年工夫，到五十岁时学习《易》，就可以没有大过失了。"

【分析解读】

本章一方面说明终身学习的重要性，另一方面强调了管理学习要用人生经验去体会，特别涉及"中庸之德"时，更需要一种基于人生历练后的平衡艺术。

在当时，《易》被认为是最高深的学问之一，没有丰富的人生体验，无法领悟其中的奥妙，更无法用以指导工作和生活。只有当人生阅历积累到一定程度，再借助学习《易》这样的高深道理，才可能达到仁爱与智慧平衡的"中庸之德"境界。这时无论是"做人"还是做管理，自然不会有大过失。

当然，孔子这里所说的"无大过"，并不是"谨小慎微"、刻意避免犯错误的意思，而是指在"五十知天命"、有了丰富人生经验基础上，再加上深入的理论学习，将经验和理论有机结合起来，达到智慧与仁爱和谐统一之后，就不可能误判局势，出现方向性的大错误。

因此，这句话一方面体现了孔子终身学习，"学而不厌"的精神，另一方面也表明，只有将经验学习和理论知识相结合，才不容易犯经验主义的错误，也不会犯教条主义的过失。可以推断，在当时条件下，若没有丰富的人生阅历和体验，贸然学习《易》这样高深的理论，要么无法理解，一头雾水，要么一知半解，生搬硬套，一味地按照书本上的条文来指导实践，就会犯教条主义的错误；反之，若只迷信于自己的经验，到了五十岁这样的年龄，自以为"知天命"，就很容易故步自封，此时若没有理论学习对个人经验的校正和提升，则极易犯经验主义的错误。无论是教条主义还是经验主义，都会给做管理带来巨大危害。这不正是孔子所说的"大过"吗？

管理精义

在管理实践中，经验主义和教条主义是管理者最容易犯的两类错误。经验主义的具体表现是迷信经验和直觉，过度自信，习惯于使用已有成功惯例来应对各种变化，美其名曰"以不变应万变"。这种经验主义态度和做法，往往出现在人生阅历和管理经验都很丰富的管理者身上。但是，随着环境条件的变化，过去的成功以及由此产生的直觉和自信，恰恰有可能将这些阅历丰富的管理者带进经验的"滑铁卢"。

教条主义的具体表现是迷信书本和理论，依赖模型分析，热衷于用各种理论模型来分析各类变化，美其名曰"理性地应对变化"。这种教条主义态度和做法，往往出现在科班出身的年轻管理者身上。在变化的环境面前，刻板而机械地照搬书本上的理论模型，常常使这些管理者因陶醉于"纸上谈兵"和"沙盘推演"而落入理论的陷阱。

> 为了克服管理实践中经常出现的这两类错误，一方面，有经验的管理者更应注重理论学习，而有专业背景的管理者更应强化经验积累；另一方面，个体的终身学习和管理团队的互补性，就成为从根本上避免这两类错误的机制设计。也就是说，要在强化管理者个人的经验学习和理论学习基础上，构建团队学习机制，以不同管理者所拥有的经验和理论互补为基础，建立多样性管理团队，借助管理团队成员的知识和经验互补，来弥补个人知识和经验的不足。

7.17 子所雅①言，《诗》、《书》、执礼，皆雅言也。

【字词释义】

①雅：这里是向来、平素的意思。

【今文意译】

在孔子平时说话的时候，像《诗》、《书》、遵守礼仪等，都是经常谈论的主题。

【分析解读】

本章一方面说明，孔子将学习融入日常生活之中，言必称所学，过着一种学习导向的生活；另一方面也表明，管理无所不在，平时应注意对自己的言谈进行管理，毕竟语言是管理者的重要工具之一。

孔子在平常所谈论的，也正是他在培养管理者中所要传授的《诗》、《书》、礼仪等内容，这充分表明孔子过着一种学习和研究导向的生活，即便在日常生活中，也言必称《诗》、《书》等。这样才真正将所学同日常生活、工作融为一体，做到所思、所言、所行的一致，从而体现出作为德行之本的"诚"的要求。

另外，也正是这种"言必称所学"的状态，很好地反映了管理者的自我管理，也即对语言的刻意训练和有效管理。对于管理工作而言，包括书面语和口语在内的语言，是非常重要的基本工具之一，没有对语言的严谨、恰当而真诚的运用，管理的合理性和有效性都会大受影响。因此，在恪守"诚"的基础上，管理者必须运用所学，不断训练和提升语言水平。

管理精义

> 语言对管理者而言非常重要。为了有效运用语言，管理者平时需要强化语言训练，注意将管理学习、管理实践与日常生活联系起来，把理论知识运用于日常现象的分析、交流之中，并借此修正、完善、提升对知识和语言的理解，以更有效地沟通并指导实践，最终逐步达到所思、所言、所行日趋一致的境界。

7.18 叶公①问孔子于子路，子路不对。子曰："女奚不曰：其为人也，发愤忘食，乐以忘忧，不知老之将至云尔。"

【字词释义】

①叶公：楚国叶县地方长官沈诸梁，字子高，自称"叶公"。

【今文意译】

叶公向子路询问孔子的"为人"，子路不知如何回答。

孔子听说后，对子路说："你为什么不这样说：他的'为人'，发愤学习，竟忘了吃饭，乐在其中，都忘了忧愁，岁数越来越大，却浑然不知。"

【分析解读】

本章以孔子为例，进一步说明管理者所应该具有的"好学"态度和对信念的孜孜以求。

在第五篇第 27 章中，孔子说："十室之邑，必有忠信如丘者焉，不如丘之好学也。"本章则进一步阐明孔子"好学"的具体表现，这同时也是孔子在"做人"上不断自我修炼的生动写照。孔子一旦确立志向追求，则废寝忘食，自强不息，不断朝向"做人"的至高境界奋发精进，而且不管遇到怎样的艰难困苦，都能保持乐观向上，既不痛苦，也无忧伤，甚至年岁大了都浑然不觉。这种精神境界和学习状态，应该是每位致力于学管理的人都认真思考和体会的。根据儒家管理模式，管理者需要用自己的精神和行为去感召别人和激发别人；若管理者不能保持这样一种持续追求、乐观向上的态度，又如何做到"居其所而众星共之"呢？

管理精义

做管理，自然要影响别人。问题是，这种影响是正向的还是负向的，是源自外在职权还是发乎内心感召？实际上，即便是由职权而产生的正向影响力，要有效且持久，也必须与管理者内在精神和外在行为所产生的正向影响力相结合。管理者要有精神和行为上的正向影响力，就不能没有信念和态度上的执着坚定，行为上的持之以恒。不仅如此，还需要将管理者个人的精神和行为融入组织的价值观和行为规范之中，浑然一体，蔚然成风，潜移默化地影响人们。"润物细无声"般的影响力才是真正的影响力。

7.19　子曰："我非生而知之者，好古，敏以求之者也。"

【今文意译】

孔子说："我并非天生就懂得做人和做管理的道理，而是热爱传统，勤奋努力，执着追求，才达到这种境界的。"

【分析解读】

本章承接上章，继续以孔子为例，说明管理者后天勤勉学习和修养的重要性。

孔子这句话至少表达了三层意思。第一，做管理不是靠天生禀赋，而是依靠后天学习。第一句"我非生而知之者"中的"之"，可以理解为"做人"和做管理的道理。"做人"是做管理的前提，学管理要先学"做人"，其中的道理一脉相承，都要靠后天的认真修炼才能习得。

第二，要学习"做人"和做管理，就要热爱传统、尊重传统，这正是第二句"好古"中"古"的意义所在。若不能尊重传统，实际上也就否定了学习的作用；抛弃传统，剩下的只不过是个人经验的积累而已。包括社会规范在内的传统，不仅包含超越个人经验的"做人"和做管理之道，更重要的是，还具有使社会和组织得以维系的价值观和行为规范。难以想象的是，管理者不尊重传统，人们会心悦诚服地尊重和接受他的管理。

第三，在"做人"和做管理上的学习，必须勤奋努力，持之以恒，这也正是"敏以求之"的内涵。这里所表达的孔子的"好学"态度和持续努力学习，同第一篇讲管理学习的主旨是一致的。

> **管理精义**
>
> 做管理并不完全是为了展示管理者个人的才干，而是要发挥管理的应有功能，即：在辅助组织实现目标的同时，让每个组织成员得以各尽其能，在组织发展中体现自我价值。所以，管理工作重在创造机制、塑造文化、搭建平台，而这其中，文化关乎组织的长期可持续发展。正是共享愿景、共同价值观和行为规范这些文化的基本要素，构成了组织赖以传承和发展的传统或基因。传统带来秩序，秩序保证创新，创新促进发展。

7.20　子不语怪、力、乱、神。

【今文意译】

孔子平时不谈论怪异、武力、祸乱、神明。

【分析解读】

本章一方面说明管理者要做到"知之为知之，不知为不知"，不可不懂装懂，乱发议论；另一方面也告诫管理者，语言具有潜移默化影响人的功能，谈论正面主题，更容易激发出正面力量。

本篇第17章说的是孔子平时谈论什么，而本章则讲孔子平时不谈论什么。通过两节内容的对比不难发现，孔子不谈论的事，一方面可能是不确定的、无法给出合理说明的事，如各种怪异之事或涉及神明之事。既然说不清楚，管理者就应保持沉默，这便是第二篇第17章所讲的"知之为知之，不知为不知，是知也"的道理。为此，管理者所应恪守的基本原则是，对于知道而又能说清楚的事情，应努力说得清楚明白无歧义；对于不知道或说不清楚的事情，应该保持沉默。这是保证思言行一致性的重要前提，也是管理者具有自知之明，对所承担的管理角色负责任的重要表现。

另一方面，孔子平时不谈论的事情，又包括那些对他人或组织氛围有不利影响的事情，如武力和祸乱。儒家管理之道和管理模式强调"为政以德"而不崇尚武力，因此，要形成良好的文化氛围，就不应该忽视语言的潜移默化的影响力，特别是像各类祸乱之事，平时谈论越多，可能就越不利于形成尊重传统和秩序，追求可持续发展的组织气氛。也许正源于此，孔子平时谈论的都是儒家致力于弘扬的《诗》、《书》、礼仪等，而避免谈论怪、力、乱、神等与儒家管理模式不相容的事情。

管理精义

管理者平时的言谈主题，在组织中也具有重要的管理作用，甚至可以说，言谈本身就是一种管理，哪怕不是正式的演讲、报告或命令，只是非正式的随意交谈，都会影响人们对管理者和组织管理的理解，并潜移默化地影响组织氛围的形成。因此，管理者不能不对自己在组织中正式和非正式言谈的主题和方式保持警觉与慎重。

管理者应从组织和社会的文化价值观以及组织管理模式的要求出发，慎重选择言谈主题，而且要在日常谈论中恪守自知之明的原则，对于不了解、无根据、不确定的事情，不宜随兴、随口、随意言说。这不仅会给人留下不严谨的形象，更重要的是，这种对各类不确定乃至怪异之事的谈论，可能会转移组织的注意力，使人们热衷于追求各类诡异神秘力量，反而与组织的文化价值观渐行渐远。

7.21　子曰："三人行，必有我师焉：择其善者而从之，其不善者而改之。"

【今文意译】

孔子说："三人同行，必有可以学习的对象：选择好的方面学习，对于不好的方面则引以为戒或认真改正。"

【分析解读】

本章讲管理学习无时无处不在，自我管理的重要方面在于对学习本身的管理，即：时时处处都应该注意学习，并形成专注的学习习惯。

具体地说，孔子这句话可以从两方面来理解。首先，管理学习无时无处不在，即便偶尔遇到的同行之人，也可以从他们身上获取对自己有帮助的经验和知识。别人做得好的方面自不用说，即便做得不够好的地方，同样可以学习，一方面要引以为戒，避免犯同样的错误，另一方面也可以和对方切磋交流，既帮助他人修正了行为不恰当之处，也由此锻炼了自己的沟通和管理能力，这同时就是一种管理训练。这层含义既体现了第四篇第17章所讲的"见贤思齐，见不贤而内自省"的要求，又达到了管理者"己欲立而立人，己欲达而达人"的境界。

其次，孔子这句话还可以从团队或组织管理的角度来理解。这里的"三人行"可以理解为"团队或组织共事"或"团队或组织共同完成任务"。因为这里的"三人"，可以理解为泛指而非确指。既然是泛指，则可以看作一个由多人组成的团队或组织。严格来说，两人还不能代表团队或组织。因为两人的关系只是对偶关系，在共事过程中很可能各执己见，难以达成共识，也就无从形成体现团队或组织大多数人共同利益的"善"；只有当三人或以上时，才有可能出现多数对少数的状态，或者说，也才有可能在多重利益关系选择中，形成团队或组织的多数人利益，形成体现共同利益的"善"，也即团队或组织利益，以此为基础，才能建立起以团队或组织利益为标准对个体行为进行衡量的可能性。这也就是人们常说的基于共同利益的"善"与"不善"的行为标准。有了这样的标准，才能对团队或组织成员的行为进行衡量和判断。

因此，孔子这句话也可以进一步理解为，只要在团队或组织中，就一定有超越个人行为或好恶之上的共同准则或标准，这就是团队或组织的共同利益标准，也是团队或组织成员需要"师法"的最高标准。以此为基础，才能判断出什么是"善"的行为，必须遵从；什么是"不善"的行为，必须纠正。从这个角度来理解孔子这句话，也许更能体现出管理者在团队或组织中，以共同利益及其派生出的标准"为师"的基本要求。

管理精义

管理学习的对象丰富多彩，既可以是各种专业理论知识和丰富的历史案例素材，也可以是别人的榜样行为，还可以是其他组织的标杆做法，同样也包括各类组织和社会的规则、规范、典章、政策等。但是，面对各式各样的学习对象，取舍的标准却只有一个，那便是"以我为主"。当然，这里的"我"并非指管理者个人，而是指管理者所在的组织和社会的共同利益，即"善"。只有这种组织的"善"以及社会的"善"，才是管理学习的根本标准；以此为基础，也才能选择出什么是"善"的、需要学习的对象，哪些是"不善"的、需要改正或摒弃的地方。

7.22 子曰:"天生德于予,桓魋①其如予何?"

【字词释义】

①桓魋:宋国司马向魋,是宋桓公之后,又称桓魋。

【今文意译】

孔子说:"上天既然赋予我这样的德行,桓魋又能把我怎么样?"

【分析解读】

本章说明有德行的管理者自然会有自信,能做到临危不惧。

据记载,孔子经过宋国,桓魋想加害于孔子,学生们要孔子先走,孔子就说了这样的话。从孔子此话的背景来看,其隐含的意思在于,桓魋之所以要加害孔子,并不是因为他这个人,而是因为他的学说、思想和管理模式,这一切的核心又恰在于"做人"的德行,这正是孔子本人身体力行的儒家管理模式的本质所在。即便桓魋能伤害孔子这个人,却无法毁灭儒家以德行为核心的管理思想,更无损于孔子的德行。正因如此,孔子才说,我既然有这样的德行,而这样的德行又完全符合社会规范的要求,桓魋能奈我何?这也正体现了兼具仁爱和智慧的孔子,在威胁面前无所畏惧的精神风貌。

管理精义

管理者代表的是组织和利益相关者的利益。在管理过程中,由于职责所系,不可避免地会影响乃至触动一些人的利益,由此招致他人的怨气甚至忌恨。在这种情况下,管理者若是严格遵从组织和社会的规则和规范,以组织整体和未来利益为准绳,就问心无愧,无所畏惧。换句话说,管理职责的履行,只要行得正、做得端,符合社会和组织的"善"的要求,根本不会因人们的议论和威胁而受到伤害。其原因便在于,管理职责和管理角色,严格来说都是"非人格化"的,其本身无所谓"得罪人"或受人胁迫。实际上,做管理和广义"做人"一样,其本质都在于超越特定个人特征的"人格化"要求,成为一般化的组织和社会规范的表现形式。

7.23 子曰:"二三子①以我为隐乎?吾无隐乎尔。吾无行而不与二三子者,是丘也。"

【字词释义】

①二三子:这里指孔子的学生们。

【今文意译】

孔子说:"大家以为我有什么东西隐藏着不教给你们吗?我对你们没有什么隐藏。我每天都和你们在一起,这不就是我嘛。"

【分析解读】

本章讲解学"做人"和学管理贵在立体学习,不能仅从语言上下工夫,更要关注日常行为举止。

具体地说,孔子这句话可以从两个角度来理解。若从学生的角度来理解,这句话意在告诉学生们,学"做人"和学管理,都不能只满足于读书、听课、做笔记,仅从口头和书面语言上下工夫,以为知识和能力都是可以通过语言传授的;然而,"做人"和做管理的深层道理,往往是不可言说的,要从日常行为做法中去体察。因此,不能认为老师没有讲,就是有所隐藏,那是因为不可言说,难以说清楚,这就需要学生们学会"立体化学习",从日常行为中去观察、体会、模仿和践行,并在此基础上有所感悟,形成自己的行为特色。也许正源于此,孔子才在这句话中特别强调,"吾无行而不与二三子者,是丘也",其中专门突出了"行"的重要性。

若从老师的角度来理解,这句话进一步体现出孔子的"诚",即思言行的一致性。孔子日常的言谈举止光明磊落,没有丝毫隐藏,他的所思、所言和所行是一致的。关于这一点,可以联系本篇第17章、第20章、第21章、第22章等的内容来看。将这几章内容贯穿起来不难发现,孔子始终恪守"诚"的要求,将"做人"、做老师、做管理融为一体,以自己日常行为,实践着儒家管理之道。

管理精义

管理学习本质上是立体化的,不能只看到乃至迷信于口头或书面形式的知识传授,总希望老师或别人告知怎么做。实际上,管理实践中所蕴涵的知识,更多是意会知识或不可言说的知识,需要用心观察、实践和体会。即便别人告知的成功经验和方法,也未必能说得明白和完整,更不见得能匹配自己所在的管理情境。因此,学管理和做管理都贵在用心体察,善于立体化学习。

另外,既然管理过程中蕴涵着大量意会或不可言说的知识,而且,管理过程也是一个人才培养过程,那么,在很大程度上说,作为人才培养者的管理者,其身教更胜于言教。这就更突出了管理者在管理过程中保持思言行一致性的重要。这可能也是要强调管理者广义"做人"重要性的原因。没有管理者的"诚"或思言行一致,要正向影响组织成员,并形成良好的组织文化氛围,将是非常困难的,甚至还会造成组织中言行不一的氛围,从根本上动摇组织成员关于文化价值观的认同。

7.24 子以四教：文、行、忠、信。

【今文意译】

孔子的教育内容包括四个方面：知识能力、德行操守、尽己尽责、诚实守信。

【分析解读】

本章承接上章，进一步说明孔子的立体化教育模式，同时也再次突出了管理者立体化学习的重要性。

在儒家管理模式中，"文"包括与经典著作有关的知识以及与六艺有关的技能，这是当时条件下做管理必备的知识和技能；"行"主要指个人的德行操守，体现出的是"做人"方面的基本要求，离开了"做人"，管理知识和技能不仅难以有效运用，也很难学习和掌握到位，这也正是第一篇第6章所讲的"行有馀力，则以学文"的道理所在；另外，这里的"忠"、"信"则是管理职业规范和敬业精神，也就是社会规范在管理职业和管理工作中的具体体现，这与第一篇第4章所讲的"为人谋而不忠乎？与朋友交而不信乎"前后呼应，一脉相承。

由这四方面内容不难理解，孔子的教育既包括一般意义上的"做人"教育和私德修养，又包括从事管理职业的基本规范和公德要求，还包括从事管理工作所必备的专业知识和能力训练。这是立体化的管理教育体系和综合性的管理者培养模式，同第一篇第6章所讲的管理学习的三层次内涵是一致的。

对于这种立体化的管理教育内容来说，管理者在学习的时候，如果仅是从书面和口头语言的角度进行理解，那就过于狭窄，远远不够；必须从多角度、立体化进行学习。这既可以与本篇第6章"志于道，据于德，依于仁，游于艺"联系在一起，也可以与前几章关于孔子日常言谈行止以及相关的学习教诲相呼应，都充分体现了儒家管理教育的综合性和立体化特点。

管理精义

管理工作和管理责任具有广泛性和综合性，加之管理总是和权力运用相关，这就对管理者的素质及其培养提出了非常高的要求。一位合格的管理者，既要有管理专业知识和能力，更要具备广义"做人"以及管理职业规范和敬业精神的要求。为此，即便在职业化分工日益细化的今天，管理学习和管理者培养，也不能只关注于专业化知识教育和能力训练，而应更强调管理职业规范和敬业精神的培养乃至修炼，并且注意将现代广义"做人"的内涵，融入管理职业规范和敬业精神的训练过程里，从而让管理学习真正嵌入在关于社会公民、职业公民、组织公民和私人关系的合理且平衡的意识和能力的修养之中。

7.25　子曰："圣人，吾不得而见之矣；得见君子者，斯可矣。"子曰："善人，吾不得而见之矣；得见有恒者，斯可矣。亡①而为有，虚而为盈，约而为泰，难乎有恒矣。"

【字词释义】

①亡：通"无"，没有的意思。

【今文意译】

孔子说："作为完人的伟大管理者，我是没有机会见到了；能见到真正合格的管理者，也就可以了。"

孔子又说："达到公而忘私境界的管理者，我是没有机会见到了；能见到表里如一、持续追求共同利益的管理者，也就可以了。明明没有却掩饰为有，明明空虚却假作充实，明明窘迫却装扮安泰，这就很难做到表里如一了。"

【分析解读】

本章阐述管理者应表里如一，不能自我拔高，刻意做作。这是管理者自我管理的重要内容，集中体现了"诚"的根本要求。

孔子这两句话意在告诫管理者，切忌好高骛远，动辄便要追求"卓越"，要成为十全十美、像"圣人"一样的伟大管理者，而且热衷于高调道德，试图以"公而忘私"或"无私奉献"的光辉形象示人；殊不知，这样"人为"做作出来的伟大管理者形象是很难持久的，而且，这样做本身就严重违背了管理者所应有的"诚"的要求，不可避免地要自我拔高、表里不一了。因此，孔子才说，"得见君子，斯可以矣"，"得见有恒者，斯可矣"。这里的"君子"，指代的就是符合管理规范要求的合格管理者，"有恒者"则可以理解为表里如一、持续稳定地履行管理职责，追求共同利益的人。虽然这里的"君子"还不是"完人"或"圣人"，而"有恒者"也还没有达到"无私追求共同利益"或"善人"要求，但"君子"和"有恒者"却都是表里如一、真实自我的呈现者，是不断走在自我管理、自我修养进程中的人，不会"亡而为有，虚而为盈，约而为泰"。这才是自我管理所应努力追求的状态。

【管理精义】

管理者切忌运用组织权力和公共资源进行自我拔高和自我塑造，试图将自己包装成所谓"伟大管理者"。这样一来，表面上看形象高大完美，但终究经不起推敲和时间考验，总会有捉襟见肘的时候；等到表里不一、昭然若揭之后，"高大上"形象轰然倒塌，那时不仅损害管理者个人信誉，更会给组织带来难以挽回的损失。因此，管理者不仅要提醒自己，不能刻意自我拔高和自我塑造，还要时刻提防别人有意无意地对自己阿谀奉承和肆意吹捧。当然，管理者不进行自我拔高和自我塑造，并不等于不在日常生活和工作中进行持续的自我管理和自我修养。这种脚踏实地自我完善的过程，与刻意做作的"高调道德"完全是两回事。

7.26 子钓而不纲①，弋②不射宿③。

【字词释义】

①纲：是形声字，本义指网上的大绳，这里指在一根长绳上挂很多钓钩。

②弋：是象形字，本义指用系上丝绳的箭射飞鸟，这里是射猎的意思。

③宿：这里指栖息在巢中的鸟。

【今文意译】

孔子钓鱼，但不用长绳拴多个鱼钩钓鱼；孔子射飞鸟，但不射杀栖息在巢中的鸟。

【分析解读】

本章讲解仁爱的原则不仅体现在人与人的关系中，也应推广至人与物的关系中，管理者要做到有节制地使用资源。

当时钓鱼，既可以用单钩来钓，一次只钓一条鱼，也可以用多钩来钓，即把许多鱼钩拴在一只长绳上，一次可以钓很多鱼；而射杀鸟儿也一样，若射杀巢中的鸟，则可能一次获得一窝鸟或很多鸟蛋。但是，无论用多钩钓鱼，还是射杀巢中的鸟，都会超越所需，还有可能断绝了持续使用资源的可能性，就像竭泽而渔、杀鸡取卵一样。

孔子不用多钩钓鱼，不射杀巢中的鸟，在某种程度上，体现出儒家管理之道中的"仁爱"原则所蕴涵的可持续发展思想。也就是说，要适度节制对资源的使用，绝不能滥用资源，要尊重生物再生和发展规律，从而实现人与自然的和谐可持续发展。

管理精义

由于资源的稀缺性以及很多稀缺资源的不可再生性，管理者一定要有可持续发展的意识，并将其落实到日常做管理的点滴行为之中。其实，这种可持续发展意识，也是今天管理者广义的责任意识的重要组成部分，即对环境负责或环境保护的责任意识。要将这种可持续发展的责任意识落到实处，关键也要从管理者的自我约束和自我管理做起，其核心还在于由严谨自律所体现出来的自我节制。自我节制是管理者在广义的"做人"和做管理过程中，履行可持续发展责任的真正基础。

7.27 子曰:"盖①有不知而作②之者,我无是也。多闻,择其善者而从之,多见而识之。知之次也。"

【字词释义】

①盖:在这里是副词,表示推断、揣测。
②作:在这里既可以引申为创作的意思,也可以引申为制作的意思,两者都含有创新之意。

【今文意译】

孔子说:"可能有人不用学习就能创作或制作,我没有这样做过。多倾听,选择其中有价值的,付诸实践,多观察,默默记在心里。这样至少可以获得前人二手经验或知识。"

【分析解读】

本章指出,只有在充分掌握已有经验和知识的基础上,才能有效行动。

具体地说,孔子这句话包含两层意思。首先,人们不能强不知以为知,盲目妄作,或轻言创新。这无论是在知识上的著书立说或创设新理论,还是在行动上开创新事业,都是不恰当的。无知虽然可能无畏,但无畏并不一定意味着创新。要创新就必须"有知"。

其次,要做到真正"有知",仅靠获取别人的间接经验或已有知识还是不够的。"多闻"和"多见"充其量只是获得了次一级的"有知",而真正"有知"还需要亲自实践,在实践基础上体悟和提炼出真正适合自己的"真知"来,这种"真知"才是"作"或创新的坚实基础。

所以,这句话意在于告诫人们,"不知而作"实属不易,像孔子都难以做到。要想"有知而作",则要善于学习别人的间接经验,但仅此远远不够,因为这也只是做到了"有知",并不必然或自动转化为"作"。要真正做到"有知"而又能"作",还有赖于自己的实践;要学以致用,通过"干中学"来检验和凝练"真知",进而才能实现"作"或创新。

管理精义

管理者之于管理活动,不可能"生而知之"。若没有对管理活动的充分认知和深刻体悟,出于"无知无畏"而妄言所谓管理创新,实际上无异于"瞎折腾",其结果不仅不会给组织带来收益,反而会扰乱组织秩序,从根本上摧毁组织赖以创新的根基——文化和知识传统以及组织成员的创造力。

7.28 互乡①难与言。童子见，门人惑。子曰："与②其进也，不与其退也，唯何甚？人洁③己以进，与其洁也，不保其往也。"

【字词释义】

①互乡：地名，据说那里的人很难沟通。
②与：这里是赞许、帮助的意思。
③洁：这里是清洁的意思，可以引申为修身。

【今文意译】

互乡这个地方的人很难沟通。一位互乡少年与孔子见面交流，学生们都很纳闷。孔子解释说："要帮助别人进步，不要促使别人退步，这有什么不好理解的呢？别人修身以求进步，当然要给予赞许和帮助，而不要管他过去怎么样。"

【分析解读】

本章讲解管理者既要自我修养，又要帮助别人不断完善自我。

据记载，互乡这个地方风气不太好，居民很难打交道。当互乡一位少年与孔子见面交流后，学生们自然感到很纳闷：先生怎么会和互乡人沟通交流呢？对此，孔子的解释，一方面说明，不能用地方风俗来类型化地看待该地方所有的人。虽然人们形成了互乡人难沟通的印象，但并不意味着每位互乡人都不好沟通，特别是不能以这种"地方偏见"来看待正在成长中的青少年。孔子以此告诫学生们，切忌"类型化"的思维定式。

另一方面，也在于说明，即便互乡人的确难以沟通，但当他们主动要求见面交流时，这恰表明对方有改变原有形象和做法、寻求进步的内在动机和可能性，因此，也应该赞许并帮助别人实现进步，迈出自我改变的第一步，而不应该拒绝交流，那实际就等于关闭了他寻求进步之门，无异于促使他退步或退回到原有的行为模式。孔子以此提醒学生们，人们总是要通过修身和自我改变来寻求进步，此时来自外部的帮助和称赞是非常重要的，要看到别人进步的可能性，适时给予赞许和帮助，而不要管别人是在怎样的起点上做出改变，更不要追溯既往，说他过去如何如何。

管理精义

管理者除了自我管理和自我修养之外，更重要的职责是帮助组织成员共同进步，让大家都能通过自我管理和自我修养，在"做人"和做事上达到更高的境界。在这个过程中，管理者至少应遵循三条基本原则：

首先，管理者应尊重每个组织成员的独立人格和独特存在，而不能用简单的"类型化"方式来看待别人，将人们按照刻板的类型分成三六九等。

其次，管理者应本着鼓励和帮助进步的原则，从内心赞许组织成员每一个向上的改变,哪怕只是一个愿望或行为苗头,也应给予积极回应和支持,而不应拒之门外。

第三,对于组织成员的进步型改变,不应过于在意其改变的程度、起点,更不要在意其原来怎么样。向着组织目标所要求的改变总是可喜的,进步总会积少成多。

7.29 子曰:"仁远乎哉?我欲仁,斯仁至矣。"

【今文意译】

孔子说:"仁爱的境界遥远吗?我只要内心想追求仁爱境界,就能达到。"

【分析解读】

本章承接上章,继续阐述自我管理和自我修养的关键在于发乎内心,只要矢志追求,仁爱境界并不遥远。

孔子这句话表达出儒家管理模式的核心思想,即"仁"在心中就是"德",化"德"以"行"则可向外实施管理。因此,管理者要能实施有效管理,就应先修养自身德行,而修养德行也就是追求仁爱境界。只要内心真诚追求仁爱境界,经过持续努力就可以达到。这也可以与上章联系起来看,当人们内心产生了变化,有了相应的行为改变之后,管理者应积极赞许、帮助和促成这种改变,这样才能使组织和社会共同达致仁爱境界。

【管理精义】

管理者的内在追求,特别是信念和价值观的确立,是实施有效自我管理和自我修养的前提。管理者要确立明确的信念和第一价值观,就必须努力向内反思和追求,通过自我的检视、梳理乃至质疑和批判,才能明确自己到底认为什么是真正有价值的;当然,这种自我反思和批判也不能脱离所在的社会文化传统和正式规则体系,只有根植在规则和规范体系中的自我反思和批判才是可行的。通过这样的反思和批判所形成的信念和第一价值观,再经历行为的不断检验,才能成为管理者得以自我修养和自我管理的根基。

7.30 陈司败①问:"昭公②知礼乎?"孔子曰:"知礼。"孔子退,揖③巫马期④而进之,曰:"吾闻君子不党⑤,君子亦党乎?君取⑥于吴为同姓,谓之吴孟子。君而知礼,孰不知礼?"巫马期以告。子曰:"丘也幸,苟有过,人必知之。"

【字词释义】

①陈司败:陈国担任司寇的官员,这里的司败,是官名,也即司寇。

②昭公：鲁国国君，名裯。
③揖：这里指拱手行礼，以示邀请的意思。
④巫马期：孔子的学生，名施。
⑤党：这里是偏私、袒护的意思。
⑥取：通"娶"。

【今文意译】

陈国司寇问："鲁昭公懂得礼仪吗？"孔子说："懂得礼仪。"

等孔子离开了，陈国司寇请孔子学生巫马期过来，说道："我听说做管理要不偏袒才行，管理者也偏袒吗？作为鲁国国君，昭公娶了同姓的吴女为妻，以致鲁国人都戏称她为吴孟子。如果昭公懂得礼仪，那么，谁不懂得礼仪呢？"

巫马期将这番话转告了孔子。孔子说："我真幸运，只要有过错，别人必定会知道。"

【分析解读】

本章说明管理者应勇于承认错误，不偏私，不隐匿，不掩饰。

按照当时的礼仪规范，同姓不能通婚，而鲁国和吴国都是姬姓，鲁国国君依"礼"不能娶吴国公室女子为妻，因此，鲁昭公为了避讳，不称吴女为孟姬，称她为孟子，鲁国人则讥讽为"吴孟子"。陈国司寇虽然了解这个背景，但并不直接用此事来问孔子，而是笼统地问"昭公是否懂得礼仪"，面对这种一般化的问题，孔子可能出于对鲁国国君的尊重，便回答说"懂得礼仪"。

陈国司寇不用鲁昭公违"礼"娶吴女这件事来当面反驳孔子，而是将孔子的学生巫马期请来，以此事质疑儒家管理模式的基本原则之一"君子不党"。这里有一语双关的意思。一方面，说鲁昭公作为管理者违背礼仪规范，偏私而不正直，试图掩盖自己违"礼"之事；另一方面，也是说孔子替鲁昭公隐匿，明知鲁昭公违"礼"，还说他懂"礼"。

巫马期将此事告诉孔子后，孔子坦然面对，承认自己当时犯了错误，没有想到陈国司寇意指的是这件事情，并说自己很幸运，有错误别人就会随时指出，这样才能不断完善自己，提升"做人"和做管理的境界。

在这里，陈国司寇的用意，很可能是质疑乃至羞辱孔子及其倡导的儒家管理模式，而非善意地指出孔子的错误，但孔子并不推断和评论陈国司寇的动机和用意，而只是从事实和自己的行为出发，承认错误，感谢别人指出错误，并以此为幸事。这恰体现了孔子一贯倡导的"过则无惮改"的态度。

管理精义

管理者在与人交往时，应遵循的基本原则是：不推断别人的动机，不埋怨环境的不可把握，不怨天尤人，而只是从自我出发，有错即改，不断寻求自我管理和自我修养境界的提升。

7.31 子与人歌而善,必使反①之,而后和②之。

【字词释义】

①反:在这里是重复的意思。　　②和:在这里是响应,一起歌唱的意思。

【今文意译】

孔子和别人一起唱歌,发现某首歌具有激发人们向善的效果,就一定会让人们反复唱,自己也跟着唱。

【分析解读】

本章指出,管理者应注重运用不同手段来进行自我管理和自我修养,也要注意以此来教育和陶冶别人。

可以将本章的内容与第三篇第25章联系起来看。在儒家看来,音乐和礼仪一样,都是"做人"和做管理所必备的重要素质。孔子非常看重音乐所具有的促使人们向善的功能,在和别人一起唱歌时,不仅关注歌曲本身的优美,更关心它所能产生的社会效果。这表明孔子善于寓教于乐,运用各种手段来提升自己和他人的自我管理和自我修养水平。

管理精义

管理者需要抓住一切可能机会,既磨砺自我管理修养,又适时地引导组织成员不断提升对组织愿景和价值观的认同。如此一来,才有可能达到既不刻意强调组织文化,却又使组织文化潜移默化地发挥作用的效果。在组织文化发挥作用的地方,看似管理无为,却已进入无不为的境界。

7.32 子曰:"文,莫①吾犹人也。躬行君子,则吾未之有得。"

【字词释义】

①莫:在这里是大概、也许的意思。

【今文意译】

孔子说:"就管理知识而言,也许我和别人差不多。但说到做一名身体力行的管理者,我就没有什么心得了。"

【分析解读】

本章一方面体现了孔子的谦逊，另一方面也说明自我管理和组织管理是无止境的，管理者在"做人"和做管理上要自强不息，不懈追求。

具体地说，孔子这句话至少包含了三层意思。首先，就孔子个人而言，确实由于他实际担任鲁国管理职务的时间并不长，就组织管理实践经验来说不能算丰富，他主要以传授管理知识、培养管理者为业，因此，这句话的第一层意思，可以理解为实指自身的经历，并体现出对自我的清晰认识。这既是一种自知之明，也体现出孔子的谦逊。即便是管理知识，他也说"也许我和别人差不多"。

其次，这句话也可以理解为，孔子强调了管理知识和管理实践的差异，管理知识带有一定的普遍性，大家可以共有，只要学习，都能获得；但管理实践却因人而异，不同人的管理实践可能有很大差异，其心得也自然不同；而且如果没有管理实践，只有管理知识，则难以产生真正有价值的心得。因此，管理者只有管理知识是不够的，管理知识不会自动转化成管理能力和管理心得，必须通过管理实践，并从中深刻感悟，才有可能产生能力和心得。这也正是"学而时习之，不亦说乎"的道理。

第三，孔子这句话用自己的亲身体会，揭示出学管理永无止境的深刻内涵。像孔子这样达到很高"做人"和做管理境界的人，都说自己的管理知识大概和别人差不多，而管理实践经验和由此产生的心得还远远不够，更何况那些正在学习或实践管理的人呢？因此，孔子这段话也说明，学习管理、实践管理，是一个永无止境的过程，在这个过程中，需要管理学习者和实践者树立明确目标，执着追求，自强不息。

管理精义

管理者的自我管理和自我修养，关键在于自知之明，要清楚地认识到自己知识和经验乃至能力的局限性，然后不断地探索、追求，努力完善知识体系，丰富实践经验，提升管理能力。管理者对自身知识和能力局限性的清楚认识，不仅是个人的自知之明，也是组织清楚认识自身优势和劣势的具体表现。严格来说，没有管理者的自知之明，组织就不可能有自知之明，也会失去健康成长的文化基因。

7.33 子曰："若圣①与仁，则吾岂敢？抑②为之不厌，诲人不倦，则可谓云尔已矣。"公西华曰："正唯弟子不能学也。"

【字词释义】

①圣：在这里是智慧的意思。　　②抑：在这里是或者、还是的意思，表示选择。

【今文意译】

孔子说:"如果说智慧和仁爱,那我怎敢妄称?至于永不满足地追求智慧和仁爱,毫不懈怠地教给别人知识和技能,倒是可以这么说。"

公西华说:"这正是学生们所无法学到的呀。"

【分析解读】

本章承接上章,继续讲解自我管理和自我修养是一个永无止境的学习和追求过程。

孔子这番话并非只是一种谦辞,而是说智慧和仁爱的结合是"做人"和做管理的至高境界,是任何一个人都需要终生为之奋斗和追求的最高目标;而且,最重要的是对此目标的追求过程本身,至于是否达到此种至高境界,则不是自己可以说的,也不是同时代人所能评价的,需要由时间来检验。对个人而言,贵在追求,贵在实践,而不要计较是否已经达到这种境界。另外,管理者不仅要自己执着追求智慧与仁爱的统一,还要引导和教育别人共同追求这种境界。这也就是"为之不厌,诲人不倦"的内涵所在。只有做到了这一点,才能体现出儒家管理模式赋予管理的教育功能。

管理精义

做管理需要有理想,那是一种引领组织管理不断提升的至高境界。有了这种理想,即便当下组织管理取得了一定成绩,也自然不会因此而沾沾自喜,毕竟还有至高的境界在前面。与理想相比,这种成绩只能是阶段性成果。在瞬息万变的竞争环境中,组织一次乃至多次的成功并不意味着可持续成功,成功的经验可能蜕变成阻碍前进的障碍。只有确立起管理的至高境界作为理想,明确了组织的愿景目标,才能超越眼前的"成功幻觉",脚踏实地、持续不懈地执着追求下去。

7.34 子疾病,子路请祷。子曰:"有诸?"子路对曰:"有之。《诔》曰:'祷尔于上下神祇①。'"子曰:"丘之祷久矣。"

【字词释义】

①神祇:其中"神"是形声字,本义指天神,"祇"是形声字,本义指地神。"神祇"泛指天地神明。

【今文意译】

孔子患重病,子路请求代为祷告。孔子说:"有这样做的吗?"

子路回答说："有啊。《诔》文上说：'为你向天地神明祷告'。"

孔子说："我每天的所作所为就是在祷告啊。"

【分析解读】

本章说明管理者的自我管理和自我修养，要靠平时的日积月累，而不能寄希望于临时补救。

在当时，遇到困难，像生重病，向神明祷告很正常，而且，也有晚辈替长辈祷告，祈求神明保佑平安的做法。但是，孔子历来强调平常用功，反对事到临头祈求神明保佑，更反对以不诚之心欺瞒、贿赂神明以求取自身利益。因此，孔子平时既不谈论神明，如本篇第20章所讲的那样，又始终恪守"诚"，事事处处做到思言行一致。从日常身体力行地践行诚敬的角度来看，孔子相当于每天都在向神明祷告，并不断以此来反思和警示自己。有了这种平日的自我修养，又何必事到临头才祈求神明保佑呢？这就是为什么孔子对子路说"丘之祷久矣"的道理。其潜台词在于说明，真正的祷告就是平时持续自我管理和自我修养的训练；"神在心中"，只要从内心出发，以"诚"修养身心，就是在向神明祷告了。

管理精义

无论是自我管理还是组织管理，本质上都要用功于平常，个人和组织的综合素质和能力都离不开日积月累。那些寄希望于临时抱佛脚、毕其功于一役的组织和管理者，往往事与愿违。究其根本，还在于"时间压缩的不经济"。没有积累过程，就不会形成素质和能力；没有素质和能力，即便碰巧有结果，也不稳定、不持续。某些组织和管理者，经常是"其兴也勃，其亡也忽"，道理即在于此。

7.35　子曰："奢则不孙①，俭则固②。与其不孙也，宁固。"

【字词释义】

①孙：通"逊"，恭顺、谦逊的意思。　　②固：这里是固执、顽固、固陋的意思。

【今文意译】

孔子说："奢侈就会不谦逊，节俭又容易固执。与其不谦逊，宁可固执。"

【分析解读】

本章指出，自我管理忌讳不谦虚和固执，两者相比，不谦虚更要不得。

具体地说，孔子这句话包含了两层意思。首先，管理者的自我管理和自我修养不是在真空中发生的，总是离不开一定的物质条件。若物质条件奢侈或过分优越，则容易滋生自满和不谦虚的态度；若物质条件简陋或太过节俭，则容易局限视野和胸襟，形成固执或固陋的态度。因此，管理者平时自我管理和自我修养的物质条件以适中为好，既不可奢侈，也不宜简陋。

其次，若难以确保适中的物质条件，则宁可节俭也不宜奢侈。或者说，适中很难判断，也很难把握，那么，宁可节俭一些，也不可偏向奢华。之所以如此，关键在于管理工作的性质。管理者的权力来自于委托人或授权者，而且管理者所运用的资源也具有公共性。若管理者奢侈而不谦逊，则容易传递一种不良信号，即他可能滥用权力，使用公共资源满足个人享受，这就会让人们对管理者的信任大打折扣；若管理者节俭而固执，则可能会传递出一种艰苦奋斗、谨慎尽职的信号，虽然固执或固陋，但让人们更相信管理者会节俭地使用公共资源。更何况，日常的管理工作总是要与人打交道，尤其忌讳不谦逊。所以，相对于奢侈而不谦逊来说，节俭而固执，更像一种管理者的可信承诺，传递的是一种良性信号，也更符合儒家管理模式的要求。

管理精义

管理者要把握一种适度的工作和生活条件或待遇，实属不易。在现实的"俭"与"奢"的权衡中，偏向一端是常态，恰到好处却很难。因此，管理者应有的态度和做法是"宁俭勿奢"。由于权力和信息不对称，管理者的奢侈，在人们看来，总是会与过度"在职消费"甚至"腐败"联系在一起，这种信号传递会破坏组织信任，涣散组织氛围。另外，奢华的条件也会慢慢改变管理者的态度和行为方式，拉大管理者与组织成员之间的距离，在不经意间，就已经塑造出管理者高高在上、不谦逊甚至骄横的形象。这种不良信号传递和扭曲形象塑造一旦形成，无论管理者试图通过何种方式解释，都无济于事。毕竟管理者一旦习惯于奢华的条件，便很难由"奢"返"俭"；行为上不改变，只是口头解释，就更显得苍白无力，结果会越来越糟。这便是组织管理中典型的"奢侈综合征"。

7.36 子曰："君子坦荡荡，小人长戚①戚。"

【字词释义】

①戚：这里是忧愁的意思。

【今文意译】

孔子说："管理者重在自我管理，需要心胸宽广，超越私利；被管理者接受他人管理，常会忧心忡忡，患得患失。"

【分析解读】

本章借管理者与被管理者的比较，阐明了管理者自我管理的特征，以及管理者应该具有的对被管理者心理状态的理解。

孔子这句话首先在于说明，管理者作为标准和规范的制定者，同时又是公共资源的分配者，如果做不到心胸坦荡，以追求共同利益为目标，事事都从自我利益出发，斤斤计较，其结果必然扭曲标准和规范，导致公共资源分配不公、激励机制失效。在孔子所处时代，由于权力相对集中，既没有来自被管理者的监督，信息又不透明，管理者的自我管理和自我修养就显得更为重要；否则，在巨大的自由裁量权面前，管理者岂不要迷失自我，任意妄为了。

其次，孔子这句话也清楚地表明，在当时的历史条件下，被管理者完全处于被动状态，既没有知情权，也没有监督权，更别说参与到标准和规范的制定以及管理者的选择之中了。这使得被管理者的工作乃至命运无法掌握在自己手中，像工作好坏、收入多少、未来发展等，都不可避免地成为困扰被管理者的重要问题。因此，在这种完全被动和不确定的环境下，"长戚戚"就成为被管理者自然而然的心理状态。

在这里，孔子只是对比了当时社会分工状况下，管理者和被管理者可能有的心理状态或态度，其潜台词也许是告诫管理者，应该理解被管理者的处境和心理状态，用自己公正的管理工作，尽量减少被管理者在利益得不到保障情况下的无奈、忧愁和忐忑不安。

【管理精义】

管理者通过自我管理和自我修养，以达到"坦荡荡"的境界固然可贵，但为了保证组织成员的合法权益，使他们不必"长戚戚"，仅靠管理者个人境界的提升是远远不够的，必须建立有效的制度和机制，在保证权利安排合理、权力运用合法的基础上，形成制衡、透明、监督并行的组织结构，以使管理决策的广泛参与成为可能。只有通过制度规范、机制设计和自我管理的综合作用，才能从根本上保证组织中管理者都"坦荡荡"，被管理者不必"长戚戚"。

7.37 子温①而厉②，威③而不猛④，恭而安。

【字词释义】

①温：是形声字，本义为水名，即温水，在这里引申为平和、温柔的意思。

②厉：是形声字，本义是指质地粗硬的磨刀石，在这里引申为严肃、严厉的意思。

③威：是会意字，本义指威力、权势，在这里引申为威严、威望的意思。

④猛：是形声字，本义指健壮的狗，这里引申为凶猛、凶暴的意思。

【今文意译】

孔子平和而又严肃,威严而不粗暴,谦逊而又宁静。

【分析解读】

本章作为本篇的总结,用孔子的修养境界说明,管理者自我管理和自我修养所应达到的状态要求。

对于管理者的自我管理和自我修养而言,重要的是,要通过这样的修养过程,学会平衡两类角色,即个人的生活角色和管理的职业角色。孔子就很好地平衡了这两类角色。在日常生活中,孔子体现出的是平和、宁静、不粗暴;在管理实践中,孔子又做到了严肃、谦逊、有威严。这充分表明,做管理实践,就要从职业角色规范出发,切实履行职责,这其中虽然有"做人"的要求,但仍要把握住个人角色和管理角色的内在区别及其界限,不能因个人角色干扰管理角色;同样,过日常生活,就要从生活角色规范出发,尽到"做人"本分,切忌用管理角色扭曲个人角色,戴着"管理面具"生活。

管理精义

管理者自我管理的核心要义之一,在于"角色管理",关键是平衡管理角色和生活角色。虽然广义"做人"和做管理密不可分,甚至"做人"先于做管理,而且"做人"的社会角色范围更广,但这并不意味着"做人"的社会角色和做管理的职业角色完全重叠,以至于将"做人"与做管理等同起来。

将两类角色相等同,可能导致的极端结果是:在组织中扮演管理角色的人,在日常生活中也戴着"管理面具",总希望别人按照"管理头衔"来称呼自己、对待自己;而在管理工作中,则又总想着自己所承担的社会生活角色义务,以社会角色做管理,用管理职权办私事。

造成这种角色不清、公私不分的原因,除了制度规则和规范的因素外,就个人而言,便是缺乏有效的自我"角色管理"。管理者必须清楚不同角色的定位和范围,知道在什么情境下应该扮演什么角色,按照怎样的角色规范行动。自我"角色管理",是广义"做人"和做管理的根基所在。

泰伯第八

本篇导读

本篇讲"迂回式"管理。做管理，管理者总期望被管理者或组织成员具有符合组织目标和规范要求的行为表现。为此，大致可以有两条途径：一是直接要求被管理者怎么做，这似乎立竿见影，但行为的质量和可持续性却难以保证；二是引导被管理者认同目标和规范，慢慢形成内在是非、善恶标准，并达到相应的知识和技能要求，从而使行为结果水到渠成，这个过程看似费时长、见效慢，但由此达到的行为，不仅质量高，而且可持续，更重要的是，行为还具有主动性和"可遗传性"。上述第二条管理途径，是一种典型的由内在准则培育，到外在行为规范养成的"迂回式"管理途径，其关键在于管理者的职业素养及表率作用。如果管理者本人都不认同组织的目标和规范，那么，"迂回式"管理所赖以成立的教育功能就无法发挥出来。儒家管理模式所要倡导的，正是这样一种基于管理者职业素养的"迂回式"管理。本篇主要阐明"迂回式"管理的具体做法及其对管理者素养的基本要求。

本篇大致可以分为三个部分。第一部分涵盖第1章到第7章的内容，侧重讲解管理者的职业素养，包括德行要求和责任意识。其中，第1章强调管理者要超越个人利益，站在共同利益角度审视和履行管理职责；第2章阐明管理职业公德以规范为基础，并非单纯的个体化行为表现；第3章借子女对父母的责任隐喻，阐述管理者责任意识的具体要求；第4章讲解管理者的职责定位，并以此将管理者的职业公德和责任意识落到实处；第5章从管理职责特点出发，阐述管理者所应具备的宽容气度；第6章讲解管理职责对管理者的职业公德要求；第7章进一步阐明管理职责的意义。

第二部分包括第8章到第17章的内容，集中讲解"迂回式"管理途径及其对管理行为的具体要求。其中，第8章在重述儒家管理模式的基础上，明确提出"迂回式"管理途径；第9章说明"迂回式"管理重在"过程"而不是"结果"本身；第10章进一步强化"迂回式"管理途径对"过程"的关注；第11章分析"迂回式"管理途径对管理者素质的基本要求，表明职业公德要比职业才能更重要；第12章进一步阐明管理者遵循"迂回式"管理途径应超越眼前功利，专注于职业修养和人才培养过程；第13章解释管理职业的核心价值观及其对管理者职业选择的要求；第14章明确区分管理者个人角色与岗位角色，具体阐明管理职业规范；第15章用音乐演奏隐喻管理，强调各司其职对实施"迂回式"管理的重要性；第

16章具体阐述管理者职业素养的基本内涵；第17章讲解管理学习的特点及其内在动机来源。

第三部分由第18章到第21章构成，重点阐明最高管理者在实施"迂回式"管理中的重要作用。其中，第18章用舜禹做例子，说明最高管理者靠德行和才能获得职位，才能有效实施"迂回式"管理，发挥管理的教育功能；第19章以尧为例，提出评价管理者的三重标准，即德行、制度、功业，这也可以看作是衡量"迂回式"管理的有效性的根本标准；第20章用舜和周武王吸引和重用人才的例子，说明"迂回式"管理不是靠最高管理者亲力亲为的直接管理，而是通过发挥人才的作用来实现的间接管理；第21章以禹为例，阐明最高管理者"克己奉公"的职业公德是吸引人才、发挥人才作用，实现"迂回式"管理的基础。

"迂回式"管理途径的开拓和实施，关键不在于要求被管理者做什么，而在于通过管理者的感召和表率作用，让被管理者理解和认同组织的目标、规范和共同利益定位，进而自发地产生出有效行为。因此，"迂回式"管理的本质就在于：借助管理者"自我管理"的示范效应，激发被管理者的"自我管理"行为。

8.1 子曰："泰伯①，其可谓至德也已矣！三以天下让，民无得而称焉。"

【字词释义】

①泰伯：是周部落的创立者周太王的长子，他有两个弟弟，分别是仲雍和季历，而季历的儿子名昌，就是后来的周文王。泰伯知道三弟季历德才兼备，周太王也有意传位给季历。作为长子，泰伯主动离开周部落，以便让季历合法地继承王位。泰伯不仅坚定地让位于三弟季历，还隐居起来，使人们找不到他的行踪，无法称颂他。正是这种既让"位"又让"名"的行为，被孔子称为"至德"，即最高的德行。

【今文意译】

孔子说："泰伯真可谓达到了最高的德行境界啊！他再三让王位，还隐居起来，使人们无法称颂他。"

【分析解读】

本章用泰伯的故事，说明德行的本质在于超越自我，从共同利益角度来审视自己所扮演的角色。

在儒家管理模式中，"德"要以"诚"为本，而"诚"不仅要求自我的思言行一致，还要求自我的思言行与社会共同利益（即"善"）及其规范保持一致，而"至德"就是最高的德行境界，强调超越自我，完全融入共同利益及社会规范之中。

这种"至德"的境界并非刻意为之，而是一种自然而然的表现。其典型行为就是"让"，但这里的"让"，并不是一味谦让或盲目礼让，而是从共同利益出发，真正认识到有更合适的人或方案选择；或者说，把位子、利益让给他人或他人建议的选择方案，将更有利于实现共同利益。在这样的前提下，"让"就成了超越自我所能达到的智慧和仁爱相统一的最高德行境界。泰伯之所以让位于季历，完全是从部落共同利益角度考虑，并非以此谋求名声。这正是孔子称泰伯有"至德"的原因。

管理精义

由于管理角色的特殊性，管理者分析和思考问题的立足点，应该是组织共同利益而非个人利益。管理者既可以"当仁不让"，也可以"主动让贤"，还可以"举贤不避亲"，关键要看这样做的出发点，是基于组织利益还是个人利益，是从组织"大善"考量，还是从圈子"小善"出发。其实，衡量组织公私利益边界的尺度，存在于每位组织成员和利益相关者心里，也镶嵌在组织发展的历史坐标上。俗话说，"心里有杆秤，历史最公正"，说的就是这个道理。要使这个衡量尺度发挥作用，就要有机制让人们表达诉求，也要有耐心等历史发表看法。

8.2 子曰："恭而无礼则劳①，慎而无礼则葸②，勇而无礼则乱，直而无礼则绞③。君子笃于亲，则民兴于仁；故旧不遗，则民不偷④。"

【字词释义】

①劳：是会意字，表示时已入夜，但仍点燃灯火或篝火继续劳作，这里是费力、吃力的意思。

②葸：是形声字，这里是恐惧、畏缩的样子。

③绞：是会意兼形声字，本义指两根绳子相互绞着勒住脖子，这里是说话直率、急切的样子。

④偷：是形声字，本义指悄悄拿走别人的东西，这里可以引申为刻薄、不厚道的意思。

【今文意译】

孔子说："若没有规范，管理者越是勤勉敬业，越是劳民伤财，吃力不讨好；若没有规范，管理者的小心谨慎，就会变成胆小怕事，畏缩不前；若没有规范，管理者敢于做事，便和肆意妄为没有分别，反而会导致混乱无序；若没有规范，管理者的耿忠直率，就会变成意气用事，欲速不达。管理者若能谨遵孝悌，人们自然就会有仁爱之心；管理者若能尊重传统，人们自然就会有厚道之行。"

【分析解读】

本章承接上章,继续说明管理职业特点要求管理者必须超越个人角色,恪守职业规范。

在孔子这段话里,"无礼"就是没有规范或不讲规范的意思。在儒家管理模式下,管理者的德行并非完全个人化的,而是必须符合"礼"或以仁爱为核心的社会规范的要求。只有这样,才能达到"上行下效"的管理效果。否则,看似很好的个人德行,如恭、慎、勇、直,在管理中都会造成相反的结果,也就是说,个人的"私德"并不能自动保证管理的有效性。虽然"德行"是儒家管理模式的前提,但是,"道之以德"必须与"齐之以礼"相匹配,失去了"礼"这种社会规范,个人"私德"在管理中可能会导致意想不到的结果。

当然,管理者若能恪守规范,以身作则,既遵行孝悌,又不遗故旧,那么,人们自然就会仁爱和敦厚。这也正是儒家管理模式"道之以德"、"齐之以礼"的集中体现。

管理精义

管理者的个人德行并不必然保证管理行为的有效性,作为一种职业的管理,还有其职业规则、规范和公德的必然要求。管理者的个人私德若不能和职业规范及公德相结合,则会带来意想不到的相反效果。

在今天的各类组织中,人们也经常会看到那些勤勤恳恳、任劳任怨、勇于担当、不断奋进的管理者身影,但是这些管理者的个人努力,在大多数情况下,并没有转化成组织的有效性和组织成员及利益相关者的满意度。在这样的组织中,人们有时甚至怨声载道,却又敢怒不敢言;一旦离开了管理者,大家就不知道应该做什么。这样的组织看似轰轰烈烈,实则危机四伏。究其根本原因,就在于没有建立起真正超越管理者个人特征之上的规则和规范。管理者本人的言行就成了规则和规范。在这种情况下,哪怕管理者个人私德再高,能力再突出,也不能保证组织的可持续发展。组织之所以为组织,管理之所以为一种职业,其赖以存在的基础正是超越管理者个人之上的规则和规范。

8.3 曾子有疾,召门弟子曰:"启①予足,启予手!《诗》云:'战战兢兢,如临深渊,如履薄冰'。而今而后,吾知免夫!小子!"

【字词释义】

①启:在这里是视、看的意思。

【今文意译】

曾子生病,叫他的学生们过来,说道:"看看我的脚!看看我的手!《诗经》上说:'战战兢兢,如临深渊,如履薄冰'。若此后我一病不起,则终于可以免除这份责任了!你们当谨记!"

【分析解读】

本章借父母与子女之间的关系，比喻管理者所肩负的责任及由此所应具备的责任意识。

曾子以恪守孝道著称。根据儒家传统，"身体发肤，受之父母，不敢毁伤"，曾子又说："父母全而生之，子全而归之，可谓孝矣。"另外，儒家又经常以父母与子女的关系来比喻委托人与代理人的关系，认为作为代理人的管理者，其与委托人的关系，就与子女同父母的关系相类似。因此，可以推断，曾子自感病重，召集学生们说这段话，并非只讲"孝"，也是借讲"孝"，即子女对父母养育并托付给自己的身体责任，来说明管理者对委托人所应具有的责任意识和责任担负。

做子女的在平日里要保护好自己的身体，因为身体来自于父母，是父母托付给自己照看和保管的，直到生命的终结，要将完好无损的身体再交还给父母，这才算尽到了做子女的责任，也即"孝"。在人的一生中，都肩负着来自父母给予的责任，有了这份责任意识，自然就会像《诗经》上说的那样，"战战兢兢，如临深渊，如履薄冰"，直到死时，方能放下这份责任。

对于管理者的责任而言，道理是一样的。只要担任了管理者，就不可避免地承接了委托人的责任托付，也就需要承诺；在从事管理过程中，时刻保护好委托人的利益，不仅不使其损伤，还要使其增值。这种责任意识对于管理者而言，同样会使他在整个职业生涯里"战战兢兢，如临深渊，如履薄冰"，只有当职业生涯终结时，才能如释重负。

管理精义

管理者作为代理人，肩负着委托人或组织利益相关者赋予的责任；也就是说，管理者不只是对自己负责，更要对组织及利益相关者乃至社会负责。正是这种更广、更大、更长远的责任要求，使管理者必须具有更强的责任意识，时刻将这份广义的责任牢记心中，并落实到行动上。这也正是管理职业的本质特征所在。从这个意义上说，管理的本质是责任，管理者的敬业精神首先体现在毫不懈怠的广义责任意识上。不管是什么类型组织的管理者，超越个人及私人圈子之上的广义责任意识，都是从事管理工作所必须具备的基本素质。接受了管理岗位，也就意味着对这份责任做出了承诺，接下来在自己的职业生涯中就必须恪守和践行承诺。

8.4 曾子有疾，孟敬子①问之。曾子言曰："鸟之将死，其鸣也哀；人之将死，其言也善。君子所贵乎道者三：动容貌，斯远暴慢②矣；正颜色，斯近信矣；出辞气，斯远鄙倍③矣。笾豆④之事，则有司⑤存。"

【字词释义】

①孟敬子：鲁国大夫仲孙氏，名捷。　　②暴慢：在这里是粗鲁、傲慢的意思。

③鄙倍：其中，"鄙"是小看、轻视的意思；倍同"背"，是背弃、叛变的意思。

④笾豆：其中，"笾"是指古代祭祀和宴会时盛食品的一种竹器，"豆"也是古代一种食器、祭器，形似高脚盘，有的还有盖子。"笾豆"指礼器，在这里引申为具体操作事务。

⑤有司：这里指专门负责具体事务的岗位。

【今文意译】

曾子生病，孟敬子来探望。曾子说道："鸟之将死，其鸣也哀；人之将死，其言也善。管理者所要奉行的管理之道，关键在于三个方面：在日常行为举止上，注意姿势神态，便可远离粗鲁傲慢；端正表情态度，便可做到诚实守信；留心言语声气，便可避免轻视背弃。至于那些具体的操作事务，则可以由专门负责这些事务的人来处理。"

【分析解读】

本章专门讲解管理者的职业定位，以便将管理职业规范和敬业精神落到实处。

曾子在这里所讲的，是关于做管理的肺腑之言，也是儒家对管理者的基本职责要求。这实际上就是第一篇第4章曾子所讲的"忠信习"的具体化。也就是说，管理者所要关注的，主要是处理好与委托人、同事和下属的关系。

在处理与委托人关系时，管理者所要恪守的是"忠"，即尽己尽责的原则，而该原则在日常行为举止中的具体表现，就是面对委托人时要避免粗鲁和傲慢，这就要求管理者注意姿势神态。管理者若不希望委托人对自己粗鲁、傲慢，那么，自己就要首先注意姿势神态。

在与同事交往中，管理者所要恪守的是"信"，即诚实守信的原则，其在日常行为举止上的具体表现，就是面对同事时要有端正的表情态度，这种表里如一的行为举止，就能很好地体现出诚实守信的内在品行，久而久之，在人们的互动交往中，"信"的氛围也就建立起来了。

在与下属的交往中，管理者总希望下属有执行力，即能做到"习"或身体力行，但实际上，管理者自身首先要做到对上级的命令和任务有执行力，这样才能给自己的下属示范。换句话说，无论是谁，都不希望自己被轻视和背弃，那么，管理者就要在日常行为举止中留心自己的言语声气，不要让别人感到被冒犯、被轻视和不服从。如此一来，在人际互动中，就可以避免互相看不起、不愿意合作的情况发生，而执行力或"习"自然就提升了。

当然，上述三个方面并非决然分开，而是整合在一起的。也就是说，管理者无论是对委托人、同事还是下属，这三方面要求，本质上是一致的。管理者对委托人要注意"动容貌、正颜色、出辞气"，对同事和下属也一样。曾子在这里虽然是分开来说的，但其本身已经包含着整合的意义。

管理者处理好了人际关系，至于具体事务，自然有专门岗位的人来处理。根据曾子的观点，管理者的首要职责是处理人与人之间的关系，而不是做具体事情。

> **管理精义**
>
> 处理人与人之间的关系，是管理工作的重要方面，也可以说是非常基础的方面。管理者在处理人际关系时，除了依据正式的规则体系和非正式的文化规范，来保证人与人之间公平的利益分配、共享的愿景追求之外，还应留意自己的姿态、神情、言辞等看似平常，甚至与正式管理活动关系不大的细节。正是这些细节，潜移默化地塑造着组织交往氛围，影响着组织成员的态度和行为。

8.5 曾子曰："以能问于不能，以多问于寡；有若无，实若虚，犯①而不校②；昔者吾友③尝从事于斯矣。"

【字词释义】

①犯：这里是冒犯、侵害的意思。
②校：这里是计较、计算的意思。
③吾友：据说是指颜回。

【今文意译】

曾子说："向那些看似才能比自己低、知识比自己少的人请教；有就像没有，实就像虚空，别人冒犯也不计较；我昔日的同学就曾在这方面持续努力。"

【分析解读】

本章讲解管理者的岗位职责特点及其对管理者宽容气度的要求。

与上章联系起来，不难理解，在儒家看来，管理者的职责不在于做具体事务，而在于处理不同类型人与人之间的关系，并对组织整体和长远发展负责，这也正是"君子不器"的含义所在。但是，由于术业有专攻，在组织中，即便是层级最低的工作岗位，也有其专门的知识和能力要求，因此，本质上很难用同一个尺度来衡量所有人的能力和知识。如果硬要依据在组织中的层级高低，来区分能力高下和知识多寡，那么，管理者首先应该有这样的意识，即知道自己是无知的，这样才能主动向层级比自己低、因而看似能力和知识比自己低的人请教。只有如此，管理者才有可能更全面地理解和把握组织的整体和未来。这也正是"三人行而必有我师"的道理。

其次，管理者也必须清醒地认识到，能力和知识都是相对的，而且处在不断发展变化之中；适用于这个岗位的知识和能力，不一定适用于另外的岗位，现在有效的知识和能力，未来不一定还有效。因此，有无、实虚总是在不断转换之中，在组织和管理情境中没有恒定的"有"或"实"。

最后，如果管理者真的能时刻认识到自己的无知，并用发展变化的眼光看待人和事，自然就会超越个人的利害得失，从组织的共同利益视角看问题，真正做到"犯而不校"了。

在曾子看来，只有颜回一直在这方面努力，并真正超越了自我，达到忘我而又宽容的管理气度。

管理精义

由于组织的层级特征，人们会不自觉地将处于不同层级的人的知识和能力，同他所在的层级位置等同起来，以致形成所谓层级越高的人能力越强、知识越多的错觉。这种"层级错觉"最容易发生在管理者身上，毕竟管理者的层级敏感性更强。对管理者来说，好像随着职位的晋升，自身的知识和能力自然也就同步增长一样。时间一长，职位越高的管理者，往往自我感觉越良好，再加之别人的逢迎追捧，管理者就容易失去自知之明，不仅不愿意虚心向别人，尤其是下属求教，更可能失去宽容的气度，自以为永远正确，无所不知，容不得半点不同意见和观点，稍遇冒犯，哪怕仅仅是自我感觉被冒犯，便耿耿于怀，睚眦必报。这样的管理者完全被"层级错觉"迷住了眼睛乃至心窍，且莫说虚心和宽容的气度，即便是自知之明也荡然无存。这样的管理者自然无法超越自我，更无法真正从组织共同利益的角度考虑问题。

8.6　曾子曰："可以托六尺之孤①，可以寄百里之命②，临大节③而不可夺也。君子人与？君子人也。"

【字词释义】

①托六尺之孤：古时候用身长指代年龄，通常两岁半为一尺，五尺是十二岁以上，十五岁则称六尺，意思是尚未成年，而"托孤"则是受命辅佐年幼的君王，这也是古代管理者所接受的最重大的责任托付。

②寄百里之命：其中，"寄"在这里是委托的意思，"百里"意指国家，"命"是政令的意思，这句话是指将国家的政令和管理委托给管理者。

③大节：这里指像生死存亡这样的关键时刻。

【今文意译】

曾子说："可以托付未成年的孤儿，能够委以管理国家的重任，即便在生死存亡的关键时刻，也不改变承诺。这样的人是管理者吗？这才是真正的管理者啊。"

【分析解读】

本章讲管理者所应具备的责任意识和职业操守。

可以将本章与本篇第 3 章联系起来理解。第 3 章用父母养育和托付身体做隐喻,讲了管理者日常行为中的责任意识和应有的慎重态度,而本章则直言管理者在面对最重大的责任托付,如辅幼君和摄国政的时候,所应该具备的责任意识和行为操守,这就是:即便到了生死存亡的危急时刻,也应坚守承诺,不改操行。这才是管理者所应有的职业操守,其核心就在于践行承诺,绝不辜负委托人的信任和托付。

管理精义

管理责任中既包括委托人的信任,又体现着管理者的承诺。不辜负委托人的信任,义无反顾地履行承诺,是管理职业操守的必然要求。管理者无论是在日常管理实践中的决策,还是面临特殊而关键时刻的抉择,都应时刻牢记这份责任,不计较个人荣辱得失,勇于担当,坚定前行。

8.7 曾子曰:"士不可以不弘①毅②,任重而道远。仁以为己任,不亦重乎?死而后已,不亦远乎?"

【字词释义】

①弘:是形声字,本义指弓弦拉开后弹回时的声音,这里引申为广大、宏大的意思。

②毅:这里是坚韧、坚强的意思。

【今文意译】

曾子说:"学管理的人,不可以不心胸宽广、意志坚强,因为做管理任重而道远。做管理,要以仁爱和共同利益为己任,难道责任不重大吗?做管理,需要鞠躬尽瘁、死而后已,难道路途不遥远吗?"

【分析解读】

本章承接上章,说明管理者为了履行所承担的责任,必须具备的基本素质要求。

前几章用曾子的话,阐明了管理的责任及其对管理者的具体要求,本章继续用曾子的话,告诫那些学管理、准备做管理的人,必须有充分的心理准备,要知道做管理不仅责任重大,而且路途遥远,需要付出艰辛努力,并要持之以恒才行。做管理之所以责任重大,因为它追求的是共同福祉和仁爱境界,做管理之所以路途遥远,因为良好组织的生命周期远远超出个人的职业生涯，对共同利益和仁爱境界的追求是无止境的。因此，学管理而准备成为管理者的人，必须具备宽广的心胸，从而超越个人狭隘的利益诉求，才能以仁和善为己任；同时又应该有坚强的意志，从而克服各种可能的艰难困苦，才能真正做到为了组织及其利益相关者的福祉努力奋斗，死而后已。这也正是儒家培养管理者的使命所系和必然要求。

> **管理精义**
>
> 管理者的教育和培养，关键在于敬业精神，其中最重要的是管理者责任意识的养成。要培养管理者的责任意识，关键环节之一在于开阔心胸，磨砺意志，以使管理者拥有承担更大管理责任的志向和目标追求，以及不为各种困难和诱惑所屈服的意志力。这就需要从日常事务做起，以逐渐形成管理者宽广心胸和坚强意志。

8.8 子曰："兴于《诗》，立于礼，成于乐。"

【今文意译】

孔子说："对于管理而言，可以从《诗经》开始，通过礼仪来确立，借助音乐来完成。"

【分析解读】

本章用《诗经》和音乐做隐喻，进一步阐述了儒家管理模式，并提出"迂回式"管理理念。

可以将本章与第二篇第1章至第3章的内容联系起来看。第二篇的前三章提出了儒家管理之道和管理模式，其中"德"之本在"诚"，而关于"诚"的内涵，孔子是借《诗经》的隐喻来阐述的，即："《诗》三百，一言以蔽之，'思无邪'"，由此明确了"诚"为"德"本的核心思想。接下来则明确提出了管理模式的三方面内涵，即"道之以德，齐之以礼，有耻且格"。在这三方面内涵中，"德"是管理赖以实施的前提，"礼"是管理职权得以确立的依据，"耻"和"格"则是管理所要达到的由内而外影响别人的效果。在本章中，孔子又借《诗经》、礼仪和音乐，对儒家管理模式的这三方面内涵做了更进一步阐述，并明确提出儒家管理的"迂回式"途径。

以往人们常将本章的内容理解为讲述一般教育过程，即从《诗经》开始，接着是礼仪规范，然后是音乐教育。但是，如果联系儒家管理模式的三方面内涵来看，则不难发现，本章同样具有重要的管理内涵。孔子这句话可以理解为，若要将儒家管理模式落到实处，就要先从管理者的德行修养开始，而德行的核心在"诚"，其意义恰可以通过《诗经》最直观而有效地表达出来，由此就可以更明确地理解和践行"道之以德"。

其次，为了确立管理权威并发挥作用，儒家更突出社会规范而不是刑罚的重要性，因此强调"齐之以礼"。要做到"齐之以礼"，则必须先明确"礼"的基础地位，并以"礼"为基础确立管理职权及其应用的合法性与合"礼"性。这样管理才有可能真正发挥作用。

最后,儒家管理模式所要达到的效果,是由内而外地影响别人,而不是像法家那样只是要求别人在表面行为上服从,为此,必须有一个潜移默化的教育过程,这就像音乐对人的陶冶一样。这也正是"有耻且格"的意义所在。

另外,透过儒家管理模式的三方面内涵以及孔子用《诗经》和音乐的隐喻,也不难理解,孔子在这里所倡导的,是一种"迂回式"的间接管理,而不是干预式的直接管理。孔子希望借助《诗经》、礼仪和音乐的感染和陶冶力量,不仅使管理者率先形成以"诚"为核心的德行、尊"礼"而行,而且使被管理者借助这种力量,并通过管理者的感召和示范,达到由内而外的"自我管理"、自觉行动的目的。

管理精义

"迂回式"管理看似间接,甚至走了"弯路",但在多数情况下,却比直接管理、走捷径的效果更好。究其原因,可能"迂回式"管理更注重过程,尤其是在这个过程中,组织成员的认同和素养的形成。这个过程看似花费了时间,显得不如直接告诉组织成员应该怎么做更经济、更有效率,但是,一旦完成了这个对组织成员的熏陶和培养过程,那些具备更强的组织认同,并具有更好的知识和能力基础的组织成员,会自然而然、由内而外地自觉、高效完成组织任务,甚至不需要任何人为的干预或管理。这样一来,岂不是"事半功倍"?在今天知识经济时代,"迂回式"管理可能才是真正有效的管理。

8.9 子曰:"民可使由①之,不可使知之。"

【字词释义】

①由:这里是经历、经过的意思。

【今文意译】

孔子说:"可以让人们经历过程,却不宜直接告诉人们结果。"

【分析解读】

本章承接上章,继续讲解"迂回式"管理的关键在于过程,而不是结果本身。

根据儒家管理模式,管理所要达到的效果是"有耻且格",因此,管理过程本身也就是一个教育过程,其目的不仅在于达成结果,更重要的是"教育"人们,提升人们的境界。这就需要管理者注重"过程"而不单纯是"结果"。只有借助"过程",才能实现管理的教育功能。这就是儒家要通过《诗经》、礼仪和音乐来实施管理的原因。

为此，在实施管理时，就不宜直接告知人们所要达到的"结果"，而要人们亲身体验整个过程，进而从过程中得到身心和意志的陶冶、磨砺；只有当人们的境界提升了，才能水到渠成地达至结果，并真正领会到"结果"的价值。这就像登山看风景一样，对于没有登上山顶的人来说，只是向他描绘山顶的风景，意义并不大。他虽然可以记住并复述，甚至可以复述得活灵活现，但没有经历登山的过程，没有体会到不同层次上景色的变化，并在山顶上亲眼看到那种壮阔；这种只是来自别人转述的关于"山顶风景"的"知"并不真切，只不过是为完成任务而复述别人的"结果"而已；虽然表面上看似完成了任务，达到了描述"山顶风景"的"结果"，但不经历登山的过程，不仅体会不到这个"结果"的真意，而且，身心没有经历登山的磨炼，也就没有任何改变和境界的提升。

在孔子看来，管理也一样。如果不让人们去亲身体验《诗经》、礼仪、音乐，并从中体会出相应的管理和社会意义，而只是由别人告知或讲解其中的意义，然后记住结果，看上去也"知道"了，但这种不经历过程的"知"，并不是真正的"知"。基于此，则容易理解孔子在这里所说的"不可使知之"，其所要表达的含义是不可使不经历过程而直接"知"结果。

管理精义

在组织中，管理的重要作用之一在于培养人，这不仅指培养后备管理者，更指培养广义的"组织人"，即：将一般意义上的"社会人"，通过组织和管理实践，培养成"组织人"。这样才能保证组织一代一代传承下去，让组织生命周期远远超过个体的生命周期。可以说，管理的教育功能，或者称为"组织人"的培养功能，是组织得以基业长青的前提。要发挥管理的教育功能，就离不开重"过程"的迂回式管理原则。

只注重结果而不关心过程的管理，其最大的危害，可能就在于舍弃了过程中最重要的溢出效应，那便是"组织人"的培养。只注重结果，看似省心省力，只需要告诉人们所要达到的结果即可，但由此可能造成的不仅是关于组织认同的缺失，还可能形成功利化氛围，使得"结果会自动证明手段的合法性"这种观念流行开来，不知不觉中培养出一种"为达目的，不择手段"的风气，这将从根本上危及组织的可持续发展。

当然，重"过程"的迂回式管理原则，并不意味着"事无巨细"的过程管理，更不意味着由管理者包办组织成员一切工作指导乃至完成任务的具体方法；相反，管理者鼓励组织成员自己探索、亲身经历，而不要依赖现成的方法和由别人告知结果是怎样的。迂回式管理所要鼓励的，正是自由探索的"过程"。这也恰是"由之"才能更好地"知之"的道理所在。

8.10 子曰："好勇疾①贫，乱也。人而不仁，疾之已甚，乱也。"

【字词释义】

①疾：这里是痛恨、憎恶的意思。

【今文意译】

孔子说:"如果人们崇尚勇武而又憎恶贫穷,社会就容易产生动荡。如果人们对不讲仁爱的人憎恶至极,社会也容易产生动荡。"

【分析解读】

本章用造成"乱"或动荡这一结果的不同原因或过程,继续阐明管理要关注过程,而不能只看结果。

在这里,孔子举了一个典型例子,用以说明,同样的结果可能有完全不同的原因和过程。对于管理者而言,组织和社会的动荡都是不希望看到的结果,但动荡可能是人们"好勇疾贫"而不安于现状造成的,也可能是人们"疾恶如仇"而不能容忍丝毫邪恶造成的,因此,要防止"动荡",就必须对症下药,区别对待产生"动荡"的不同原因和过程,而不能针对结果,采取一刀切的做法。

根据儒家"迂回式"管理途径,当发挥出管理的教育功能之后,就可以从根本上防止"动荡"。利用管理的教育功能,不仅可以引导人们向"善",改变"好勇疾贫"的状态和"人而不仁"的状态;更重要的是,还可以由此建立起宽容的氛围,通过教育过程化解各种作为潜在"动荡"之源的"恶"。这正是"迂回式"管理所能达到的另一个重要的溢出效果。

管理精义

由于理性的有限性和环境的不确定性,人们无法预知一切活动的正面和负面影响,这就使"结果导向"的管理面临根本困境,即:同样的方案或措施,可能产生出各种预想不到的结果,即便是预期的结果,也很可能不是预先设计的方案或措施带来的。为此,管理者应有开放和宽容的心态,不仅强调结果,更应鼓励在各种不同探索过程上的努力。可能恰是这些不同的探索过程,产生出各种意想不到的溢出效应。

8.11 子曰:"如有周公之才之美,使骄①且吝②,其馀不足观也已。"

【字词释义】

①骄:是形声字,本义指六尺高的马,这里是骄傲、自大的意思。

②吝:是形声字,这里是吝啬、吝惜的意思。

【今文意译】

孔子说:"一位管理者,即便具有像周公那样杰出的才能,如果他不仅骄傲,而且吝啬，那也不值得称道。"

【分析解读】

本章举反例说明，"迂回式"管理原则对管理者本身的要求。

上几章讲了"迂回式"管理重在教育过程，这就对管理者"做人"和做管理的行为提出了更高要求。管理者仅有"才能"，还不足以实施"迂回式"管理。管理者必须具备开放、宽广的视野，以及超越眼前功利而又宽容共赢的心胸，做到像本篇第7章所讲的"士不可以不弘毅，任重而道远"那样，才能真正实施"迂回式"管理。也就是说，"迂回式"管理，要求管理者必须认识到自身的局限性和肩负责任的重要性，并超越自身利益，追求组织共同利益。

作为管理者，如果认识不到自身知识和视野的局限性，自以为是，固执己见，而且气量狭小，功利吝啬，只盯着眼前的物质利益，那么，即便有周公那样的才能，也无法得到人们的认可，更别说在管理过程中实施"教育"了。

管理精义

管理者的责任艰巨而广泛，这不仅意味着对组织整体利益负责，更意味着对组织未来可持续发展负责，这其中自然就包括对组织成员负责和对社会负责的内涵，因为没有组织成员和利益相关者及社会的支持，组织的整体利益和未来利益就是一句空话。这些管理责任担负，并非清晰可见的眼前功利结果所能涵盖，它要求管理者真正超越自我，超越眼前利益。问题是，管理者如何才能做到既超越自我，又超越眼前？由于理性的局限性，单凭个人力量要达到这种双重超越非常困难，这就需要借助团队、组织乃至社会的力量，让人们共同探索、共同努力，看重各种探索过程，让结果水到渠成。这也是"迂回式"管理的题中之义。

8.12　子曰："三年学，不至于谷①，不易得也。"

【字词释义】

①谷：通"穀"，薪俸的意思，也可以引申为谋求官职。

【今文意译】

孔子说："长时间学管理和做管理，而又不热衷于追求职位俸禄，是很难得的。"

【分析解读】

本章承接上章，继续阐明"迂回式"管理要求管理者超越功利，执着于自我修养和人才培养过程。

这里的"三年"可以作广义理解，不一定实指"三年时间"，而这里的"学"也不仅指做管理之前的狭义"学习"，可以理解为做管理本身的"干中学"过程。学"做人"和学管理都是一个需要终身学习的过程。基于此，孔子这句话就可以理解为，人们在学管理和做管理的长期过程中，能够超越个人得失，包括职位和俸禄，而专注于自我和他人的修养及境界提升，确实非常不容易。

在现实中，大多数管理者都会囿于个人的利害得失，难以真正从共同利益出发，将管理的教育和人才培养功能放在重要位置上。这也在一定程度上说明，坚持"迂回式"管理在现实中很有挑战性。由于心胸、视野和利益的局限性，人们往往看不到"迂回"的溢出效应和长远价值，也就无法产生执著追求的内在动力。如果管理者都无法说服自己超越个人眼前功利，又如何能说服和引导别人超越个人眼前功利，去追求更广大而长远的共同利益呢？这恰是孔子所说的"不易得也"的深层次原因。

管理精义

管理者要引导组织成员超越眼前利益，关注整体和长远利益，则必须从自身做起，首先超越自身利益，真正做到"志于业"和"志于道"，而非"志于利"。这样才有可能在组织中慢慢养成非功利的氛围，也才有可能使人们更专注于"过程"，而不是过分追求外在"结果"，以及表达这些外在"结果"的表面"数字"。

8.13 子曰："笃①信好学，守死善道。危邦不入，乱邦不居。天下有道则见②，无道则隐。邦有道，贫且贱焉，耻也；邦无道，富且贵焉，耻也。"

【字词释义】

①笃：是形声字，本义指马走得很平稳，这里引申为笃行，忠诚地实践。

②见：通"现"，出现、显露的意思。

【今文意译】

孔子说："对于管理之道，要坚定信念，执着追求，终生恪守，至死不渝。为了更好地践行管理之道，在具体职业选择上，要做到不轻入有危险的诸侯国，不留在动荡的诸侯国；天下有道就出来任职，天下无道则隐居起来；若所在的诸侯国兴旺发达、治理有方，自己却贫穷卑贱，那是可耻的事情，若所在的诸侯国混乱衰落、治理无方，自己却富足显贵，那也是可耻的事情。"

【分析解读】

本章阐明管理职业规范，以及这种职业规范对管理者职业选择和管理工作的基本要求。

在孔子所处时代，作为诸侯国国君代理人的大夫或管理者，无法自主决定诸侯国的命运和自身职业生涯的发展。在当时"礼崩乐坏"的大背景下，如果管理者要恪守管理之道和职业规范，不想同流合污，就必须谨慎考量准备"就业"的诸侯国及其现有管理状况。好在当时的管理者，还可以比较自由地选择"就业"或"服务"的诸侯国。因此，孔子在这里先讲了做管理必须坚守的职业规范，即"笃信好学，守死善道"，然后又从三个方面，具体分析在不同情况下贯彻和坚守职业规范所应遵循的原则。

首先，在有不同诸侯国可选的情况下，两类诸侯国不宜选择，一是正处于危险之中，二是尚在动荡之中。这种"危"或"乱"的诸侯国，大多由于国君昏聩或失位，致使内部管理混乱，外部危机四伏；没有好的国君或委托人，作为代理人的管理者不仅难以发挥作用，而且会让管理者违背管理之道，做出各种身不由己的事情来。因此，要恪守管理之道并实现管理价值，在有选择的情况下，不应该到"危"或"乱"的诸侯国任职。

其次，在天下皆然，别无选择的情况下，要想坚守管理之道，则只能遵循"天下有道则见，无道则隐"的原则。若"天下无道"时还要任职，那就很难坚守管理之道了。

最后，一旦选择了任职的诸侯国，就必须以管理之道为准绳，一方面彰显管理之道，另一方面实现管理的价值。这时候，若自己所在的诸侯国治理有方，而自己却贫贱沉沦，则说明自己并没有发挥作用，没有很好践行管理之道，这当然是一件可耻的事情；相反，若所在的诸侯国治理无方，而自己却飞黄腾达，这也说明自己没有遵循管理之道，某种程度上在"助纣为虐"，这就更是一件可耻的事。

由此不难理解，孔子这段话的核心思想就是要说明，一个真正遵循和践行管理之道的管理者，就要将自身融入管理职业规范之中，超越狭隘的个人得失，从彰显管理之道和实践管理职业规范的角度来选择职业环境，并对职业发展成功与否进行评价。

管理精义

作为代理人的职业管理者，在职业选择和发展中，首先应考虑的是职业规范，而不仅仅是所服务组织的业绩，更不能只考虑个人收益和任期内的"政绩"。那样的话，很可能违背职业管理所应有的规范要求。其中最突出的矛盾可能在于两个方面，一是委托人的要求与管理职业规范相冲突，或者说委托人要求管理者违背职业规范而追求委托人个人或小团体利益，或者与管理者共谋小团体利益；二是管理者个人利益诉求与职业规范相冲突，或者说，管理者为了个人利益而损害委托人和利益相关者利益。在这两种情况下，管理者若不能以职业规范和敬业精神为准绳，意志坚定地做出取舍，则都有可能在职业生涯中做出违背职业规范的选择。

8.14 子曰:"不在其位,不谋其政。"

【今文意译】

孔子说:"不在特定的岗位上,就不要谋划甚至干预那个岗位上的管理事务。"

【分析解读】

本章强调要将个人角色和岗位角色区别开来。

具体地说,孔子这句话包含了两层意思,一是管理角色总是与特定岗位联系在一起,没有管理岗位,也就意味着不能履行管理岗位职责,也就没有管理角色,因此,个人角色要与管理角色区别开来,既不能混淆,也不应僭越。这层含义是与管理岗位的有无联系在一起的,管理角色不是终身的,没有了岗位,就没有头衔、没有角色、没有职责、没有事务。

第二层含义是与不同岗位的不同职责联系在一起。在管理分工体系中,不同管理岗位有不同角色要求和职责规范,任何管理者都必须遵循岗位职责规范,在具体管理事务中,不能越位越权,干预到其他管理岗位;除非遇到例外或综合型事务,需要整合不同岗位资源一起完成(这又涉及另外的协调或整合机制),否则,这种越位越权的行为极易造成混乱,使管理工作失去章程和秩序。因此,孔子这句话也意在告诫管理者,管理合理分工是发挥管理有效性的基本保证,不能因为有例外或需要协调或整合的事务,就否定了分工。

> **管理精义**
>
> 在实际管理工作中,管理者一定要将基于特定管理岗位的管理角色与个人角色严格区别开来,不能将管理角色变成自己的私人头衔,更不能将管理职权当成私人权力;同时也不能违背管理分工原则,越位越权,干预其他管理岗位的职权和事务。

8.15 子曰:"师挚①之始,《关雎》之乱②,洋洋乎盈耳哉!"

【字词释义】

①师挚:鲁国乐师,名挚。　　②乱:这里是指乐曲的尾声。

【今文意译】

孔子说:"乐师挚起头引领,又以《关雎》作为乐曲结尾,整部乐曲的演奏真是一气呵成,美不胜收!"

【分析解读】

本章用乐曲演奏来比喻管理中的各司其职。

孔子说这句话的背景大致是，当孔子从卫国返回鲁国后，正赶上乐师挚掌管鲁国音乐事务，在乐师挚的努力下，鲁国音乐达到很高水准，得到孔子的肯定和赞赏。孔子以此为喻，来说明管理的道理，即：做好管理本质上在于"用对人"，并让不同的人在适合或恰当的岗位上发挥出应有的作用。这就像鲁国的音乐之所以能够振兴，主要在于任用了乐师挚，而他在指挥排练和演奏时，又能将不同的乐曲和乐器安排在整部乐曲的恰当地方，并让它们相得益彰。这样整部乐曲就美轮美奂、盛大庄严了。其实管理的道理也一样，这正是对上章"不在其位，不谋其政"的进一步注解和说明。

管理精义

管理过程错综复杂，要实现管理的有效性，达到整体大于部分之和的效果，就必须在共同目标和合理分工的基础上进行协调。无论是分工还是协调，都离不开管理者对人、事、物的深入理解和恰当把握。这就像乐队指挥要指导一个交响乐队进行排练和演奏一样，没有对乐曲、乐器和乐队成员的深入理解、合理分工、适时协调是不可能的。从这个意义上说，管理者就像乐队指挥，其职责关键在于四个方面：共同目标的确立、合理分工的安排、适时协调的把握、整体效果的达成。只有将目标、分工、协调、效果融为一体，管理才能为组织及利益相关者创造出整体价值。

8.16　子曰："狂①而不直，侗②而不愿③，悾悾④而不信⑤，吾不知之矣。"

【字词释义】

①狂：这里是任性、不受拘束的意思。
②侗：这里是幼稚、无知的意思。
③愿：这里是质朴、老实的意思。
④悾悾：这里指诚恳、恳切的样子。
⑤信：这里是诚实的意思。

【今文意译】

孔子说："对于那些豪爽却不耿介，无知而不谨慎，无能还不诚实的人，是否适合做管理，我就不知道了。"

【分析解读】

本章讲解管理职业对管理者个人特点的要求。

一般而言，一个人性格豪爽，不拘小节，往往就有耿介、直率的特点；一个人知识不足，在做事时本应谨慎小心；一个人能力不强，则可能表现得忠实诚恳。做管理，不一定要求十全十美，换句话说，不一定非要在性格、知识和能力上都出类拔萃才适合做管理。但是，做管理却需要人们认识到自身的不足，能够正视并予以补救。例如，若性格豪放，率性而为，但耿介正直，这也不失为值得称赞的管理品格；同样，若知识不足或能力不强，却谨慎老实或诚实可靠，这对做管理而言也不乏可取之处。然而，若性格上既纵情率性，又不耿介直爽；知识上既幼稚愚昧，又不谨慎老实；能力上既乏善可陈，又不诚实可靠；这样的人做管理是否合适便不言而喻了。所以，孔子在这里才会感叹"吾不知之矣"。

管理精义

做管理，并不要求管理者是全才，但对管理者的自知之明却有很高的要求。管理者必须清楚理解和把握自己的性格、知识和能力特点，并以此为基础选择更合适自己的具体管理岗位。至于不同管理岗位对管理者的具体要求，由于时代背景、组织类型和岗位特征的差异，可能会有很大不同，但无论如何，管理工作需要平衡，管理者同样需要性格、知识和能力上的平衡。这里既包括自身的平衡，又包括同组织、岗位及他人的平衡互补。这其中最重要的还是管理者的自我清醒认识和把握。

8.17 子曰："学如不及，犹恐失之。"

【今文意译】

孔子说："学习要有一种唯恐达不到目的，而又担心迷失无所依的危机意识。"

【分析解读】

本章承接上章，进一步阐述管理者的素质要求。虽然管理者在性格、知识和能力上有所不足很正常，但关键要认识到不足，并通过终身学习予以弥补提升。

具体地说，孔子这句话表达了三层意思。首先，既然管理者不可能十全十美，那就需要学习，而学习需要内在动机；内在动机的激发，关键在于对自身局限性的认知以及由此产生的危机意识。

其次，学无止境，尤其是对管理者而言，学"做人"和学管理都需要终身学习。在这个过程中，管理者可能会有阶段性目标实现带来的暂时喜悦，但每上升到一个学习境界，管理者也会更深刻地认识到自身知识的局限性，并派生出面对未知领域的深深的无知感和更强的危机意识。这正是孔子所说的"学如不及"的意义所在。

最后，面对"学如不及"的无知感和危机意识，管理者在深刻地理解了自身的渺小和现有知识的局限性的同时，更担心迷失在广袤而无涯的未知领域的探索中，甚至连已有的那个微不足道的知识立足点也丧失了，以至于无所凭依，为此，除了勇往直前，义无反顾之外，别无选择。这恰如攀登高耸而又险峻的山峰一样，山顶在云雾缭绕之中，目不可及，但是攀登一旦开始，便无回头或止步不前的可能性，回头无路，止步更危险，山顶的目标虽未可及，却在心中，唯有"战战兢兢，如临深渊，如履薄冰"地一往无前。管理者的职业生涯，本质上就是这样一个不断自我超越，勇往直前而又充满内在无知感、恐惧感和危机感的终身学习过程。孔子在这里所要表达的意思，同曾子在本篇第 3 章中所言异曲同工。

管理精义

　　管理者必须深刻认识到自身知识和能力的局限性，唯其如此，才能在不断变化的环境中使自己和组织永葆学习的内在动机，并借助持续学习，跟上变化、适应变化，直至发起变化、引领变化。管理者学习和组织学习的内在动机都在于危机意识。尤其是管理者，若没有对自身局限性和环境不确定性的深刻认知，缺乏"学无止境"的内在紧张感，便必然缺乏学习的内在动力。

　　因此，管理学习和组织学习都必须从激发危机意识入手。这其中最重要的环节就是行动，或者说开放自我，走出自我。只有走出自我，面对变动的环境和广阔的未知世界，管理者才能认识到自身知识和能力的局限性，才能真正领略到个体的无知和渺小。这正像登山一样，只知道"山在那儿"还远远不够，图片上、意识或想象中的山总是在自己的意识"视野"之中，无法让人产生敬畏感，但是，当人们真正走进大山，迈开攀登的脚步，敬畏之心以及对自身的渺小和无知的认知便油然而生，由此，执着而持续追求的内在动机便会自然而然地产生。

8.18 子曰："巍①巍乎！舜、禹之有天下也，而不与②焉。"

【字词释义】

①巍：是形声字，本义指山势高峻的样子，"巍巍"在这里用来形容崇高。

②与：这里是参与、参加、竞取的意思。

【今文意译】

　　孔子说："崇高啊！舜和禹都是靠自己的德行和才能得到天下，而不是刻意索求。"

【分析解读】

　　从本章开始用古代明君的例子，说明如何评价管理者及其管理有效性。本章重在说明，管理者要靠德行和才能获得职位，这对最高管理者来说更为重要，因为它为整个组织确立了榜样和标杆。

在孔子看来，上古部落首领职位的禅让方式，最好地体现出"为政以德"的管理之道和管理模式。首先，作为最高管理者的部落首领，既非世袭，也非终身，完全依靠个人德行才能被选择，这就从根本上保证了"为政以德，譬如北辰，居其所而众星共之"的可行性。

其次，靠"选贤与能"的禅让方式当上最高管理者的人，在部落日常管理中自然也能做到"选贤与能"，任用那些有德行和才能的人担任各级管理者，这样一来，整个部落或组织中的"为政以德"自然就确立起来。

因此，在儒家管理模式中，最高管理者扮演着核心角色，而且他的产生方式也至关重要。只有最高管理者用"选贤与能"的方式确立，整个组织的"选贤与能"与"为政以德"才能最终建立起来。

管理精义

一旦组织的制度和文化确立了，能否使这种制度和文化落到实处，关键在于组织的最高管理者及其团队的产生机制、约束机制和用人机制。如果最高管理者的产生机制与组织的制度、文化并不契合，而且最高管理者的权力没有合理约束，那么，组织的制度和文化就可能形同虚设，或者只能变为最高管理者随心所欲以实现个人意志的工具，由此自然会侵蚀组织的用人机制，个人亲疏或小圈子导向的用人，必然代替组织制度和文化中所声明的用人方式。因此，对于组织中合理、合法而有效的管理来说，最高管理者的产生方式确实是一个根本性问题。

8.19 子曰："大哉尧之为君也！巍巍乎！唯天为大，唯尧则①之。荡荡②乎，民无能名焉。巍巍乎其有成功也，焕③乎其有文章④！"

【字词释义】

①则：是会意字，表示按照一定的形制和重量区分货币，这里是效法、学习的意思。

②荡荡：这里是宽阔、平坦的意思。

③焕：这里指鲜明、光亮的样子。

④文章：在这里指礼仪规范、标准规则等。

【今文意译】

孔子说："尧真是一位伟大的君王！崇高啊！只有上天是伟大的，也只有尧能取法上天。宽广啊，人们竟没有办法称颂他。崇高啊，能称颂的只是他的治世功业！光明啊，能称颂的还有他的典章制度！"

【分析解读】

本章用尧做例子，说明评价管理者的三重标准，即德行、功业、制度。

在孔子眼里，尧是上古伟大君王的杰出代表，他靠德行和才能当上最高管理者，然后以上天或自然为效法对象，确立起典章制度，并通过典章制度和举用贤能之人，达到了天下善治的目标。基于此，孔子认为，尧的成功主要在于三个方面，一是像上天一样高大宽广的德行，二是公正透明的典章制度，三是崇高伟大的治世功业。但是，德行是内隐的，高大宽广却不可见，以至于人们都无法称颂，而典章制度和治世功业则是显见的，成为当世和后世人们称颂的对象。由此，孔子以尧为榜样，确立起儒家管理模式下评价管理者的三条标准：德行、制度和功业。

管理精义

衡量管理者的绩效或成功很困难。管理工作本身不是目的，其要旨在于实现组织的整体和长远利益，同时使组织成员和利益相关者的利益得到满足，而这其中的影响因素错综复杂，很难分离出所谓关键要素，并以此来评价管理工作的有效性。也许正因为如此，如何评判管理绩效一直困扰着组织和管理者。在这里，儒家所确立的管理者评价的德行、制度和功业的三条标准，虽然比较宽泛，但至少启发人们从综合角度考虑问题，不能仅局限于短期绩效或功业本身。

8.20 舜有臣五人①而天下治。武王曰："予有乱②臣十人③。"孔子曰："才难，不其然乎？唐、虞④之际，于斯为盛。有妇人焉，九人而已。三分天下有其二，以服事殷，周之德，其可谓至德也已矣。"

【字词释义】

①五人：这里指禹、稷、契、皋陶、伯益。
②乱：这里是治、治理的意思。
③十人：这里指周公旦、召公奭、太公望、毕公、荣公、太颠、闳夭、散宜生、南宫适、邑姜。
④唐、虞：都是古地名，分别指代尧、舜时期的国号。

【今文意译】

舜有五位大臣就能治理好天下。

武王说："我有十位贤能的大臣。"

孔子说："人才难得，难道不是吗？尧舜更替的时候，人才很多，也只有五人。到武王时，除了一位女性，只不过九人罢了。即便如此，周还是得到当时天下的三分之二，却仍臣服于殷商，其德行可以说是达到了最高境界啊。"

【分析解读】

本章用上古的例子，说明管理贵在得人才和用人才。

孔子首先用舜有五位大臣和周武王有十位大臣说明，上古鼎盛时期人才难得，不过只要得到人才，用好人才，就能治天下，得天下。但是，要得到人才和用好人才，关键在于最高管理者的德行操守。典型事例就是，周之所以能得到人才、用好人才，关键在于周武王的德行有很强的感召力。例如，周即便在得到当时天下的三分之二时，仍臣服于殷商，由此可见周武王的谦让宽厚之德，这恰是孔子所崇尚的"至德"。

由此不难推断，孔子心目中的最高管理者应以德行和才能获得管理权力，并依据德行和才能实现权力转移；只有这样，最高管理者和他的组织才能吸引到真正有德行和才能的人，进而也才能繁荣发展。孔子最为反对的就是那种霸据岗位、权力独有、亲亲相授、世袭传承的最高管理者。这也许是孔子极力推崇上古明君及其禅让制，并许以为"至德"的根本原因。

管理精义

对于组织和管理而言，人才难得，古今同理。但问题是，如何才能吸引人才、发挥人才的作用？人们固然关心物质待遇、发展机会等因素，但对于那些真正德才兼备的人来说，志同道合以及由此所形成的组织氛围，可能更为重要。这里的志同道合者，应不限于一般组织成员和一般管理者，更应突出组织最高管理者的志同道合的意义。很难想象，组织最高管理者不相信特定价值观和行为规范，也没有对特定信念和愿景的追求，他所管理下的组织能够吸引到相信这种价值观和行为规范，并执着追求这种信念和愿景的德才兼备者。"物以类聚，人以群分"。其中，"群分"的基础在于信念、愿景和价值观，而不仅仅是物质利益和发展机会。

8.21 子曰："禹，吾无间①然矣。菲②饮食而致孝乎鬼神，恶衣服而致美乎黻③冕④，卑宫室而尽力乎沟洫⑤。禹，吾无间然！"

【字词释义】

①间：是会意字，本义指缝隙，这里可以引申为议论、批评。

②菲：是形声字，本义指一种可以食用的草，这里引申为微薄、简单。

③黻：通"韨"，古代祭祀时穿的蔽膝。

④冕：是形声字，这里指古代大夫以上官员头上戴的礼帽。

⑤洫：是形声字，本义指古时采取井田制时，井田里的水道，这里引申为田间的水沟。

【今文意译】

孔子说:"对禹,我没什么可挑剔的。他自己吃得很简单,却让祭祀贡品很丰盛,穿得很朴素,却让祭祀服饰很华美,住得很简陋,却对田间沟渠很用心。对禹,我真没什么可挑剔的啊!"

【分析解读】

本章以禹做例子,进一步阐明最高管理者所应具备的克己奉公的德行。

在古时候,对祭祀的要求非常高,一方面,这代表着对祖先和神明的虔敬,另一方面,它是当时部落或国家共同信仰的集中体现。祭祀活动在当时代表着最高的共同利益,也是管理权力合法性的终极来源。因此,祭祀活动是最重要的公共活动之一,是最高管理者必须倾力而为的管理事务。

另外,在农业社会,如果说祭祀活动所代表的是精神上的共同利益的话,那么,农业生产活动,特别是作为农业生产活动重要保障的公共水利设施建设,则代表的是物质上的共同利益。

最高管理者的职责所系,既要在物质上,又要在精神上保证共同利益的实现,致力于承担这种公共职责,奉献于它的履行和实现,也就是"奉公"。与之对应,最高管理者个人的吃、穿、住则属于个人事务。那么,最高管理者在面对共同利益和个人需求不能同时满足时,应如何取舍呢?在当时的生产力水平下,共同利益和个人需要的冲突不可避免。在孔子看来,既然选择了做管理,尤其是做最高管理者,当然要克制自我需要,奉献于共同利益的实现。这正是在禹身上体现出来的"克己奉公"的德行。他自己平时吃穿住都很简单,但在祭祀活动和水利设施建设上却尽心尽力。

结合着上章不难理解,只有最高管理者"克己奉公",才能确立起共同利益优先的榜样和氛围,也才能吸引志同道合者,使组织得以吸引人才,发挥人才的作用。

管理精义

在任何时候和任何组织中,都有可能出现管理者个人利益与组织共同利益不一致的情况。在这种情况下,虽然几乎所有组织都会倡导组织共同利益优先,但问题是,这种共同利益优先原则是否真正贯彻到组织的日常行为中。在现实中,确实没有一种有效方式来检验共同利益优先原则的落实或执行状况。但是,只要观察组织的最高管理者如何处理个人利益和共同利益,便能大致判断该组织所倡导的共同利益优先原则的执行情况。只有组织最高管理者真正做到了"克己奉公",组织才有可能在日常行为中切实将共同利益放在第一位。

子罕第九

本篇导读

本篇讲管理软实力。儒家管理重在"为政以德",其影响力来自管理者和管理团队的德行吸引力和感召力,而非来自以资源控制为基础的权力或威慑力。也就是说,儒家强调的是管理软实力,不是硬实力。管理软实力的形成绝非一日之功,需要管理者和管理团队持续学习和长期修炼。这正是本篇所要讲的主题。

本篇大致可以分为四个部分。第一部分包括第1章到第8章的内容,主要讲培养软实力要从管理者和管理团队做起;在管理中,应该做什么,不应该做什么,能做什么,不能做什么,都必须有一定之规。其中,第1章是总纲,明确了本篇和本部分的主旨,同时强调指出,管理者的言谈举止会引导人们的注意力,转移组织的风气,因而,管理者首先应清醒认识,什么能说,什么不宜说;第2章阐明管理者不应执着于一技之长,更不能只关心自己扬名,而应明确自己的职责定位,将自身发展与组织成长联系起来;第3章说明管理者应该坚持什么,可以放弃什么,其权衡的标准就是以"仁"为核心的社会规范,只有理解和把握这些社会规范,才能在具体行为上做出恰当选择;第4章进一步阐明,在根本原则清晰的基础上,管理者所应杜绝的四种不良倾向;第5章指出,当管理者有了核心价值观和根本原则的坚守之后,就会有信心和力量克服各种危险和困难,这也正是管理软实力的集中体现;第6章讲管理者的德行和才能都不是天生的,而是后天学习的结果,管理者的真正影响力并非来自于自我神化成的天才或全才;第7章更进一步强调指出,管理者要清醒地认识到自己的无知,这恰是管理者勇气和力量的体现;第8章说明,管理者不仅对自己要有清醒认识,还要对环境,特别是委托人及其组织状况,有恰当的理解和把握。

第二部分由第9章到第15章构成,重点说明管理软实力的基础在于管理者的"诚",这也是管理者德行的核心内涵,管理者和管理团队在管理中有"诚",自然就会吸引并影响别人。其中,第9章用孔子的行为,说明管理者的"诚"在日常行为上的具体表现;第10章借颜回的话,一方面阐明"诚"所具有的巨大力量,另一方面也表明儒家以"诚"为核心的管理之道的博大精深;第11章进一步强调指出,没有"诚"和"仁",即便是"礼",都有可能沦为纯粹的工具;第12章说明管理者的价值还需要通过委托人和组织体现出来,意在突出管理软实力并非管理者一人之力,离不开管理团队和组织的共同努力;第13章阐明管理者在选择委托人和组织的时候，不应过分看重物质条件，管理职责不在于依赖物质条件，而在于改变和创造物质条件，即用软实力创造硬实力；第 14 章进一步说明，管理者应从文化基础设施建设入手，利用软实力推动硬实力发展；第 15 章总结了管理者在进行软实力建设上的基本要求，即内外一致、慎终追远、自我克制。

第三部分涵盖第 16 章到第 22 章的内容，集中论述软实力的培养过程，也就是管理者和管理团队的持续学习过程。其中，第 16 章讲时间对管理者、管理及软实力培育的价值，强调管理者要有紧迫感和使命感；第 17 章说明自律修德和培育软实力，都有待后天的勤勉努力，并不能依靠先天的禀赋；第 18 章继续解说管理者德行修养和软实力的培育都需要持续努力、不可半途而废的道理；第 19 章用颜回做典范，进一步说明坚持不懈、勤勉认真，对软实力培育的重要性；第 20 章借评论颜回，再次阐明持之以恒的价值所在；第 21 章用隐喻的方式，刻画出德行修养和软实力培育的过程和阶段；第 22 章说明管理者德行修养和软实力培育中具有危机意识的重要性，既然德行修养和软实力培育本质上都是学习，而学习的内在动机之一就是深刻的危机感。

第四部分由第 23 章到第 30 章构成，意在说明管理者个人的德行修养如何转化为管理团队和组织的软实力。其中，第 23 章讲解管理者应怎样面对不同的意见和建议，以便形成良好的团队和组织氛围；第 24 章重在说明管理团队建设及其应有的学习氛围；第 25 章重点解说软实力对组织的价值；第 26 章用子路做范例，说明管理者在培育软实力过程中的重要作用；第 27 章进一步说明，软实力的价值在艰苦条件下更能体现出来，这就像只有在严冬时节才能彰显松柏的本色一样；第 28 节阐述软实力的构成要素及其具体行为表现；第 29 章强调指出，管理团队赖以建立的前提，是将知识、价值、原则及其有效运用统一起来，若相互割裂，则难以形成软实力；第 30 章概括指出，原则性与灵活性的统一是管理的基本准则，能在管理实践中做到这一点，也是具备管理软实力的典型表现。

本篇对软实力的阐述，可以看做是对上篇关于"迂回式"管理论述的具体化。之所以要实施"迂回"式管理，正是要花时间、精力和资源培育软实力，只有培育起了软实力，才能向外去影响更广泛的利益相关者。这正是第十篇所要讲的内容。

9.1 子罕言利与命与仁。

【今文意译】

孔子很少谈论利益、天命和仁爱。

【分析解读】

本章告诫管理者，要注意谈话主题的选择，它会不知不觉地转移人们的注意力，改变组织的氛围和风气。

孔子之所以很少谈利益，应该有三方面原因。首先，儒家管理模式更强调由内而外的感召、教育、激发等潜移默化的"迂回式"管理途径，也更注重达到"有耻且格"的非功利化长远效果。这些都不是用眼前的直接利益就可以衡量的，若过多讲利益，反而可能转移人们的注意力，本末倒置，损害"迂回式"管理的实施。

其次，正像第四篇第 16 章所讲的那样，"君子喻于义，小人喻于利"，即管理者的职责在于分配，而被管理者的职责是生产。孔子主要关注的是管理者的教育和培养，因此，他更多讲的是与管理者职责相关的内容，如公平以及保证公平公正的规范等，较少涉及利益的生产及其效率问题。这也是在当时体力劳动和脑力劳动分工的背景下，由作为脑力劳动者的管理者培养过程的特点所决定的。

再次，孔子"罕言利"的行为本身，也具有示范和教育意义，它告诫学生们，管理者言谈的主题具有导向作用，人们往往会根据管理者正式与非正式谈话，来推断管理者的意图和组织的价值导向。如果管理者总是将"利益"挂在嘴边，言必称"利"，那么，组织的价值导向和氛围都会在不知不觉中聚焦于"利益"。这样一来，儒家管理模式就形同虚设了。

最后，孔子"罕言利"，不等于暗示"利"对组织和管理不重要。任何组织和管理都不可能没有利益，但关键是如何认识利益、创造利益、分配利益，如何实现组织的整体及可持续发展利益。这些问题的解决，都不在于言谈，而在于行动，更不在于利益本身，而在于组织成员和管理者怎样对利益进行定位。也许正因为如此，孔子才用自己"罕言利"的行动，昭示着利益关键在于认同和行动，而不在言谈；即便有"利"，也不一定非要"言利"。

孔子之所以少谈天命，主要是因为天命具有不可知性。即便达到一定境界后，可以"知天命"，但是，一方面，"知天命"并不必然意味着能"谈天命"，更不意味着，那些没有达到"知天命"境界的人，能听得懂别人"谈天命"。另一方面，即便"知天命"，也不可能改变天命。对不一定能说清楚而又不可改变的天命，过多地谈论，只会将自己和别人的注意力引导到不需要个人努力的方向，这不可避免地会导致消极、被动、听天由命、得过且过的态度和行为。这显然与孔子所倡导的终生学习、"知其不可而为之"的态度背道而驰。因此，虽然天命对于儒家管理模式而言很重要，孔子也非常认同并敬畏天命，但也许正因为如此，孔子才会"罕言命"，并以此提醒学生们，作为管理者，要避免谈论那些人力不可改变的对象。

孔子之所以相对少谈"仁爱"，一个很重要的原因是，"仁爱"境界至高无上，在儒家管理模式中具有神圣性和引领价值。若将这种具有神圣性的至高境界经常挂在嘴上，谈来谈去，时间一长，很容易流于口头，甚至变得世俗化，反而减损了仁爱的价值和境界。这也是一种言谈中的"言极必反"效应，即"好话"多说之后，反而会失去意义，甚至连带着其所指称的对象也变得索然无味。

另外，对任何人而言，仁爱境界都是需要终生追求、不断修炼的至高境界，在现实中，很难对某个人实际达到的仁爱境界水平给出恰当评价。这也是孔子经常谈论学生们的才能，但很少评价他们所达到的仁爱境界的原因。

总之，仁爱境界作为儒家管理模式下的终极目标追求和根本价值规范，关键在于身体力行地践行而不在言说谈论，说得再好听，没有切实行动，仁爱境界照样遥不可及。因此，孔子在第一篇第 4 章中一针见血地指出，"巧言令色，鲜矣仁！"

> **管理精义**
>
> 由于管理者在组织中所扮演的特殊角色，组织成员不仅会从管理者的谈话中推测管理者的思想和行动，也会将自身的精力、时间、资源等，与管理者谈论的主题联系起来，并据此来决定自己未来努力的方向。相应地，组织的文化氛围和发展方向，也会在管理者不经意的言谈中发生变化。因此，管理者必须慎重对待言谈主题的选择，应使言谈主题与组织愿景目标、价值观吻合起来。诸如利益、道德、不可抗力或命运等主题，都不宜成为组织日常工作中过分渲染的主题。物质利益固然重要，但却不应成为谈论的对象，即便在今天激烈竞争条件下，过分谈论利益也不一定恰当。"在商"不一定非要"言商"。关于不可抗力或运气，更不宜谈论，长时间谈论这些主题，容易养成投机的态度和氛围。至于像道德这样的主题，本应体现在行动中而不是言论中，谈多了会适得其反，行动中的道德将蜕变为口头上的道德。

9.2 达巷党①人曰："大哉，孔子！博学而无所成名。"子闻之，谓门弟子曰："吾何执②？执御乎？执射乎？吾执御矣。"

【字词释义】

①达巷党：其中，"达巷"是当时的一个地方，"党"是乡村的意思。

②执：这里是从事、掌握的意思。

【今文意译】

有位达巷这个地方的人说："孔子真伟大啊！具有广博的知识，只可惜没有因一技之长而出名。"

孔子听说后，对自己的学生们说："我专长于什么？驾车吗？射箭吗？那我还是驾车吧。"

【分析解读】

本章讲管理者的职业知识和技能定位，并突出其与被管理者的区别。

可以将本章与第二篇第12章联系起来理解。在那里，孔子讲到"君子不器"，实际上已经给管理者的职业知识和技能进行了明确定位。管理者不能将自己看成只是具有专门功用或一技之长的人，而应该具有广博的知识、宽广的视野，这样才能更好地将具有不同专长的人整合在一起，实现组织目标。在本章中，孔子又借达巷党人的话再次提醒学生们，管理者的职责是整合各种一技之长，创造组织的整体价值；管理者要靠组织的成功而"成名"，不能靠自己所谓的一技之长而"成名"。

在当时背景下，射箭和驾车都是六艺的重要内容，也都属于一技之长，但相比射箭，驾车的社会地位和层次更低一些，因此，孔子说，若有一技之长，那驾车更容易成为一技之长，我就驾车好了。问题是，一个有驾车之技的人，一定是管理者吗？换句话说，管理者可以学驾车，也可以有驾车的一技之长，但却不能以此为业，以此"成名"。果真如此，他还是管理者吗？

就孔子本人而言，他不仅知识广博，还多才多艺，而且在培养学生的过程中，也向他们传授"六艺"这些具体技艺。但是，从孔子做管理和教管理的职业选择来说，重要的不是突出才艺或一技之长，关键在于如何认识、发现、整合别人的一技之长，从而更好地实现组织的整体和长远利益。这才是管理者的职责所系，也是"君子不器"的意义所在。

> **管理精义**
>
> 管理者完全可以拥有管理职业以外的专业知识和技能，但是，这样的一技之长或才艺只能是管理工作的辅助，却不能喧宾夺主，致使管理者整天热衷于展示自己的一技之长或才艺，并试图以此"成名"，这便从根本上背离了管理职责的要求。即便那些原先在某个特定专业领域里从事专业工作的人，一旦走上了管理岗位，选择了管理职业轨道，也需要重新定位个人角色和职业角色，明确管理职责与其他专业职责的差异，真正将组织及利益相关者的整体利益放在第一位，以组织成功而非在原来专业上的表现或业绩，作为自己事业成功的标准。

9.3　子曰："麻冕①，礼也；今也纯②，俭。吾从众。拜下，礼也；今拜乎上，泰也。虽违众，吾从下。"

【字词释义】

①麻冕：这里指一种用麻的纤维编织成的帽子。
②纯：是形声字，指蚕丝。

【今文意译】

孔子说："用麻精心编织帽子，是礼仪的要求；现在改用丝，是讲求节俭了。我和大家保持一致。见国君在堂下跪拜，也是礼仪的要求；现在改在堂上跪拜，是变得轻慢了。虽然和大家不一致，我还是坚持堂下跪拜。"

【分析解读】

本章讲管理者在决策上所应遵循的原则性和灵活性，其权衡的根本标准在于核心价值观。

在孔子所处时代，编织帽子的材料、面君跪拜的地点，都有具体的礼仪规范要求，但随着时间的推移，这些礼仪规范也会发生些许变化。像帽子的材料由麻改为丝，面君跪拜由堂下改为堂上。问题是，作为管理者，应如何看待这些变化，进而又如何做出权衡和选择呢？这时就需要有核心价值观作为尺度，凡不影响或不涉及核心价值观而又有利于共同利益的改变，都可以接受，而危及核心价值观，可能改变组织性质的变化则不能接受。如编织帽子材料的变化，并不影响儒家所信奉的以"仁爱"为核心的价值观，反而有助于节俭，正体现了"仁爱"的要求，即"节用而爱人"。但是，像面君跪拜由堂下转为堂上，则有"轻君"、"慢上"的嫌疑，就与"仁爱"价值观有直接冲突了。因为在儒家看来，"仁爱"之本在"亲亲"，而在家庭之外的国事中，具体表现就是"尊君"、"敬上"，当时在堂下跪拜的礼仪便是"仁爱"价值观的直接体现，现在改为堂上跪拜，明显与孔子所信奉的核心价值观不合。这就是孔子宁愿特立独行，也要坚持堂下跪拜的原因。

孔子在这里用两种礼仪的变化及相应的选择问题，意在说明，管理者在决策中要善于权衡，保持原则性和灵活性的统一，其中原则性的基础就在于核心价值观，有了核心价值观就有了原则性，有了原则性才能知道如何权衡，如何保持灵活性。

管理精义

"权变原则"是管理的重要原则之一，但问题是，如何才能在管理实践中有效运用"权变原则"？实际上，"权变原则"并不是说什么事情都可以权衡变化，权变的基础恰在于有一个"不变"或相对稳定的核心价值观，这正是权变的立足点。离开了"不变"的尺度，就不可能进行权衡；没有了相对稳定的主体及其核心属性，更谈不上变化。这正是"万变不离其宗"的道理所在。因此，要在管理实践中有效运用"权变原则"，管理者首先要明确组织赖以存在的核心价值观，或万变不离之"宗"到底是什么；只有明确了核心价值观，才能在错综复杂而又瞬息万变的环境中不迷失方向，也才有权衡变化的尺度和立足点。

9.4 子绝四：毋①意②，毋必③，毋固，毋我。

【字词释义】

①毋：通"无"，不的意思。　　③必：这里是肯定的意思。
②意：这里是猜测、意料的意思。

【今文意译】

孔子杜绝了四种不良倾向：臆测、武断、固执、自负。

【分析解读】

本章讲解管理者在决策中应该避免出现的过分主观的不良倾向。

实际上,孔子所杜绝的四种不良倾向,都与管理决策密切相关。由于管理决策关乎共同利益,管理者不能仅凭个人意志和主观想象便轻率而为。本章所提到的臆测、武断、固执、自负,恰都是凭个人主观意愿、拍脑袋、拍胸脯式的决策倾向。这就是说,当面对内外部情境变化时,管理者不是搜集信息、集思广益、认真分析,而是仅凭主观臆测,想当然地下断言式结论,给出"必然"或"肯定"类的武断决定;当决策之后,事实发展趋势与事前的臆测不符,又不能及时调整决策方案,反而固执己见、自以为是,以至于在错误的决策方向上越走越远,最终损害共同利益。因此,根据儒家的要求,管理者在决策时必须做到不臆测、不武断、不固执、不自负。

管理精义

管理决策不同于管理者的个人决策,它影响的是组织及其利益相关者的利益,必须有更为严格的程序及相应的责任要求。如果说个人决策在一定程度上可以容许主观臆断的话,那么,管理决策则必须杜绝这种主观臆断式决策,这种管理决策方式是不负责任的典型表现。为此,在管理决策中,就不能简单地以决策结果"论英雄",毕竟主观臆断式决策碰巧也能产生好的结果,而必须强调科学的决策程序和严格的问责机制,只有这样才有可能保证管理决策的合理性和有效性。

9.5 子畏①于匡②,曰:"文王既没,文不在兹乎?天之将丧斯文也,后死者不得与③于斯文也;天之未丧斯文也,匡人其如予何?"

【字词释义】

①畏:这里是拘禁、受困的意思。
②匡:当时的一个地方。
③与:这里是参与、接受或接触的意思。

【今文意译】

孔子受困于匡这个地方,他说:"周文王早已不在人世,难道承载管理之道的各种典章制度也随之消失了吗?上天如果要毁灭这些典章制度,像我这样的后继者,就不可能接触到这些典章制度;既然上天没有毁灭这些典章制度,那么,匡这个地方的人又能奈我何?"

【分析解读】

本章承接上章，强调指出，虽然管理者在管理决策中应该避免主观性，但不能因此而丧失核心价值观的坚守，正是核心价值观赋予管理者信心和力量。

据记载，鲁国大夫季氏的家臣阳虎，曾在匡这个地方施暴而使民积怨。孔子长得像阳虎，路过此地时被当地人围住，陷入危险境地。在这种情况下，孔子说这段话，用以安慰学生们，同时也表现出他因核心价值观的坚守而产生的信心和力量。本章的情境，类似于第七篇第22章"天生德于予，桓魋其如予何"所对应的情境。

在本章中，孔子首先以周文王作比喻，意思是说，难道承载着管理之道的"文"或典章制度，会随着周文王的去世而消失吗？这里的"文"，既指各种典章制度，又隐喻典章制度所承载的管理之道。也就是说，在这里，"文"与"道"是融合在一起、不可分割的整体，它们不会因具体某个人，哪怕是周文王这样的明君的消失而消亡。"文"与"道"超越于个人，由"上天"或自然所决定。这样一来，若上天要灭"斯文"，我们这些后继者也就不可能学到"斯文"；既然上天没有灭"斯文"，那么，对于我们这些继承了"斯文"的人，匡人就不能把我们怎么样，因为上天既然要保护"斯文"，也就会保佑那些真正继承并捍卫"斯文"的人。

虽然孔子的逻辑看上去是"上天会保佑我们"的意思，但更深层次的含义却是，坚守核心价值观的人，才能真正做到临危不惧、大义凛然，而这里的核心价值观正是"仁爱"，即孔子所信奉的管理之道的核心所在，它最终通过"斯文"或典章制度表现出来。虽然上章讲了管理决策中要摒弃主观臆断，但在遇到极端情况时，若没有核心价值观的内在坚守，就会手足无措。

管理精义

管理者总会遇到一些极端的情况，需要做出即时的判断和取舍。在某些极端情况下，往往信息极度匮乏、情势非常严峻，管理者难以从容进行信息搜集、处理、分析和选择工作。这时，管理者需要依靠坚定的信念和核心价值观，自信而义无反顾地做出选择。这种选择看似没有充分的信息基础和客观标准，完全依赖于管理者个人判断，但实际上，这种选择的真正基础是信念和价值观，它们并非管理者个人的主观愿望，而是由组织或社会的共识或共同标准内化成的管理者心中的底线尺度，以此为基础做出的选择，同样超越了管理者个人的主观臆断。

9.6 大宰①问于子贡曰："夫子圣者与？何其多能也！"子贡曰："固天纵之将圣，又多能也。"子闻之，曰："大宰知我乎！吾少也贱，故多能鄙事。君子多乎哉？不多也。"牢②曰："子云：'吾不试③，故艺。'"

【字词释义】

①大宰：其中，"大"同"太"，而"太宰"为当时诸侯国大夫官职，这里是指吴国的太宰。

②牢：孔子的学生，姓琴，字子开，另一字为子张。

③试：这里是用的意思。

【今文意译】

太宰问子贡："孔子是圣人吧？要不怎么会这样多才多艺呢？"

子贡说："上天要让他成为圣人，自然就多才多艺啦。"

孔子知道后就说："太宰很了解我呀！我年少时生活艰苦，所以就学了很多具体技艺。管理者需要掌握这么多技艺吗？不需要啊。"

琴牢说："先生讲过：'我得不到重用，所以有机会学这么多技艺'。"

【分析解读】

本章讲解各种才能并非天生，都是后天学习的结果；当然，做管理并不一定要什么都会，管理者不必多才多艺。

具体地说，本章表达了两层意思。第一，才能并非天生，都来自后天学习。在上章中，当孔子用上天不灭"斯文"，"匡人其如予何"来打消学生们的畏惧感时，容易让人误以为孔子秉承了"上天"的意志，是"上天"安排他具有这样的德行和才能，这就有意无意地将孔子神圣化了。像太宰和子贡的对话中，子贡已经将孔子看作圣人，具有天生的德行和才能。孔子清楚地认识到这一点，便实事求是地指出，自己之所以有这些技艺，是因为年少时生活艰苦，要靠学习各种技艺来糊口。

第二，做管理并不一定要掌握这么多具体技艺，这与本篇第2章和第二篇第12章所表达的观点一致。管理者不是具体事务的操作者，管理职责是将各种具体事务整合起来，产生整体大于部分之和的效果。因此，这里再次强调指出，"君子多乎哉？不多也"，而且还用琴牢转述孔子的话进一步说明，恰是因为孔子得不到重用，无法履行管理职责，才有机会接触和学习更多的具体技艺。

管理精义

管理者在组织和管理活动中切忌"自我神化"，也要警惕他人有意无意地对自己进行"神化"。管理者除了与管理职业相关的知识和技能外，拥有一种乃至多种特长也实属正常，任何人都会有自己的爱好或依赖于特定成长环境所形成的专长，但由于管理者在组织中拥有权力，这种个人爱好或专长，很可能就成为他人迎合乃至奉承管理者的重要途径。如果管理者对自我和管理角色缺乏清醒认识，很可能会不知不觉陷入"自我神化"和"被神化"的怪圈之中。这经常成为管理者走上固执己见、结党营私道路的契机和引桥，不能不引起管理者的警觉。

9.7 子曰:"吾有知乎哉?无知也。有鄙夫问于我,空空如也;我叩①其两端而竭②焉。"

【字词释义】

①叩:是形声字,本义指敲击,这里是探询、询问的意思。

②竭:这里是穷、尽、用完的意思。

【今文意译】

孔子说:"我有知识吗?没有啊。曾有一位村民问我问题,我也没有现成答案,只是追问正反两方面的极端情况,不断探索以穷尽各种可能的结果罢了。"

【分析解读】

本章承接上章,说明知识不是天生或现成就在那里的,而是通过探索和追问去发现或创造的。

具体地说,孔子这句话一方面说明,自己并非生而知之,在很多方面都是无知的,即便看似孤陋寡闻的村民提出的问题,他也无法直接给出现成答案。这深刻指出,任何人,哪怕像孔子这样当时被认为非常有知识的人,其知识都有很大的局限性。

另一方面,也在于表明,虽然人们的知识是有限的,不可能拥有关于各种问题的现成答案,但是,人们却可以把对问题的探索和回答本身,当成最好的学习知识和创造知识的机会。这不仅需要人们有"自知之明"的态度,还需要掌握恰当的方法。前者是对"自己的无知"的清醒认知,后者则体现在"叩其两端而竭"的思维方式上。对于一个新问题,首先要从正反两个方面来考察;然后,再立足于问题的正反两个方面,进行更深入的追问和探索;最终,就有可能逐渐逼近这个新问题的答案,并创造出新知识来。在这个过程中,关键是当事人之间不断进行对话和交流,互相切磋,共同探讨,互动启发。这也正是第一篇第1章所讲的团队学习中最有效的知识创造模式,在本章中,孔子再次用切身体会阐述了这种知识创造模式。

管理精义

管理者要时刻清醒地认识到自身知识的局限性,不能将自己看成组织中各类问题的标准答案拥有者,而应将自己视为问题的提出者、共同探索者以及团队学习和知识创造的发起者和参与者。为此,管理者一方面要勇于承认"自己的无知",另一方面又要善于在对话和互动基础上激发人们对问题的共同探索。

9.8 子曰:"凤鸟①不至,河不出图②,吾已矣夫!"

【字词释义】

①凤鸟:古代传说中的神鸟,是祥瑞的象征。

②图:这里指八卦图,传说在伏羲时,黄河上浮现出八卦图,也是一种祥瑞。

【今文意译】

孔子说:"凤鸟不出现,黄河里也浮不出八卦图,我又有什么办法呢?"

【分析解读】

本章用祥瑞做隐喻,说明管理者的成功不完全依赖于个人的知识和能力,还有赖于环境条件,特别是作为委托人的君王及其所在诸侯国的治理情况。

根据古代传说,当舜和周文王做君王时,有凤凰来仪,在伏羲时代,黄河里有龙马驮着八卦图浮出水面,这些都被视为明君执政的祥瑞。孔子以此为隐喻,说明当时的环境条件不好,缺少英明的君王和清明的诸侯国。在这样的管理环境中,管理者个人的知识和能力再强也无济于事。因此,孔子才感叹说,"吾已矣夫"。

管理精义

管理者不仅要对自己的知识和能力有清醒认识,还要对管理环境,包括竞争态势、发展趋势以及委托人、组织成员和利益相关者等,有比较全面的把握。只有将"自知之明"与环境认知有机结合起来,管理者才能找准自己在组织中和职业发展上的定位,进而更好地发挥潜能,为组织创造更大价值。当然,管理者的自我认知和环境认知及其匹配,也是一个动态过程,并非一成不变。这其中关键还在于一种"好学"态度,即将这种动态发展过程看作难得的学习机会,在持续的学习过程中反思和调整自己,以实现自我认知和环境认知的动态匹配。

9.9 子见齐衰①者、冕衣裳②者与瞽③者,见之,虽少,必作④;过之,必趋⑤。

【字词释义】

①齐衰:其中,"齐"指衣服的下摆,"衰"同"縗",指古代的一种丧服。在这里,"齐衰"是丧服的意思。

②冕衣裳:这里是祭服的意思。

③瞽：是形声字，本义指虽然睁着眼睛，却看不见东西，这里是盲人的意思。

④作：是会意字，这里是起立、站起来的意思。

⑤趋：是形声字，本义指跑，这里指礼貌性的小步快走，表示尊敬。

【今文意译】

孔子见到穿孝服的人、穿祭服的人和盲人，即使是年轻人，也一定会站起来；如果从他们身旁经过，一定会小步快走，以示尊敬。

【分析解读】

本章用孔子的行为做例子，说明管理者要将恭敬和尊重落实到日常行为中，表里如一。

在古代，人们对丧事和祭祀都非常重视。办理丧事体现了对父母长辈的孝敬，举行祭祀反映了对祖先和神祇的虔诚。这些既是社会规范的基本要求，也是个人德行的具体表现。第一篇第9章强调"慎终追远，民德归厚"，其意义正在于此。当然，社会规范和个人德行，也体现在对残障人士这样的弱势群体的关爱和帮助上。在儒家管理模式下，管理者就要率先将这些社会规范和个人德行的基本要求，贯彻到日常行为上，从而保持态度和行为的一致性。孔子在这方面做出了榜样。他对穿孝服、祭服的人以及像盲人这样的残障人士，都给予发自内心的恭敬和尊重，切实践行了儒家管理之道。

【管理精义】

管理者要将组织的价值观和行为规范落到实处，就必须首先将之贯穿于自身的日常行为之中，尤其是与组织内外不同人的互动关系上。只有这样，才能让组织的价值观和行为规范，从表面文字变成人们的内在态度，并最终体现在行动上。这本质上体现的还是"诚"的问题，即思言行的一致性，特别是态度和行为的一致性。这种一致性具有可传递性或可模仿性，其关键的起点或模仿对象，就是管理者的行为。管理者践行组织价值观和行为规范的程度，所传递出来的信号，直接决定了这种价值观和行为规范的可信性、可行性和有效性。

9.10 颜渊喟①然叹曰："仰之弥高，钻之弥坚。瞻之在前，忽焉在后。夫子循②循然善诱人，博我以文，约我以礼，欲罢不能。既竭吾才，如有所立卓③尔。虽欲从之，末④由也已。"

【字词释义】

①喟：是形声字，意为叹声、叹息声。

②循：是形声字，本义指按着次序行走，

这里是次序的意思。

③卓：是会意字，本义表示比较高的意思，这里指高超、高明。

④末：本义指树梢，这里是无、没有的意思。

【今文意译】

颜回感叹说："越仰视，就越觉得高远，越钻研，则越感到坚深。看似就在前面，忽然又到后面。先生善于循序渐进地加以引导，用各种知识拓宽我的视野，用礼仪规范约束我的行为，使我无法停下前进的脚步。我已竭尽全力，但好像仍看到先生高高地屹立在前面。虽然非常想追随上去，却还没有找到可行的路径啊。"

【分析解读】

本章借用颜回的话，既说明孔子所达到的至高境界，也表明儒家管理之道的博大精深。

颜回这段话，一方面说明了儒家管理之道的高远坚深，越深入学习，越觉得永无止境，要真正理解和把握，非终生追求和反复实践不可；另一方面，也形象地刻画出孔子教授管理的独特方式，即侧重启发、引导而非灌输；用各种知识开阔视野，将社会规范融入日常行为，既教授管理，又启发"做人"；让学生产生内在动机，欲罢不能。

当然，在颜回眼里，孔子和儒家管理之道是融为一体的。孔子不仅讲着儒家管理之道，而且自己也在切实践行着儒家管理之道，真正达到了"至诚"的思言行一致的境界。所以，颜回才深深感到，即便已竭尽全力，仍好像看到老师和他所代表的儒家管理之道高高屹立在前面，难以逾越，而且就是想追随，一时也还没有找到可行路径。这也表明，颜回对孔子和儒家管理之道的深刻理解，以及对自己所达到境界的"自知之明"。这从另外角度也恰说明，颜回领悟了儒家管理学习的真谛，即从自我认知、自我反思、自我把握入手，在"自知之明"基础上，明确方向，执着追求，持续提升。可以说，颜回为儒家管理学习树立了榜样。

管理精义

管理实践具有很大的不确定性。这既说明单纯知识学习对管理学习而言的局限性，同时也表明，管理实践本身为管理学习提供了既有广度又有深度的探索空间。这正是为什么管理学习更强调"干中学"的原因。但是，在进行面向管理实践的"干中学"时，经常存在这样一个误区：更关注管理实践中涉及工具、方法和技巧的学习，而忽视职业规范、敬业精神和组织价值观等的体悟，也就是说，将"干中学"等同于管理的工具化学习，忘记了关于管理之道的理解和把握。这种工具化的"干中学"，大有将管理者变成精于算计的"谋略家"的危险。为此，在面向管理实践的"干中学"时，尤其要提醒管理者留心于社会、职业和组织的价值观在日常行为上的具体反映，以此理解管理实践背后的管理之道，真正将管理之"术"与管理之"道"融为一体，并用管理之"道"来统御管理之"术"。

9.11 子疾病，子路使门人为臣。病间①，曰："久矣哉，由之行诈也！无臣而为有臣，吾谁欺？欺天乎？且予与其死于臣之手也，无宁死于二三子之手乎？且予纵不得大葬，予死于道路乎？"

【字词释义】

①间：通"闲"，安静、娴静的意思，这里可以引申为"减轻"的意思。

【今文意译】

孔子病重，子路让学生们以家臣的身份侍奉孔子，并准备后事。

病情减轻后，孔子说："这么长时间了，子路一直在欺骗啊！明明没有家臣，却装作有家臣，我在欺骗谁？欺骗天吗？我与其在家臣的陪伴下死去，还不如在你们这些学生的陪伴下死去呢？况且我即便不能按照大夫的礼仪安葬，难道死在路上就无人安葬了吗？"

【分析解读】

本章承接上章，继续强调管理之道在于"诚"，不可行诈欺骗；离开了"诚"和"仁"，即便是"礼"，也可能沦为纯粹的工具和手段。

据记载，孔子晚年在周游列国后返回鲁国途中得了重病，考虑到孔子年事已高，为防不测，随行的弟子们要为孔子准备后事，但当时孔子早已辞去鲁国大夫职位，既无家臣，也不可能享有诸侯国大夫的葬礼标准。子路为了表示对孔子的尊重，让弟子们以家臣的身份侍奉孔子，并按照诸侯国大夫的标准为孔子准备后事。

当病情逐渐好转，了解到这种情况后，孔子就批评子路，责怪他不该违背事实，明明已不是鲁国大夫，没有家臣，却偏偏要装作有家臣，这不是在自欺欺人吗？更何况从孔子的角度看，他更愿意和自己的学生在一起，而不是和所谓的"家臣"在一起。毕竟学生们才是共同追求管理之道的志同道合者，家臣只不过是一种形式上的"上下级"关系而已。师生之情如同父子，这也正是儒家管理之道中"仁爱"的亲情根源所在。

因此，孔子最后才会说，即便他已不是鲁国大夫，不能以大夫的礼仪安葬，难道就会死在回鲁国的路上无人安葬吗？其隐含的意思是，难道自己的弟子们会置他于不顾吗？如果真是那样，孔子倾其一生努力传授的儒家管理之道还有什么意义呢？由此不难理解，孔子在这里要告诫子路的是，儒家管理之道的根本在于"诚"和"仁"，这两者的相辅相成，正是实施儒家管理模式的前提，为此，就要在日常行为中切实贯彻"诚"与"仁"。这也是第三篇第3章所讲的"人而不仁，如礼何"的道理所在。

> **管理精义**
>
> 如果失去了对管理内在价值的认同,没有了管理者的"诚"或思言行一致性,即便是规则和规范,也有可能沦为纯粹的工具。一旦管理工作被完全工具化,管理者和委托人、被管理者乃至利益相关者之间的关系,都会发生根本改变,组织赖以存在的文化基础将荡然无存,组织和管理都只是因利益而存在,随着利益的发展而发展,一旦没有了利益或陷入暂时困境,组织和管理都将难以为继。

9.12 子贡曰:"有美玉于斯,韫①椟②而藏诸?求善贾而沽③诸?"子曰:"沽之哉!沽之哉!我待贾者也。"

【字词释义】

①韫:是形声字,这里是蕴藏的意思。
②椟:是形声字,这里是木匣的意思。
③沽:是形声字,本义是水名,这里是动词"卖"的意思。

【今文意译】

子贡说:"这里有块美玉,是藏在匣子里呢?还是卖给识货的人呢?"
孔子说:"卖了吧!卖了吧!我正等待买家呢。"

【分析解读】

本章讲管理者要实现自我价值,还需要找到知己识才的委托人才行。

子贡因孔子深谙管理之道,却没有在诸侯国里任职而感到疑惑,故用美玉作比喻,提出了这样的问题。从孔子对该问题的回答中,便可理解,孔子为什么不出去做管理。这并不是因为孔子想将自己隐藏起来,而是还没有等到真正赏识他的德行和才能的人。

可以将孔子在这里的回答,与本篇第 8 章中所讲的"凤鸟不至,河不出图,吾已矣夫"联系起来,其实这两章表达的意思一样,都是说:作为代理人的管理者,只有德行和才能,还不足以保证实现自身价值,还需要有理解、赏识和支持管理者的委托人才行。这就像一块美玉,若找不到识货的人,它的价值同样也会被埋没。

> **管理精义**
>
> 管理者的德行和才能有待于被发现,并给予机会和平台,才能实现价值。同样道理,一般组织成员也有自身独特的价值,需要被发现,并给予机会和平台。因而,当管理者想使自己的德行和才能有机会充分发挥的时候,也应该在组织和管理实践中,努力

给每个组织成员创造机会和平台，让他们的潜能都得以充分发挥，而不要被埋没。只有每个组织成员的潜能得以充分发挥，组织才有持续发展的可能，进而管理者才能真正实现自身价值。

9.13　子欲居九夷①。或曰："陋，如之何？"子曰："君子居之，何陋之有？"

【字词释义】

①九夷：指当时东部偏远、闭塞、未开化的小国。

【今文意译】

孔子想到东方的小国去。有人说："那里条件太差，甚至还没有开化，怎么办？"

孔子说："真正的管理者去了，条件自然就会改变，还谈什么未开化呢？"

【分析解读】

本章阐明管理者的职业选择不在于物质条件好坏，关键看能否有机会和平台发挥作用，而管理者真正的价值恰在于改变物质条件，创造出更大价值。

据说孔子在周游列国之后，发现当时中原地区号称华夏正统的各诸侯国，都已在很大程度上脱离了周初确立的典章制度和礼仪规范，孔子所奉行的儒家管理模式很难在这些诸侯国中得以实施。正是在这样的背景下，孔子才发出感叹，希望到东海边的小国去实现自己的抱负。虽然那里的物质条件很差，但是按照儒家管理模式的要求，管理者的首要职责是教育，管理过程就是一个教育过程，改变和影响人最重要。若能教育和改变人，让他们由内而外对儒家管理模式产生认同，物质和文化条件自然就会创造出来。因此，孔子才说，"君子居之，何陋之有"。这也可以理解为儒家管理模式中所蕴涵的创业精神。

关于本章的理解，可以和第三篇第5章联系起来。在那里，孔子从礼仪规范传承的角度认为，"夷狄之有君，不如诸夏之亡也"，所要表达的也是同样意思，即儒家管理模式更看重的，是价值观的认同和礼仪规范的继承及发扬，物质条件总是可以创造出来的，但在创造物质条件之前，却需要先创造文化条件，即价值观和行为规范，然后才能以此来塑造和教育人。

管理精义

在今天迅速变化的全球化竞争环境中，创业精神对组织和管理者而言越来越重要。创业精神的核心恰在于，不考虑资源约束和物质条件，勇于追寻机会，敢于承担风险和肩负责任。在这个把握机会、创造条件、实现价值的创业过程中，拥有共同价值观和行为规范的人，是第一位的要素，而各种物质资源和环境条件都是由人创造出来的。因此，在强化具有创业精神的管理者培养和创业型组织建设过程中，以价值观和行为规范为基础的文化建设就显得尤为重要。必须通过共享价值观来形成志同道合者团队，然后，才有可能形成良好的创业导向和创业氛围，进而才能在组织行动中真正体现出创业精神。

9.14 子曰："吾自卫反鲁，然后乐正，《雅》、《颂》各得其所。"

【今文意译】

孔子说："我从卫国返回鲁国之后，就着手于音乐的规范化，使《雅》、《颂》等篇章都发挥出各自应有的作用。"

【分析解读】

本章强调管理要从文化基础设施建设入手。这秉承上章的思路，体现儒家管理模式从对人的影响和教育开始的特色。

孔子历来重视音乐的社会教育功能，把音乐看成和礼仪同样重要的文化基础设施，并利用音乐来实施儒家特色的"迂回式"管理。孔子在周游列国过程中，有机会考察了各国的音乐，并进行了比较和整合，从而对建设以音乐为核心的文化基础设施有了更全面的认识。这样在他自卫国返回鲁国后，就有机会对鲁国的音乐进行系统整理，让不同类型的音乐在这个文化基础设施体系中发挥出不同的作用，并将这些不同类型音乐的作用整合起来，以更好地发挥音乐在"迂回式"管理中应有的功能。为了更好地理解儒家管理模式对音乐社会功能的认识和强调，可以联系着第三篇第 25 章、第八篇第 8 章的内容来看。

管理精义

对组织管理而言，基础设施建设非常重要，但不能将基础设施仅仅理解为物质意义上的，或只将其等同于技术基础设施，而应从广义角度理解基础设施。对任何组织而言，至少有三类基础设施：技术基础设施、制度基础设施和文化基础设施。相比于技术基础设施和制度基础设施而言，文化基础设施更具有无形性，其作用的发挥也不是即时的，因此，在组织基础设施建设中很容易被忽视，即便有相关工作，也是零散的，并没有纳入系统化的整体基础设施建设的考虑之中。实际上，文化基础设施最重要的作用在于影响人，这是一个需要长期努力的真正基础性工作。

9.15 子曰:"出则事公卿,入则事父兄,丧事不敢不勉,不为酒困,何有于我哉?"

【今文意译】

孔子说:"在外竭力做管理,在家悉心事父兄,遇丧事则勤勉认真,不沉溺于饮酒,除了这些,我还做什么呢?"

【分析解读】

本章进一步概括了做管理的基本要求:内外一致,慎终追远,自我克制。

具体地说,孔子这句话包含了三层含义,也概括了做管理的三项要求。第一,"做人"和做管理是一致的,也就是说,出外做管理和在家事父兄,其事相类,其理相通,因此,做管理就要保持内外一致。这与第一篇第 6 章和第 7 章以及第二篇第 21 章所讲的内容是相通的。

第二,根据儒家管理模式的要求,做管理当以赢得"人心"为第一要务,而要赢得"人心",就必须有为大家所认可的共同信念与核心价值观,这在古代和儒家传统中很大程度上来自于祖先崇拜,其具体表现及礼仪规范的要求,就集中反映在丧事上,这也是第一篇第 9 章强调"慎终追远,民德归厚"的道理所在,因此,做管理的基本要求之一就是"丧事不敢不勉"。

第三,儒家对管理者的"自律"要求非常高,管理者只有严于律己,才能率先恪守各种礼仪规范,让人们通过管理者的行为表现理解共享信念和核心价值观的现实意义,并真正赢得"人心",最终达到"有耻且格"的由内而外的"迂回式"管理效果。自古至今,酗酒贪杯可能都是管理者没有自律的典型表现,或者说也是破坏管理者自律形象的元凶之一。因此,孔子才专门讲"不为酒困"。这倒并不意味着要管理者完全戒酒,而是要求管理者能够自我克制,不嗜酒贪杯。

上述三项集中体现了儒家管理模式对管理者的基本要求。也许正因为如此,孔子最后才说"何有于我哉",意思是说,除了这三方面要求之外,还有什么别的要求吗?没有了。"何有于我哉"这个反问句式也曾出现在第七篇第 2 章中,那里说的是,除了"默而识之,学而不厌,诲人不倦"之外,孔子别无所求。可以看出,在这两处用法中,"何有于我哉"的含义是一致的。

管理精义

做管理,同样要"万变不离其宗"。概括起来,做管理的万变不离之"宗",至少包括三个方面:其一,"做人"和做管理的统一,虽然"做人"的内涵会随时代而变,但"做人"与做管理的统一性,却是任何时代都必须遵循的不变之"宗";其二,做管理离不开共享愿景和核心价值观的塑造和追求，离开了共享愿景和核心价值观，组织将成为一盘散沙，人再多也无济于事；其三，做管理不能没有管理者的"自律"，若失去了管理者的"自律"，即便有组织的"他律"机制，由于权力、资源和信息的相对优势，组织与管理的自我解构，进而失去"人心"也将不可避免。

9.16 子在川①上，曰："逝②者如斯夫！不舍③昼夜。"

【字词释义】

①川：是象形字，这里是河流的意思。
②逝：是形声字，这里是过去的意思。
③舍：同"捨"，放弃、停止的意思。

【今文意译】

孔子站在河边说："时光就如同这河水，白天黑夜奔流不息。"

【分析解读】

本章讲时间对于管理者和管理的重要意义。

时间不像空间那样看得见、摸得着，因而，时间的资源属性和价值也不像空间那般显而易见。尤其是在古代农业社会，人们更看重土地所代表的空间资源，诸侯国之间的竞争乃至战争，多起源于空间资源的争夺。时间作为管理要素或对象，却常常被人们所忽略。孔子这句话通过隐喻的方式，将看不见的时间形象化，提醒管理者注意时间对管理的重要价值。

将时间比喻为河水，一方面突出了时间本身的动态性，时间处于永不停息的流逝和变化之中，另一方面更强调了时间运动的线性特征，即一去不回头，逝去的光阴不可能再找回。正是河水隐喻的这两方面特征，集中反映了时间对人们，尤其是对管理者而言的极度稀缺性，因此，管理者和管理活动都必须珍惜时间。管理者自身要珍惜时间，自强不息，不断提升自己的管理水平和管理境界；做管理要珍惜时间，将时间视为最重要的资源，节约时间，提高效率，为组织和利益相关者创造更大的价值。这也许就是孔子面对奔流不息的河水所感悟到的时间本身的管理意义。

管理精义

"物以稀为贵"。资源的价值，在很大程度上是由其相对需求的稀缺性决定的。当管理者面对越来越多的内外部事务和挑战的时候，也就意味着对时间的需要越来越大。因为做任何事情，应对各种挑战，都离不开时间资源的消耗，但时间的供给却是刚性的，这就决定了时间资源相对管理需求而言，其稀缺性会随着内外部环境的变化、管理职责的加大而越来越高。这自然就意味着时间资源的价值日益增大。

对于具有巨大价值的时间资源，管理者若没有充分认识，甚至无视时间价值，那无疑将是最大的资源浪费。当人们变得越来越重视效率，并将之视为衡量竞争优势的重要标准的时候，自然也就强化着时间价值的核心标准作用。也许正因为如此，时间管理才成为管理的第一职能或第一要务，这就体现在管理的"计划"职能上。计划的本质是"时间管理"，或对时间资源的合理配置方案。从这个角度看，管理的有效性就在于时间价值的实现。

9.17 子曰："吾未见好德如好色者也。"

【今文意译】

孔子说："我没有见过爱好德行修养，就像爱好感官享受一样的人。"

【分析解读】

本章承接上章，强调珍惜时间、自律修德，需要后天持续努力，而非天生具备的素质，因此，管理者更需要时时自省，勤勉努力。

在孔子这句话里，"色"可以做广义理解，泛指各种外在的、能够引起感官愉悦的现象，因此，"好色"也可以理解为追求或爱好感官享受。这是人的本能之一，具有自然而然的潜在力量。与之相对应的"德"，则是人们后天经过持续努力所习得的社会规范，并将之转化为个人的价值准则或德行修养。这是人们经过后天努力对本能进行自我克制的结果，并不像感官享受一样自然而然。正因为如此，追求或爱好德行修养，才需要付出更大努力；否则，自然的本能力量一定会让人停留在感官享受上。

基于此不难理解，孔子这句话有两层含义：一是指出，德行修养和感官享受不同，并不是天生就有的特性；二是强调，要追求德行修养以及喜欢有德行修养的人，都需要付出更大、更持久的努力。

管理精义

"做人"和做管理一样，都不是人们天生的特质或倾向，都需要后天持续的自我学习、反思和修炼过程。在这个过程中，最重要的环节，也许是对自我的各种本能、欲望和感官享受的认识、把握甚至克制。这也正是管理者的自律和自我管理的重心所在。人们常说的"自知之明"，除了对自己的知识和能力的局限性的认识和把握之外，还应包括对自己的本能、欲望和感官享受的清醒认识和把握，这也就是常说的对自我"偏好"的了解，进而使自己的"偏好"得到合理的约束和恰当的表达与实现，而其中关键就在于习得并恪守社会和组织规范，并将之变为个人的价值准则和德行修养。

9.18　子曰："譬如为山，未成一篑①，止，吾止也。譬如平地，虽覆②一篑，进，吾往也。"

【字词释义】

①篑：是形声字，指盛土的竹筐。　　②覆：是形声字，这里是倾覆的意思。

【今文意译】

孔子说："就像堆一座土山，最后差一筐土却停了下来，那么，我前面全部努力都白费了。也像在平地上堆山，虽然刚倒上一筐土，但只要持续将土倒在上面，我就在不断进步。"

【分析解读】

本章承接上章，进一步说明德行修养需要后天持续努力，不可半途而废，否则，前功尽弃。

孔子在这里用堆土山作比喻，意在说明后天德行修养和管理学习是一个不间断的过程，即便过去一直在努力，只是到了最后环节放弃了，也会前功尽弃；反之，即便刚开始起点比较低，但只要一步一个脚印地前进，须臾不敢懈怠，进步也会与日俱增，这会进一步增强信心和能力，形成德行修养和管理学习上的正反馈强化效应。

管理精义

管理者无论是自我管理还是组织管理，都需要持续努力，毫不松懈。否则，在自我管理上，若"晚节不保"，便会"一世英名，毁于一旦"；在组织管理上，若最后一刻放松懈怠，"临门一脚"把握不住，组织前期的大量投入和努力也都会白费。因此，管理者在自我管理和组织管理上一旦目标明确、计划清楚、条件满足，就要矢志不渝，坚持不懈，切不可轻言放弃，尤其是涉及愿景目标和核心价值观的时候，更需要坚定不移地排除各种困难，勇敢地坚持下去。

9.19　子曰："语之而不惰者，其回也与！"

【今文意译】

孔子说："只要讲过，就身体力行、不懈努力，这就是颜回啊！"

【分析解读】

本章承接上章，用颜回做范例，进一步说明德行修养贵在持续努力。

孔子对颜回的评论，一方面说明，要进行德行修养，就必须不懈怠，用心尽力，持之以恒。这也是因为，德行作为后天努力的结果，必须通过自律和坚持才能真正养成并提升境界；否则，稍有懈怠，便会功亏一篑，毕竟德行修养不像感官享受那样轻松自然，这与前两章讲的内容一以贯之。

另一方面也表明，德行修养关键在于行动，只是认识到甚至理解了，都远不够，只有用行动来体现和磨砺，才是真德行。颜回的特点恰在于，不仅能够认真领会老师的教诲，而且能切实体现在行动上。老师的"身教"和"言教"都只能是"教"，而这种"教"要在学生身上产生效果，最终还是离不开学生自己的行动和实践。只有经过学生的反复实践过程，老师的"教"才能转化为学生的修养和能力。

管理精义

管理学习离不开实践，尤其是涉及个人和组织的价值观以及行为规范的学习，更需要持之以恒地落实在行动上。那些只是用文字陈述出来的道德和价值观，难以真正发挥规范行为的作用；若与行动脱节，甚至会产生相反的效果。因此，组织文化建设，应该有一种默默无闻、埋头"苦"干的行动导向的特征，这样才有可能让组织文化和管理学习落到实处。

9.20 子谓颜渊，曰："惜乎！吾见其进也，未见其止也。"

【今文意译】

孔子评论颜回说："他的英年早逝太可惜啊！我只看到他不断努力，从没见他止步不前呀。"

【分析解读】

本章继续评论颜回在德行修养上从不止步，以此强调持之以恒，不懈努力的重要性。

这是颜回英年早逝后，孔子发出的感慨，也可以看作是对颜回在德行修养和管理学习上的盖棺定论。颜回的"好学"态度和持之以恒，生动地诠释了儒家在"做人"和做管理上的不懈追求；尤其是在德行修养方面，颜回的至死不渝，更是令孔子感慨万千，反复提到颜回，既表达惋惜之情，也引导其他弟子向颜回学习。颜回的一生，切实践行了第八篇第13章所说的"笃信好学，守死善道"。

管理精义

　　管理者自我管理的有效性，很大程度上在于内心追求。管理者只有牢固树立起志向、信念和核心价值观，才会产生持续的内在动机，恪守职业规范，在职业发展道路上执着前行。强大的内心，方能孕育出强大的自我管理力量，也才能支撑管理者做好组织管理。

9.21　子曰："苗而不秀①者有矣夫！秀而不实②者有矣夫！"

【字词释义】

　　①秀：是会意字，指谷类作物抽穗开花。　　②实：是会意字，本义是富裕，这里引申为结果实、结种子。

【今文意译】

　　孔子说："地里长出的禾苗，却不抽穗开花，这种情况确实有！抽穗开花，却不结果实，这种情况也存在！"

【分析解读】

　　本章在上章的基础上，用比喻的方式，进一步说明德行修养和管理学习的过程性和阶段性。

　　具体地说，孔子这句话可以从三方面来理解。首先，德行修养和管理学习，像禾苗出土、抽穗、开花、结果一样，要经历不同的阶段，有着不同的境界，既要一步一个脚印地前进，又不能满足于某个阶段或境界而止步不前。

　　其次，在德行修养和管理学习过程中，务必需要注意的是，不能稍有成功，或者说，刚达到某个阶段、某个境界，便自满自足，沾沾自喜，不思进取。那样的话，就像出土的禾苗却不能抽穗开花，或者抽穗开花却又不能结出果实一样，将会半途而废。

　　最后，由于某些外部不可抗拒的力量而停在某个阶段，那也是人力所无法改变的事情；这虽然在别人看来值得惋惜，但对于当事人来说，却问心无愧。典型的例子就是颜回，虽然英年早逝，没能充分展示才华，就像禾苗虽出土却没有开花结果一样，但对颜回来说，却无怨无悔，毕竟一直在努力。

管理精义

　　虽然管理者的境界提升和管理工作的成效取得，严格来说，都是一个无止境的过程，但这个过程仍可以划分出不同阶段，并找到体现不同阶段特点的标志性成果。问题是，管理者应如何看待这些阶段性成果，是将之视为继续前进的动力还是包袱？这在很大程度上取决于管理者的志向追求，以及组织的愿景目标和核心价值观。当人们有了更高远的目标和对内外部环境的清醒认识，并具有了时间紧迫感和发自内心的危机意识之后，任何发展过程中的阶段性成果，都会转化成继续前进的动力，而不可能变成自我陶醉的温床。

9.22　子曰："后生可畏，焉知来者之不如今也？四十、五十而无闻焉，斯亦不足畏也已。"

【今文意译】

孔子说："对年轻人要保持敬畏之心，怎么知道未来就不如现在呢？管理者到了四、五十岁还没有真正学习和理解管理之道，确实就不值得敬畏了。"

【分析解读】

本章重在说明德行修养和管理学习中的危机意识，要求管理者不仅要持之以恒地学习，而且要有紧迫感和危机感。

具体地说，孔子这句话包含了两方面含义。首先，年轻人有更充沛的精力和相对充裕的时间，只要有志向，肯努力，定会站在前人的肩膀上学有所成。因此，孔子由衷地感叹："后生可畏，焉知来者之不如今也"。从这个意义上说，孔子是一位乐观主义者，相信未来会更加光明美好。

其次，告诫管理者，若不努力，只是迷信自己的经验和禀赋，那么，即便到了四、五十岁，看似很有经验了，甚至已小有成绩，也是"不足畏"的。原因就在于，无论个人德行修养，还是管理知识能力，都是后天持续学习的结果，离开了终身学习，管理者不仅会在变化的环境面前落伍，而且还会自以为是，固执己见，像本篇第4章说的那样"臆测、武断、固执、自负"，甚至像第五篇第17章讲的臧文仲那样靠大乌龟占卜做管理。这样的管理者还值得"敬畏"吗？

管理精义

管理者和组织所面临的竞争，不仅仅来自同代的管理者和组织，还来自未来的管理者和组织，这也可以称为"代际竞争"，即来自未来的潜在竞争。这正是管理者和组织有可能被历史淘汰的潜在危机的根源所在。当然，正因为存在着这种"代际竞争"，组织和社会才能超越个人的生命周期，有着更长远、更美好的发展前景。也正因为如此，才更加强化了管理者和组织的危机意识和学习动力。

9.23 子曰:"法语之言,能无从乎?改之为贵。巽①与之言,能无说乎?绎②之为贵。说而不绎,从而不改,吾末如之何也已矣。"

【字词释义】

①巽:是形声字,本义指具备,这里是指和顺、恭顺的样子。

②绎:是形声字,本义指抽丝,这里指从中引出或分析出意义、演绎的意思。

【今文意译】

孔子说:"有根有据的意见,能不接受吗?但关键在于行为上改进。委婉和顺的建议,能不高兴吗?但关键在于听出言外之意。高兴却不分析,接受而不改进,我也不知道该怎么办啊。"

【分析解读】

本章讲解管理者面对意见和建议时应有的态度。

管理者面对意见和建议时,无外乎有两种情况。一种情况是,依据正式规则或规范,明确指出来的错误或失误,这是一种"有根有据的意见",面对这种意见,管理者往往无话可说,只能接受;但表面或口头上接受很容易,难的是落实在行动上,切实改进。

另一种情况是,用委婉恭敬的语气或方式提出来的意见或建议,甚至其中还有大量溢美之词,管理者听了这些意见或建议,可能会很开心,甚至将其视同对自己工作的肯定或表扬,但这时更难能可贵的是,保持一颗清醒的头脑,认真倾听和分析,从中发现弦外之音,进而接受建议,改进工作。

在这两种情况下,都要求管理者既有"自知之明",又有虚心态度,而且还能将理解和接受了的意见和建议,积极落实到行动改进上去。

管理精义

听取意见和建议是管理工作的重要方面。当局者迷,旁观者清。不管是仗义执言,还是委婉建议,管理者都应认真倾听,仔细分析,切实改正。切忌"从而不改,说而不绎"。管理工作本身就是一个开放系统,只有不断进行有效的内外部信息交流,才能实现良性循环,持续改进。

9.24　子曰："主忠信，毋友不如己者，过则勿惮改。"

【今文意译】

孔子说："以尽己尽责和诚实守信为根本，善于发现同事们的特长，别人指出了过错，就不要害怕改正。"

【分析解读】

本章承接上章，继续阐明管理者面对工作中的过错时所应有的态度。

这句话曾出现在第一篇第8章。在这里用这句话，所要表达的意思稍有区别。在第一篇第8章中，这句话与"君子不重则不威，学则不固"连在一起，强调管理学习应从学"做人"开始，并由个体学习上升到团队学习，进而在团队学习时，"以忠信为本，以团队成员的长处为参照，勇于'试错'，并在'试错'中持续进步"。但是，本章这句话要与上章联系起来理解。上章指出管理者听取意见和建议的两种情况，并要求管理者做到"从而改，说而绎"。但问题是，管理者如何才能做到这两点呢？本章这句话则进一步指出，关键在于"主忠信"，即管理者应能恪守尽己尽责，诚实守信的职业规范，然后再加上提出意见和建议的同事或朋友各有特长，已形成了志同道合者的共同体。在这种氛围下，既有发自内心的敬业精神的自觉要求，又有来自外部的共同体氛围，"改过"就变得自然而不必担心了。

因此，孔子这句话放在这里，意在阐明管理者做到"从而改，说而绎"的内外部条件。其中，内部条件就是"主忠信"，外部条件则是"无友不如己"。在内外部条件满足时，"过则无惮改"便自然而然了。

管理精义

管理作为一个开放系统，要达到内外部信息的有效交流，实现持续改进，关键还要靠人，特别是管理者和管理团队的互动。这一方面取决于管理者个人对职业规范和敬业精神的践行，另一方面也有赖于管理团队的共同愿景追求以及成员的知识和能力的异质性，当然，也离不开整个组织的价值观和行为规范及其所形成的氛围。只有当这些内外部条件具备时，管理系统内外部的有效信息交流和持续改进才能实现。

9.25　子曰："三军可夺帅也，匹夫不可夺志也。"

【今文意译】

孔子说："即便有三军之众，主帅也可能被擒获；哪怕是普通人，其志向也不能被剥夺。"

【分析解读】

本章承接上章，进一步说明，管理者确立内在志向、组织建立共享愿景，对于管理的有效性和组织的可持续发展的重要意义。

具体地说，孔子这句话包含两层意思。首先，三军人数再多，其主帅也只是一个有形的个体存在，仍有可能被对方擒获；但是，志向却是无形的，看不见、摸不着，哪怕是再普通的人，只要有了这种无形的志向，任何外在力量都无法剥夺。这也就是说，三军的力量再大，也不一定能保护其主帅，而普通人的力量再小，也能捍卫自己的志向。

其次，推而广之，一个组织无论多么强大，如果它所依赖的仅是有形的资源，那么，即便看上去很强大，也不一定可持续。因此，组织要保持可持续的竞争优势，除了有形的资源以外，还必须具有超越个人而又为大家共同接受的共享愿景和核心价值观，这也就是文化的力量或软实力。这种软实力才是真正不可剥夺，不能复制的，也不易被模仿的可持续竞争优势的源泉。

管理精义

管理的有效性，很大程度上在于促使组织软实力的形成，并以软实力为基础建立组织的核心竞争力。组织软实力离不开文化建设，离不开对共享愿景和核心价值观的坚决捍卫和持续追求。这就对管理者在日常工作中平衡"务实"与"务虚"提出了更高的要求。管理者只有真诚"务虚"，才能有效"务实"；也只有将"务虚"渗透于"务实"之中，"务实"才可持续。对日常管理工作而言，最忌讳的是"务虚"和"务实"两张皮；"务虚"就只管"务虚"，乃至"虚"到高调无边，而"务实"又只看"实利"，乃至"实"到唯利是图。如此一来，岂不是最典型的说一套、做一套。其危害自不待言。

9.26　子曰："衣敝①缊②袍，与衣狐貉③者立，而不耻者，其由也与？'不忮④不求，何用不臧⑤？'"子路终身诵之。子曰："是道也，何足以臧？"

【字词释义】

①敝：是形声字，破旧、破烂的意思。

②缊：是形声字，乱麻的意思。

③貉：是形声字，指一种外貌像狐的兽，在这里与"狐"联用，指代用皮毛制作的高贵衣服。

④忮：是形声字，本义指不顺从、违背，这里是忌恨、嫉妒的意思。

⑤臧：是形声字，本义指善、好、吉祥的言辞，这里是善、好的意思。

【今文意译】

孔子说:"穿着破旧的麻布袍子,与那些穿着高贵皮毛衣服的人站在一起,却不以为耻,只有子路能做到吧?《诗经》上说,'不嫉妒不贪欲,做什么做不好?'"

子路经常吟诵这句诗。孔子知道后,说:"这的确是管理之道啊,但仅此可能还不够吧?"

【分析解读】

本章承接上章,用子路做例子,进一步说明管理者要追求志向,就应超越外在物质欲求上的攀比,专注于提升内在境界。

即便自己穿的是麻布旧袍,子路也不会同那些穿着裘皮美服的人进行攀比,更不会有自惭形秽之感;子路能做到既不嫉妒乃至加害别人,也不羡慕以致贪求富贵,而是坚守自己的志向。果真如此,反倒能够达成目标。用《诗经》里的话说就是"不忮不求,何用不臧"。与此相反,若见到比自己物质条件好的人,便忘记了自己的志向,要么不甘寂寞,在物质条件上奋起直追,要么心生妒意,不择手段谋取别人的资源。如此一来,势必造成言不由衷,事与愿违。这就像第四篇第9章所说的"士志于道,而耻恶衣恶食者,未足与议也"一样了。

也许是因为孔子的称赞,子路有些沾沾自喜,便经常吟诵那句《诗经》里的诗句,以此表明自己做到了不嫉妒不贪欲,还有什么事情做不好呢?针对子路的自满情绪,孔子及时提醒道,虽然这确实体现了管理之道,但也不过是其中一个方面而已;作为致力于学管理和做管理的人来说,仅仅掌握这一个方面还远远不够,仍需持续努力,不懈追求才行。

管理精义

要构建组织的软实力,管理者和管理团队的言行一致非常重要。如果管理者和管理团队真正信奉共同愿景和核心价值观,并将它们落实在自己的行动中,不为外界诱惑所动,整个组织的文化氛围自然就会形成。在这种脚踏实地的追求过程中,各种资源反而会水到渠成地汇聚起来,服务于组织目标的实现。这也正是软实力和硬实力相得益彰的典型表现。从某种意义上说,组织的硬实力就像个人的健康一样,没有人会否认健康的重要性,但也没有人仅仅为健康而活着或存在,健康不可能成为人活着或存在的理由和目标。同样道理,组织不能没有硬实力,但组织不能为硬实力而存在和发展。

9.27 子曰:"岁寒,然后知松柏之后凋①也。"

【字词释义】

①凋:是形声字,这里是草木衰败、衰落的意思。

【今文意译】

孔子说:"严冬时节,才能体现出松柏的坚强本色啊。"

【分析解读】

本章用松柏比喻有志向追求的管理者和组织,意在说明,只有在艰苦的条件下,才能真正体现出志向追求对个人和组织的价值。

对个人而言,只有在艰苦条件下,才能检验出他的志向追求是否坚定执着;对组织而言,只有在物质资源匮乏、面临利益损失的情境中,才能看出人们是否具有共同愿景和核心价值观。无论个人还是组织,有了志向和坚守之后,就像松柏一样,越是在严冬这样的艰难困苦之中,越能彰显出其坚强的本色特征。

管理精义

管理者和组织都热衷于追求以物质资源占有为基础的硬实力,而相对忽视以志向追求、共享愿景、核心价值观培育为基础的软实力。即便认识到软实力的重要,也往往只是将软实力等同于组织外部的声誉。相应地,也只是在宣传和推广上下工夫,似乎有了知名度,也就有了软实力。实际上,真正的软实力,是由内而外形成并发挥作用的。对个人和组织都一样,没有发乎内心的志向和愿景追求,以及对核心价值观的坚守,就不可能形成有特色的行为方式,也不可能通过行为来影响他人,自然也就没有软实力。

软实力绝不是在组织具备硬实力时"锦上添花"的附属物,倒是在组织暂时不具备或失去硬实力时"雪中送炭"的立足点。这种软实力的积累绝非一日之功。若不能在组织发展之初及早培育软实力,等遇到困难时再想起软实力的重要,寄希望于临时抱佛脚,却为时已晚。

9.28 子曰:"知者不惑,仁者不忧,勇者不惧。"

【今文意译】

孔子说:"有智慧就不迷惑,有仁爱就不烦忧,有勇敢就不畏惧。"

【分析解读】

本章承接上章,进一步阐明,软实力为什么会让管理者和组织战胜极其艰苦的物质条件。

　　为了更好地理解这句话，可以联系着第六篇第 20 章和第 21 章的内容。在那里，重点讲解了"知"与"仁"的关系。在儒家看来，软实力的本质在于管理者和管理团队的内在德行及其与社会规范的一致性，而这种德行的最高境界或称"至德"，就是"中庸之德"，也即"仁"和"知"的统一。当管理者和管理团队达到了"仁"和"知"的统一，就意味着，既能够明辨是非，又能够理解共同利益（即"善"）之所在，是非、利害了然于心之后，勇敢前行、无所畏惧便顺理成章了。由此不难理解，"知"和"仁"是"勇"的内在根据；而"勇"则是"知"和"仁"的外在行为表现；正是发乎于"知"和"仁"的"勇"，体现了软实力的巨大威力。

管理精义

　　组织行为的有效与可持续，离不开组织成员的内在动机。要激发组织成员的内在动机，没有持之以恒的文化建设是不可能的。文化建设的关键，在于共享愿景、核心价值观和行为规范的培育，这为组织确立起是非标准和共同利益基础，而这也正是组织行为层次上的"智慧"和"仁爱"。其中"智慧"明辨是非，"仁爱"界分善恶。基于此，组织成员的内在动机才有可能被激发出来，进而表现出持续有效的组织行为。

9.29　子曰："可与共学，未可与适①道；可与适道，未可与立；可与立，未可与权②。"

【字词释义】

①适：是形声字，本义指前去、前往，这里可以引申为追求的意思。

②权：是形声字，既可以做名词"秤砣"，又可以做动词"称量"，这里可以引申为权衡、变化的意思。

【今文意译】

　　孔子说："可以一起学习管理，未必可以一起追求管理之道；可以一起追求管理之道，未必可以确立共同的管理原则；可以确立共同的管理原则，未必可以同样灵活地运用这些原则。"

【分析解读】

本章在前述几章的基础上,进一步阐述志同道合的管理团队赖以建立的前提。

既然软实力依赖于管理者和管理团队的志向追求,以及由此确立起来的共同标准或原则,那么,如何才能达成共同标准或原则,以及如何有效运用共同标准或原则呢?

首先,要在管理团队中达成共同标准或原则,只是在一起学习管理或一起追求管理之道是不够的,必须进入一种互动、分享和切磋的深度交流状态才行。一起学习管理,并不意味着大家都在追求管理之道,毕竟管理知识和技能并不等于管理之道;即便大家都在追求管理之道,由于"大道无形",其内涵丰富且无止境,每个人所领会、把握以及由此形成的标准或原则也不一定相同。因此,要达成管理团队共同信奉的管理原则或标准,就必须借助持续互动、交流和分享,由知识和技能的学习,上升到内在价值或管理之道的追求,进而共同提炼出核心标准或原则。

其次,有了共同的标准或原则,也并不意味着管理团队在处理具体事情、做出管理决策时,就会有效运用这些标准或原则。在现实中,原则的确立是一回事,而灵活运用又是另外一回事;理解并坚持原则,并不必然意味着会灵活而有效地运用原则;原则不变,但时势和事务都在变,如何将不变的原则运用于变化的时势和事务,真正做到具体问题具体分析,体现的是恰管理的艺术。

从这个意义上说,原则性并不必然意味着灵活性,灵活性也并不必然蕴涵着原则性;只有将原则性与灵活性有机结合起来,才能体现管理的至高境界,即"从心所欲不逾矩"。这既需要对原则的深刻理解与坚定恪守,也需要在原则的反复运用中具备洞悉和把握各种复杂情况的丰富经验。关于原则本身的信念和关于原则运用的经验,两者在原则的灵活运用中缺一不可。

管理精义

关于原则性和灵活性的统一,说起来容易,做起来难。在现实管理实践中,经常出现的是两种极端情况:要么一味坚持原则,将原则变成僵化的教条,结果是有原则性,却无灵活性;要么极端强调灵活,把灵活当做随机应变、无所顾忌的借口,结果是有灵活性,却无原则性。

要真正做到原则性和灵活性的统一,首先要有原则,更要有关于原则的信念,换句话说,原则是从信念和愿景中自然引申出来的。

其次,还要在各种不同情境和事务上磨砺训练,从中体会信念、愿景和原则是如何落实到不同情境、不同事务、不同问题的处理和解决上的。在这个磨砺和训练过程中,可能会犯错误,更可能会不断碰壁,但正是犯错和碰壁,才让人们有机会获得各种宝贵甚至不可言说的内在体会,由此深刻理解原则如何与具体情况相结合,洞悉原则性和灵活性的内在联系。

最后,在"试错"实践中,仅靠个人远远不够,必须有志同道合者的团队,通过团

> 队成员间的相互激发、鞭策和切磋，才能更好地超越个人知识和经验的局限性，真正达到对原则性和灵活性相统一的管理艺术的体验和把握。从这个意义上说，作为一种典型的管理艺术，原则性和灵活性相统一的境界，是通过团队努力创造出来的。

9.30 "唐棣①之华，偏其反而。岂不尔思？室是远而。"子曰："未之思也，夫何远之有？"

【字词释义】

①棣：是形声字，本义指郁李，是一种落叶小乔木，又称棠棣、唐棣。

【今文意译】

"唐棣树开花，先张后合啊。不是不想你？是住得远啊。"
孔子说："根本就没有想嘛。真思念又岂是空间距离所能阻隔？"

【分析解读】

本章承接上章，引用古诗句说明，要达到原则性和灵活性的统一，关键在于用心思考；既要将原则铭记于心，又要时时处处留心于原则与情境的结合。

这四句古诗用的是比兴手法。一般树木开花，花瓣都是先合拢着，后来再张开，而唐棣树正好相反，花瓣先张开，再合上。借唐棣树开花的特点起兴，引出对远方人的思念。关于思念与距离的关系，诗中主人公的表达，像唐棣树开花一样，恰好与常识相反。一般来说，越是相距遥远，越是思念深切，而诗里却说，之所以不思念，是因为相距太遥远。其隐含的意思可能是，既然住得这么远，想也没有用。这是一种典型的现实性、功利化思维，与基于情感的思念完全不同。由此不难理解，这首古诗所揭示的，恰是情感和理性、理想和现实的冲突，以及用理性代替情感、以现实消解理想所可能产生的困惑。

孔子深刻认识到这一点，一针见血地指出，"未之思也，夫何远之有"。而且联系着前几章的内容，也能体会到，孔子说这话还在于暗示，在现实中，原则性与灵活性是不对称的，现实和功利看得见、摸得着，原则却并非那么清晰可见；人们的眼睛更容易看到变化的现实和功利，却看不见变化背后不变的原则，这就使人们不可避免地偏向灵活性，忽视原则性，甚至走向功利主义和机会主义。正像古诗中那位主人公一样，在面临"虚"的情感和"实"的空间距离之间的选择时，将情感上的思念，完全功利化为空间距离上能够相见的现实需要。

管理精义

原则性和灵活性的统一,本质在于"具体问题具体分析"。要做到这一点,便离不开个体与团队相结合的学习过程。从这个意义上说,达到原则性与灵活性相统一的过程,也就是一个持续的团队学习过程。在这个学习过程中,重要的不是具体知识和技能的学习和掌握,而是有关组织的信念、愿景和价值观的学习和践行。由此,才能真正将源自信念和愿景的管理原则,落实到各种具体情境下具体问题的解决之中。

乡党第十

本篇导读

本篇以孔子为典范，讲管理者如何在行为上率先垂范。孔子不仅倡导"为政以德"，而且在担任鲁国大夫期间，身体力行地实践着以"诚"为本、严谨循"礼"的儒家管理模式，将个人德行、职业德行与社会规范融为一体，在管理活动和日常生活中，充分展示了管理软实力和"迂回式"管理途径，为儒家管理模式树立了典范。本篇详细记述了孔子在各种不同场合的行为表现，突出了孔子严谨庄重、诚敬认真、毫不苟且的人生态度和敬业精神。

本篇大致可以分为三部分。第一部分包括第1章到第5章的内容，着重记述孔子在正式管理场合循"礼"而行的具体表现。其中，第1章是本部分乃至本篇的总纲，强调管理者在正式管理活动和非正式私人场合中的行为规范是不一样的，管理者在行为上更要公私分明；第2章描述孔子在正式管理场合，面对不同层级管理者时的不同行为表现；第3章记述孔子替国君接待宾客时的行为表现，以及蕴涵其中的严谨庄重的办事风格；第4章刻画了孔子在朝廷里办公务时的具体行为，尤其突出了他对国君作为管理权力合法性来源的"非人格化"敬畏；第5章描写了孔子履行职责时的神情和状态，进一步突显了他在公私场合的不同表现。

第二部分由第6章到第12章的内容构成，侧重于记述孔子在日常衣食起居中的循"礼"行为，同时也体现了孔子在循"礼"中并不僵化，而是以人为核心，灵活运用"礼"。其中，第6章记述了孔子对各种场合的不同服饰的严格要求，以体现"礼"的严谨性；第7章描述了孔子在斋戒时的行为，以此体现管理者在"慎终追远"上的具体实践；第8章刻画了孔子在饮食方面的严格循"礼"行为，尤其突出了他的严谨自律；第9章记述了孔子在日常起居方面的具体行为；第10章描述了孔子在非正式的家乡活动中的行为表现，突出了他在循"礼"过程中原则性和灵活性的统一；第11章体现了孔子在与人交往过程中以"诚"为本；第12章集中反映了管理以人为本，"礼"的运用要服务于人的儒家管理思想。

第三部分涵盖了第13章到第18章的内容，具体描述孔子面对不同的人和事时的行为表现，用以阐明管理行为虽因人事不同而具体表现有所不同，但其内在的根本要求，即"诚"是一致的、不变的。其中，第13章记述了孔子面对国君时以"诚"为本的行为表现；第14章刻画了孔子在祭祀活动中严谨认真的诚敬态度；第15章描述了孔子对朋友的诚挚态度和具体行为表现；第16章描写了孔子独处及面对不同人时的态度和行为表现，同时也突出了孔子对自然的敬畏之心；第17章记述孔子在乘车时的严谨态度和自律行为；第18章概括全篇，意在说明，管理首先要面对人，而管理者发乎"诚"心的行为是管理有效性的重要基础。

对管理有效性来说，管理者的"行"重于"言"。管理者的"行"，既要发乎"诚"，又要合于"礼"，这样才能感召、引领和激发更多有效的"行"，从而实现组织目标。管理者的表率作用，正是儒家管理模式的核心要旨所在。

10.1 孔子于乡党①，恂②恂如也，似不能言者。其在宗庙朝廷，便③便言，唯谨尔。

【字词释义】

①乡党：这里是指家乡。
②恂：是形声字，本义是诚信的内心，这里是诚信、恭顺、实在的意思。
③便：是会意字，本义指安适，这里是善言辞、能说会道的意思。

【今文意译】

孔子在家乡，谦恭实在，好像不善言辞。他在宗庙朝廷这些正式场合，则能言善辩，而态度上又非常恭敬谨慎。

【分析解读】

本章讲孔子在公私场合的行为表现不同，意在说明，管理者应循"礼"而行，公私分明。

这里记述的是孔子在鲁国做大夫或管理者时的行为表现。孔子在家乡面对父老乡亲的时候，不以自己的学识和管理职位自居，而只是将自己看成宗族中的普通一员，恪守"孝悌"本分，谦恭实在，竟然显得不善言辞表达。但是，一旦来到宗庙朝廷这些正式的管理场合，面对上下级同僚和具体管理事务，职责所系，则陈辞雄辩，据理力争。即便在这些管理场合中，孔子语言犀利，甚至可能与别人观点冲突，但他却遵循"对事不对人"的原则，在态度上始终保持恭敬谨慎。

以上对孔子在私人场合和公务场合不同行为表现的形象刻画，提请人们注意，虽然儒家管理教育强调学管理先学"做人"，意在打通个人管理、家庭管理到组织管理的边界，突出"孝悌"与"忠信"的内在一致性；但是，人们同时也必须清醒地认识到公私的界限以及私人场合与公务场合、个人管理与组织管理的根本区别，尤其要牢记，管理角色及其责任是建立在共同利益而非个人或小团体私人利益之上，作为管理者，必须立足于共同利益，严格区分公共活动与私人活动，在思想和行为上切实做到公私分明，在管理实践中以履行公共职责、追求共同利益为己任。孔子在这方面，以自己的实际行动做出了表率。

> **管理精义**
>
> 　　组织管理是公共职责，管理角色也是组织规则和规范所赋予的公共角色或身份。某位具体管理者个人，虽然不可避免地要扮演不同社会角色，特别是与亲人和私人圈子有关的私人角色，但是，作为管理者，必须将管理角色与私人角色严格区别开来。管理者既不能以管理角色干扰或排挤私人角色，以至于在私人圈子里也以管理者自居，用管理者身份去压制别人；更不能用私人角色影响和侵害管理角色，以至于在公共事务中任人唯亲，损公肥私。管理者必须清醒地认识到管理中的公私界限，严格恪守角色规范，切实扮演好不同角色。
>
> 　　尽管做管理的人，首先是有着特定社会关系、扮演着特定社会角色的社会人，这也是做管理要先"做人"的意义所在，但是，这并不等于说扮演管理角色就与扮演一般社会人角色没有界限、没有区别。虽然"做人"是做管理的前提，但这并不必然意味着做管理就等于"做人"；若将一般社会关系中的"好人"，就等同于"好管理者"，反而扭曲甚至违背了管理角色的独特职业要求。
>
> 　　如何清晰地区分公共与私人、组织公民与社会公民、非人格化关系与人格化关系、正式规则下的角色行为与非正式规范中的角色行为，也许是现代管理者所面临的首要挑战。

10.2　朝，与下大夫言，侃①侃如也；与上大夫言，訚②訚如也。君在，踧踖③如也，与与④如也。

【字词释义】

①侃：是会意字，本义指江河日夜奔流不息，这里是刚直的样子。

②訚：是形声字，本义指态度和悦而正直地争辩，这里是和悦而严谨的样子。

③踧踖：这里指恭敬而又不紧张的样子。

④与与：这里指严肃而又不僵硬的样子。

【今文意译】

　　在朝廷上，和同级或下级交流，直言不讳；和上级交流，委婉严谨。国君在场时，行为举止恭敬而不局促，严肃而不僵硬。

【分析解读】

　　本章描述孔子在正式管理场合的行为表现。

依据《周礼》，在诸侯国的管理职位设置中，司徒、司马、司空兼司寇，这三卿属于上大夫，其余职位则是下大夫。孔子时任鲁国小司寇，属下大夫。因此，这里的"与下大夫言"，可以理解为"与同级或下级交流"；"与上大夫言"，则可以理解为"与上级交流"。国君作为委托人，其身份与一般职业管理者不同，类似于现在通俗所说的"老板"。面对国君时，作为代理人的管理者的行为表现，自然和面对同为职业管理者的上下级不一样。

孔子在正式管理场合中，面对不同对象的行为表现不一样，这说明，作为管理者的孔子，当和不同对象进行交流时，并不是在以"私人"对"私人"，而是以"管理角色"对"管理角色"。既然孔子当时扮演的是鲁国小司寇的管理角色，那么，当这个管理角色面对其他管理角色和委托人角色时，应该从管理角色出发，处理角色事务以及角色与角色之间的关系，而要淡化"私人"色彩。这也是对正式管理场合中管理者行为表现的"非人格化"要求。

当孔子面对同级和下级时，自然就要直言不讳，这样才能把那些需要同级配合或下级执行的任务讲清楚，使工作指令明确无误；同时，这种直言不讳，也容易形成开诚布公、对事不对人的工作氛围，更有利于各项工作的开展。这便是孔子"侃侃如也"的行为表现。

当面对上级时，由于职责范围和信息不对称等原因，下级不一定完全理解上级的意图和工作要求，当然，上级也不一定完全了解下级的工作。这时，下级要与上级交流，就应以事实、规则、规范为基础，严谨而又不失恭敬地表达自己在工作上的看法。这便是孔子表现出来的"訚訚如也"。

当面对国君这样的委托人时，在行为举止上，既要恭敬，又不必紧张局促；既要严肃，又不用僵直失措。毕竟作为代理人的管理者，是靠自己的职业操守、专业知识和技能来从事管理工作，而不需要对委托人有人身依附关系，也就没有必要低声下气，仰人鼻息。在孔子所处的时代，委托人可以不认可代理人的工作，解雇代理人；同样，作为代理人的管理者，也完全可以不认同委托人及其政策而选择离职。当时作为委托人的国君，与作为代理人的大臣之间的关系，是职业和工作关系，而非"命定"的依附关系。孔子后来因政见不同，选择离开鲁国，去周游列国，以寻求认可他的管理之道和管理模式的委托人，就是一个典型例证。

管理精义

在组织管理中，管理角色各有不同，如不同层级、不同部门、不同岗位。当管理者以管理角色与其他管理者互动时，正式的管理角色关系应起主导作用，而非正式的私人关系，只能处于从属甚至受抑制的状态。这就像演员在剧情中的行为表现，必须严格依照剧本中的角色规范要求，而不能将私人关系夹杂其中一样。严格来说，包括管理者在内的任何组织成员，都是在依据组织的规则和规范这个大剧本，扮演着不同的角色，一起上演着一出组织大戏。这出戏演得成功与否，很大程度上取决于各个角色的扮演水平，尤其是管理角色的扮演水平。

10.3 君召使摈①，色勃②如也，足躩③如也。揖所与立，左右手，衣前后，襜④如也。趋进，翼如也。宾退，必复命曰："宾不顾矣。"

【字词释义】

①摈：是形声字兼会意字，表示迎接客人的意思。

②勃：这里是突然的意思。

③躩：这里是急速行进的意思。

④襜：这里指衣服整齐干净的样子。

【今文意译】

有宾客来，国君让孔子代为迎接，孔子马上表情庄重，快步出迎。

向宾客们逐一作揖行礼。行礼时，长衣摆动，却整齐不乱。

随后，引宾客疾走，去面见国君，随风飘起的衣襟像鸟儿张开的双翼。

会见结束，送走宾客后，一定回来向国君汇报说："宾客已经走远，不再回头看了。"

【分析解读】

本章记述孔子替国君接待宾客时的行为表现。

当时诸侯国的各项公共事务，都有严格的礼仪规范，尤其像国君接待宾客这样的外事活动，在行为举止上更是有明确规定。孔子素来以通晓礼仪规范著称，这里对孔子接待宾客时仪表行为的惟妙惟肖刻画，非常真切地反映了当时朝堂上管理者处理公共事务所应有的行为表现，这也是当时管理岗位职责的具体要求。

管理精义

对任何职业化工作而言，专业和业余的区别，往往都体现在细节的处理上。对于职业管理者而言，既然经过了包括职业素养、专业知识和技能的系统训练，那么，在日常管理职责履行中，无论是处理与人有关、还是与物有关、或者与事有关，哪怕看似再细小的问题，都应体现出职业素养和专业水准，每一思考、说话、举手、投足，都无不规范、严谨，在细节中蕴涵着专精，在精益求精中不断创造着高品质。虽然时代在发展变化，今天职业管理的素养要求和专业内涵，都与孔子所处时代有所不同，但孔子作为管理者所体现出来的注重细节、严谨庄重、精益求精、一丝不苟的职业精神和工作态度，在今天仍具有非常紧迫的现实意义。

10.4　入公门，鞠躬如也，如不容。立不中门，行不履阈①。过位，色勃如也，足躩如也，其言似不足者。摄齐②升堂③，鞠躬如也，屏气似不息者。出，降一等④，逞⑤颜色，怡怡如也。没阶，趋进，翼如也。复其位，踧踖如也。

【字词释义】

①阈：是形声字，这里是门槛的意思。
②齐：这里指衣服的下摆。
③堂：是形声字，本义指殿，这里指朝堂。
④等：这里是台阶的意思。
⑤逞：是形声字，本义指通达，这里是放松的意思。

【今文意译】

孔子进入国君的大门，弯着腰，好像门矮容不下人一样。一定不站在门中间，也不踩踏门槛。

走过国君的座位，即使国君不在座，也马上表情庄重，快步疾走以示敬意，好像言语不足以表达敬意一样。

上朝堂时，提着衣服的下摆，弯着腰，屏住呼吸，以便使自己在上台阶时，不显得气喘吁吁。

走出朝堂，下一个台阶，便放松神情，表现出愉快的样子。等走完台阶，就加快脚步，随风飘起的衣襟像鸟儿张开的双翼。

再回到自己的岗位上，则又恭敬而不局促了。

【分析解读】

本章继续描述孔子在朝廷里办理公务时的具体行为表现。

当时，作为鲁国大夫的孔子，每天上朝处理公务的程序大致是，一早先上朝堂面见国君，听君命、禀事宜、议国政，然后，再从朝堂回到自己的办公室或岗位，处理自己负责的具体事务。孔子在这个过程中的每一个环节，都严格遵循作为管理者的大夫的礼仪规范，严谨庄重，一丝不苟。这正体现了管理者的职业素养和专业素质。这里事无巨细地记录孔子的行为举止，正是要以此为例，形象地解说儒家管理模式在实践中的具体表现。

在这段描述中，尤其值得关注的是，孔子面对"国君座位"时的具体表现。无论国君在座与不在座，孔子的神情态度是一样的。这表明，作为代理人的管理者，并不仅仅是对作为委托人的国君本人负责，更是对国君所赋予的公共权力和共同利益负责；国君的座位，代表的是权力合法性来源和共同利益，而非国君本人。因此，管理者尊重国君或委托人，严格来说，并不是因为国君本人，而是因为国君所代表的公共权力和共同利益。这再次体现了管理角色所具有的公共性质。

> **管理精义**
>
> 管理职业所具有的公共权力和共同利益特点，决定了管理角色有着更为鲜明的"非人格化"特征。也就是说，管理角色的责任，并不主要体现在针对特定个人，而是体现在针对整个组织及其利益相关者，这种责任对象是一种典型的"非人格化"主体。正因为如此，管理者才需要有更强的角色意识和责任感，严谨庄重、一丝不苟地对待管理工作。

10.5 执圭[1]，鞠躬如也，如不胜。上如揖，下如授。勃如战[2]色，足蹜蹜[3]，如有循。享礼，有容色。私觌[4]，愉愉如也。

【字词释义】

[1]圭：是会意字，由两个土组成，意指上古时代天子把土地分封给诸侯，本义指上古时天子分封诸侯时给诸侯的凭证，这里指一种玉制的礼器，为帝王诸侯举行典礼时所用。

[2]战：通"颤"，指发抖的样子。

[3]蹜蹜：脚步密集而狭小的样子。

[4]觌：是形声字，这里是相见的意思。

【今文意译】

手执玉圭，弯着腰，好像拿不动的样子。向上举，如拱手作揖，向下放，像给人东西。

要献礼，马上面色严肃，小步快走，像有东西扯着脚不离地一样。献礼完毕，才有放松的表情。

若是私下相见，就轻松愉快多了。

【分析解读】

本章再次刻画孔子在正式场合履行职责时的行为表现。

在孔子所处的时代，虽然礼仪规范在诸侯国中式微，但孔子仍严格循"礼"做事，这也正是儒家管理模式所强调的"齐之以礼"对管理者的必然要求。试想，如果管理者在公务活动中都不能"循礼而行"，又如何能做到"以礼服人"呢？这再次表明，孔子在管理活动中时刻践行着"诚"，保持思言行的一致性。

当然，在私人场合，则不必拘泥于公务活动中的礼仪规范，所以，这里也描述了孔子在私人场合，就轻松愉快多了，即"私觌，愉愉如也"。

管理精义

管理职责超越了管理者个人及私人圈子的利益，代表的是组织整体及利益相关者的利益。即便是私人企业，管理职责也不完全是管理者个人的事。正因为如此，管理者必须对管理角色和管理职责保持敬畏之心，而且，这种敬畏之心还必须通过对规则和规范的恪守，在日常管理行为上体现出来。管理者的这种严谨庄重行为本身，不仅会影响管理者本人的认知，促使其自觉保持思言行的一致性；而且还会影响组织氛围，有助于形成更加勤勉认真的工作文化。

10.6　君子不以绀①緅②饰。红紫不以为亵③服。当暑，袗④絺⑤绤⑥，必表而出之。缁⑦衣羔裘，素衣麑⑧裘，黄衣狐裘。亵裘长。短右袂⑨。必有寝衣，长一身有半。狐貉之厚以居。去丧，无所不佩。非帷裳⑩，必杀⑪之。羔裘玄冠不以吊。吉月⑫，必朝服而朝。

【字词释义】

①绀：天青色，青中带红的颜色。
②緅：黑中带红的颜色。
③亵：这里指在家中穿着的便服。
④袗：这里指薄衣、单衣，做动词为穿单衣。
⑤絺：这里指细葛布。
⑥绤：这里指粗葛布。
⑦缁：这里指黑颜色。
⑧麑：这里指幼小的鹿。
⑨袂：这里指衣袖。
⑩裳：这里指衣服，"帷裳"是上朝和祭祀穿的衣服。
⑪杀：这里是缝合的意思。
⑫吉月：这里指每个月的第一天。

【今文意译】

孔子在鲁国做管理者的时候，不用天青色和黑红色做领子和袖子的镶边。家中穿着的便服，也不用红色和紫色。

夏天，穿细或粗葛布单衣，外出时，一定要再加一件外衣。

黑衣服配羊羔皮，白衣服配小鹿皮，黄衣服配狐狸皮。在家里穿的便服皮衣，要长一些。右边衣袖要短一点。

一定要有睡衣，长度是身体的一倍半。用狐貉的皮毛做成坐垫。

除去参加丧礼，身上总要佩戴相应的饰品。除了上朝和祭祀时穿的衣服，都要有斜缝。参加丧礼时，不穿羊羔皮衣，不戴黑色帽子。

每个月的第一天，一定要穿着朝服去上朝。

【分析解读】

本章详细记述孔子在衣着服饰上严格遵循礼仪规范的具体表现。

当时的礼仪规范非常详尽，细化到私人领域和公共领域的各个方面。本章通过描述孔子在不同场合、时节的着装，反映了当时做管理所要遵循的礼仪规范和公私界限。

管理精义

管理中的公私界限和公共责任意识，往往通过点点滴滴的行为细节表现出来。也正是在这些细节中，最直接和直观地体现出管理者的职业素养和专业素质。因此，管理者不能不注重细节。

10.7 齐①，必有明衣②，布。齐，必变食，居必迁坐③。

【字词释义】

①齐：通"斋"，斋戒的意思。
②明衣：这里指整洁的浴衣。
③迁坐：这里指改变平时的居住场所。

【今文意译】

斋戒时，一定要有用布做的整洁浴衣，以备沐浴用。

斋戒时，一定要改变日常饮食，不喝酒、不吃荤，也一定要改变平时的居住场所。

【分析解读】

本章记述孔子在斋戒时的具体表现。

在古代，斋戒既是礼仪规范的要求，体现对祖先、神明的崇拜和敬畏，同时也是一种自我克制和自我反思的重要方式。管理者严格遵循斋戒礼仪规范的要求，能够传递出一种信号，一方面表明了管理者虔敬和诚实的态度，另一方面也昭示出社会规范的价值和管理者的自律。这在一定程度上说明，为什么管理者的"慎终追远"会使"民德归厚"。

管理精义

组织的共享愿景、核心价值观和行为规范，有时需要借助一定的仪式来体现。在确立那些承载组织愿景和价值观的仪式时，最重要的考虑因素，也许就是管理者及其团队是否真诚相信,并愿意身体力行地执行这些仪式。如果管理者都无法做到这些仪式所要求的行为,那么,就不可能期望组织成员会认真执行这些仪式,并真诚相信其背后所蕴涵的愿景和价值观。无法真诚履行的仪式,还不如没有。为仪式而仪式,不仅不可持续,还会造就形式主义和虚伪做作的文化氛围。

10.8　食不厌精,脍①不厌细。食饐②而餲③,鱼馁④而肉败,不食。色恶,不食。臭恶,不食。失饪⑤,不食。不时,不食。割不正,不食。不得其酱,不食。肉虽多,不使胜食气。唯酒无量,不及乱。沽酒市脯,不食。不撤姜食,不多食。祭于公,不宿肉。祭肉不出三日。出三日,不食之矣。食不语,寝不言。虽疏食菜羹,瓜祭,必齐如也。

【字词释义】

①脍:这里指切细的肉和鱼。
②饐:这里指食物久放而腐烂变质。
③餲:这里指食物因久放变质有味。
④馁:这里指鱼腐烂。
⑤饪:这里是烹饪、烧煮的意思。

【今文意译】

做饭以精为好,切肉以细为好。食物变质,鱼和肉腐烂,都不能吃。

变色了,不吃。变味了,不吃。没煮熟,不吃。不合时令,不吃。不符合礼制进行宰杀切割,不吃。酱料不匹配,不吃。

肉食再多,也不能超过饭和蔬菜。喝酒应随意,以不醉为度。买来的酒,不喝,买来的干肉,不吃。饭后的姜食,不宜多吃。

参加公共的祭祀活动,祭肉不能过夜。自己家祭祀用的肉,不能超过三天,超过三天,就不能吃了。

吃饭和睡觉时都不能说话。即便用简单的饭菜、汤羹、瓜果进行祭祀,也必须斋戒。

【分析解读】

本章详细记述孔子在饮食方面恪守礼仪规范的具体表现。

在当时,即便日常饮食,也有较为严格的礼仪规范,这一方面保证了饮食的卫生和身体的健康,另一方面,也许更重要的是,借助这些详细的礼仪规范,来克制人们的本能或欲望,以培养严谨自律的行为习惯。比如饮酒上的要求,就是以每个人的酒量为限,自我把握,不宜强加于人,以至于过量而"乱"。由此可以理解,这里借对孔子日常饮食行为的刻画，意在说明，管理者应从日常小事做起，严格自我训练，培养自律习惯，而饮食看似日常小节，却能集中反映一个人对本能或欲望的克制，因此，从饮食控制入手，训练意志力和自律，不失为管理者自我修养的有效切入点。

管理精义

管理者的意志力和自律的修养和训练，不是一句空话，也不是遥不可及的事情，只要从身边事一步一步做起，便可以不断提升水平和境界。日常饮食起居，应成为管理者自我修养和自我训练的最方便着手之处。

10.9 席不正，不坐。

【今文意译】

坐席摆放不正，不坐。

【分析解读】

本章以坐席的摆放为例，说明孔子在日常行为细节中的严谨认真。

古人席地而坐，坐席或坐垫像后来的凳子或椅子一样，可以移动和调整。按照当时的礼仪规范要求，主人和客人、年长者和年幼者、职位高和职位低的人，其坐席的摆放，都有相应的次序、方位，不可错置。另外，坐席摆放也不可歪斜，要保持端正。当坐席的次序和方位摆放得不符合礼仪要求或歪斜不端正时，孔子都不会贸然坐下，只有当调整到位后才会坐。这个细节再次体现出孔子严谨庄重、一丝不苟的作风。

管理精义

管理者作为个人，完全可以有自己的爱好、行为风格等，尤其是在私人场合，这些个人特色更能得到充分彰显。但是，在履行管理职责的公共场合，管理者则应从管理角色规范出发，使个人特点服从于管理角色的要求。为了更好地做到这一点，管理者必须从日常工作行为的自我训练入手，将个人特点融入管理角色行为之中。在这方面，儒家管理模式应该仍有很强的现实针对性。虽然伴随时代的发展，具体的管理知识和技能已发生很大变化，但管理者的职业规范和职业角色行为，仍需要有内在的严谨庄重、一丝不苟的态度要求。这也可以称为管理职业万变不离之"宗"。

10.10　乡人饮酒，杖者出，斯出矣。乡人傩①，朝服而立于阼②阶。

【字词释义】

①傩：古时腊月里驱逐疫鬼的一种活动。　　②阼：这里指东阶，是主人走的台阶。

【今文意译】

和乡亲们一起喝酒，待老人们离席了，孔子也随后离席。乡亲们在腊月里举行驱逐疫鬼的活动，孔子便身穿朝服站在东阶上面。

【分析解读】

本章记述孔子在家乡参加不同活动时的具体行为表现。

据说，当时乡村里在每年特定的季节，都会举行一些公共活动，其中饮酒和驱鬼是两项比较热闹的活动，也是一种娱乐或放松的方式，尤其是对年轻人来说，可以在这样的活动中彻底放松一下，暂时将各种礼仪规范放在一边。孔子回到家乡，遇到这样的活动，既要参加，又要保持一贯严谨的行为作风，这对孔子确实是一种挑战。这里所记载的，正是孔子应对这种挑战，既遵从了乡俗，又恪守了规范的具体行为表现。

一般来说，在饮酒时，年长者（即"杖者"）在场时，大家还能遵从喝酒的规矩，不劝酒、不拼酒、不醉酒，但年长者会先离席，随后年轻人们就自由了，可以放开来喝酒，不醉不归。这既尊重了老人，又满足了年轻人的需求。在这种场合，孔子总是随年长者离席，即"杖者出，斯出矣"。一方面，孔子不先离席，这既是对年长者表示敬重，也是对乡俗的尊重；另一方面，当年长者离席后，孔子也离席，这样就不必和年轻人们一起闹酒，违背孔子所恪守的规范，当然，也可以更好地让年轻人们无拘无束地喝酒放松了。

在驱鬼仪式中，人们可能也很疯，类似于狂欢节一样，是腊月农闲时乡村里重要的休闲方式。这中间可能会有很多行为与日常的礼仪规范不符。如果孔子按照一般家乡人的身份参与这种活动，就不可避免地要违背自己平时所恪守的准则。另外，若乡亲们的行为太过火，也会对"祖先和神明"构成冒犯。如何既参与了乡亲们的活动，又不违背自己的原则，并在狂欢中尊重"祖先和神明"呢？孔子的处理方式是，穿着朝服，站在宗祠的东阶之上。以正式身份参与活动，便可约束自己，避免行为失态，另外，也可以防止人们在狂欢中由于过激行为而冲撞了"祖先和神明"。

孔子在家乡参加饮酒和驱鬼活动的行为表现，很好地诠释了当时背景下，如何处理公私角色，做到原则性和灵活性的统一。

管理精义

管理者经常会遇到这样的困惑，既要坚持原则，又要在原则下保持一定的灵活性，既不能改变自己的内在准则和一贯行事风格，又要融入特定的环境之中。在处理这种困惑时，并没有一定之规，更没有放之四海而皆准的普遍方法。也就是说，不存在实现原则性和灵活性相统一的原则或方法。这只能靠管理者在日常的工作和生活中用心体察，慢慢感悟。

10.11 问人于他邦，再拜而送之。康子①馈药，拜而受之，曰："丘未达②，不敢尝。"

【字词释义】

①康子：指鲁国大夫季康子。　　②达：这里是通晓、明白的意思。

【今文意译】

孔子派人送礼问候别国的朋友，在送行时要拜两次，就像拜要问候的那个人一样。季康子派人馈赠药品，孔子拜谢收下后，说："我不了解药性，不敢尝。"

【分析解读】

本章记述孔子在与别人交往时恪守"诚"和礼仪规范的具体表现。

在当时条件下，朋友之间相互问候，除了直接见面外，就需要通过信使，由信使来帮助传递礼物、转达问候。孔子每次派人向远方朋友转达问候、传递礼物时，面对信使就像直面朋友一样，总要拜两次以示诚实敬重。这充分体现了孔子在与人交往时所具有的"诚"。

另外，根据当时的礼节，朋友送来的食物，都要当面先尝一尝，以示敬意和谢意。当季康子派人送来药品时，孔子拜谢收下，但没有尝，毕竟药不能乱吃，所以，孔子就直接告诉来使，说不了解药性，不能尝。这再次体现了孔子与人交往的真诚直率。

管理精义

无论在私人还是公共活动中，管理者都离不开与人交往。与人交往贵在一个"诚"字，即"无欺"，既无欺于人，也无欺于己，还无欺于"天"或各种内外部准则。这种"诚"或无欺，也是古今一贯的"做人"核心准则。虽然今天"做人"的内涵与孔子时代相比已有了很大变化，但其中"诚"的要求并没有变。这也可以视为"做人"上的万变不离之"宗"。

10.12 厩焚。子退朝，曰："伤人乎？"不问马。

【今文意译】

马厩失火。孔子退朝回来后，问道："伤人了吗？"没有问马的情况。

【分析解读】

本章记述孔子对人的重视，体现出儒家管理模式的"人本"思想。

俗话说："言为心声"。从马厩失火后孔子的反应不难推断，在孔子心目中，人是第一位的。孔子这一问，是脱口而出。正因为如此，才更能反映出儒家管理模式中所蕴涵的"人本"思想。当然，孔子"不问马"，并不意味着以"马"为代表的物或财产不重要，这只在于说明"人是第一位的"。

管理精义

管理要"以人为本"，并不是说管理要用"人"来做工具和手段，而是强调管理要为"人"和人的价值服务。也就是说，管理作为一种社会职业，其合法性和有效性，恰在于为人的共同利益服务，从而更有效地开发人的潜能和价值。

10.13 君赐食，必正席先尝之。君赐腥①，必熟而荐②之。君赐生，必畜之。侍食于君，君祭，先饭。疾，君视之，东首，加朝服，拖绅③。君命召，不俟④驾行矣。

【字词释义】

①腥：这里是生肉的意思。
②荐：这里是进献的意思。
③绅：古时士大夫束在腰间、令一头下垂的大带子。
④俟：这里是等待的意思。

【今文意译】

国君赐给食物，一定要摆正坐席，先尝尝。国君赐给生肉，一定要煮熟后进献给祖先。国君赐给活物，一定要养起来。

陪国君吃饭，趁着国君饭前祭祀时，要先为国君试吃食物。

生病了，国君来探望，自己的头要靠在东面，身上加盖朝服，还要放上束腰的大带子。

国君有事召见，不等车马备好，就急忙步行前往。

【分析解读】

本章记述孔子对待国君的态度和行为。

在孔子所处时代，国君既是诸侯国的象征，也是大夫或管理者权力合法性的来源，对国君的敬畏，实际上就是对诸侯国和权力的敬畏，也是对管理责任的敬畏。在当时的礼仪规范中，关于大夫或管理者如何处理同国君的关系，有着非常详尽的规定。这些规定并不是关于管理者个人对国君个人的态度和行为要求，而是一种代理人对委托人的角色规范要求。某种意义上说，这些规范也可以视为对代理人职权的"非人格化"约束。

这里记述孔子的态度和行为表现，实际上要表达的正是管理者对权力和责任的敬畏。这和第八篇第3章曾子引用《诗经》"战战兢兢，如临深渊，如履薄冰"诗句，所要表达的意思是一样的。只不过曾子用的是子女对父母的态度和行为做隐喻，实际上讲的都是管理者对权力和责任所应有的敬畏之心。

管理精义

管理者应时刻反思权力的来源以及权力和责任的关系问题。只有当管理者真正理解了权力的合法性来源，清醒地认识到权力同时意味着责任的时候，才有可能对权力和责任常保有一颗敬畏之心。在今天的法治社会和法人组织中，管理者的岗位职权本质上来自于社会和组织的规则体系。管理者对权力和责任的敬畏，实际上就是对规则的敬畏。只有当管理者真正敬畏规则时，社会和组织的规则体系才能有效发挥作用，组织也才会通过这种规则敬畏行为，慢慢形成尊重规则、恪守规则、践行规则的文化氛围。

10.14 入太庙，每事问。

【今文意译】

孔子进入鲁国祭祀周公的庙，对每件事情都要详细询问。

【分析解读】

本章记述孔子对祭祀活动的严谨态度。

在第三篇第15章中，也曾提到"子入太庙，每事问"，但这句话用在那里，是为了说明孔子对"礼"的孜孜以求。本章再次提到这件事，侧重点稍有不同，要说明的是，孔子对祭祀活动的一丝不苟。这也是一种敬畏之心，是对"祖先和神明"的敬畏之心。如果说上章提到的对国君的敬畏，代表的是对权力和责任的敬畏的话，那么，这里对"祖先和神明"的敬畏，则可以理解为当时条件下对信仰和价值观的敬畏。正是通过将这两种敬畏之心结合起来，儒家管理模式下管理者的态度和行为才有了一定之规。

管理精义

规则和价值观，或者说，制度和文化，是管理赖以存在并发挥作用的两个不可分割的前提。管理者不仅需要对规则有敬畏之心，也需要对价值观有敬畏之心。只有将两者有机融为一体，管理者才会具有内在的准则和坚守，也才能在行为上达到职业规范的要求。

10.15 朋友死，无所归，曰："于我殡①。"朋友之馈，虽车马，非祭肉，不拜。

【字词释义】

①殡：这里指停下灵柩等待埋葬。

【今文意译】

朋友去世，没有亲属帮助安葬，孔子就说："我来负责安葬。"朋友的馈赠，除了祭祀用的肉食，即便像车马这样的礼物，也不拜。

【分析解读】

本章记述孔子与朋友交往时的言行表现。

这里需要说明的是，"朋友"在当时并非是指泛泛之交，更突出的是志同道合者之意。"同门"为"朋"，"同志"为"友"。这种志同道合者意义上的朋友之间的交往，更强调依于"仁"，遵于"义"，合于"礼"，因此，朋友之间的交往贵在真诚和坦然。当朋友去世后无人下葬，孔子会说，"于我殡"；当朋友之间有礼物馈赠，即便像车马这样看似贵重的财物，孔子也"不拜"。但是，当朋友赠送用于祭祀的肉食时，意义就完全不同了。祭肉代表的是对祖先和神明的虔敬，而朋友的祖先和信奉的神明，也就是自己的祖先和信奉的神明，这才是真正的志同道合者。因此，接受祭肉时拜，并非拜祭肉本身，而是表达对朋友的祖先和所信奉的神明的虔敬之意。这充分体现了孔子在与朋友交往时，更看重的是共同价值追求而非财物利益。

> **管理精义**
>
> 管理者当然会有朋友圈子。但是，由于管理者掌握着公共资源和权力，其朋友圈子往往混杂了各种利益诉求，使得"朋友"的含义不再纯粹，甚至退化成"利益同盟"。这种退化了的"朋友"关系，不仅无法支撑管理者的价值追求和责任意识，反而会危及管理职责，损害共同利益。在日常管理实践中，组织权力的滥用，很多时候都源于这种"利益同盟"式朋友的诱导和驱使。因此，管理者应该慎重选择朋友，更切忌口口声声"某某是我的朋友"、"我的朋友怎样怎样"。这样随口便叫的"朋友"越多，管理者滥用权力的可能性就越大。

10.16　寝不尸，居不容。见齐衰者，虽狎①，必变。见冕者与瞽者，虽亵②，必以貌。凶服③者，式④之。式负版⑤者。有盛馔⑥，必变色而作。迅雷风烈，必变。

【字词释义】

①狎：是形声字，本义指训狗，这里是亲近的意思。

②亵：这里指私下见到。

③凶服：这里是丧服的意思。

④式：通"轼"，古代车厢前作为扶手的横木。

⑤版：是户籍和地图的意思，这里可以引申为正式文件或文书。

⑥馔：这里是佳肴的意思。

【今文意译】

睡觉时侧卧不僵直，在家里自然不做作。

看到穿孝服的人，虽然熟悉亲近，也一定神情庄重；看到穿祭服的人和盲人，即便在私下场合，也要示以礼貌敬意。

乘车路遇穿孝服的人，定会手扶车轼致敬；遇到背负官方文书的人，也要手扶车轼礼让。

面对丰盛佳肴，定会神情庄重地起身向主人道谢。遇迅雷烈风，也会马上神情庄重起来。

【分析解读】

本章通过对孔子日常起居行止的详细刻画，凸显了孔子所达到的内"诚"外"礼"的境界。

哪怕是家居生活，孔子也将礼仪规范和德行修养融为一体，既不放纵，也不做作，自然而合"礼"。即便是面对熟人或在私下场合，孔子每遇见穿孝服、祭服的人和盲人，都会自然而然地神情庄重，礼貌相待；驾车路遇穿孝服的人和背负官方文书的人，孔子也都要扶轼致礼谦让。这充分体现了孔子由"诚"而产生的"敬"，即"诚敬"。另外，当孔子面对大自然的突发变化，如"迅雷风烈"时，也会由"诚"而产生"畏"，这便是"诚畏"。无论是"诚敬"还是"诚畏"，都充分体现了儒家管理模式对管理者"诚"的核心要求。

管理精义

管理者的"诚"或思言行的一致性，并不只是体现在正式管理场合，也反映在管理者的日常行为中。当"诚"成为管理者的内在需要和外在生活方式的时候，管理者与管理职业就真正融为一体了。

10.17 升车，必正立，执绥①。车中，不内顾，不疾②言，不亲指。

【字词释义】

①绥：这里指登车时作拉手用的绳子。　　②疾：这里是声音洪亮、响亮的意思。

【今文意译】

上车时，一定保持身体端正，拉着作把手用的绳子。
在车里，不回头看，不高声说话，不用手指指点点。

【分析解读】

本章继续描述孔子的日常行为举止。

在当时，管理者或诸侯国大夫，都是以车代步，而乘车也有比较严格的礼仪规范要求。这既可以保证乘车安全，也有利于建立良好秩序。孔子在上车和行车时都严格遵循这些规范，体现出严肃认真、一丝不苟的一贯作风。

管理精义

管理活动涉及的领域很广，相应地，管理者也有非常大的自由空间。如何将管理原则、规则和规范落实到这些不同领域中，并切实体现在管理行为上，确实是对组织和管理者的共同挑战。在组织设计和管理岗位设计时，都会有针对管理者的监督和约束机制，但是，不能因此就忽略了管理者的自我管理和自我约束。

在组织内外的广大自由空间中，若没有管理者发乎内心的"诚敬"和"诚畏"，仅依靠监督和约束机制，很难达到预期效果，毕竟规则和机制本身，都不会自动执行对管理者的监督和约束。因此，在管理者的培养和训练过程中，必须从内在的"诚"和外部的规则、规范相一致的角度出发，努力将外部的规则和规范内化为管理者自身的态度和行为，再配合上外部的监督和约束机制，才有可能使管理者真正恪守规则和规范，切实履行职责。

10.18 色斯举①矣，翔而后集②。曰："山梁雌雉，时哉！时哉！"子路共③之。三嗅而作。

【字词释义】

①举：启动、发动的意思，这里指鸟儿起身飞走。

②集：这里指鸟儿停留、落下的意思。

③共：通"供"，供给、给予的意思。

【今文意译】

鸟儿看到人的不友好表情也会起身飞走，直到盘旋审视之后才再次落下。

孔子感叹道："看那山梁上的雌雉，也会审时度势啊！也会审时度势啊！"

子路听了这话之后，便扔食物给它。它闻了闻，就展翅飞走了。

【分析解读】

本章概括全篇，用鸟儿对人的体察做隐喻，说明管理者发乎内心的"诚"对于有效管理的重要性。

"诚"或思言行的一致性，是实施儒家管理模式、推行"迂回式"管理、培育软实力的基础。管理者没有"诚"，有效管理便无从谈起。即便是鸟儿，也能判断出人是否友善，都会审时度势做出抉择，更何况是人。这里用鸟儿做隐喻，所要表达的恰是，管理者不要期望用虚言假意、表面文章来欺上瞒下，真相和真意总会被发现。因而，管理者要以诚待己、待人、待物、待时，切不可自欺、欺人、欺物、欺时。这便是儒家管理模式的根本要义所在，也是本篇详细记述孔子行为举止的用意所在。

管理精义

管理中必然存在信息不对称，但管理者却不能因为存在信息不对称就心存侥幸，期望通过"瞒和骗"的方式,人为地强化或制造信息不对称来谋求私人利益。信息处于流动之中,且随着时间推移,信息会日趋对称,真相总会大白于天下。更何况,人为的信息不对称本身,也会传递出当事人意想不到的信息,这使得几乎所有刻意的"瞒和骗",都带有了"自欺"的性质。因此,对于处在众目睽睽之下的管理者来说,最明智的选择就是"真诚"。最终成功的管理者,一定是那些努力追求并践行"诚"或思言行一致的管理者。

先进第十一

本篇导读

本篇讲管理的教育功能。儒家非常注重发挥管理的教育功能，即通过管理者的德行感召，再加上社会规范和礼乐的引导，最终达到人人"有耻且格"的效果。要发挥管理的教育功能，既要求管理者以身作则、率先垂范，又要求管理者尊重、理解人们的差异和特点，做到一视同仁，按照社会规范的要求，而不是个人好恶，来对待每个人，循序渐进地引导人们自觉自愿地实现改变。这个过程虽然可能比较漫长，但只要管理者能从实际出发，脚踏实地，持之以恒地坚持下去，管理的教育功能便能充分发挥出来。

本篇大致可以分为三个部分。第一部分由第1章到第10章的内容构成，着重说明，要发挥管理的教育功能，首先要尊重每个人的独特性，因材施教。其中，第1章用礼仪音乐的教育功能做例子，说明要真正发挥管理的教育功能，就必须让诸如礼仪音乐这样的教育资源和手段，面向普通人而不只是管理者；第2章借评论学生，阐明每个人的特点和特长不同，教育应有针对性；第3章举颜回的例子，再次强调每个人的独特性；第4章用闵子骞做例子，说明管理的教育功能，首先要人们适应并恪守角色规范；第5章以南容为例，指出语言在自我约束和自我教育中的重要性；第6章再举颜回的例子，阐明终生好学不倦，才是真正的好学，要发挥管理的教育功能，就必须激发人们的好学精神；第7章讲管理者应以规范为依据，一视同仁地对待别人，不能因私废公，这也是管理教育功能得以发挥的重要前提；第8章通过记述孔子面对颜回去世的悲恸，一方面说明私人之间感情的真挚，另一方面突出孔子恪守规范和原则的一丝不苟；第9章继续描述孔子哀悼颜回时发自内心的悲痛；第10章记述孔子在颜回丧事上公私分明，将个人情感和社会规范的要求区别开来。

第二部分包括第11章到第18章的内容，重点讲解，要发挥管理的教育功能，必须从实际出发，针对人们各自的特点，循序渐进地实施教育。其中，第11章突出了管理应从实际出发，以诚敬之心对待各种不确定性；第12章通过对不同学生的特征刻画，再次阐明管理者个人特点要与管理角色的要求相一致；第13章强调要发挥管理的教育功能，就须尊重传统和惯例，不可劳民伤财；第14章借子路的例子，说明发挥管理的教育功能是一个由内而外的渐进改变过程，管理者首先要认识到这一点，并从自身做起，然后才能影响别人；第15章借评论子张和子夏，再次说明，发挥管理教育功能不能操之过急，"过"和"不及"一样，都不符合"适度"的要求；第16章通过评论冉有，进一步阐明，要发挥管理的教育功能，管理者必须有职业操守，不能一味地服从委托人的意志；第17章通过对四位学生的评论，再次强调人们的个性不同，不能强求一致；第18章借评论颜回和子贡，进一步阐明人们在志向追求上的差异，不能用同一个尺度来衡量所有人。

第三部分涵盖第19章至第25章的内容，主要说明，学习和改变都必须发乎内心，不能只注重外表和形式。其中，第19章讲解只有借助有指导的反复实践过程，才能慢慢改变人；第20章阐明管理不能仅靠语言就改变人；第21章用典型事例说明，针对不同人、不同场合的言语并不完全相同，要善于将语言和情境联系起来才有意义；第22章再次用实际事例说明语言情境的重要性；第23章强调管理者应首先恪守和践行职业规范，不能无原则地顺从委托人；第24章继续说明，管理者要坚持职业规范，将管理学习和管理实践结合起来，不能人为割裂两者；第25章概括儒家管理模式的职业原则和"迂回式"管理途径。

若放弃了管理的教育功能及其有效发挥，儒家管理模式就失去了自身的独特性和合理性。儒家管理模式的主导逻辑是：以管理学习为起点，以管理者自我修养为前提，借管理的教育功能发挥，实施"迂回式"管理。

11.1 子曰："先进①于礼乐，野人②也；后进于礼乐，君子也。如用之，则吾从先进。"

【字词释义】

①先进：这里指前辈。　　②野人：这里指普通人、平民。

【今文意译】

孔子说："前辈们的礼仪音乐，面向普通人；今天的礼仪音乐，只面向管理者。如果要使用礼仪音乐，那么，我愿意遵从前辈们的做法。"

【分析解读】

本章讲礼仪音乐具有重要的教育功能和规范作用，应面向所有人而不仅是管理者。

具体地说，孔子这句话包含了两层意思。首先，在周初，周公"制礼作乐"，不只是要为管理者群体内部建立行为规范，更不在于休闲娱乐，而是要通过"礼乐"实施教育和管理，这也是儒家所推崇的"迂回式"管理。这种"礼乐"的对象，当然是所有人，而不只限于管理者。但是，到了孔子所处时代，周天子式微，诸侯国各自为政。如何获得短期竞争优势，成为各诸侯国选择管理模式的首要考量因素，因而，法家管理模式开始盛行。法家强调"齐之以刑"，"礼乐"失去了教育和管理功能，慢慢退化成为管理者群体内部显示有知识、有雅兴的一种方式。当孔子说"如用之，则吾从先进"的时候，正是针对当时的现状有感而发，并期望恢复"礼乐"的教育和管理功能。

其次，既然在周初乃至上古时期，礼仪音乐作为一种行为规范和知识技能，是向所有人开放的，那么，人们在学习这些基本知识和技能之后，也就有机会从事管理工作。但是，到了春秋时期，不仅礼仪和音乐退化为各诸侯国上流社会的专有知识和技能，而且，管理工作似乎也成了各国贵族们世袭的职业。孔子办学培养管理者的努力，正是要打破这种知识和职业的垄断。孔子办学，毫无门第偏见，"有教无类"，面向普通人，传授包括礼仪、音乐等在内的各种与当时管理职业有关的知识和技能。这正体现了孔子要恢复前辈时期将管理作为一种开放职业的理想。

> **管理精义**
>
> 管理文化与组织文化略有不同，它更为突出管理者在组织管理实践中所践行的价值观和行为规范，并强调以此促进组织文化的形成和传承。但是，这绝不意味着管理文化可以同组织文化割裂开来，成为自我封闭的体系，高高在上地指导或引领组织文化。在组织中，价值观和行为规范只能是一套，只不过它们可能首先源于管理团队和管理文化；而且，它们的有效性更依赖于管理团队的率先垂范。很难想象，一个没有共同价值观和行为规范支撑的管理团队，能够创造并传承有生命力的组织文化。另外，组织价值观和行为规范，虽然在管理实践中的具体表现可能与组织其他活动中的表现有所不同，但不能因此就说，管理团队与组织成员奉行的是两套不同的价值观和行为规范。

11.2　子曰："从我于陈、蔡者，皆不及门也。德行：颜渊、闵子骞、冉伯牛、仲弓。言语：宰我、子贡。政事：冉有、季路。文学：子游、子夏。"

【今文意译】

孔子说："当年跟我到陈、蔡去的学生，如今都不在身边啦。德行修养上做得好的有颜渊、闵子骞、冉伯牛、仲弓，语言表达上做得好的有宰我、子贡，管理事务上做得好的有冉有、季路，各类知识学习上做得好的有子游、子夏。"

【分析解读】

本章借评论学生，阐明管理者所应具备的综合素质。

孔子当年周游列国时，在陈、蔡两地曾遭遇困境，随行的学生与孔子患难与共。这段经历，让孔子对学生们各自的特点和专长有了更深刻的认识；到晚年，虽然这些学生早已不在身边，但回忆起来仍历历在目。孔子列举的十位弟子，只是在德行、语言、管理、知识四方面表现突出者，既没包括当时随行的所有弟子，也不是说这些弟子在其他方面就不行，而是借此说明学生们各有所长。

当然，德行、语言、管理和知识，是儒家培养管理者时所侧重的四方面素质。其中，德行是基础，语言表达和管理事务处理则是必备的基本能力，而关于典章制度、礼仪规范等方面的知识，也是不可缺少的必要条件。在当时的背景下，要做一名合格的管理者，一定离不开这四方面的综合素质。但是，对于学管理或做管理的人来说，这四方面素质不一定面面俱到，应结合各自的禀赋特点，各有侧重，各有所长。

管理精义

一方面，管理者应具有综合素质，不能成为片面人或单向度人，这是由管理职业的综合性特点决定的；另一方面，管理者又不能只有宽泛的广博，而缺乏深入的精专，以致给人的感觉是"样样通、样样松"，这在今天社会分工日益深化的背景下，难以应对组织管理的挑战。为此，管理者必须在具备综合素质的前提下，发展和训练出有自身特色的专长；不仅能够做到"君子不器"，还要做到"君子器而不器"。

11.3 子曰："回也非助我者也，于吾言无所不说。"

【今文意译】

孔子说："虽然颜回没有给我什么启发，但他对我所讲的内容，无不心领神会。"

【分析解读】

本章借评论颜回，说明人各有特点，不可强求一致。

第二篇第9章说，"吾与回言终日，不违如愚。退而省其私，亦足以发。回也不愚"。第五篇第8章讲，"回也闻一以知十"。联系本章内容，可以看出，颜回的领悟能力非常强，对孔子所讲的内容总能心领神会，油然而生喜悦之情。但是，颜回的心领神会，没有疑问，却没有办法引发孔子的进一步思考，实现教学相长，因此，孔子才会说"回也非助我者也"。当然，孔子这里的语气并不是批评颜回，而只是说明，每个学生都有自己的禀赋和专长，关键不在于强求一致，而在于如何发现和激发每个人的禀赋和专长。

管理精义

对组织来说，既要在规则制定上一视同仁，又要在具体管理措施上因人而异。一视同仁和因人而异，应是互补而非对立的关系。规则制定实际上不属于管理者的职责范围,倒是管理权力和责任合法性的依据。严格来说,组织中的各种规则,都应该由一种超越具体管理者之上的机制来制定,而且,在制定过程中,也不能预设或面向特定个人,这样制定出来的规则,自然就是"非人格化"的,也能做到"一视同仁"。

一旦规则制定好之后,在执行规则的时候,管理者面对具体的人、具体的事、具体情境,所采取的具体措施,在不违背规则的前提下,又要因人、因事、因情境而有所不同。这既体现了规则运用的灵活性,也反映了管理者的自由裁量空间。从这个意义上说,管理就像教育。教育离不开"有教无类"和"因材施教"的统一,管理也少不了"一视同仁"和"因人而异"的结合。

11.4 子曰:"孝哉闵子骞!人不间①于其父母昆②弟之言。"

【字词释义】

①间:这里是离间、非议的意思。　　②昆:这里是兄长的意思。

【今文意译】

孔子说:"闵子骞孝啊!他的父母兄弟说他孝,别人也都没有异议。"

【分析解读】

本章评论闵子骞,意在说明,管理者恪守角色规范行事,自然会影响别人,并得到别人的认可。

据记载,闵子骞早年丧母,有一兄长,父亲再娶,后母又生了两个弟弟。后母偏爱亲生儿子,对闵子骞兄弟不好。父亲知道后要休妻,被闵子骞阻止。闵子骞一直孝敬父母、友爱兄弟,感动了后母和两个弟弟,他们也盛赞闵子骞孝,由此,闵子骞的孝得到人们的广泛认可。

一般来说,父母慈,子女孝,并不少见,也很正常。但是,母不慈,闵子骞却孝,而且还能通过孝行感化后母,实属难得。闵子骞恪守孝道和社会规范,并不因后母的态度而发生变化,还反对父亲休妻,这充分体现了第二篇第 5 章所讲的循"礼"而孝的原则。因此,孔子在这里评论闵子骞,可以理解为,要提倡一种对规则和规范的"非人格化"恪守,即:在对规则和规范的恪守上,不能因人而异。

> **管理精义**
>
> 管理者在执行规则时，要因人而异，具体问题具体分析，但是，这并不意味着管理者可以违背规则，或者拿规则做交易，去迎合特定个人的需要。因人而异的"人格化"，不能变成破坏规则的"非人格化"的借口。所谓因人而异，应该是在遵守规则的前提下，针对特定个人的特点，找到坚持规则的可行而有效的方式。这就像闵子骞劝阻父亲、感化后母，却都没有违背当时的孝道和规范一样。

11.5 南容三复①白圭②，孔子以其兄之子妻之。

【字词释义】

①复：这里是重复的意思。

②白圭：指《诗经·大雅·抑》篇中的句子："白圭之玷，尚可磨也；斯言之玷，不可为也。"大意是：白色玉石上的瑕疵，还可以磨掉；如果有瑕疵的话，却不可以说。

【今文意译】

南容每天都要多次复述《诗经》中有关"白圭"那句诗，真正做到了谨言慎行。孔子把自己兄长的女儿嫁给了他。

【分析解读】

本章借评论南容，阐明语言对管理者的重要性——能够起到警示和约束管理者行为的作用。

在第五篇第1章中，孔子评论南容"邦有道，不废；邦无道，免于刑戮"。南容之所以能做到这一点，很大程度上缘于他的谨言慎行。《诗经》中关于"白圭"的诗句，说的是语言的两面性。语言既能像美玉般赏心悦目，也会像美玉中的瑕疵一样，让人不舒服，必欲去之而后快。但是，美玉中的瑕疵还可以磨掉，说出去的话，却如泼出去的水，无法收回。语言的不良影响，不仅会一直存在，而且还会在流传中积累、放大，以致造成无法预期的后果。加之当时缺乏言论自由和权利保障，以言定罪比比皆是，管理者由于言语不慎而获罪，更是司空见惯。正是在这样的背景下，南容每天用"白圭"诗句来警示自己，努力做到谨言慎行。

> **管理精义**
>
> 管理者必须重视语言的运用，并将语言与行为切实联系起来。管理者的言行一致，

不仅会对别人产生影响，同样也会影响自己。当人们说"言为心声"的时候，这个"心声"的第一位听众就是自己。无论是默想，还是自言自语，甚至对人言说，都是在用语言理清思路。换句话说，人们如何知道自己怎么想，说出来或写出来便清楚了。因此，语言首先影响着自己的思维和行为。只有先用语言理清思路，说服自己，才有可能说服别人。语言是联结"思"与"行"的桥梁，是"诚"的基础。不自欺，必须先从语言入手。

11.6　季康子问："弟子孰为好学？"孔子对曰："有颜回者好学，不幸短命死矣！今也则亡。"

【今文意译】

季康子问："您的学生中谁好学？"

孔子回答说："颜回好学，不幸过早去世了！目前还没有谁称得上好学。"

【分析解读】

本章评论颜回，强调终生好学不懈，才是真好学。颜回至死没有停止过学习和追求，堪称楷模。

在儒家看来，学习是一项终生事业，没有止境，不能因一时一事上的学习表现，就下断语说一个人是否好学。判断一个人是否好学，需要盖棺方能定论。颜回英年早逝，纵观他短暂一生，从来没有停止过对儒家管理之道的刻苦学习和不懈追求，当然可以盖棺定论为"好学"。但是，对于其他学生，虽然目前他们也一直在努力学习，却还远没有到可以下结论的时候。因此，孔子无论是在这里对季康子问题的回答，还是在第六篇第 2 章对鲁哀公同样问题的回答，都不应该理解成只有颜回好学，而应该理解为，到目前为止，只有颜回可以下"好学"的结论，其他弟子是否好学，还需要终其一生来看才行。

管理精义

管理是一项有着无止境前沿的事业，特别是在今天全球化竞争时代，变化是永恒的主题。在永恒变化的环境里，学习自然是管理者和组织持续追求，乃至终生追求的事业。终生学习也就成为管理者必须确立的基本观念和行为准则。只有通过终生学习，持续提升"做人"和做管理的境界，管理者才能跟上变化的节奏。在这个过程中，管理者切忌因阶段性成果而沾沾自喜，满足于已有经验，习惯于按成例行事。这将不可避免地把管理者和组织带进"成功陷阱"，难以自拔。

11.7 颜渊死，颜路①请子之车以为之椁②。子曰："才不才，亦各言其子也。鲤③也死，有棺而无椁。吾不徒行以为之椁。以吾从大夫之后，不可徒行也。"

【字词释义】

①颜路：颜回的父亲。
②椁：套在棺材外面的部分。
③鲤：孔子的儿子孔鲤，字伯鱼。

【今文意译】

颜回去世，颜回的父亲颜路请求孔子将车卖了，给颜回置办一个椁。

孔子说："有才能和没才能，也都是自己的儿子啊。我的儿子孔鲤去世，也是有棺无椁，我并没有卖车给他置办椁。因为按照礼仪规范，做过大夫之后，我就不可以步行出门了，所以，不能卖车啊。"

【分析解读】

本章阐明管理者应严格遵守规范，不能因私情而放弃原则。

按照当时的"礼"制，只要做过诸侯国大夫，就必须一直遵行相应的礼仪规范，其中包括出门要乘车而不能步行的规定。孔子援引这条规范，拒绝为颜回卖车买椁，看似不近人情，甚至让人感觉重物轻人，但是，如果从孔子对颜回和对自己儿子孔鲤一视同仁的态度，以及第三篇第4节所讲的"礼，与其奢也，宁俭；丧，与其易也，宁戚"，则不难理解，孔子拒绝颜回父亲的请求，实际上是委婉地告诉他，丧礼关键在于内心真诚的悲戚缅怀之情，而不在形式上的治办规模，既然颜家经济条件不好，有棺无椁也未尝不可，孔鲤去世，不也是有棺无椁的简易安葬吗？更何况，在经济条件不允许的情况下，硬要有棺有椁，不得已，只能卖车，这反而违背了另外的礼仪规范。实际上，孔子的做法严格贯彻了儒家一贯倡导的内"诚"外"礼"相结合的基本原则。

管理精义

人们习惯于说，管理者首先学会"做人"，才能在管理中做到"以人为本"。但问题是，今天的管理者如何才能做一个符合规则和规范的"社会人"？又怎样才能符合规则和规范地做到"以人为本"？这里最重要的还在于深刻理解规则和规范及其对"社会人"的意义。在法治社会和法人组织中，"做人"和"以人为本"都要以规则和规范为前提，强调规则和规范下的平等和尊严；不管亲疏远近、禀赋高下，人们在规则和规范面前拥有平等的权利和尊严。从这个意义上说，管理者"非人格化"的意识和行为，看似不近人情，但恰恰尊重了每个人平等的权利和尊严，这正体现了现代"做人"和"以人为本"的基本要求。

11.8 颜渊死。子曰："噫！天丧予！天丧予！"

【今文意译】

颜回去世。孔子说："哎！上天要灭亡我！上天要灭亡我！"

【分析解读】

本章承接上章，进一步阐明悲恸发乎内心，而不在于形式。

孔子这句话，听上去与上章反差很大，但其内在的精神实质是一样的，都强调内在的"诚"，而非外在形式。颜回是孔子最欣赏的学生，他不仅深谙儒家管理之道，而且自始至终追求和践行。在一定程度上，颜回既可以说是儒家管理模式下的楷模，也可以看作未来将儒家管理模式发扬光大的希望。因此，当颜回不幸英年早逝，孔子发出"天丧予"的叹息，就不足为怪了。当然，这里所说的"予"，也不仅指孔子本人，还包括他所坚持和推广的儒家管理之道。

管理精义

组织之所以能有远远超出个人生命周期的更长发展历程，关键原因之一，在于管理是组织重要的器官或功能，具有超越个人的传承性和持续提升能力。组织管理的传承性和持续提升能力，一方面来自超越个人的"非人格化"规则体系和文化规范；另一方面则在于管理者的培养和教育机制，让一代一代的管理者秉承制度规则和文化规范，有效发挥管理功能。无论制度规则，还是文化规范，抑或培养和教育机制，本质上都是"非人格化"的。只有真正具有"非人格化"特征的组织，才能超越"人格化"的生命周期。

11.9 颜渊死，子哭之恸①。从者曰："子恸矣。"曰："有恸乎？非夫人②之为恸而谁为！"

【字词释义】

①恸：是形声字，这里是大哭的意思。　②夫人：这里指颜回。

【今文意译】

颜回去世,孔子哭得非常伤心。和孔子一起去吊唁颜回的人便说:"先生太过悲痛了。"

孔子说:"我过分悲痛了吗?不为颜回过分悲痛,还为谁呢?"

【分析解读】

本章记述孔子哀悼颜回时的情景,以表明孔子发乎内心的悲痛。

颜回去世后,孔子到颜回家吊唁,睹物思人,情不自禁,放声大哭。在同去的人看来,颜回是学生,属晚辈,孔子作为长辈来吊唁晚辈,不必如此痛哭。但在孔子眼里,颜回不只是一名晚辈学生,更是共同追求管理之道的志同道合者,也是真正理解孔子和他的管理之道的知己者。因此,孔子不仅哀叹"天丧予",还悲诉"非夫人之为恸而谁为"。

管理精义

管理者在"做人"和做管理上,都要恪守"诚"的原则,努力做到思言行的一致性。但是,这种思言行的一致或"诚",以什么为基础呢?或者说,应该以什么准则来判断管理者是否做到了思言行的一致呢?这种准则既包括自然规律,也包括社会规则。自然规律和社会规则本质上是一致的,都是超越特定个人及小圈子的"客观"存在,都具有"真"的内涵,即:不以个体或小圈子的意志为转移。因此,"诚"或思言行一致,必须以"真"为前提,这就是"真诚"的意义所在。管理者只有将"真"与"诚"联系在一起,确立起对"真"的执着信念,并以此为尺度,来衡量自己的思言行一致性,才能有发乎内心的"诚",也才会在"做人"和做管理上真正具有一定之规。

11.10 颜渊死,门人欲厚葬之。子曰:"不可。"门人厚葬之。子曰:"回也视予犹父也,予不得视犹子也。非我也,夫二三子也。"

【今文意译】

颜回去世了,同学们想厚葬他。孔子说:"不可以。"

同学们最后还是厚葬了他。孔子说:"颜回视我如同父亲一样,我却不能视颜回如同儿子一样啊。这不是因为我,都是因为这些学生们。"

【分析解读】

本章进一步阐述个人情感要服从于社会规范的道理。

当同学们要厚葬颜回时，孔子却不同意，主要原因是，颜回家贫，不宜厚葬，厚葬既与当时"礼"制不合，也违背了孔子所信奉的"丧，与其奢也，宁戚"的原则。不过，颜回的父亲最终还是听从同学们的建议，厚葬了颜回。因此，孔子才说，虽然颜回视他如父，他却不能像父亲一样做主不厚葬颜回。这再次体现了孔子对社会规范的坚守。

管理精义

　　管理者总是要面对公私之间的权衡取舍，其中，既包括公私利益，也包括个人情感与公共规范。这种权衡取舍体现在管理活动的方方面面，是管理者必然面临的考验和挑战。管理者只要在做管理，公共的规则和规范，就随时可能同个人利益、情感、恩怨发生纠葛乃至冲突，如何正视并合理进行权衡取舍，既体现了管理艺术，也是管理者自律和意志力水平的集中反映。当然，在现代组织中，为了从根本上降低这种权衡取舍的不确定性，避免由于管理者个人的意志无力带来的风险，组织应该设计出更为严格的制度、机制、流程和角色规范，从而尽量减少管理者在公私之间权衡取舍时的自由裁量空间，使得这种权衡取舍切实做到明晰化、可操作化，逐渐从灰色走向白色，从艺术走向科学。

11.11　季路问事鬼神。子曰："未能事人，焉能事鬼？""敢问死。"曰："未知生，焉知死？"

【今文意译】

　　子路请教如何侍奉鬼神。孔子说："不能侍奉人，怎能侍奉鬼？"
　　子路又问："那请问如何理解死？"孔子说："没有理解生，怎会理解死？"

【分析解读】

　　本章强调，管理应从实际出发，以诚敬之心，对待不确定性。
　　具体地说，这段对话表达了两层含义：一是如何理解人与鬼神的关系；二是如何理解生与死的关系。这两层含义既宏大，又深刻。若仅从纯粹好奇心和知识探索的角度来看，这两个问题都极其重要，应该成为思想家们津津乐道的话题。但是，若从管理的角度来看，这两个问题固然重要，却难以达成共识。毕竟管理重在实践而非思辨，面对鬼神和死亡这样极其不确定的大问题，管理实践不可能等到有了答案才行动。因此，面对这些既重要又不确定、一时难以解决的问题，对管理者和管理实践而言，最有效的解决方式就是先"悬置起来"，对之保持一颗"诚敬"之心，一切从实际出发，实事求是地做好一项项具体工作。这便是儒家所强调的"敬鬼神而远之"的原则，它既体现出"慎终追远"般对死亡和神明的虔敬，又不妄言这些不确定的事情。这就像孔子既"罕言命",也"不语怪、力、乱、神"一样。这也恰是一种"知之为知之,不知为不知,是知也"的自知之明,充分体现了管理的大智慧,即知道"什么该说、什么不该说、什么该做、什么不该做"。

> **管理精义**
>
> 管理者面对不确定性,当然要勇于探索,敢于承担探索的风险,通过探索过程创造知识,进而将不确定性排除。但是,在探索过程中,当结论还没有得到,抑或由于社会分工原因,关于不确定性的探索并不在管理者职责范围内的时候,管理者应如何面对这些不确定性及其探索过程,就变得极其重要。因为管理者对不确定性的态度和行为,不仅会影响组织成员的注意力资源配置,也会主导组织的规则和规范的执行,以及相应的物质资源配置,最终影响组织的发展方向和路径选择。在这种情况下,管理者所应采取的态度和做法是,既要有敬畏之心,又要从实际出发;既要敢于面对不确定性,又要勇于悬置不确定性。

11.12 闵子侍侧,訚訚如也;子路,行行①如也;冉有、子贡,侃侃如也。子乐。"若由也,不得其死然。"

【字词释义】

①行行:刚强不脆弱的样子。

【今文意译】

闵子骞在孔子身边,委婉而严谨;子路则刚直而强悍;冉有和子贡又中正而和悦。孔子和他们在一起很高兴,说:"像子路这个样子啊,恐怕死不得其所。"

【分析解读】

本章讲管理者既要有特色,又要刚柔相济,才能胜任管理角色的需要。

孔子的四位学生闵子骞、子路、冉有、子贡,个性鲜明,各有特长。这一方面说明,孔子因材施教,善于发现和培养个人特长;另一方面,由此也可以引申出这样的管理启示,即做管理,贵在"用人所长",为此,管理者首先应有自己的特点和特长,这样才能更好地适应管理岗位需要,也才能更好地理解和尊重别人的特点和特长。

但是,孔子对子路的评论,又反映出管理者在有自己特色和特长的基础上,还应该具备另外一个非常重要的职业素养,即刚柔相济。因为,管理工作总是要面对各种不同的人和事，其中不可避免地要进行各种权衡取舍，这时就需要恪守原则性和灵活性相统一的原则。管理者过于刚强，不知变通，对于处理管理事务反倒不合适，甚至隐藏着风险，特别是在孔子所处时代，像子路这样过分刚直强悍，则有可能招来杀身之祸。所以，孔子才告诫子路，这样过分刚强可能不得善终。

> **管理精义**
>
> 管理贵在"用人所长"。管理者要做到"用人所长"，一方面，自身也要有特色，这样才能更好地理解和尊重"人之所长"；另一方面，管理者在面对人和事上应"刚柔相济、宽严并举"，而不能一味地按照自己的意志和标准行事，更忌讳动辄就说"我都怎样怎样，你们为什么不能怎样怎样"。若大家都像管理者一样，还要管理者干什么？若大家都成为管理者，谁来做各种不同的专业事务？在管理实践中，要将"用人所长"落到实处，管理者须切实做到原则性和灵活性相统一。

11.13 鲁人为①长府②。闵子骞曰："仍③旧贯④，如之何？何必改作？"子曰："夫人不言，言必有中。"

【字词释义】

①为：这里是制作、制造的意思。
②长府：府名，储藏财物的地方。
③仍：这里是因袭、沿袭的意思。
④贯：是形声字，本义是穿钱的绳子，这里是先例的意思。

【今文意译】

鲁国要改建库府。闵子骞说："沿袭原来的样子，有什么不好？何必要改建呢？"
孔子说："此人要么不说话，说话必定有道理。"

【分析解读】

本章讲做管理不能因人事变动而改变惯例、传统，以致劳民伤财。

据记载，鲁昭公曾经想削弱季氏等三大家族在鲁国的势力，恢复国君的权威，但没有成功，反被三家驱逐，流亡齐国，客死他乡。季氏等为了根除鲁昭公在鲁国的影响，便试图将库府等与鲁昭公有关的一应事务，进行改制或改建。此举显然劳民伤财，故此，闵子骞才说，像原来那样的库府有什么不好，非要改造吗？孔子也深有同感，禁不住称赞闵子骞道："夫人不言，言必有中。"

管理精义

组织生命周期理应长于个人寿命，管理者的更替实属必然。对于继任的管理者来说，虽然不必事事处处都因循旧习，但也大可不必什么都另起炉灶，以彰显个人的魅力和意志。特别是当前任和继任管理者的管理理念、个人特征差别比较大的时候，改弦更张似乎成了必然选择。这种做法看似锐意进取，破旧立新，实则是将组织变成体现个人意志的工具，不负责任，劳民伤财。管理者之间的个体差异，不能成为组织和管理变革的借口。组织和管理都有其自身的完整性和连续性，变革不能无视传统。这种传统不仅包括万变不离其"宗"的无形传统，即愿景和价值观，还包括历史积累起来的各种有形传统，如规则和政策等。这些无形和有形的传统并非不可变，但是改变要有合理的依据或理由，更要有合法而有效的变革程序，不能用个人的权力和意志，代替关于变革的合理性、合法性和有效性的权衡。为新而新，为变而变，为作而作，都应该是组织的规则和规范体系所应给予制约的，也是管理者本人所应勉力戒除的。

11.14 子曰："由之瑟^①，奚为于丘之门？"门人不敬子路。子曰："由也升堂矣，未入于室也。"

【字词释义】

①瑟：类似于琴的弦乐器。

【今文意译】

孔子说："子路怎么在我门下还弹奏出这样的瑟声？"学生们因此不尊重子路。孔子说："子路已经进入管理殿堂，只是还没有达到内室啊。"

【分析解读】

本章借评论子路，再次说明，管理学习是一个由内而外的终生修炼过程，并非简单的知识和技能学习。

子路素来刚直强悍，勇武有余，柔和不足，每每被孔子提醒或批评，如第七篇第10章中就对子路说："暴虎冯河，死而无悔者，吾不与也。"子路即便弹瑟，也不免透出杀伐之气，为此，孔子再次提醒他，在我这里学了这么久，怎么还没有改掉这种恃勇逞强的作风。孔子这句话看似在说子路鼓瑟的音乐风格，实则暗示他，学习管理关键是由内而外的自我修养，这种修养达到应有境界后，在各种日常活动中都会不经意地流露出来。

也许正因为孔子对子路的反复提醒乃至批评，其他同学竟开始不尊重子路了。对此，孔子又进一步指出，学习是一个渐进过程，要一步步来，子路已经走进了管理殿堂，只是还没有进入更深层次的细节之中，还需要进一步努力，不断提升自我修养和自我管理的综合素养。这既是对子路的鼓励和鞭策，也深刻揭示了管理学习的本质在于持续的自我修养。

管理精义

管理学习本身就是一个反复实践的自我修炼过程，它需要将生活、学习和管理有机整合在一起，将自我修养和管理水平的提升融为一体，在各种行为、言语和思考中，持续规范和训练自己，以努力追求自我生活、学习和管理的一体化以及行为、言语和思维的一致性。当然，这种一体化和一致性，并不是要抹杀公私界限，而是强调在各种不同领域和场合，都要努力提升自己"做人"和做管理的综合素养，以期达到"从心所欲不逾矩"的理想境界。

11.15 子贡问："师①与商②也孰贤？"子曰："师也过，商也不及。"曰："然则师愈③与？"子曰："过犹不及。"

【字词释义】

①师：指子张。
②商：指子夏。
③愈：这里是胜过的意思。

【今文意译】

子贡问："子张和子夏，谁更贤能？"
孔子说："子张呢，过度了；子夏呢，还没到。"
子贡又问："那就是说，子张更强啦？"
孔子说："过度就像没到一样。"

【分析解读】

本章借评论子张和子夏，强调对管理者和管理工作的评价没有单一的线性标准，关键在于"适度"。

由于管理工作的综合性、复杂性、整体性及其效果的滞后性等特点，对管理者和管理工作，很难给出单一、明确的评价标准，往往需要系统考量多重因素。因此，当子贡请孔子对子张和子夏的贤能进行比较和评价时，孔子便说他们都不够"适度"，要么过度，要么不及；而子贡以为孔子这话隐含着一个明确的刻度或标准，子张超过了，应该比子夏还没有达到要好；但孔子马上纠正说，管理需要"适度"，过度和不及同样都是没有达到"适度"的要求。

这里的"适度"不是一个明确的刻度或标准，而是一种模糊且微妙的把握。在孔子看来，学管理和学"做人"一样，本质上都在于学习、体会、最终践行这个模糊且微妙的"适度"。从这个意义上说，对"适度"的学习，就是一种修养、磨砺，并把握"做人"和做管理的尺度问题。一旦把握了这个尺度，也就达到了"中庸"的至高境界。

管理精义

管理评价带有很大的模糊性，其中对"适度"的把握就是一种艺术。若无视管理评价的模糊性，非要给出某个单一、明确的标准，以此来评价管理者和管理工作，不仅难以达到预期效果，反而会扭曲管理激励，让管理者沿着单一方向，去努力达到乃至超过标准，以获取认可和奖励，而最终结果却可能是"过犹不及"，南辕北辙。

11.16 季氏富于周公，而求①也为之聚敛而附益之。子曰："非吾徒也。小子鸣鼓而攻之，可也。"

【字词释义】

①求：即冉有，当时任季氏的家臣。

【今文意译】

季氏家族比当年的周公还富，而冉有却仍替他聚敛增加财富。孔子说："这不是我的学生应该做的。你们可以起来声讨他。"

【分析解读】

本章借批评冉有，说明管理者应该有自己的职业操守，不应无原则地服从委托人的意志。

据记载，周公当年封在鲁地的时候，征收的赋税是十分之一，后来鲁宣公的赋税是十分之二，季氏的赋税高于周公和宣公时代，积累起巨大财富，富可敌国，远超过当年的周公。冉有在孔子学生中以善理财著称，时任季氏家臣，替季氏打理财产，征收赋税。在孔子看来，冉有无异于"助纣为虐"，因此，号召弟子们起来声讨他。

孔子培养管理者，虽然强调要对委托人负责，但并不是无条件地服从委托人的意志，仍要坚持管理的职业原则，遵循社会规范，追求共同利益。季氏僭越国君权利和权力的行为，不仅危害了诸侯国的利益,也损害了最大范围利益相关者即国民的利益。因此,作为管理者,冉有即便不能阻止,至少也不应该帮季氏去聚敛财富。在第三篇第6章里也讲到,季氏违背规范,僭越君权,要到泰山祭祀,孔子问冉有能否阻止,冉有也说不能。将两件事情联系起来,便可以理解孔子为什么说冉有"非吾徒也"。

管理精义

在管理的职业规范中,当然包括对委托人负责,但作为职业规范重要内涵之一的"尽己尽责",其要求远不止是对委托人负责,更强调对组织的整体和长远利益负责,也更需要与另外一个重要的职业规范——诚实守信——联系起来。管理的职业规范必须将"忠"或"尽己尽责",与"信"或"诚实守信"融为一体。因此,当委托人的要求与组织及利益相关者的共同利益冲突时,当委托人的意志与管理的职业规范矛盾时,管理者更应该义无反顾地坚守职业规范和敬业精神,而不能屈从于委托人。这才真正体现出职业管理者的职业气节。

11.17 柴①也愚,参也鲁②,师也辟③,由也喭④。

【字词释义】

①柴:孔子的学生,姓高,字子羔。
②鲁:这里是笨拙的意思。
③辟:同"僻",不正、不够诚实的意思。
④喭:这里是粗鲁、粗俗的意思。

【今文意译】

高柴愚钝,曾参笨拙,子张浮夸,子路粗鲁。

【分析解读】

本章再次说明,人皆有个性,关键要自知,并注意发扬或克服。

孔子在这里,并不是要贬低或批评四位学生,而只是指出他们各自的个性特征,不带有好坏判断或评价的意味。虽然做管理有着共同的职业规范、专业知识和技能要求,但管理职业的共性,并不能代替或抹杀管理者的个性。学管理乃至学"做人",并非让人们没有了个性,变得千人一面;而是要人们通过学习和反思,更好地认识并把握住自己的个性,从而使自己的个性与职业的共性相得益彰。就像愚钝和笨拙,若能清醒认识并把握住,将它们转化成职业上的执著追求和不懈努力,反倒有可能成为"君子讷于言而敏于行"的典范。同样,浮夸虽然有不实之嫌,但若能清醒认识,扬长避短,则有可能转变成善于表达、易于沟通的个性基础；而粗鲁也有可能转化成刚直、勇敢，善于探索和承担风险的职业特征。因此，管理者虽然不一定能改变自己的个性，但可以通过学习和反思，更清楚地认识和把握自己的个性。这对于"做人"和做管理来说，无疑都是非常重要的。

> **管理精义**
>
> 在现实中，人们经常会说，某人适合做管理，某人不适合做管理。言下之意，做管理，好像对于管理者的个性有特殊要求。实际上，由于管理工作本身的多元性和复杂性，并不存在某种个性特征适合于做管理；即便在那些成功的管理者中，也可以发现各种各样的个性特征。因此，做管理，关键不在于个性特征本身，而在于对自己个性特征的认知和把握，这也是"自知之明"的重要内容之一。以此为基础，才能扬长避短，磨砺成长。其实，对自己的个性特征的认知和把握，也正是自我修养和自我管理的重要组成部分。

11.18 子曰："回也其庶乎！屡空。赐不受命，而货殖焉，亿①则屡中。"

【字词释义】

①亿：同"意"，估计、猜测的意思。

【今文意译】

孔子说："颜回虽深谙管理之道，却仍是平民，屡遭贫困。子贡不愿替别人做管理，自己做生意，却每每能把握商机。"

【分析解读】

本章比较颜回和子贡，再次强调，人各有志，不可强求，更不应按照同一个尺度来衡量。

颜回和子贡是孔子学生中的两个特例。从理解孔子思想和掌握儒家管理模式的精髓来看，颜回无疑是佼佼者。但遗憾的是，颜回英年早逝，而且，在短暂的一生中，他一直过着清贫的生活，没有做过管理，也没有机会施展抱负和才华。尽管如此，孔子对颜回的评价依然非常高。从这个意义上说，颜回更像是管理的研究者而非实践者。

子贡是另外一种特例。他虽然也是孔子学生中非常优秀的一员，最后却既不选择在诸侯国中做管理，也不去像季氏那样的大家族里做管理，而是选择"下海"经商，自我创业。这在当时历史条件下，无疑需要很大的勇气。子贡成为孔子学生中唯一的创业者，被后人誉为"天下儒商第一人"。

更难能可贵的是，孔子并没有因子贡做生意而批评他，甚至贬低他，却将他与颜回并列，以此说明：学管理，并不一定都要去替别人做管理，完全可以像颜回那样作为旁观者，来研究管理，阐明管理之道；也完全可以像子贡那样自我创业，在商业经营中拓展管理之道的应用空间。

由孔子对颜回和子贡的评论，不难体会到孔子和儒家管理之道所具有的包容性。

管理精义

管理研究、创业活动和管理实务，虽有区别，但内在精神有相通之处，都离不开"尽己尽责"、"诚实守信"和"身体力行"这些最基本的要求。尤其是在今天全球化创业和全球化竞争的大背景下，管理研究既要聚焦管理实务，又要关注创业活动，而创业活动和管理实务更离不开管理研究。没有管理研究，就无法支撑创业活动和管理实务的职业化发展。

11.19　子张问善①人之道。子曰："不践迹，亦不入于室。"

【字词释义】

①善：这里是动词，使之善、朝好的方向改变的意思。

【今文意译】

子张请教改变人的方式。孔子说："不沿着已有的门径，也无法登堂入室。"

【分析解读】

本章讲只有通过有指导的反复实践，才能改变人。

这里的"践迹"可以理解为，在前人的指导下反复实践。孔子用隐喻的方式说明，只有熟悉路径，才能进入特定领域，而熟悉路径又只能在前人的引导下反复实践。不经过反复实践，就无法掌握在特定领域中登堂入室的门径。要改变人，就好像引导人进入一个陌生领域或地方一样。没有本人亲自摸索、实践的过程，有效的路径和行为模式是建立不起来的，而在这个过程中，若没有人引领和指导，可能又会走很多弯路，还不一定能真正改变。因此，在儒家看来，做管理，就意味着引领人们朝着"善"的方向前进；期间，管理者只是用语言来指示方向是不够的，还必须身体力行，引导人们一起实践，并通过反复实践建立起应有的路径和行为模式；这样就可以沿着向"善"的路径，以恰当的行为，登堂入室了。

管理精义

　　管理既要面向人，也要改变人。对管理者而言，管理工作最大的挑战，莫过于改变人。言语虽能打动人，却难以改变人。人们由内而外的改变，只能通过自身的反复实践。在实践中摸索，在实践中体会，在实践中取得成绩，在实践中自我激励，在实践中自觉改变，在实践中自我超越。当然，这里的实践并非孤立和封闭的自我实践，而是有指导的自我实践和组织实践的统一。在这种实践过程中，管理者所扮演的角色，既是先行者，又是教练员。先行者有方向、有体会、有经验；教练员则有指导、有鼓励、有修正；进而通过这种引领、指导和及时反馈，在自我实践和组织实践的结合处，人们才可能发生改变。

11.20　子曰："论笃是与，君子者乎？色庄者乎？"

【今文意译】

　　孔子说："言之凿凿，别人就相信你是真正的管理者了吗？说不定只是表面显得庄重呢。"

【分析解读】

　　本章承接上章，阐明管理者不能只想用语言去改变人。

　　孔子这句话，用的是反诘语气，意思是，管理者不要期望只通过语言，就能让别人相信，并按照你说的做；即便说得笃实可靠，言之凿凿，别人也可能会认为，这只不过是表面上严肃认真，说得好听罢了。难道管理者自己不也是这样来怀疑别人的言语吗？因此，对管理者来说，更重要的是行动。要改变人，关键要看管理者的引领行动，以及由此所激发出来的人们的有效行动。这既是"身教重于言教"的道理所在，也是"行动胜于雄辩"的根本原因。

管理精义

　　管理工作离不开语言的运用。管理者总是要通过语言与别人沟通交流，并借助语言来刻画愿景，提出目标，制定计划，布置任务。总之，管理者是在用语言为组织和管理创造意义。但是，在管理实践中，管理者既不能无视语言的作用，也不可夸大语言的功能。

　　语言虽然是管理的重要工具之一，也是联结管理者的思想和行动的桥梁，但同时更需要谨记的是，人们对语言有着本能的顾虑和提防。再动听的语言，再笃实的表白，如果不能内联思想、外接行动，不以"诚"或思言行一致为基础，都必定会产生相反的效

> 果。只需要几次言不由衷的表现,一个虚伪管理者形象便会深入人心,且难以改变。也许正因为如此,那些真正理解了语言价值的管理者,会更加慎用语言。
>
> 　　当然,在日常管理工作中,仅仅忌说假话、大话、空话、套话、废话,还远远不够,因为多数情况下,当事人并不认为自己在说这"五话",还自以为实实在在、言之有据呢。最重要的是,必须建立起有效的问责机制和监督机制,让管理者对语言负责任。管理者在不同时间、不同场合说出的话,不仅要接受一致性检验,还要接受来自各类相关行动的有效性检验。只有以问责和监督为基础,建立起关于管理者语言的对照检验机制,才有可能从根本上杜绝"五话",也才能让管理者真正尊重语言、慎用语言。

11.21 子路问:"闻斯行诸?"子曰:"有父兄在,如之何其闻斯行之?"冉有问:"闻斯行诸?"子曰:"闻斯行之。"公西华曰:"由也问'闻斯行诸',子曰'有父兄在';求也问'闻斯行诸',子曰'闻斯行之。'赤也惑,敢问。"子曰:"求也退,故进之;由也兼[①]人,故退之。"

【字词释义】

①兼:这里是兼并、吞并、胜过的意思。

【今文意译】

　　子路问:"听到就要做吗?"
　　孔子说:"有父母兄长在,不先听听他们的意见,怎么能听到就做呢?"
　　冉有也问:"听到就要做吗?"
　　孔子说:"听到当然就要做。"
　　公西华知道后,说:"子路问'听到就要做吗',您说'有父母兄长在,要先听听他们的意见';冉有问'听到就要做吗',您却说'听到当然就要做'。我不明白,为什么您的回答不一样呢?"
　　孔子说:"冉有在行动上总是退缩不前,所以要鼓励他;子路在行动上总是莽撞超前,所以要劝阻他。"

【分析解读】

　　本章借评论子路和冉有,说明把握语境在理解语言意义中的重要性。
　　联系前几章,不难理解,语言只有与行动相结合,才能发挥作用;无论是改变自己,还是改变别人,都离不开行动。也许正因为孔子对行动的强调,或者说,行动在儒家管理模式中所具有的突出地位，子路和冉有才会分别提出了同样的问题："听到就要做吗"。

子路原本就是一个行动导向的人，正如第五篇第13章所说的那样，"子路有闻，未之能行，唯恐有闻"；而冉有在行动上则有畏难情绪，如他在做季氏家臣时，孔子问他能否阻止季氏到泰山祭祀，他还没有尝试就说不能。正因为子路和冉有对行动的认识，以及在行动上的表现有显著差异，孔子才有针对性地告诫他们，子路要善于倾听别人尤其是长辈的意见，而冉有则要大胆行动。

但是，公西华并不了解子路和冉有各自的特点，也不清楚孔子的用意，因此就产生了困惑，孔子为什么会在同样的问题上，对不同人的答案不一样。孔子给公西华的解释，意在告诫人们，语境是理解语言意义的重要参照系，只有将语言放到特定语境中，才能理解其意义；哪怕是同样的问题，嵌入不同语境中，其含义也不一样；而人是语境的最重要的构成要素，面对子路和冉有的语境之所以不同，关键在于子路和冉有的个性特点不一样；除了人这个要素外，语境的构成要素还包括时间、地点、话题、背景文化、背景事件等，正是这些要素构成了语境，并赋予语言以意义。因此，对于管理者来说，恰当地理解和把握语境，是运用语言影响行动的重要前提。

管理精义

> 管理情境中最重要的组成部分，也许就是语境。管理者不可能脱离语境来使用和理解语言，同时，管理者又以自己的语言和行动在创造着语境。因此，管理者在日常管理工作中，应该保持对语境差异的敏感性，既要保持语言的语境适应性，又要保证语言在跨语境时的内在一致性。

11.22 子畏于匡，颜渊后。子曰："吾以女为死矣。"曰："子在，回何敢死？"

【今文意译】

孔子在匡地遇险，与颜回失散。颜回到了之后，孔子说："我以为你已经遇害了。"颜回说："先生还在，我哪敢轻易去死？"

【分析解读】

本章用孔子和颜回的对话，再次强调了语境的重要性。

孔子和颜回的对话，看似很直接，实则有深意。直白的一问一答，却充分体现了师生之间那份深深的理解和关切之情。这也只有放在孔子和颜回共同追求儒家管理之道的语境下，才能体会得到。颜回重视生命的价值，却并非贪生怕死，而是一方面要恪守社会规范，像父亲一样的老师尚在，做晚辈的学生又怎敢逞勇斗狠？另一方面，探求和弘扬儒家管理之道责任重大，岂敢轻生犯险。这正如第八篇第 7 章所说的"士不可以不弘毅，任重而道远。仁以为己任，不亦重乎？死而后已，不亦远乎？"

> **管理精义**
>
> 语境在管理者的语言运用中固然重要，但语境必须承载着当事人共同的信念和价值观，才会赋予语言以灵魂，也才能让当事人超越语词本身，体会到对方的思想和情感，进而才能更好地强化当事人的共同追求和相互理解，也才能达致沟通的真正效果。因此，管理沟通中切忌为营造氛围而营造氛围，甚至为了强调语境，刻意遣词造句，唯恐造成误解。这种一味语境导向的沟通，反而会以辞害意，束缚更深层次的思想和情感交流，达不到沟通效果。其实，那种嵌入语境的有效沟通，其功夫恰在语境和沟通之外。当事人关键要有共同的信念和价值观，也就是说，当事人首先要成为志同道合者。有了建立在共同信念和价值观基础上的相互信任，语言和形式反而不重要了。

11.23　季子然①问："仲由、冉求可谓大臣与？"子曰："吾以子为异②之问，曾③由与求之问！所谓大臣者，以道事君，不可则止。今由与求也，可谓具④臣矣。"曰："然则从之者与？"子曰："弑父与君，亦不从也。"

【字词释义】

①季子然：季氏家的子弟。

②异：在甲骨文中像用双手将物戴在头上，本义指"举"，这里是奇特、特别的意思。

③曾：通"尝"，是竟、岂、怎的意思。

④具：是会意字，本义是供给、置办，这里可以引申为占位、充数的意思。

【今文意译】

季子然问："子路和冉有，都可以称得上是大臣吗？"

孔子说："我以为你会问什么特别的问题，原来竟是关于子路和冉有！所谓大臣，应该以管理之道服务于国君，不行就离开。如今子路和冉有，都只能算是占位充数之臣罢了。"

季子然又问："那么，他们都该很听话吧？"

孔子说："如果让他们弑父弑君，也不会听的。"

【分析解读】

本章再次强调指出，管理者应恪守职业规范，不能一味顺从委托人。

当时子路和冉有都在做季氏家臣，按理说，家臣不应称为"大臣"，季氏本人也不过是鲁国的大臣而已，但季氏家族屡屡僭越礼仪规范，早已不把鲁国国君放在眼里，所以，季氏家族的子弟们，便自觉不自觉地将"家臣"等同于"大臣"了。

当季子然向孔子提出子路和冉有能否称为"大臣"这个问题时，孔子便敏感地意识到，这里存在违"礼"僭越，因此，一方面阐明大臣与国君的关系，以还原大臣的本义，为大臣之职正名；另一方面又明确指出，即便是服务于国君的大臣，也并非完全顺从于国君的意志和好恶，而应以管理之道和社会规范来服务于国君，若无法恪守规范、履行职责，就宁愿辞职离去。当然，依据这样的标准，子路和冉有都不能算是"大臣"，充其量只是在特定的管理岗位上做事而已，而这个岗位可能徒有"臣"之名，并无服务于诸侯国、克尽管理之道的实质内容。

也许是误解了孔子的话，季子然以为孔子是说，子路和冉有还没有达到做"大臣"的管理水平，因而，就想到或推断他们一定会很听话，因为按照常理，恃才者傲物，平庸者听话。但孔子却说，"弑父与君，亦不从也"。意思是，这不是能力和水平的问题，而是原则和规范的问题；做管理，无论在诸侯国，还是大家族，都要遵循共同的职业原则和社会规范。当然，孔子说这话，也是一语双关，既是回答季子然关于是否"听话"的问题，也在暗指季氏无视鲁国国君，实在是违背了"为臣"做管理所应遵从的基本原则，离"弑父与君"也不远了。

管理精义

做管理，首先不是岗位权力和胜任力问题，而是职业规范和敬业精神问题。但在现实中，人们似乎更看重管理的岗位权力和是否具备胜任力，忘记了管理职业所应有的规范和精神。更有甚者，将管理看成为私人服务，包括委托人或上级，从而将管理这种具有公共性的职业，变成了私人圈子里的事务。这样一来，即便有再大的岗位职权，再强的胜任力，也无法担负管理应有的职责，更无法发挥出管理固有的功能。这不能不说是管理实践和管理者培养中的最大误区。在现代组织管理中，不应过分强调无原则、无条件的服从和执行，应首先将组织和社会规则、规范放在首位，真正做到"以道事上，不可则止"。

11.24　子路使子羔为费宰。子曰："贼①夫人之子。"子路曰："有民人焉，有社稷②焉，何必读书，然后为学？"子曰："是故恶③夫佞者。"

【字词释义】

①贼：是会意字，这里是伤害的意思。

②社稷：这里泛指祭祀活动。

③恶：这里是讨厌的意思。

【今文意译】

子路要让高柴做费这个地方的主管。孔子说:"你要害了人家年轻人。"

子路说:"有百姓事务,有祭祀活动,做这些都是学管理,何必非要读书才是学管理呢?"

孔子说:"你这是狡辩,所以,我讨厌那些伶牙俐齿的人。"

【分析解读】

本章既强调管理者要坚守职业原则,又突出了"诚"和自我修养是做管理的基本前提。

费这个地方,属于季氏家族的私邑,子路做了季氏家臣后,想让年轻的高柴到费地做主管。鉴于季氏在鲁国的各种僭越行径,孔子才说,你这简直是害了人家年轻人。

子路也许听出了孔子话里的深意,却故意抓住孔子话里的"年轻人"做文章,将孔子的话理解成,高柴年纪还轻,现在要好好读书学习,将来才能做管理。基于此,子路又辩称,做管理本身也是学习,每天要处理那么多百姓事务,还要参与各种祭祀活动,这不是最好的管理学习吗?何必非要读书才是学管理呢?

其实,孔子何尝不强调"干中学"或在实践中学习呢?所谓"学而时习之",以及"入则孝,出则弟,谨而信,泛爱众,而亲仁",强调的都是在日常生活点点滴滴行动中学习。实际上,孔子这句话隐含的意思是,管理者首先应该具备的是职业规范和敬业精神,而不是职业知识和技能;子路即便具有了做管理的职业知识和技能,却不能恪守职业规范,去为季氏这样不符合社会规范的委托人服务,这本身就是没有学好管理而去做了管理的表现。

子路明明知道孔子这话意指的是什么,却又要用管理知识和技能的学习作狡辩,这种行为本身又违背了儒家所要求的"诚",而"诚"正是管理敬业精神的核心所在。这充分说明子路还没有真正学好管理,还没有达到做管理的职业规范要求,所以,孔子才说,这就是我为什么讨厌那些伶牙俐齿、能言善辩的人的原因。越是能言善辩,往往越是口是心非、表里不一。

管理精义

做管理不仅靠的是知识和技能,学管理也不仅是指学习管理知识和技能。做管理和学管理,更重要的是理解、把握和坚守管理职业规范和敬业精神,而这种职业规范和敬业精神,不只是一些条文和原则,更是直接融入管理者所信奉的信念、愿景和价值观之中。关于这种职业规范和敬业精神的学习,既涵盖在具体的知识和技能的学习里,也体现在日常行为上。其具体表现就是管理者"思言行"一致性。只有将"诚"真正坚守住,才有从事管理职业的牢固根基。

11.25 子路、曾晳①、冉有、公西华侍坐。子曰："以吾一日长乎尔,毋吾以也。居②则曰:'不吾知也!'如或知尔,则何以哉?"子路率尔而对曰:"千乘之国,摄③乎大国之间,加之以师旅,因之以饥馑;由也为之,比及三年,可使有勇,且知方④也。"夫子哂⑤之。"求,尔何如?"对曰:"方⑥六七十,如⑦五六十,求也为之,比及三年,可使足民,如⑧其礼乐,以俟君子。""赤!尔何如?"对曰:"非曰能之,愿学焉。宗庙之事,如会同⑨,端⑩章甫⑪,愿为小相⑫焉。""点!尔何如?"鼓瑟希,铿⑬尔,舍⑭瑟而作。对曰:"异乎三子者之撰⑮。"子曰:"何伤⑯乎?亦各言其志也。"曰:"莫⑰春者,春服既成,冠者⑱五六人,童子六七人,浴乎沂,风乎舞雩⑲,咏而归。"夫子喟然叹曰:"吾与点也!"三子者出,曾晳后。曾晳曰:"夫三子者之言何如?"子曰:"亦各言其志也已矣。"曰:"夫子何哂由也?"曰:"为国以礼,其言不让,是故哂之。""唯求则非邦也与?""安见方六七十如五六十而非邦也者?""唯赤则非邦也与?""宗庙会同,非诸侯而何?赤也为之小,孰能为之大?"

【字词释义】

①曾晳:曾参的父亲,名点。

②居:这里是平常、平时的意思。

③摄:是形声字,本义指把东西提起来或拉过来,这里引申为迫近、夹处的意思。

④方:这里指规矩的意思。

⑤哂:是形声字,本义指笑,特指微微一笑。

⑥方:这里是指地域范围、方圆的意思。

⑦如:这里是或、或者,表示选择。

⑧如:这里是至于的意思。

⑨会同:其中,"会"指诸侯国之间的会见、见面,"同"指诸侯共同朝见天子,"会同"泛指国事礼仪。

⑩端:这里指黑色礼服。

⑪章甫:这里指礼帽。

⑫相:这里指傧相,主持礼节仪式的人。

⑬铿:指金石撞击的声音。

⑭舍:同"捨",停止的意思。

⑮撰:这里是具备、完备、充分的意思。

⑯伤:这里是妨害、妨碍的意思。

⑰莫:即"暮"的本字,"莫春"即是"暮春"的意思。

⑱冠者:指成年人。

⑲舞雩:为祈雨而举行祭祀活动的地方。

【今文意译】

子路、曾晳、冉有、公西华和孔子在一起。孔子说:"我比你们年长几岁,但不要因此就有所顾虑。你们平时常说:'没人理解我啊!'如果有人理解你、重用你,你会怎么做呢?"

子路率先回答说:"一个有千辆战车的诸侯国,夹在大国中间,外有武力威胁,内有饥荒困境,交给我管理,只需三年,便可使国力强大,秩序井然。"

孔子微微一笑,又问道:"冉有!你怎么样?"

冉有回答说:"一个方圆六七十里,或者方圆五六十里的诸侯国,交给我管理,只需三年,便可使国民富裕,至于礼仪音乐方面的事务,则要等更有修养和知识的管理者来负责了。"

孔子又问道:"公西华!你怎么样?"

公西华回答说:"不敢说能做到,但我愿意努力学习。在宗庙的祭祀活动以及诸侯国之间的邦交事务中,穿着礼服,戴着礼帽,做一个主持礼节仪式的小官。"

孔子又问道:"曾皙!你怎么样?"

曾皙正在轻轻地弹琴,此时铿一声停下来,站起身回答道:"我不像他们三人想得那么充分。"

孔子说:"这有什么妨碍呢?只不过是谈谈自己的志向嘛。"

曾皙说:"暮春时节,穿着单衣。五六位成人,六七位少年,在沂水边上洗浴,在祈雨台下乘凉,踏着歌声往回走。"

孔子感叹道:"我认同曾皙呀!"

其他三位学生离开了,曾皙留下来,问道:"刚才他们说得怎么样?"

孔子说:"不过是谈谈自己的志向罢了。"

曾皙又问:"那您为什么笑子路呢?"

孔子说:"治国要讲究礼让,子路的话毫不谦让,所以笑他。"

曾皙再问:"难道冉有不是志在治国吗?"

孔子说:"是啊,哪有方圆六七十里或五六十里,还不是国家呢?"

曾皙又问:"难道公西华不是志在治国吗?"

孔子说:"是啊,祭祀和外交,难道不是诸侯国的管理事务吗?公西华做小官,谁还能做大官呢?"

【分析解读】

本章概括儒家管理模式的职业原则和"迂回式"管理途径。

在这段长篇对话中,子路、冉有、公西华的志向,虽然看似有区别,但都明确指向做管理。子路直言治大国,志在富国强兵;冉有谦称管小国,只求民生富足;公西华则立志从事邦交事务。与他们不同,曾皙表面上看志不在管理,只求宁静、洒脱,而且,孔子没有赞同子路等三人的志向,却唯独认可了曾皙。这看上去似乎与孔子培养管理者的方向不太一致,但实际上,曾皙的志向以及孔子的认同,恰体现了儒家管理模式的精髓。

首先,儒家管理模式强调"迂回",通过由内而外的感召和引领,最终达到"有耻且格"。在这个"迂回"过程中,儒家管理模式并不特别看重即时的功利效果,并不太在意眼前的所谓强大富足,且明确反对武力征服,更为突出的是长治久安、人心向善这个根本目标的实现。子路等三人的志向虽侧重点不同,但都比较看重眼前和外在形式,而相对忽略儒家管理模式所要求达到的精神价值追求。恰是曾皙看似与管理无关的志向表述,却道出儒家管理模式所致力于达到的"向善"、"自由"、"大同"的理想境界。因此,从志向这种终极目标的表达上来看,孔子赞同曾皙,也就很自然了。

其次,根据儒家管理模式,管理者应该有自己的职业规范坚守,不应一味地迎合委托人或诸侯国国君,当世道不济或天下无道,管理者无法实现自己的抱负和价值时,宁可隐居,也不随波逐流。曾皙所描述的状态,也暗合了当时管理环境不好,宁可选择隐居的心理。这可能是引发孔子共鸣,喟然叹曰"吾与点也"的另一方面原因。

最后,管理者虽然以管理为职业,但这并不意味着,除了做管理之外,再别无爱好和追求。毕竟管理作为一种职业,只是人的完整生活和生命历程的一个侧面;对个人而言,做管理只是手段,最终目标还是要达到自我修养和人生境界的提升。曾皙的志向表达,正是这样一种超越具体职业之上的人生境界,这非常符合儒家管理模式对管理者个人境界追求的要求。而且,管理者不仅要持续追求和提升自己的人生境界,还要通过"迂回式"管理,使人们的人生境界得到共同提升,最终达到"有耻且格"的目标。这也许是孔子认同曾皙的深层次原因。

管理精义

> 管理者需要明确的是,管理只是手段。无论是自我管理还是组织管理,都是一种手段,最终都需要服务于人。自我管理要服务于自我价值的实现,而组织管理则要服务于组织利益相关者价值的实现。其实,组织的存在也是为了人,是为人们提供一种实现自我价值的平台和机会;而组织管理的有效性就在于能否充分发挥每个人的潜能,最终帮助人们实现自我价值。这正是管理"以人为本"的核心要义。

颜渊第十二

本篇导读

本篇讲衡量管理成功与否的标准。要衡量管理,必须与管理所要达到的目标或理想境界联系起来,因为衡量管理成功与否的标准要依托于管理行为和活动对目标和理想境界的实现程度。在儒家管理模式下,管理目标是教育人并最终达到和谐的仁爱境界,人们都能做到"有耻且格"。基于此,儒家管理模式衡量管理成功,就不是依靠以物质利益为基础的外在标准,而是强调以德行修养为基础的内在标准。而且,这个标准首先不是用来衡量别人,而是用来衡量管理者。根据儒家管理模式和管理成功与否的衡量标准,管理成功首先是建立在管理者成功的基础上,没有管理者的成功,就不可能有管理成功,因为被管理者朝向成功标准的努力,要以管理者为榜样,这正是儒家"为政以德"的基本要求。基于此,本篇着重从管理者成功和管理成功两个方面,阐述了衡量管理成功与否的标准,即仁爱原则。正是作为社会规范的核心原则的仁爱,赋予了管理者和管理活动的合法性;而儒家管理模式不是用效率原则来衡量管理是否成功,而是用符合以仁爱为核心的社会规范的合法性来衡量管理是否成功。

本篇大致可以分为四个部分。第一部分包括第1章到第6章的内容,着重提出衡量管理和管理者成功的仁爱标准。其中,第1章将仁爱原则和天下归仁的境界,确立为衡量管理者和管理成功与否的根本标准,并从四个方面阐述了它的具体要求;第2章将仁爱原则与管理职业规范联系起来,将之具体化为管理实践中的基本要求;第3章讲管理者要将仁爱原则落实到日常行动中,时刻注意保持言行一致;第4章说明管理者应该向内而不是向外去追求管理成功,管理者要取得成功,关键在于自我修养水平的提升;第5章进一步阐明管理者由内部修养所达到的外部一视同仁的"非人格化"境界,以此才能确保超越自我及私人圈子;第6章说明管理者要达到这种"非人格化"或一视同仁境界,所需要的是明智和远见。

第二部分涵盖第7章到第13章的内容,具体讲解影响管理成功与否的关键要素,以及管理者如何实现管理成功。其中,第7章给出了影响管理成功的三方面要素及其优先序,尤其突出"信任"是影响管理成功的首要因素;第8章阐明管理成功并不单纯依靠管理者"做人"的质朴,还需要学习各类管理知识和技能;第9章进一步阐述赢得信任是管理成功的首要因素,其重要前提是不要与民争利;第10章讲解管理职业规范与管理者情绪之间的关系,强调管理者要遵循规范，克制情绪，这也是"克己复礼"对管理者的具体要求；第11章将管理信任具体化为规范信任和人际信任，并强调规范信任是人际信任的前提。人首先是社会角色的扮演者，而不是抽象意义上的自然人，只有信任由社会规范确立的社会角色，才能扮演好这种角色，进而才有可能建立起角色之间的人际信任；第12章进一步讲解信任既是管理成功的首要因素，又受到管理者行为的影响，管理者只有取信于人，才能实施成功管理；第13章进一步阐明在信任基础上，管理成功不仅在于解决问题，更在于防止问题产生，或让人们能够自行解决问题。

　　第三部分由第14章到第19章的内容构成，着重阐述管理者如何实现管理成功。其中，第14章再次说明管理者理解并践行职业规范，是取得管理成功的前提；第15章阐明要达到职业规范的要求，必须强化知识和技能的学习，并将之融会于管理职业规范之中；第16章阐述管理职业特点在于整体和长远的责任意识，以及对被管理者工作的辅助，因此，管理成功最终要体现在组织整体和长远的和谐、仁爱上；第17章突出管理公正在成功实施管理中的核心作用；第18章则进一步强调指出，管理成功的途径在于由内而外，而不是直接面对特定行为的管理；第19章继续阐明这个迂回途径的实现，关键在于管理者的示范作用，而不是针对被管理者的惩罚。

　　第四部分由第20章至第24章的内容构成，概括总结了管理成功的内在标准，并突出了管理团队的共同努力，对实现管理成功的重要意义。其中，第20章明确区分了管理成功与否的内外两套标准，强调儒家管理成功在"达"而不在"闻"；第21章再次概括总结了管理者要达到内在成功标准的努力方向和具体做法；第22章将管理成功与否的内在标准具体化到对管理者内在修养的要求上，即仁爱和智慧相结合的"中庸之德"；第23章说明管理者要实现管理成功，仅靠个人的力量还不够，必须借助管理团队；第24章阐述管理团队是一个由志同道合者构成的学习型团队，最终目标是达致仁爱境界。

　　任何管理模式都必须有衡量成功与否的标准。儒家管理模式突出的是符合社会规范的"合法性"标准。为达到这个标准，管理者的率先垂范尤其重要，由此才能形成对社会规范的内在认同和信任。

12.1　颜渊问仁。子曰："克①己复②礼为仁。一日克己复礼，天下归仁焉。为仁由己，而由人乎哉？"颜渊曰："请问其目③。"子曰："非礼勿视，非礼勿听，非礼勿言，非礼勿动。"颜渊曰："回虽不敏，请事斯语矣。"

【字词释义】

①克：是会意字，本义是用肩承担，这里引申为克服、克制的意思。

②复：是形声字，本义是在曾经走过的路上行走，又指回来或回去，这里引申为返回、回归、践行等意思。

③目：这里是名目、条目、具体内容或条件的意思。

【今文意译】

颜回请教关于仁爱的问题。孔子说:"超越自我、践行规范,就是仁爱。只要有一天,人们都能做到超越自我、践行规范,天下就达到仁爱状态了。但是,达到仁爱,要靠自己的努力,哪能靠别人呢?"

颜回说:"请问具体内容。"

孔子说:"不符合规范的,不要看;不符合规范的,不要听;不符合规范的,不要说;不符合规范的,不要做。"

颜回说:"我虽然不够聪明,但愿意按照这些要求来做。"

【分析解读】

本章讲自我和规范之间的关系,强调只有超越自我、践行规范,才可能达到仁爱境界。

具体地说,孔子和颜回的对话,至少包含了四层意思。

第一,仁爱既有个体意义,又有社会内涵。从个体意义上说,仁爱首先源自亲情,并通过孝悌行为体现出来,但同时又要受到社会规范的制约,人们行孝悌不仅要遵循社会规范,还要以社会规范为基础,推己及人,最终超越自我,将仁爱融入包括职业在内的更大范围中去,如在管理职业中,恪守忠信,就是仁爱在管理职业中的具体体现。

就仁爱的社会内涵来看,仁爱是社会规范的核心要求,与"义"、"礼"一起构成社会规范不可分割的基本内容。其中,"仁"是内在精神或核心价值观,"义"是在"仁"的基础上,对个体或组织的利益、责任和行为的定位,也即应该做的事情或应该采取的行动;而"礼"既是"仁"的外在表现,也是"义"的具体化,即具体要求个体或组织应该做什么,不应该做什么。"仁"、"义"、"礼"的有机结合,就是儒家管理模式赖以实施的社会规范前提。没有这种社会规范,就没有儒家管理模式。

因此,仁爱既是个体的德行修养要求,又是社会规范的核心内涵,是组织和社会赖以存在的前提。个体要在组织和社会中生存和发展,就必须超越自我,践行以仁爱为核心的社会规范。这也是"克己复礼为仁"的内涵所在。

第二,既然仁爱是组织和社会赖以存在的前提,那么,要想建设和谐可持续发展的组织和社会,就必然要求人们努力超越自我,践行规范,追求仁爱。因此,孔子说:"如果有一天人们都能做到超越自我,践行规范,那么,天下便达到了仁爱状态了。"这种"一日克己复礼,天下归仁焉"的理想,可以视为孔子和儒家所要追求的愿景,这其实与"道之以德,齐之以礼,有耻且格"的儒家管理模式是一脉相承的。

第三,基于儒家管理模式由内而外的"迂回式"管理特点不难理解,要实现"天下归仁"的愿景,就不能仅是从外部来约束人们的行为,还须引导人们从内心自觉、自愿地追求自我超越和德行修养提升,最终达到仁爱境界。这正是"为仁由己,而由人乎哉"的意义所在。追求仁爱不能靠外部强迫,只有通过管理者的感召和引导,发挥管理的教育功能,才能慢慢让人们由内而外地走上追求仁爱境界的道路。

第四，既然"为仁由己"，那么，人们应该怎样由内而外地修养和提升呢？这也许就是颜回"请问其目"的本义。孔子给出的答案其实是一种个人意志力的训练方式，或者说，是如何克服意志无力的方法。意志无力指的是，明明知道一件事情是好的，却无法坚持下去；明明知道一种行为不好，却又难以戒除。对这种意志无力状态的克服本身，就是在训练意志力，强化自律。实际上，要超越自我，践行规范，追求仁爱，从个人角度来说，关键就在于意志力和自律。

孔子在这里所给出的方法，看似只是行为上的要求，即不看、不听、不说、不做，实际上要做到这"四不"，首先要有明确的准则或标准，以此才能恰当选择看、听、说、做的对象。这种准则或标准，就来自社会规范的外在表现形式，即"礼"。对个人而言，"礼"看似是外在的社会性要求，但若切实将"礼"运用于自己的行为及其改变上，坚持下去，在不知不觉之中，这些原本外在的"礼"就会内在化为个体的行为习惯，进而成为内在恪守的准则。这种社会规范的内在化过程，不可能由外在力量督促、监视甚至强迫，必须是自愿的选择。因此，"非礼勿视、非礼勿听、非礼勿言、非礼勿动"，强调的都是自愿选择，而非强迫。也就是说，意志力训练以及训练标准的选择，都是自愿和自主的过程。这也正是颜回最后会说"回虽不敏，请事斯语矣"的原因。

管理精义

任何组织的愿景、价值观和行为规范的确立，都要兼顾个体和组织两个方面，这其中既有个体利益与共同利益的平衡，也有个体信念与共同信念的匹配。在组织中，个体和组织、私人和公共，绝不是互相排斥的关系，更不应互相抹杀和侵犯。因此，组织文化建设的关键，就在于如何就愿景达成共识，进而基于愿景建立价值观和行为规范，从而让人们由内而外地自觉恪守价值观，践行规范，持续追求愿景。

12.2 仲弓问仁。子曰："出门如见大宾，使民如承大祭。己所不欲，勿施于人。在邦无怨，在家无怨。"仲弓曰："雍虽不敏，请事斯语矣。"

【今文意译】

冉雍请教关于仁爱的问题。孔子说："走出房门，就像要会见重要宾客一样。管理人们，就像要承办重大祭祀一样。自己不想要的，也不要强加给别人。无论在诸侯国做管理，还是在大家族做管理，都没有抱怨。"

冉雍说："我虽然不够聪明，但愿意按照这些要求来做。"

【分析解读】

本章承接上章，具体说明管理者超越自我、践行规范、追求仁爱的基本要求。

虽然上章说"为仁由己",但不同职业的仁爱要求或具体表现,并不完全一样。孔子在这里,提出了管理职业中仁爱要求的三方面内涵:敬、恕和无怨。其中,"敬"和"忠"一样,强调的都是"尽己尽责",这是仁爱在管理职业中的具体表现之一;而"己所不欲,勿施于人",要求管理者切忌将个人意志强加给别人,应换位思考,这种"恕"的原则,其实与"信"或"诚实守信"的内涵相似,都是强调在与别人交往时,应遵循以"诚"为基础的将心比心、表里如一的原则。因此,"忠信"和"敬恕",虽然用词不同,实际上指的都是管理职业中的仁爱要求,也是管理职业规范的两项最为基本的内容。正如第四篇第15章所说的"夫子之道,忠恕而已矣",所指就是管理职业的这两条基本规范,它们也是以仁爱为核心的社会规范在管理职业上的具体表现形式。

有了以"敬"和"恕"为基础的基本职业规范,并内化于心,管理者自然就会心怀感恩,无怨无悔。这就做到了"在邦无怨,在家无怨"。实际上,"无怨"是"敬恕"的自然结果。只有"敬恕",才能"无怨",也只有"无怨",才能让管理工作充满阳光和朝气。这自然也就成了管理者"执行力"或"习"的内在动力源泉。从这个意义上说,孔子在这里是从仁爱出发,再次具体阐述了儒家管理模式下职业规范的具体内涵。

管理精义

组织一旦确立起愿景、价值观和行为规范,就需要管理者身体力行,率先垂范。在这个过程中,关键是要将管理的职业规范与组织文化融为一体,让组织文化真正渗透到管理文化之中,通过管理文化来强化组织文化。这样一来,组织文化才能落到实处,慢慢成为人们行动的内在准则。

12.3 司马牛①问仁。子曰:"仁者其言也讱②。"曰:"其言也讱,斯谓之仁矣乎?"子曰:"为之难,言之得无讱乎?"

【字词释义】

①司马牛:孔子的学生,名犁。　　②讱:言语迟滞,话不轻易说出口的样子。

【今文意译】

司马牛请教关于仁爱的问题。孔子说:"追求仁爱境界的人,言语迟滞,不轻易说话。"

司马牛又问:"言语迟滞,就可以称为仁爱了吗?"

孔子说:"做起来很难,说起来哪能不迟滞呢?"

【分析解读】

本章继续讲解仁爱对个人日常行为的具体要求。

这段对话的核心要义，在于言行一致，表里如一。这既是仁爱对个人的"诚"的具体要求，也是管理者必须恪守的基本行为规范。仁爱绝不能变成口头言辞和表面文章，必须落实在行动上。正因为认识到行动并非易事，说起话来就不能信口开河；尤其是管理者，更不能口无遮拦，轻易承诺，以致不能兑现，无法行动。这不仅违背"诚"的德行原则，也违反管理职业规范的要求。

【管理精义】

组织文化建设当然离不开愿景和价值观的表达，这自然不能没有语言的运用，但不能为了追求愿景和价值观表达上的美丽动听，就不惜一切溢美之词去包装和宣传。这样做的结果，反而脱离实际、言不由衷，最终无法落实。再好的愿景和价值观，一旦流于纯粹的口号和形式，就会失去实际指导意义。

12.4　司马牛问君子。子曰："君子不忧不惧。"曰："不忧不惧，斯谓之君子已乎？"子曰："内省不疚①，夫何忧何惧？"

【字词释义】

①疚：是形声兼会意字，本义指病的时间很长，这里引申为内心忧烦痛苦。

【今文意译】

司马牛请教关于管理者的问题。孔子说："管理者不担心、不害怕。"

司马牛又问："不担心、不害怕，就可以称得上是管理者了吗？"

孔子说："自我反思而不内疚，那又担心什么，害怕什么呢？"

【分析解读】

本章讲管理者如何由内而外自我超越，践行规范，追求仁爱。

担心和害怕是一种心理状态，却可以通过外在行为表现出来，如愁眉苦脸、唉声叹气、畏缩不前等。试想，当一位管理者处于这样一种心理状态和行为表现时，又如何能够履行职责、感召别人，向着共同愿景执着前进呢？因此，当司马牛问管理者是什么样子时，孔子直接回答"君子不忧不惧"。这也是组织能够阳光明媚、和谐共处的重要前提。

但是，"不忧不惧"似乎又只是管理者的一个侧面，仅此就能代表管理者吗？这正是司马牛的疑问所在。这个疑问，与上章关于"言语迟滞"能否代表仁爱的疑问，本质上一样，都说明司马牛只看到了表面形式，而没有将其与内在要求联系起来。看似表现出来的形式是一个侧面，但其所反映的内涵或精神却是一个整体。正所谓"见微知著"，"一滴水能够反映太阳的光辉"。所以，孔子对司马牛两次追问的回答，本质也是一样的，并不是就形式上的这个侧面与其他侧面的关系来回答，而是将这个侧面与内在的精神要求联系起来。

在上章，孔子将"语言迟滞"与"诚"联系起来，强调"语言迟滞"是"诚"在言行一致上的表现；而本章则将"不忧不惧"与管理者内化的职业规范联系起来，当管理者依据这些职业规范进行"内省"或反思之后而感到问心无愧，自然就不会有忧有惧了。这里虽然没有明说管理者内在的职业规范或准则是什么，但如果联系本篇第2章以及第一篇第4章，就不难理解，那便是"敬恕无怨"或"忠信习"。若管理者像曾子那样，在"吾日三省吾身"之后，做到了问心无愧，"夫何忧何惧"？这正是管理者追求仁爱境界自然应有的心理状态及行为表现。

管理精义

组织的愿景、价值观和行为规范确立起来之后，便需要朝向愿景的共同行动。没有切实而坚定的组织共同行动，再美好的愿景，也只能是空中楼阁。但是，要有坚定的组织行动，一方面，需要组织成员的自信；另一方面，更需要组织成员的互信。在组织成员自信和互信基础上，整个组织才会充盈着阳光心态，焕发出积极行为。这中间起到催化作用的，恰是管理者的阳光心态和积极行为。管理者要做到这一点，就离不开以组织愿景和价值观为依据的自我反思，并在持续反思基础上真正做到问心无愧。

12.5　司马牛忧曰："人皆有兄弟，我独亡。"子夏曰："商闻之矣：死生有命，富贵在天。君子敬而无失，与人恭而有礼，四海之内，皆兄弟也。君子何患乎无兄弟也？"

【今文意译】

司马牛担心地说："人家都有兄弟，唯独我没有了。"

子夏说："我听说：'死生有命，富贵在天'。管理者只要做事谨慎认真，不偏离规范；与人交往恭敬谦逊，遵循规范，四海之内便都是兄弟了。管理者又何必担心没有兄弟呢？"

【分析解读】

本章承接上章，继续讲解管理者恪守职业规范，不仅能无忧无惧，还能超越自我和私人圈子，真正做到一视同仁，从而建立起既和睦共处，又具有"非人格化"特征的组织。

据记载，司马牛的兄长司马向魋，即第七篇第22章提到的桓魋，以及弟弟子颀、子车，都在宋国参与了叛乱，因失败而下落不明。为此，司马牛忧心忡忡，说出"人皆有兄弟，我独亡"的话。子夏说这番话是为了开解司马牛，却也集中体现了儒家管理模式对管理者的基本要求。

首先，对那些不可把握或不确定的事情，管理者所应采取的基本态度是"敬而远之"，要努力从自己能做、又能做好的职责和事务入手。这便是"死生有命，富贵在天"的意义所在。

其次，在确立了这个基本态度后，管理者对于自己能做好的事情，则必须遵循管理职业的两个基本规范：一是对职责的"忠"或"敬"，二是对他人的"信"或"恕"，而遵循这两个基本规范，也就是守"礼"。所以，子夏说"君子敬而无失，与人恭而有礼"，其中，"无失"和"有礼"，都指恪守规范，而"恭"和"恕"或"信"一样，说的都是与人交往中所应遵从的原则。

再次，如果管理者恪守了职业规范，履行了应尽职责，真正做到一视同仁，那么，至少在管理者所在的组织中，每个成员都像兄弟一样，相互信任，相互帮助，共同追求仁爱境界。这样一来，"君子何患乎无兄弟也"？

概括起来看，子夏开导司马牛的核心意思是，你既然要学管理、做管理，那么，就必须通过超越自我、践行规范，来追求仁爱境界；在这个过程中，超越了自我和私人圈子，一视同仁，必定会有志同道合者，这自然就会使你进入一种"四海之内皆兄弟"的"非人格化"境界。

管理精义

组织文化得以落到实处，除了管理者和组织成员的阳光心态、积极行为之外，还应该在组织中确保愿景和价值观面前人人平等，不能有亲疏远近之别，尤其不能以管理者个人的喜好及利益关系为纽带结成小圈子。愿景和价值观面前人人平等，正像在组织正式规则面前人人平等一样，对组织的可持续发展极其重要。没有基于共同愿景和平等意识的志同道合者们的共同努力，组织的可持续发展只能是一句空话。

12.6　子张问明①。子曰："浸润之谮②，肤受之愬③，不行焉，可谓明也已矣。浸润之谮，肤受之愬，不行焉，可谓远也已矣。"

【字词释义】

①明：这里是高明、明智的意思，也可以引申为明辨是非、知人善任。

②谮：是形声字，这里是谗言的意思。

③愬：即"诉"，是形声字，本义指述说，这里是诽谤的意思。

④远：这里指具有洞察力、具有远见的意思。

【今文意译】

子张请教关于明智的问题。孔子说:"那些巧妙顺耳的谗言和不遗余力的诽谤,在你这里都行不通,就可以称得上明智了。那些巧妙顺耳的谗言和不遗余力的诽谤,在你这里都行不通,也可以称得上有远见了。"

【分析解读】

本章讲管理者所应具备的明智和洞察力。

对管理者而言,明智和远见至关重要,特别是在用人方面,能否做到举贤用能,知人善任,关乎组织和管理的成败。所以,子张才会有此提问。

孔子并没有正面界定明智,而是从管理者经常会遇到的谗言、诽谤入手来说明,明智的管理者,就是能看穿用各种形式包装起来的谗言和诽谤,从而明辨是非、通晓利害的管理者。哪怕是那种像细雨润物、浸之不觉的语言,或者是像有切肤之痛一样声嘶力竭的诬告,都难以奏效,这样的管理者就能很好地把握人、事和大局。既然能透过各类噪声的迷雾洞悉真相,把握趋势,那自然也就具有远见卓识了。所以,孔子这里所强调的管理者的明智和远见,实际上就是一种排除噪声干扰,把握真实信息,以做出正确决策的能力。

> **管理精义**
>
> 管理者总是要面对各种复杂的决策情境,特别是当涉及人事决策的时候,各种噪音会干扰乃至混淆有效信息。这时,如何排除干扰,明察秋毫,做出合理选择,就是对管理者最大的挑战。管理者认识到这种挑战是一回事,能否有效应对又是另一回事。管理者要想在决策时明智且有远见,需要谨记的是:既要有内在原则,又要兼容并包,正所谓宁静致远、兼听则明。

12.7 子贡问政。子曰:"足食,足兵,民信之矣。"子贡曰:"必不得已而去,于斯三者何先?"子曰:"去兵。"子贡曰:"必不得已而去,于斯二者何先?"曰:"去食自古皆有死,民无信不立。"

【今文意译】

子贡请教关于诸侯国管理的问题。孔子说:"有充足的粮食,有强大的武力,国民信任诸侯国及其管理者。"

子贡说:"如果万不得已,在这三个要素中舍弃一个,先舍弃哪一个呢?"

孔子说:"舍弃武力。"

子贡又问:"如果再万不得已,在剩下的两个要素中舍弃一个,应舍弃哪个呢?"

孔子说:"舍弃粮食。自古以来,人都会死,但是如果没有国民的信任,任何诸侯国及其管理者都无法存在。"

【分析解读】

本章讲解管理有效性的三要素,同时突出强调了管理的优先顺序原则。

具体地说,孔子和子贡的对话,至少有三层含义。第一,诸侯国管理的有效性,离不开三个基本要素:经济基础、武装力量、国民信任。其中,经济基础和武装力量,可以看作诸侯国的硬实力;而国民信任是一种基于共同信仰和人心向背的团结力量,可以视为诸侯国的软实力。要有效管理诸侯国,并赢得竞争优势,硬实力和软实力都不可或缺。所以,这三要素的提出,可以看作孔子对诸侯国管理的概括总结。由此可见,孔子所倡导的儒家管理模式,并不否认硬实力,同样强调要有雄厚的经济基础和强大的武装力量。

第二,管理的有效性,不仅体现在列举关键要素上,更要给出优先顺序,也就是要将这些关键要素排序。只有明确了优先顺序,才能在时间、精力及其他资源稀缺的前提下,有重点、有针对性地进行选择;否则,到了关键时刻,便会无所适从,分不出主次和轻重缓急。更重要的是,没有优先顺序,就无法确立行动的根本准则,在具体行动中便可能迷失方向。

在诸侯国管理三要素中,孔子给出的优先顺序是信任、经济和武力。这表明,在儒家管理模式下,软实力要比硬实力重要,"得人心者得天下",而人心所向的具体表现,就是人们信任诸侯国及其管理者。由此不难理解,孔子为什么会反复强调以"仁"为核心的社会规范和以"诚"为核心的管理者德行在儒家管理模式中的至关重要性。从根本上说,社会规范和个人德行,是在人与人之间建立信任关系的外部机制和内部基础。要使人们信任诸侯国及其管理者,首先就要有超越个人的、维系诸侯国共同信念、共享愿景和价值观的社会规范;其次,还需要管理者以身作则,恪守诚信的德行准则。基于此,诸侯国的社会信任机制才能建立起来,进而诸侯国及其管理者也才能得到人们的信任。以此为基础,才能更好地促进粮食生产,更有效地建设武装力量。

第三,管理有效性的根本要素或第一要素是信任。这是因为,管理不能脱离组织而存在,无论是家庭组织还是诸侯国组织,它们之所以是组织,而不是乌合之众,非常重要的内在机制就是人与人之间的信任。信任是组织凝聚力的源泉,也是管理和组织赖以存在的前提。当孔子说,"自古皆有死,民无信不立"的时候,其隐含的意思是:人们并不仅仅是为了生计和生活,才结成组织;组织的存在以信任为前提,人们首先因共同的愿景或信仰追求结成组织;进而才能创造出共同利益,并有积极性和能力来一起捍卫共同利益。这正是信任先于经济和武力的内在逻辑。

管理精义

对今天的组织管理有效性,特别是企业管理有效性而言,离不开三大要素:市场、技术和信任。其中，市场解决的是经济基础或利润来源问题，技术解决的是硬件设施或经营方式及流程问题，信任则决定了组织内部的凝聚力来源和组织外部的声誉来源问题。对任何组织来说都一样，只有组织成员互相信任，组织才有凝聚力，只有赢得外部利益相关者的信任，组织才有声誉。内部凝聚力和外部声誉的结合，确立起一个组织的软实力，并通过和市场及技术方面的硬实力相匹配，形成组织的竞争力。在现代社会和现代组织中，管理有效性三大要素的优先顺序仍可以说是信任、市场、技术。

12.8 棘子成①曰："君子质而已矣，何以文为？"子贡曰："惜乎！夫子之说君子也，驷②不及舌。文犹质也，质犹文也。虎豹之鞟③，犹犬羊之鞟。"

【字词释义】

①棘子成：卫国大夫。
②驷：是形声兼会意字，本义指套在一辆车上的四匹马，这里引申为四匹马拉的车也追不上说出口的话。
③鞟：是形声字，这里指去毛的兽皮。

【今文意译】

棘子成说："管理者靠做人质朴就足够了，为什么还要学习管理知识呢？"

子贡说："真可惜啊！您竟然这样谈论管理者。即便是四匹马拉的车，也追不上您说出的这句不恰当的话。如果不将做人质朴和管理知识区别开来，将知识看成质朴，将质朴看成知识，那么，就好像去掉毛之后，虎皮豹皮和狗皮羊皮没有分别一样了。"

【分析解读】

本章讲解管理者并不能完全靠"做人"的质朴来实施管理，还必须依靠对管理知识和技能的学习。

可以联系第六篇第16章来理解本章的内容。当棘子成说管理者只需要"做人"质朴就够了，不需要学习管理知识时，子贡从儒家管理模式的要求出发，强调了"做人"质朴与管理知识的不可分割性，这正是第六篇第16章孔子所说的"文质彬彬，然后君子"的意义。

虎皮豹皮看上去与狗皮羊皮完全不同，很大程度上是毛色不同；若去掉皮上之毛，一见之下便很难区分虎豹皮和狗羊皮了。其寓意在于，管理作为一种职业，当然有其专有的知识、技能和综合素质要求；若没有管理知识和技能的学习和训练，纵然有"做人"的质朴和良好的动机，也无法胜任管理工作的需要。管理学习本质上就是在"做人"修养的基础上，对管理职业胜任力的开发和训练过程，经历这个过程而成为管理者，就实现了"做人"质朴与管理知识的结合，也就满足了"文质彬彬，然后君子"的要求。

管理精义

对于管理职业来说，不可能没有职业规范和专业知识的训练。管理者必须时刻牢记职业学习和训练的重要性，不仅自己要注意终生学习，以丰富和完善职业素养以及专业知识和技能，还要在专业人才培养中明确终生学习的重要意义。

12.9 哀公问于有若曰："年饥，用不足，如之何？"有若对曰："盍①彻②乎？"曰："二③，吾犹不足，如之何其彻也？"对曰："百姓足，君孰与不足？百姓不足，君孰与足？"

【字词释义】

①盍：这里是副词，何不、何为的意思。
②彻：古代收农田税，按收成的 10% 征收为"彻"。
③二：按农田收成的 20% 收税。

【今文意译】

鲁哀公问有若："年景不好，财政吃紧，怎么办？"
有若回答说："为什么不按照每亩收成的 10% 征税呢？"
鲁哀公说："现在按照 20% 征税，都不够用，还怎么能按照 10% 征税呢？"
有若回答说："百姓富足了，国君怎么能不富足？百姓不富足，国君又怎么能富足？"

【分析解读】

本章讲管理者应以民生为本，只有民富才能国强，也只有民心所向，诸侯国才能兴旺发达。

"彻"是周朝通行的税法，每亩田按照收成的 10% 征税。据记载，鲁哀公十二、十三年，鲁国遭遇虫灾，再加上连年用兵，以致国库空虚，即便税赋加倍，也不够用。在这样的背景下，鲁哀公咨询有若，看有什么办法可以渡过财政危机。有若从儒家管理模式出发，提出"减税"建议，要求鲁哀公恢复到每亩征收 10% 的做法。虽然有若的建议不能得到立竿见影的效果，但从长远来看，只有民富才能国强，没有富足的国民，诸侯国及其管理者的利益根基都不存在了，更不要说富足。

在儒家管理模式下，管理者的利益和组织的整体利益是一致的，而组织的整体利益，首先是组织成员和利益相关者的利益，只有组织成员和利益相关者实现了利益，才能为组织创造更大的整体和长远利益，管理者也才能实现自己的利益和价值。因此，儒家管理模式并不只看重管理者的个人或局部利益和眼前利益，更着眼于组织的整体和长远利益。那种期望通过盘剥组织成员来谋求管理者利益的做法，无异于饮鸩止渴。虽然眼前看来，有若的"减税"建议不一定能马上见效，但却可以为鲁哀公赢得国民的信任。因为这种"减税"措施，会传递出一个良性信号，一方面国君关心国民利益，另一方面留给国民更多资源和机会以实现他们自己的利益和价值。这种良性信号必然产生有效激励，用不了多久，自然就会实现国库充盈、财政富裕。

管理精义

与一般组织成员相比，管理者的利益与组织整体利益有着更紧密的联系，毕竟管理岗位的业绩或贡献，更多地体现在组织的整体绩效上。离开了组织的整体绩效，也就无所谓管理者的个人绩效。另一方面，组织的整体绩效并非由管理者个人创造，而是由每个岗位上的组织成员所创造；管理者能否激发每个组织成员的潜能，让其在实现自我价值的同时为组织创造价值，就成为能否有效创造组织整体利益的重要前提。因此，管理必须正视、尊重和保护组织成员的个人利益，以此为基础，通过建立合理的利益分享机制，确保组织成员个人利益不受管理者的个人好恶左右，再结合共享的愿景和价值观，才能充分调动组织成员的积极性，为组织创造更大的整体利益和可持续发展利益。

12.10 子张问崇德、辨惑①。子曰："主忠信，徙②义，崇德也。爱之欲其生，恶之欲其死。既欲其生，又欲其死，是惑也。'诚不以富，亦祇以异'③。"

【字词释义】

①惑：这里是迷惑、蛊惑、欺骗、蒙蔽的意思。

②徙：这里是遵从的意思。

③诚不以富，亦祇以异：是《诗经·小雅》中"我行其野"一诗中的最后两句，其中"祇"是仅仅、恰好的意思。原诗为："我行其野，蔽芾其樗。婚姻之故，言就尔居。尔不我畜，复我邦家。我行其野，言采其蓫。婚姻之故，言就而宿。尔不我畜，言归斯复。我行其野，言采其葍。不思旧姻，求尔新特。诚不以富，亦祇以异。"这首诗说的是一位女性，因丈夫有了新欢，哀怨悲切，独自行走在田野里，回想过去，黯然情伤，不断地自言自语。其中最后两句"诚不以富，亦祇以异"的大意是：实在不是因为你那新欢有多富有，而仅仅就是因为你自己变了心。

【今文意译】

子张请教怎样才能做到尊崇德行、辨别迷惑。孔子说:"以尽己尽责、诚实守信为根本,遵从规范,做应该做的事,这就是尊崇德行。喜爱时就盼望着他好好活着,厌恶时又恨不得他马上死去。既想他活,又要他死,这就是迷惑。惑由心生,这就像《诗经》上说的一样,'实在不是因为你那新欢有多富有,而仅仅就是因为你自己变了心'。"

【分析解读】

本章再次阐述了管理的职业规范,并与个人情绪联系起来,提醒管理者要避免用情绪化的个人好恶代替职业规范。

可以将本章与第一篇第 4 章联系起来思考。需要注意的是,这里的"崇德",并不完全是尊崇个人德行的意思,更强调的是做管理的职业规范或职业公德,也就是曾子所说的"忠信习":尽己尽责、诚实守信、身体力行。其实本章提到的"徙义",也就是"习"的意思,即遵从社会规范,做应该做的事情。因此,从"崇德"的角度来看,儒家管理模式下的"德",既包括个人的私德,如孝悌,又包括职业公德,即管理职业规范对管理者的德行要求。

在本章的对话里,孔子进一步将管理职业规范与个人情绪联系起来。毕竟管理者也是人,在履行职责的时候,同样容易受到个人好恶和情绪的影响,因此,"崇德"在很大程度上总是与"辩惑"联系在一起。只有清醒地认识到个人情绪的影响,才能更好地把握情绪,避免情绪干扰,以便更自觉地遵从职业规范。

情绪有不稳定性,即便对同样的人和事,一会儿喜爱有加,一会儿又恨之入骨;既爱又恨,要死要活,岂不是迷惑不明?这种情绪化表现,是管理工作之大忌;这样的迷惑状态,既不能尽己尽责,也难诚实守信,更遑论行为的一致性。因此,"崇德"必须"辨惑",而"辨惑"方能"崇德"。否则,用情绪化的个人好恶代替规范化的角色意识,又何谈"做人"和做管理呢?

也许正因为如此,孔子最后引用《诗经》中"我行其野"的两句诗来做总结,意思是说,情绪化解决不了问题,感情用事也代替不了现实;别人也好,事情也好,都不会因为你的情绪就发生改变;这就像诗中的女主人公,无论怎样哀哀怨怨地独自诉说,都只不过是自己在给自己编感情故事而已,对方不会因为你的自言自语而发生改变。

管理精义

管理者既要遵从职业规范,扮演好管理角色,又不可避免地要面对个人情感偏好和情绪特征。若不能正视并区分职业规范下的角色要求和个人情感偏好,并在两者之间划出界线,管理者在面对各种不同的人和事时,必然会陷入感情用事、一厢情愿,用主观臆测代替客观事实,最终导致管理工作的随意化和情绪化。

12.11 齐景公问政于孔子。孔子对曰："君君，臣臣，父父，子子。"公曰："善哉！信如君不君，臣不臣，父不父，子不子，虽有粟①，吾得而食诸？"

【字词释义】

①粟：是会意字，本义指各种谷物的果实，这里引申为粮食的统称。

【今文意译】

齐景公询问关于诸侯国管理的问题。孔子回答说："国君扮演好国君的角色，履行好国君的职责；大臣扮演好大臣的角色，履行好大臣的职责；父母恪守父母的本分，尽到父母的责任；子女恪守子女的本分，尽到子女的义务。"

齐景公说："太好了！假如国君不像国君，大臣不像大臣，父母不像父母，子女不像子女，即便有粮食，又有什么用呢？"

【分析解读】

本章讲解规则和规范是信任和秩序的源泉，没有了信任和秩序，国将不国，纵有粮食或经济基础，也无济于事。

据记载，齐景公当政时，孔子曾到过齐国。那时齐国大夫陈恒势力很大，实际上控制了齐国，而齐景公又不立世子，导致宫廷内外皆失去秩序。正是在这样的背景下，当齐景公征询诸侯国管理意见时，孔子才有针对性地回答道："君君、臣臣、父父、子子"。

可以将孔子在这里的回答，与本篇第7章回答子贡关于诸侯国管理问题联系起来理解。在第7章中，孔子阐明了信任是诸侯国管理有效性的第一要素，但并没有深入分析信任的内涵、前提及效果。本章对齐景公问政的回答，可以视为对信任的内涵、前提及效果的进一步阐明，从而更全面地论述了诸侯国管理中的信任问题。

信任体现在人与人的关系中，而人是社会人，总是在特定的组织和社会情景中扮演着特定的社会角色。因此，作为人与人之间关系状态的信任，实际上主要表现为个体对社会角色背后的规则和规范的信任，以及在这种规则和规范下的角色本身的信任，进而才由此引申出角色与角色之间的信任。只有在这种对规则和规范的信任、对角色的信任和角色之间的信任中，才会有一般意义上泛指的人与人之间的信任。换句话说，人与人之间的信任，是以对规则、规范信任以及对角色的信任和角色间信任为前提的，正是在这个前提下建立起来的人与人之间的信任，才是组织和社会秩序及凝聚力的来源，也从根本上决定了一个组织和社会的经济状况及竞争力水平。从这个意义上说，以信任为核心的软实力，在长期发展上，决定着以经济和武力为基础的硬实力，而信任的前提是规则、规范及其角色的合理性与可接受性。

在孔子所处的历史条件下，社会的规则和规范所确立的公私角色主要是两大类，在公共领域或诸侯国管理领域，就是国君与大臣，在私人领域或家庭管理领域则是父母与子女。相应地，不同角色都有一系列基于当时社会规则和规范的权利、义务和责任要求。当个体在公私领域中相信规则和规范及相应角色，并践行角色要求，扮演好相应的角色时，公私组织和社会中人与人之间稳定的信任关系就建立起来，进而良好的组织和社会秩序以及凝聚力也就自然产生了。这正是孔子所说的"君君、臣臣、父父、子子"的意义所在。齐景公当然也从齐国宫廷内外的失序状态出发，体会到了孔子此言的深意，因此回应说，"信如君不君、臣不臣、父不父、子不子，虽有粟，吾得而食诸"。但遗憾的是，齐景公虽然理解并认可孔子的观点，但却不能身体力行，最终也没能解决好继承人问题，其结果是陈恒弑君篡国，使齐国陷入动荡之中。

管理精义

组织之所以不是乌合之众，而是有机统一的共同体，并能产生整体大于部分之和的效果，关键不在于有着所谓超凡魅力的管理者个人，而在于有着一整套为组织成员所信任的规则、规范及其相应的角色，这其中自然也包括对管理者角色进行界定、约束和激励的规则和规范。正是这一系列规则、规范和角色及其可信性，成为组织中人与人之间信任的前提；也正是由于组织中人与人之间的信任，才使得组织成为组织，并具有竞争力和可持续发展的潜力。

这种以规则、规范和角色的可信性为基础的人与人之间的公共角色信任，不同于在特定个人与个人之间建立起来的私人关系信任。前者称为"非人格化"信任，后者称为"人格化"信任。虽然在现实社会生活中，这两类信任同时存在，但在正式组织中，"非人格化"信任应优先于"人格化"信任，并构成正式组织的信任基础；否则，组织中就可能围绕特定个人，特别是那些拥有权力的管理者，形成亲疏远近的小圈子，这种圈子导向的"人格化"信任，大多都会与"非人格化"信任相抵触，这会导致组织的内耗，最终消解甚至瓦解"非人格化"信任。如此一来，组织和管理就极有可能沦为谋求个人及小圈子利益的工具，这将从根本上损害组织及其利益相关者的整体和长远利益。

因此，组织管理必须致力于构建超越个人及私人关系网的"非人格化"信任机制，以规则、规范和组织角色为基础，形成公共角色信任氛围，这样才能给组织带来凝聚力和竞争力。

12.12 子曰："片言可以折①狱②者，其由也与？"子路无宿诺。

【字词释义】

①折：是会意字，本义指切断或断掉，这里引申为判断、裁断的意思。

②狱：是会意字，本义指坚刚相持，这里是官司、案件的意思。

【今文意译】

孔子说:"只需要几句话就能对案件做出裁断,这不正是子路吗?"子路不轻易许诺,一旦许诺,即刻践行。

【分析解读】

本章承接上章,以子路为例,解说管理者言行一致、取信于人,在履行职责中的重要性。

子路性格率直,表里如一。作为管理者,子路尽己尽责,诚实守信,身体力行,成为恪守"忠信习"儒家管理职业规范的典型代表,赢得广泛认可。因此,由子路来裁决各种疑难案件,别人都很信服,不需要多做解释,只要三言两语就可将问题解决;而且,子路言出必行,绝不轻易许诺别人,一旦做出承诺,马上兑现,毫不拖延。这种"言必信,行必果"的做事风格,很好地体现了儒家管理模式对管理者的要求,也是管理者能赢得人们信任的重要前提之一。

管理精义

管理者同时又是组织中的问题解决者,而管理问题往往非常复杂,特别是涉及人与人之间的关系问题时,有时很难给出明确的是非判断和解决方案。在这种情况下,管理者是否能有效解决问题,关键取决于能否赢得当事人的信任。若能赢得当事人的信任,问题就很容易解决,也不需要过多说明;否则,再怎么解释可能也无济于事。但管理者要赢得当事人的信任,绝非一时之功,也不是当下话说得漂亮动人即可见效。这需要管理者在组织的日常管理行为中真正做到言行一致,慢慢积累起公正无私的声誉,让组织成员和利益相关者既相信管理者,又相信组织,这样一来,管理者在遇到复杂问题时,才能迎刃而解。

12.13 子曰:"听讼①,吾犹人也,必也使无讼乎!"

【字词释义】

①讼:是形声字,本义指争论,这里是讼告、诉讼的意思。

【今文意译】

孔子说:"在解决诉讼问题上,我和别人一样,但关键是要做到没有诉讼问题!"

【分析解读】

本章在上章基础上进一步说明，管理者不仅要致力于解决问题，更要注重防患于未然。

上章以子路为例讲解了处理类似于诉讼这类问题的基本原则，本章则进一步指出，管理者不能仅满足于就问题来解决问题，而应该研究问题赖以产生的内外部原因，进而能够做到使某类问题不出现或解决在萌芽状态之中。这就要求管理者必须学会系统性解决问题或防患于未然。

儒家管理模式与法家的最大区别，就在于强化管理的教育功能，强调通过由内而外的"迂回"方式，达到让人们"有耻且格"的目的；当每个人都能做到"有耻且格"，成为自我管理者时，便能够依据外在的"礼"和内在的"诚"，自行解决问题或协商解决问题。这样一来，很多正式的诉讼问题就不会发生了。即便有正式诉讼的苗头，通过管理者的提前介入，也可能将之解决在萌芽状态。这种系统性思考和防患于未然的问题解决思路，正体现了儒家"迂回式"管理的特点。以子路为代表的儒家管理者虽然也关注如何直接解决问题，但以孔子为代表的儒家管理者更注重从社会规范、德行修养、信任氛围等方面入手，深层次理解和把握问题的根源，通过发挥管理的教育功能，从根本上解决问题。

管理精义

管理者既是组织中的问题解决者，更是问题预防者。解决问题既要靠人们对管理者的信任，又离不开正式规则体系；而预防问题，则有赖于长期的文化建设。当人们相信组织的共享愿景、价值观和行为规范的时候，组织成员和利益相关者便容易达成共识，形成共同预期，这在一定程度上可以消解各类涉及人与人之间利益关系的潜在冲突。更重要的是，即便仍有可能产生相关问题，在良好的文化认同和信任氛围下，人们也可以自行协商解决。这才是组织文化建设的真正意义所在。

12.14 子张问政。子曰："居之无倦，行之以忠。"

【今文意译】

子张请教管理问题。孔子说："履行职责不懈怠，始终如一；实施管理不敷衍，尽己尽责。"

【分析解读】

本章阐明对管理者履行职责，实施管理的基本要求。

在孔子这句话中,"居之"可以理解为"居其位"。子张请教的是管理问题,而管理总是与特定岗位联系在一起,没有岗位职责和权力,便无法实施管理。但是,儒家更强调职责、义务先于权力,也就是说,管理者"居其位",首先想到的应该是岗位职责和义务,而不是权力。因此,孔子说"居之无倦",意思是,管理者在履行岗位职责时应孜孜以求,不厌倦、不懈怠,始终如一;特别是当管理者在某个管理岗位上工作过一段时间,已经熟悉各种岗位事务之后,更应时刻牢记"居之不倦"的要求。

在明确了岗位职责之后,接下来便是运用权力,实施管理;这时对管理者的要求则是"忠",即尽己尽责,这就与儒家管理职业规范联系了起来。"行之以忠"意味着,在行使职权,实施管理过程中,管理者要铭记"忠信习"的职业规范,一丝不苟,言行一致,身体力行地处理各种日常管理事务。虽然在这里孔子只讲了"忠",但管理职业规范是一个整体,"忠"总是与"信习"联系在一起。因此,可以将孔子这句话理解为,是用"忠"来指代"忠信习"。

管理精义

> 管理者首先应该明确自己所在岗位的责任,也就是说,在管理者这个特定岗位上,能够为组织及其利益相关者的整体和长远利益贡献什么,而不是首先想自己能够在这个岗位上获得什么。岗位责任是管理作为一种职业,管理岗位作为一种组织功能,得以存在的前提。只有明确了这个前提,岗位职权的运用才会有正确的方向、明确的准则和必要的约束;否则,权力的滥用便难以避免。这也正是权力总是与责任相伴而生的道理所在。

12.15　子曰:"博学于文,约之以礼,亦可以弗畔矣夫!"

【今文意译】

孔子说:"广泛地学习各类管理知识和技能,同时又要用社会规范来约束自己的行为,这样才能不背离管理之道对管理者素质的根本要求。"

【分析解读】

本章承接上章,进一步解说管理者如何才能做到"居之无倦,行之以忠"。

孔子这句话曾在第六篇第 25 章出现过,在那里所要强调的是管理者素质中智慧与仁爱之间的关系,特别是智慧需要以仁爱为基础,用仁爱来对智慧进行规范和定向。这句话再次出现在这里,其本质含义没有变化,仍是强调管理者要同时具备智慧和仁爱两方面素质,才能真正做到"居之无倦,行之以忠"。

首先,要有岗位责任意识,不懈怠,就必须牢记社会规范,把共同利益放在首位;其次,要做到有效行使岗位职权，尽职尽责，又必须拥有丰富的管理知识和技能。因此，可以说，仁爱和智慧作为管理者素质的核心内涵，恰是管理者能够做到"居之不倦，行之以忠"的重要前提。管理者要具备这个前提，学习便是必由之路。这又将儒家管理学习、管理模式和管理之道有机统一在一起。儒家管理之道是儒家管理体系的核心指导思想，也可以称为儒家管理思想，其主旨在于仁爱与智慧恰到好处的结合，即"中庸"。儒家管理模式强调"道之以德，齐之以礼"，用德行和规范的"迂回式"途径，达到"有耻且格"的目标。儒家管理学习突出的是学"做人"与学管理的统一，职业规范学习与专业知识学习的统一，日常行为学习与管理实践学习的统一，持续学习与终生修养的统一。儒家管理正是由管理学习、管理模式和管理之道构成的完整体系。

管理精义

管理者的责任意识和履行职责的能力，都不是天生的，也不是单纯凭自己的经验积累就可以获得的，而是在不断的学习过程中逐渐培养起来的。因此，在管理者的培养和教育过程中，不能只关注具体管理知识和技能的学习训练，更应注重管理职业规范和敬业精神的学习修养。只有这样，管理者才有可能在组织管理中真正做到"居之不倦，行之以忠"。

12.16 子曰："君子成人之美[①]，不成人之恶。小人反是。"

【字词释义】

①美：是会意字，本义为漂亮，好看，这里是"善"的意思，与"恶"相对。

【今文意译】

孔子说："管理者要辅助别人以实现整体的共同利益，而不是以私人或局部利益损害共同利益。被管理者有时则相反。"

【分析解读】

本章进一步阐明管理者的职责要求，并突出与被管理者的区别。

在孔子这句话中，"美"即是"善"，也就是"共同利益"的意思，与之相对应的"恶"则是损害共同利益。作为管理者的君子，他的职责就在于整体的共同利益，而且管理者不仅要自己追求共同利益，关键还是要将大家的力量整合起来实现共同利益。在这个过程中，管理者扮演的主要是辅助者的角色，要辅助大家一起达成共同利益，而不是以追求个人或局部小群体利益来损害共同利益。所以，孔子才会强调"君子成人之美，不成人之恶"。

另外，孔子之所以又会说"小人反是"，在一定程度上因为作为被管理者的小人，其职责和工作都是局部的、个别的，在这种局部的具体工作中，往往忽视或看不到整体的共同利益，再加之被管理者的收益和奖惩通常又是直接与他的具体岗位职责挂钩，这更强化了被管理者关注个体利益和局部利益。因此，被管理者在现实中常常会从自我利益出发，即便是帮助别人，也是基于对别人的本位利益的理解，从而去帮助别人实现他的个体或局部利益，这时反而有可能损害到整体的共同利益。

如果作为管理者的君子，能够清醒地认识到这一点，他就不应该一味地去指责作为被管理者的小人，而是要引导他们认识到整体的共同利益，并将他们的个人或局部利益与共同利益联系起来，在追求共同利益的同时，实现个人或局部利益。当然，要达到这种个人或局部利益与共同利益兼容的管理境界，作为管理者的君子，首先要切实做到以共同利益和被管理者的个人利益为先，而不是满口共同利益，实际上自己却干着"损公肥私"的勾当。这也正体现了儒家管理模式对管理者的严格要求。没有管理者的德行感召和以身作则，只是空喊追求共同利益的口号，是无法自动实现共同利益的。

管理精义

组织赖以存在的重要前提之一，是拥有超越个体或局部利益之上的共同利益或公共利益；若不存在这种共同利益，就不需要有组织。管理作为组织的重要功能之一，恰在于维护和追求共同利益，努力使组织成员和利益相关者的个人或局部利益，同组织的共同利益兼容，在组织实现共同利益的过程中，保证组织成员和利益相关者的个人或局部利益，并使其在组织中比在组织外有更大的增值可能性。正因为管理的功能在于追求共同利益，保护和兑现私人利益，所以，管理者的职责就应该是辅助组织成员，在追求共同利益的过程中，实现更大的私人利益。

这里需要特别强调的是，管理者绝不能借口共同利益而要求被管理者损害自己的个人利益。共同利益超越个人利益，但这并不意味着共同利益要否定个人利益，或者说共同利益与个人利益必然相冲突；恰恰相反，共同利益是以个人利益为基础的，没有了个人利益，就不可能有超越个人利益的共同利益存在；同时，超越个人利益的共同利益的存在，也是为了让个人利益有更大的增值可能，否则，谁还愿意加入组织？所以，管理者没有权利要求被管理者以牺牲个人利益为代价，去追求共同利益，反倒是管理岗位设计和管理者选择的重要标准，是维护和保证共同利益及组织成员和利益相关者的个人利益，只有当这个目标和功能实现了，管理者才能兑现自己应有的个人利益。

从这个意义上说，组织中只有管理岗位有这样明确的职责要求，即追求共同利益，必要时牺牲个人的眼前利益。当然，在现代法治社会和法人组织中，各种正式规则和契约，既明确了管理者的职责，也保证了管理者履行职责后应得的权利和权益，这也许是大家仍非常愿意选择管理职业的原因。

另外，管理者要履行维护和追求共同利益的职责，又不能牺牲组织成员的个人利益及其增值的可能性，这就要求管理者必须激发组织成员的积极性，并将个人利益与共同利益统一起来，其中最重要的是，要让组织成员真正认识并理解组织的共同利益。这就对组织管理的公正、透明提出了更高的要求。

12.17　季康子问政于孔子。孔子对曰："政者，正也。子帅①以正，孰敢不正？"

【字词释义】

①帅：这里是统帅、率领的意思。

【今文意译】

季康子向孔子请教管理问题。孔子回答说："做管理，关键是公正。你处事公正，谁能不公正。"

【分析解读】

本章承接上章，进一步说明如何才能让大家追求共同利益。

上章讲到"小人反是"，即：被管理者经常更为关心个人或局部利益，甚至因此而损害共同利益。那么，管理者如何才能避免这种情况呢？孔子在本章给出的答案是"秉公办事"，以公正的原则来实施管理。

"正"可以从两个角度来理解，一是管理岗位职责的角度，"正"具有"公正"的含义；二是从个人德行的角度，"正"又具有"正直"的含义。当然，做管理要以"做人"为前提，做管理的"公正"自然要建立在"做人"的"正直"基础上。孔子在这里回答季康子的"问政"，主要是从做管理的"公正"角度来阐明"正"。

做管理的"公正"，至少包括三层含义。第一，涉及各类资源和利益及其分配的原则、规则和规范，应该先行确立，而且确立这些原则、规则和规范的过程应该是公开的，让人们事先知晓并理解这些原则、规则和规范及其对行为的要求，而不能事到临头才即时订立权宜规则，这种权宜规则对管理者来说，可能就存有各种臆想成分，缺乏合理性，更有可能留下管理者谋取私利的空间。当然，若遇到无法预先订立规则，确属突发事件的情况，也应该有应对例外的预案和流程，并保留各种决策过程的信息和资料以备问责，这也是一种公开方式。不管怎样，"公正"不能缺少规则制定和执行的事先的公开。

第二，若原则、规则和规范都已经确立了，在处理各种事情的过程中，还应保持透明，即让人们了解到管理者是如何遵循原则、规则和规范处理事情的，而不能暗箱操作，人为制造信息不对称。如果那样的话，即便有原则、规则和规范，也都只能是形同虚设，管理中的

"公正"也无从谈起。因此,"公正"也离不开规则执行过程的透明。

第三,事情处理之后,还应该有问责环节,一方面要向大家解释并回答各种可能的疑问;另一方面,还可以视情况的性质和处理过程中的实际情况,来修正、完善各类规则和规范,尤其是在突发事件处理之后,可以通过对该事情及处理过程的评估,判断此类事情是否会重复发生,是否需要订立新的规则,以便将之纳入常规处理流程。这样一来,任何事情的处理和决策都进入一个持续改进的闭环之中。只有以这种问责机制为基础,管理工作才能不断实现改进和完善,也才有可能达到"言必信,行必果"的基本要求。正因为如此,问责自然是"公正"的应有内涵之一。

基于此不难理解,当孔子说"政者,正也"的时候,其中的"正"或"公正",就必然包括公开、透明、问责等一系列关键要素。如果脱离开公开、透明、问责这些管理职责履行中的"公正"要求,而只讲管理者本人的"正直",就很有可能使"正"流于漂亮的口号,无法落到实处。只有从原则、规则和规范的制定及其执行和问责的全过程来理解"正",才能从根本上保证"子帅以正",也才能最终达到"孰敢不正"的效果。当然,"孰敢不正"中的"孰",首先应该指各级管理者而言,上行下效,各级管理者都处事公正了,被管理者自然就会遵循岗位职责要求,公正地履行岗位职责,实现共同利益。

因此,包括公开、透明、问责在内的"正",是达到共同利益的重要管理前提。当然,要达到这种"正"的管理境界,仅有包括公开、透明和问责在内的做管理的"公正"还不够,还必须匹配上管理者个人的"正直"德行。只有将管理角色的"公正"与个人角色的"正直"融为一体,才能从根本上达至"正"的管理境界。关于管理者个人利益服从共同利益、秉公办事的"正直"行为,正是下一章要阐述的内容。

管理精义

在组织中,要从根本上保证个人利益与共同利益兼容,避免个人或局部利益损害共同利益,关键在于规则和程序的公正,这正是管理职责的本质要求。若没有规则和程序的公正,特别是那些涉及各类资源和利益分配的规则和程序的公正,要兼容个人利益和共同利益几乎是不可能的。当然,组织中的公正不能只是寄希望于管理者个人的德行。虽然管理者的广义"做人"非常重要,但个人的"正直"无法取代规则和流程的公正。只有建立起融公开、透明和问责为一体的公正的规则和流程,才能激发出更多的、更普遍的"正直"行为,组织和管理也才会真"正"。

12.18 季康子患盗,问于孔子。孔子对曰:"苟子之不欲,虽赏之不窃。"

【今文意译】

季康子很担心鲁国的盗窃问题,向孔子请教。孔子回答说:"假使你不贪欲,即便给奖赏,也不会去盗窃。"

【分析解读】

本章承接上章,继续讲管理者以个人利益服从共同利益,秉公办事的示范效应。

据记载,季氏家族在鲁国弄权,窃公权以谋私利,而当其时,鲁国盗贼横行,严重影响社会秩序。在这样的背景下,季康子向孔子咨询解决之策。孔子的回答一语双关。一方面,孔子一般性地说明,盗窃源于内在的欲求得不到满足,要止盗,必须从根本入手,认清人们的欲求,满足合理的欲求,引导和转化不合理的贪欲,自然就可以从根本上解决盗窃问题。

另一方面,孔子也特别暗示,鲁国的盗窃问题,其根源还在于上面,季氏家族窃取国君权力,以国之公权,谋家族私利,实际上是鲁国最大的盗窃行为,上行下效,鲁国盗窃自然成风气。

因此,孔子这句话也可以理解为,如果你季氏家族不贪欲而窃取鲁国权力,纵使悬赏盗窃,恐怕也没有人愿意去干。由此,也可以将孔子这句话理解为用"盗窃"做隐喻,来说明管理者"公正无私"的重要性。"盗窃"行为实际上就是用不正当手段损害别人利益和共同利益,以谋取私人利益,这是做管理之大忌。而要从根本上杜绝这种行为,最重要的原则是"正",这既要求有规则和规范,并严格执行,即管理公正,又要求执行规则的人即管理者,有正直的品格,首先自己要行为端正。从这个意义上说,孔子在这里借"盗窃"隐喻,进一步阐明了做管理关键在于公正和正直。

管理精义

在组织中,不可避免会存在以个人或局部利益损害共同利益或他人利益的行为,解决这种问题,经常是管理工作的重要内容,但如果只是就事论事,治标不治本,恐怕不仅于事无补,而且还会愈演愈烈,以致错过了根治的良好时机。管理者所应秉承的思维方式是,一旦此类事情发生,一方面严肃认真地解决问题,另一方面则要从根本上反思为什么会出现这种情况,而反思的入手点则是"管理公正",即:首先反思组织的日常运行是否有公正的规则和程序,在这些规则和程序的制定和执行中是否贯彻了公开、透明和问责的原则;其次,反思自身的管理团队在规则制定和执行的日常管理实践中,是否真正做到了正直。

通过这两方面的反思,既可以判断出现问题是偶发事件,还是系统偏差,也可以不断完善组织中的管理公正体系,并时刻警示管理者的态度和行为。这种解决问题的思维方式,更符合"亡羊补牢,为时未晚"的要求。这也是一种管理的系统思维,不是只看局部,只见树木,只计眼前,而是要进行整体关照,从森林着眼,放眼长远。只有以系统思维来处理诸如个人利益损害共同利益的问题,才能真正做到持续改进,将每次问题解决都视为难得的"干中学"机会。

12.19 季康子问政于孔子，曰："如杀无道，以就有道，何如？"孔子对曰："子为政，焉用杀？子欲善，而民善矣。君子之德，风；小人之德，草。草上之风，必偃①。"

【字词释义】

①偃：形声字，本义指仰卧，这里是向后倒、躺倒的意思，与表示向前倒的"仆"相对。

【今文意译】

季康子向孔子请教管理问题，说："若杀掉不守规范的，以确立规范，怎么样？"

孔子回答说："做管理，何必用杀伐手段？您只要追求共同利益，人们自然也就会追求共同利益。管理者的德行就像风，被管理者的德行就像草。草一定会随风而倒。"

【分析解读】

本章进一步说明管理者以身作则和引导感召，对于做管理的重要意义。

孔子的回答再次阐明了儒家管理模式的核心理念，即：公正的规范之所以能得以确立并发挥作用，并不是靠外在的惩罚；只对违反规范的人进行惩罚，表面上看，这种惩罚消灭了违反规范的行为，但并没有告诉人们应该怎么做，更没有从根本上阐明和昭示规范的意义，人们并不能从惩罚中理解规范，更不能在内心建立起对规范的认同，也就无法自觉地将规范变成自己内在坚守的准则。也即，虽然人们知道如何避免受惩罚，但并不知道应该怎样做才更有利于共同利益和个人利益的兼容。

因此，孔子坚决反对一味地依靠惩罚，甚至杀人的手段来确立规范，而强调通过由内而外的引导和教育，将外在规范变为人们的内在准则，这样人们就不是为避免惩罚而行动，而是自觉追求共同利益而行动。在这种由内而外的引导和教育过程中，管理者扮演着非常重要的角色，其率先垂范，远比杀伐手段更能让规范深入人心，并长远地影响人们的行为。

管理精义

管理者的表率作用，是公正的组织规则和规范得以确立并发挥作用的重要前提之一。不管时代如何变化，也不管组织中的规则和规范的内容如何随时代而变化，确立机制如何不同，若要其发挥日常影响作用，管理者的公正严明，以身作则，永远是前提，除非没有管理者。

12.20 子张问:"士何如斯可谓之达矣?"子曰:"何哉,尔所谓达者?"子张对曰:"在邦必闻,在家必闻。"子曰:"是闻也,非达也。夫达也者,质直而好义,察言而观色,虑以下人。在邦必达,在家必达。夫闻也者,色取仁而行违,居之不疑。在邦必闻,在家必闻。"

【今文意译】

子张问:"学管理的人怎样才算成功呢?"

孔子说:"你所谓的成功是什么意思呢?"

子张回答说:"无论在诸侯国还是大家族里做管理,都很有名。"

孔子说:"这只是名声,而非成功。成功的管理者,本性正直,追求正义,而又恭敬谦让,善于理解和尊重别人。这样的人,无论在诸侯国还是大家族里做管理,都一定会成功。追求名声的管理者,往往表面上大讲仁爱,行为上却违背规范,还自以为是,自我感觉良好。这样的人,无论在诸侯国还是大家族里做管理,也一定会博得所谓名声。"

【分析解读】

本章讲管理成功的内涵及其衡量标准。

孔子和子张的这段对话,关键在于将"达"和"闻"区别开来,并以此建立起衡量管理者成功的标准。从字面上看,"达"是通达事理、通晓明白的意思,而"闻"则是名声、声望、出名的意思。如果将两者与儒家所讲的学管理和做管理联系起来,则不难理解,在学管理和做管理中的"达",意指"学通了",真正理解和把握了管理之道,并在做管理中切实奉行管理之道,将诸侯国或大家族这样的组织引向正确的发展道路。

按照儒家管理模式的要求,这才算将管理"学到家",并做成功了。因此,"达"可以视为儒家管理模式下学管理、做管理成功与否的标准。它强调的是由内而外,由内在的"质直而好义",达到外在行为的"察言而观色,虑以下人"。这说的是,与人交往,处理各种人事问题时,能做到认识、理解、尊重他人,对人恭敬谦让。有了这样的内在准则和外在行为,做管理则容易走向正道而获得成功,这也可以视为由"达"而"闻"的过程,也即名声是由内而外自然而然形成的,并非刻意追求的结果。

脱离了"达"的"闻",只是外在的名声,并不必然对应着实质上的成功。若专务名声,则势必导致"作伪",甚至"作伪"竟不自知,还为名声所累而洋洋自得。这恰是一种典型的自欺欺人的做法,也就是孔子所说的"色取而行违,居之不疑"。这种脱离了"达",没有实质内涵支撑的"闻",看似风光无限,实则过眼烟云,并不能视为管理者成功的标准。

所以，在儒家看来，衡量学管理和做管理成功与否的标准，在"达"而不在"闻"，在"内"而不在"外"。

> **管理精义**
>
> 管理者自然要追求职业成功，而管理职业成功的标准，并不单纯是外在的声望或名气。声望或名气固然重要，但如果盛名之下其实难副，那么，损失的就不仅是管理者个人，还会严重影响组织及利益相关者的整体和长远利益。管理者代表的是组织，是对组织整体和长远负责。因此，管理者的职业成功，要强调名实相副，由内而外，问心无愧。

12.21　樊迟从游于舞雩之下，曰："敢问崇德、修慝、辨惑。"子曰："善哉问！先事后得，非崇德与？攻其恶，无攻人之恶，非修慝与？一朝之忿，忘其身，以及其亲，非惑与？"

【字词释义】

①慝：这里是邪恶的意思。

【今文意译】

樊迟陪孔子在祈雨台下散步，说："请问如何尊崇德行，克服邪念，辨别迷惑。"

孔子说："问得好！先做事，后考虑所得，这不就是尊崇德行吗？纠正自己的错误，不要攻击别人的缺点，这不就是克服邪念吗？一旦忿怒，不仅忘了自己，也忘了亲人，这不就是迷惑吗？"

【分析解读】

本章承接上章，进一步阐明如何由内在修养入手，努力追求成功。

可以将本章与本篇第10章联系起来看。在第10章里，讲到了"崇德辨惑"，虽然表达方式不太一样，但其含义是一致的。本章所讲的"先事后得"，与第10章的"主忠信，徙义"本质一样，都强调要从内在原则和职业规范出发，做应该做的事，而不要先计较个人得失，这与第六篇第20章讲过的"先难后获"意思一样，都体现了儒家管理模式下，管理者"为政以德"的行事风格。在"辨惑"上，第10章所说的"爱之欲其生，恶之欲其死"，与本章所讲的"一朝之忿，忘其身，以及其亲"，说的都是凭一时情绪行事。

另外，本章提到"修慝"，是强调要时刻留意并克服可能产生的不良念头，而这种"邪念"的直接表现之一，就是只看到别人的缺陷或不足，却看不见自己的缺点。尤其是管理者，总是习惯于挑别人的毛病，却对自己的错误视而不见。因此，孔子有针对性地指出，"修慝"即是"攻其恶，无攻人之恶"。

如果管理者真能做到时刻"崇德、修慝、辨惑"，便能不断从内而外地提升自己的德行修养和管理水平，不断改正错误，克服情绪带来的迷惑，一步步走向成功。从这个意义上说，儒家所强调的管理成功，应该是一个水到渠成的过程，而不是人为计算或斤斤计较、患得患失、走捷径而得来的结果。

管理精义

管理者在追求职业成功的过程中，若太在意结果和名声，急于求成，反而可能事与愿违。最典型的表现就是，事事都要精打细算、斤斤计较、无利不为，这种功利直取的做法，虽然近期可能有所收获，但长此以往，工于心计必定会适得其反；另外，过于在乎外在功利和名声，很可能导致过度包装，以至于作伪。在这种情况下，时间长了，往往听不进任何批评和不同看法，只看到别人的缺点和不足；或有甚者，竟害怕看到别人的长处，一旦看到别人有优点就不安，甚至于无名地产生愤懑情绪；更有甚者，完全忘记了自己是谁，为谁服务，承担什么职责，满眼看到的都是利益和名声的损失，莫名恐惧。因此，管理者应对自己定期"清零"，切忌背上"名利"的包袱；一旦有名利所得，必然会风险规避，情绪紧张。这样一来，修养、进步和成功，自然远离而去。

12.22 樊迟问仁。子曰："爱人。"问知。子曰："知人。"樊迟未达。子曰："举直错诸枉，能使枉者直。"樊迟退，见子夏，曰："乡①也吾见于夫子而问'知'，子曰'举直错诸枉，能使枉者直。'何谓也？"子夏曰："富哉言乎！舜有天下，选于众，举皋陶，不仁者远矣。汤有天下，选于众，举伊尹，不仁者远矣。"

【字词释义】

①乡：这里是副词，从前、刚才的意思。

【今文意译】

樊迟请教关于仁爱的问题。孔子说："爱人。"

樊迟又请教关于智慧的问题。孔子说："知人。"

樊迟不明白，孔子解释说："选用正直的人，舍弃不正直的人，能够使不正直的人也变成正直的人。"

樊迟离开后，去见子夏，问道："刚才我见到先生，请教关于智慧的问题，他说'选用正直的人，舍弃不正直的人，能够使不正直的人也变成正直的人'。这是什么意思呢？"

子夏说："这话含义丰富啊！当年舜得天下，从众人中选择皋陶这样的人做管理者，缺乏仁爱之心的人就越来越少了。当年汤得天下，从众人中选择伊尹这样的人做管理者，缺乏仁爱之心的人也越来越少了。"

【分析解读】

本章进一步阐述儒家管理之道的核心思想，即仁爱与智慧的结合；贯彻这一思想，最终体现在爱人和知人上，才能取得管理成功。

根据儒家管理模式，管理过程本质上是对人的教育和转化过程。教育和转化得以实施，关键在于有规范。儒家所强调的规范，就是以"仁爱"为核心的社会规范。管理者首先要将这种规范内化为自己的德行准则，在面对不同人的时候，才能超越个人好恶，达到一视同仁的管理要求和教育要求。这正是第三篇第3章所讲的"唯仁者能好人，能恶人"的道理。

有了以"仁爱"为核心的社会规范，管理者在实施管理和教育过程中，还要有"知"，即智慧。其具体表现就是，一方面"知人善任"，另一方面"因材施教"，两者互为补充，不可或缺。由此可见，作为"知人"的智慧，又是作为"爱人"的"仁爱"的直接体现。这也正是儒家管理之道的核心思想，即仁爱与智慧相结合的中庸之德。

当樊迟不太明白时，孔子进一步用"举直错诸枉，能使枉者直"做解释。这与第二篇第19章孔子回答鲁哀公关于"何为则民服"问题时，所提出的"举直错诸枉，则民服"的观点本质一样。儒家非常强调管理者的榜样作用，这也正是"为政以德，譬如北辰，居其所而众星共之"的意义所在。另外，儒家管理的目标在于改变人，即便是那些暂时不符合社会规范要求的所谓"不仁者"或"枉者"，也要借助榜样的引导、规范的约束和环境的压力，促使他们转化。因此，"举直错诸枉"的最终目的，是"使枉者直"，而不是抛弃或杀掉"枉者"，这正与本篇第19章孔子回答季康子问政时所说的"子为政，焉用杀？子欲善，而民善矣"的意思一样。

理解了这一点，也就容易明白，子夏为什么要举舜和汤选择皋陶和伊尹做管理者的例子，来进一步说明孔子的观点了。在这里，子夏所说的"不仁者远矣"，并非字面上所说的"不仁者"都离开了，而是强调通过皋陶和伊尹这样的管理者以身作则，率先垂范，人们都有了对以"仁爱"为核心的社会规范的恰当认识，并将之内化为个人行为准则，知道该怎么做。这样一来，"不仁者"自然就会越来越少。

管理精义

组织中的愿景、价值观和行为规范要发挥作用，关键在于深入人心，成为人们愿意追求的目标和恪守的准则，这时选择榜样就显得至关重要。榜样的选择，切忌出于管理者个人的好恶，而应从组织的愿景、价值观和行为规范出发，选择那些真正在实践中贯彻它们的人，这样的榜样才能起到示范和引导作用。当然，最有说服力的榜样，不是脱离日常组织运营活动的抽象的人和事，而是管理者本身。也就是说，组织文化建设得以落实的重要环节，在于管理者的选择和任用。

12.23　子贡问友。子曰："忠告而善道之，不可则止，无自辱焉。"

【今文意译】

子贡请教关于志同道合者间的交往问题。孔子说："要尽己尽责地劝告，还要善于引导，适可而止，否则会自取其辱。"

【分析解读】

本章承接上章，进一步讲解在管理团队中如何达致"仁爱"和"智慧"的结合。

在关于儒家管理模式的阐述中，"朋"和"友"都可以理解为具有共同志向追求，并从事共同工作和完成共同任务的人，也即"志同道合者"基础上的同事或团队成员，而不仅仅是建立在私人好恶或情趣相投意义上的狭义"朋友"。如第一篇第 4 章中曾子所说的"与朋友交而不信乎"，第一篇第 8 章所说的"主忠信。无友不如己者。过则勿惮改"等，其中的"朋友"、"友"，都有同事、团队伙伴的含义。

无论管理学习还是管理实践，都离不开团队；与团队成员的交往，应该是管理学习、管理实践和自我修养的重要组成部分。针对子贡的问题，孔子所讲的"忠告而善道之"，包含两层含义。一是忠告，即尽己尽责地劝告，这体现的是管理职业规范"忠信"，也是"仁爱"的具体要求；二是善道，即要针对不同"朋友"和不同问题，有针对性地引导和解决，而不能只是一味地反复劝说，这恰是"智慧"，即"知人"的具体要求，即便对同事或团队成员，同样要"知人"。

由此可见，"忠告而善道之"，正是将"仁爱"和"智慧"相结合的思想，贯彻在处理"朋友"或同事关系中的具体要求。这种要求还体现在，即使是"朋友"或同事间的劝告和引导，也要适可而止；若经劝告和引导还不能理解，应暂时将问题悬置起来，留待以后找机会再交流和尝试；否则，可能会越来越僵，"自辱辱人"，就像第四篇第 26 章所讲的"朋友数，斯疏矣"一样。

管理精义

组织文化建设的前提，是管理文化建设，而管理文化建设的关键，在于建设由志同道合者组成的管理团队。管理并非个人的事业，任何组织的管理都离不开管理团队。如果管理团队建立在个人好恶或利益基础之上，那么，管理文化就很容易蜕变成私人关系或圈子利益导向的文化。在这种关系导向的管理文化下，管理团队或小群体利益就会取代组织共同利益，成为管理者乃至组织成员所追求的目标，以及衡量人们行为有效性的标准。这样一来，管理者及其组织所致力于声明和宣扬的共享愿景、共同价值观和行为规范等文化内涵，便显得苍白无力了。

12.24　曾子曰："君子以文会友，以友辅仁。"

【今文意译】

曾子说："管理者与志同道合者交流分享知识、技能，并通过志同道合者的相互帮助，追求仁爱境界。"

【分析解读】

本章承接上章，进一步说明"朋友"之义在于志同道合，而不仅是私人情义。

在曾子这句话里，"友"的含义主要体现在"共学、共事、求道"，而不是狭义的私人朋友。在这个意义上，"朋友"之间的聚会交流，关键在于切磋分享"文"，即各类管理知识和技能，这就是"以文会友"的意义。当然，"以文会友"本身还不是目的，最终目标是"以友辅仁"，即通过志同道合者之间的互相帮助，来共同追求仁爱境界。

基于此，可以将"以文会友"和"以友辅仁"，看作儒家管理模式中管理团队建设的两个不可分割的方面。其中，"以文会友"是一种团队学习机制，通过这种机制，不仅有助于管理者提升德行修养和管理水平，更有利于建设由志同道合者组成的管理团队，从而达到"以友辅仁"的目标。

管理精义

管理团队建设应聚焦于组织愿景、价值观和行为规范，强化规则和规范、知识和技能的学习分享，淡化个人好恶和私人关系。只有这样，才有可能使组织中的管理者群体，成为一个围绕组织共同利益追求而结成的志同道合者学习共同体，而不是动辄"请客吃饭"，开口闭口"私人关系"。只有将基于私人利益的关系纽带，真正转变成基于规则的志同道合者纽带，管理团队和管理文化才能在组织中立得住，并起到引领作用。

子路第十三

本篇导读

本篇讲管理公正。组织管理作为一项具有公共性的职能和活动,其目标在于追求共同利益。这里的共同利益,不仅指共同的物质利益,还包括以仁爱为核心的人与人之间的和谐关系;而且,从某种意义上说,正是关于人与人之间关系的规则和规范及其所蕴涵的价值观体系,塑造了人,并赋予了物质利益以共同意义。因此,对管理者而言,追求共同利益远不止是一句口号,更要切实体现在对规则、规范的恪守,以及在公共资源使用和共同利益分配中的公正。本篇在上篇阐明管理成功标准的基础上,进一步阐述管理公正的内涵、行为表现及其对管理者的具体要求。

本篇大致可以分为四个部分。第一部分由第1章到第8章的内容构成,着重说明管理公正的前提,即管理岗位职责的合理设计。其中,第1章阐述管理公正首先体现在管理者行为上,"身正",即以身作则、始终如一,是管理公正的直接体现;第2章在"正己"的基础上,说明怎样才能"正人",即让人们各司其职、各尽其才;第3章进一步阐明"正己"、"正人"与"正名"的关系,强调角色和职责的明确界定,是管理公正的重要前提;第4章通过实例说明,管理者和被管理者应做好各自本职工作,尤其是管理者,不能越俎代庖;第5章继续阐明管理者的职责,强调管理者要"学以致用",才能具备履行管理公正的胜任力;第6章集中论述管理公正的重要意义;第7章借助对鲁国和卫国管理问题的评论,说明管理公正的重要性;第8章举例说明,管理者只有在私人事务上保持正确态度,才有可能在公共事务上公私分明、公正无私。

第二部分包括第9章到第17章的内容,侧重讲解管理公正在公共事务管理上的具体表现。其中,第9章讲解在诸侯国管理和共同利益追求中,所应该有的管理态度,这与管理者在私人事务中的态度形成鲜明对照;第10章说明诸侯国管理的基础工作,即"富民"的周期,这是追求共同利益的重要表现;第11章强调"富民"不是目的,更重要的管理任务是"教民",而"教民"的周期则长得多;第12章讲解"教民"的关键在于有规范,而规范的确立也非一日之功,至少用三十年时间,才能让人们认同一种规范;第13章具体解说规范的确立要从管理者行为入手,只有管理者认同并践行规范,以规范为基础,实施公正管理,这样的规范才能为人们所认同并得以确立;第14章举例说明,管理者若公私不分,便无以确立规范,更无法做到管理公正;第15章进一步说明,管理者不能期望走捷径达到管理公正和管理有效性;第16章具体解说管理公正及规范确立的过程,本质上是一个由内而外、由近及远的信息传播和声誉形成过程,所以,不可能期望一朝一夕便能达成;第17章解释管理过程中欲速不达、因小失大的道理。

第三部分涵盖第18章到第22章的内容,意在说明公共事务和私人事务的差异,管理者只有明确公私界限,才可能在管理中做到"公正无私"。其中,第18章讲解个人私德中的"孝"和"直"的关系,管理公正并不等同于个人正直,在私人领域中的正直要服从于"孝"的要求;第19章解说个人扮演管理角色时所应遵从的规范要求;第20章具体说明管理者的公共角色和私人角色的差异,以及它们之间的关系;第21章强调管理者离不开合作,在合作中,管理者不可求全责备,要善于用人所长,这也恰是公正对待别人的具体表现;第22章指出持之以恒和坚持不懈的态度,是遵循管理公正、做好管理的必要条件。

第四部分由第23章到第30章的内容构成,侧重从管理者和被管理者的角色对比中,具体阐明管理公正对管理者行为的基本要求。其中,第23章通过管理者和被管理者职责特点的对比,突出了管理者在共同利益追求中所应承担的责任;第24章讲解管理者应依规则、合规范地实施管理,而不能一味讨好别人,追求个人好名声,管理公正不仅在于被人怎么说和怎样看,更在于是否符合规则和规范,即"公理"的要求;第25章借助管理和被管理工作性质的对比,说明管理者应如何在管理中保持公正;第26章阐明管理者和被管理者的行为差异,暗示管理者理解被管理者的重要性;第27章在前述对比的基础上,归纳出管理者追求仁爱境界、保持管理公正所应具备的基本素质及其行为表现;第28章则在上章基础上说明管理者如何公正地对待平级同事;第29章进一步说明管理者应如何公正地对待被管理者;第30章在上章基础上说明,管理者肩负的重要责任之一是对被管理者负责,这不仅意味着要保证被管理者的物质利益,更要从文化价值观、知识和技能上培养和教育被管理者。

管理公正总是渗透于管理者的管理行为中,体现在管理者面向平级同事、被管理者的态度以及各项管理事务的处理上。没有管理公正,也就不可能实现共同利益,更无所谓管理成功;而且,管理公正也是管理职业公德的必然要求。关于管理公德,则是下一篇要重点讲解的内容。

13.1 子路问政。子曰:"先①之,劳之。"请益②。曰:"无倦。"

【字词释义】

①先:是会意字,本义表示向前迈进,这里是走在前面,率先垂范的意思。

②益:是会意字,本义是水满后溢出,后表示增益,这里是增加、进一步的意思。

【今文意译】

子路请教管理问题。孔子说:"管理者率先垂范,人们都恪尽职守。"

子路请孔子进一步解释。孔子说:"不懈怠,始终如一。"

【分析解读】

本章讲解管理者不仅要率先垂范,还要始终如一。

在"先之,劳之"这句话中,前后两个"之",既可以理解为均指被管理者而言,也可以将前一个"之"理解为被管理者,将后一个"之"理解为管理事务。这两种理解虽然有差别,但其实际内涵是一样的。按照第一种理解,强调的是,管理者应先于被管理者做出表率,才能让被管理者自觉地"劳";按照第二种理解,管理者既要先于被管理者做出表率,又要勤勉地处理各类管理事务,勤政为民。这两种理解都充分体现了儒家管理模式对管理者率先垂范的基本要求。

当子路希望孔子进一步做出解释时,孔子只说了"无倦"两个字,意思是,将"先之,劳之"持之以恒、始终如一地坚持下去,自然就能保证管理走上正轨。孔子在这里说的"无倦",实际上和在第十二篇第14章回答"子张问政"时说的"居之无倦,行之以忠"同义,都是要求管理者恪尽职守,始终如一。

【管理精义】

> 管理者要想让组织成员在各自岗位上恪尽职守,始终如一,自己就必须首先做到这一点。为此,管理岗位职责的设计,就成为组织设计中第一位的工作。选拔和任用管理者固然重要,但更重要的是,每设置一个管理岗位,都应该在选拔、任用管理者之前,先明确该岗位的责权范围,并建立起清晰的岗位规则体系。只有通过岗位规则体系明确了管理者能做什么、不能做什么,应该做什么、不应该做什么,才能让管理者的行为有章可循,确保管理者恪尽职守,始终如一。

13.2 仲弓为季氏宰,问政。子曰:"先①有司②,赦小过,举贤才。"曰:"焉知贤才而举之?"曰:"举尔所知。尔所不知,人其舍诸?"

【字词释义】

①先:这里是"把有司放在前面"的意思。　②有司:这里指各种不同的具体工作岗位。

【今文意译】

冉雍做季氏家族的管理者,请教管理问题。孔子说:"先设置各种工作岗位,明确岗位职责;宽容人们在工作中的小过失;在岗位晋升中,从工作出发,推举德才兼备的人。"

冉雍问:"怎样才知道谁是德才兼备的人呢?"

孔子说:"推举你知道的人。你不知道的,别人自然也会推举,怎么会放弃呢?"

【分析解读】

本章承接上章,继续讲解管理者如何才能做到各司其职,人尽其才。

具体地说,孔子和冉雍的对话,包含了两层意思。首先,要有明确的岗位设计,并做到因事设岗、职责清晰,这是实现人职匹配、各司其职的前提。当然,岗位及其职责不会自动运转,需要有人来担当职责、完成任务。人无完人,而且岗位和职责的设计也不可能完美,因此,在日常运行中,错误在所难免,关键在于持续改进,不断完善,这就要求管理者必须宽容,"赦小过"。另外,还要做到按照工作的实际情况,贯彻德才兼备的晋升原则。只有这样,才能确保"人尽其才"。这就是孔子说的"先有司,赦小过,举贤才"的意义所在。

其次,在"先有司,赦小过,举贤才"中,最重要也是最难的环节是"举贤才"。管理者的视野毕竟有限,再加之不同岗位工作性质的差异和信息的不对称,要判断"才"已属不易,更何况"德"呢?对此,孔子给出的建议是,管理者在自己力所能及的范围内,努力做到"举贤才",由此便会慢慢形成"唯才是举"的文化氛围。在这种氛围下,即便管理者无法尽识"贤才",别人甚至"贤才"本人也会主动推荐和自荐。这就自然达到了"尔所不知,人其舍诸"的效果。

管理精义

虽然明晰的岗位职责设计是组织设计中第一位的工作,但真正让岗位职责得以履行的还是人,尤其是匹配于岗位要求,并符合组织价值观和行为规范的人。没有"人职匹配",再明晰的岗位职责也无法自动履行。但是,组织要选择合适的人,就必须有一整套相应的选拔、晋升和培养的规则、规范和机制。管理者在组织选人、用人和培养人中的作用,不再是直接针对特定的人进行选择、使用和培养,而是为组织建立、维护和执行一整套的选拔、晋升和培养人的规则、规范和机制。

13.3 子路曰:"卫君待子而为政,子将奚先?"子曰:"必也正名乎!"子路曰:"有是哉,子之迂①也!奚其正?"子曰:"野哉由也!君子于其所不知,盖阙如也。名不正,则言不顺;言不顺,则事不成;事不成,则礼乐不兴;礼乐不兴,则刑罚不中;刑罚不中,则民无所措手足。故君子名之必可言也,言之必可行也。君子于其言,无所苟而已矣。"

【字词释义】

①迂:是形声字,本义指曲折、僻远、绕弯,这里引申为迂腐、思想守旧、不切实际。

【今文意译】

子路说:"卫国国君要留您在卫国做管理,您将从哪里入手呢?"

孔子说:"一定要先明确角色和职责!"

子路说:"这样啊,您未免也太不切实际了!怎样才能明确角色和职责呢?"

孔子说:"子路你太鲁莽了!管理者对自己不知道的事情,要保持沉默才是。角色和职责不明确,指示和命令就不顺畅;指示和命令不顺畅,管理事务就做不好;管理事务做不好,相应的礼仪规范就培育不起来;没有礼仪规范,规则惩罚也不起作用;规则惩罚不起作用,人们就不知道该怎么做。所以,管理者只有确立了角色和职责,才能以此为依据来颁布指示和命令,这样的指示和命令也才可以执行。管理者对指示和命令,不能有丝毫苟且随意。"

【分析解读】

本章详细讲解"正名",即明确角色和职责对做管理的重要意义。

孔子在这里讲的"正名",与上章所说的"先有司"内涵相近,说的都是明确岗位角色和职责。考虑到孔子和子路对话的背景,是讨论在卫国"为政"的切入点,因此,本章对话的语境,同上两章一样,也是关于做管理。这样的话,本章所讨论的"名",就不仅是一般意义上的"名分",更强调基于特定岗位的角色和责任,当然也包括权力,但是,儒家更突出责任和义务,将权力内隐于责任之中。基于此,本章所说的"正名",应该可以理解为"明确岗位角色和职责,进行合理的岗位架构体系设计",这恰是做管理的起点或"入手处";而本章中的"言",也不仅指一般意义上的"言谈"或"说话",在管理情境下,更多指的是"指示和命令",并蕴涵了岗位权力的内涵,即:只有明确岗位角色和职责定位,才能合法而又合理地下达指示和命令。这便是管理情境下"名正言顺"的含义。

同样,在管理情境下,孔子这里所说的"事",也可以理解为具体的管理事务,而"礼乐"则指代各类规范,与代表正式规则的"刑罚"不同。由于"礼乐"所代表的规范是由内而外发挥作用的,不仅针对外在的行为,更突出内在的德行准则和价值观的培养,因此,在儒家管理模式下,可以将"礼乐"所代表的规范,理解为"刑罚"所代表的规则赖以成立并发挥作用的前提。

孔子从"正名"开始实施管理,正体现了儒家"迂回式"管理的基本要求。从"正名"开始,看上去没有马上针对具体管理事务和人们的具体行为采取措施,也不一定能马上解决卫国所面临的紧迫问题,显得过于迂回,不切实际,这也是子路说孔子"有是哉,子之迂也"的原因。但是,孔子更看重的是,做管理就要从根源处入手,虽不一定能收一时之效,却可以正本清源,为做好管理奠定坚实的基础,这才能保证诸侯国长治久安。

> **管理精义**
>
> 从根本上说，管理有效性依赖于明确的管理宗旨，以及清晰的岗位职责设计。以此为基础，组织管理就有可能做到名正、言顺、事成，并在应对环境变化的持续改进中，不断完善岗位职责体系，强化规则和规范的互补，并最终保证组织的可持续发展。

13.4　樊迟请学稼①。子曰："吾不如老农。"请学为圃②。曰："吾不如老圃。"樊迟出。子曰："小人哉，樊须也！上好礼，则民莫敢不敬；上好义，则民莫敢不服；上好信，则民莫敢不用情③。夫如是，则四方之民襁④负其子而至矣，焉用稼？"

【字词释义】

①稼：是形声字，本义指种植谷物，这里是耕田、种田的意思。

②圃：是形声字，本义指种植蔬菜的园地，这里指菜园子。

③情：是形声字，本义指人的喜怒哀乐等心理状态，这里引申为实情、情况。

④襁：是形声字，指背负婴儿用的宽带。

【今文意译】

樊迟想学种地。孔子说："种地，我不如田农。"

樊迟想学种菜。孔子说："种菜，我不如菜农。"

樊迟离开后，孔子说："樊迟这是要做被管理者啊！管理者恪守规范，人们没有不恭敬的；管理者追求正义，人们没有不服从的；管理者值得信任，人们没有不坦诚的。果真如此，人们就会从各地携家带口赶来定居，到那时还用管理者自己种地吗？"

【分析解读】

本章在上章明确岗位角色和职责的基础上，进一步阐明管理者和被管理者都要各司其职，才能使组织繁荣发展。

在孔子和樊迟的这段对话中，孔子并不是说管理者不用学种地种菜，也不是说管理者不需要种地种菜，而只是强调指出，管理者和被管理者的职责不同，管理者应聚焦于自己的职责，做好应该做的事情。在当时的历史条件下，被管理者的工作主要是农业生产，如种地种菜，管理者的工作则在于如何确立和维护规范，让人们各尽所能，和睦共处。第四篇第16章讲"君子喻于义，小人喻于利"，已给出了管理者和被管理者的社会分工。当然，这种社会分工并非泾渭分明，管理者也不是完全不要关心、理解和学习被管理者的工作，只是说明术业有专攻，管理者和被管理者要各司其职罢了。所以，孔子在这里所说的"吾不如老农"、"吾不如老圃"，其中的"不如"并不等于"不会"、"不学"，而只是说明管理者的职责不在于此。

管理者的职责在于如何确保"礼"、"义"、"信"等得以有效推行，并以此为基础建立起良好的环境氛围。有了这种环境氛围，被管理者自然就能够充分发挥他们的才能，做好他们的本职工作，从而让各方面的事情得以井然有序，红红火火。到那时，还用得着管理者越俎代庖，去干自己并不一定胜任的被管理者的工作吗？所以，孔子最后说："夫如是，则四方之民襁负其子而至矣，焉用稼？"

管理精义

虽然管理的有效性首先依赖于明晰的岗位角色和职责设计，但要完成任务、实现目标，关键还在于有胜任力的人在岗位上尽职尽责。因此，要使岗位角色和职责真正发挥作用，还需要保证每个岗位上的人都有胜任力，并做好本职工作。这时就需要管理者自己首先做好本职工作，不要干预别人，尤其是下属的工作。这是让组织和管理有效运转、秩序井然的重要保证。在很大程度上，管理者不务正业、瞎指挥、乱干预，是组织混乱、失效的主要原因。

13.5 子曰："诵《诗》三百，授之以政，不达；使于四方，不能专①对；虽多，亦奚以为？"

【字词释义】

①专：是形声字，本义指收丝的纺锤，这里引申为独自的意思。

【今文意译】

孔子说："熟读《诗经》的人，交给管理任务，却完成不了；出使到国外，也不能独自应对；知识虽然很多，又有什么用呢？"

【分析解读】

本章阐明管理职责对"学以致用"的要求。

在当时，《诗经》不只是一部文学作品，其中既有反映民情民意的内容，又蕴涵着治国安邦的道理，因此，孔子用《诗经》作为学习管理的经典读物，并在教学中经常引用《诗经》篇章。《诗经》对于学管理来说，其作用同《尚书》、《周礼》等是一样的。

孔子这句话虽然只举《诗经》，但也可以理解为泛指各类管理知识。也就是说，既然要学管理，就不可避免地要学习各种管理知识，但对于学管理的人来说，学习这些管理知识本身不是目的，学管理的目的在于做管理，在于"学以致用"。将各种管理知识与不同管理情境下的具体实务联系起来，善于分析和解决现实问题，提升管理有效性，才是学管理所要达到的目的。因此，儒家强调的管理学习，不仅仅是知识学习，更要在实践中学习，以培养管理能力和综合素质。

管理精义

在管理职业化的背景下，知识学习，特别是分门别类的管理专业知识学习，是培养管理者不可或缺的环节。但管理知识学习本身不是目的，具有管理综合素质和能力，能够解决实际问题，才是管理学习的目的所在。因此，管理学习要注重知识与现实的结合，这其中非常重要的环节就是模拟演练，借助模拟演练中所包含的训练过程，将知识转化成能力。另外，管理学习应该是一个终生学习的过程，即便走出校门，也要将管理实践视为一种学习过程，不断将知识和各类实践相对照、比较，从中体会知识的实践意义。

13.6 子曰："其身正，不令而行；其身不正，虽令不从。"

【今文意译】

孔子说："管理者做到公正无私，不用命令，人们也知道怎么做；管理者做不到公正无私，即便下命令，人们也不会服从。"

【分析解读】

本章强调做管理贵在"公正无私"。

可以将孔子这句话，看作是对第十二篇第17章所讲的"政者，正也。子帅以正，孰敢不正"的进一步说明。"公正无私"不能仅流于口头和形式，要切实体现在管理者的日常行为中，如果管理者在管理工作中能够做到遵循规则和规范，以追求共同利益为己任，上行下效，人们自然知道要各司其职，也明白衡量是非对错的标准是什么。如此一来，管理者不需要告诉人们怎样做，人们也知道应该怎样做。反之，管理者做不到"公正无私"，却又要求人们以共同利益为重，那就只能是一厢情愿，其结果自然是"虽令不从"了。

> **管理精义**
>
> 正像教育中强调"身教胜于言教"一样，在组织管理中，管理者的"身正远胜于令苛"。这对管理者的公正行为提出了非常高的要求。在某种意义上说，管理者的公正是管理有效性的基本保证。

13.7 子曰："鲁卫之政，兄弟也。"

【今文意译】

孔子说："鲁国和卫国的管理，真是相似啊。"

【分析解读】

本章借比较鲁、卫两国的管理，说明"正名"是根本，"名不正"，管理就会出问题。

孔子这句话是一语双关。当年周武王分封天下的时候，周公的封地在鲁，康叔的封地在卫，周公和康叔都是周武王的弟弟；而且据说，在众兄弟中，周公和康叔最为亲密，鲁、卫堪称"兄弟之国"。但遗憾的是，到孔子时代，鲁卫两国都遭逢管理混乱，其根源又都在于"僭越"名分，出现了所谓"君不君，臣不臣，父不父，子不子"的局面，以致"名不正，言不顺"，"身不正，令不行"，鲁卫两国倒真成了一对"难兄难弟"。所以，孔子才说"鲁卫之政，兄弟也"。

> **管理精义**
>
> 管理失败也许由很多内外部因素造成，但从管理本身来说，无外乎两个方面，一是管理岗位职责设计或管理规则不清晰；二是管理者综合素养或管理境界达不到要求。前者之失，表现为"名不正"，其结果是"言不顺"；后者之失，表现为"身不正"，其结果是"令不行"。两者皆失，管理必败。

13.8 子谓卫公子荆①，"善居室。始有，曰：'苟合②矣。'少有，曰：'苟完矣。'富有，曰：'苟美矣。'"

【字词释义】

①公子荆：卫国大夫。
②合：是会意字，本义为闭合，这里引申为足够的意思。

【今文意译】

孔子评论卫国大夫公子荆说:"善于管理家庭财富。刚开始有点积蓄,就说:'已足够了。'等到逐渐增加,又说:'很齐备了。'一旦达到富足,则说:'太完美了。'"

【分析解读】

本章讲解管理者在私人事务上所应有的态度。只有处理好了私人事务,才有可能做好管理,否则,既有可能公私不分,更有可能以私损公。

据记载,公子荆在卫国做管理者,以"公正廉明"著称,而孔子在这里对他的评价,偏偏没有从他在诸侯国管理事务中的具体表现入手,倒是讲他善于打理家庭财富。这里的"居室"比"齐家"的含义稍窄,专指家庭事务中与物质财富等有关的方面,也可以理解为"理财"。但是,孔子说公子荆"善于理财",却没有讲他理财的具体做法,而专讲他对待财富的态度,即"知足"、"不贪",这是非常有深意的。

一个人若对个人财富过度追求,一方面他的物质欲望会不断膨胀,有可能达到贪得无厌、无法自拔的地步;另一方面,也可能会随着物质欲望的增长而慢慢走向不择手段。一旦如此,无形的公私界限又岂是障碍?以私损公,化公为私,便不可避免。所谓"公正无私",也只能是一句漂亮的口号。

所以,在儒家管理模式下,非常看重管理者个人德行修养,以及在持家理财上的态度和表现。这不仅是个人管理、家庭管理和组织管理中能力相通及能力迁移的问题,更重要的是,只有先处理好"私",解决好了"后顾之忧",才能更有效地承担公共职责,也才能在公共事务管理中秉持"公私分明,公正无私"的原则,真正做到"身正"、"言正"。

由此不难看出,在儒家管理模式下,管理者的"德"有"私德"和"公德"之分,但两者又是紧密联系在一起的。不能恪守"私德"的管理者,除非有完备的外部规则和规范体系,并有透明周全的立体监督机制,否则,很难具备"公德",也难符合管理职业规范的要求。尤其是在孔子所处时代,管理者处在相对集权的体系下,更需要借助"私德"来保证"公德"。换句话说,有"私德"不一定必然会有"公德",但有"私德"而有"公德"的可能性,要远远高于无"私德"而有"公德"的可能性。这也就是孔子刻意强调由内而外的管理者自我修养的深意所在。

管理精义

管理者无时不处于公私利益的纠葛之中。即便在法治社会和法人组织中,由于理性有限和信息不对称,规则所确立的各种权利和利益边界,也并非泾渭分明,总会留下大量灰色地带,给管理者较大的自由裁量空间。如何让管理者真正做到"公私分明,公正无私",是组织管理所面临的永恒挑战。

为了应对和破解此难题,必须先保证合理、正当的私人利益。这里的"公正无私",

绝不是要消灭私人利益，否定私人利益，而是强调在处理公共事务和公共利益时应保持公正，不夹带私人利益。也就是说，"公正无私"是指在公共利益范围内，不应该有管理者的个人利益，即"公中有正，公中无私"的意思。管理者的私人利益则是在公共利益之外，由规则予以保证的。

从这个意义上说，"公正无私"的前提是"公私分明"，即通过适当、合理的规则设计，来保证私人利益和公共利益各自的边界及合法性。但问题是，当"公私分明"难以在实际中完全做到，或当存在规则不完全时，怎样才能保证"公正无私"呢？这又不得不依靠管理职业规范和敬业精神，即管理者的职业操守。这正是管理者的"公德"或"职业道德"对管理实践中"公正无私"的重要保证作用。

可以说，"公私分明"强调的是规则的作用，而"公正无私"强调的是管理职业规范和职业道德的作用。但是，必须清醒地认识到，仅凭管理职业训练，很难完全保证管理"公德"，还需要有个人持续的"私德"修养才行。因此，严格来说，在管理的职业"公德"中，已经蕴涵了对"私德"的要求。不先解决好"私"，则无法达到"公正无私"。

13.9 子适卫，冉有仆①。子曰："庶②矣哉！"冉有曰："既庶矣，又何加焉？"曰："富之。"曰："既富矣，又何加焉？"曰："教之。"

【字词释义】

①仆：这里指赶车、驾车。　　②庶：这里是众多的意思。

【今文意译】

孔子去卫国，冉有驾车。孔子说："卫国的人口真多啊！"

冉有问："人口多了，又该怎么办呢？"

孔子说："让他们富裕起来。"

冉有又问："富裕起来后，又该怎么办呢？"

孔子说："让他们受教育。"

【分析解读】

本章承接上章，强调管理者在面对公共事务时所应有的态度。

孔子和冉有的对话，谈的是诸侯国管理的内容，与上章的个人财富管理相对应。根据儒家管理模式的要求，管理者在公共和私人事务上应持有不同的态度，特别是涉及财富的时候。管理者对于私人财富的态度，应像公子荆一样，"知足常乐"；而对于公共财富，或更具体地说"富民"，则应"多多益善"。

当然，即便在公共财富创造或富民上，财富及其积累本身也不是目的，只是手段，真正的目的是要"有耻且格"。这就需要教育。通过社会礼仪规范和各种专门知识、技能的教育和训练，既让人们各尽其才，又能和谐共处。这才是孔子所要追求的诸侯国公共事务管理的目标。

> **管理精义**
>
> 现代组织，尤其是企业组织，必须拥有资源和效率，并能持续创造更大的价值才能生存，但是，生存是组织存在的基础，却不应该成为组织存在的目标。这就像健康是人得以生存的前提，但人活着并不只是为了健康。现代组织和管理在追求物质资源和利益的同时，必须思考的问题是，用这些资源和利益到底要做什么。基于此，才能真正建立起组织的愿景、价值观和行为规范，进而使管理的教育功能得以发挥出来。

13.10 子曰："苟有用我者，期月①而已可也，三年有成。"

【字词释义】

①期月：指一周年的时间。

【今文意译】

孔子说："假使让我来管理诸侯国，一年初具规模，三年便见成效。"

【分析解读】

本章专讲诸侯国管理中"富民"的周期。

涉及诸侯国公共事务的管理，必然有周期要求。孔子这里所说的"期月而已可也"，意思是，一年时间内各种规则和程序体系就可以建立起来，并能够运行，从而使诸侯国日常管理事务走上正轨。这种周期的估计，是与当时诸侯国的人口规模及相关事务的分工和复杂程度联系在一起的。

在一年达成初步效果的基础上，再经过两年努力，便会达到预期管理目标。这里之所以用三年作为一个管理周期，是因为在当时以农业生产为主的情况下，一般认为，耕种三年，才有可能积蓄起足够一年之用的余粮，这也代表当时财富积累的周期。也就是说，在当时条件下，从富民的角度看，三年周期就可以看到财富积累的成效。

管理精义

管理有周期性，而这个周期又与组织及环境的周期性发展密切相关。因此，管理者切忌不顾特定管理周期的存在，急功近利，更不可总期望毕其功于一役。这经常会欲速不达。管理者应尊重环境、组织和管理固有的周期性，以战略的眼光和包容的胸襟，循序渐进，分步实现战略目标，并确保各类规则和规范体系在逐步推进中日益完善。

13.11　子曰："'善人为邦百年，亦可以胜残①去杀矣。'诚哉是言也！"

【字词释义】

①残：是形声字，本义是伤害，这里是残暴之人。

【今文意译】

孔子说："'用德才兼备的人来管理国家，历经百年，才可以敦化风气，消除残暴，不用杀伐'。这话说得真对啊！"

【分析解读】

本章讲"教民"的周期，即百年树人。

孔子这句话的意思是，"富民"容易，"教民"难。要"富民"的话，在农业社会，三年即可见成效；但若要"教民"，也即敦化风气，由内而外地改变人们的思想和行为，则需要更长的时间，不要寄希望于在一届、一代管理者那里就能完成。

这里所讲的"百年树人"，并不是指一个人能活到一百岁，而是说要经历几代人的持续努力，"教民"的事业才能完成。这也正是"百年大计在教育"的意义所在，也是儒家管理模式将管理过程视为教育过程的原因。管理要真正实现教育人的目标，管理者就必须有长远眼光、战略思维，运用"迂回式"管理途径，以求"功在当代，利在千秋"。当然，这其中的"功"和"利"，都不单指物质功利而言，更是指精神和文化的价值。

管理精义

管理者的战略思维，不仅指关于任期目标或组织长远目标的考量，也指从组织生命周期超越个体生命周期的角度，考虑组织的愿景追求和文化传承问题，这其中非常重要的内涵是"组织人"的塑造和"组织精神"的发扬光大。因此，这样的战略思维，也可以称为文化战略思维，以区别于经营战略思维。如果将管理本身看作一种超越个人特质和个体生命周期的职业，同时也是组织的一项特定功能的话，那么，职业管理者就必须具有超越个体任期和私人利益考量的文化战略思维。这也是管理职业规范和敬业精神的必然要求。

13.12 子曰："如有王①者，必世②而后仁。"

【字词释义】

①王：这里泛指首领或同类中力量最强大、能力最突出者。

②世：在小篆中是会意兼形声字，本义指三十年的时间，引申为一辈子，这里是三十年的意思。

【今文意译】

孔子说："即便有最杰出的管理者，也一定要经过三十年，才能确立起以仁爱为核心的社会规范。"

【分析解读】

本章在上章基础上进一步指出，要敦化风气，就必须有以"仁爱"为核心的社会规范；没有规矩，不能成方圆，没有社会规范，不足以化人心；但社会规范的确立并非一日之功，即便有最杰出的管理者，也至少需要三十年时间。

规范不同于规则。规则具有强制性，以外在惩罚相威胁，可能很快就可以建立起来；但规范是要由内而外地发挥作用，需要让人们自愿选择和遵从，这就要以认同的建立为基础，而认同的建立，则要经历一个包括认知形成、榜样学习、自我践行、习惯养成等环节在内的渐进过程。因此，社会规范的确立，是一个自生自发的缓慢演变过程，需要更长的时间才能看到效果。

管理精义

管理者具有文化战略思维的具体表现之一，是在组织文化建设和发展上，不急于求成，不热衷于轰动效应，而抱持"风物长宜放眼量"的心态，脚踏实地，发挥管理的教育功能，让组织文化在"不言不语，不知不觉"中渗透到组织的各项活动里去，发挥出无形而又恒久的影响力。

13.13 子曰:"苟正其身矣,于从政乎何有?不能正其身,如正人何?"

【今文意译】

孔子说:"如果管理者能做到公正无私,对于做管理来说,又有何难呢?如果不能做到公正无私,又怎么能要求别人呢?"

【分析解读】

本章讲解要培育以"仁爱"为核心的社会规范,关键在于管理者的公正无私;若自己无法做到公正无私,就不能期望别人认同和遵从规范。

可以将本章与第十二篇第 17 章、本篇第 6 章联系起来看,这些内容说的都是,做管理贵在公正。只是本章的语境在于"教民",即"百年树人"。要达到敦化风气、胜残去杀的仁爱境界,则有赖于一代又一代管理者以身作则,不断践行和推广以"仁爱"为核心的社会规范,引导、感召人们朝着"仁爱"境界持续努力。这个过程,也就是一个管理者用社会规范来"正己正人"的过程。

管理精义

组织若要推行一种特定规则和规范,必先从管理者着手。只有管理者率先认同规则和规范,并身体力行地遵从规则和规范,公正无私地实施管理;这种规则和规范才会慢慢为组织成员和利益相关者所认可和接受,也才能真正在组织中发挥作用。

13.14 冉子退朝。子曰:"何晏①也?"对曰:"有政②。"子曰:"其事③也。如有政,虽不吾以,吾其与闻之。"

【字词释义】

①晏:是形声字,本义指天空晴朗,假借为迟、晚,又假借为闲适、安乐,这里是迟、晚的意思。

②政:这里指诸侯国管理事务。

③事:这里指季氏家族管理事务。

【今文意译】

冉有从季氏家下班回来。孔子问:"怎么这么晚啊?"

冉有回答说:"有诸侯国管理事务要办。"

孔子说："应该是季氏家族的事务吧。如果有国事，虽然我已经辞官，但也会提前通报一声的。"

【分析解读】

本章承接上章，用季氏公私不分的事例说明，做管理达不到公正无私，便无法确立规范，更谈不上用规范来敦化风气。

冉有当时正在季氏家里做管理者，也即家臣，而季氏虚君弄权，常常公私不分，国事家议。按照当时的规矩，诸侯国大夫在家里不能与家臣、家人讨论国事。因此，孔子才会故意对冉有说"应该是家事吧"，意在提醒冉有，季氏在家里讨论国事的做法，不合规矩，侵权僭越，其身不正，必为鲁国之患。

孔子接着说"如有政，虽不吾以，吾其与闻之"，意在说明，按照常规做法，一些重要的大政方针，在朝议之前，都会广泛征求意见，像孔子这样虽已辞官，但资历深、影响大的人，自然都要来征求意见；但是，现在季氏严重破坏了社会规范和管理程序，议国事不仅不征求意见，而且还是在家里同家臣讨论，这岂不是将鲁国国政变成了季氏家政吗？季氏的做法，是典型的公私不分，废公肥私，已毫无管理公正可言。这样一来，鲁国的社会规范和管理规矩又怎么可能建立起来呢？

【管理精义】

管理者应当坚守公私界限，切忌公私不分，公权私用。为此，除了一般性的规则和规范建设之外，组织中还必须建立起更为细致地将各类权力有效区分、制衡、监督的机制，切勿让某一方面的权力独大，无所制衡，以至于"集权诱私利"。

13.15 定公问："一言而可以兴邦，有诸？"孔子对曰："言不可以若是其幾①也。人之言曰：'为君难，为臣不易。'如知为君之难也，不幾②乎一言而兴邦乎？"曰："一言而丧邦，有诸？"孔子对曰："言不可以若是其幾也。人之言曰：'予无乐乎为君，唯其言而莫予违也。'如其善而莫之违也，不亦善乎？如不善而莫之违也，不幾③乎一言而丧邦乎？"

【字词释义】

①幾：这里是期望、期待的意思。　　②③幾：这里是几乎、差不多的意思。

【今文意译】

鲁定公问:"一句话就能让国家兴旺,有这种情况吗?"

孔子回答说:"不能对说话抱这么大的期望啊。人们说:'当国君难,当大臣也不容易。'如果真正理解当国君的难处,这句话不是差不多能让国家兴旺了吗?"

鲁定公又问:"一句话就能让国家衰落,有这种情况吗?"

孔子回答说:"不能对说话抱这么大的期望啊。人们说:'我其实不喜欢当国君,只不过是因为国君的话没有人敢违背罢了。'如果国君说得对而没有人违背,不是很好吗?但如果说得不对,却没有人敢违背,这句话不是差不多能让国家衰落了吗?"

【分析解读】

本章说明,做管理不能期望走捷径;想动动嘴就可以做好管理,是不可能的。

鲁定公问"一言兴邦"、"一言丧邦",其言下之意,在孔子看来,都是将做管理看得太容易了,以为只需要动动嘴即可。果真如此,还需要"世而后仁"、"为邦百年"吗?因此,孔子对"一言兴邦"的回答,恰是通过引用人们常说的"为君难,为臣不易"来告诫鲁定公,若能够真正理解做管理的艰难,谨记这句话,一步步脚踏实地做下去;那么,回头再看,"为君难,为臣不易"这句话,恰可以让国家兴旺了。

针对"一言丧邦"的回答,孔子又引用"予无乐乎为君,唯其言而莫予违也"这句话,暗示管理者说话不可不慎重,尤其是最高管理者,很少会有人去明确反对他说的话,这样一来,若管理者不注意自己的言论,那可真成了"一言丧邦"了。

在这里,孔子看似引用流行的话来回答鲁定公的问题,实则是要说明,管理者不要迷信于自己的权力、命令或讲话,而应身体力行地去做,管理是做出来的,不是说出来的。这再次从反面佐证了"政者,正也"以及"其身正,不令则行"的道理。这里的"身正"主要体现在行动中,而不是说话上。

管理精义

语言对管理的重要性毋庸置疑。管理的规则、规范以及组织的愿景和价值观等,都需要通过语言来表达,而且,管理者日常的重要工作内容之一,也是与各种人进行语言沟通。但是,管理者必须牢记,语言的意义和价值需要通过行动来创造。没有真诚行动来支撑的语言,不仅难以产生有效的管理作用,而且还会适得其反,大大损害管理的合法性、合理性和有效性。

管理者在日常管理实践中,既要尊重语言,又不能迷信语言;既要善于理解语言,更要真诚地运用语言;在努力保持言行一致的同时,还要注意保持不同场合、不同语境下语言的内在意义的一致性。

13.16 叶公问政。子曰："近者说，远者来。"

【今文意译】

叶公请教管理问题。孔子说："周围的人满意，远方的人就会来加入。"

【分析解读】

本章讲管理中的信息传播和声誉形成机制。

在当时条件下，信息传播主要靠口口相传。做管理，只有先让周围直接相关的人感到真心满意，并心悦诚服地表达这种满意，这种满意的信息，才能通过口口相传扩散出去，管理有效性及其声誉也才会慢慢形成，进而吸引更多远方的人加入进来，不断壮大诸侯国的力量。当然，若从信息不对称的角度来看，真正对管理者及其管理风格和能力了解的人，也是那些与之朝夕相处的身边或周围的人，这也是"仆人眼里无英雄"的道理所在。因此，在孔子看来，管理者如果能让周围的人都心悦诚服，那就更不用说远方的人了。

管理精义

在今天发达的信息技术条件下，同样存在信息不对称，甚至会更加严重。爆炸的信息量并不意味着信息不对称的消除，反而会加剧信息不对称。因为在噪声更大的背景下，辨别有效信息的成本会更高；高昂的信息甄别成本，自然会加大信息不对称，更不要说人们还会利用信息工具，人为制造出信息不对称。这也许就是今天为什么更加容易"一夜成名"、更常出现"近者不悦，远者却来"的原因。

因此，在涉及管理有效性及其声誉评价时，当前尤其需要"返璞归真"，更加重视"近者悦，远者来"在真正的声誉传播中所扮演的角色。这有利于引导管理者从自身、团队、组织的内功修为入手，一步一个脚印地培育管理有效性及其声誉的坚实基础，那就是人们的心悦诚服，而不是一味地追求"眼球效应"和推广力度。

13.17 子夏为莒父宰，问政。子曰："无欲速，无见小利。欲速，则不达；见小利，则大事不成。"

【今文意译】

子夏做莒父这个地方的主管，请教管理问题。孔子说："不要期望立竿见影，也不要追求蝇头小利。想立竿见影，反而达不到最终目的；求蝇头小利，大事情就做不成。"

【分析解读】

本章讲管理的战略思维。

具体地说，孔子这句话阐明了战略思维的两方面内涵。首先，在时间维度上，战略思维体现为长远眼光。也就是说，管理者不可急于求成，而要稳扎稳打，这就是孔子所说的"无欲速"、"欲速，则不达"的道理。儒家"迂回式"管理的真谛也恰在于此。"磨刀不误砍柴工"，看似迂回曲折，颇费时日功夫，倒不如直接告诉人们怎么做来得干脆利索；但是，一旦人们真正理解并确立起内在价值准则，并形成特定能力，不仅会做得更好，而且会积极主动地去做，其最终效果却不是那种命令式管理可比的。

其次，在空间维度上，战略思维表现为整体观或大局观。这就要求管理者在做管理时，必须时刻将整体或全局利益放在首位，不为个体或局部利益所动，这就是孔子所说的"无见小利"、"见小利，则大事不成"的道理。儒家管理模式强调管理者要超越自我、践行规范，"克己复礼"以追求"天下归仁"，说的也是这个意思。

管理精义

组织战略管理的本质，恰在于运用战略思维，超越眼前利益和局部利益，以追求长远的、整体的价值。基于此，组织战略管理也就意味着，在战略思维指导下，对组织长远发展的目标与路径、政策与方案、措施与步骤等进行整体谋划，并以此为基础，使日常管理得以有一种能够超越眼前利益，不急于求成的内部准则和外部机制。由此可见，战略思维是战略管理的前提，而战略管理则是战略思维的具体表现。没有战略思维，就不可能有战略管理。

13.18 叶公语孔子曰："吾党有直躬^①者，其父攘^②羊，而子证^③之。"孔子曰："吾党之直者异于是。父为子隐，子为父隐，直在其中矣。"

【字词释义】

①直躬：其中"直"是正直，"躬"是人名，即"躬"这个人素来正直，因而得到了"正直"的名声，人们以"直"加在他的名前，以表示他是一位有名的正直之人。

②攘：是形声字，本义指用手向前推，这里是偷盗、窃取的意思。

③证：这里是告发的意思。

【今文意译】

叶公告诉孔子说："我们村里有位正直的人，父亲偷了别人的羊，他去告发了。"

孔子说："我们村里正直的人不是这样。父亲替儿子隐瞒，儿子替父亲隐瞒，正直就在其中了。"

【分析解读】

本章讲个人私德中"孝"与"直"之间的优先序。

孔子和叶公的对话，讨论的主题是私德中的两个重要的价值准则，即"孝"和"直"。一般来说，当私德的价值准则不止一个时，就需要明确这些不同价值准则之间的优先序。例如，在现实中，知道"孝"和"直"都是私德的重要内涵是一回事，而明确"孝"和"直"哪个更重要或它们之间的优先序，又是另一回事。人们可能认同两者都重要，但不一定认同两者的优先序。这将导致人们的行为表现完全不同，或者对同样行为的看法截然相反，特别是当面对两种私德准则冲突的情境，更能体现出优先顺序的差异和重要性。

可以推断，叶公村里的人，包括"躬"这个有名的正直之人在内，都不会否认"孝"和"直"是私德的重要内涵，但在"直躬"这个人的价值准则优先序里，"直"显然排在"孝"前面，或者说，他认为"直"更重要，所以，当他父亲偷了人家的羊时，他秉承"直"这个更重要的私德准则，告发了他父亲。

但是，在孔子的私德优先序里，"孝"排在"直"前面，或者说，孔子认为"孝"更重要，所以，他才会说："父为子隐，子为父隐，直在其中矣。"

由此可见，孔子和叶公或"直躬"所奉行的私德准则的优先顺序不同，对同样的行为，自然就会有不同的看法。当然，孔子在这里，也只是给出了私人场合中私德的价值准则优先顺序，若进入公共场合，则又另当别论。当公共和私人角色出现冲突时，儒家更强调以公为主，私要服从公。例如，当"忠孝不能两全"，或"忠"和"孝"出现冲突时，儒家的优先顺序是以"忠"为先。

管理精义

管理者不仅要明确管理角色和私人角色的界限和差异，更要深入思考职业公德和个人私德中各自的价值准则的优先序，从而使自己在私人领域和公共领域中都有明确的底线坚守。这样一来，即便在极度矛盾或冲突的情境中，管理者也不至于茫然不知所措。

13.19 樊迟问仁。子曰："居处恭，执事敬，与人忠。虽之夷狄，不可弃也。"

【今文意译】

樊迟请教关于仁爱的问题。孔子说："平日独处时庄重恭敬，执行任务时谨慎认真，与人合作时尽己尽责。即便到那些偏远的诸侯国任职，这些原则也不能放弃。"

【分析解读】

本章讲以仁爱为核心的社会规范在管理职业中的具体体现及其对管理者的基本要求。

从孔子的回答中不难理解，樊迟在这里"问仁"，是想知道，当人们扮演管理角色，处理公共事务而不是私人事务时，应怎样体现"仁爱"要求。孔子说的"居处恭，执事敬，与人忠"，实际上正是以"仁爱"为核心的社会规范在管理职业中的具体表现。管理者只有做到了独处时庄重恭敬，工作时谨慎认真，合作时尽己尽责，才能真正做到表里如一、始终如一、以身作则、率先垂范。这与儒家管理模式下的管理职业规范和敬业精神的要求是完全一致的。

管理精义

由于管理职业所具有的公共性特征，管理者在扮演管理角色、履行管理职责时，本质上处在一种透明的状态。换句话说，管理角色本身，对组织而言，是没有隐私的。虽然管理者个人有自己的私人空间，但当他在组织中扮演管理角色时，既不能将私人角色和管理角色混淆，也不应在具有公共性的管理角色上设置所谓"私人空间"。因此，管理角色的职业要求之一，就是公开透明，表里如一。

13.20 子贡问曰："何如斯可谓之士矣？"子曰："行己有耻，使于四方不辱君命，可谓士矣。"曰："敢问其次。"曰："宗族称孝焉，乡党称弟焉。"曰："敢问其次。"曰："言必信，行必果，硁①硁然小人哉！抑亦可以为次矣。"曰："今之从政者何如？"子曰："噫②！斗筲③之人，何足算也！"

【字词释义】

①硁：是形声字，本义指通过敲击能发出乐声的石器，"硁硁"在这里是固执、顽固的意思。

②噫：这里表示感叹。

③筲：是形声字，指一种用来盛饭或粮食的小竹筐，"斗筲"在这里引申为器量狭小的意思。

【今文意译】

子贡问道："怎样做才称得上是学过管理的人呢？"

孔子说："有职业操守，严于律己，知道该做什么，不该做什么，派到各地执行任务能不辱使命，这才称得上是学过管理的人。"

子贡又问:"那么稍差一点又怎样呢?"

孔子说:"家族里都夸赞其有孝行,同乡人皆认可其讲友爱。"

子贡再问:"那么再稍差一点又怎样呢?"

孔子说:"说话算数,说到做到,固执得像被管理者一样!这或许也可以算是稍差一点的吧。"

子贡最后问:"如今那些做管理的人怎么样呢?"

孔子说:"哎!都是些器量狭小的人,哪能数得着啊!"

【分析解读】

本章阐述学管理的人所应达到的基本要求。

子贡在这里请教的问题,实际上指的是,对于一名学过管理或正在学管理的人(即"士")来说,他与没有学过管理的人有什么样的区别?或者说,到底怎样才算学过管理?用今天的话来说就是,管理专业的学生与其他专业的学生,有什么不一样呢?

孔子的回答,首先从职业和专业本身入手,强调学过管理的人,最重要的职业要求就是,一方面律己或自我管理,将管理职业规范内在化,知道什么该做,什么不该做;另一方面,又具备管理专业知识和能力,能够完成委托人交给的各项任务。前者是职业公德或敬业精神,体现的是职业规范,可以简称为"德";后者则是职业能力,体现的是专业知识,可以简称为"才"。在孔子看来,只有达到"德才兼备",才算真正学过管理。当然,要达到这种理想的职业高度比较难,所以,子贡才追问道,若退一步,学过管理的人至少要做到怎样呢?

孔子所讲的"宗族称孝"、"乡党称弟",就是指"孝悌",这是"做人"的根本。儒家强调学管理要先学"做人",那么,对于学过管理的人来说,即便没有机会做管理,也还要堂堂正正做个人。因此,当子贡追问,若达不到那个学管理的理想境界,退而求其次应该如何时,孔子便从"孝悌"入手,强调学过管理的人至少要在"孝悌"上成为楷模,为大家所称道;"做人"好,也不枉学了一回管理。

子贡又继续追问,若在"做人"上也难以达到"楷模"的境界,那么,学过管理的人,起码应做到怎样呢?孔子最后所要表达的意思是,既然学过管理,起码不能做得比被管理者差。也就是说,要求被管理者做到的,起码自己要先做到。管理者总是希望被管理者能够"说话算数,说到做到",只有这样,才能保证组织各项工作顺利开展。既然如此,那么,学过管理的人,就更应该深刻理解管理者对被管理者的要求,起码要做一名"模范"的被管理者。这已经是对学过管理的人的最低要求了。所以,孔子才说:"抑亦可以为次矣。"

但遗憾的是,即便这样的最低要求,当时的管理者们,像鲁国的季氏等,也无法达到。因此,当子贡请孔子评价"今之从政者"时,孔子便感叹道:"他们还真算不上啊!"即他们连最低或最起码的要求都没有达到。

> **管理精义**
>
> 管理者的"自知之明"应该做广义理解,不完全指个体意义上的"自知之明",更强调一种职业意义上的"自知之明"。也就是说,管理者应清醒地认识到自己所从事职业的规范、知识和能力要求,并理解和把握职业特性。这样才能在做管理的过程中,不断有意识地强化自己的职业意识和专业素养,通过持续乃至终生学习的努力,提升自己的职业境界和专业水平。

13.21 子曰:"不得中行①而与之,必也狂②狷③乎!狂者进取,狷者有所不为也。"

【字词释义】

①行:道路的意思,这里引申为管理之道,"中行"即符合管理之道。

②狂:这里是任性、不受拘束的意思。

③狷:这里是洁身自好、不屈从于人的意思。

【今文意译】

孔子说:"若找不到仁爱和智慧兼备的人合作,就找那些不拘小节的人和洁身自好的人吧!不拘小节的人,有智慧,志向远大,善进取;洁身自好的人,讲仁爱,谨慎小心,能坚守。"

【分析解读】

本章阐述在与人合作过程中,不可要求太高,求全责备,而要善于发现人之所长。

具体地说,孔子这句话,既可以理解为管理团队中不同管理者之间合作的要求,也可以应用到管理者和被管理者之间的互动过程中。不管哪种情形,合作者的选择都非常重要。在这里,孔子的意思是,不要期望合作者都是德才兼备的完人,而应看到不同人的特点,善于用人所长。

孔子举了两类极端情况。一类是"狂者",看似不合常规,不拘小节,实则勇于进取,能"有所为",这是团队合作中创造力和活力的源泉;另一类是"狷者",看似不随大流,洁身自好,实则坚守原则,能"有所不为",这是团队合作中凝聚力和毅力的基础;而且,这两类人又有一个共同特点,即不追求时尚,不入所谓"主流","狂者过之","狷者不及"。孔子用这两类极端情况,意在说明,即便这两类颇为极端的人,都有各自的价值,是团队合作必不可少的人,更何况其他各有特点和特长的人呢?因此,合作贵在知人善任，用人所长。

> **管理精义**
>
> 现代组织中的任务完成，多数情况下不是依靠个人的努力，而是团队合作的结果。团队之所以能产生超越个人及其简单相加的创造力和效率，关键在于团队成员间的异质性而非同质性。人虽无完人，但团队恰可以通过非完人的互补而达到完美的合作，关键在于如何发现、理解、尊重和发挥团队成员的特点和特长。这正是今天组织管理所面临的重要挑战之一。

13.22　子曰："南人①有言曰：'人而无恒，不可以作巫医。'善夫！""不恒其德，或承之羞"②。子曰："不占③而已矣。"

【字词释义】

①南人：指南方诸侯国的人。

②不恒其德，或承之羞：是《易·恒卦》中的爻辞，大意是"不持之以恒修养德行，常会有羞辱持续而来。"其中，"或"是常的意思，"承"是持续的意思。

③占：是会意字，本义指看龟甲的裂纹推测吉凶，这里是占卜、预测的意思。

【今文意译】

孔子说："南方诸侯国有人说：'没有恒心的人，不能当巫师和医生。'说得对！"《易》也说："不持之以恒修养德行，常会有羞辱持续而来。"

孔子说："既然如此，那也只能不占卜预测了。"

【分析解读】

本章阐明恒心对于做管理的重要性。

在当时，巫师和医生这两种职业都非常重要，而且有共同特点，即都需要从业者有较高的职业公德和专门的知识、技能。因为这两种职业的专业化程度都很高，难以为外人所理解和掌握，都有一定程度的神秘感；在这种情况下，若巫师和医生没有职业操守，就可能给他人和社会带来很大危害。因此，要想成为巫师和医生，都需要经过长期艰苦修养和磨炼，才能达到职业要求；另外，这两种职业的从业者，也必须有较长时间的从业经历，才能为大家和社会所认可和信任，也就是说，职业声誉非常重要。这都离不开"恒"，即恒心和毅力，必须持之以恒，长期修养，才能满足这样的要求。这就是当时人们为什么说"人而无恒，不可以作巫医"的原因。

孔子引用这句话，并认可这句话，实际上是以巫师和医生职业作类比，意思是说，人们若没有恒心，同样也不能做管理者。管理职业与医生职业本质上是一样的，都要求高职业公德和专门化知识、技能。为了更进一步说明这一点，孔子引用了《易》中的爻辞。在当时，《易》主要用于占卜预测，被视为重要的管理工具之一。管理者要防患于未然，就离不开对未来的预测，而要恰当运用预测工具，又离不开管理者的职业素养。如果不能持之以恒修养德行，提升综合素质，在预测中就常会招致失败和羞辱。既然如此，那还不如不预测。如果既不预测，也不防患于未然，那么，还要管理者和管理干什么呢？

由此不难理解，孔子在这里所要表达的核心思想是："人而无恒，不可以做管理。"

管理精义

做管理必须有恒心和毅力。组织在发展过程中可能会遇到各式各样的困难，未来充满了不确定性。面对这种极度不确定的未来，恒心和毅力恰是最有效的应对之策。因为只有通过恒心和毅力，才能创造和积累起有效知识，以排除不确定性，转化不确定性，发现机会，创造价值。人们常说"万变不离其宗"，而管理者的恒心和毅力，正是"其宗"之一。

13.23　子曰："君子和而不同，小人同而不和。"

【今文意译】

孔子说："管理者追求协同效应而不是规模效应，被管理者追求规模效应而不是协同效应。"

【分析解读】

本章通过对比管理者和被管理者的职责特点，进一步强调了管理者在共同利益追求中的责任要求。

在孔子这句话中，"和"的意思是，通过不同性质的要素之间的整合，最终达到超越每个要素之上的更高层次的新状态，也即通常所说的"一加一大于二"或"整体大于部分之和"的状态。这就是管理中的"协同效应"。类似于不同的音调、不同的乐器，整合出完美的和声；不同的颜色，调配出绚丽的色彩；不同的调味品，中和出鲜美的味道。

"同"的意思则是，通过相同性质要素的相加，所达到的更大数量的状态。虽然这样的数量叠加，并没有改变要素本身及其整体的同质性，但达到了更大的规模。这就是管理中的"规模效应"。在劳动分工的基础上，每个特定的专业岗位，所要达到的正是这种"规模效应"，这也是劳动分工所要达到的效果，即分工带来规模效应。但是，在劳动分工的基础上，还需要协调或整合。在组织之外，分工基础上的协调，是由市场这只看不见的手完成的；而在组织之内，分工基础上的协调，则是由管理这只看得见的手完成的。

因此，从组织内部管理者和被管理者的职责定位来看，被管理者是在劳动分工基础上，专注于某个特定的同质型任务，实现分工带来的规模效应；而管理者则是在劳动分工基础上，专注于对不同性质的任务进行协调或整合，实现"整体大于部分之和"的协同效应。

如果放在管理情境下，就不难发现，孔子这句话，与第二篇第 12 章所说的"君子不器"，以及第二篇第 14 章所讲的"君子周而不比，小人比而不周"，含义是一致的。

管理精义

管理工作的立足点在"质"而不在"量"，也就是说，管理是要通过合理分工，在不同性质的要素之间整合出"新质"，实现整体大于部分之和。因此，就管理工作而言，一般意义上的基于"量"的相加的效率概念或生产效率概念，便不成立了。虽然一般意义上的效率或生产效率不可能大于 1，但管理工作的本质，恰是要创造"新质"，实现一加一大于二。这种新观念，要求管理者应尊重差异，鼓励差异，并通过对差异化要素的整合，实现"新质"的创造。为此，管理者必须改变同质化思维，避免强求一致。当然，对于同一个组织而言，在愿景、价值观上应具有同一性，但在实现愿景和目标的方式选择，以及不同部门、领域、岗位的职能设计和运行上，则应允许探索、实验，并形成各自独特风格。这也体现出管理中差异与统一，"和"与"同"平衡的艺术。

13.24 子贡问曰："乡人皆好之，何如？"子曰："未可也。""乡人皆恶之，何如？"子曰："未可也。不如乡人之善者好之，其不善者恶之。"

【今文意译】

子贡问道："村里人都喜欢他，怎么样？"

孔子说："不行啊。"

子贡又问："村里人都讨厌他，又怎么样呢？"

孔子说："也不行啊。不如村里的好人喜欢他，坏人讨厌他。"

【分析解读】

本章阐述管理应遵循共同的原则和规范，即公理，而不应一味地讨好别人。

孔子和子贡的对话，意在说明，人与人之间总有差异，不能强求一致。当然，这种个体差异，可能还只是一种自然禀赋上的差异；但由于人是社会人，生活在特定的社会规范下，因而，基于规范的差异和规范下的行为差异，人与人之间又体现出一定的社会差异。将自然禀赋差异和社会差异结合起来，哪怕是生活在一个比较小的村子里的人们，也会形成不同的群体。这也是"物以类聚，人以群分"的道理所在。

对人的评价，总离不开特定的群体规范。特别是从社会评价来看，很难笼统地说谁就是绝对的"好人"，谁就是绝对的"坏人"。现实中，涉及关于人的"好"与"坏"的评价，总是与特定的群体规范联系在一起。

基于此，就不难理解，孔子为什么针对子贡"乡人皆好之"的观点，要说"未可也"。这种人不一定就是遵从规范，正直行事的人，很可能是无原则地讨好别人，属于"老好人"；同样，即便"乡人皆恶之"，也需要深思，这样的人并不一定就是能够坚持原则，不怕得罪人，很可能只考虑个人得失，而不顾其他所有人的利益，当然，也不一定就是真的恶贯满盈，反倒有可能是特立独行，不为人们所理解。

因此，管理者一定要从规范和准则的角度来理解人，并做出审查和判断，而不能只是根据自己的个人好恶或其他人的好恶。这恰是一种面对人的"非人格化"思维方式。这也是第四篇第3章所说的"唯仁者能好人，能恶人"的道理，也即通过以仁爱为核心的社会规范，就能够清醒地认识到村里哪些人是"善者"，哪些人是"不善者"；以此为基础，自然就可以判断一个人到底是为"善者"认可，还是被"不善者"认可了。

管理精义

> 管理者应该认识到，组织中总是存在着利益分化。虽然有组织的共同利益，但也必然存在分化的局部利益。在组织里，有时会围绕着局部利益，形成特定群体或部门的价值观和行为规范，这也被称为组织亚文化。组织亚文化可能不止一种，而且不同类型的亚文化与组织文化也并不一定完全一致，这就容易使得组织中对人和事的评价出现多元化的倾向，甚至出现众说纷纭的局面。这时，管理者为了更清醒地认识特定的人和事，就不能仅仅听人们怎么说，还要善于透过表面差异化的评价，看到背后的利益及亚文化差异，进而准确把握人和事，并借此分析和调整亚文化之间的关系，使组织中各类亚文化尽量与组织文化保持和谐一致，而不要出现摩擦和冲突。

13.25 子曰："君子易事而难说也：说之不以道，不说也；及其使人也，器之。小人难事而易说也：说之虽不以道，说也；及其使人也，求备焉。"

【今文意译】

孔子说："管理者做事容易，说话难：没有道理的话，就不说；与人合作，总能发现别人的长处。被管理者说话容易，做事难：没有道理的话，也要说；与人合作，总是发现别人的短处。"

【分析解读】

本章讲管理者和被管理者工作性质的差异，以突出管理者岗位职责的特殊性。

孔子这段话中的"说"，有两种理解，一是理解为"悦"，意为"取悦"。按照这样的理解，这段话便被解释成，管理者易于共事，而难于取悦，或者说难于让管理者满意；被管理者则难于共事而易于取悦。这种理解与管理情境并不吻合，也容易出现前后矛盾。管理情境中的"取悦"或满意，严格来说，并非个人的事情，而与岗位职责、工作标准联系在一起；而且，让管理者满意，也不是按照管理者本身的岗位标准，而是按照被管理者的岗位标准，完成任务，达到组织要求即可；尤其是当说到"及其使人也，器之"，那么，有一技之长而又能发挥一技之长，完成管理者交付任务的人，自然都会令管理者满意，又怎么会难以取悦呢？那岂不是在求全责备吗？另外，既然被管理者或小人"及其使人也，求备焉"，也就是说，既然被管理者总要对别人求全责备，当然就不容易满意了，怎么又会"易于取悦"呢？由此可见，将"说"解释为"悦"并不合适。

第二种理解是将"说"看做"说话"、"言说"，这与儒家历来强调的管理者"慎言"，在内涵上更容易保持一致。在管理情境中，管理者和被管理者都会面对说话、做事、与人合作这三方面情况，或者说，他们的工作都与这三方面密不可分，只不过他们在这三方面的具体表现和要求不一样罢了。对管理者而言，他的工作性质主要是沟通、与人合作，做事则更多地通过被管理者来完成，因此，管理者只要思路清晰、沟通得当、分工合理，被管理者自然就会各尽所能，顺利完成任务。正是管理工作性质决定了管理者做事容易，因为是通过别人来做，而说话却难，因为话要说得有道理，有权威性，为大家所认可和接受并不容易。

相反，被管理者的主要职责是做事而不是沟通或说话，因此，对于被管理者来说，如何有效地做事，是他面临的最大挑战，至于说话，就容易多了，甚至可以不用为说话负责任，不像管理者那样，说话就要兑现、承担责任。

另外，管理者的职责是合理分工，并在此基础上进行协调，以实现一加一大于二的效果。因此，管理者与人合作，总能超越自己本身的岗位标准，从不同的岗位标准出发来选人、要求人，这便是"器之"的内涵。正由于"君子不器"，才能对被管理者"器之"。但是，被管理者在与人合作时，情况则有所不同。被管理者最熟悉的就是自己所在的岗位标准，他总是会从自身岗位标准出发来要求别人，而按照自己的标准要求别人时，又总觉得别人做得不到位，"求备"便不可避免。

在这里，孔子通过管理者和被管理者工作性质的对比，再次解说管理工作特点及其对管理者的要求，同时也提醒管理者，要理解被管理可能出现的"说之虽不以道，说也；及其使人也，求备焉"言语和行为，这是由被管理者工作性质及由此产生的视野和知识的局限性造成的，与被管理者的个人德行并没有必然联系。

> **管理精义**
>
> 管理工作的性质决定了，管理者总是说多做少，甚至于管理者的说也就是做，特别是对于组织的高层管理者来说，就更是如此，毕竟具体任务的完成或做事，都是下属或被管理者的职责。正因为如此，管理者才更需要慎重对待"说"以及任务的分工和协调。只有管理者"说得好"，任务分工和协调得好，组织最终才能做得好。当然，"说得好"并不等于花言巧语、优美动听，而要有道理、依规则、合规范又可行，这样的"说"才可能转化为组织的"做"，最终创造组织的共同利益。

13.26 子曰："君子泰①而不骄，小人骄而不泰。"

【字词释义】

①泰：是形声字，本义指滑溜，这里是通达、通畅的意思。

【今文意译】

孔子说："管理者的行为表现，经常是通达而不自大，被管理者的行为表现，经常是自大而不通达。"

【分析解读】

本章承接上章，继续阐明管理者和被管理者行为表现上的差异，以进一步说明岗位职责和工作性质对人的影响和塑造。

管理者和被管理者的行为表现，之所以会出现这样的差异，在很大程度上是由管理工作和被管理工作的性质决定的。由于"君子不器"，管理者超越了具体的专业工作岗位和专门技巧，得以更全面地理解和把握组织的整体和长远利益，也更容易理解不同岗位和不同被管理者的专长及特点。因而，相对比较容易想得通、看得透，并能尊重不同岗位及其人员的专长，毕竟管理者本人并没有这些专长，也无法靠自己的力量来单独完成任务，做具体事情。

被管理者由于分工的原因，只负责某一个特定的专业岗位工作，并拥有一技之长，同时也会用自己的一技之长来要求别人，使自己的思路、言语和行为受到一定局限，以至于不容易认识到组织的整体和长远利益，也不容易形成对其他不同岗位的充分理解。这就会在行为上表现出一定的"自大而不通达"的特征。当然，这与被管理者本人的个体特征关系并不大，主要是由工作性质决定的。因此，管理者也应该理解被管理者的这种行为表现，不要一味指责，尤其不能将之与个人特征联系起来，进行人身贬低。如果这样做，管理者反而有失"泰而不骄"了。

管理精义

管理者相对而言更容易获得关于组织整体和长远发展的信息，并由此更全面地理解组织及其不同部门和岗位的情况。因此，管理者的思路、沟通和行为表现，自然就应该有更高的要求，特别是要更好地理解被管理者的工作及其特点，并由此建立起对被管理者行为表现的宽容。只有这样，才能更好地推动组织宽容氛围的形成，并鼓励人们相互沟通、交流、学习和理解。

13.27　子曰："刚、毅①、木②、讷，近仁。"

【字词释义】

①毅：这里是果敢、果断的意思。　　②木：这里是不敏感的意思。

【今文意译】

孔子说："能做到刚强、果敢、质朴、沉静，离仁爱境界就不远了。"

【分析解读】

本章讲管理者追求仁爱境界的基本要求。

可以将本章与第一篇第3章"巧言令色，鲜矣仁"联系起来理解。根据儒家管理之道，管理者首先必须将外在社会规范内化为自己的德行准则，坚守践行，"克己复礼"，才能"居其所而众星共之"。当管理者有了内在德行准则并坚守践行时，其行为表现就会刚强、果断，不被外部威胁利诱所动。有追求而又有原则，才能做到刚强而不屈不挠、果敢而坚定不移。这样一来，自然就不会做表面文章，哗众取宠，热衷于"令色"了；另外，有追求有原则的管理者，也能做到表里如一，始终如一，沉着慎言，言行一致，而这正是质朴和沉静的行为表现，正好与"巧言"形成鲜明对照。

如果管理者真正做到了"刚、毅、木、讷"，也就说明他已将"仁爱"为核心的社会规范内化于心中，并落实在行动上。由此一来，组织和社会便会朝向"仁爱"境界前进。只要在正确的道路和方向上持续努力，"仁爱"境界还会远吗？

管理精义

管理职业规范和敬业精神总要具体落实到管理者的行为上，才能真正发挥作用。其实不仅是管理职业，任何职业都一样，其职业规范最终都会体现为一系列行为规范，以至于通过观察从业者的行为表现及其特征，就可以理解该职业的规范和精神要求。管

> 职业要为组织及其利益相关者的整体和长远利益负责,这其中必定有很大的不确定性,面对不确定性和责任,"刚、毅、木、讷",确实应该是今天管理职业的行为规范要求。
>
> 没有刚强和果敢,很难面对各种不确定性情境做出合理决策,更不可能在眼前和长远、局部和整体利益之间做出恰当权衡和选择;没有质朴和表里如一、沉静和言行一致,更难以在各种信息不对称条件下,恪守原则、规则和规范,始终如一地追求共同利益,履行管理职责,抵御以信息不对称来谋求私人和小群体利益的诱惑。
>
> 从这个意义上说,"刚、毅"是管理职业规范中的"忠",即尽职尽责的基本行为要求,而"木、讷"则是管理职业规范中的"信",即诚实守信的基本行为要求。换句话说,"忠信"作为管理职业的核心规范,体现在管理者的日常行为上,就是要做到"刚、毅、木、讷",而不是"巧言令色"。只有管理者在行为上切实体现出"忠信"的基本要求,做到了"刚、毅、木、讷",组织的共同利益才有可能得以实现。

13.28 子路问曰:"何如斯可谓之士矣?"子曰:"切①切、偲偲②、怡怡③如也,可谓士矣。朋友切切、偲偲,兄弟怡怡。"

【字词释义】

①切:这里是诚恳、坦率的意思。
②偲偲:相互鼓励、督促的样子。
③怡怡:这里是和乐、快乐的样子。

【今文意译】

子路问道:"怎样做才称得上是学过管理的人呢?"

孔子说:"总是诚恳坦率、鼓励督促、和睦快乐的样子,这才称得上是学过管理的人。同事之间要诚恳坦率、鼓励督促,兄弟之间要和睦快乐。"

【分析解读】

本章讲学过管理的人在与别人相处时的不同行为表现。

可以将本章与本篇第 20 章联系起来理解。在第 20 章里,孔子重点讲的是"行己",即学过管理之后,个人的行为表现有什么不一样;本章则重点说明"处人",即学过管理之后,如何与人相处,特别是在与同辈人相处时,行为表现上有什么不一样。

本章讲的与同辈人相处,包括公私两种场合。在公共场合或工作中,与同事相处,要坦诚相待,相互切磋,相互勉励,相互督促,共同进步。这也是第十二篇第 24 章"君子以文会友,以友辅仁"的基本要求。在私人场合或家庭里,与兄弟相处,则贵在和睦快乐,使家庭氛围更加融洽,生活得更有幸福感。

因此，学过管理的人，应该不仅能提升自己的能力和素质，以更好地履行管理职责，还能在处理人与人之间关系上达到更高境界，以形成更高效的工作团队和更和谐的家庭氛围。学过管理的人与没学过管理的人是不一样的，不仅懂得如何处理工作中的人与人之间的关系，而且还有更强的自律水平和自我管理能力，能够更好地处理家庭里的人与人之间的关系。

> **管理精义**
>
> 管理者同时处于公、私两个环境之中，在处理这两个环境中的人与人之间关系时，其原则和要求既有相通之处，也有本质区别。相通之处在于都要有"真诚"，而本质区别在于，工作中的人与人之间关系，要服务于目标实现和任务完成，不能为关系和谐而失去原则和目标，但是，家庭里的人与人之间关系本身就是目标，和谐第一。

13.29 子曰："善人教民七年，亦可以即①戎②矣。"

【字词释义】

①即：是会意字，本义指人走过去进食，这里是走上的意思。

②戎：是会意字，本义指兵器，这里是战争、征伐的意思。

【今文意译】

孔子说："由德才兼备的管理者指导和训练七年，人们才可以上战场。"

【分析解读】

本章讲管理者要注重对人们的训练，不仅要有专业训练，还应有规则和规范的训练，以培养出适合组织要求的成员。

在当时冷兵器时代，孔子之所以说要训练七年，人们才能上战场，并非专指身体技能和战术训练，更强调的是一种社会规范的熏陶和文化价值观认同，以及相应的组织纪律和规范体系的遵从。这也是为什么孔子特别指出，要由"善人"，即"德才兼备"的人，来指导和训练的原因。这恰体现出儒家"迂回式"管理的特点。不仅要人们在行为上适应特定工作或任务的要求，如打仗，更重要的是，要让人们认同并恪守与这些特定行为和活动有关的规则和规范，以便由内而外产生出更自觉、更有效、更持续的行为。只有这样训练出来的军队，才有战斗力。虽然这个过程可能会长一些，但其所达到的效果却不可同日而语。

管理精义

在专业化分工日益深化的今天，组织成员必须经过较长时间的训练，才能胜任专业工作岗位的要求，但是，这种训练不应该仅局限在专业知识和技能上，还应该涵盖组织和社会的规则和规范，尤其是与特定职业相关的规范和精神。管理者只有自己注重价值观、知识和技能的学习和训练，才能自觉地关注组织成员的价值观、知识和技能的学习和训练，尤其当涉及组织价值观和行为规范的学习时，更需要通过管理者的行动来示范和教育。

13.30 子曰："以不教民战，是谓弃之。"

【今文意译】

孔子说："让没有经过指导和训练的人上战场打仗，就是抛弃他们。"

【分析解读】

本章承接上章，继续说明对人们进行指导和训练，是管理者的责任。管理者必须切实承担起对被管理者培养的责任。

没有经过指导和训练的人，一方面，缺乏共同的信念、价值观和行为规范，无异于一盘散沙，让这样一群乌合之众上战场，岂能不败？另一方面，也不具备专门的军事技能和战术素养，纵有勇气，也同样不堪一击。派这样没有经过指导和训练的人打仗，就等于去送死，这还不相当于要抛弃他们吗？

孔子这句话再次体现了儒家管理模式要求管理者必须对被管理者负责的理念，而管理者对被管理者所担负的重要责任，就是教育和培养，其中不仅是像打仗技能这样的专业知识和技能教育，而且还包括社会规范和职业素养的教育。这既是管理职责中应有的内涵，同时也是管理公正的充分体现。管理者正是以己之"正"，来指导和训练被管理者，从而使每个人都达到岗位的规范、知识和技能的要求，以更有效地履行各自的职能，这样才能让整个组织有凝聚力和战斗力。

孔子在这两章中讲打仗或军事，只是举例说明儒家管理模式对管理公正的具体要求罢了。毕竟打仗更能集中体现出管理者对被管理者指导和训练的重要性及其效果。

管理精义

管理者必须对被管理者负责，这是管理职责最为重要的内涵之一。对被管理者负责，首先意味着对被管理者的职业生涯负责，要让被管理者和组织得以同步成长，这就离不开给被管理者以各种教育和学习的机会，使被管理者的知识和能力得到不断更新和提升，同时，也使被管理者对职业和组织的认同更为坚定。

宪问第十四

本篇导读

本篇讲管理公德。管理职业规范内在化为管理者的德行准则，就是管理公德，它与管理者的个人私德虽有密切联系，甚至在管理者身上有时还难以区分，但管理作为一种职业，有着不同于一般社会规范的自身独特职业规范，相应地，管理者也必须具有不同于一般个人私德的职业公德。在儒家管理模式下，正是这种管理公德，赋予了管理者内在职业操守，使他们得以在管理工作中恪守和践行特定职业准则，哪怕遇到不良的环境条件，也矢志不渝。当然，管理公德根植于个人私德，并在私德基础上发展升华而来，这也是儒家非常强调"做人"先于做管理的重要原因。但不容否认的是，管理公德具有不同于个人私德的独特内涵，而且在特定条件下，公德和私德还可能出现冲突。本篇全面阐述管理公德的内涵及其对做管理的重要意义。

本篇大致可以分为五个部分。第一部分由第1章到第12章的内容构成，侧重于讲管理公德的内涵以及对管理者的意义。其中，第1章讲管理者应该有职业羞耻感，这是做管理的内在准则，由此引申出管理公德的重要性；第2章说明管理职业羞耻感源自管理者由持续追求仁爱境界所形成的内在准则，而要形成这种内在准则，就必须节制好胜、自夸、怨恨和贪欲之心；第3章讲要形成内在准则，必须明确志向，超越一己私利；第4章阐明管理者一旦具备了内在准则，在不同场合便自然产生出符合管理职业要求的言行表现；第5章继续讲解有公德的管理者应有的言行表现，进而说明为什么有公德的管理者在不良环境中仍能保持行为端正；第6章举例说明，管理公德所能焕发出的巨大能量；第7章指出，管理者自身若没有职业公德，被管理者更不会相信追求仁爱境界是有意义的；第8章强调管理者职业公德的重要内涵之一，在于教育、培养被管理者，这是"尽己尽责"职业规范对管理者的必然要求；第9章阐明管理职业公德的另一方面内涵，即取信于民，这首先体现在政策法令的严谨、一致和可执行上，从这个意义上说，管理者恪守职业公德的重要表现就是立法必信，执法必公；第10章举例说明，恪守职业公德，执法公正，别人就不会怨恨管理者本人；第11章进一步用事例说明"执法而无怨"本身，就是一个教育过程，让人们更清楚公正的规则及其意义；第12章阐明管理者在职业公德基础上，可以有各自不同的风格和专业特长，适应于不同类型的管理工作，不可强求一致。

第二部分包括第 13 章到第 23 章的内容，着重讲解管理的理想状态和现实世界的区别，进而区分出理想世界中具有职业公德的完美管理者和现实世界中具有公德的管理者，并举例说明有公德的管理者在现实中的具体表现。其中，第 13 章具体讲解理想世界中完美管理者的形象和现实世界中具有职业公德管理者的具体表现；第 14 章举例说明，如何将理想和现实区别开来，用理想来引导现实，而不是框定现实；第 15 章用具体事例阐明，现实中的管理者并非完美神圣；第 16 章则举两位诸侯国盟主的例子，进一步说明现实中的管理者各有所长；第 17 章用管仲的例子表明，在现实中，对管理者的要求，应该主要基于职业公德，而不应过于强求私德上的完美；第 18 章再举管仲的例子，说明公德与私德的相对性；第 19 章进一步阐述了公德与私德之间的关系；第 20 章说明管理者的私德不一定会影响管理事务和管理有效性；第 21 章指出，管理公德在很大程度上体现于管理者的言行之中，管理者切忌大言不惭，谨记大话难行；第 22 章阐明管理公德要求管理者具备更强的职业责任意识，超越所服务的具体组织，关心更大范围内职业规范的权威性、合法性和稳定性；第 23 章讲解管理公德在管理者处理与上级关系上的具体要求。

第三部分由第 24 章到 33 章的内容构成，意在阐明管理公德修养过程及其侧重点。其中，第 24 章借助与被管理职业特点的对比，阐述管理公德修养的努力方向；第 25 章借古喻今，强调管理公德的修养，应从自身做起，而不是向外求；第 26 章举例说明管理者如何从自身反思入手，终生学习，提升管理公德修养；第 27 章强调管理公德的立足点在于自我反思，自我管理，其集中体现就是管理好自己的言语和行为，不要越位、越权和干预；第 28 章进一步说明深层次的自我管理，在于理解和把握自己的思维方式；第 29 章指出，管理公德的具体表现就是言行一致；第 30 章将管理公德细化为三个方面，即仁、智、勇；第 31 章进一步说明管理者要在这三个方面持续提升修养，就必须眼睛向内，而不要向外攀比别人；第 32 章说明管理者要专注于职业综合素质提升，不要急于成名；第 33 章讲解管理者在工作中不应推断别人的动机，应以诚待人，这也是管理公德对管理行为的具体要求。

第四部分涵盖第 34 章到第 42 章的内容，重点说明管理者应坚守公德，不要怕被别人误解。其中，第 34 章指出，管理者由于工作特点的缘故，容易被别人误解为耍嘴皮子，因此，更需要有公德坚守，不能为外界所动；第 35 章借千里马的隐喻，进一步说明公德与私德及能力的区别；第 36 章具体阐明管理公德中的公正内涵，并基于此将公德与私德区分开来；第 37 章通过孔子自身的例子，说明管理公德的培养，必须恪守"不怨天，不尤人。上学下达"的原则；第 38 章用具体事例解说，在什么情况下，应恪守管理公德，并将公德与私德区分开来；第 39 章具体讲解管理者恪守职业公德，选择服务对象的原则；第 40 章列举依据公德原则选择服务对象的典型代表；第 41 章强调指出，管理者要区分两类不同的外部环境，即无道黑暗和不确定性，前者要避世，后者要积极寻求机会，实现改变；第 42 章具体说明如果不能区分这两类环境，可能产生的后果。

第五部分包括第 43 章到第 47 章的内容，着重阐述管理公德与社会规范的关系，强调管理者要率先遵行社会规范，而且，管理公德的修养过程也要从社会规范的践行入手。其中，第 43 章用古代君王遵行社会规范的例子，说明管理公德与社会规范的关系；第 44 章阐明管理者恪守公德，遵行规范，人们自然愿意接受管理；第 45 章具体分析管理责任的三个层次；第 46 章用反例说明不守规范的负面效应；第 47 章用反例阐明社会规范习得和德行培养是一个渐进过程，不可急于求成。

儒家管理模式的根基在"为政以德"，其中"德"首先指公德，但公德又总是嵌入在私德之中。两者虽有区分，但仍密切相关。扎根于私德之中的公德，才会牢固不动摇。

14.1 宪①问耻。子曰："邦有道，谷②；邦无道，谷，耻也。"

【字词释义】

①宪：孔子的学生，姓原，名宪，字思。　②谷：同"禄"，即为官食禄的意思。

【今文意译】

原宪请教关于耻辱的问题。孔子说："对于学管理的人来说，国家兴旺发达、治理有方，就应该做管理，发挥自己的才能；而国家混乱衰落、治理无方，却在做管理，谋求个人利益，这就是耻辱。"

【分析解读】

本章讲学管理的人，应当在什么环境中发挥作用，应具备怎样的内在准则。

要理解孔子这句话，首先要明确的是，这里的"邦"并不是指天下，而是指某一个特定的诸侯国。对于学管理的人来说，要发挥自己的管理才能，必须善于选择适合的诸侯国。诸侯国既是管理者赖以发挥作用的舞台，也是权力和责任的委托者，它在很大程度上决定了管理者的作为和成就。

其次，按照儒家的要求，选择诸侯国，并不是依据人口、经济、军事实力等这些外在标准，而是要从以"仁爱"为核心的社会规范出发，来判断某个诸侯国是否为合适的选择对象。因此，孔子所说的"邦有道"和"邦无道"中的"道"，都是以"仁爱"为核心的社会规范在管理中的体现，也可以称为管理之道。学管理的人，应牢记管理之道，并以此为基础来选择所要服务的诸侯国。

这样就不难理解，在"有道"的诸侯国里做管理，是正常的，也是应该的，但在"无道"的诸侯国里做管理，就违背了管理之道和学管理的内在准则，就应该有一种耻辱感。这也符合儒家管理学习的基本要求，即首先要学习管理职业规范和敬业精神，而不仅是专业知识和技能；有了内在的敬业精神，自然就有了羞耻之心，这也是一种内化了的职业规范。

管理精义

　　管理者只有将职业规范内化为自己的职业准则，并按照其行动，才能以此为基础进行自我管理，并选择适当的服务对象从事组织管理，而且在自我管理和组织管理中，也会有职业羞耻之心，知道什么该做，什么不该做。职业羞耻之心的培养，应该是职业管理者的培养和教育中非常重要的基础环节。

14.2　"克、伐、怨、欲不行焉，可以为仁矣？"子曰："可以为难矣，仁则吾不知也。"

【今文意译】

　　原宪继续问道："能节制好胜、自夸、怨恨、贪欲之心，可以说具备仁爱之心了吗？"
　　孔子说："这可以说已经很不容易了，至于是否具备仁爱之心，我不知道。"

【分析解读】

　　本章承接上章，继续讲学管理的人要努力建立内在准则，不断追求管理的仁爱境界。
　　在上章里，孔子用内在准则来解说学管理的人应有羞耻之心，耻于为"无道"的诸侯国及其国君服务。原宪在本章中又继续追问，一个人能够抑制好胜、自夸、怨恨和贪欲之心，是否就意味着具有了以"仁爱"为基础的内在准则或仁爱之心呢？
　　孔子的回答，一方面肯定了能抑制住这四种心理状态已属不易，说明管理者具备了很强的意志力和自律；另一方面，又委婉指出，这只能说是具备了追求仁爱之心和仁爱境界的良好开端和起点，但还不能说就已经具有了仁爱之心。换句话说，没有抑制住这四种心理状态，一定说明尚未具备仁爱之心，但抑制住这四种心理状态，却不能说明就一定具备了仁爱之心。要具备仁爱之心，还需要在意志力和自律的基础上，持续追求、终生学习。具备仁爱之心，不是一朝一夕就可以轻松达到的。

管理精义

　　管理者的自律是恪守职业规范、达到职业成功的重要前提，但是，这并不意味着，只要有了自律，管理者就一定能够理解、把握并达到职业规范的要求，在职业上取得成功。自律只是管理成功的一个重要前提条件。管理者具备自律之后，还必须努力学习，持续提升自己的职业素养、知识和技能，并在职业生涯中持续挑战自我，不断追求更高的目标，才有可能达到职业规范的要求，取得职业成功。管理者自律与职业成功的关系，就类似于"做人"与做管理的关系。虽然"做人"是做管理的重要前提，但"做人"

好并不必然意味着做管理就好；做管理还有其自身的规范、知识和技能，需要管理者持续学习。

14.3 子曰："士而怀居①，不足以为士矣。"

【字词释义】

①居：这里是生活、居住的意思。

【今文意译】

孔子说："学管理的人，若总惦记着自己的日常生活条件，那一定是学不好管理的。"

【分析解读】

本章说明，学管理的人首先要确立志向，超越眼前私利，这样才能慢慢培育起管理的内在准则。

将本章内容，与第七篇第 6 章"志于道，据于德，依于仁，游于艺"，第一篇第 14 章"君子食无求饱，居无求安，敏于事而慎于言，就有道而正焉，可谓好学也已"，第四篇第 9 章"士志于道，而耻恶衣恶食者，未足与议也"等联系起来，便不难理解，孔子这句话，一方面说明管理目标在于追求共同利益，若管理者不能超越一己私利，在管理中就很难做到公正，也就难以保证共同利益的实现，因此，学管理的人要想将来做好管理，第一步便是要学会超越个人利益。如果学管理的人做不到超越个人利益，整天想的都是如何获得更优越的生活条件，要么不适合学管理，要么无法做好管理。

另一方面，孔子这句话也隐含了一个重要前提，即一个人要立志学管理，则必须树立追求管理之道的信仰，并将其与"仁爱"为核心的社会规范联系起来，内化为自己的德行准则。能够做到这一点，学管理的人自然就会超越对日常生活条件的斤斤计较，为学好管理奠定扎实的信念和态度基础。

当然，孔子这句话并不是否定学管理的人可以有自己的私人生活，而是说不能"怀居"，意思是不能整天想着自己的私人生活，那样的话，无论是学管理还是将来做管理，都难以成功。

【管理精义】

由于管理职业的特殊性，即其最大特点在于对他人利益、对组织整体和长远利益负责，因而，管理者的私人生活与管理工作上的追求就会出现一定的冲突。职业管理者若只是期望通过从事管理职业来改善个人生活状态，那么，他人利益和个人利益就可能处于矛盾之中；反之，若能将个人利益与他人利益整合在一起，从职业生涯和组织发展的角度考虑问题，管理者的职业发展空间就会更广大。

14.4 子曰："邦有道，危①言危行；邦无道，危行言孙②。"

【字词释义】

①危：是会意字，表示人因在高处而心情恐惧，这里是端正、端直的意思。

②孙：通"逊"，恭顺、谦逊的意思。

【今文意译】

孔子说："国家兴旺发达、治理有方，管理者的言和行都要正直端庄；国家混乱衰落、治理无方，管理者的行为仍要端正，但言语要恭顺，避免祸从口出。"

【分析解读】

本章讲解管理者在不同环境中应有的言行表现。

孔子这句话隐含的前提是，在管理者无法选择诸侯国的情况下，若服务的诸侯国"有道"，那么，作为代理人的管理者，就应该按照管理之道的要求，正言正行，保持管理公正和个人正直；若服务的诸侯国"无道"，则意味着有"昏君"和"佞臣"，此时管理者仍要恪守管理之道，但又要懂得变通，既然无法凭借一己之力改变现状，就要在行为上遵循底线原则，保持管理公正，但在个人语言上则尽量谦逊、委婉、恭顺，避免因言语冲撞而惹祸上身，以至于连管理公正的底线也无法保住。

孔子这句话在于告诫人们，作为代理人的管理者，应清楚自己的职责定位和服务对象，因时、因地、因势调整自己的言语行为，既要保住管理公正的底线，又要避免惹祸上身，影响管理大局。可以将本章的内容与第五篇第1章孔子评论南容时的话"邦有道，不废；邦无道，免于刑戮"联系起来理解。

管理精义

管理作为一种职业，其核心要求在于公正。公正体现在管理者的行为中，而不是口头上。因此，对做管理的人来说，行为上的公正是做管理必备的底线要求，无论在何种情况下，哪怕再恶劣的环境，哪怕只是做一天管理，也不能失去管理行为上的公正底线。

14.5 子曰:"有德者必有言,有言者不必有德;仁者必有勇,勇者不必有仁。"

【今文意译】

孔子说:"有德行的管理者,一定会说出恰当的话,而会说话的人,却不一定有德行;有仁爱之心的管理者,一定有勇气保持行为一致,而能保持行为一致的人,却不一定有仁爱之心。"

【分析解读】

本章承接上章,继续讲解公正行为与言语之间的关系,以及管理者为什么在"无道"情境中仍要保持行为上的端正。

既然上章讲了"邦无道,危行言孙",那么,就会产生两个问题,一是怎样才能做到"危行言孙"呢?特别是"言孙"到什么程度才恰当呢?二是如何才能在"邦无道"和"邦有道"时一样保持"危行"呢?这岂不是需要更大的勇气吗?

针对这两个问题,孔子并不是直接给出具体操作的指导或具体做法的建议,而是从根本处着手,给出思路,让人们自己去体会,并通过自我反思和修养,自己寻找具体解决问题的方法。这恰是儒家"迂回式"管理的特点。

孔子在这里所讲的"有德者必有言,有言者不必有德",是对第一个问题的回答,意思是,只有经过持续的德行修养,能做到以"诚"为本,才能由内而外地做到"由衷而言",并根据外部情境适当调整表达方式,做到"言孙";反过来,若没有内在的"诚",言语完全是为了迎合外部需要,势必"言不由衷",虽然表面上看,也很会见什么人说什么话,但由于没有"诚",时间一长,情境一多,便必然出现前后矛盾的情况,这反而会使言语变得不恰当了。

孔子在这里说的"仁者必有勇,勇者不必有仁",则是对第二个问题的回答,即如何才能在"邦无道"时也保持行为的公正或"危行"呢?这就需要有发自内心的持续勇气,而不是逞一时之勇。这种持续的内在勇气源泉,正在于管理者持续地追求仁爱境界而形成的仁爱之心,当管理者心中装的是共同利益,特别是在管理实践中超越了自我利益之后,反而不会患得患失,斤斤计较了,如此一来,无论在怎样恶劣的环境中,管理者只要出于公正的仁爱之心,自然就有勇气保持行为的一致性,"危行"也就顺理成章了。虽然凭一时冲动式的勇气,也可能保持行为上的一致,但这种勇气常常不可持续,而且,可能由于过度彰显个人气节,反而损害共同利益。

【管理精义】

管理者总会遇到各种各样的问题,若没有一定之规,只是就具体问题寻找解决方案,反而可能会迷失方向和自我,以至于无法有效解决问题。职业管理者必须清醒地理解和把握职业规范的内在要求,并将之内化为自己的职业操守,以此为"纲",再来看管理中遇到的各种具体问题，才能做到纲举目张，使这些问题迎刃而解。

14.6 南宫适①问于孔子曰："羿②善射，奡③荡舟，俱不得其死然。禹稷躬稼，而有天下。"夫子不答，南宫适出。子曰："君子哉若人！尚德哉若人！"

【字词释义】

①南宫适：即孔子学生南容，时任鲁国大夫。
②羿：夏时代有穷国的国君，通过灭夏后相而得到君位，后来又被大臣寒浞所杀，寒浞由此又成为国君。
③奡：寒浞的儿子，是当时有名的大力士，后来又被夏后少康所杀。

【今文意译】

南宫适问孔子："羿善于射箭，奡力能覆舟，但都不得善终。禹和稷曾经都是种地的，却得到了天下。"

孔子没有回答。南宫适离开后，孔子说："像他这样崇尚德行的人，才是真正的管理者啊！"

【分析解读】

本章讲管理者内在德行会产生更持久的影响力。这再次说明管理软实力的重要意义。

南容在这里列举了四位古代管理者，其中羿和奡都雄武有力，凭借硬实力而成为国君，也都被武力所杀。禹和稷都曾经是平民，以德行为大家所认可，凭借软实力而成为管理者。这种鲜明的对比，恰恰体现了儒家所一贯倡导的"为政以德"管理之道。做管理要靠软实力才可持续，管理者通过德行感召和社会规范引导，才能赢得信任，得人心，而得人心，才能得"天下"，也才能让"天下"长治久安。凭借武力，虽能获得眼前利益，但武力此消彼长，必然导致新的武力灭掉老的武力，从而陷入"冤冤相报"的死循环，基于武力的管理难以持续。

也许正因为南容所举的历史案例，非常贴切地注释了儒家"为政以德"的管理之道和管理模式，所以，孔子不必再做解释。当南容离开后，孔子才赞叹道："君子哉若人！尚德哉若人！"

管理精义

管理者必须在组织的短期绩效和长期发展之间做出合理权衡。这就要求管理者必须在硬实力和软实力之间保持相得益彰。这看似一种管理艺术，实际上更源于管理信念或信仰。没有坚定的信念，面对硬实力的威胁或诱惑，必定屈服。

14.7　子曰："君子而不仁者有矣夫，未有小人而仁者也。"

【今文意译】

孔子说："管理者若不追求仁爱境界，没有仁爱之心，那么，被管理者就更不可能追求仁爱境界，有仁爱之心了。"

【分析解读】

本章强调管理者以身作则，追求仁爱境界的至关重要性。换句话说，组织要培育软实力，就必须从管理者做起。

孔子这句话的核心含义是，只要管理者"不仁"，就不可能期望被管理者"仁"。因此，管理者必须率先"克己复礼"，以"仁爱"境界为终极目标，不断修养自己的仁爱之心，并以此感召被管理者，才有可能共同追求仁爱境界。虽然这不一定能保证达到仁爱境界，但至少确保人们在追求仁爱境界的进程中，在正确的方向和道路上前行。

管理精义

在组织软实力的培育上，管理者责无旁贷。尤其是对于组织的愿景、价值观和行为规范的践行来说，没有管理者的示范作用，再拼命地寻找普通员工做榜样，也无济于事。管理者自身的榜样力量，比一般员工的榜样力量更有说服力，也大得多，是组织软实力的真正体现。

14.8　子曰："爱之，能勿劳乎？忠焉，能勿诲乎？"

【今文意译】

孔子说："父母爱护子女，能不让他们劳作吗？管理者尽己尽责，能不教育培养被管理者吗？"

【分析解读】

本章承接上章，强调管理者在以身作则的基础上，还要承担起教育培养被管理者的职责。

孔子在这里用父母和子女的关系作比喻，说明管理者和被管理者的关系。父母爱子女，却不能"溺爱"到娇惯子女。如果不让子女参与任何劳动，也不对子女实施教育，那岂不是害了子女吗？为人父母者，应该都懂得这个道理。其实做管理也一样。管理者只是以身作则远远不够，培养和教育下属是管理职责的重要内涵。管理者要做到"忠"，即尽己尽责，就必须承担起培养和教育被管理者的职责，这便是"诲"。当然，这里的"诲"不仅仅包括知识、技能等的教育和训练，还包括社会规范的熏陶和培养，以便让被管理者成为符合社会规范和组织规范的人，这应该是管理者"诲"人的更重要内涵。若联系到孔子在第七篇第2章中所说的"默而识之，学而不厌，诲人不倦"，就更容易体会到这层含义了。

管理精义

在管理者的职责内涵中，一个重要方面是人才培养。这不仅关乎组织的可持续发展和整体利益，更体现出管理过程本质上也是一个教育过程的含义。严格来说，一个人的社会化过程，不仅仅是在家庭和学校中完成的，同时也是在各类专业分工的组织中实现的。在职业分化和社会分工日益深化的今天，仅仅是一般意义上的"社会人"，并不能适应生存和发展的需要；人还是职业人和组织人，而作为职业人和组织人的社会化过程，主要是在各类法人组织中实现的。这时，管理者实际上就扮演了组织成员社会化过程中的辅导者和培育者的角色。这种组织中的社会化过程和人才培养过程，实际上也是组织软实力得以形成的过程。

14.9 子曰："为命①，裨谌②草创之，世叔③讨论之，行人④子羽⑤修饰之，东里子产⑥润色之。"

【字词释义】

①命：这里是政策、法令的意思。
②裨谌：郑国大夫氏名。
③世叔：郑国大夫游吉。
④行人：郑国的掌使官职位。
⑤子羽：郑国大夫公孙挥。
⑥东里子产：东里是地名，因为子产住在东里，所以，号称东里子产。

【今文意译】

孔子说："郑国颁布政策法令，都是先请裨谌起草，再请世叔提意见，经掌使官子羽修饰，最后由东里子产润色定稿。"

【分析解读】

本章讲管理者在制定政策法令时既要严谨，更要发挥集体智慧。

在当时"议行合一"的管理体制下，管理者既是政策法令的制定者，又是执行者。如此一来，很多管理者往往会疏于政策法令的制定，既然最终还是由自己执行，不严谨的政策法令，反倒为管理者的自由裁量权和"言行不一"留下了空间和余地。这不仅影响管理的有效性，还大大损害管理的信誉。

儒家强调"诚"或思言行一致，体现在制定政策法令上，就要求严谨庄重，不能仅凭个人意愿；既要广泛听取意见，还要发挥管理团队的集体智慧。在这方面，郑国宰相子产堪称楷模。子产以严谨庄重、知人善任而闻名。当时由他主持制定的政策法令，无不成功。这既是他在制定政策法令前，广泛听取各方意见，做足功课的结果；也是他在具体制定政策法令时，建立起一个相对完善的机制，能让有不同专长的管理者参与其中，发挥各自特长，集众人之长的结果。

孔子在这里举郑国制定政策法令做例子，意在告诫管理者，既要谨言慎行，又要善于发挥每个人的专长。在很多情况下，管理者过度谨言慎行，又会导致不信任别人，什么事情都亲力亲为，其结果反而因个人的局限性，影响了管理的有效性。

管理精义

管理者的言行一致，往往是以"言"为前提的，因为管理工作常常要"无中生有"，通过思路和目标的表达，引领资源和人力的投入，最后实现价值的创造。在这个过程中，连接"无"和"有"之间的重要桥梁之一，是管理者正式和非正式、书面和口头的语言，而这种语言表达的恰当与否，直接影响着后续管理者和他人的"行"，以及当"有"实现之后，管理者能否兑现前"言"。因此，管理者要保持言行一致，赢得人们的持续信任，就必须严肃认真、谨慎庄重地对待"言"，也必须构建起一个严谨而有效的"言说机制"，才能真正超越个人的随意"言说"。

14.10　或问子产。子曰："惠①人也。"问子西②。曰："彼哉③！彼哉！"问管仲。曰："人也④。夺伯氏⑤骈邑⑥三百，饭疏食，没齿无怨言。"

【字词释义】

①惠：这里是仁慈的意思。

②子西：子产的弟弟，也曾为郑国大夫。

③彼哉：这里是"不足道"、"不值一提"的意思。

④人也：意为"这个人啊"，在这里有赞美之意。

⑤伯氏：齐国大夫。

⑥骈邑：齐国的地名。

【今文意译】

有人问子产是怎样的人。孔子说:"仁慈之人。"

又问子西怎样。孔子说:"他呀!不值一提。"

再问管仲怎样。孔子说:"这个人嘛,剥夺了伯氏家族在骈邑这个地方的三百亩田产,使他们家过着粗茶淡饭的平民生活,但伯氏至死都没有怨言。"

【分析解读】

本章强调,无论是仁慈还是严厉,都应以管理公正为基础,管理者可以有自己的风格,但管理风格却不能违背公正。

孔子在这里评论子产和管仲看似正好相反,子产很仁慈,能体恤别人,很符合儒家管理模式的要求,而管仲则用惩罚手段剥夺别人的田产;但实际上,他们两人的内在精神是一致的,即不管是仁慈还是严厉,关键都要公正。

既然是在扮演管理角色,管理公正就是最为根本的要求,不能因仁慈而失去公正,同样也不能因严厉而失去公正。管理公正做到了,即便仁慈如子产,大家也不会将之等同于软弱、无原则;即便严厉如管仲,人们也不会将之等同于残酷而有怨言。孔子所举的管仲剥夺伯氏家族三百亩田产,而伯氏至死都没有怨言的例子,说明管仲是秉公办事,剥夺田产并非出自个人恩怨,伯氏自然就不会对管仲有怨言了。

由此不难理解,儒家虽然追求和谐,但并不是"为和而和",而是要将原则和规范放在第一位,正如第一篇第12章所讲的"有所不行,知和而和,不以礼节之,亦不可行"。基于原则和规范的管理公正,是"和"的前提。

管理精义

管理者的管理风格可以因人而异,有的偏慈祥,有的偏严厉,但其内涵却是一致的,必须体现管理以信念、规则、规范为基础的公正特征。没有管理公正和管理者的正直,任何管理风格都失去了意义。

14.11 子曰:"贫而无怨难,富而无骄易。"

【今文意译】

孔子说:"贫困却没有怨气,比较难做到;富贵而不骄横,相对容易些。"

【分析解读】

本章承接上章,意指伯氏陷入贫困而无怨言,实属不易。这一方面说明管仲执法公正,另一方面也说明齐国在管仲的治理下，已将正直守法作为一种信念深入人心，即便像伯氏由富而贫，也能毫无怨言。这提醒管理者，首先要保持管理公正，其次，要教育培养一种正直廉洁的社会风气和文化价值观，最后，还要让人们超越物质财富的追求。这样才能真正做到"贫而无怨，富而无骄"。

孔子这句话，既承接上章，赞叹管仲治国有方，能让像伯氏这样的人贫困而无怨言，同时也概括了一种普遍存在的现象。在现实中，只要注重"富民"基础上的"教民"，让财富的增长与教育水平、文化意识的提升同步进行，要达到"富而不骄"还是不难的，这也是管仲所说的"仓廪实而知礼节"的道理所在。但相比而言，若要人们在困难的生活中，仍保持积极向上的态度，没有怨气，如果没有很高的修养水平，不经过长期的训练，确实是很难达到的。像颜回那样"一箪食，一瓢饮，在陋巷，人不堪其忧，回也不改其乐"，确属难能可贵。

孔子借管仲和伯氏的事例，也是提醒管理者，必须两手抓，既要"富民"，又要"教民"，而且不能等到"富民"之后再"教民"，必须两者同步进行。

管理精义

管理的重要职责之一，是创造超越个体利益之和的更大整体价值和长远价值。因而，管理者必须服务于组织整体和长远的价值创造，其中既包括物质价值，又包括精神价值，两者相辅相成，不可分割。没有物质价值，组织就失去了生存和发展的基础；没有了精神价值，组织又会丧失凝聚力和可持续的竞争力。

14.12 子曰："孟公绰①为赵、魏②老③则优④，不可以为滕、薛⑤大夫。"

【字词释义】

①孟公绰：鲁国大夫。
②赵、魏：是晋国的两个大姓家族。
③老：这里是大家族的总管，即大管家的意思。
④优：这里是富裕、充足的意思。
⑤滕、薛：是当时的两个小诸侯国。

【今文意译】

孔子说："孟公绰做晋国赵、魏两个家族的大管家绰绰有余，但是做滕、薛两个诸侯国的大夫就不行了。"

【分析解读】

本章讲每个管理者都有自己的风格特点，适合特定管理情境和岗位的需要，不可强求一律。

　　孔子这句话的意思是，孟公绰善于管理家族事务，不适合承担诸侯国的公共职责。用今天的话来讲就是，孟公绰更适合从事企业管理而不是政府管理。其实这两类管理无所谓好坏和高下，只是性质不同而已，尤其是管理的公共性程度不同。当年大家族管理，虽然也涉及采邑里农户的利益，带有一定的公共性，但相比于诸侯国而言，其公共性程度则大大降低，因而，这两类管理所要求的管理者风格特点是不一样的，不能等同视之。

　　孔子对孟公绰的评论，并不是说他的管理水平低，综合素质差，而只不过是说他更适合做家族事务管理，不太适合做诸侯国管理，尤其是小诸侯国管理而已。由此可见，在儒家管理模式下，虽然很强调管理的一般性和相通性，但也承认管理的特殊性和专业化，针对不同性质的管理，应该有专门的训练和才能要求。

管理精义

　　组织的性质不同、事业定位不一样，对管理的要求就有所不同；管理是组织的一项重要职能，其性质会随着组织及其事业的性质不同而不同。因此，作为一种职业的管理，也自然就会有更细的专业化分工。管理者不仅意味着从事管理这个职业，更意味着从事特定类型的组织的专门化管理岗位。从这个意义上说，管理者除了理解管理的一般职业规范、特点、知识和技能要求外，还应更明确自己适合从事什么类型的组织管理工作。

14.13　子路问成人。子曰："若臧武仲①之知，公绰之不欲，卞庄子②之勇，冉求之艺，文之以礼乐，亦可以为成人矣。"曰："今之成人者何必然？见利思义，见危授命③，久要④不忘平生之言，亦可以为成人矣。"

【字词释义】

①臧武仲：鲁国大夫。
②卞庄子：鲁国卞邑的地方长官，故称卞庄子，以勇气闻名。
③授命：这里是不惜牺牲生命的意思。
④要：同"约"，贫困、困难的意思。

【今文意译】

　　子路请教关于成为理想管理者的标准。

　　孔子说："像臧武仲那样有智慧，像孟公绰那样无贪欲，像卞庄子那样勇敢，像冉求那样多才，再加上礼仪和音乐的修养，才可以说是一名理想的管理者。"

　　孔子又说："当然，今天要成为理想的管理者何必要这样呢？只要见到利益，能首先想到自己的职责；在危险面前，能勇于献身；在日常工作中，再困难也能信守诺言，这也可以说是理想的管理者了。"

【分析解读】

本章讲解要成为一名真正的管理者所应满足的条件。

要把握孔子和子路对话的核心内涵，关键在于对"成人"的理解。何谓"成人"？人们以往多解释为"全人"，即人格完全或完满的人。基于此，"成人"似乎可以理解为"成为真正意义上的人"，也就是"做人"中所要达到的理想人格标准的意思。但是，考虑到儒家历来强调"做人"与做管理的相通性，加之孔子在解答中所举的臧武仲等四人实际上都是管理者，因此，如果将这段对话放到管理情境中，那么，子路所问的关于"成人"问题，也可以理解为"理想或完美管理者的标准"问题，即"怎样才算是一名理想的管理者"。

孔子在回答这个问题时，首先将四位现实管理者身上突出的优势品行提炼出来，组合成一个具备智慧、仁爱、勇气和才艺的理想管理者形象。其中，"公绰之不欲"，即说明"公绰做到了克制自己的贪欲"，也就是"克己复礼为仁"的意思，因此，可以将孟公绰的特征理解为"仁爱"。这样，由臧武仲的"智慧"和孟公绰的"仁爱"相结合，就达到了儒家所强调的"中庸之德"，这也是管理者最高的德行要求。有了这样的德行，再加上卞庄子的"勇气"和冉求的"才艺"，一个理想的管理者便具备了很强的才能和执行力。既有"德"，又有"才"，而且两者都达到极高的水准，这便是理想管理者所应达到的状态。

当然，这种理想化的"德才"完美组合状态，在现实中很难达到。现实中的管理者，能在其中一个方面达到很高的水平就很不错了。这也许就是孔子为什么选取四位现实管理者的优秀品行，组合出一个理想管理者形象的深意所在。既然如此，那么，现实中的管理者应该如何朝向这个理想的状态持续努力呢？

孔子给出的答案是，"见利思义，临危授命，久要不忘平生之言"。其中，"见利思义，临危授命"讲的是"忠"，即尽己尽责。管理者看到利益，首先想到的不应该是自己（即"私"），而应该是自己所承担的职责（即"义"），努力做管理职责所要求的那些应该做的事，这就是公义和私利的关系问题；同样，面临危险，也不应首先考虑个人安危，而应该将职责和公义放在首位，为公义甚至可以牺牲生命。另外，"久要不忘平生之言"讲的是"信"，即诚实守信，这也是儒家管理规范的基本内涵。

由此可见，孔子给出的答案，意在说明，在现实而非理想管理情境中，管理者关键在于恪守并践行管理职业规范，真正能将"忠信"规范内在化为自己的行为准则，并落实在日常管理行为中，就可以说是"成人"了。也就是说，这样的管理者在"做人"和做管理上，都达到了社会的职业期许，能够为人们所认可。

因此，在儒家管理模式下，理想化的管理者有两层含义，一是作为纯粹的、理想化类型或标准而存在的管理者，他既具备仁爱和智慧相结合而达致的"中庸之德"，又具有知识和能力相统一而形成的执行力，是"德"与"才"的完美组合。这种理想的完美管理者，在现实中并不存在，他只存在于人们的理想之中，其意义在于给人们树立起理想的标杆、参照系和终生执着追求的方向。

另一层含义是指现实中满足社会期许的职业标准的管理者，他达到了管理职业规范和敬业精神的要求。在儒家管理模式下，"忠信"是管理职业规范的基本内涵，因此，现实中理想的管理者，就是那些恪守并践行着"忠信"规范要求的管理者。

理想化管理者的这两层含义，相辅相成，不可分割。作为理想类型存在的纯粹而又完美的管理者，具有管理职业的信仰意义，是现实管理者的从业目标追求和内在动力源泉；作为满足现实职业规范要求而存在的理想管理者，代表着管理职业的从业标准，是现实管理者必须达到的基本要求。正是这两者的互为补充，使得儒家管理模式既有超越的理想，得以引领管理者精神境界的持续提升；又有具体的规范，能够指导管理者实践水平的不断提高。

管理精义

严格来说，所有职业都应该立足于两个世界，一个是纯粹的理想世界，在那里，形成一整套理想化的标准和形象，它赋予职业以超越的意义和信念；另一个是具体的现实世界，在这里，则有一整套具体化的标准和规范，它赋予职业以满足社会期许的行为准则和实施条件。没有理想世界，职业信仰、精神乃至知识，就难以挖掘、创造和传承，而现实世界中的意义也就无从谈起，甚至现实世界中具体的职业规范也会流于形式，最终只有利益和物质的力量在左右着人们及其职业角色。落实到管理职业中，管理研究和管理教育的本质，就在于要开发和创造这样一个纯粹的理想世界，并以之为基础来培育未来的管理者，让管理者在管理实践中有理想可追求，有标准可遵循，有规范可依据。这也许就是管理情境中"理想"和"现实"的关系问题的另外一种表达和理解。

当然，在这里，并不是要扼杀管理实践者或管理者的创造性和现实组织的创新活动，其实，管理者的创造力和组织的创新，恰恰体现在通过拓展现实世界的疆域，丰富或发展现实世界的各种规则和规范，而不断为理想世界提出新问题、新思路，进而推动着理想世界的发展和变化。在此基础上，又进一步教育和影响着新一代管理者，继续在现实世界里探索。管理进步的动力机制，其实恰在于理想世界和现实世界之间的持续互动、反差和再互动、再反差的永恒循环之中。

14.14 子问公叔文子①于公明贾②，曰："信乎，夫子不言、不笑、不取乎？"公明贾对曰："以告者过也。夫子时然后言，人不厌其言；乐然后笑，人不厌其笑；义然后取，人不厌其取。"子曰："其然，岂其然乎？"

【字词释义】

①公叔文子：卫国大夫公孙拔。　　②公明贾：卫国人，姓公明，名贾。

【今文意译】

孔子向公明贾打听公叔文子,问道:"他真的不苟言笑、毫不利己吗?"

公明贾回答说:"这话说得过了。他总是该说的时候才说,所以人们不讨厌他的话;该乐的时候才笑,所以人们不讨厌他的笑;该拿的时候才拿,所以人们不讨厌他的拿。"

孔子说:"是这样啊,难道真是这样吗?"

【分析解读】

本章举例说明人们经常混淆理想和现实,将现实中的管理者完全理想化,然后又会导致对理想的怀疑和放弃。

据记载,公叔拔在卫国做大夫时,政绩和声誉俱佳,谥号为"文子",时人盛传公叔文子的德行才干,以至于将他神话为"不言、不笑、不取"。孔子以此询问卫国人公明贾,他如实回答道,这些传闻过头了,其实公叔文子只是能够审时度势,说得适时恰当,笑得真诚实在,取得合理合规罢了。也就是说,公叔文子能够很好地践行管理职业规范,达到了现实中理想管理者的要求,成为上章所说的"现实中的理想管理者"。但是,由于人们往往混淆理想世界和现实世界,将现实世界中的理想管理者完全理想化甚至神化,变成了理想世界中的纯粹理想管理者,并以此对现实世界中的管理者进行苛求,一旦现实世界中的管理者达不到这个纯粹理想化标准,或者发现现实中管理者身上有瑕疵,又立刻怀疑理想世界及其中的纯粹理想化标准,导致理想世界和理想标准的破灭,反而在现实世界中连最起码的现实标准也不相信了。这应该是学管理、做管理的人最忌讳的事情。

学"做人"和学管理,首先要学会区分两个世界,然后才能既有高追求,又能脚踏实地生活并实践于现实世界之中,努力通过自己切实的行动来完善现实世界,这才是孔子研究管理、教管理和做管理的根本宗旨所在。也许正因为如此,在公明贾解释完之后,孔子才说了"其然,岂其然乎"这句话,其中,第一个"其然",可以理解为"果真是这样啊",即果真是因为人们混淆了理想和现实,完全将公叔文子纯粹理想化了;而第二个"岂其然乎",则意指"难道公明贾真的认识到这一层了吗?难道人们以后真的不会再将现实中的管理者完全理想化或神化了吗?"这个疑问非常发人深省,后来一代又一代的人们,难道不也一样是在混淆着现实和理想,错把现实世界中的管理者纯粹理想化乃至神圣化吗?其中,最典型的例子便是孔子本人被后世完全神圣化,而这恰是孔子本人质疑和反对的。

管理精义

管理者是人不是神,生活在现实世界中而不是理想世界中,因此,管理者应追求理想,但不能混淆理想和现实,更不能有意无意地将自己理想化和神圣化,同时也需要清醒地认识到,别人有可能或真心或故意地将管理者理想化和神圣化,这也许是管理工作中最具迷惑性的陷阱,陷入其中,便很难再爬得出来。

14.15 子曰:"臧武仲以防^①求为后^②于鲁,虽曰不要^③君,吾不信也。"

【字词释义】

①防:地名,是臧武仲受封的采邑。
②后:这里指臧武仲的后代。
③要:这里是要挟、胁迫的意思。

【今文意译】

孔子说:"臧武仲用防这个地方做筹码,谋求自己的后代在鲁国的世袭地位,虽然说的是不要挟国君,但我不相信。"

【分析解读】

本章举臧武仲的例子,再次说明现实世界中的管理者并非完美神圣。

据记载,臧武仲得罪了鲁国当权的三大家族之一孟氏家族,出走到自己的采邑防这个地方,面临着被剥夺世袭封地的危险,他便以防地为筹码,上书鲁国国君,请求为自己的后代保留在鲁国的世袭地位。臧武仲的上书措辞委婉,看不出要挟国君的意思,时人也不认为他在胁迫国君;但实际上,他是期望凭借防地来与国君及当权的三大家族讨价还价,为后代争得生存空间。

虽然臧武仲这样做也是迫不得已,但不能因此就掩盖了他胁迫国君的事实。在当时的背景下,"要君"对于管理者而言,是非常严重乃至不能容忍的错误。虽然本篇第 13 章孔子还举"臧武仲之知",作为理想世界中理想管理者形象的一方面代表,但这并不等于说臧武仲本人就是一名理想世界中的理想化管理者。因此,这再次体现了将理想世界与现实世界区分开来的必要性,不要人为地将现实世界中的管理者过分理想化。像臧武仲虽然有智慧,但在仁爱上就有所欠缺,没能恪守作为代理人的管理者的基本规范,为了自己家族私利来要挟国君。

管理精义

管理者在管理实践中要逐渐形成理性而客观的思维方式,能够恰当地认识和评价自己和别人,切不可在"人与事"的评价上,只见一点不及其余,以偏概全。在现实世界中,一人一事总有多个侧面,不能仅从自己的立场和偏好出发,对人和事进行判断,而应该尽量还原其人其事本来的样子,从客观的角度进行分析,这恰是理想和现实得以区分的具体表现,也是用理想来指导现实的最好运用。因为只有进入理想的境界,才能真正超越个人的立场和现实的复杂纠葛,能够在一个更高的层面,全面观看和审查现实,从而看到现实中人和事的多个侧面。

14.16 子曰:"晋文公谲①而不正,齐桓公正而不谲。"

【字词释义】

①谲:这里是权变、权谋的意思。

【今文意译】

孔子说:"晋文公擅权变而不够公正,齐桓公够公正但不擅权变。"

【分析解读】

本章举晋文公、齐桓公的例子,进一步说明现实世界中的管理者,哪怕是众诸侯国的盟主,也各有所长,各有所短,不可能完美。

晋文公和齐桓公都曾做过众诸侯国的盟主,在"尊王攘夷"中功劳卓著,也是当时人们经常议论的成功管理者的代表;但是,他们作为现实世界中的管理者,仍各有所长,也各有不足。晋文公擅长权谋变化,常有奇思良谋,但原则性不够,行事不够公正,特别是在处理诸侯国之间的"国际事务"时,"奇"多"正"少;相反,齐桓公则有较强的原则性,行事公正,为人们所称道,但缺乏灵活性,权谋变化不足,甚至可能会呆板僵化。由此可见,即便像晋文公和齐桓公这样为人们所认可的管理者,也各有所长,更何况其他普通管理者呢?孔子这句话意在提醒人们,不可对现实世界中的管理者求全责备,要善于一分为二地看待管理者。

管理精义

管理者既不要将自己和他人完全理想化和神圣化,也不要走向反面,在现实世界中过于悲观,看到的都是自己和他人的不足,以及无法达到完美的理想境界的哀怨。如果这样,则说明还是没能很好地区分理想和现实,一味地用理想来苛求现实。实际上,理想并不是现实的标尺,一定要使现实符合理想的要求,那样做的结果一定是"削足适履",既无法实现理想,又残害了现实。

在理想和现实的关系上,恰当的理解应该是,理想是思考和把握现实的一个视角,也是引领现实发展的方向;正是通过理想,人们才得以看清现实,把握现实的不足;也正因为有了理想,人们才知道在现实中应该向哪个方向前进。理想与现实的关系,就像地图和地形的关系一样,地图不等于地形,地形更不能去适应地图,但没有地图,人们在地形中就容易迷失。

14.17　子路曰："桓公杀公子纠①，召忽②死之，管仲不死。曰：未仁乎？"子曰："桓公九合诸侯，不以兵车，管仲之力也。如其仁！如其仁！"

【字词释义】

①公子纠：是齐僖公的次子，是公子小白（即齐桓公）的同父异母哥哥。

②召忽：公子纠的家臣，为公子纠而自刎。

【今文意译】

子路说："齐桓公杀了公子纠，公子纠的家臣召忽随之自杀，而同为家臣的管仲却不去死。""这是否没有仁爱之心呢？"

孔子说："齐桓公多次不使用武力，而是通过会盟谈判的方式，解决诸侯国的争端，这全是管仲的功劳。像他这样，怎么能说没有仁爱之心呢？"

【分析解读】

本章用管仲的例子，再次说明对现实世界中的管理者的评价要全面，不可抓住一点，不及其余。

据记载，齐僖公去世后，他的几个儿子为争夺君位，互相残杀，最后公子小白胜出，是为齐桓公；同为公子纠的家臣，召忽追随主人而去，而管仲不仅没有自杀，反而成为齐桓公的宰相。在时人看来，管仲没有"杀身成仁"，显得没有气节，所以，子路才有管仲"未仁乎"的疑问。

孔子从齐国乃至天下更大的视角来看这个问题，也更全面地评价了管仲。齐桓公后来成为众诸侯国的盟主，不是靠武力威慑来压服各诸侯国，而是借助会盟谈判协商的机制来解决天下纷争，维持了天下太平的局面，避免了战火和生灵涂炭，在这个过程中，作为宰相的管仲功不可没，而这恰可以说是"大仁大爱"，要比"以死报主"更难能可贵，所以孔子才说"如其仁"，像这样也是"仁"啊。

虽然在第三篇第22章中，孔子曾评论管仲"器小"，但那更多是针对他的私人生活而言，是对其个人私德的评价；在本章中，孔子是对管仲所承担的公共管理角色进行评价。在管理者评价中公私分明，这正是将理想和现实区分开来的具体体现。

【管理精义】

在对人和事进行评价时，要将理想和现实区别开来，进行客观公正评价。为此，一个非常重要的原则就是公私分明，不能因私而抹杀公，也不能因公而掩盖私；同时，也

> 不能用评价者个人的好恶，代替公允的外部标准。

14.18 子贡曰："管仲非仁者与？桓公杀公子纠，不能死，又相之。"子曰："管仲相桓公，霸诸侯，一匡天下，民到于今受其赐。微①管仲，吾其被②发左衽③矣。岂若匹夫匹妇之为谅④也，自经⑤于沟渎⑥而莫之知也。"

【字词释义】

①微：这里是无、没有的意思。
②被：通"披"，散开、披散的意思。
③衽：这里是衣襟、衣摆的意思。
④谅：这里是诚实的意思。
⑤经：这里是"缢"的意思，"自经"即"自缢"、"自杀"的意思。
⑥渎：这里是小水沟、小水渠的意思。

【今文意译】

子贡说："管仲不是一个有仁爱之心的人吧？齐桓公杀了公子纠，他不能为主人死，却当了齐桓公的宰相。"

孔子说："管仲做宰相，辅佐齐桓公称霸诸侯，匡定天下，人们到现在还得益于此。若没有管仲，我们可能就要披散头发，穿左开襟的衣服了。做管理者，怎么能像一般人那样，为了个人的诚实声誉，悄悄在小水沟里自杀呢？"

【分析解读】

本章继续通过评价管仲来讲解公私分明在管理评价中的重要性，公和私是相对的，要从更大的角度来理解公与私的边界。

在这里，子贡依然是对管仲不能"杀身成仁"发问。孔子则进一步从公私、大小的角度进行了解答。仁爱有公私、大小之别。公私和大小都是相对的，个人对比家庭，则个人为私、为小，家庭为公、为大；个人及其家庭，对比于服务的大家族，如管仲臣于公子纠，则大家族为公、为大；而大家族对比于诸侯国，诸侯国对比于天下，则公私、大小又有所不同。当人们讲仁爱，特别是关于管理者的仁爱时，必须着眼于公私、大小之间的权衡变化、边界流动及其对比。

就管仲而言，服务于齐国，进而辅佐齐桓公在周天子式微的前提下，称霸诸侯，匡定天下，尊王攘夷，保证天下太平，文化传承，这才是更大范围内的仁爱和公义，这也在更大范围内为人们谋得了福利。反过来，若管仲只是为了个人及服务的家族利益而自杀，看似保全了"气节"，留下了"杀身成仁"之名，反倒违背了更大的仁爱和公义。

因此，在理想世界中看似一是一，二是二，泾渭分明的事情和行为选择，到了现实世界中，却并非如此简单。理想和现实之所以有这样的差别，恰在于理想之为理想，就是因为去掉了现实世界中的各种复杂影响因素及边界条件，只剩下清晰的主线逻辑，那才是理想，也才能看得更清楚；但是，理想世界中看得清楚的事情，搬到现实世界中并不一定行得通，关键在于还有那些复杂而细微的边界条件，还要在看得清楚的基础上懂得权变和选择，这也正体现了原则性和灵活性的统一。明确了仁爱的理想境界之后，在针对现实世界中管理者的仁爱行为进行评价时，还需要结合各种复杂影响因素，依公私、大小的相对性，进行权衡比较，这正是管理的艺术性所在。

> **管理精义**
>
> 将理想与现实进行区分并使其相辅相成，运用在对现实世界中管理者和管理活动的分析评价上，就是要很好地理解和把握公私、大小之间的相对性，以及它们之间边界的流动性。以此为基础，才能真正理解现实的复杂性和评价的模糊性。

14.19 公叔文子之臣大夫①僎②，与文子同升诸公③。子闻之曰："可以为文④矣。"

【字词释义】

①臣大夫：指家臣。
②僎：是公叔文子的家臣。
③公：指诸侯国的公共朝堂，与家族私朝相对，意思是当诸侯国大夫。
④文：这里指公叔文子的谥号。

【今文意译】

公叔文子的家臣僎，和公叔文子一道做了卫国的大夫。孔子得知后说："不愧为'文'这个谥号啊。"

【分析解读】

本章讲解公与私的相对性，用以说明管理者应追求更大范围的共同利益，举贤不避亲。这也是一种管理的"非人格化"思维方式。

在当时的条件下，家臣只是大家族内部事务的管理者，虽然这个管理岗位的职责相对于管理者个人及其家庭来说，已经具有了公共性，但与诸侯国相比，其公共性的范围和程度都是有限的。当然，不能否认的是，当时的诸侯国也是国君这个更大的家族的封地而已，诸侯国内部事务也相当于国君这个大家族的内部事务，只不过其公共性的范围和程度，要远远超过诸侯国内部某个大家族的内部事务。因此，管理者的视野和立足点，应该是更大范围的共同利益，即"善"或"仁"。

公叔文子有双重身份，对卫国而言，他是管理者，即大夫；对自己的家族而言，他又是委托人或主人，而僎则是他的代理人，即家臣。如果他发现僎是一位管理人才，那么，从更大范围的共同利益考虑，就应该推荐到卫国国君那里，使僎能够服务于更大的"善"和"仁"。当然，这也更有利于实现僎本人的价值，而僎也应该义无反顾地到卫国任职，这应该是职业管理者的志向追求，即在更大的舞台上实现职业抱负，为更大范围的利益相关者创造价值。从这个意义上说，僎的选择和管仲的选择本质上是一样的，只不过管仲的委托人公子纠，在与公子小白的冲突中死去了，而僎的委托人公叔文子，却主动推荐或至少允许僎到卫国任职。

由此不难理解，为什么孔子评价公叔文子不愧为"文"这个谥号，原因可能恰在于他的心胸和对管理职责的深刻理解，也在于他"举贤不避亲"，体现出了儒家所强调的管理者的内在"非人格化"要求，即通过自身德行修养和境界提升，最终达到"一视同仁"的识人、用人和公共事务处理。当然，由此也不难推断，齐桓公用管仲为相，同样具有这样内在的"非人格化"特征。他并不因为管仲曾在自己的"政敌"公子纠家里做家臣而不重用他，而是从管理才能和综合素质的角度来考虑问题，选择管仲为相，不仅使齐国得利，而且让天下人受惠。

管理精义

职业管理者必须具有超越个人特点的职业思维方式，而这种管理思维方式，在很大程度上与人而不是物或工具联系在一起，即如何看待"人"。选人、用人、培养人的制度和机制的建立，都依赖于这种看待"人"的思维方式。这种思维方式的核心，就在于"非人格化"。这是管理者做到"任人唯贤"的基本前提。

14.20　子言卫灵公之无道也，康子曰："夫如是，奚而不丧？"孔子曰："仲叔圉治宾客，祝鲩治宗庙，王孙贾治军旅。夫如是，奚其丧？"

【今文意译】

孔子说卫灵公本人是一个"无道"的国君，季康子就问："既然如此，那为什么没有失去君位呢？"

孔子说："仲叔圉替他管理外交，祝鲩替他管理祭祀，王孙贾替他管理军队。既然如此，他又怎么会失去君位呢？"

【分析解读】

本章说明个人的私德并不一定会影响到公共事务的管理。若能严格区分私德与公事，在公事中重用有才能的人，并让他们各施其才，各得其所，私德就可能不会影响公事。

仲叔圉、祝鮀、王孙贾都是卫国的能臣，各有专长，又能各司其职，发挥专长，互补协同；由此可见，卫灵公善于识人用人，在一定程度上说，尽到了诸侯国国君的职责。虽然他个人的私德并不被人们所认可，甚至有"无道"之嫌，但在卫国的公共管理事务上，特别像外交、祭祀、军事这样关乎一国之本的关键事务上能用对人，又能放手让称职的管理者施展其才能，至少说明卫灵公的私德没有影响到公事。对于一位管理者，特别是作为委托人的最高管理者来说，若将私德与公事区别开来，不因私德而害公事，同样也可以将管理做得有声有色。

孔子在这里说卫灵公是如此，其实管仲也是如此。孔子盛赞管仲在公事上的作为和成就，但也指出他的个人私德并不能让人认可，而管仲的私德同样没有影响他的公事。所以，儒家虽然强调"为政以德"，但也清楚地认识到私德和公事毕竟不同，若能区分两者，"为政不必非要以私德"。但遗憾的是，对于大多数人来说，将私德和公事严格区别开来并非易事，私德对公事的影响常常难以避免。在这种情况下，只能一方面强调公德，以此抑制私德及其负面影响，另一方面，则必须强化私德修养，进而将私德对公事的负面影响最小化，甚至更理想的情况是，让私德对公事产生正面影响。

由此不难理解，儒家"为政以德"管理之道中的"德"，可以做两方面理解，一方面是与管理职业密切相关，蕴藏在管理职业之中的"公德"；另一方面，是与管理者个人密切相关，蕴藏在管理者本人日常行为中的"私德"，即家庭伦理规范的内在化，其核心就是"孝悌"。前者与做管理密切相关，后者与"做人"密切相关；但两者又是相通的，都以"诚"为核心，而其修炼途径在儒家看来，也是从私德到公德；只有建立起这两方面的"德"，才能从根本上保证公事或管理事务的方向和效果。

当然，若能将私德与管理严格区别开来，只就公事论公事，也可以做好管理或达成公事，如管仲和卫灵公。但是，在孔子和儒家看来，这种情况既不普遍，也不可持续，往往因人而异，如管仲之后的齐国便不再繁荣，而卫灵公之后的卫国也不再兴盛。因此，真正的长治久安和管理成功之本，不在于一时事功，而在于职业公德和个人私德修养的提升。毕竟管理离不开人，而大多数人难以理性化到适时、因地、就事地严格区分私德和公事。管理者若不能努力完善私德和公德，虽在某一时、某一地、某一事做到了私德不影响公事，但终归难以保证时时、处处、事事都严格区分私德与公事；不注重德行修养，势必会对公事产生负面影响，到时再懊悔，就来不及了。更何况，管理者若能加强私德修养，私德会对公事产生正向支持，让公事做得更好。

管理精义

> 管理者的私德正向影响管理事务，更多的是通过管理公德这个中介。也就是说，个人私德支撑并保证了管理公德，进而管理公德让管理事务做得更符合职业规范的要求。

这也正是强调广义"做人"先于做管理的意义所在。

14.21 子曰:"其言之不怍①,则为之也难。"

【字词释义】

①怍:这里是羞惭、羞愧的意思。

【今文意译】

孔子说:"说话时没有惭愧之心,说出来的话就很难做到了。"

【分析解读】

本章讲管理者对待言行的态度,要求管理者谨记"大话难行",说话要用心,做事才不难。

管理者的谨言慎行首先表现在"言为心声"。管理者职责所系,每句话都应仔细掂量,发乎内心,毕竟管理者的岗位之言都要施行和兑现。只有那些言而由衷、言之有物的话,执行起来才容易;相反,说话随意,没有敬畏和惭愧之心,言不由衷、大言不惭的讲话,虽然听起来满是豪言壮语,也能让人兴奋一时,但做起来却完全不是那么回事,甚至压根儿就没办法做。这与第十三篇第25章所讲的"君子易事而难说也"是一个道理。

管理精义

管理就在言语和行动之间,管理者往往是言语者,而被管理者则是行动者。既然管理中言语和行动的主体是分离的,那么,如何才能将两者有机联系起来,让言语转化成有效行动呢?关键在于"心"。如果管理者的"心"能和被管理者的"心"联结在一起,那么,管理者的言语就会与被管理者的行动联系起来,实现顺利转化。"心相通,意相连",言行自然一体化。

问题是,管理者和被管理者的"心"又怎样才能相联结呢?关键在于管理者。在组织和管理中,管理者首先要用"真心"来对待自己、职业、岗位和职责,这便是"诚",也是"忠",即尽己尽责;其次要用"真心"来对待他人,包括利益相关者和被管理者,这便是"信",即诚实守信;最后,在各种具体政策和事务中,将心比心,换位思考,从而使自己的所言真正体现"人心所向"。由此,组织中"心心相连"便成为可能,更大范围内的"言行一致"也就自然而然。

14.22 陈成子①弑简公②。孔子沐浴而朝，告于哀公曰："陈恒弑其君，请讨之。"公曰："告夫三子③！"孔子曰："以吾从大夫之后，不敢不告也。君曰'告夫三子'者？"之三子告，不可。孔子曰："以吾从大夫之后，不敢不告也。"

【字词释义】

①陈成子：齐国大夫，姓陈，名恒。
②简公：齐国国君，名壬。
③三子：指季氏、孟氏、叔氏，他们在鲁国当政。

【今文意译】

齐国大夫陈恒杀了国君齐简公。孔子沐浴斋戒后，上朝面见鲁哀公，说："陈恒杀国君，请派兵讨伐。"

鲁哀公说："去告诉季氏他们三位！"

孔子说："因为我是离职的大夫，有责任将此事告知国君。国君竟说'去告诉季氏他们三位'这样的话？"

孔子遂到季氏等三家去告知，但他们都不同意。

孔子说："因为我是离职的大夫，有责任将此事告知国君啊。"

【分析解读】

本章讲管理者的职业责任意识应超越具体岗位乃至所服务的组织，维护职业规范本身的合法性和权威性。

对于孔子来说，陈恒杀齐简公虽是邻国内政，但这关乎管理职业规范，即君臣关系，是典型的"臣不臣"，大逆不道，直接威胁着管理职业的合法性；尤其是联系到鲁国的现实，季氏等三家弄权，国君名存实亡，同样的事情难说不会在鲁国重演。虽然孔子早已离职，但既然做过鲁国大夫，就应该是管理职业规范的终生捍卫者，更何况孔子仍继续在教管理，倡导和传播管理职业规范和敬业精神，若不向鲁国国君报告，则有失曾经的管理者和如今的管理教育者的职业操守。

因此，孔子郑重其事，斋戒沐浴，然后上朝禀告此事，并请求讨伐陈恒，以向天下人表明鲁国的态度；同时也是暗示鲁哀公早做准备，以防此事在鲁国重演。但是，鲁哀公却让孔子去告诉在鲁国当权的季氏等三家。这让孔子很是不解，"明明我是尽责面君，意在提醒国君当心三家，为什么还要我去告诉三家呢？"

孔子作为离职大夫，没有义务向三家报告，但既然国君说了，孔子还是去报告了，结果可想而知，三家不会同意。想必孔子早已料到有此结果，所以才再次自言自语道："正因为我是离职大夫，有责任向国君报告此事啊。"

管理精义

　　管理职业超越了特定岗位，甚至于特定组织，有着更为普遍和一般的规范与精神内涵。对于具体组织和具体岗位的职责而言，管理者确实要本着"不在其位，不谋其政"的原则，既然不担任某个具体管理岗位，就不能干预那个岗位的具体职责的履行。但是，一个人只要选择了管理职业，他就必须终生坚守、维护这种超越具体岗位和具体组织的职业规范和敬业精神，与那些威胁职业合法性和合理性的人和事做斗争，哪怕离职和退休之后，仍应真切关心这个职业的发展。这才真正体现出一个从业者发自内心的对这个职业的热爱。这种"爱"是做好任何职业的基本条件。

14.23　子路问事君。子曰："勿欺也，而犯之。"

【今文意译】

　　子路请教关于处理和上级关系的问题。孔子说："不要欺骗，但可以直言冒犯。"

【分析解读】

　　本章讲管理者如何处理与上级或委托人的关系，其基本原则是诚和正。

　　子路时任季氏家臣，因此，这里的"事君"可以做广义理解，泛指处理与上级，特别是委托人的关系。孔子给出的建议，核心在于"诚"和"正"。"勿欺"即是"诚"的具体要求。作为管理者，当然要以"诚"为本，对任何人都一样，对上级或委托人同样要本于"诚"而不欺骗。儒家还强调做管理贵在公正，即"政者，正也"，而在处理与上级或委托人的关系时，公正的体现就是"不媚上"，上级有错误就直言指出，与上级有不同看法，也开诚布公，立足于"正"，自然就不畏惧，时"而犯之"。

　　孔子之所以在这里针对处理和上级的关系，又专门提出"勿欺也，而犯之"的原则，很大程度上，可能是因为，在当时的历史条件下，上级尤其是作为委托人的国君，掌握着生杀予夺的大权，人们在这样的上级面前，很容易畏惧自保而失去"诚"和"正"。因此，对于一般管理者或代理人而言，面对被管理者或下级保持"诚"和"正"相对容易，但面对上级能同样思言行一致、表里如一、真诚正直，则实属不易。也许正因为如此，孔子面对子路的问题，专门有针对性地讲了这种与上级打交道的原则要求。

管理精义

　　管理者面对不同下属时，要做到诚实、正直、一视同仁，已属不易；当面对上级时，同样要做到如此,则更加困难。但是,对于一名职业管理者来说,"诚实守信"、"正直公正",并不只是面对特定人群时的规范要求,而应该是面对所有人时的职业素养。这就要求管理者在日常生活和工作中,逐渐养成一种平等意识,将管理视为一种职业而非组织地位和社会地位,形成"非人格化"的职业思维方式。长此以往,平等意识便会在职业规范和行为中体现出来。

14.24 子曰:"君子上达①,小人下达。"

【字词释义】

①达:这里是通达事理,通晓、明白的意思。

【今文意译】

孔子说:"管理者通晓整体和方向,被管理者通晓具体和专业。"

【分析解读】

本章再次借管理者和被管理者的职责对比,说明两者各自努力的方向及其互补性。

在这句话里,"达"是通晓、明白的意思,而"上"和"下"放到组织管理的背景下,向"上"意味着达到组织的高层,立足于高层,便可看到组织的整体和长远发展方向,这种全局性和战略性职能,恰是管理者所应理解和承担的职能;向"下"意味着达到组织的基层,立足于基层,便可看到组织的细节和具体专业操作,这种具体化和专业化职能,正是被管理者所应理解和承担的职能。

组织中这两个层次是互补而非对立的关系。没有了高层,组织的整体便会解构,方向也会消失;没有了基层,组织的根基便不存在,操作也成空想。管理者和被管理者在组织中所担当的职责不同,所发挥的作用也自然不同,但两者都不可或缺。正是两者的互依互补、相得益彰,才有了组织的生生不息。

孔子这句话,只是再次阐明了管理者和被管理者的职责定位,而不带有贬褒的意味。这正像第二篇第12章讲到的"君子不器",第14章讲到的"君子周而不比,小人比而不周",第十三篇第23章讲到的"君子和而不同,小人同而不和",第四篇第16章讲到的"君子喻于义,小人喻于利"等,其含义都在于说明两者所承担的组织职责及工作性质有差异,并没有贬褒之意。

管理精义

管理者不仅要清醒地认识到自己在组织中的职责定位,还要理解被管理者的岗位职责和工作特点，这样才能更好地履行职责，换位思考，并发挥被管理者的专业才能，做到人职匹配，人尽其才。管理之于组织，并不只是管理者个人的事情，而是要实现组织整体和长远价值，这中间最重要的就是将每个组织成员的潜能充分发挥出来，真正做到组织整体大于个体之和。这里，理解自己和他人所扮演的角色及其关系，就变得非常重要。

14.25 子曰："古之学者为①己，今之学者为人。"

【字词释义】

①为：这里是治理、管理的意思。

【今文意译】

孔子说："古代学管理的人着眼于管理自我，今天学管理的人着眼于管理别人。"

【分析解读】

本章借古喻今，强调学管理应从自我管理入手，才能真正理解和把握管理之道。

关于孔子这句话，可以有不同理解。首先关于"学者"，可以理解为一般意义上的"学者"，泛指做学问、做研究的人，具体到管理上，就是管理的研究者；当然，也可以将"学者"具体化为"学习某种特定知识或专业的人"，再结合孔子培养的人才主要从事的是各种管理工作，便可以将"学者"理解为孔子语境下"学管理的人"，这就像"士"，不是指泛化的"有知识的人"或"知识分子"，而是理解为"学过管理或正在学管理，但还没有做管理的人"。从本篇前后章的语境以及孔子所列举的人都是管理者来看，将"学者"理解为"学管理的人"，也不失为一种可行而有启发的视角。

其次，关于"为"字的理解，有的将其理解为"为了"，这句话的意思就是"古代学者是为自己而学，今天学者是为他人而学"，进一步引申就是，古代学者之学是为了修养自身、提升境界，今天学者之学是为了人前扬名，获得声望和利益。但是，如果将"学者"理解为"学管理的人"，即使将"为"理解为"为了"，也可以看出，孔子在这里实际上是指出了两条学管理之路，一条是向内"求达"之路，即为了自己能更好地通晓管理之道，不断向内求索，从修养自我做起的途径；另一条是向外"求闻"之路，即为了别人能更好地认识自己、重用自己，不断向外追求，从影响他人做起的途径。结合第二篇第3章对儒家和法家管理模式的比较可以推断，孔子在这里用"古之学者"所隐喻的学管理的途径，更像儒家管理模式，是通过管理者对管理之道的理解、把握和践行，迂回式地实施管理以达到"有耻且格"，而"今之学者"所暗示的学管理的途径，更像法家管理模式，是通过用外在刑罚和命令来影响人们的行为，以达到眼前效果，但"免而无耻"。在孔子看来，目前流行的恰是法家的管理模式，因此，他借古喻今，强调学管理的人更应注重从自身着手，向内探求管理之道，只有内在修养提升了，才能更好地向外影响别人，"内求之达"是本，"外显之闻"是末。真正通晓了管理之道，做管理无有不成，何患不为人所知？为求人知而学管理，实在是本末倒置，舍本逐末。

当然，若将"为"理解成"治理、管理"，这里要表达的意思就更直接、更清晰了，即学管理要从自我管理入手，而不是从管理别人入手，这正体现了儒家所强调的做管理先"做人"，学管理先学"做人"的核心原则。

因此，对于孔子这句话，只要将"学者"理解为"学管理的人"，接下来无论是把"为"理解成"为了"，还是理解成"治理或管理"，其要表达的意思是一致的，都体现了儒家对学管理和做管理的基本要求。只是在这里若将"为"理解成"治理、管理"，孔子这句话的意思会更直白一些罢了。

管理精义

管理者要提升自己的职业素养和管理水平，首先要眼睛向内，不断提升自己的自我管理和自我修养水平和境界，才能更好地应对更为复杂的管理情境的需要和更大的管理职责的要求。

14.26 蘧伯玉①使人于孔子。孔子与②之坐而问焉，曰："夫子何为？"对曰："夫子欲寡其过而未能也。"使者出。子曰："使乎！使乎！"

【字词释义】

①蘧伯玉：卫国大夫，姓蘧，名瑗。　　②与：这里是给予、赐予的意思。

【今文意译】

蘧伯玉派人来看孔子。孔子请来人坐下后，问道："你家先生在干什么呢？"
来人回答说："我家先生整天想着减少自己的过错，但一直还没做到呢。"
来人离开后。孔子赞叹道："真是一位好使者啊！真是一位好使者啊！"

【分析解读】

本章承接上章，举例说明管理者如何从自身行为反思入手，通过终身学习，提升管理水平和"做人"境界。

据记载，孔子周游列国到卫国时，住在卫国大夫蘧伯玉家里。当孔子返回鲁国后，蘧伯玉专门派人来看望孔子。蘧伯玉以善于"自省"著称，终生修养德行，哪怕年岁已高，仍笃行修身，非常符合儒家所强调的从自我管理入手、"古之学者为己"的要求。正因为蘧伯玉自律甚严，日日反思，时时改进，他在卫国不仅管理做得很好，有很高的"官声"，而且家族内部管理得也很好，这一点从来人和孔子对话时的回答便可以看出来。回答孔子问题时，他不是在讲具体事情，而是透过各种具体事情的表象，理解了自家先生的内在追求。这从一个侧面也反映出，有内在追求的管理者自然会影响到其下属的认知和行为，潜移默化地培养出自省、进取的被管理者来。所以，孔子最后才会赞叹"真是一位好使者"，看上去这句话是在赞扬来人，实际上是在赞扬作为管理者的蘧伯玉，正是有了这样的管理者，才会有这样的下属。

【管理精义】

管理者的言行举止及其所隐含的信念和追求，会潜移默化地影响被管理者，这也正是实际运行的管理文化，能够塑造实际运行而不是口头宣传的组织文化的原因。实际运行的组织文化体现在每一个组织成员的言行举止和日常工作、生活中，以至于组织的产品和服务无不打上这种日常运行的组织文化的烙印。因此，当管理者对自己组织的产品和服务不满意，甚至对自己组织的员工行为或素质不满意的时候，应该首先从对自己的行为和素质的反思入手，而不是动辄责备别人。

14.27　子曰："不在其位，不谋其政。"

【今文意译】

孔子说："不在特定的岗位上，就不要谋划甚至干预那个岗位上的管理事务。"

【分析解读】

本章曾出现在第八篇第14章中，在这里再次出现，意在说明，管理者自我反思、自我管理的一个重要方面，就是不要越权、干预别人或下属的工作。

孔子这句话在第八篇第14章出现的时候，侧重于说明管理者的岗位角色意识，而用在这里，则意在阐明管理者的自我反思意识。管理者的自我反思当然包括对岗位职责及其履行情况的反思。由于管理工作本身的不确定性，特别是在各项相应的规则和规范并不明晰的情况下，管理者经常会干预和影响其他岗位上的工作，造成"多头领导、令出多门"的情况，给别人特别是下属的工作造成巨大麻烦，职位越高，"谋政"范围越大，麻烦也就越大。所以，在实际管理工作中，管理者尤其是高层管理者的自我反思和自我管理，关键在于反思自己的言行，管住自己的嘴，管住自己的手，甚至管住自己的脚，既不要瞎命令，也不要瞎指挥，甚至也不能到处瞎跑。这可能正是将"不在其位，不谋其政"这句话，再次放到讲管理者的反思和自我管理之后的用意所在。

> **管理精义**
>
> 管理者的自我管理，不仅局限在对自己私人空间或领域的事务和关系的管理，同样也包括在组织活动中的自我管理，这尤其表现在，管理者应对自己的岗位职责及工作和知识特点有清晰理解和把握，特别是对自己的不足或局限性有清醒的自我认知，从而有针对性地管住自己下命令、做指示的冲动，切实做到：多倾听、少指导；多授权、少干预；多宽容、少责备；多学习、少教育；多讨论、少定调；多对话、少谈话；多思过、少表功。这七多七少，应该成为管理者在组织活动中，实施自我管理时，所必须恪守的七项基本原则。

14.28　曾子曰："君子思不出其位。"

【今文意译】

曾子说："管理者的思维方式会受到岗位限制。"

【分析解读】

本章承接上章，进一步说明"不越位，不干预"的前提在于思维方式，因此，管理者的自我反思更要善于把握自己的管理思维方式。

具体地说，曾子这句话包含了两层含义。首先，说明的是一种现实存在的状态，即管理者思考问题，总是从自己所在的岗位或职位视角出发。其实不仅是管理者，任何人看世界、看问题的角度，都受到所处位置的限制。这既有物理意义，即从肉眼看东西的意义上说是这样，也有社会意义，即从思维方式或思考问题的意义上说也是这样。因此，这层含义在于告诫人们，要想反思和把握自己的思维方式，就要从自己所处的位置或岗位入手，只有通过对自己所处位置的分析和理解，才能更好地认识自己的思维方式和看问题的角度，这才是更深层次的自我反思，以此为基础，才有可能做到曾子在第一篇第4章所倡导的"忠信习"的管理职业规范和敬业精神。

其次，是要指出，既然管理者的思维方式受到岗位或职位的局限，那么，如果超越自己的职责范围去思考，自然就会产生偏差，而且这个偏差往往是系统性的、不自觉的，自己还以为是正确的或有道理的。这样一来，管理者基于自己岗位或职位思维方式的系统偏差所形成的意见甚至命令，就不可避免地会干预自己职责范围以外的工作。而且由于管理者所固有的岗位权力，别人即便发现了这种意见或命令有问题，也不会明说，在管理者的不自觉的自以为是，加上权力威慑的双重作用下，管理者的思维偏差或认知偏见就会堂而皇之地变成组织的政策、工作准则和行动，这将给组织带来巨大损失。因此，管理者要从根本上杜绝瞎指挥、乱干预，就必须从思维方式及其局限性的角度认识自己，管住自己的思想，不要越出自己的职责范围瞎想别人的事情。管住自己的思想，才能真正管住自己的嘴巴，也才能管住自己的手脚。这也许正是曾子这句话的深意所在。

当然，当管理者的自我反思和自我修养达到一定境界，就不需要太过强求"思不出其位"了。这时管理者已经能够认识到自己思维方式的局限性，即便"思出其位"，也能把握住自己的"思"可能有的局限性而有了自知之明，便不会将自己有局限性的"思"强加到别人头上，反而会用自己可能有局限的"思"与别人对话交流。这种平等而又跨界、越位的思维碰撞，恰成为创造力或创新的源泉。但要做到这一点，其基本前提是"思维"的平等，而不是用权力来使某个有局限性的思维，超越另外的思维而为人们所接受。因此，在外在制度氛围和内在修养还不足以达到这个境界之前，要求管理者"思不出其位"，其正面效应远大于可能的负面效应。

> **管理精义**
>
> 管理者的"认识自己"，从根本上说，就是认识自己的思维方式和思维习惯。要达到这种深层次的自知之明，就应该从自己岗位工作性质和日常工作的反思入手。管理思维方式必然会受到管理岗位的局限。借助管理岗位的认知和反思，是认识自己思维方式和思维习惯的有效切入点。

14.29 子曰："君子耻其言而过其行。"

【今文意译】

孔子说："管理者将言过其行视为耻辱。"

【分析解读】

本章进一步说明管理者应保持言行一致，不能言过其行。

如果将孔子这句话与本篇第 21 章"其言之不怍，则为之也难"联系起来，就不难理解，这句话强调的是，管理者自我反思不仅在于思维方式，还在于要建立内心的道德准则，即羞耻之心。对管理者而言，职业上的羞耻之心就在于时刻担心"言行不一"，因此，说话就不能信口开河，大言不惭，言过其行。这其实与第四篇第 22 章所讲的"古者言之不出，耻躬之不逮也"、第 24 章所讲的"君子欲讷于言而敏于行"是一致的。只不过在这里用"君子耻其言而过其行"这句话,更侧重于管理者从内心的职业羞耻感来进行自我反思和自我管理,从而更集中地体现了儒家所强调的管理者的自我修养和自我管理,最终是要将社会规范和管理规范内在化,建立起内在的德行准则,即管理职业的羞耻之心,进而知道自己从事管理职业以什么为耻,以什么为荣,怎样才算真正实现了管理职业价值,取得了管理成功,即"求达"而不是"求闻"。

管理精义

管理者的自我认识、自我反思和自我管理,最终还在于建立起超越具体管理岗位和职责的内在职业道德准则,这也是一种管理职业公德,它与一般意义上的私德,或一般意义上的"做人"的羞耻之心是不一样的,可以称为管理职业的羞耻之心。从管理职业的特点来看,这种管理职业的羞耻之心,总是与管理者的言行联系在一起的。管理职业规范中的尽己尽责和诚实守信,落实到管理者的具体管理工作中,就是思言行的一致,而从外部可观察的角度来看,则是言行一致。因此,管理者工作特点决定了管理者内在的职业羞耻之心或内在职业道德准则应该是以言行一致为荣,以言行不一或言过其行为耻。只有建立起这样的内在职业道德准则,并形成良好的外部氛围,管理者才能真正做到谨言慎行。

14.30 子曰:"君子道者三,我无能焉:仁者不忧,知者不惑,勇者不惧。"子贡曰:"夫子自道也。"

【今文意译】

孔子说:"管理者的职业操守由三个方面构成,我还没能做到啊:有仁爱就不烦忧,有智慧就不迷惑,有勇敢就不畏惧。"

子贡说:"先生不必自谦,这三方面说的正是您呀。"

【分析解读】

本章承接上章,进一步说明管理者只有将管理职业规范内化为自己的职业操守,才能真正形成羞耻之心,而职业操守由仁、智、勇三个方面构成。

孔子这里讲的仁、智、勇三个方面,在第九篇第 28 章已经提到了,这里再讲,是为了说明,管理者自我反思、自我认识和自我管理的内部根据及最终目标,就是要建立由这三方面构成的职业操守。只有建立起这样的职业操守,管理者的反思、认知和管理才有依据。当然,这三方面操守需要管理者有意识地不断进行自我反思、自我修养、自我管理才能建立起来,不可能一蹴而就。所以,孔子才说"我还没能做到啊",意思是,他自己还处在持续自我反思、修养和管理的进程之中,这也是儒家管理模式反复强调管理者终生学习、持续修养、不断进步的重要意义所在。

> **管理精义**
>
> 　　管理者的自我反思和自我管理既有外部尺度又有内部准则,外部尺度就是管理的职业规范,内部准则就是管理的职业公德。管理者的内部准则或职业道德,恰是外部尺度或职业规范的内在化,只有将职业规范真正内化为管理者认同并恪守的职业公德准则,管理者才真正成为一名符合职业规范,有职业操守的管理者。不同时代的管理职业操守可能会有些许差异,但其内在的精神原则是一致的,都要求管理者应致力于将仁爱、智慧和勇气整合在一起,不可偏废。

14.31　子贡方①人。子曰:"赐也贤乎哉?夫我则不暇②。"

【字词释义】

①方:这里是比较的意思。　　　　②暇:这里是空闲的意思。

【今文意译】

子贡比较和评价别人。孔子说:"你已经很贤能了吗?我就没时间做这种事。"

【分析解读】

　　本章讲管理者应更多地关注自我修养和内在素质提升,不要太过在意和别人比较。

　　子贡这种做法具有一定普遍性,特别是对于学管理的人来说,不仅会在同学们之间进行比较,而且还热衷于对历史上和现实中的管理者评头论足。虽然作为老师的孔子,在讲课时也会拿各类管理者做典型案例进行比较,也会对不同学生进行评论,但那是作为讲课中的案例素材,为了启发学生思考。对于学习者,特别是立志做管理并坚持终生修养和学习的人来说,则应将时间和精力用于自我综合素养的提升,而不是总拿别人进行比较和评价,更何况,这种比较和评价在实质的管理过程中并没有什么意义,毕竟每个现实的管理者都各有特点,很难完全按照一个固定的模式要求所有人。

　　从这个意义上说,孔子对子贡的提醒,再次体现了儒家管理模式对管理者致力于由内在修养而达致"非人格化"思维方式的要求,即自身的内部修养达到一定境界后,自然就超越了具体的个人及其关系,而强调一视同仁,"四海之内皆兄弟也"。

管理精义

管理研究和管理教育中的典型案例的比较评价，与管理实务中的比较评价有着本质区别。在管理研究和管理教育中，关于具体案例及其主人公的比较评价，已经抽离了"人格化"管理者及其行为的个性特征，并放在一个特定理论背景下，是学理或规律意义上的比较评价，不带有好坏、成败的价值判断；但在现实的管理实践背景下，人们关于管理者和管理的比较评价则复杂得多，往往带有当事人的情感和个人好恶判断，不是在进行理论分析，有时甚至是在宣泄个人情绪。严格来说，在现实管理情境中，每个现实的管理者及其所遇到的管理实务和条件都是独特的，不可能拿来做简单的比较和评判，更何况还存在着严重的信息不对称，这种比较和评价就变得更没有意义了。

14.32 子曰："不患人之不己知，患其不能也。"

【今文意译】

孔子说："不要担心别人不理解自己，要担心的是自己没有才能。"

【分析解读】

本章承接上章，继续说明管理者要专注于自身综合素质提升，不要急于要别人知道和理解自己。

正像上章孔子反问子贡，"你已经很贤能了吗？"还有时间去对别人品头论足，本章的用意也一样，在于说明，管理者不要急于让别人理解自己，重用自己，关键在于自己是否已经具备足够的才能，胜任各种管理工作。其实，子贡喜欢比较评价别人，也有意无意地流露出炫耀自己的意思，而炫耀本身就是想传递信号，让别人知道自己。从这个意义上说，本章内容可以看作是对上章的进一步说明，是孔子对子贡及其他人类似行为的告诫。让人们时刻注意自身修养和综合素质的提升，眼睛向内而不是向外，这也正是"古之学者为己，今之学者为人"的道理。

管理精义

管理者是靠自己的综合素质，包括职业操守、专业知识和技能，以及制度和规范，来实施管理的，而不是靠名声来实施管理的。盛名之下其实难副，是管理者和管理之大忌。

14.33 子曰："不逆①诈②，不亿③不信。抑亦先觉者，是贤乎！"

【字词释义】

①逆：是形声字，本义指迎接，这里是预先、事先的意思。

②诈：是形声字，这里是欺诈、欺骗的意思。

③亿：同"臆"，这里是主观判断、推测的意思。

【今文意译】

孔子说："不要事先推测别人欺诈，也不要事先臆断别人不可信。但到了事情发生时，又能及时觉察到，这不就是很贤能了吗！"

【分析解读】

本章讲管理者不应臆测、推断别人的动机，要以"诚"待人，这也是一种"非人格化"的态度，但在具体的人与事上，又要关注细节，见微知著，能及时觉察和判断出各种可能的情况。

具体地说，孔子这句话包含了两层意思。一是管理者不要事先推断别人的动机，尤其是从坏的方面去推断，更不合适，这种事先推断动机的方式，会让管理者戴上有色眼镜看人，先入为主，疑邻窃斧，其结果会导致管理者刻意寻找证据来印证自己的预先判断，这不仅会限制管理者的思维和视野，产生系统偏差，更会使合作和共事走向崩溃。因此，管理者应从现实出发，而不是从"假想"出发，"非人格化"地面对别人，以"诚"待人，用事实和证据说话，切忌用想象和臆断来代替事实和证据。这应该是管理中处理与别人关系的出发点。

孔子这句话的第二层意思说的是，管理者虽然不要事先推断别人的动机，但在临事及与人交往中，又不能漠视各种细节及其传递出的信号，要注意观察和积累各种信息，以事实和证据为基础，做出及时判断。这样一来，各种事情和变故自然都能为管理者所全面掌握，这种"见微知著"的功夫，要体现在临事中而不是事先的臆断中。

管理精义

管理要基于证据而非想象。没有事实支撑的管理，既不能落地，也难以取信于人。因此，管理者在管理过程中，要努力用事实和逻辑说话，而不能过分迷恋于自己的直觉和想象，更不应依赖于各种神秘力量。这正是管理中的实事求是原则。

14.34 微生亩①谓孔子曰:"丘!何为是栖栖②者与?无乃为佞乎?"孔子曰:"非敢为佞也,疾③固④也。"

【字词释义】

①微生亩:姓微生,名亩。
②栖栖:忙碌而不能安定的样子。
③疾:这里是痛恨、憎恶的意思。
④固:这里是固执、顽固的意思。

【今文意译】

微生亩对孔子说:"孔丘,你为何这样终日奔波忙碌不得安闲呢?是不是想凭能言善辩影响别人啊?"

孔子说:"哪敢说能言善辩呀,我只不过是憎恶顽固不化罢了。"

【分析解读】

本章讲管理者的职业特点容易被别人误解,因此更需要有自己的内在坚守。

从对话语气可以看出,微生亩是长辈,可以对孔子直呼其名,在他眼里,孔子周游列国,四处宣讲自己的学说,不过是在逗口舌之能,没有实际意义,还不如安安分分过生活,而孔子的回答也很巧妙,既体现了对长辈的尊重,没有直接和他争辩,也委婉地点出,自己这样终日奔波,就是要改变像他这样冥顽不化之人,以使大家真正认识到良好的社会秩序、和谐的社会生活应该是怎样的。

这段对话充分说明,做管理,尤其是肩负着改变现状职责的管理,很容易被别人误解,包括长辈或上层的误解。毕竟管理职业很难像其他专业技术工作那样立见效果,再加之管理者在很多时候是以语言的方式在"做事",主要的日常工作是在与人沟通,所以,管理者一时不能被人理解是正常的,关键在于自己要有内在坚守,能够一以贯之地遵循管理职业规范,勇于承担责任,一如既往地追求管理目标。

管理精义

由于管理工作离不开语言,管理者日常工作很多时候都表现为与各种不同的人沟通,因此,在运用语言过程中,真诚就非常重要。语言的运用不以真诚为基础,不仅达不到沟通应有的效果,还会被别人误解为花言巧语,耍嘴皮子。时间一长,管理者便难以取信于人,管理不仅难以发挥凝聚人心的作用,反而会越来越为人们所怀疑,以至于凡是管理者说的话,人们都习惯性地从反面理解。这样一来,组织成员和管理者都真的变成顽固不化的人了。

14.35 子曰:"骥不称其力,称其德也。"

【今文意译】

孔子说:"千里马之所以称作千里马,不在于它的体力好,而在于它通人性。"

【分析解读】

本章用千里马做隐喻,强调管理者应德才兼备,而唯德为难。

"骥"专指千里马。体力好、速度快的马不少,但不是所有体力好、速度快的马,都可以叫做"骥"。只有那些有"灵性",经过训练后,善于理解"主人"意图,和"主人"配合默契,对"主人"忠诚的体力好、速度快的马,才能称得上"骥"。

因此,孔子这句话的第一层含义,说的就是,一匹马为什么能称为"骥",关键在于它同人之间的关系,在于"通人性",就像具备了人的"德行"一样,而不在于它本身的体力和速度。其实,"骥"的德行,也可以有公私之分,它的"私德",是指它在马群中处理与其他马的关系时所表现出来的"德行",而"公德"则是指它超越了自身马的范围,在与人配合完成任务时所表现出来的"德行",即"通人性",这便可以视为"骥"的"职业公德"。孔子在这里所说的"称其德",专指"骥"的这种"职业公德"。

孔子这句话的第二层含义,在于用"千里马"比喻管理者,由此引申出"德"与"才"的关系问题。正像不是所有体力好、速度快的马,都能叫千里马一样,也不是所有才能好的人,都能称为管理者。只有那些"通人性"而又体力好、速度快的马,才能叫千里马,毕竟马是要与人配合来完成任务,而不是一匹野马在自然界里肆意奔腾;同样,只有那些具备"仁爱"之心,善于处理人与人之间关系,致力于追求共同利益,而又才能好的人,才能做管理者,毕竟管理工作是要通过人们的分工协作来创造超越个人简单相加的整体价值,而不是一个人的自我奋斗。当然,正像千里马的"德",是"职业公德"一样;管理者所应具备的"德",也主要指"管理职业公德",只不过对管理者而言,个人"私德"往往是"公德"的前提条件,两者相辅相成,不可或缺。

透过将管理者比喻为千里马,可以更好地理解儒家为什么强调管理者必须"德才兼备、以德为先"。

管理精义

管理职业的特点,在于必须在处理人与人之间关系中恪守社会和组织规范。这实际上就是管理职业的道德内涵,即管理公德。管理职业对从业者的公德要求是第一位的,超越了专门知识和技能的要求。管理的职业公德关乎一个人是否适合做管理,而知识和能力只关乎一个人做管理的水平高低。

14.36 或曰:"以德报怨,何如?"子曰:"何以报德?以直报怨,以德报德。"

【今文意译】

有人问:"以德报怨,怎么样?"

孔子说:"这样的话,用什么来报德呢?应恪守'以直报怨,以德报德'的原则才对。"

【分析解读】

本章承接上章,进一步说明管理公德与个人私德不同,不能将个人私德中的原则不加分析地移植到公共事务处理中来。

在管理情境中,"德"和"怨",可以分别理解为好的、符合共同利益的行为以及不好的、有损共同利益的行为,而"直"则可以理解为"公正、正直",即按照原则和规则办事。

当有人问孔子,"用像对待好的行为一样的表扬、奖励方式,来回报不好的行为,是否可以"时,孔子便反问道,"既然如此,那么,当出现了好的行为,又当如何回报呢?"言下之意在于,管理中的"报"或"回报"具有激励效应,会引导人们从事特定的行为,如果对"怨"和"德"的行为,都给予褒扬和奖励,那么,管理的激励导向是什么呢?管理者这样做,岂不是"好坏不分",没有原则了吗?因此,做管理贵在公正,而公正的本质便是按照原则和规则办事,赏罚分明,这便是"以直报怨,以德报德"的原则。这也可以视为管理公正原则。管理者恪守并践行这一原则,也就意味着管理者具备了做管理的公正之"德",这正是管理职业公德的重要内涵之一。

当然,以上只是在管理情境中讨论"以直报怨,以德报德"的原则;若进入私人情境,讨论个人私德问题,情况可能会有所不同。因为在私人情境中,不涉及共同原则和规则下对公共资源或机会的分配、使用问题,纯粹从个人的角度看,"以德报怨"和"以直报怨"都可以成为个人的行为准则,是个人在处理私人事务中的一种自主选择,并不会产生像管理情境中那样的激励效应。

【管理精义】

管理者应时刻注意将个人角色及其私人准则,与管理角色及其职业准则区别开来。在管理工作中,不能因个人的价值偏好而影响管理公正。即便个人可能有很高的私德修养,而这种私德也有可能与管理职业公德有冲突。如个人私德中完全可以奉行"以德报怨"的准则,但涉及公共事务时,就必须坚持"以直报怨",绝不能以私德准则代替公德要求。

14.37 子曰:"莫我知也夫!"子贡曰:"何为其莫知子也?"子曰:"不怨天,不尤①人。下学而上达。知我者其天乎!"

【字词释义】

①尤:这里是埋怨、责怪、怨恨的意思。

【今文意译】

孔子说:"没有人理解我啊!"

子贡问:"为什么没有人理解您呢?"

孔子说:"不抱怨天,不责怪人。努力学习各种具体知识和技能,并参透其中的管理之道。只有上天能理解我啊!"

【分析解读】

本章讲管理者关键在于自我修养,提升自己的职业素质,而不是一味地追求被人们知道和理解。

在这段对话中,孔子上来就感叹"莫我知也夫",这似乎与本篇第25章所讲的"古之学者为己,今之学者为人"、第32章所讲的"不患人之不己知,患其不能也"相矛盾,难怪子贡要发问了。

实际上,孔子以此所要引申出来的意思,恰是要从自身入手,持续进行自我修养,而不要太在意别人怎么说。这种"向内求"而不是"向外寻"的风格,在孔子身上充分体现了出来。孔子本人做管理并不得志,当时各诸侯国没有谁愿意推行孔子的管理模式,重用孔子,这岂不正好体现了"人不己知"?但孔子仍矢志不渝,"不怨天,不尤人",不断研习各种知识和技能,是谓"下学";不仅如此,还要从中体会、提炼更深刻的具有广泛指导意义的"管理之道",是谓"上达"。这种将"术"与"道"相结合,寓"道"于"术"之中,并以此为基础实施管理教育的持续努力,总有一天会对世人产生深远影响。所以,孔子最后才说"知我者其天乎"。这句话透露出来的信息,绝不是无可奈何之下的自我安慰,而是立足于坚定信仰之上的充分自信。

由这段对话不难理解,儒家所强调的从自身修养和自我管理做起,进行管理学习和管理实践的道路,若没有信念和信仰支撑,便很难坚定地走下去。

管理精义

管理者要恪守职业规范,在履行管理职责时做到"不怨天,不尤人。下学而上达",一切从自己做起,率先垂范,就必须首先检视自己是否具备坚定的信念和信仰。也就是说，管理者必须首先明确"做管理到底是为了什么"。这也可以看作是管理者本人职业上的愿景目标。只有职业愿景目标清晰了，才能在职业道路上坚定地走下去。

14.38　公伯寮①愬②子路于季孙。子服景伯③以告，曰："夫子④固有惑志于公伯寮，吾力犹能肆⑤诸市朝。"子曰："道之将行也与？命也；道之将废也与？命也。公伯寮其如命何！"

【字词释义】

①公伯寮：鲁国人，也有记载说是孔子的学生。
②愬：即"诉"，这里是诽谤的意思。
③子服景伯：鲁国大夫，姓子服，名何，字伯，景为谥号。
④夫子：这里指季氏。
⑤肆：古时候处以死刑后陈尸于市，称为"肆"。

【今文意译】

公伯寮在季氏面前诽谤子路。子服景伯得知后，告诉孔子说："季氏对公伯寮的话将信将疑，凭我的力量可以杀了公伯寮，还子路清白。"

孔子说："管理之道能施行吗？这就是命运；管理之道不能施行吗？这也是命运。公伯寮又怎能奈何命运嘛！"

【分析解读】

本章讲解管理者应遵循管理之道而行，做自己应该做的事，公道自在人心。

在公伯寮诽谤子路这件事情上，孔子所遵循的原则大概不是"以直报怨"，更不是"以怨报怨"，而是"以德报怨"。如果真像子服景伯所言，公伯寮在季氏面前诽谤子路，而子服景伯又有机会和能力澄清事实，惩处公伯寮，孔子为什么不同意，反而说了相信"命运"的一番话呢？

虽然历史事实已无从考证，但有一点大致可以推断，当时子路和公伯寮都是季氏的家臣，公伯寮在季氏面前诽谤子路，很有可能出于嫉贤妒能的个人恩怨。从季氏的角度看，这是两个下属之间的关系问题，当为"公事"；但对于子路或孔子而言，则属于私事，即子路与同事间的"个人恩怨"；而且，若公伯寮真是孔子的弟子，那就更属于同学兼同事之间的私事，而孔子面对两个学生，就像父亲面对两个儿子一样，无论采取怎样的态度，都属于私事范围内。

由此可以推断，在处理私事上，孔子奉行的并不是"以直报怨"，而是"以德报怨"，至少是以宽容和无为来报怨。当孔子说"道之将行也与？命也；道之将废也与？命也"的时候，隐含的意思是，对季氏而言，如何处理两个下属之间的关系是公事，若季氏能秉持管理之道，正确处理，矛盾自然解决，而若季氏不能秉持管理之道，听信谗言，矛盾则无法解决，甚至激化；无论哪种情况出现，这都属于管理情境中的"公事"，是私人力量不应干预的，都是"命"。更何况，若按照子服景伯的建议，以私力去干预公事，甚至要置公伯寮于死地，这也不是孔子希望看到的结果。由于信息不完全和不对称，在很多情况下，以私力和私利而干涉公事，其结果难以预料，出现更糟糕局面的可能性，远大于出现有利局面的可能性。这也许正是为什么孔子在这里反而主张"听天由命"，让公伯寮自己去和命运抗争的原因。

> **管理精义**
>
> 管理者在处理各种复杂关系时，不可避免地会纠缠于公私之间，如何在管理的具体事务中理清公事与私事的边界，确属不易。但无论难易如何，管理者都必须要从梳理公私边界和公私关系做起。没有这个"公私分明"的基本意识，管理者很难对复杂的人与事之间的关系做出恰当判断，不可避免地会造成混淆、干涉，以至于出现更混乱、更糟糕的局面。

14.39 子曰："贤者辟①世，其次辟地，其次辟色②，其次辟言。"

【字词释义】

①辟：同"避"，躲避的意思。

②色：这里是表情、脸色的意思，可以引申为"给脸色看"，意思是没有规范和规矩，完全凭个人好恶，缺乏以规范和规矩为基础对人的尊重。

【今文意译】

孔子说："有贤能的人，会避开乱世，离开乱邦，躲开无礼之人，让开言语不合之人。"

【分析解读】

本章讲管理者要善于选择服务对象，要勇于放弃，不能为求一时闻名，而牺牲了自己的信仰和原则。这正体现了儒家要求管理者"求达"而不"求闻"的管理理念。

作为代理人的管理者，仅凭一己之力并不能改变组织现状，只有和委托人、组织成员共同努力，才能实现目标。因此，管理者既要有职业素养、专业知识和能力，又要善于选择服务对象，两者结合，才能实现职业抱负。孔子之所以在本篇第37章中感叹"莫我知也夫"，很大程度上，是因为当时各诸侯国都没有真正理解和奉行儒家管理之道，但孔子也并没有委曲求全，一定要去迎合当时各诸侯国的口味，而是一以贯之地坚持自己的信念和原则。

孔子在这里再次告诫学管理的人，要有原则和主见，不要去迎合别人，应坚持自己选择服务对象的条件，那就是：天下大乱，不做管理；诸侯国无道，不做管理；委托人不讲规范，不尊重管理者，不做管理；委托人和管理者说不到一块儿去，不做管理。其中，前两个条件与组织有关，后两个条件与组织的委托人有关。在后两个条件中，"色"说的是没有"规范和尊重"，"言"说的是"思路和表达"不一致。如果既没有礼仪规范，又不懂得尊重管理工作，这样的委托人，当然无法与其共事；如果既想不到一起，又说不到一块儿，这样的委托人又如何能与你齐心协力？其实，孔子这句话并不是要人们消极躲避，而是强调管理者的主动选择；没有这种基于一定之规的主动选择，其后果可想而知。

管理精义

管理是共同的事业，没有合作伙伴和团队，单凭管理者个人是无法取得管理和组织成功的。因此，管理者的职业选择，首先体现在对服务对象的选择，这既包括对委托人的选择，也包括对组织及其文化规范的选择。管理者若不能正确选择服务对象，其他的职业决策和管理决策就不足观了。

14.40　子曰："作者七人矣。"

【今文意译】

孔子说："能够这样做出选择的人，已有七位了。"

【分析解读】

本章承接上章，举例说明按照上述四条标准做出选择的人有七位。

孔子这里所说的七个人到底是谁，已经很难考证，但至少说明，在当时周天子式微，诸侯国各自为政的背景下，管理者还有较大的选择空间，也意味着做管理有一定的自由度。不像秦汉以后，在国家公共事务管理中，管理者无法选择服务对象，只能是要么隐世埋名，要么服务于当朝；可是随着时间的推移，当人口的增长和王权的延伸，使得隐居变得越来越困难之后，儒家所坚持的独立职业规范和敬业精神，便慢慢消失了。

管理精义

做管理和做其他职业一样，关键在于热爱和自主选择。也正是基于热爱和自主选择，才能坚持和捍卫独立的职业规范和敬业精神，才能不为各种外部的威逼利诱所动。

这应该是今天职业化分工越来越细的现代社会，选择管理职业的人所必须首先清楚理解并把握的基本原则。

14.41 子路宿于石门①。晨门②曰："奚自？"子路曰："自孔氏。"曰："是知其不可而为之者与？"

【字词释义】

①石门：指鲁国都城的外门。　　②晨门：负责掌管城门的人。

【今文意译】

子路晚上住在鲁国都城门外，一早进城，掌管城门的人问道："从哪里来？"

子路回答："从孔氏那里来。"

那人说："就是那位明知道行不通，还偏要做的人吗？"

【分析解读】

本章讲孔子所特有的一种锲而不舍、矢志追求的精神，以此说明管理者既要善于选择，又要努力争取。这种权衡本身就是一种艺术。

可能当时孔子正在周游列国，派子路回家探望，到鲁城时天色已晚，只好寄宿在城门外。子路第二天一早进城，便和守城门的人有了这样的对话。

看来不仅是本篇第34章所提到的像微生亩这样的长辈误解孔子，当时鲁国很多人都没能理解孔子的思想、学说和他周游列国的行为，也难怪孔子会发出感叹"莫我知也夫"。在这里，守城门的人说孔子"知其不可而为之"，却也生动地刻画出孔子那种执着于信仰和管理之道的精神风貌。从这一点来看，孔子在上两章所说的对服务对象的选择，就更不是消极避世了，而是追求和把握一切机会之后的主动选择。孔子辞掉在鲁国的管理职位，努力寻求自己的学说和抱负在其他诸侯国得以实现的机会，并不是在逃避，而是在理想和现实之间的权衡与选择。从这个意义上说，孔子的人格是独立的，是在自己的信仰和原则基础上的积极争取与主动选择。"知其不可而为之"正是这种积极主动精神的生动体现。

【管理精义】

管理者绝不是在被动地接受一种职业安排，而是主动地创造条件，进行职业的自我选择和设计。这也许恰是管理职业对从业者的更高要求。换句话说，如果一名管理者都无法在自己的职业生涯中进行以我为主的选择、设计和规划，又如何期望他能对组织的发展，进行合理的选择、设计和规划呢？

14.42　子击磬①于卫。有荷②蒉③而过孔氏之门者，曰："有心哉，击磬乎！"既而曰："鄙④哉，硁硁乎！莫己知也，斯己而已矣。深则厉，浅则揭⑤。"子曰："果⑥哉！末⑦之难矣。"

【字词释义】

①磬：古代的一种打击乐器。
②荷：这里是挑、扛的意思。
③蒉：用草编的筐子。
④鄙：这里是浅陋的意思。
⑤深则厉，浅则揭：是《诗经·卫风·匏有苦叶》中的诗句，大意是：在涉水的时候，若水深，就要靠石头或桥过去，若水浅，就提着衣襟趟过去。其寓意在于，要善于把握情境状况，体察世势深浅，灵活应对。
⑥果：这里是果真、果然的意思。
⑦末：这里是无、没有的意思。

【今文意译】

孔子在卫国时，有一次在屋里击磬。一个挑草筐的人路过，听到磬声就说："很用心啊，击出这样的磬声！"接着又说："浅陋啊，磬声硁硁，好像挺坚决！既然没人理解自己，自管自就得了呗，何必如此。实在是不知深浅。"

孔子说："果真如他所说，也就不难了。"

【分析解读】

本章继续讲孔子所具有的"知其不可而为之"的精神。

本章和上章一样，都是借他人的不理解，反衬出孔子信念与原则的坚定。言为心声、乐抒心意。孔子击出的磬声，透着他对理想信念的执着追求和对世道的抗争。听者有心，"荷蒉者"体会到孔子的心境，却不能理解，还用《诗经》中的诗句来讥讽孔子不识时务，不懂得变通，既然世道不济，何不避世隐居，非要做徒劳无益的抗争干什么呢？

孔子之所以用"果哉！末之难矣"来回应，意在说明，目前的情势只是混沌和不确定，而非不可改变的昏暗和无道；混沌和不确定中恰恰蕴藏着机会，需要管理者努力去创造条件，促成改变，让世道向好的方向发展。这正是学管理和做管理者的责任。

因此，孔子这句话，可以理解为，如果今天的世道果真像隐士们所想象的那样一片黑暗，倒也简单了，大家都去做隐士不就可以了吗？问题是，现在天下各个诸侯国的发展，都正处于动荡和不确定状态，有着各种可能性；既可以向儒家认为理想或正确的方向转变，也可能向相反的方向发展，还可能向完全预料不到的方向改变。目前天下之所以有那么多学说,那么多模式,孔子之所以还能周游列国,宣讲自己的管理思想和模式,恰说明各种发展方向都有可能。这对管理者而言,是机会而不是威胁。在这种混沌和不确定的情势下,真正要推行自己的学说,实现自己的抱负,反倒不那么容易了,至少要比做隐士难得多。这不仅要执着、要奔波,去创造机会,更要有"知其不可而为之"的精神气概。这又怎么能为隐士们理解和忍受呢?

管理精义

管理者在对环境进行判断和把握时,一定要将不确定性和危险区别开来。不确定性并不必然等同于危险,人们本能地规避危险,连带着也想回避不确定性,但管理者恰恰要追求不确定性。因为其中蕴藏着机会。只有把握住不确定性,才能创造机会,并借助机会来实现价值。

14.43 子张曰:"《书》云:'高宗①谅阴②,三年不言。'何谓也?"子曰:"何必高宗?古之人皆然。君薨③,百官总④己以听于冢宰⑤三年。"

【字词释义】

①高宗:殷商的国王之一武丁。

②谅阴:父辈君王去世,继位者服丧期间居住的地方。

③薨:死亡的意思。

④总:这里是统领、管理的意思。

⑤冢宰:这里指地位最高的大臣,即太宰或宰相。

【今文意译】

子张问:"《尚书》上记载:'高宗守孝期间,三年都不说话'。这是什么意思呢?"

孔子说:"何必讲高宗?古代都是这样。前君王去世,在新君王守孝的三年时间里,百官各司其职,都直接听命于宰相。"

【分析解读】

本章一方面阐明最高管理者恪守规范的重要示范作用,另一方面,也突出了保持管理政策连续性的重要意义。

具体地说,孔子对"高宗谅阴,三年不言"的解释,包含了两层意思。首先,孔子一直将古代看作儒家管理模式得以施行的黄金时期,经常会借古喻今,批评当时各诸侯国的管理。儒家管理模式既然倡导"齐之以礼",就要求管理者以身作则,率先垂范。当然,管理者,尤其是作为最高管理者的国君,成为"守礼"的典范就非常重要,特别是对于像"丧礼"这样涉及"慎终追远",敦化风气的大礼,国君更应该带头严格执行。所以,秉承言必称"古贤王"的一贯做法,孔子对《尚书》这句话的解释是,不仅是殷高宗,古代君王都是如此,在守孝期间不过问管理事务,一心专注于服丧。从孔子的解释也不难看出,《尚书》中所说的高宗"三年不言",指的是不过问管理事务,并非实指三年不说一句话。孔子的解释,也只是从管理事务上讲的,百官不需要向君王报告,君王得以不参与管理事务。

其次,孔子的解释中还隐含着更深层次的管理意义,即通过君王守孝三年的制度设计,可以更好地保持管理政策的连续性和稳定性,避免出现"一朝天子一朝臣"、"人变政策变"的管理大动荡。在当时历史条件下,国君作为终极委托人,拥有绝对权力,"一言九鼎",影响深远。正常情况下,虽然新国君在继位前已经历过学习和培养过程,但一旦继位,面对现实管理情境,仍有很多东西需要学习。若继位伊始,就面对各种复杂事务做出决策,不可避免会出现言语不当、乱下命令的局面,更加之君权无限,缺乏制约机制,很可能造成管理政策不连续、不恰当,给国家管理带来严重负面影响。利用三年守孝的制度设计,正好给新君王一个学习和适应的时间,也可以更好地保持政策、措施和风格的连续性、稳定性。从作为代理人的大臣或职业管理者的角度来看,新国君三年不问管理事务,恰是一种有利于管理有效性的制度设计,而孔子在解释这句话时,只讲管理而没有涉及君王的私人和家庭生活的其他方面,还特别强调了"百官总已以听于冢宰三年",不经意间流露出对古代大臣的管理自由空间的羡慕之情。

管理精义

管理的连续性和稳定性非常重要,但在组织中,使管理得以保持连续和稳定的不是个体管理者,而是超越委托人和代理人的"非人格化"规则和规范体系。要使组织的规则和规范体系发挥出保持管理连续和稳定的作用,则必须建立起一种管理者更替与传承的有效规则和运行机制,以保证组织规则和规范体系的制定和执行,不依赖于特定的个体管理者,哪怕是个体委托人的变化而发生较大变化。这种用规则及其运行设计来保证一般规则和规范稳定、连续的方式,其实就是组织中的一种规则互补机制,即不同类型和不同性质的规则互相支持、互相补充,形成组织中一套完整的规则体系,进而再通过规范赋予这套规则体系以意义,从而使制度和文化相得益彰,最终超越任何个人的力量。

14.44 子曰:"上好礼,则民易使也。"

【今文意译】

孔子说:"管理者热爱并遵从规范,人们就更愿意接受管理。"

【分析解读】

本章承接上章，继续讲管理者以身作则，在发挥社会规范的管理作用上所具有的重要价值。

孔子这句话再次阐明，"齐之以礼"的关键，恰在于管理者首先要"好礼"，即对礼恭敬、热爱，并身体力行。如此一来，上行下效，人们自然就愿意保持对礼的恭敬和尊奉。有了礼这个共同规范，管理实行起来就容易多了。

管理精义

组织管理的有效性，在于组织成员愿意接受管理，发自内心认同管理者和管理规则。这就需要赋予管理规则和相应执行机制以意义，而正是规范或文化赋予了规则和机制以意义，这体现了文化的力量。文化力量的本质在于信念的力量。若管理者和组织成员拥有共同的信念，则管理有效性就从根本上得到了保证。

14.45 子路问君子。子曰："修己以敬。"曰："如斯而已乎？"曰："修己以安人。"曰："如斯而已乎？"曰："修己以安百姓。修己以安百姓，尧、舜其犹病①诸！"

【字词释义】

①病：这里是担心、忧虑的意思。

【今文意译】

子路请教关于管理者的问题。孔子说："修养自身，严肃慎重地做管理。"

子路问："这样就足够了吗？"

孔子说："修养自身，让别人身心安定、和谐幸福。"

子路又问："这样就足够了吗？"

孔子说："修养自身，让天下人身心安定、和谐幸福。这种境界，连尧、舜都还担心达不到啊！"

【分析解读】

本章在上章基础上，进一步阐明管理者必须从自我管理做起，才能最终达到为更广大利益相关者创造福祉的目标。

具体地说，孔子和子路的对话表达了三层含义。首先，即便管理者要履行岗位职责，做好分内的事，也必须从"修己"，即从自我管理入手，这是儒家管理模式对管理者的基本要求。只有通过"修己"，才能"敬事"，即做好管理。"修己以敬"是管理者的基本职责所系，也是做管理的第一重境界。

其次，管理不仅在于"做事"，更重要的是"影响人"，特别是管理职责范围内的人，包括下属、同事和上级，要让所有与自己有合作关系的人，都能在同自己的合作中受到正向影响，得以身心安定而不是疑惑不定、踌躇不安，并借助共同合作努力达到和谐幸福，而不是纠结痛苦，这就要求管理者通过"修己"以达到"诚"，即思言行一致，这样在与别人交往合作中，自然能给别人以稳定预期，从而达到"安人"的效果。所以，"修己安人"体现的是管理者对直接利益相关者的正向影响力，是做管理的第二重境界。

最后，管理中的"做事"和"影响人"都不仅仅局限在职责范围内或组织的直接利益相关者，还会产生连锁效应，影响到更大范围内的利益相关者，即"天下人"或"百姓"，这也可以看作是管理的"社会影响"和管理者的"社会责任"。管理者在履行更大的社会责任时，就要致力于让天下人得以身心安定、和谐幸福，这不仅要求管理者本人的"诚"和"思言行一致"，更要求将管理者的"诚"转化为组织的"诚"，并体现在组织面向社会的产品、服务和行为中。这样有"诚"或思言行一致的组织，才能真正让更广大的利益相关者身心安定、和谐幸福。这可以视为做管理的第三重境界。管理者能达到第三重境界非常不容易，它要求的是"以天下为己任"的胸怀、责任意识和持续不懈的努力。这也是管理者的最高理想境界，同儒家管理模式的愿景目标是一致的，都需要持续不断地终生修养和追求。所以孔子才会说，"尧、舜其犹病诸"。

管理精义

管理者的责任意识至少包括三方面内涵，即岗位责任意识、利益相关者责任意识、社会责任意识。管理者只有将这三重责任意识贯彻于自我管理和组织管理之中，才能更好地提升自己的职业素养、管理知识和技能，并不断提升组织管理的有效性。

14.46　原壤①夷②俟③。子曰："幼而不孙弟，长而无述焉，老而不死，是为贼！"以杖叩其胫④。

【字词释义】

①原壤：鲁国人，孔子的故旧。
②夷：是会意字，像蹲踞，这里是蹲在地上的意思。
③俟：这里是等待的意思。
④胫：这里是小腿的意思。

【今文意译】

原壤蹲在那里等孔子。孔子说:"小时候不谦逊友爱,长大了也没有什么好称道的,苟且偷生到现在,这就是典型的贼人祸害啊!"说完用拐杖敲他的小腿。

【分析解读】

本章举例说明,不修己、不守礼的不良后果。

据说原壤和孔子自小就认识,孔子对他很了解,两人见面也不拘小节。透过孔子对原壤的数落可以看出,在孔子心目中可能已将原壤归类为不修己、不守礼的典型代表,从小没有经过学"做人"的严格训练,长大了也难有出息,连一名合格的被管理者都做不好,更遑论做管理者了。所以,孔子说他"长而无述焉",以至于蝇营狗苟活到这么大岁数,也无法给晚辈树立良好榜样,这岂不是社会规范的祸害吗?

当然,这段话也可以理解为孔子对管理者的提醒,即管理职责不仅在取得"事功",更在正向影响他人,"修己以安人","修己以安百姓",尽量不要让任何一个人脱离组织和社会,尤其是那些处于组织和社会边缘的人。

管理精义

组织管理总会面对各式各样的人,而且,人们在组织发展过程中也不可能有同样的贡献,并分享同样的机会和利益。尽管如此,管理者还是要更多地关注组织中的边缘和弱势人群。如果说组织的整体绩效水平,根据所谓"二八"法则,往往是由处于组织前端或核心的少数人贡献的话;那么,组织的整体幸福水平,恰恰是由处于组织底层或边缘的少数人的幸福状况决定的。对于组织管理而言,不仅要追求组织整体的高绩效水平,同时也要追求组织整体的高幸福水平。只有绩效和幸福同步发展,组织才真正实现了和谐可持续发展。

因此,管理者在关注组织绩效水平的同时,更要关注组织幸福水平。这就意味着,管理者要关注组织中的弱势群体,让他们真正跟上组织发展的步伐。这也是管理者不可推卸的责任。

14.47 阙党①童子将命②。或问之曰:"益者与?"子曰:"吾见其居于位也,见其与先生并行也,非求益者也,欲速成者也。"

【字词释义】

①阙党:即阙里,是孔子的家乡。　　②将命:替别人传口信。

【今文意译】

阙里有位少年替别人传递正式口信。有人问孔子:"这位少年很有出息吧?"

孔子说:"我看见他坐在成年人的位子上,又看见他和长辈并排行走,这都不是有出息的表现,倒是急于求成的结果。"

【分析解读】

本章再举违礼的例子,说明学"做人"和学做事都不可急于求成。

按照当时的礼仪规范,未成年人和成年人在一起时,只能站立而不能同坐;若和长辈同行,只能走在长辈后面,不能并排行走。这些看似小节,但在当时,都被认为是一个人成长过程中,必须加以学习训练的基本规矩。正是这些细节,体现出一个人的"做人"修养。因此,对于当时的儿童和少年来说,可能最重要的日常学习和训练内容,就是这些基本社会礼仪规范。这也是他们日后从事各类社会职业的前提。

当阙里那位少年能替别人传递正式口信,也就是能帮助别人"做事"的时候,有人就觉得,这可能意味着他很有出息,少年老成,但孔子却不这么认为。孔子是从"做人"而不是"做事"的角度去观察那位少年,发现他甚至违背了一些非常基本的礼仪规范,如"和成人同坐,和长辈并排走"等。连最基本的"做人"要求都没有达到,怎么能说有出息呢?虽然那位少年已经能"做事"了,但这种急于求成的做法,可能"欲速则不达"。在孔子看来,没有扎实的"做人"训练,在"做事"的道路上是走不远的。

因此,孔子这里的回答,也可以看做是在提醒那些学管理的人,在学"做人"和学管理上,切不可急于求成,要从扎实的基本功训练做起,一步一个脚印地前进。

管理精义

管理者的教育和培养,切忌急于求成。如果没有扎实的管理职业规范和敬业精神的训练,缺乏管理专业知识和技能的基本功,贸贸然然就去做管理,不仅会影响自己的职业生涯发展,更会损害组织的共同利益,而且还将严重威胁管理职业共同体的整体声誉。这不能不引起组织管理者和管理教育者的深思。

卫灵公第十五

本篇导读

本篇讲管理公德如何落实到管理行为上。儒家历来强调，"德"贵在"行"而不在"言"，个人私德如此，管理公德也一样。个人私德只有融入人伦日用的态度和行为之中，才是真"德行"；管理公德也只有贯彻于各种日常管理行动里，才是真正的管理公德。

本篇大致可以分为四个部分。第一部分包括第 1 章到 9 章的内容，意在说明，管理公德首先体现为管理者对职业规范的恪守，做应该做的事。其中，第 1 章阐明管理者的职业定位，以及在困难中坚守职业定位的重要性，这正是管理公德的首要体现；第 2 章指出，管理公德的价值，在于对管理知识和能力的有效运用，没有管理公德的统摄，知识和能力就可能被滥用；第 3 章强调，只有理解和秉持管理公德的人，才能做好管理；第 4 章阐明知识和能力都可以借助别人来弥补，但管理公德却难以"外包"，管理者必须具备管理公德，才能从事管理；第 5 章阐述应如何将管理公德付诸行动；第 6 章举例说明，管理公德与个人私德之间的差别；第 7 章阐明管理公德在用人时的具体体现；第 8 章明确指出，管理公德是管理决策的终极标准，必须以"仁爱"为根本准则，来判断管理决策的有效性；第 9 章进一步说明如何将管理公德落到实处，持续追求"仁爱"境界。

第二部分由第 10 章到第 22 章的内容构成，重点讲解管理公德在各项管理工作中的表现形式。其中，第 10 章用诸侯国管理做例子，说明要将管理公德蕴涵于规则和规范建设之中；第 11 章说明管理者的战略眼光、迂回式管理、制度建设和文化建设的重要性；第 12 章进一步解说，管理公德和个人私德一样，都不是天生的，要通过后天学习和修养才能形成；第 13 章用具体事例说明，管理公德要具体落实到管理岗位的举贤任能上；第 14 章阐明宽容是管理公德的重要表现形式之一；第 15 章指出，责任意识和责任担负同样是管理公德的重要表现形式之一；第 16 章用反例说明，在管理团队中如何体现管理公德；第 17 章进一步概括管理公德的内涵，突出责任的基础地位；第 18 章说明管理者要将管理公德落到实处，除了责任意识外，还必须具备履行责任的能力；第 19 章指出，管理公德和责任意识都不仅意味着当下的责任，还有未来的维度，管理者要有未来导向的责任意识；第 20 章阐述管理责任的整体性，也就是说，管理责任意识不仅有时间维度，还有空间维度；第 21 章强调管理公德和责任感对管理者的言与行的具体要求；第 22 章由管理者本人的言行推广至他人，提出管理者处理人与言关系的原则。

第三部分涵盖第 23 章到 33 章的内容，具体说明管理公德有超越于管理者个人的共同标准，只有从这种公认标准而非管理者一厢情愿出发，才能真正践行管理公德。其中，第 23 章阐明"恕"是管理公德的重要内涵，不立足于"恕"，就不能换位思考，就难以理解别人，管理工作便很难有效开展；第 24 章说明"公道自在人心"的道理及其作为管理评价的公认尺度的重要性；第 25 章强调管理中的公认标准具有超越个人好恶的公德性质，管理者必须遵从它而不能自以为是；第 26 章讲解语言和公德、局部和整体的关系，意在说明，管理公德立足于追求整体利益的行动；第 27 章解说管理公德的尺度虽在人们心中，但并不依赖于当下的众口一词，而要接受历史的检验；第 28 章意在阐明，管理者基于事实和证据的探索过程，就是不断发扬光大管理之道和管理公德的过程；第 29 章说明追求和探索管理之道和管理公德的过程，也是一个不断"试错"的学习过程，关键在于改正错误，不断进步；第 30 章进一步说明，管理之道和管理公德是在开放式学习和探索中达到的，而不是靠个体闭门苦思所能获得的；第 31 章强调管理者不能急功近利，过于看重眼前和局部利益，而应通过迂回式途径不断追求管理之道和管理公德；第 32 章具体说明如何才能真正做到迂回式追求和探索管理之道、管理公德；第 33 章通过比较管理者和被管理者岗位特点，意在说明管理责任的整体性，以及迂回式追求管理之道的重要性。

第四部分包括第 34 章到第 41 章的内容，具体说明管理公德怎样才能融入管理行为之中。其中，第 34 章用水火做类比，说明不践行仁爱原则，不足以培养管理公德；第 35 章阐明儒家所信奉的"仁爱和公德面前人人平等"的原则；第 36 章强调在管理行为中，当公德与私德冲突时，应以公德为先；第 37 章进一步指出，管理者在履行公职时应先公后私；第 38 章阐述管理者在处理与下属或他人关系时所具有的平等意识，也是管理公德的重要表现；第 39 章强调指出，管理团队建设应以共享价值观和公德为基础；第 40 章提出管理沟通的具体要求；第 41 章用孔子的言行做例子，概括全篇，强调管理公德必须落实在日常具体行为细节上。

管理行为多种多样，但每一种管理行为都无不体现着管理公德的内在要求。管理行为是"目"，管理公德是"纲"，"纲"举才能"目"张。强调管理行为与管理公德的一致性，正是儒家管理模式的本质特征。

15.1 卫灵公问陈①于孔子。孔子对曰："俎豆之事，则尝闻之矣；军旅之事，未之学也。"明日遂行。在陈绝粮，从者病，莫能兴②。子路愠见，曰："君子亦有穷③乎？"子曰："君子固穷，小人穷斯滥④矣。"

【字词释义】

①陈：通"阵"，指排列或布置兵力。

②兴：这里是起、起来的意思。

③穷：是形声字，本义指到了极限，这里是走投无路、处境窘迫的意思。

④滥：这里是无所不为、越轨的意思。

【今文意译】

卫灵公向孔子询问排兵布阵的事情。孔子回答说:"礼仪上的事,我还略有所闻;军事上的事,我就未曾学过了。"

孔子第二天就离开卫国。在陈国时,带的粮食吃完,跟随孔子的学生们都饿得起不来了。子路不高兴,来见孔子说:"管理者也会走投无路吗?"

孔子说:"管理者当然会有走投无路的时候,但即便如此,管理者也要有坚守,否则,就会像一般被管理者那样,一旦走投无路,便无所不为了。"

【分析解读】

本章讲管理者应恪守职业规范,做应该做的事情,即便遇到困难,也要坚定不移,不可见异思迁。

孔子在卫国时,被卫灵公咨询用兵之事,坦陈自己不懂军事。实际上,孔子这样回答,也是坚持儒家的管理原则,反对诸侯国间动辄兵戎相见。当然,这让孔子认识到,卫灵公并不认同儒家管理模式,自己在卫国也难以实现职业理想,随即离开卫国继续周游列国。在陈国时,所带粮食吃完,又得不到及时补充,孔子和随行的学生们处于饥寒交迫之中。这才有子路"愠见"并发问:"管理者也有走投无路的时候吗?"

孔子的回答,一方面说明,走投无路的情况谁都会碰到,但问题是,遇到走投无路的情况应该怎样去做?这才体现出管理者和被管理者的区别。即便在走投无路的情况下,管理者也必须有信念和职业规范的坚守,这既是渡过难关的内在基础,也能因此感召和凝聚被管理者同舟共济;否则,被管理者更会没有顾忌,无所不为了。

另一方面,孔子也在告诫子路,既然要学管理,就不能仅是学习管理知识和技能,更要注重管理者坚定信念和意志品质的培养和磨砺。这种"绝粮"的走投无路的情况,不正好是学习管理、磨炼管理者意志品质的好机会吗?因此,孔子的回答,也可以看做现场案例教学,教育子路利用这个机会,磨砺自己的职业操守和敬业精神,切不可"穷斯滥矣"。

管理精义

管理者要明确自己的职业追求和职业操守,不能为了眼前利害而放弃自己的职业追求,违背职业规范。哪怕是遇到艰难困苦,甚至走投无路,也必须有职业坚守。否则,不仅自己无法履行管理职责,而且还会给被管理者树立不良榜样,最终涣散组织,损害组织的凝聚力和竞争力。

15.2 子曰:"赐也,女以予为多学而识之者与?"对曰:"然。非与?"曰:"非也。予一以贯之。"

【今文意译】

孔子说:"子贡,你认为我是一个博学多识的人吗?"

子贡回答说:"是啊。难道不是吗?"

孔子说:"不是的。我只是用一种规范和精神贯穿始终而已。"

【分析解读】

本章强调管理知识和技能,必须用管理职业规范和敬业精神来统摄,不然的话,知识和技能不仅一盘散沙,无所体系化,而且还没有一定之规,无法有效服务于职业要求。

本章中孔子与子贡的对话,和第四篇第15章中孔子与曾子的对话,说的都是职业规范和敬业精神比专业知识和技能更根本、更重要。如果没有管理职业规范和敬业精神一以贯之地统领各种管理知识和技能,这些零散的知识不仅难以体系化并得到有效运用,更缺乏了使用的准则和方向,其结果反而可能导致知识和技能的滥用,不仅不能给组织和社会创造价值,反而会威胁组织和社会的和谐可持续发展。因此,孔子非常强调管理者的职业规范和敬业精神的养成,这就是"忠信"或"忠恕"的培养。只有形成了这种职业规范和敬业精神,管理知识和技能才能得到恰当运用,即便到了像上章所讲的那种走投无路的"窘迫境地",管理者也不会丧失职业操守,为了一时脱困而滥用知识和技能,谋求眼前之利。

孔子与子贡的对话,再次突出强调了儒家管理模式对职业规范和敬业精神的一以贯之的重视。当然,职业规范和敬业精神的学习,又是通过具体专业化知识、技能的学习和实践来领会的。这也是第十四篇第37章所讲的"下学而上达"的意义所在。

管理精义

管理职业既离不开职业规范和敬业精神,也有自己专门的知识和技能要求,但知识和技能要服务于规范和精神。没有规范和精神指导、约束的知识和技能,不仅会失去职业意义,更会因可能的滥用而损害职业价值。所以,职业管理者首先应该培养的是职业操守,并落实到行动中,然后才有可能有效运用专业知识和技能。

15.3 子曰:"由!知德者鲜矣。"

【今文意译】

孔子说:"子路!理解德行的人太少了。"

【分析解读】

本章进一步强调职业规范和敬业精神在个人身上的体现就是职业公德；只有真正理解了管理公德的人，才能学好管理、做好管理。

这里的"德"，主要不是指个人"私德"，如"孝悌"，而是更侧重于管理职业"公德"，即管理职业规范和敬业精神在管理者行为中的具体体现。管理职业"公德"的具体表现，就是将"仁爱"与"智慧"有机统一起来，有效运用到管理实践之中。这种管理公德的至高境界便是"中庸之德"。

孔子感叹"知德者鲜矣"，意思是，人们一提到学管理或学其他任何一门职业，往往首先想到的是学知识和学技能，却忘记了其中一以贯之的职业规范和敬业精神；徒有经博闻强记而得到的"术"，却没有经"下学上达"、身体力行而习得的"道"。这样学出来的所谓管理者，并不能真正符合管理职业的要求；特别是当遇到挫折和困境时，只知有"术"而不知有"道"的管理者，便有可能无所顾忌地胡来。

因此，孔子在这里对子路所说的话，可以看做是对上两章内容的进一步阐述，意在说明，职业公德是管理者职业坚守的真正根基；没有了职业公德，也就没有了管理行为的内在准则，管理知识和技能就很可能被滥用。

【管理精义】

管理职业规范和敬业精神只有内化为管理者的职业公德，才能真正发挥作用，从内部激励和约束管理者，有效运用他所拥有的专业知识和技能。管理职业公德绝不仅是一些来自外部的管理职业规范的准则条文，更重要的是，这些条文要变成管理者执着的职业信念，并体现在日常管理行为当中。这也是"德"贵在"行"的根本要求。

15.4 子曰："无为而治者，其舜也与！夫何为哉？恭己正南面而已矣。"

【今文意译】

孔子说："自己不作为而又能治理天下，这不是舜吗？他都做了什么呢？只不过是尽己尽责、公正地做好君王应该做的事罢了。"

【分析解读】

本章承接上章，举舜的例子说明管理者恪守职业公德的重要性。

在孔子这句话中，"恭己"可以理解为自我修养，若放在管理情境中，管理者的自我修养，便具有了恪守和践行管理公德的自我职业修养的内涵，这就是儒家所强调的"忠"。值得注意的是，在儒家管理模式下，"忠"并非"忠于个人"，而是"忠于职守，尽己尽责"。即便像舜这样的最高管理者——君王，同样要做到"尽己尽责"。因此，孔子说舜"恭己"，也就意味着，舜通过持续的职业修养，做到了"恪尽职守"。

在孔子这句话里，"南面"就是"君位"的意思，可以理解为君王岗位的职责要求，而"正"就是公正地履行职责，这也是"政者，正也"的内涵所在。因此，"正南面"，可以理解为，舜公正地做好君王应该做的事情。

由此可见，孔子举舜的例子在于说明，对包括最高管理者在内的管理者而言，管理公德要比专业知识和技能重要得多。极端地说，管理者的知识和技能甚至都可以"外包"给别人，即通过别人的知识和技能来完成任务，但是，管理者的管理公德是无法"外包"给别人的，这是管理者履行职责的基本前提。通常所说的"无为而治"，实际上隐含的前提正是管理者通过管理公德上的"有为"而得以在运用管理知识和技能解决具体管理事务上"无为"。如果管理者达不到管理公德这一基本前提要求，"无为而治"只不过是一句漂亮口号；管理有效性不仅无法保证，而且还有可能造成严重的管理混乱。

管理精义

> 管理的专业知识和技能千差万别，且处于不断发展变化之中。任何人要想全面掌握管理知识和技能而又不落伍，几乎是不可能的。但是，在不断发展变化的管理知识和技能背后，却有着相对稳定的职业规范和敬业精神要求。若管理者真希望做到"以不变应万变"，唯一可能的途径，就是不断强化自己的管理公德修养，以真正意义上的"无为而治"，来应对瞬息万变的环境和知识发展。

15.5 子张问行。子曰："言忠信，行笃敬，虽蛮貊①之邦行矣；言不忠信，行不笃敬，虽州②里行乎哉？立，则见其参于前也；在舆，则见其倚于衡③也。夫然后行。"子张书诸绅④。

【字词释义】

①蛮貊：其中，"蛮"是古代对南方地区少数民族的称呼，"貊"是古代对北方地区少数民族的称呼，"蛮貊"在这里意指偏远地区。

②州：古代的一种行政区划，在这里指较小的区域。

③衡：这里指车辕前端的横木。

④绅：这里指束在腰间、令一头下垂的大带子。

【今文意译】

子张请教如何将管理公德付诸行动。孔子说："管理者在说话和做事上，恪守尽己尽责、诚实守信的职业规范，即便到偏远地区也能行得通；管理者在说话和做事上，不恪守尽己尽责、诚实守信的职业规范，即便在家乡又怎能行得通？站着时，好像看见职业规范就在前面；在车上，好像看见职业规范就靠在车辕前面的横木上。这样一来，管理公德自然就付诸行动了。"子张将这话写在束腰的带子上。

【分析解读】

前几章讲述了管理公德的重要性，本章则借着子张的问题，进一步阐述如何将管理公德落实在行动上，使管理行得通。

在这段对话里，"行"既有管理上"行得通"的意思，也有如何"践行"管理职业规范的意思。这两重含义密切联系在一起。管理者若不能将管理职业规范变成自己内在坚守的职业行为准则，并落实在行动上，他的管理政策和措施也就难以行得通。

做管理，当然离不开管理者的言和行，管理公德自然也要落实到管理者的言和行上。因此，孔子才着重强调"言忠信，行笃敬"。其实，忠信和笃敬本质上是一致的，体现的就是儒家管理职业规范中"尽己尽责、诚实守信"的内涵。

值得注意的是，孔子在这里将"言"和"行"，分别与"忠信"和"笃敬"匹配，讲"言忠信、行笃敬"，只不过是一种修辞表达方式，并非指"说话要忠信、行动要笃敬"。作为儒家管理职业规范的"忠信"，不只是对管理者"言"的要求，当然包括对"行"的要求在内；同样，"笃敬"也不只是对管理者"行"的要求，也包括对"言"的要求在内。因此，孔子这里讲"言忠信，行笃敬"，强调的恰是管理者的"言行"都要符合"忠信"或"笃敬"的职业规范要求。能做到这一点，哪怕到再大的地方，包括偏远地区做管理，都能行得通；若做不到这一点，哪怕在自己所在"州"或家乡这样的小地方做管理，也行不通。

既然如此，那么如何才能牢记职业规范，并践行它们呢？孔子打了两个比方，一是站着时看见它在前面，二是乘车时看到它在车上，意思是须臾不可偏离和放弃，铭记于心，并落实在日常点滴行为细节之中。这与孔子反复强调人伦日用、小处留心是一致的，正体现了"做人"与做管理、私德与公德的内在相通性。

管理精义

在今天法治社会和法人组织中，虽然已设计出各类关于管理权力的正式约束和监督机制，但要保证管理职业规范和职业公德被切实践行，仍必须同步强化管理者的个人修养。毕竟外在的正式规则和机制总是不完全的，管理者的德行修养，作为一种内在的准则和机制，在一定程度上可以弥补外在规则和机制的不足。

15.6 子曰:"直哉史鱼^①!邦有道,如矢;邦无道,如矢。君子哉蘧伯玉!邦有道,则仕;邦无道,则可卷^②而怀^③之。"

【字词释义】

①史鱼:卫国大夫,名鳅。
②卷:这里是收藏、收敛的意思。
③怀:这里是隐藏的意思。

【今文意译】

孔子说:"史鱼真是正直啊!国家兴旺发达、治理有方,他像箭一样正直不曲;国家混乱衰落、治理无方,他也像箭一样正直不曲。蘧伯玉真是管理者啊!国家兴旺发达、治理有方,就出来做管理;国家混乱衰落、治理无方,就隐退不再做。"

【分析解读】

本章举例说明个人私德和管理公德的区别。

史鱼和蘧伯玉的行为差异,恰说明个人私德和管理公德之间的差异。史鱼做管理,恪守的是正直的私德。虽然在公私界限不明确,公德缺乏有效的外部规则和规范保证的前提下,私德是保证公德的重要机制,但如果混淆了私德与公德,可能会给个人或组织带来不利影响。就像史鱼的正直,在"邦有道"时可能有效,但在"邦无道"时则未必有效,反而产生负面效果;而且,即便在"邦有道"时,用个人私德"正直"代替管理公德"公正",也有可能造成不良结果。因此,孔子对史鱼,只是感叹他私德上的"正直",而没有评价他是否符合管理职业规范要求。

但是,当谈到蘧伯玉时,孔子则赞赏他为"君子",原因可能在于他能恪守管理职业规范,在"邦有道"时,践行管理公德,做管理,在"邦无道"时,为了不违背管理职业规范,便选择隐退,不做管理。这看似逃避,实则是更有原则的职业选择,即严守职业规范,不迎合委托人,有原则地选择做或不做管理。这恰是一种对管理公德的坚守方式。

> **管理精义**
>
> 在组织管理实践中,虽然管理者身上总是交织着公德与私德,但不用私德代替公德,又能借私德来支撑公德,却是做管理的一个重要的基本原则。如何处理好公德与私德的关系,是职业管理者所面临的永恒课题之一。

15.7 子曰:"可与言而不与之言,失人;不可与言而与之言,失言。知者不失人,亦不失言。"

【今文意译】

孔子说:"本来可以讲却不讲,就会失去别人的理解和信任;本来不可以讲却讲了,就会失去讲话的可信性和权威性。有智慧的人,既不会失去别人的理解和信任,也不会失去讲话的可信性和权威性。"

【分析解读】

本章讲管理公德在管理沟通中的具体体现。

管理沟通是管理者重要的日常工作。在沟通中,如何遵循职业规范,秉持管理公德,讲应该讲的话,就成为管理者必须认真思考的基本问题之一。在孔子看来,有智慧的管理者,首先要知道,面对什么样的人,应该说什么样的话;既不能因当讲而不讲,失去人们的信任,即"失人",也不能因不当讲而讲,失去了讲话的权威,即"失言"。

看上去,孔子谈的只是针对不同对象的讲话或语言选择,但实际上却是谈对语言的理解和对人的理解问题,即"知言和知人"的问题。做管理,自然离不开与人打交道;通过"知言"而"知人",再借助"知人"而进一步"知言"和"用言",是管理智慧的重要体现,也是管理公德的具体反映。孔子并不是在抽象地谈论管理公德,而总是将管理公德与具体管理实践结合起来。只有那些体现在具体管理行为中的"德行",才是真正的管理公德,而不是空洞的道德说教。私德是这样,公德也不例外。

> **管理精义**
>
> 管理沟通是日常管理工作的重要内容。有效管理沟通的表现形式之一,是管理者针对特定对象,知道什么话该讲,什么话不该讲,以此增进人际理解,维持和强化信任;而有效管理沟通的内在基础,则是管理者恪守管理职业规范和职业公德的要求,培养起自己对语言和人之间关系的理解、体悟和恰当运用。

15.8 子曰:"志士仁人,无求生以害仁,有杀身以成仁。"

【今文意译】

孔子说:"立志学管理并致力于追求仁爱境界的人,就不能为了求生存而伤害仁爱,却应该为了仁爱宁可牺牲生命。"

【分析解读】

本章讲管理公德在管理决策中的具体体现。

管理决策和管理沟通一样，都是日常管理工作的重要方面。决策就是选择，选择离不开标准或依据。到底以什么为标准或依据做出选择，就成为管理者在决策过程中必须认真思考的基本问题。

根据儒家管理模式，管理的终极目标是追求仁爱，即"共同利益"，那么，仁爱自然就成为管理决策的根本标准或底线标准。任何管理决策都必须依据仁爱标准，至少不违背仁爱标准来做出，绝不能因为个体利益而损害了仁爱这个根本的"共同利益"。这就是"无求生以害仁"的含义。在某些特殊或极端情况下，当个人利益与仁爱标准处于尖锐对立状态，必须取舍时，宁愿"杀身以成仁"。

当然，这里必须说明的是，"无求生以害仁，有杀身以成仁"是对已经选择了管理职业的人或现实管理者的职业公德要求，这与"邦无道则隐"的原则并不矛盾。对于学管理或准备做管理的人来说，"仕"与"隐"的选择，要先于管理实践中的具体管理决策选择。若选择了"隐"或不做管理，也就不必面对具体的管理决策问题。只有选择了"仕"或做管理，才必须遵从管理公德的"仁爱标准"来做出管理决策。由此不难理解，孔子这里讲的标准或原则属于管理公德，而不是个人私德。

> **管理精义**
>
> 管理决策必须有原则，没有原则的决策是非常危险的。管理决策的原则根植于组织的价值观体系，而价值观本质上就是一整套关于什么有价值、什么没有价值的标准体系，它从根本上指导着组织中的管理决策。尤其是组织价值观体系中的第一价值观，应该是管理决策的核心原则或底线原则。只有明确了核心原则或底线原则，管理决策才有一定之规，不至于失去底线，偏离正轨。

15.9 子贡问为仁。子曰："工欲善其事，必先利其器。居是邦也，事其大夫之贤者，友其士之仁者。"

【今文意译】

子贡请教关于追求仁爱境界的方式问题。孔子说："能工巧匠要做好自己的工作，必须先有得心应手的工具。如果到某一个诸侯国去做管理，就要服务于那里有贤能的管理者，还要和那里有仁爱之心的学管理的人交朋友。"

【分析解读】

本章承接上章，进一步阐述如何才能将仁爱追求落到实处。

既然仁爱是管理公德的核心原则，那么，怎样才能在管理行为中追求仁爱境界呢？孔子用能工巧匠作比喻，说明"利其器"对于"善其事"的重要性。借此指出，想要"为仁"，必先有好的环境和团队，因为"仁"本身就意味着人与人之间的共同利益关系，"为仁"必须先在具体情境中明确"仁"的定位，即共同利益及其追求的良好氛围；这种良好氛围的营造，既要有"为仁"的上级，又要有"为仁"的同事。"大夫之贤者"和"士之仁者"，说的就是那些以"仁"为公德，致力于追求仁爱境界的人，只不过前者隐喻为上级，后者意指同事；其中的"贤者"和"仁者"是一个意思，都指的是将"仁爱"作为管理公德的重要核心落实在管理行动上的人。

有了这样的管理团队和良好环境氛围，当然就容易"为仁"了。如果将"为仁"也看成广义管理学习的持续过程，那么，孔子在这里所给出的通过团队和环境"为仁"的方式，也非常符合儒家一贯倡导的"团队学习"模式，像第十二篇第 24 章中曾子就说"君子以文会友，以友辅仁"，讲的都是通过志同道合者之间的互相切磋、互相鼓励，更有利于"为仁"。

管理精义

要将管理的职业规范和敬业精神落实到如管理决策和管理沟通等具体的管理行为上，仅凭管理者个人的修养和努力是不够的，还应该有志同道合者的共同努力和鞭策。因此，管理团队和管理文化建设，是营造良好的践行职业规范和敬业精神的环境和氛围的前提。只有借助团队和文化氛围，而不仅是管理者个人的奋斗，一种职业规范和敬业精神才能扎根，并在管理实践中发挥作用。

15.10 颜渊问为邦。子曰："行夏之时①，乘殷之辂②，服周之冕，乐则《韶》、《舞》③。放郑声，远佞人。郑声淫，佞人殆。"

【字词释义】

①时：这里是历法的意思，夏朝的历法，也就是现在说的农历或阴历，比较符合北方的农时，为孔子所推崇。

②辂：古代帝王乘坐的大车，也作"路"。

③《韶》、《舞》：舜时期的音乐。

【今文意译】

颜回请教关于国家管理的问题。孔子说："实行夏朝的历法，乘坐殷朝的大车，穿着周朝的制服，使用舜时代的音乐。放弃郑国的音乐，远离能说会道的人。郑国的音乐过于低迷，能说会道的人很危险。"

【分析解读】

本章讲管理者要从基本工作入手，将管理公德融入具体的规则和规范建设之中，看似迂回，实则长治久安。

孔子对颜回问题的回答，看上去不够直接，与国家管理的联系不够紧密，没有给出如何让国家繁荣富强的直接管理措施。但是，若联系儒家管理模式和迂回式管理风格来看，孔子的回答恰恰体现了儒家管理的特点。

孔子并没有直接关注国家眼前的绩效或富强问题，而是从长期可持续绩效着眼，看重的是国家长治久安。为了达到这个长期绩效目标，重要的不是眼前的经济价值和相应措施，而是更为根本的制度和文化建设，即要先有一整套合理的规则和规范。

在农业社会，服务于农业生产的最直接的规则体系就是历法，孔子选择的是在当时条件下比较符合北方农时的"夏时"；另外，管理者还要自我约束，建立起关于自身的规则和规范，对此，孔子举的是关于管理者"待遇"的例子，乘车要选择殷朝的大车。据说殷朝的官车是木质的，不带什么修饰，简洁而朴素，但到了周朝，官车则日益豪华，在木质车身上多有金玉修饰，不够简朴，这恰是孔子所反对的。周朝官服的制式能很好地反映华夏文明对礼仪规范的遵从，所以，孔子在着装上推崇周朝的官服。管理者"乘殷之辂，服周之冕"，既节约费用开支，又体现出对礼仪规范的尊重，再加上舜时期的音乐，就能比较好地体现出管理的文化和教育功能。

音乐历来是儒家看重的管理教育工具，自然要选择孔子认为达到尽善尽美的舜时期的音乐；而且，孔子认为"巧言令色，鲜矣仁"，能说会道的人往往会危害社会规范的践行，从榜样选择的角度来看，必须"远佞人"。

由此可见，孔子这段话的核心思想，就是要将德行，尤其是管理公德，通过正式的规则和非正式的规范体现出来，并渗透到社会教育和榜样力量之中，从而迂回地达到"有耻且格"的管理目标。孔子在这里给出的管理国家的思路，与第一篇第5章所讲的"道千乘之国：敬事而信，节用而爱人，使民以时"是完全一致的。只不过在第一篇第5章中讲得比较原则化和一般化，而在这里则讲得比较具体。例如，"使民以时"的前提是"时"，即历法制度，这里明确了历法制度的选择问题；而"节用而爱人"中的"节用"，首先体现为管理者的节俭，这里则以"乘殷之辂"为例，说明管理者的自我约束；至于"敬事而信"中的"敬事"，在这里是通过正式规则、非正式规范和具体的教育功能（尤其是"远佞人"）体现出来的。因此，孔子这里所讲的内容，可以看作是对第一篇第5章所讲的治国原则的具体化。

另外，从孔子这里所讲的内容来看，儒家管理模式中各种规则和规范，可谓博采众家之长，并非只是对周朝的承袭或因循守旧。孔子非常强调以我为主，以管理现实问题为中心，来整合各种规则、规范和学说。

管理精义

管理当然要追求绩效，但问题是组织的长短期绩效并不一定完全同步，如何在不损害长期绩效的前提下达到短期绩效？其关键就在于制度建设和文化建设。只有靠制度和文化而不是个人，才会从根本上保证组织的长期绩效。

15.11　子曰："人无远虑，必有近忧。"

【今文意译】

孔子说："人们没有长远眼光和全局视野，一定会纠结于眼前和局部。"

【分析解读】

本章承接上章，进一步指出，管理者不注重制度和文化建设，不从管理公德培育出发，到头来势必会威胁到眼前利益。

孔子这句话并不是单纯强调战略意识，而是要揭示为什么会有战略意识。换句话说，人们怎样才能"有远虑"，特别是管理者，怎样才能做到"有远虑而无近忧"？将孔子这句话与上章内容联系起来，就非常容易理解了。管理者只有真正理解了职业规范，并将之内化为自己的职业公德，自然就会从长远而非眼前、整体而非局部来理解自己的管理职责，更会侧重于制度建设和文化建设，以谋求组织的可持续发展，而非眼前一时的绩效，更不会在眼前和局部利益上患得患失。正是将管理公德内化于心，落实在行动上，管理者才能真正做到超越自我，而超越了自我，才会从组织长远和整体角度来理解问题，也就不会纠缠于眼前和局部利益，自然能做到"有远虑而无近忧"了。

管理精义

对管理者而言，战略眼光和大局意识非常重要，但问题是，管理者怎样才能拥有战略眼光和大局意识？这既与管理职业的专门化知识和技能有关，更与管理者对自己所从事职业和所担当职责的内在精神的理解有关。讲内在精神，表面上看似乎有些"虚"，但战略和大局本来就是"虚"的，并不像眼前利益那样"实在"。着眼于"实在"，多半难以达到"虚无"。反过来，"虚无"却有可能创生出各种"实在"来。管理的艺术恰在虚、实之间。

15.12　子曰："已矣乎！吾未见好德如好色者也。"

【今文意译】

孔子说："唉！我没有见过爱好管理公德修养，就像爱好感官享受一样的人。"

【分析解读】

本章指出，管理公德并非天生，如果后天再不注意培养，管理者就无法达到公德要求，导致"无远虑，有近忧"也不足为奇。

这句话也出现在第九篇第 17 章中，那里的"德"，主要指一般德行或个人私德而言。这句话用在这里，其中的"德"指管理公德，意在说明，管理公德像个人私德一样，都不是天生的；人们对管理公德的爱好，不可能像感官享受一样强烈且自然而然，必须依靠后天的持续修养。只有具备了管理公德，才可能理解长远和全局，做到"有远虑而无近忧"。

管理精义

管理职业规范和敬业精神，是通过管理者的教育、培养和自我持续修养而成。不经过持续多年乃至终生的学习努力，管理者要养成职业公德，并严格遵从职业规范，几乎是不可能的。

15.13 子曰："臧文仲其窃位者与？知柳下惠①之贤，而不与立也。"

【字词释义】

①柳下惠：鲁国大夫展禽，所在邑的名称为柳下，谥号为惠，故称柳下惠。

【今文意译】

孔子说："臧文仲也算是一个窃取岗位职权的人吧？明知柳下惠贤能，却不愿意和他一起做管理。"

【分析解读】

本章讲举贤任能是管理公德的具体要求之一，做不到举贤任能，就如同窃取岗位职权一样。

管理者应具备大局观和公正之心，从组织整体和长远共同利益出发，公正地识人和用人。恰如第十四篇第 19 章所举的公叔文子的例子，他发现家臣僎有贤能，则举荐给国君同朝为官。但臧文仲的做法正好相反，唯恐别人比自己贤能，威胁到自己职位的安全。这种做法会损害组织的整体利益和长远利益，其性质就像偷窃组织的共同利益一样。因此，孔子说臧文仲明知柳下惠贤能，却不愿意和他同列朝堂，实际上与窃取岗位职权没什么两样，都是以不符合管理公德的行为严重损害了组织的共同利益。

孔子用这个例子再次说明，管理公德必须建立在共同利益而不是私人利益基础上，只有从共同利益出发的考虑和具体行为表现，才可能符合管理公德要求。另外，也只有和具备公德的人在一起工作，才能更好地修养和提升管理公德。这正是"以友辅仁"的道理所在。

管理精义

管理岗位是组织中的公职而不是私人财产。组织的规范，尤其是管理职业规范要求管理者必须从组织的共同利益出发来履行公职。这就对举贤任能的管理职业选择与发展机制提出了更高要求。从某种意义上说，若无法满足岗位胜任力和职业规范要求，则与窃取共同利益并无分别。

15.14　子曰："躬自厚而薄责于人，则远怨矣。"

【今文意译】

孔子说："加强自身修养，少去责备别人，就会远离怨恨。"

【分析解读】

本章讲管理公德另一个方面的具体表现，即宽容，而宽容的前提是自我修养的高要求。

宽容是管理公德的重要内涵之一。在孔子看来，管理者只有做到严于律己，宽以待人，才能营造和谐氛围，鼓励人们在不断"试错"中探索共同利益的新实现方式。相反，若管理者总是对己宽，对人严，动辄就是别人的错，定会导致怨气冲天，探索和学习便无从谈起。

管理精义

虽然任何组织都会有一系列正式规则和非正式规范，但管理者仍有很大的自由裁量空间，这其中关键取决于管理者本人对规则和规范的理解，以及将它们内化为自己行为准则的程度。管理者真正理解了规则和规范，在不违背规则和规范的前提下所表现出来的宽容，对于营造良好的组织氛围，鼓励人们探索和创新，是非常重要的。在今天的组织中，管理者的宽容以及由此形成的宽容氛围，已经成为支撑创新驱动的可持续发展的文化底色。

15.15 子曰:"不曰'如之何,如之何'者,吾未①如之何也已矣。"

【字词释义】

①未:这里是无、没有的意思。

【今文意译】

孔子说:"不反复追问'怎么办'的人,我也拿他没办法呀。"

【分析解读】

本章讲责任意识是管理公德的重要表现形式之一,管理者正因为肩负了更大的责任,才会慎重对待各种管理决策。

孔子在这里连用两个"如之何",意指一种严谨认真的处事态度,遇事总是要反复琢磨"怎么办"。这不仅包括向自己追问"怎么办",也包括向不同的人咨询"怎么办"。由此体现出管理者肩负整体责任,在处理各种事务时所应该具备的认真、慎重、深思熟虑、广泛征求意见的态度和做法。这就是儒家管理模式所强调的管理者的"忠"或"敬事而信"。

相反,如果管理者遇事总是一意孤行,不仅自己不深思熟虑,也不征询别人意见,遇到这样的管理者,别人干着急也没办法,因为别人实在无法推断他到底遇到的是什么问题,需要怎样的建议和帮助。因此,孔子才会说"吾未如之何也已矣"。这也充分说明管理者的"不耻下问"何等重要。

当然,管理者的深思熟虑也不宜走向另一个极端,即遇事过分谨小慎微,那又成了瞻前顾后、犹豫不决,更严重者则会公私纠葛、患得患失,这便是第五篇第19章所讲的"季文子三思而后行。子闻之,曰:'再,斯可矣'"的道理。因此,管理者的深思熟虑,同样有一个"度"的问题,这也是管理艺术性的体现。

管理精义

管理决策总会面对各种不可预知的情况。没有合理的制度安排和管理者个人的慎重态度,要保证管理决策的有效性是非常困难的。在今天的专业化分工和信息技术平台的支撑下,管理决策中所需要的知识、信息及其他相关条件的匹配,都可以通过制度安排,借助他人或工具来实现,这也可以视为决策过程中的"外包";但是,要使这种"外包"成为可能,并使各种外部资源和条件有效积聚,并在决策中发挥作用,最终还取决于管理者本人的态度和主动性。只有当管理者认识到决策责任的重大和个人能力的局限,并主动寻求外部资源和条件支持时,这种广义的"决策支持系统"才能真正发挥作用。

15.16　子曰："群居终日，言不及义，好行小慧①，难矣哉！"

【字词释义】

①慧：这里是聪明、才智的意思。

【今文意译】

孔子说："管理者聚在一起，整天不讲正事、正气和正义，却爱耍小聪明，这样实在难长久啊！"

【分析解读】

本章讲管理公德对团队互动的要求，以此说明，共同的愿景追求对于管理团队建设的重要性。

这里的"群居终日"，既可以理解为管理者们临时聚在一起，如正式开会或非正式交流、聚餐等，也可以理解为由若干管理者构成的管理团队之间的互动。不管是临时聚在一起还是稳定的管理团队，从职业的角度看，大家都是"同行"，应该体现出共同的职业追求和内化的职业公德，相互之间交流的主题，也应该与职业活动有关，通过职业原则、理念、知识、技能的心得分享，切磋互勉，实现共同提升。这样的聚会或团队才真正对每个人有意义，也才能持续下去。

相反，"言不及义，好行小慧"，也就是说，在交流中从来不讲管理的正事、正气和正义，每个人都只喜欢耍小聪明，卖弄自己的小噱头。这样的聚会和团队对大家的职业认同和职业发展意义何在？又怎么能持续下去呢？这恰好与本篇第 9 章所讲的"居是邦也，事其大夫之贤者，友其士之仁者"、第十二篇第 24 章所讲的"君子以文会友，以友辅仁"形成了鲜明对比。

管理精义

现代复杂的组织管理活动，已不再是个体管理者所能胜任，主要依赖于高效的管理团队。因而，管理团队建设往往成为组织管理有效性的重要前提。要建设高效的管理团队，关键是形成有效的沟通与互动机制。这里除了正式的程序和规则之外，共享的愿景，特别是职业追求和职业公德的认同，是非常重要的内在要求。如果管理团队成员具有共享的愿景，并能将职业规范内化为自己的敬业精神，那么，大家在一起交流的主题，自然就会更多地聚焦于组织、职业乃至社会的正事、正气和正义。长此以往，团队氛围和凝聚力就能形成，管理文化及其对组织文化的正向影响也会水到渠成。

15.17 子曰:"君子义以为质,礼以行之,孙以出之,信以成之。君子哉!"

【今文意译】

孔子说:"管理者以责任为根本,而且在担当责任的时候,要遵行规范、言辞谦逊、讲求诚信。这样才不愧为管理者!"

【分析解读】

本章进一步概括管理公德的责任内涵,强调管理者应以责任为根本。

具体地说,孔子这句话中的"义"指的是管理者应该做的事。如第四篇第 16 章"君子喻于义"所讲的那样,在管理者应该做的事中,最重要的就是公平地分配,因此,"义"在这里也可以广义地理解为管理者的职责或责任。

对管理者而言,职业公德首先体现在认真履行职责,担负责任,这可以视为管理公德的根本。正因为如此,孔子才说"君子义以为质"。接下来,孔子所说的"礼以行之,孙以出之,信以成之"中的"之",都指代"义"。也就是说,管理者在担当责任的时候,既要遵行"礼",又要出言谦逊,还要讲究诚信。孔子在这里之所以要专门提到"孙以出之",很大程度上与管理工作的性质有关。管理者拥有职位权力,不可避免地要发号施令;长期从事管理工作,容易让管理者养成"出言不逊"的习惯,言语之间缺乏平等对话的氛围。这会影响管理职责的履行,也会威胁管理公德。

在孔子看来,如果管理者真正做到以责任为根本,并在履责中恪守规范、说话谦逊、讲求诚信,便是一名有职业公德的真正管理者。

管理精义

管理的职业公德并不是抽象、空洞的教条,而是渗透在管理工作方方面面的具体行为要求,只有将管理公德落实到日常管理行为中,才真正体现出一名职业管理者应有的素养。

要从管理行为中理解和把握职业公德,首先应该强调的是管理者的责任意识和履责方式。管理的本质在于责任,没有对组织和社会所承担的责任,也就没有管理职业存在的价值。管理责任意识的重要性自不待言,关键在于履责方式。管理责任的履行,无外乎体现在管理者的言行上。言必保持谦逊宽容,行必恪守规则规范,而且保持言行一致、信守承诺。

由此可见,管理者的言、行及其一致性,是履行管理职责不可或缺的三个方面,也可以看作管理者履责的三种方式。因此,要将管理公德切实落到管理行为中,就必须强化管理者在言上的谦逊宽容要求,在行上的规则规范遵循,以及在言行一致上的诚实守信表现。

> 由于管理工作主要包括决策和沟通两大类，因此，要将上述三个方面的履责要求具体化，就意味着管理者在决策中要以规则和规范为前提，努力做到公正无私；在沟通中要以平等和尊重为前提，努力做到谦逊宽容；而且，无论在决策还是沟通中，都要遵循一个基本原则，即"诚"。可以说，思言行的一致性，是管理者保持决策中公正无私和沟通中谦逊宽容的共同基础。
>
> 管理者只有在日常的决策行为和沟通行为中，切实体现出管理公德的要求，才能真正履行好管理职责，做好管理。

15.18 子曰："君子病无能焉，不病人之不己知也。"

【今文意译】

孔子说："管理者担心自己没有才能，不担心别人不知道自己。"

【分析解读】

本章进一步指出，要将管理公德落到实处，除了责任意识之外，还要有管理才能；没有才能，纵有良好愿望，也无济于事。

孔子这句话与第十四篇第32章所说的"不患人之不己知，患其不能也"含义相似，都是强调管理者能力的重要性。只不过在第十四篇那里是从管理者综合素质提升的角度来讲的，这里则是从管理者履行职责的角度来讲的。

孔子在这里明确指出，管理者要将职业公德落到实处，真正担负起管理责任，没有能力不行，"担责还须铁肩"。因此，管理者除了注意公德修养外，还必须时刻关注自身的能力提升，而不要过分关心别人是否知道和理解自己。有了德行和才能，自然会有用武之地。

【管理精义】

> 管理职责的履行、管理公德的践行，都必须有管理能力相匹配。公德、责任、能力三位一体，不可偏废，共同构成管理者的综合素质要求。

15.19 子曰："君子疾①没世②而名不称③焉。"

【字词释义】

①疾：这里是痛恨的意思。
②没世：这里是"身后"的意思。
③称：这里是符合、相当的意思。

【今文意译】

孔子说："管理者痛恨身后名实不符。"

【分析解读】

本章指出，管理公德和管理者的责任意识不仅是当下的要求，还要延伸到离职后甚至身后，这显然是一种对未来负责的意识。

孔子这句话中的"没世"，意思是"身后"，但若放在管理情境中，也可以广义理解为"管理者离职之后"，这其中自然可以延伸至"百年之后"或"身后"。

通常所说的管理责任，只是指管理者任内所应承担的责任，但由于管理责任的整体性和长远性，若过于强化任内责任，反而容易导致管理者的短期行为，过分在意任内绩效，忽视可持续发展。为此，儒家将管理者的责任意识延伸到广义的"身后"。这不仅仅是要求管理者注重"身后留名"的问题，更在于强调，即便是"身后"也要"名副其实"。这样一种追求"身后名实相符"的内在动机，就会激发管理者关于未来的责任意识，形成对管理者任内管理行为的自我约束。

由此可见，孔子这句话揭示出，管理公德中必然涵盖的一种未来导向的责任意识，即管理者对未来可持续发展负责的意识。这种未来责任意识与任期内的岗位责任意识相结合，构成儒家对管理者践行职业公德的基本要求。

管理精义

管理责任不仅限于当下，还包括组织未来的可持续发展。一位负责任的管理者，绝不能为了自己任期内的业绩指标，而做出有损于组织可持续发展的事情来。这种管理上的竭泽而渔的做法，也是管理者不负责任的典型表现。管理者的业绩和声誉，常常不在当下，而在于后人的评述，在于接受历史的检验。

15.20　子曰："君子求诸己，小人求诸人。"

【今文意译】

孔子说："管理者对整体负责，有问题首先从自己身上找原因；被管理者对局部负责，有问题常会从他人身上找原因。"

【分析解读】

上章讲管理责任的长远性，本章讲管理责任的整体性；正因为管理者要对整体负责，他才不可能向别人推卸责任，而被管理者则不同。

由于劳动分工和岗位职责的差异，管理者和被管理者在责任意识上的要求是不一样的。管理者相对被管理者而言，总是要承担更为整体性的责任，被管理者的责任却是比较具体或局部的。在这种情况下，一旦出现问题，承担整体责任的管理者必须负责，而不管直接原因是否来自管理者本人，向下属或其他对象推卸责任是没有意义的；特别当问责来自于外部时，管理者更是责无旁贷，必须承担起整体管理责任。

但是，对于被管理者，情况则有所不同。一旦出问题，考虑到劳动分工和协作的流程设计，很可能直接原因不在负担某个具体或局部职责的被管理者本人，而在于上个步骤或上个步骤与自己工作的衔接，因而，被管理者在面临问题时，更习惯于用排除法查找原因，首先想到的是别人或其他环节出问题，经过逐一排除后才找到自己身上来。这种做法，从被管理者发现和纠正问题来说，具有一定的合理性，它可以减少纠错或改变的成本，提高工作效率。

另外，管理者和被管理者的责任担当能力也不一样。管理者可以调用更多资源来分析问题，承担责任；而被管理者则缺少系统分析问题和担当责任的公共资源。因此，孔子在这里一方面强调管理者应建立起对整体负责而不是推卸责任的意识，另一方面也提醒管理者，要理解被管理者基于分工协作的职责定位特点，从而更有针对性地激发被管理者的岗位责任意识。

管理精义

管理责任具有整体性，管理者不仅要对本身的行为负责，更要对下属的工作和组织的整体行为负责。管理者整体责任意识的具体表现，就是当遇到问题的时候，首先反思自己，而不是向他人，特别是下属推卸责任。

15.21 子曰："君子矜①而不争②，群而不党③。"

【字词释义】

①矜：这里是严谨庄重的意思。
②争：这里是争辩、争论的意思。
③党：这里是偏私、袒护的意思。

【今文意译】

孔子说："管理者庄重严谨而不争辩，追求共同利益而不偏私。"

【分析解读】

本章讲解管理公德对管理者言与行的要求。

就管理者的言语来说，由于权力和信息的不对称，若管理者和别人在言语上争辩，特别是与下属争辩，必定会导致其他背景因素而非与主题相关的事实或逻辑主导争论。在这种情况下，即便管理者说得有道理，在争论中占上风，也可能引起别人的误解，毕竟在管理者和被管理者的言语互动中，话语权往往掌握在管理者一方。为此，孔子告诫管理者，在言语上要"矜而不争"。

从管理者的行动来看，人们更关心的是其对公共资源的分配和使用，是服务于共同利益，还是服务于小集团利益。管理者只有在行动上真正做到"公正无私"，才能为大家所认可和信任。当然，这里的"无私"，并不是要管理者放弃合法的个人利益，而是说管理者不能借公共权力谋求私人利益或小集团利益，不能在处理公共事务、分配公共资源时偏私、袒护。为此，孔子告诫管理者，在行动上要"群而不党"。

在孔子看来，管理者只有在言语上"矜而不争"，在行动上"群而不党"，才能真正将管理公德落到实处，也才能赢得人们的持续认可和信任。

管理精义

管理者的日常管理言行，是职业公德的真正载体。只有从管理者言谈举止上体现出来的职业公德才有价值。这就要求管理者在平时的言谈中，多些倾听、对话和宽容，少些大言不惭和颐指气使；在日常的行为上，恪守公心、公正和自律，避免滥用职权和结党营私。没有这些基本职业公德底线，纵有规则和规范，也总有空隙可乘。

15.22 子曰："君子不以言举人，不以人废言。"

【今文意译】

孔子说："管理者不能仅凭说话就推举某个人，也不能只是因为某个人本身而否定他说的话。"

【分析解读】

本章讲管理者在处理人与言的关系时所应遵循的原则。

在儒家管理模式下，"举人"和"用人"都强调德才兼备，其中尤其突出职业公德的重要性，而且，在第十四篇第 5 章中，也曾特别指出，"有德者必有言，有言者不必有德"，因此，管理者不能只是从会说话这一点，就来"举人"。

当然，也不能走向另一个极端，凡是人"不好"或德行不符合要求的人，他说的话，也一概不听。即便那些看上去德行不好的人，也有可能说出睿智的话，提出有价值的建议。做管理，贵在广开言路，兼听则明。为此，孔子还不忘提醒管理者，"不以人废言"。

> **管理精义**
>
> 管理者总是要面对不同的人和不同的言。这就要求管理者在日常管理实践中，合理区分、清晰把握"人"与"言"，既不能"以言举人"，也不能"以人废言"。

15.23　子贡问曰："有一言而可以终身行之者乎？"子曰："其'恕'乎！己所不欲，勿施于人。"

【今文意译】

子贡问道："能找到一个字，用来指导终生行为吗？"
孔子说："那就是'恕'吧！自己不想要，也不要强加给别人。"

【分析解读】

本章讲管理者如何处理同别人的关系，进而体现管理公德的要求。

可以将上述对话与第四篇第15章联系起来理解。在那里，曾子概括孔子的管理之道，用了"忠恕"两个字，其实质也就是儒家管理职业规范"忠信"。其中，"忠"强调的是尽己尽责，这是管理者与自己岗位职责的关系，而"信"或"恕"，强调的是诚实守信、推己及人，这是管理者与别人的广义合作关系。

在本章的对话中，专门突出了管理者与别人的广义合作关系，强调人同此心，心同此理，管理者不应将个人意志强加到别人头上。这在管理情境中显得尤为重要。由于管理者掌握着权力，拥有信息和资源优势，并代表组织整体和长远利益，在这种情况下，管理者有意无意地会认为，自己对被管理者的需求已经很清楚，便要将自己理解的所谓符合被管理者利益的政策措施强加到被管理者头上，而实际情况却常常并非如此。为此，孔子指出，要改变思维方式，从自身做起，若自己不希望被别人的意志所强加，不希望"被代表"，那么，在管理实践中也就不要将自己的意志强加到别人身上，哪怕是打着所谓"为对方好"的旗号。

在孔子看来，"恕"字可以时刻提醒管理者，在制定政策、下达命令之前，要躬身自问：我想要别人如此对待我吗？

> **管理精义**
>
> 管理职业规范和职业公德，主要体现在管理者与他人的互动关系之中。管理者处理同他人关系时的态度和行为，直接反映了管理者践行职业公德的水平。从根本上说，管理者处理同他人的关系，应遵循的原则就是换位思考，即"己所不欲，勿施于人"。

15.24 子曰："吾之于人也，谁毁谁誉？如有所誉者，其有所试矣。斯民也，三代之所以直道而行也。"

【今文意译】

孔子说："我对别人，既不诋毁，也不赞誉。即便赞誉，必有根据。公道自在人心，夏商周三代，便是用顺应人心的准则来实施管理的。"

【分析解读】

本章讲管理者应超越个人好恶，用人们公认的规则、规范和标准来做管理。

具体地说，孔子这句话包含了两层意思。首先，管理公德不同于个人私德，更不是个人的好恶，管理者绝不能用个人好恶代替客观存在的管理职业准则来对人和事进行评判，以致要么过分褒扬，好到无以复加，要么过分诋毁，坏到一无是处。管理中的"好"与"坏"，并不是建立在管理者个人判断基础上，而是带有"非人格化"的特征。因此，管理者即便要赞扬别人，要树立典型或榜样，也不能仅凭个人感觉，而应该有标准和事实的支撑。

其次，管理中所谓"客观"的准则，实际上就是人们公认的准则，即我们常说的"人心所向"或"公道自在人心"。这也正是孔子所讲的"斯民也"的内在含义。这就是说，管理总是要服务于人、培养人，而管理的价值及其所应遵循的准则，自然就在于管理服务和培养对象的认同、信任和评价，离开了人们心中"那杆秤"或内在评价尺度，任何所谓"客观"都会失去意义。因此，孔子在这里才会举夏、商、周三代顺应人心所向得以相继发展做例子，来说明管理者不能自说自话，必须接受公众的评价和历史的检验。

管理精义

管理有效性的评价历来是困扰人们的难题，原因就在于管理工作及其责任的整体性、长远性、模糊性、不确定性；但是，不管具体评价方式如何变化，有一个根本原则古往今来却是一致的，那就是：管理者和管理的价值，不在其自身，而在组织及其更广泛的利益相关者。因此，管理者和管理必须接受来自广大利益相关者或服务对象的评价。

15.25 子曰："吾犹及①史之阙②文也，有马者借③人乘之。今亡矣夫！"

【字词释义】

①及：这里是赶上、看到的意思。
②阙：这里是空隙、空缺的意思。
③借：这里是凭借、依靠的意思。

【今文意译】

孔子说:"我还见到史书上有空缺文字;有马的人,将烈马交给别人驯服。如今这些都没有啦!"

【分析解读】

本章讲管理者不应自以为是,强不知以为知,用自己的标准代替公共的标准。

孔子在这里举了两个例子。一个是古代史官修史时,遇到不认识或写不出的字,就暂时空在那里,而不随意杜撰添加;另一个是古代拥有马匹的人,若遇到烈马驯服不了,便请更有能力的人帮助驯服。

从管理情境来看,孔子用这两个例子要表达的意思,同上章密切相关,都在于说明,有超越管理者个人意志的公共标准,不能一厢情愿,用自己的意志来左右所承担的职责。就像古代史官,自己不认识或写不出的字,不等于别人也不认识或写不出,留下空缺,别人自然可以补上;若史官按照自己的主观臆断来杜撰填补,反而让别人无从理解和把握原意了。也像古代驯马,自己驯服不了的烈马,完全可以交给更有能力的人驯服,而不要明知不行,还硬要逞能,其结果要么伤了自己,要么毁了马。

孔子用这两个例子,意在告诫管理者,一定要有自知之明,更要有敬畏之心;知道做管理有公认的职业规范和职业公德,切忌自以为是,一厢情愿。但遗憾的是,在孔子所处时代,世风日下,这种良好的职业规范和职业公德已经不容易看到了。孔子由此感叹道:"今亡矣夫!"

管理精义

管理者应时刻牢记,自己所从事的工作,并非是一项个人的事业,绝不能自己想怎么做就怎么做。其实,包括管理职业在内的任何职业,都有超越个人的职业规范和职业公德要求,即从业者公认的职业标准。这样的职业标准,在有些职业可能已形成明文规定,通过职业协会正式颁布出来,而在有些职业则可能还只是处于非正式的职业共识阶段。但是,不管是否书面化或正式颁布,职业规范和职业公德都是从业者共同认可和遵循的基本职业标准,否则,职业共同体就无从建立。因此,包括职业管理者在内的职业从业者,都必须有一种自我超越意识,从职业共同标准的角度来理解自己所从事的工作,而不能自说自话、自以为是。

15.26 子曰:"巧言乱①德。小不忍,则乱大谋。"

【字词释义】

①乱:这里是混乱、混淆的意思。

【今文意译】

孔子说:"过于精巧的语言,反而让人看不清公德的价值。忍不住要在小处计较,就会让人迷失大方向。"

【分析解读】

本章讲管理中语言和德行、局部和整体的关系,进而说明管理公德要立足于行动而不是语言,立足于整体共同利益而不是局部私人利益。

孔子历来强调"德"贵在行而不在言,"言过"则有可能害"德",如第一篇第3章就讲"巧言令色,鲜矣仁"。孔子的思想一以贯之,只不过这里的"德",主要指管理公德。

在管理实践中,管理者若用语言代替行动,甚至言行不一,言过其实,那么,说得越是精巧动人,对管理公德的混淆和危害就越大。"公道自在人心",管理的最终评价在"斯民也"。当管理者言不由衷的时候,也就是其公德模糊乃至丧失之时。为此,孔子用"巧言乱德"提醒管理者,管理公德像个人私德一样,都贵在行动而不是说话,说得越多,反而可能越体会不到公德的真意了。

另外,管理公德总是立足于整体共同利益,即"仁"或"善",因此,管理者具备职业公德,也就意味着必须具备大局观,要从整体和长远的共同利益出发来处理各种管理事务,而不能斤斤计较于眼前和局部利益。如果从管理情境中必然存在的眼前与长远、局部与整体、私人和公共的关系角度,来理解"小不忍,则乱大谋"这句话,就会发现,这是一条重要的管理权变原则,而不再有权术或权谋的纯工具意义。

管理精义

做管理,时刻要面对语言与行动、局部与整体、眼前与长远、私人与公共的权衡,这其中有一个共同的基准原则,那便是管理职业所追求的共同利益,也即管理公德中"公"的定位。从这种基准原则出发,便不难理解,管理者必须做到的是:语言要立足于行动,局部要服从于整体,眼前要服务于长远,私人要兼容于公共。基于此,"巧言乱德,小不忍,则乱大谋",仍不失为有现实意义的管理权变原则之一。

15.27 子曰:"众恶之,必察焉;众好之,必察焉。"

【今文意译】

孔子说:"大家都认为不好的人或事,一定要详细考察;大家都认为好的人或事,也一定要详细考察。"

【分析解读】

本章阐明管理公德的尺度虽然在人们心中，但并不是依靠眼前的众口一词，而是要历经详细的考察，经得住历史的检验。

表面上看，孔子这句话似乎与本篇第24章所讲的用"斯民"或"公道自在人心"来评判管理有效性发生了矛盾，但是，"人心"并不等于眼前的"众口一词"。在第24章中，孔子特意举夏、商、周三代的例子，在于说明"人心"既有"众"的内涵，更有"历史"的意义；所谓"公道自在人心"，并不能简单地等同于当下大家怎么说，还需要经受住历史的检验；而之所以特别强调其中的"历史"含义，很大程度上还在于说明，"人心"也还是要建立在对"事实"或证据的认可之上，随着时间的推移，事实或证据总会浮出水面，至少还原真相的可能性会随着时间推移变大。因此，在第24章中，孔子也指出，"如有所誉者，其有所试矣"，意思是，还要依赖于事实或证据。由此不难理解，孔子在第24章讲管理之道在"斯民"，实际上隐含着一个非常重要的前提，即随着人数的增多和时间的延续，掩盖"真相"的可能性会越来越小。管理之道和管理公德都要以事实、证据和真相为前提。

理解了这一点，本章中孔子这句话的含义就非常清楚了。虽然当下大家都说好或都说不好，却不能因此就判定事实如此；或者说，不能用众人的意见代替事实，而一定要详尽考察、核对事实和证据，才能做出判断。这也是管理公德对管理者的基本要求之一。因此，管理者既不能凭一相情愿，主观臆断，也不能仅听大家的意见和说法，而是要实事求是，注重调查研究，以事实和证据为基础，做出判断和决策。

管理精义

管理工作的特点和职业规范本身，都要求管理者必须尊重事实和证据，以事实和证据为基础做出管理决策。做管理，固然不能凭主观臆断，但也不能过于迷信众口一词的意见。基于证据的管理，应该是现代组织管理的重要特征之一。

15.28　子曰："人能弘①道，非道弘人。"

【字词释义】

①弘：这里是光大、扩大的意思。

【今文意译】

孔子说："人能使管理之道发扬光大，而管理之道却不能自动把人变成伟大管理者。"

【分析解读】

本章指出，基于事实和证据的管理探索过程，正是不断发扬光大管理之道的过程，伟大的管理者大都是通过这种持续修养管理公德，研习和弘扬管理之道而炼成的。

正像第一篇讲管理学习时所反复强调的那样，管理者不是天生的，也不是靠某一刻的神秘顿悟而变成的，而是通过后天持续不断的自我修养和管理学习训练出来的。即便有管理之道存在，若不经过个人和团队学习的持续努力，任何人也都不可能自动掌握管理职业规范以及管理专业知识和技能，变成伟大的管理者。人们只有经过终生学习和修养过程，在发扬光大管理之道的同时，才有可能跻身伟大管理者之列。管理职业如此，其他职业也一样。"人能弘道，非道弘人"这句话，既适用于管理职业，也可推广到其他职业。

管理精义

管理的职业规范、专业知识和技能，总是随着不同时代管理实践、管理研究和管理教育的发展而发展。在专业化分工日益深化的今天，每一位管理的实践者、研究者和教育者，都在用自己的行动推进着管理职业规范和专业知识体系的进步，都在扮演着现代管理之道的弘扬者的角色。正是通过对现代管理之道的弘扬，管理的实践者、研究者和教育者才不断得以提升自己的境界和水平。

15.29　子曰："过而不改，是谓过矣。"

【今文意译】

孔子说："有错误却不改正，才是真正的错误。"

【分析解读】

本章讲在管理学习和管理实践中犯错误是常态，关键要勇于改正，并通过改正错误而取得进步。

可以将孔子这句话与上章联系起来理解。既然管理者不是天生的，就需要在研习管理之道中不断磨炼，而这种管理学习和管理实践，本质上是一个不断"试错"的过程，其中错误和过失是正常的，关键是面对错误所应采取的态度和行动。学管理和做管理的人，要将错误看成一种学习机会，通过改正错误提升自己。这与第一篇第 8 章在讲管理学习时提到的"过则勿惮改"，含义是一样的。

> **管理精义**
>
> 在现代的全球化竞争环境中，变化无处不在，无时不有，管理者面对瞬息万变的环境，实际上就是在不断迎接来自不确定性的挑战。这就需要管理者在实践中树立"试错型"学习的理念，正确对待错误，将每个错误都看成难得的学习机会，在丰富和提升自身的综合管理素养的同时，为组织创造更大的价值。

15.30　子曰："吾尝终日不食，终夜不寝，以思，无益，不如学也。"

【今文意译】

孔子说："我曾经整天不吃饭，整晚不睡觉，进行思考，却没有收益，真不如开放式学习和探索啊。"

【分析解读】

本章进一步指出，管理之道不是通过独处静思或闭门思过而达到的，需要通过开放式学习和探索，才能真正领会和把握。

孔子在这里用亲身经历说明，管理学习绝不是个人的苦思冥想，而是一个开放式的共同学习和探索过程，这其中既包括在书本中学习，也包括在实践中学习，既有个人探索，也有团队学习。这也就是第一篇第1章所讲的管理学习模式。

> **管理精义**
>
> 管理学习正像管理实践一样，不是孤立的个人事业。仅凭个人主观臆断无法做出有效的管理决策；同样，只是个人的苦思冥想，也无法学会管理。管理学习和管理实践，都离不开团队，更离不开团队基础上的开放、合作和共赢。

15.31　子曰："君子谋道不谋食。耕也，馁①在其中矣；学也，禄②在其中矣。君子忧道不忧贫。"

【字词释义】

①馁：这里是饥饿的意思。

②禄：这里是福，或更广大、更长远收益的意思。

【今文意译】

孔子说:"管理者谋求管理之道而不谋求眼前利益。即便像耕作,也可能没有收成;但若致力于学习,则可能获得更广大、更长远的收益。管理者担心没有把握管理之道,而不担心眼前的贫困。"

【分析解读】

本章讲迂回式管理看似没有获得眼前收益,却从根本上解决了问题,将会带来更广泛的长远利益。

孔子这句话再次阐明了儒家迂回式管理,即从根本入手,不急于求成,当固本培元之后,其收益自然广大且长远。正像本篇第9章所讲的"工欲善其事,必先利其器"一样,没有对管理之道的理解和把握,只追求眼前利益,反而会适得其反。即便是耕田种地也一样,若不先准备好种子、农具,掌握好农时,照样没有收成,要忍饥挨饿。但是,如果能认真学习各种规范、知识和技能,看上去花费了时间和精力,一旦付诸应用,却可以创造出更大价值,与当初直接而简单的劳作,其收获不可同日而语。

因此,管理者不管做什么,都要先关心和考虑蕴藏其中的规范、知识或道理,即其中广义的"道",而不要急于求成,马上就想看到结果。越是急于求成,反而越得不到应有的结果。由此不难理解,孔子在这里并非不让管理者"谋食",而是要让管理者通过"谋道"来谋取更大的"食",即"共同利益"或"仁"。这种"磨刀不误砍柴工"的思维方式,正体现了儒家迂回式管理的要求,也是管理公德的具体表现。

管理精义

在眼前利益和长远利益的权衡中,管理者并不一定非要以牺牲眼前利益为代价,来追求长远利益,完全可以通过劳动分工,让组织中一部分人去为更广泛且长远的利益进行探索,准备各种满足未来需要的知识和能力,而让组织中另一部分人继续创造眼前利益,这两者的平衡,便在一定程度上保证了组织既有满足眼前的高效率,又有适应长远的高柔性。

15.32 子曰:"知及之,仁不能守之,虽得之,必失之。知及之,仁能守之,不庄以莅①之,则民不敬。知及之,仁能守之,庄以莅之,动之不以礼,未善也。"

【字词释义】

①莅:是形声字,本义指来到,这里是执掌、管理的意思。

【今文意译】

孔子说:"有智慧的头脑,能认识到管理之道,却没有仁爱的心灵坚守它,即便得到,也定会失去。有智慧的头脑,能认识到管理之道,又有仁爱的心灵能坚守它,若不认真落实到管理实践之中,人们也不会理解和尊重这种管理之道。有智慧的头脑,能认识到管理之道,又有仁爱的心灵,能坚守它,并能认真将它落实到管理实践之中,但若不建立起相应的规范,还是难以保证可持续的共同利益。"

【分析解读】

本章讲管理之道和迂回式管理方式得以实现的三个条件:管理公德、管理知识和能力、规范体系。

具体地说,孔子这段话包含三层意思。首先,管理者虽然有智慧的头脑,能够认识到管理之道及其可能带来的巨大潜在收益,但是,若没有仁爱之心,即不能从全局和长远来考虑共同利益,自然也就没有动机或动力,毕竟这样做了可能会牺牲眼前的暂时利益,对管理者个人的眼前业绩并没有好处。因此,若不具备仁爱之心,即使能认识到,也不会去做。这恰说明,管理者仅有智慧还不够,必须同时具备仁爱,只有两者兼具,才能养成管理公德。

其次,即使管理者兼有智慧和仁爱这样的管理公德,但若没有专业化的管理知识和能力,也无法将管理之道具体落实到日常管理实践中,人们自然也就无从理解和尊重管理之道,蕴藏在管理之道中的迂回式管理效果同样无法达成。因此,管理者只是具备智慧和仁爱的平衡还不够,还必须具有实施管理的专业知识和技能。

再次,即使管理者兼具智慧、仁爱、知识和能力,但若不能建立起有效的规范体系,以确保管理之道和迂回式管理的稳定可持续实施,最终广大且长远的共同利益还是难以实现。因为一个管理者或一个管理团队的力量是有限的,仅靠个体管理者或个别管理团队的智慧、仁爱、知识和能力,是无法保证实现可持续共同利益的。只有将管理之道和迂回式管理规范化和制度化,才能让其超越个别管理者和管理团队,从根本上保证可持续的共同利益。

上述三层含义的层层递进,进一步揭示出儒家管理之道和迂回式管理方式得以实现的基本条件及其对管理者的具体要求,这正是从操作化角度,对第二篇第3章所提出的儒家管理模式"道之以德,齐之以礼,有耻且格"的再次明确阐述。

管理精义

管理者不仅要具备职业公德,还要有专业知识和能力,更要将管理实践规则化、规范化和体系化;也就是说,管理者的根本职责,恰恰在于通过制度建设和文化建设,从根本上保证组织的整体和长远利益。只有这样,组织才能真正摆脱管理者个人的风格特点的束缚，走上可持续发展的道路。从这个意义上说，管理者的职业公德要求管理者超越自我，赋予组织管理以独立的生命。真正成功的管理者，并不是要给组织管理和组织发展打上个人的印记，而是要让组织得以超越管理者个人，实现独立而又可持续的发展。

15.33　子曰："君子不可小知，而可大受也；小人不可大受，而可小知也。"

【今文意译】

孔子说："对于管理者，不应从局部去理解他的工作，而应立足全局；对于被管理者，则不应立足全局来要求他，而应从局部去理解他的工作。"

【分析解读】

本章借着比较管理与被管理岗位的特点，突出管理职责的整体性。

正是由于管理职责的整体性和长远性，因此，不能仅从局部和眼前的角度去要求管理者，评价管理工作，如此便会扭曲对管理者的激励，让他们只追求眼前和局部利益，反而会损害共同利益。对于被管理者，情况则不同。由于专业化分工的原因，他们总是担负着具体而又专业化的工作，因此，就不能泛化地、笼统地从全局去要求被管理者，而应立足于他们的本职岗位工作来理解和评价他们。

管理精义

管理者要对整体负责，自然要从组织全局和长远的角度评价管理工作；被管理者要对自己的本职岗位负责，自然要从局部和具体的工作出发评价被管理工作。管理工作和被管理工作，职责不同，评价视角也就不同，不可强求一致，扭曲激励。

15.34　子曰："民之于仁也，甚于水火。水火，吾见蹈而死者矣，未见蹈仁而死者也。"

【今文意译】

孔子说："人们依赖仁爱，远胜过水和火。我曾见过因溺水蹈火而死的人，但没看到因践行仁爱而死的人。"

【分析解读】

　　本章强调仁爱虽不像水和火那样看得见、摸得着，却是人之为人的根本，不践行仁爱，不足以培养管理公德。

　　孔子在这里借水火和仁爱的对比，突出仁爱对于人们的重要性。人们的生活既离不开水，也不能没有火。水和火是两类可见的生活必需品，但大多数人却看不到人之所以为人，关键在于有仁爱。正因为有了人与人之间的亲情、友爱、互助、和谐的关系，人才成为社会人。仁爱对人们的重要性，并不逊于水和火。更何况，水和火既有利于人们的生活，也可能危及人们的生命；但仁爱只会让人们生活得更美好，而不会伤害人们。孔子用水火与仁爱作对比，一方面突出仁爱的重要价值，另一方面也强调，要培养管理公德，就必须从追求仁爱入手。

管理精义

　　做管理，要从组织赖以存在和发展的根本入手。组织的存在和发展，固然离不开以资本为代表的物质资源，但组织之所以为组织，关键在于人，而组织中的人之所以不是一盘散沙、乌合之众，关键在于人们有着共享愿景、共同价值观和行为规范。因此，组织得以存在和发展的根本在于无形的文化资源。虽然物质资源看得见，文化资源看不见，但看不见并不等于不重要。某种意义上说，正是文化资源赋予了物质资源以意义，并让物质资源得以和组织中的人相结合来创造价值。基于此，做管理必须关注文化建设，特别是管理文化建设。通过管理文化建设，带动组织文化建设，进而实现组织的可持续发展。这是做管理的根本入手处。

15.35　子曰："当仁，不让于师。"

【今文意译】

　　孔子说："在追求和践行仁爱时，即便面对老师，也不必谦让。"

【分析解读】

　　本章承接上章，指出在追求和践行仁爱时，应勇往直前，不必谦让。

　　在个人私德中，"孝"是重要内涵，它要求对长上恭敬谦让；在管理公德中，相对应的重要内涵是"忠"，即尽己尽责，它所要追求的是仁爱与智慧的统一。在追求管理公德所要求的仁爱时，即便看上去与私德的谦让要求有冲突，管理者也可以秉持公德的要求，不必谦让于师长。这再次表明儒家管理模式下公德的优先性。

> **管理精义**
>
> 在现代组织的管理活动中，管理公德依然具有优先性。也就是说，在管理职责的履行中，若出现公德和私德的冲突，管理者必须以公德为先，不能舍公德而就私德。

15.36 子曰："君子贞①而不谅。"

【字词释义】

①贞：是会意兼形声字，本义指卜问、占卜，这里引申为正、纯正的意思。

【今文意译】

孔子说："管理者要公正，而不必拘泥于信实。"

【分析解读】

本章承接上章，继续说明当公德与私德冲突时，管理者当以公德为先。

在管理情境下，孔子这句话的意思就是，在处理管理事务时，若管理公正与个人诚信出现冲突，管理者应遵循公正而非诚信的原则。一个典型例子或许是，当某次资源分配或责任追究涉及直接下属部门时，为了保持资源分配或问题处理的公正，管理者就不能事先向下属透露消息，即便下属主动前来打探消息，管理者也不能说，甚至在无法保持沉默的情况下，也只能用善意的"谎言"来开导下属。这种公德与私德冲突的情况，在现实管理情境中经常出现。第十四篇第18章讲管仲"岂若匹夫匹妇之为谅也，自经于沟渎而莫之知也"，说的也是这种情况。

> **管理精义**
>
> 管理者必须善于区分管理情境和私人情境，以便将管理角色和个人角色区别开来，这样才能恰当处理公德与私德冲突的情况。

15.37 子曰："事君，敬其事而后其食。"

【今文意译】

孔子说："服务于国君，首先要认真履行职责，然后再考虑俸禄问题。"

【分析解读】

本章讲管理者在履行职责时，应将公与私区别开来，先公后私。

在孔子所处时代，虽然为大家族做管理，如鲁国的季氏家族，也具有一定的公共性，管理者仍须面对公与私的关系问题；但不容否认，为诸侯国做管理，其公共性会更大，管理者面对的公与私的挑战也更大。因此，孔子在这里用更具代表性的"事君"来指代做管理的服务对象。当然，也可以将"事君"广义地理解为"服务于委托人"。

管理者在替别人做管理或"事君"时，首先想到的应该是什么？是自己的俸禄或薪水还是岗位职责？根据儒家的要求，管理者当然应首先考虑如何履行职责。这也是孔子多次强调指出的，做管理，首先要"敬事而信"或"执事敬"，只有先做好管理工作，才会有合理的私人收益。

【管理精义】

在今天的法治社会和法人组织中，作为代理人的职业管理者和委托人或组织所有者之间的关系，首先是一种契约关系。在雇佣契约中，当然包括薪金等各种私人收益的条款，但是，在契约文本中明确规定权利和责任，由此明确公私基本界限，并不等于职业管理者在日常管理实践中处理各类事务、履行职责时，总是将私人收益放在第一位或最高优先序上进行考虑。倘若如此，职业管理者就不是在履行组织的管理公职，而变成借公共职权来谋求私人利益。这从逻辑上和契约关系上都难以自圆其说。因此，即便在今天的时代背景下，职业管理者在管理实践中首先考虑个人收益，也是既无逻辑上的合理性，又无契约上的合法性。

15.38 子曰："有教无类。"

【今文意译】

孔子说："教育就要一视同仁，不要把人分成三六九等。"

【分析解读】

本章提出儒家管理模式中的平等观念。

在儒家管理模式下，管理者肩负着教育职责，要通过自己以身作则、率先垂范的行为，来感召和教育被管理者，从而达到"有耻且格"的目标。因此，管理过程同时也是教育过程。正是针对管理的教育功能，孔子提出了"有教无类"的观点，强调不要考虑门第、出身、血缘等社会等级因素，应一视同仁，平等地实施教育。孔子本人也是这样做的，他的学生来自五湖四海，没有因血缘、地缘、社会地位等方面的不同而差别对待；更重要的是，孔子将原本只是贵族研习的六艺，向平民开放，用以教育和培养平民管理者，让更多平民通过接受教育走上管理道路。

另外，"有教无类"与"因材施教"并不矛盾。"有教无类"针对的是强加在人们身上的社会等级，强调打破或超越社会等级，一视同仁地平等对待所有受教育者；而"因材施教"则是针对每个独特个体的自身特点，不带有社会歧视或偏见地发现个体独特性，以此为基础，有针对性地开发个体潜质，让每个人成为真正独特而又有价值的个体，而不是按照同一个模式要求所有人。可以说，"有教无类"是"因材施教"的前提，而"因材施教"更能让"有教无类"落到实处。它们拥有的共同前提，是"异质而非同质"基础上的平等意识。

管理精义

在组织管理中，管理者的平等意识非常重要。严格来说，每个组织成员都是独特的，只有认识、尊重并发挥每个组织成员的独特性，管理者才真正具有平等意识。因为，真正的平等是建立在每个个体都是独特的、异质的、不可比较的基础上。大家都一样的同质化状态，并不是平等。管理者只有建立起基于异质性的平等意识，才能真正发挥每个组织成员的潜质，焕发出组织的创新活力。

15.39 子曰："道不同，不相为谋。"

【今文意译】

孔子说："管理之道不同，很难合作共事，谋划未来。"

【分析解读】

本章强调指出，当管理者之间所信奉的管理之道不同时，很难结合成一个有效的管理团队，共同应对管理挑战。

在第二篇第3章中，孔子曾比较了儒家和法家的管理模式，这两种模式背后蕴涵着不同的管理之道。信奉儒家管理之道的管理者和信奉法家管理之道的管理者，在关于现实管理问题的理解、未来发展方向的谋划、具体政策方案的制定等方面，都有根本分歧，如果让他们组成一个管理团队，其结果可想而知。特别是，当作为委托人的国君和作为代理人的大夫，所信奉的管理之道完全不同时，又如何能走到一起？因此，如果说管理是团队事业，那么，在管理团队建设上，首要考虑的问题，可能就是团队成员的价值观和管理认同的一致性。没有共享愿景和共同价值观，可能会从根本上涣散管理团队的凝聚力。

> **管理精义**
>
> 在现代组织中，管理团队所信奉的文化价值观，同时也是组织文化的价值观，还是组织文化得以产生影响的前提，它直接决定了组织文化的现实有效性。因此，在管理团队建设中，最为关键的环节是管理文化建设，必须在管理团队中确立共同信念、共享愿景和价值观。这是保证管理有效性和组织有效性的基础工作之一，也是组织的文化基础设施建设的核心部分。有效的管理团队，应该是文化价值观一致，知识和技能多元的团队。文化价值观一致，让团队有共同方向和底线原则；知识和技能多元，又让团队成员在知识碰撞和知识冲突中，创造出更新颖的问题解决思路和方案。这样的管理团队才能既有凝聚力，又有创造力。

15.40 子曰："辞，达而已矣。"

【今文意译】

孔子说："管理沟通中的语言运用，能清楚地表达意思就可以了。"

【分析解读】

本章讲管理沟通的关键在于意义明确，而不在于辞藻华丽。管理沟通切忌以辞害意。

在孔子所处时代，诸侯国之间的官方交往，使者只接受命令，而没有正式的书面文本，即"只受命，不受辞"。具体情境下应如何表达，需要使者临场应对。这就是第十三篇第5章中"诵《诗》三百，授之以政，不达；使于四方，不能专对"所指的情形。当时诸侯国的管理者，经常会有出使任务，在临场应对中，"辞多可能害义，辞少又可能不达"，这就对管理者恰到好处地运用语言提出了很高的要求。因此，孔子这句话可以理解为，有针对性地提出了一种管理沟通中语言运用的原则。

> **管理精义**
>
> 在管理沟通中，诚意和信任是有效沟通的重要前提，但也不能忽视语言的运用。无论是正式沟通，还是非正式沟通，沟通的目的可能因对象、事项和背景等的不同而不同，但不管何种情境，沟通都是为了传达意义、相互理解、建立共识，而语言又是意义的重要载体之一。为此，语言的运用一定要服从于意义的表达和分享，而不能以辞害意。管理者要在各种沟通活动中有效运用语言，就必须恪守"辞以达意"的原则，尊重语言、研究语言，并反复磨砺自己的语言。

15.41 师冕①见,及阶,子曰:"阶也。"及席,子曰:"席也。"皆坐,子告之曰:"某在斯,某在斯。"师冕出。子张问曰:"与师言之道与?"子曰:"然。固②相③师之道也。"

【字词释义】

①师冕:乐师,名冕,盲人。
②固:这里是本来、当然的意思。
③相:这里是扶持、帮助盲人的意思。

【今文意译】

乐师冕来见孔子,快到台阶了,孔子说:"这里是台阶。"快到座位了,孔子说:"这里是座位。"都坐下后,孔子又对他说:"某某在这里,某某在那里。"

乐师冕走后,子张问道:"这就是和盲人乐师交往所要遵循的规范吗?"

孔子说:"是的。这本来就是帮助盲人的基本规范要求。"

【分析解读】

本章借孔子的言行,说明管理之道和管理公德总是体现在日常行为细节之中。

由孔子的行为不难看出,儒家所倡导的管理之道和管理公德,并不是空泛的"道德说教",而是落实在非常具体的行为细节之中,而且会依不同情境,有不同的规范要求。当孔子面对盲人乐师时,其细致入微的言语行为,充分体现出当时对尊重和帮助盲人的具体规范要求。这也集中反映了儒家管理模式所蕴涵的"平等"和"尊重"意识。

管理精义

组织的文化价值观和行为规范,都是用来做而不是拿来说的。只有当管理者切实将价值观和规范融入日常行为中,这些价值观和规范才真正有价值,也才能起到示范和感召作用,并让管理文化和组织文化融为一体,成为组织凝聚力的源泉。那些只是停留在口头和文本中的价值观和规范,不仅难以发挥作用,有时还会产生相反的效果。

季氏第十六

本篇导读

本篇讲管理体制及其对不同性质管理者的角色要求。儒家所信奉的管理体制，是建立在"天下为公"和追求"善"或共同利益基础上的。在当时历史条件下，天子和诸侯国国君扮演的是委托人角色，代表的是最大范围的共同利益，大夫及其家臣扮演的则是代理人角色。这种不同管理角色的安排及其具体规范要求，构成了儒家理想管理体制的核心内涵。这也是本篇所要讲的主要内容。

本篇大致可以分为三个部分。第一部分包括第1章到第5章的内容，主要讲解儒家理想管理体制及其对天子和国君这些委托人的角色要求。其中，第1章用季氏准备攻打颛臾国的典型事例，说明当时普遍存在管理体制不顺、管理角色混乱的情况及其可能产生的潜在危害；第2章则全面阐述了儒家所信奉的理想管理体制；第3章又用鲁国做例子，进一步说明管理体制不顺的严重后果；第4章阐述在理想管理体制下，天子和国君应该选择和任用什么样的管理者；第5章指出，天子和国君这样的委托人，由于没有外在监督力量，更需要自我约束、自我修养。

第二部分由第6章到第10章的内容构成，着重讲解儒家理想管理体制对作为代理人的管理者的具体要求。其中，第6章强调管理者要善于自我反思，通过相互学习，发现错误，提升自己；第7章从个人生命周期的角度，阐明不同人生阶段自律的重点是什么；第8章具体阐述管理职业规范要求管理者必须具备的三种敬畏之心；第9章强调管理者自律和自我管理中主动学习的重要价值；第10章详细阐述管理者自律和自我管理中必须注意的九方面内容。

第三部分涵盖第11章到第14章的内容，意在说明，儒家理想管理体制对共同利益与私人利益、公共角色与私人角色的关系处理及其基本要求。其中，第11章阐明管理体制以共同利益为基础，是一种对共同利益追求的激励和约束机制；第12章通过具体事例，进一步说明管理者追求共同利益，关键在于超越个人私利，恪守职业规范和管理角色要求；第13章用孔子的事例，阐明如何处理公私角色之间的关系，避免角色冲突；第14章概括指出，管理体制的意义在于明确角色及其规范要求，要让管理体制发挥作用，还有赖于角色扮演者个人的自我修养和学习主动性。

管理体制是保证管理有效性的重要基础设置之一，也是管理模式和管理机制赖以实施和运行的前提。儒家所信奉的理想管理体制，虽然在当时条件下实难建立，但这并不妨碍孔子的执着追求和积极行动。下篇将重点讲解管理者的积极主动行为，尤其是在不良环境下，管理者主动寻求改变的行为。

16.1　季氏将伐颛臾①。冉有、季路见于孔子，曰："季氏将有事于颛臾。"孔子曰："求！无乃尔是过与？夫颛臾，昔者先王以为东蒙②主，且在邦域之中矣，是社稷③之臣也。何以伐为？"冉有曰："夫子欲之，吾二臣者皆不欲也。"孔子曰："求！周任④有言曰：'陈力就列⑤，不能者止。'危而不持，颠而不扶，则将焉用彼相⑥矣？且尔言过矣。虎兕⑦出于柙⑧，龟玉毁于椟中，是谁之过与？"冉有曰："今夫颛臾，固⑨而近于费⑩。今不取，后世必为子孙忧。"孔子曰："求！君子疾夫舍⑪曰'欲之'，而必为之辞。丘也闻：有国有家者，不患寡而患不均⑫，不患贫而患不安。盖均无贫，和无寡，安无倾。夫如是，故远人不服，则修文德以来⑬之。既来之，则安之。今由与求也，相夫子，远人不服而不能来也，邦分崩离析而不能守也，而谋动干戈于邦内。吾恐季孙之忧，不在颛臾，而在萧墙⑭之内也。"

【字词释义】

①颛臾：诸侯国名，据说是伏羲后人受封的诸侯国，当时是鲁国的附属国。

②东蒙：山名，先王将颛臾封在东蒙山下，负责在东蒙山的祭祀活动，位于鲁国封地范围之内。

③社稷：这里指鲁国，尤其意指鲁国公共之地。当时鲁国封地一半归了季氏家族，剩下的一半也由孟氏和叔氏瓜分，现在季氏又要侵占颛臾这个地方。

④周任：古代的良史。

⑤列：这里是行列、位次的意思。

⑥相：这里指专门负责帮助盲人的人。

⑦兕：这里指犀牛一类的野兽。

⑧柙：这里指用来关猛兽的木笼。

⑨固：这里是坚固的意思。

⑩费：地名，是季氏家族的私邑。

⑪舍：这里是舍弃、放弃的意思。

⑫均：是形声兼会意字，表示均匀，这里是公平、各得其分的意思。

⑬来：这里是招致，使……来的意思。

⑭萧墙：指诸侯国国君门前的屏风，"萧墙之内"意指诸侯国内的君臣关系。

【今文意译】

季氏要攻打颛臾国。冉有和子路来见孔子，说："季氏要向颛臾国开战。"

孔子问:"冉有,这该不是你的主意吧?颛臾国由先王封在东蒙山下,而且还在鲁国境内,是国君的附属领地,为什么要攻打它?"

冉有说:"这是季氏的主意,我们两个都不想这么做呀。"

孔子说:"冉有,古时候周任曾说:'凭能力任职,不行就离开'。对于专门负责帮助盲人的助手来说,有危险却不帮助,要跌倒又不去扶,那还要这些助手干什么呢?况且你说的明明不对嘛。老虎、犀牛从笼子里逃走,龟甲、玉石在匣子里毁坏,又是谁的过错呢?"

冉有说:"颛臾国如今城池坚固,距费邑又近,若现在不攻占,将来必定给子孙后代留祸患。"

孔子说:"冉有,管理者最痛恨那些想要又不直说的人。我听人说过:无论是治国还是管家,道理都一样,不怕东西少,就怕分配得不公平,不怕贫困,就怕不安定。这是因为有公平就不会有贫困,和谐就不嫌东西少,安定就没有颠覆的危险。做到这些,如果远方他国的人还不服,就用文化和德行吸引他们来。来了之后,就可以安抚他们、影响他们。现在子路和冉有你们俩可好,作为季氏的家臣,远方他国人不服,却不能吸引他们来,自己国家要分崩离析了,却又守不住,反倒谋划着在国内动武。我想季氏真正的烦恼,应该不在颛臾国,而在君臣关系吧。"

【分析解读】

本章讲管理者应该尽己尽责,直言进谏,尤其是面对委托人做出违背原则或规范的决策时,管理者更需要从管理职业规范出发,坚持原则,维护正义。

这篇对话的背景是,季氏在鲁国弄权,四分鲁国有其二,还不满足,又要谋划吞并鲁国的附属国颛臾。颛臾作为鲁国的附属国,直接向鲁国国君称臣,属于国君的领地,而不是季氏的私邑。若季氏攻占了颛臾国,该国便成了季氏的私邑,加之地理位置上颛臾国距季氏私邑费城很近,也可以去除日后的隐患,这也许就是季氏要向颛臾国用兵的动机所在。当时子路和冉有都在季氏那里做家臣,便将这个消息告诉孔子,从而引发了这场对话。

孔子在对话中所要阐述的核心思想是,管理者应该有自己的职业规范和公德坚守,不能一味迎合委托人的意愿,明知委托人的决策违背规则、规范,也不去进谏纠正。这进一步说明,儒家管理规范中的"忠",是尽己尽责,而不是"忠于委托人"。

季氏要攻打颛臾国,明显不符合当时的规则和规范。首先,颛臾国乃先王所封,有其存在的合法性,季氏没有理由攻打,师出无名;其次,颛臾国作为一个袖珍小国,就在鲁国境内,和睦共处,并无威胁,根本没有必要对境内这样一个唇齿相依的小国大动干戈;最后,颛臾国是鲁国的附属国,为国君领地,若真要惩治它,也轮不到季氏用兵,该由鲁国国君决定。这就是孔子听到这个消息后,直接质疑季氏用兵动机时所陈述的三方面理由,即"夫颛臾,昔者先王以为东蒙主,且在邦域之中矣,是社稷之臣也"。

季氏要攻打颛臾国,实际上是他的私心在作怪,是为了将颛臾国变成自己的私邑。既然如此，面对季氏这种既无合法性，也无合理性的决策，作为家臣的冉有和子路，应该怎么做呢？孔子引用古时候周任的话，意在说明，管理者是凭能力得到特定岗位而不是因为某个人的恩典，因此，管理者要恪尽职守，而不是向特定人报恩，这就是儒家管理规范所强调的"忠"的本质含义。管理职责中有不依赖于个人私利的公正要求，当管理者无法坚持公正，履行职责时，就应该选择离开，而不是违背规则和规范，委曲求全。这便是"陈力就列，不能者止"的意义所在。

如果管理者选择不离开，那么，就必须尽到职业责任，向委托人进谏，帮助他克服或纠正错误，重归正道。针对这一点，孔子又举了盲人和助手的关系，以此来隐喻作为委托人的季氏和作为代理人的冉有、子路之间的关系。盲人的助手若做不到"持危扶颠"，就是失职；同样，作为代理人的冉有和子路，明知委托人季氏的决策是错误的，却不向他进谏，也是失职。这就像负责看管兽笼和宝盒的人，当野兽跑了，宝贝毁了，他能向谁去推卸责任呢？

当冉有还想为季氏和自己开脱诡辩时，孔子又进一步指出，做管理，最痛恨，也最忌讳的就是，用巧言令色来掩饰自己的真实意图。这样做不仅没有任何益处，反而欲盖弥彰。这便是"君子疾夫舍曰'欲之'，而必为之辞"的意思。

进而，孔子又提出了治国管家、做管理的两条基本原则，即"不患寡而患不均，不患贫而患不安"。前者强调的是，管理者应恪守分配中的公平原则，也就是第四篇第16章所讲的"君子喻于义"；后者则突出管理者要达到的目标是"修己安人，修己以安百姓"，这就是第十四篇第45章所讲的内容。做管理能恪守这两条基本原则，国和家都会和谐昌盛，根本不需要动武，别人自然就会服从。若远方他国人，由于信息不对称的原因，还是不服，也不需要用兵，只需要进一步完善文化、修养德行，吸引他们前来，这也就是第十三篇第16章"近者说，远者来"所达到的境界，也是管理软实力的体现。

基于上述观点，孔子最后批评冉有和子路，作为管理者，既不能吸引他国人来，眼看国内民心涣散，又不能有所作为，却一心想着私利，要在境内动武。果真如此，恐怕季氏的烦恼就真来了。也就是说，若他真的灭了颛臾国，就意味着将国君的领地据为己有，岂不是公开和鲁国国君翻脸吗？这样，季氏与国君之间的关系就会处于极其紧张的状态，后果不堪设想。因此，孔子才会说，"吾恐季孙之忧，不在颛臾，而在萧墙之内也"。

管理精义

严格来说，管理者并不是在为某个特定的委托人服务，而是在从事一种既有社会价值，又有独立规范和公德要求的职业，因此，管理者首先要服从于职业规范和职业公德的要求，当委托人的要求和职业要求出现冲突时，应该坚守职业要求，并努力影响委托人，确保管理公正以及职业价值和社会价值的实现。

16.2 孔子曰:"天下有道,则礼乐征伐自天子出;天下无道,则礼乐征伐自诸侯出。自诸侯出,盖十世希①不失矣;自大夫出,五世希不失矣;陪臣②执国命,三世希不失矣。天下有道,则政③不在大夫。天下有道,则庶人不议。"

【字词释义】

①希:这里是少、罕见的意思。
②陪臣:这里是家臣的意思。
③政:这里是政策、法令的意思。

【今文意译】

孔子说:"天下和谐兴旺、治理有方,那些重要的礼乐制度和军事行动,都由天子最后决定并推行;天下混乱衰败、治理无方,那些重要的礼乐制度和军事行动,往往都由诸侯国各自决定并推行。由诸侯国国君决定礼乐制度和军事行动,能维持十代就不错了;由诸侯国的大夫决定礼乐制度和军事行动,能维持五代就不错了;由诸侯国大夫的家臣决定礼乐制度和军事行动,能维持三代就不错了。天下和谐兴旺、治理有方,重要的制度安排和大政方针,就不能由大夫做出。天下和谐兴旺、治理有方,人们也就不会有流言和非议。"

【分析解读】

本章讲管理体制及其实施的有效性问题。

孔子这段话,概括了当时的管理体制及其有效实施的条件。若从儒家倡导的"天下为公"的角度来看,"天下"可以理解为一个大的"公共组织",天子代表天下人或上天的旨意,扮演着一级委托人的角色;他将天下这个大"公共组织"分解成一个个小"公共组织",即诸侯国,诸侯国国君对天子而言,是代理人,同时又是诸侯国的代表,并扮演着次级委托人的角色。无论是直接服务于天子的大夫,还是服务于诸侯国的大夫,实际上都是代理人,也就是管理者。当然,他们也会有自己的家族事业或家产,他们也会再雇佣代理人为自己管理家产,这时他们扮演着双重角色,一是面对天子或国君的代理人或管理者角色,二是面对家臣的委托人角色,前者服务于天下和诸侯国这样的"公共组织",后者服务于家族这样的私人组织。

明确了天下和诸侯国这两级"公共组织"及其中相应的委托人和代理人角色,以及大夫家族这样的私人组织及其中相应的委托人和代理人角色,就不难理解,对于天下和诸侯国的长治久安来说,首先要保证重要制度安排的公正公平和重大事项决定的合理合法。要做到这一点,就需要由代表更大范围"共同利益"的委托人来制定重要制度和决定重大事项。由于天子作为委托人，代表的是天下这个最大的公共组织和最广泛的共同利益，而国君作为委托人，只能代表特定诸侯国这个小公共组织和小范围的共同利益；理论上说，越是能代表更大范围共同利益的委托人所制定的制度和决定的行动，越具有公共性和公正性，也就有更大范围的合理性和合法性，也才能具有更长远的有效性。反之，制定规则的人所代表的共同利益范围越小，其合法性、合理性和有效性的范围也就越小，其可持续的时间也就会越短。所以，孔子才会说："自诸侯出，盖十世希不失矣；自大夫出，五世希不失矣；陪臣执国命，三世希不失矣。"其中最短命的规则，就是"陪臣"或家臣制定的规则，一方面他只是代理人，另一方面他又只是服务于大夫家族这样的私人组织的代理人，若要他站在诸侯国或天下这样的公共组织的共同利益角度来制定影响国家命运的大政方针，其结果可想而知。

另外，孔子最后还专门总结道："天下有道，则政不在大夫。天下有道，则庶人不议"。这两句话的意思是，要想实现"天下有道"，第一，体制上必须明确规则的制定者角色和执行者角色，大夫作为天下或诸侯国这样的公共组织的代理人或管理者，只能扮演规则执行者的角色，而规则的制定者则必须由天子和国君这样的委托人来扮演。当然，在当时条件下，天子和国君往往被"人格化"地狭义理解并寄予厚望。今天则可以做"非人格化"的广义理解，看作一种独立于管理者的规则制定的"非人格化"机制。规则不是由天子和国君这样"圣明"的个人制定的，而是由一套独立于管理执行体系及管理者群体之外的机制来代表委托人制定的。这样一种理解，便使得孔子所推崇的管理体制具有了普遍意义。

第二，要保证"天下有道"，除了规则制定和规则执行的分离之外，还要求建立一种公开透明的沟通交流和监督机制，从而使各种制度、政策和行动的信息得以正式传递和共享，也让人们有正式、公开的渠道反馈意见和建议。这样一来，人们自然就不会编造、传播和相信流言蜚语，也不会私下非议各种大政方针了。这也是"流言止于公开"的道理所在，"非议"会随着正式渠道的畅通而转变成建设性意见。

管理精义

对组织的有效性和可持续发展来说，体制和机制建设最为关键，尤其是涉及正式的规则、规范体系以及公共资源的分配和使用，都应该具有超越个人的体制和机制，只有这种"非人格化"的体制和机制，才能保证组织超越个人，实现可持续发展。从根本上说，要建立组织的"非人格化"体制和机制，必须坚持两条基本原则，一是规则制定和规则执行分离；二是体制设计和机制运行的公开透明。秉持这两条原则，组织的体制和机制的设计和运行，才有可能超越个人意志，获得独立发展的活力。

16.3 孔子曰:"禄①之去公室,五世矣。政逮②于大夫,四世矣。故夫三桓③之子孙,微矣。"

【字词释义】

①禄:这里指任用管理者的权力。
②逮:这里是及、到的意思。
③三桓:这里指季氏、孟氏、叔氏三大家族。

【今文意译】

孔子说:"鲁国国君丧失任用管理者的权力,已有五代了。政策法令的制定权落到大夫手上,也有四代了。所以,季氏等三大家族的子孙要衰败了。"

【分析解读】

本章承接上章,举鲁国的例子,说明没有合理、合法的管理体制,国家难以长治久安。

据记载,鲁文公去世,引发鲁国宫廷内斗,自此国君权力旁落。到孔子时期,人事权不在国君已历经五代,政策法令出自大夫家也有四代。因此,根据上章"自大夫出,五世希不失矣"的标准,孔子预测季氏等三大家族也要衰落了。孔子用鲁国的例子再次说明,有效管理的根本保证,在于合理、合法的管理体制。

管理精义

保证管理体制得以有效运行的机制,具体表现在两个方面,一是"非人格化"的用人机制,二是不依赖于管理者的政策规则制定机制。

16.4 孔子曰:"益者三友,损者三友。友直,友谅,友多闻,益矣。友便①辟②,友善柔,友便佞,损矣。"

【字词释义】

①便:这里是善言辞、能说会道的意思。
②辟:同"僻",不正的意思,"便僻"意指内心不正,却又善于掩饰自己、迎合别人。

【今文意译】

孔子说:"有三类有益的合作伙伴,有三类有害的合作伙伴。正直、诚实、见多识广的合作伙伴，是有益的。虚伪、油滑、能说会道的合作伙伴，是有害的。"

【分析解读】

本章指出，为了防止对管理体制的破坏，作为委托人的天子和国君要善于用人。

孔子这句话中的"友"，通常理解为"朋友"或"志同道合者"，但若联系上几章的内容，便不难发现，孔子所认可的管理体制得以有效运行，并保证"天下有道"的前提，是天子或国君这样的委托人真正拥有权力，能制定政策法令，决定重大事项，而像周天子和鲁国国君那样大权旁落，都是因为用人不当或自身缺少像尧、舜那样的修养和能力。因此，在孔子看来，要维系那种理想的管理体制，天子和国君一是要善于用人，要选择那些有益的合作伙伴或管理者，二是要加强自身修养。前一方面就是本章讲的内容，后一方面则是下章要讲的内容。

基于此，三类"益友"和三类"损友"，可以看作孔子关于天子和国君选择合作伙伴或代理人的标准。有益的合作伙伴或代理人，应该是正直、诚实，又有知识和能力的人，而有害的合作伙伴或代理人，就是那些虚伪、油滑，又能说会道的人。孔子这里概括的"损友"的三个特征，与第五篇第24章讲的"巧言、令色、足恭"本质上一样。"巧言"就是"便佞"，"令色"必然"善柔"，"足恭"近于"便僻"。

管理精义

要确保组织的管理体制得以有效运行，用人是第一位的，但在今天的法人组织中，用人主要不是依赖于管理者个人的选择，也主要不是考虑个体的私人特征，而更强调"非人格化"用人机制本身的建设，尽量让人员的培养、选拔、任用和发展，脱离管理者个人好恶及私人圈子的影响。当然，机制和人不可分割，机制再完善，离开了人也无法运行。因此，组织在努力建设"非人格化"的机制同时，仍不能没有关于管理者和管理团队的职业规范和职业公德修养的要求。

16.5　孔子曰："益者三乐，损者三乐。乐节礼乐，乐道人之善，乐多贤友，益矣。乐骄乐，乐佚游，乐宴乐，损矣。"

【今文意译】

孔子说："有三类有益的快乐，有三类有害的快乐。用礼乐节制的快乐、欣赏别人而带来的快乐、多结交有贤能的志同道合者所带来的快乐，都是有益的。没有节制地追求享乐、热衷于逸乐游玩、喜欢大吃大喝，都是有害的。"

【分析解读】

本章承接上章，继续讲委托人自我修养的重要性。

当时的管理体制，在很大程度上系于作为委托人的天子或国君一身。在这种情况下，天子或国君的个人修养就极其重要。若天子或国君沉溺于骄奢淫逸、吃喝玩乐，便可想而知，天下或诸侯国的政事不是荒废，就是被操纵。当时人们习惯于将"无道"和"昏君"联系在一起，而将"有道"和"明君"联系在一起。凡是有职业操守的代理人或管理者，总希望服务于"明君"；只有在"明君"确立的管理体制下，有职业公德和知识能力的管理者才能施展抱负，发挥作用；否则，必然是逆向选择，凡是能投"昏君"所好的，必定是那些没有职业操守，能逢迎拍马、投机取巧之辈。正是从这个意义上说，作为委托人的天子或国君的个人修养，对于建立孔子信奉的理想管理体制才至关重要。为此，孔子有针对性地提出了三类有益的快乐和三类有害的快乐，以告诫委托人或最高管理者，他们的自律是让管理体制有效运行的重要前提。

管理精义

管理者当然有追求个人快乐的权利，但问题是，怎样确保管理者个人快乐的追求不损害组织的共同利益。这实际上也是确保管理者不"以私害公"的重要内涵之一。今天，这个问题往往演变为如何遏制管理者不合理的过度"在职消费"问题。要解决该问题，当然最重要的还在于制度设计，尤其是激励相容和有效监督的制度设计，但制度规则总是不完全的，管理者个人修养以及管理团队的良好文化氛围仍非常重要。从这个角度看，孔子所强调的"有益快乐"，仍具有现实针对性。

16.6 孔子曰："侍于君子有三愆①：言未及之而言，谓之躁②；言及之而不言，谓之隐；未见颜色而言，谓之瞽③。"

【字词释义】

①愆：是形声字，本义指超越，这里是过失、过错的意思。

②躁：是形声字，本义指快速、飞速，这里是不冷静的意思。

③瞽：是形声字，本义指虽然睁着眼睛，却看不见东西，这里指不明事理，没有见识。

【今文意译】

孔子说："和管理者在一起，可能会出现三类过失：不该说的时候说，是不冷静；该说的时候不说，是隐瞒；不留意态度表情就说，是不明事理。"

【分析解读】

本章讲和管理者交往可能会出现的三类过错,意在提醒管理者,在正式管理场合,应注意说话的分寸。

管理者在公共场合讲话要非常慎重,尤其是面对其他管理者的时候,说话一定要注意时机和分寸,当然,前提是"诚"。在"诚"的前提下,管理者说话要避免急躁冒犯、刻意隐瞒和不明事理。

管理精义

管理沟通中语言的运用,除了"诚"的前提和"辞以达意"的要求之外,说话时机的选择也非常重要。不能恰当把握说话时机,也会影响语言运用的有效性。管理者在日常沟通过程中必须用心体察时机选择问题,从而掌握"适时发话"的艺术。

16.7　孔子曰:"君子有三戒:少之时,血气未定,戒之在色;及其壮也,血气方刚,戒之在斗;及其老也,血气既衰,戒之在得。"

【今文意译】

孔子说:"管理者的自律有三个侧重点:青年时,身体精神未定型,自律关键在警惕外部诱惑;壮年时,身体精神都强健,自律关键在警惕争强好胜;老年时,身体精神已衰竭,自律关键在警惕贪婪固执。"

【分析解读】

本章讲管理者在不同年龄阶段的自律要求。

管理者自律是儒家反复强调的主题,只有自律的管理者才能符合"为政以德"管理之道和管理模式的要求,也才能在外部监督机制不完善的条件下尽己尽责。孔子在这里结合个体成长的不同阶段的特点,提出了管理者全生命周期的自律要点,具体就是:青年在"戒色",即抵御外部诱惑;壮年在"戒斗",即克制争强好胜;老年在"戒贪",即避免贪婪固执。

管理精义

现代组织中的有效管理,也离不开管理者的自律。严格来说,管理者的自律不仅有空间的维度,即在范围上涵盖了公共与私人的不同领域,而且还有时间的维度,即在时间上涵盖管理者个人生命周期和职业生涯发展的不同阶段。管理者自律的时间维度,也可以理解为"全生命周期的自律",这对管理者的自我修养提出了更高的要求。

16.8 孔子曰："君子有三畏：畏天命，畏大人①，畏圣人之言。小人不知天命而不畏也，狎②大人，侮③圣人之言。"

【字词释义】

①大人：指当时的天子和诸侯国国君，可通称为"君"。

②狎：是形声字，本义指训狗，这里是侮辱、戏弄的意思。

③侮：是形声字，这里是怠慢、看不起的意思。

【今文意译】

孔子说："管理者有三类敬畏：敬畏自然和命运，敬畏天子和国君，敬畏传统和经典。被管理者由于不知道自然和命运发展变化趋势而没有敬畏，由于认识不到天子和国君的现实作用而没有敬畏，由于不理解传统和经典的真正意义而没有敬畏。"

【分析解读】

本章承接上章，强调管理者自律不仅在于行为上的警觉，更在于内在敬畏之心的养成。

在孔子这段话中，管理者所敬畏的三种对象分别代表着管理合理性、合法性和有效性的三个重要来源，是管理赖以发挥作用的三个重要前提。

首先，管理要发挥作用，就离不开对组织外部环境和内部条件的理解和把握。"天命"既代表一种自然的力量，又代表一种社会的力量，同时又是左右个人发展的内在力量，正像第二篇第4章所讲的"五十而知天命"，实际上就意味着真正理解了左右自己和组织发展的内、外部力量。因此，"天命"是一种重要的力量，直接决定着管理的有效性。只有真正理解了"天命"的力量及其在管理中的作用，人们才会敬畏它。管理者对"天命"的敬畏，也可以说是一种"自然敬畏"。

其次，作为代理人，管理者的权力来自委托人，没有对作为权力来源的委托人的敬畏，就不会有对权力的敬畏，没有对权力的敬畏，就可能会导致滥用权力。因此，"畏大人"是管理者"畏权力"的重要前提。只有真正敬畏授权者和权力，管理者才会谨慎地用好权力。从这个意义上说，管理者对"大人"的敬畏，也可以说是一种"权力敬畏"。

最后，管理者及其所从事的管理活动，离不开特定文化传统和社会规范。严格来说，失去了传统和经典，管理权力的运用也就失去了依据，组织凝聚力也就缺少了根本保证。没有传统和经典的支撑，管理就不可能创造意义，更不可能将人们凝聚起来创造价值。因此，从这个意义上说，管理者对"圣人之言"的敬畏，也可以说是一种"文化敬畏"。

总之，正是"天命"为管理提供了合理性，"大人"赋予管理以合法性，"圣人之言"给管理有效性奠定了基础。对这三者的敬畏，也就是对管理的合理性、合法性和有效性的敬畏。失去了这种敬畏之心，管理者做管理，也就会失去内在的准则和坚守。

与管理者不同，被管理者由于岗位职责、职业背景、工作性质的原因，平时并不需要思考内、外部环境发展趋势这样的大问题，也就不知道或不了解所谓"天命"或内、外部环境规律，导致"无知者无畏"，自然就不会敬畏"天命"。

另外，由于被管理者认识和交往的对象，常常是其他被管理者和作为代理人的管理者，而几乎没有机会见到天子和国君，对于那些不认识，也没有直接关系的所谓"大人"，何足"畏哉"？在这种情况下，被管理者就有可能会把这些看不见、摸不着的天子和国君，当成茶余饭后的谈资笑料，而不是敬畏的对象。

再加上当时传统和经典的普及率不高，普通的被管理者读不了、读不懂甚至读不到"圣人之言"，也不知道其价值，自然也就无所敬畏了。

因此，对于被管理者而言，恰恰是由于社会角色及其规范要求的差异，使他们因不知道"天命"、不认识"大人"、不理解"圣人之言"而不敬畏它们。

这里将管理者和被管理者作对比，正像前面各篇所出现的类似对比一样，不一定非要理解成褒管理者，贬被管理者，而只是刻画、陈述了两者的差异，并提醒管理者基于这种差异去理解被管理者，不要期望让被管理者完全像管理者那样。

管理精义

管理职业规范和职业公德，很大程度上体现为管理者的职业敬畏之心，这种内在的敬畏之心，会成为管理者职业自律的内在动力源泉。职业敬畏之心主要体现在对职业合理性、合法性和有效性的源泉的敬畏上。

今天，职业合理性建立在管理科学知识体系之上，而这种管理科学知识体系恰是对组织和管理的内、外部规律的探索和揭示，它是现代组织管理赖以成立的前提，也是现代组织管理得以实现职业化，人们得以接受科学训练而成为管理者的重要前提。因此，可以毫不夸张地说，现代管理科学知识体系，不仅决定着组织管理的命运，也决定着个体职业管理者的命运，说管理科学知识体系是现代职业管理的合理性基础，也就是"天命"，毫不为过。

职业合法性建立在现代管理权力的来源上。现代管理权力的合法性来源，不再像传统时代那样来自一位"人格化"的委托人。在今天的法治社会和法人组织中，管理权力的合法性来自正式规则，即由广义权利拥有者共同制定的规则，然后在规则基础上设置管理岗位，再聘用管理者。因此，今天职业管理者对权力合法性来源的敬畏，实际上就是对规则或法律的敬畏，而不再是对人格化"大人"的敬畏。

职业有效性仍然来自于组织共同行动的凝聚力和竞争力，而这种凝集力和竞争力，除了正式规则的保证之外，非常重要的就是信念、愿景和价值观，进而融入文化传统所形成的规范之中。因此，今天关于管理职业有效性的敬畏，就是对文化价值观和行为规范的敬畏，其核心是对信仰或愿景的敬畏。

概括地说，现代职业管理者的职业敬畏，应该包括三个方面，即对知识的敬畏、对规则的敬畏、对文化的敬畏。

16.9　孔子曰:"生而知之者,上也;学而知之者,次也;困而学之,又其次也;困而不学,民斯为下矣。"

【今文意译】

孔子说:"生来懂道理、有知识,当然最好;通过学习而懂道理、有知识,也很不错;遭遇困难,发愤学习,实属自然;遭遇困难,还不想学,就难以成为管理者了。"

【分析解读】

本章承接上章,指出管理者要有自律、有修养、有知识,就必须学习,这也是儒家的一贯主张。

孔子在这里虽然也提到"生而知之",但仅是作为一种极端情况,他不仅自己强调"我非生而知之者",而且,儒家管理模式的立足点就是学习,《论语》开篇就讲管理学习,因此,孔子这里是要强调,管理者只有通过学习才能修养自身,成为合格的管理者,哪怕遇到困难再发愤学习都不晚,就怕遇到困难还不想学习,那便无论如何也成不了管理者了。这段话并不是要将人分成不同等次,有所谓上等人、中等人、下等人之分,果真如此,岂不是和第十五篇第 38 章讲"有教无类"矛盾了吗?

管理精义

无论是管理者的自我修养,还是管理知识和能力的获得,都离不开学习;对管理者而言,学习是做管理的基本功。要做好管理,不怕学得慢、学得晚,就怕不学习。在今天的时代背景下,学习更是管理者取得职业胜任力的基本要求。

16.10　孔子曰:"君子有九思:视思明,听思聪,色思温,貌思恭,言思忠,事思敬,疑思问,忿思难,见得思义。"

【今文意译】

孔子说:"管理者必须经常思考九方面内容:观察就要想到明白,倾听就要想到清楚,表情就要想到温和,神态就要想到庄重,说话就要想到负责任,做事就要想到认真,疑惑就要想到请教,愤怒就要想到不容易,有收益就要想到公平分配。"

【分析解读】

本章详细阐述管理者自我修养和自我管理时必须注意的九方面内容。

具体地说，这九方面内容，既贯彻了以"诚"为核心的德行要求，即九个方面背后支撑的内在基础都是"思言行一致性"；也体现出管理思维的重要特点，即预期或结果导向，用可能的结果来反观和反思眼前的行动，这也是广义的战略思维或未来导向的思维。例如，要观察和倾听，就要想到能否获得清楚明白的结果。要与别人交往，就要想到自己的表情、神态、言语等可能对别人的影响，因此，表情要温和，神态要庄重，说话要算数。要做事，就要想到对结果认真负责。有疑问，则想到如何向别人请教解决。要愤怒时，则想到可能的后果及其对别人的影响。有收益，就要想到如何公平分配。这种以"诚"为基础、预期导向的思维方式，在一定程度上，决定着管理者自我管理和组织管理的有效性。这也是通常所说的"思维决定行为"的道理。

管理精义

管理者要养成恰当的管理思维方式，就必须注重细节；点点滴滴日常行为的细微处，无不反映着管理者特定的思维习惯。要改变思维习惯，同养成一种新的思维习惯一样，都必须从细节入手。儒家所倡导的"管理者九思"，可以视为用来反思行为和思维细节的指南。

16.11 孔子曰："'见善如不及，见不善如探汤。'吾见其人矣，吾闻其语矣。'隐居以求其志，行义以达其道。'吾闻其语矣，未见其人也。"

【今文意译】

孔子说："看到共同利益，迫不及待地去追求，看到损害共同利益的行为，就像害怕沸水一样去避免。我见过这样的人，也听说过这样的话。隐居起来以追求自己的志向，做应该做的事以实现抱负。我听说过这样的话，但没有见过这样的人。"

【分析解读】

本章讲解管理体制与管理者的关系。

在这里，"善"可以理解为共同利益。为了保证共同利益的实现，就必须有承载共同利益的管理体制和规则；这样的体制和规则就是一套围绕共同利益的激励约束机制。这种体制和规则发挥作用的理想状态就是：对于共同利益，人们会迫不及待、争先恐后地去追求，而损害共同利益的行为，则会得到应有的惩罚。如此一来，这套管理体制和规则体系也就发挥出了"惩恶扬善"的功能，让人们"见善如不及，见不善如探汤"。

当然，在当时条件下，要让这样一套理想的管理体制或规则体系发挥作用，还离不开有志向、有抱负的管理者。但遗憾的是，孔子看到过在管理体制和规则体系下受激励和惩罚的人，却没有见到过真正有志向追求、践行管理之道的管理者。至少在他所处那个时代，只听到人们说过古代有这样的管理者，但已看不到现实中这样的管理者了。这也许正是孔子不断感叹他的管理之道和管理理想无法实现的原因。

> **管理精义**
>
> 管理体制和管理者是相辅相成、相得益彰的关系。没有合理而有效的管理体制，管理者的行为，特别是权力运用，就缺少了应有的制约和监督，也没有了对管理者行为的有效激励；若没有称职的管理者，则管理体制也无法自动发挥作用。要使两者得以匹配并相互促进，单靠个体组织内部的体制和机制设计及管理者选择是远远不够的，必须建立起外部职业市场机制。

16.12 齐景公有马千驷①，死之日，民无德而称焉。伯夷、叔齐饿于首阳②之下，民到于今称之。其斯之谓与？

【字词释义】

①驷：这里指计算马匹的单位，四匹马为"驷"。　　②首阳：山名，即首阳山。

【今文意译】

齐景公有四千匹马，但到死的时候，人们却找不到可以称道他的德行。伯夷和叔齐虽然饿死在首阳山下，可到如今人们还在称道他们。这难道不是德行的力量吗？

【分析解读】

本章承接上章，阐明共同利益既不同于个人利益，更不能仅用财富来衡量，它建立在人们的共同认可之上。

齐景公和伯夷、叔齐形成鲜明对照。齐景公拥有巨大财富，四千匹马仅是一种形象的表达而已，意指财富数量巨大，而伯夷、叔齐则一无所有，乃至于饿死在首阳山下，但他们身后的影响力却深远而广泛。这种典型案例的对比，再次阐明了儒家管理模式对管理者的要求。管理者应追求职业信念和理想，而不应过于看重私人利益，尤其是物质利益；毕竟管理成功不是由当下的财富决定的，更不是由管理者自己说了算，而是取决于历史和人心。这便是第十五篇第19章所讲的"君子疾没世而名不称焉"的意义。

> **管理精义**
>
> 管理有效性当然离不开眼前的绩效或业绩,这是组织和管理的硬实力,没有它,不足以保证组织的竞争力。但是,硬实力极其容易模糊公私界限,至少为管理者"在职消费"提供了可能空间,反而会在不知不觉中腐蚀管理者。因此,没有软实力匹配和定向的硬实力,同时也会给组织和管理带来很大的负面效应。管理者不得不深思,如何从管理行为入手,同步关注和建设软实力,让管理者和组织都能可持续发展。

16.13　陈亢问于伯鱼曰:"子亦有异闻乎?"对曰:"未也。尝独立,鲤趋而过庭。曰:'学诗乎?'对曰:'未也。''不学诗,无以言。'鲤退而学诗。他日又独立,鲤趋而过庭。曰:'学礼乎?'对曰:'未也。''不学礼,无以立。'鲤退而学礼。闻斯二者。"陈亢退而喜曰:"问一得三:闻诗,闻礼,又闻君子之远其子也。"

【今文意译】

陈亢问孔子的儿子伯鱼:"你听到过什么特别教诲吗?"

伯鱼回答说:"没有。曾经有一次他独自站在院子里,我从院子经过。他问:'学《诗经》了吗?'我说:'还没有。'他就说:'不学《诗经》,没法讲话。'我回去便学《诗经》。有一天他又独自站在院子里,我又从院子经过。他问:'学礼仪了吗?'我说:'还没有。'他就说:'不学礼仪,没法立足。'我回去便学礼仪。单独听到的就这两次。"

陈亢回去后,高兴地说:"问了一个问题,却得到三个收获:学《诗经》、学礼仪、管理者即便对儿子也不偏心。"

【分析解读】

本章用孔子对待儿子的具体事例,再次阐明管理者角色的多重性,以及区分公私角色、恪守职业规范,对管理者的重要性。

孔子面对儿子时扮演着双重角色,一是教师,二是父亲。前一个角色带有公共性,同时还要面对包括陈亢在内的众多学生;后一个角色是私人角色。当扮演公私双重角色时,如何做到公私分明,恪守公共角色规范,尽己尽责,一视同仁,不以私害公,这是所有管理者都必须面对的挑战。孔子用自己的实际行动,阐释了管理者应如何扮演好多重角色。

孔子在扮演教师这个公共角色上,确实做到了一视同仁,没有偏心,即便孔子单独和孔鲤在一起,所讲到的学《诗经》和学礼仪,也是他反复对其他学生公开强调过的。这看似事小而简单,但落实到扮演双重乃至多重角色的管理者身上,要在日常管理工作中梳理清楚,避免角色混乱和角色冲突,以切实履行好公共角色,却实非易事。这不仅需要有角色意识,牢记角色规范，更要超越角色背后所负载的利益；尤其是当外在管理体制不够完善，甚至不起作用的时候，管理者个人的自我修养和自我约束就显得非常重要。这也正是儒家如此强调管理者"做人"和德行的原因。

> **管理精义**
>
> 管理者在日常管理实践中所面临的最大挑战之一，也许就是公私角色的冲突。当然，私人角色也可能有利于公共管理角色的履行，特别是通常所说的"做人"对做管理的支撑作用，但必须承认的是，角色间冲突总是与角色间支持如影随形，特别是管理层级越高，掌握公共资源越多的管理者，面对的显在和潜在角色冲突更大、更常见。除了制度设计、文化建设的外部解决途径之外，自我修养和自我管理的内部解决之道，同样不容忽视。

16.14　邦君之妻，君称之曰夫人，夫人自称曰小童；邦人称之曰君夫人，称诸异邦曰寡小君；异邦人称之，亦曰君夫人。

【今文意译】

诸侯国国君的妻子，国君称她为夫人，她自称为小童；国内人称她为国君夫人，在别国人面前称她为寡小君；他国人称呼她，也是国君夫人。

【分析解读】

本章用诸侯国国君妻子的称谓作例子，说明角色的多重性以及在不同场合，按照角色规范扮演好特定角色的重要性。

这么多称谓，指的都是诸侯国国君的妻子。这个例子说明，同一个人，面对不同的对象，在不同的场合和语境下，扮演着不同的角色。这对于管理而言，具有深刻意义。称谓或名称是社会角色的表现形式，每一种称谓都对应着特定的社会角色和一系列应该遵循的角色规范，其中蕴涵着一系列权利、义务、责任和权力等基本要素。根据儒家管理模式，管理体制的意义，恰在于明确不同社会角色及其规范，进而激励和约束人们按照角色要求来行动；管理者就是扮演着管理体制所赋予的特定角色的人，第十三篇第3章中所讲的"正名"，说的也是这个意思。

管理者的培养和教育过程，本质上也是不断演练职业角色的过程。管理职业角色扮演的成功与否，不是由扮演角色的人来判断的，而是由合作者、观众来评判的。这里的观众又不一定指当下的观众，还要交由历史来评判。当然，角色的合理与否，在很大程度上是由"剧本"决定的，而管理体制就是剧本。本章用国君妻子的各种称谓作例子，意在阐明剧本的合理性，也就是管理体制的合理性。至于能否演好剧本，还要看导演和演员，这便是委托人和代理人及其互动的水平。

管理精义

人生如戏，做管理同样如演戏。有效管理，既要有体制和规则这样用来确定角色及其关系的剧本，还需要有能力演好角色的演员。管理者必须学会适应不同剧本和角色的要求，真正成为一名具有较为广泛角色适应性的职业管理者。

阳货第十七

本篇导读

本篇讲管理行为的主动性。管理体制和管理规范的确立及其实施，都离不开管理者的主动行为；没有管理体制下符合管理规范的主动行为，就不可能实现管理有效性，也不可能确立起体制和规范的权威性；尤其是当特定的体制和规范还没有完全建立起来，或没有被人们广泛接受的情况下，更需要主动的管理行为去改变环境，影响人们接受特定的体制和规范。这正是一种具有创业精神的管理行为。当然，对管理者个人而言，管理行为的主动性，既是管理有效性所必需的，其本身也是一个持续的学习过程；借助管理的主动行为，管理者可以在职业生涯中不断深化对管理规范和管理公德的理解，提升管理知识和能力，更好地适应职业发展的需要。本篇从管理者与环境互动的角度，详解了管理行为的主动性。

本篇大致可以分为四个部分。第一部分包括第1章到第5章的内容，侧重说明管理者通过主动改变环境和创造条件，可以为理想体制和规范的建立做出贡献。其中，第1章用实例说明，管理规范面前人人平等，不能因人废言，主动改变环境、创造条件实现管理理想，是管理行为主动性的基本要求；第2章阐明人的本性是相近的，后天学习很重要；第3章则进一步说明，通过主动学习，每个人都可以改变；第4章用具体实例阐述被管理者和管理者一样，都可以通过学习实现改变；第5章指出，管理者主动影响别人、改变环境，才有可能实现理想的体制、建立合理的规范。

第二部分由第6章到第15章的内容构成，着重说明管理规范内化为管理公德的具体内涵及其对管理者主动学习的基本要求。其中，第6章详细阐述管理公德的五方面内涵；第7章具体说明管理者只有恪守职业公德，才能出污泥而不染，主动改变环境而不为环境所左右；第8章进一步阐明管理者要达到公德的要求，就必须努力学习，去掉遮蔽，透过表面现象的迷雾，看到管理职业的本质要求；第9章阐述知识学习的重要性，并用学《诗经》的例子，强调知识学习要举一反三和一以贯之；第10章继续讲解《诗经》学习对"做人"和做管理的重要意义；第11章用学习礼仪和音乐作例子，说明主动学习贵在掌握精神实质，而不是表面形式；第12章讲解通过观察人们的行为进行社会学习，进而提升自己，同时，在社会学习中也要注意将表象和实质区别开来，不要为表象所迷惑；第13章继续说明社会学习过程中，透过现象看本质的重要性；第14章指出，管理者要有主见和责任意识，不可人云亦云，道听途说；第 15 章强调管理者不能同过分自私的人为伍，与这些人共事，难以激发主动性，完成团队任务，实现共同利益。

第三部分包括第 16 章到第 21 章的内容，重点分析当时社会上所存在的重形式轻内容、重言轻行的现象，并要求管理者以自己的主动行为去改变它。其中，第 16 章借古喻今，阐明当时社会上人们所普遍存在的三方面不足；第 17 章进一步概括这种不足的集中体现，就是倾向于"巧言令色"；第 18 章指出，这种"巧言令色"的现象，其最大危害就是混淆视听，造成劣币驱逐良币的逆向选择；第 19 章用大自然作比喻，揭示出管理的本质在"行"而不在"言"，管理者应避免以言代行和以言乱行；第 20 章用具体事例说明，行为比语言包含更丰富的信息，管理者应注重从行为中而不只是语言中获取信息；第 21 章用"丧礼"作例子，阐明礼仪规范的本质在行而不在言，遵行礼仪规范不是靠讲得好，而是靠用心行动。

第四部分由第 22 章到第 26 章的内容构成，重点解说管理者应具有怎样的主动行为。其中，第 22 章说明管理者必须积极行动而不能无所事事；第 23 章具体阐明管理者的主动行为必须以岗位职责为基础，做应该做的事，而不能盲目乱来；第 24 章从反面详细讲解管理者应避免那些不符合职业规范的行为，即"恶行"；第 25 章具体阐述管理者在处理与被管理者之间的关系时所应遵循的行为准则；第 26 章指出，管理者在职业生涯发展中的某个特定阶段，要对职业规范拥有恰当的理解和把握，若到了一定年龄还达不到这个阶段，那么，管理职业生涯的发展就没有指望了。

管理是行动导向的职业，没有积极主动的行为，管理不可能有效果，管理者也不可能有成就。崇尚行动的管理者，必须以职业规范为准绳，偏离正轨的行动，越主动反而越有害。

17.1 阳货①欲见孔子，孔子不见，归②孔子豚③。孔子时④其亡也，而往拜之，遇诸涂⑤。谓孔子曰："来！予与尔言。"曰："怀其宝而迷其邦，可谓仁乎？"曰："不可。""好从事而亟⑥失时，可谓知乎？"曰："不可。""日月逝矣，岁不我与。"孔子曰："诺。吾将仕矣。"

【字词释义】

①阳货：季氏家臣，名虎。
②归：通"馈"，馈赠、赠送的意思。
③豚：小猪。
④时：通"伺"，侦查、探听的意思。
⑤涂：这里是道路的意思。
⑥亟：这里是每次、屡次的意思。

【今文意译】

阳货想见孔子，孔子不见，阳货就送给孔子一只小猪。孔子探听到他不在家，前往拜谢，恰好在路上遇到。

阳货对孔子说:"来!我有话和你说。"他接着说道:"有管理能力,却对自己国家的混乱视而不见,这能叫仁爱吗?"

孔子说:"不能。"

阳货又说:"喜欢做事,却又屡屡错过机会,这能叫智慧吗?"

孔子说:"不能。"

阳货说:"时光流逝,岁月不等人啊。"

孔子说:"好的。我将出来做管理。"

【分析解读】

本章用孔子与阳货交往的事例,说明不能因特定对象而破坏规范,也不能因人废言,关键在于如何临机应对,灵活权衡。

当时的背景是,阳货虽是季氏家臣,却在鲁国专权,他想请孔子出来做管理,但"道不同,不相为谋",孔子不想与阳货为伍,设法回避不见。按照当时的礼制,阳货给孔子送了礼物,即便没有见面,也要回访拜谢,否则就是失礼。既不想见阳货,又不能违礼,处于两难之中的孔子,原本想利用阳货不在家时回访,既还了礼,又可以不见阳货,但不巧,却路遇阳货。阳货不失时机地劝说孔子出山,用的理由正是孔子平时讲的"仁爱"与"智慧"相结合的"中庸之德"。面对这样的理由,孔子答应将要出来做管理。

在和阳货的交往过程中,孔子既坚守礼仪规范,又遵循儒家管理之道,即便面对像阳货这样的专权僭越者,也做到了不违礼、不逾矩,不因人废言,只是在具体应对方式上有所变通和权衡罢了。由此可见,儒家要求管理者恪守管理规范,践行管理公德,其具体表现就是:超越个人好恶,一视同仁,"非人格化"地对待人和事。

管理精义

管理者如何才能真正做到不因人废言?关键在于超越个人好恶,以公认标准面对管理中的人和事。但问题是,那些派生自正式规则的公认标准,如质量标准、技术标准等,比较容易理解和把握,而那些派生自社会规范、职业规范和组织规范等的公认标准,往往体现为管理者内心恪守的准则,也就是广义的公德,又经常与个人私德或好恶交织在一起,很难完全区分开来。因此,如何将公德与私德区分开来,明确那些基于各类规范的公认标准,以此为基础,"非人格化"地对待人和事,就成为管理者要做到不因人废言,必须首先解决的问题。为了解决这个问题,管理者只能从自身日常行为反思上下工夫,借助自我反思、自我管理和自我修养的持续过程,才有可能理解和把握自己的私德和公德底线,进而将两者区别开来。

17.2 子曰:"性相近也,习相远也。"

【今文意译】

孔子说:"人的天生本性是相近的,只是行为习惯不一样罢了。"

【分析解读】

本章揭示了儒家管理模式及其平等意识和学习理念赖以存在的前提。

在儒家管理模式下,管理也是教育,通过社会规范的习得和管理者的示范,每个人都有可能做到"有耻且格",因此,儒家坚持"有教无类"。"有教无类"之所以可能,关键在于人的本性相近,主要看后天怎样教育、如何学习,进而养成什么样的行为习惯。

由此可见,孔子这句话不仅阐发了儒家强调平等和学习的深层次原因,更明确了儒家管理模式赖以成立的重要前提。若否认"性相近,习相远",放弃平等和学习,儒家管理模式也就失去了存在的合理性,做管理便只能沿着强迫、命令、惩罚、监控的外部途径进行了。

> **管理精义**
>
> 管理以人为中心。如何理解人,是管理理念、原则、模式及其运用的前提。在今天的时代背景下,弘扬人的主体性,强调管理的平等意识,崇尚终生学习理念,显得尤为迫切。

17.3 子曰:"唯上知与下愚不移。"

【今文意译】

孔子说:"只有最具智慧的天才和最顽固不化的人,才不会改变。"

【分析解读】

本章承接上章,强调只要愿意并主动学习,人人都可以改变。

可以将这句话与第十六篇第9章联系起来理解。这里的"上知",就是第十六篇第9章讲的"生而知之者",这样的"天才",当然不需要学习,也不用改变,但问题是,这种"天才"真的存在吗?也许存在,但孔子明确说他自己不是,他所教的学生也都不是。这里所说的"下愚",也就是第十六篇第9章讲的"困而不学"的人,既然顽固不化,打死也不学习,当然也不会改变。对于绝大多数既不是天才，也不是顽固不化的人来说，通过学习，都可以实现改变。这也正是儒家"为政以德"管理之道和管理模式得以成立的重要前提。

> **管理精义**
>
> 除了极个别的特殊情况外，绝大多数人都有主动学习的内在动机，也具备通过学习而不断改变和提升自己的潜力和可能性。管理者只有充分认识到这一点，才能借助合理而有效的管理措施，激发人们的主动性和创造力。

17.4 子之武城，闻弦歌之声。夫子莞尔而笑，曰："割鸡焉用牛刀？"子游对曰："昔者偃也闻诸夫子曰：'君子学道则爱人，小人学道则易使也。'"子曰："二三子！偃之言是也。前言戏之耳。"

【今文意译】

孔子到武城，听到琴声和歌声，轻轻一笑，说："杀鸡还用得着宰牛刀吗？"

子游回答说："过去我听您讲过：'管理者学习礼乐制度就会爱人，被管理者学习礼乐制度就容易管理。'"

孔子说："同学们！子游说得对。我刚才的话是开玩笑。"

【分析解读】

本章举例说明，学习对于管理者和被管理者同样重要。

既然儒家强调管理的教育功能，而当时管理教育的重要内容就是让管理者和被管理者都学习礼乐制度，那么，不管是大到一个"千乘之国"的管理，还是小到一个武城邑的管理，道理相同，都是要相信人们能够改变，只要从日常点滴小事做起，就可以促使人们学习和改变。

虽然孔子戏称"割鸡焉用牛刀"，意思是，一个小小武城邑的管理，还用得着这么兴师动众吗？但实际上，儒家管理之道强调以小见大，小大相通，别说是武城邑的管理，即便是自我管理和家庭管理，道理也一样，莫不从日常行为习惯的修炼养成入手，进而将社会规范融入行为习惯之中，唯有如此，改变才能切实发生并保持，"有耻且格"才能达到。由此不难理解，为什么孔子最后会赞许子游，否定自己前面的话。这正说明子游已深谙儒家管理之道，并将之发扬光大。

> **管理精义**
>
> 组织无论大小、职位无论高低，只要做管理，其内在道理和要求都一样。在组织管

理情境中，只有不称职的管理者，没有不重要的管理岗位。履行任何管理岗位的职责，都要做到：第一，明确该管理岗位同组织整体和长远利益的关系，以及规则和规范在履行岗位职责中的具体要求；第二，将该管理岗位的可能贡献及规则和规范的要求，同该岗位可能影响到的人联系起来，这些人便是该岗位所涉及的利益相关者；第三，充分调动和发挥每个利益相关者的主动性和专长，为组织整体和长远利益做出贡献；第四，通过持续的激励、教育、学习和改变，让每位利益相关者得以实现自我价值。无论管理岗位职权范围大小，这些岗位职责要求都是一致的。

17.5　公山弗扰①以费畔②，召，子欲往。子路不说，曰："末之也已，何必公山氏之之也！"子曰："夫召我者而岂徒③哉？如有用我者，吾其为东周乎？"

【字词释义】

①公山弗扰：季氏家臣。
②畔：通"叛"，背叛、叛变。
③徒：这里指徒然、白白地。

【今文意译】

公山弗扰在费邑背叛季氏，请孔子去，孔子想去。子路不高兴，说："没地方去就算，何必到公山氏那里去。"

孔子说："请我去，怎能白去？如果有机会，不是正好可以复兴周朝的管理体制吗？"

【分析解读】

本章用具体事例说明，人都有可能改变，要努力抓住机会促成改变。

公山弗扰作为季氏家臣，却背叛季氏，按理说是不合乎儒家管理之道的，但他反叛季氏所打的旗号，却是"匡扶君权"，即恢复鲁国国君的权威，理顺鲁国公私不分的管理体制。这又非常符合孔子的理想，况且孔子还想借这个机会，不仅在鲁国建立诸侯国的理想管理体制，恢复正常的管理秩序，还要以鲁国为基地，复兴周王朝的天下管理体制，让儒家管理模式有机会得以实施。可能正是出于这样的考虑，虽然公山弗扰是叛乱，但孔子还是想去应召。

孔子之所以会这样考虑，其隐含的前提或许是：人都有改变的可能，虽然公山弗扰现在是"犯上作乱"，但仍可能发生改变，而成为一个有助于复兴周王朝管理体制的人。据说孔子后来并没有去，因为公山弗扰的"匡扶公室"只是旗号，并不想真正那样做。虽然这次孔子的理想又没能实现，但在孔子身上，再次体现出那种"知其不可而为之"的创业精神。

> **管理精义**
>
> 管理情境千差万别，各种机会夹杂在千头万绪的变化之中，稍纵即逝。管理者必须在万变不离其宗和随机应变之间做出权衡和选择，而这种权衡和选择有时容不得四平八稳的详尽分析，需要靠一种直觉或悟性，这也许正是管理艺术性的体现。问题是，这种直觉或悟性如何培养？正因为是直觉或悟性，严格来说，难以用某个统一模式进行培养。即便孔子的学生，也无法在孔子的教诲和培养下人人开悟。既然是管理艺术，就只能在对各类管理实践的欣赏和磨炼中体会。这也是"习"或"干中学"的核心要义。即使像孔子，历经"习"和"悟"，事到临头，也不一定能恰当地权衡和选择。唯其如此，方显出管理艺术魅力无穷。

17.6　子张问仁于孔子。孔子曰："能行五者于天下，为仁矣。"请问之。曰："恭，宽，信，敏，惠。恭则不侮，宽则得众，信则人任焉，敏则有功，惠则足以使人。"

【今文意译】

子张向孔子请教关于仁爱的问题。孔子说："能在天下奉行这五个方面，就是仁爱了。"

子张请孔子详述。孔子说："恭敬、宽厚、诚信、机智、给予。恭敬就不会招致侮辱，宽厚就能赢得大家的认可，诚信就会被人们所信任，机智就能做成事情，给予就能影响别人。"

【分析解读】

本章详细解说管理职业公德的五方面内涵。

管理公德是以"仁爱"为核心的社会规范在管理职业中的具体体现，因此，管理情境下的"仁爱"，实际上指代的就是管理的职业规范和职业公德。

由于子张"问仁"，其隐含的前提是管理情境，突出的是"仁爱"在管理职业中的具体表现，因此，孔子给出了明显不同于前面其他弟子"问仁"时的解释，体现的是在管理者与被管理者关系中，"仁爱"的具体要求。

孔子在这里所提出的"恭、宽、信、敏、惠"，可以理解为儒家管理公德的五方面内涵，而这五方面内涵，也可以视为"忠信习"三种职业规范，内化成管理者的行为准则后，在日常管理行为上的表现形式。也就是说，"忠信习"是职业规范，而"恭、宽、信、敏、惠"是职业规范内化为管理者的行为准则之后，表现出来的德行要求，即管理公德。职业规范是外在要求，管理公德则是内在准则。只有将两者结合起来，并融入社会规范之中，做管理才符合社会、职业、组织和自我要求。

> **管理精义**
>
> 管理者离不开自我约束或自律，也不可能没有外部约束或他律，但不管自律还是他律，都必须要有"律"。目前组织管理面临的一个重要挑战是，外部的规则之律，常常缺乏社会、职业和组织的有机整合，不仅碎片化，甚至还相互冲突；内部的德行之律，又往往因人而异，缺少社会认同、职业认同和组织认同。要真正实现管理职业化，就必须培育职业共同体的规则认同和德行认同，并使之与社会、组织协同起来。当然，认同不一定强求一致，但必须有交集，并相互尊重、和谐共处；过分强求一致，反而会带来强力左右下的深层次认知冲突。

17.7　佛肸①召，子欲往。子路曰："昔者由也闻诸夫子曰：'亲于其身为不善者，君子不入也。'佛肸以中牟畔，子之往也，如之何？"子曰："然。有是言也。不曰坚乎，磨而不磷②；不曰白乎，涅③而不缁④。吾岂匏⑤瓜也哉？焉能系而不食？"

【字词释义】

①佛肸：晋国大夫赵氏的家臣，负责管理中牟这个地方。

②磷：这里是薄的意思。

③涅：一种矿物，古代用作黑色染料的矾石。

④缁：这里指黑颜色。

⑤匏：葫芦的一种，也叫"瓢葫芦"。

【今文意译】

佛肸请孔子去，孔子想去。子路说："我过去听您讲过：'管理者不与损害共同利益的人为伍。'佛肸在中牟叛乱，您却要前往，这是为什么呢？"

孔子说："是的，我讲过这样的话。但是，还有这样的说法不是吗？坚硬的东西磨不薄，洁白的东西染不黑。我岂是一只葫芦瓜？只能挂在那里，不能吃吗？"

【分析解读】

本章讲解管理者恪守职业公德，就可能做到出污泥而不染，将不利的环境条件转变成有利的机会。

孔子确曾说过类似于"危邦不入"的话，意思是，要洁身自好，不与恶人或损害共同利益的人为伍；当然，这里的"共同利益"应作广义理解，不仅指共同的物质利益，也包括共享价值观、共同规范等。但是，需要注意的是，孔子还反复强调，管理者要"志于道"、"杀身成仁"；也就是说，要有信念追求，努力把握一切机会，践行管理之道。"危邦不入"和"杀身成仁"看似矛盾，实则蕴藏着权变选择，而不能作对立的理解。

当"危邦"已没有丝毫践行管理之道、实施儒家理想管理体制的可能性时，孔子自然主张不与损害共同利益的人为伍；但是，若"危邦"表面虽"危"，却蕴藏着复兴儒家理想的管理体制，实现管理之道的一线机会时，哪怕有"杀身成仁"的危险，孔子也会勇往直前，尽自己的力量，把握机会，促成改变。这恰反映了孔子"知其不可而为之"的精神风范，只要有百分之一的希望，就要尽百分之百的努力。这里的"佛肸召"和第 5 章的"公山弗扰召"都是后一种情况，即：他们虽然都是叛乱，但所打的旗号却是反对季氏和赵氏家族专权，恢复鲁国与晋国的国君和公室权威。这无疑让孔子看到了希望，所以，孔子才想冒险前往。

当然，管理者要想真正做到"不曰坚乎，磨而不磷；不曰白乎，涅而不缁"，还必须有坚定的信念，严谨的自律，即便在恶劣的环境中，也能将管理公德落实在行动中，努力去影响别人，改变环境；否则，虽然原本想出污泥而不染，其结果却极有可能是同流合污。

管理精义

管理者的职责要求，不仅是要适应环境，还要改变环境，成为环境变化的创造者和引领者。也就是说，管理者不能完全坐等环境符合自己的理想要求时才去做管理，而要努力创造能够达到理想管理境界要求的环境。这种积极创造环境条件，实现自己管理理想的努力，恰恰是广义创业精神的体现。具有这种精神的管理者，可以称为具有创业精神的管理者，或创业型管理者。

具有创业精神的管理者，首先必须有理想，即有关于理想管理境界的内在执著追求，否则，便会随遇而安，随波逐流，不可能发起对环境的改变；其次，仅有理想还不够，还必须有实现理想的内在行为准则，并以此严格要求自己，这便是管理职业公德和由此形成的职业操守，它成为管理者自律的内在力量源泉，没有这种自律，就很容易被环境诱惑而动摇理想；第三，还必须有能够改变环境的思路、方法和能力，这就是管理专业知识和能力，没有知识和能力支撑，改变也只能是一厢情愿。

17.8 子曰："由也，女闻六言六蔽①矣乎？"对曰："未也。""居！吾语女。好仁不好学，其蔽也愚；好知不好学，其蔽也荡②；好信不好学，其蔽也贼③；好直不好学，其蔽也绞④；好勇不好学，其蔽也乱；好刚不好学，其蔽也狂。"

【字词释义】

①蔽：这里是遮挡、遮掩、蒙蔽的意思。
②荡：这里是放荡、放纵的意思。
③贼：这里是败坏、伤害的意思。
④绞：这里是说话直率、急切的样子。

【今文意译】

孔子说:"子路,你听说过六种德行、六种蒙蔽的说法吗?"

子路站起来回答说:"没有。"

孔子说:"坐吧!我告诉你。爱好仁爱,却不努力学习,由此带来的蒙蔽是愚钝;爱好智慧,却不努力学习,由此带来的蒙蔽是放荡;爱好诚信,却不努力学习,由此带来的蒙蔽是伤害;爱好正直,却不努力学习,由此带来的蒙蔽是毛躁;爱好勇敢,却不努力学习,由此带来的蒙蔽是乱来;爱好刚强,却不努力学习,由此带来的蒙蔽是任性。"

【分析解读】

本章承接上章,阐明任何事情都利弊交织,要知其然,更要知其所以然;这就要努力学习,方能透过表面遮挡,洞悉内在根据,进而权衡选择。

孔子在这里讲"六言六蔽",意思是,这六种公认的德行虽好,但若不能通过努力学习,去理解它们的意义及其内在联系,而只是一味地爱好某一种德行,知其然,不知其所以然,就会造成认识上的蒙蔽,走上极端化,反而会伤害这种德行。例如,仁爱的确是最重要的社会规范和德行之一,但如果仅是爱好仁爱,却不努力学习和理解仁爱的意义及其与其他德行的内在联系,一旦走向极端后,反而会让人变得愚钝。也就是说,仁爱走向极端,不仅不成为一种德行,反而成为一种蒙蔽,让人丧失了独立思考能力,只会盲目跟从别人,受别人影响,甚至变得愚昧。智慧也一样,若走向极端,也会蒙蔽人们,觉得自己非常聪明,自以为是,行为反而放纵或放荡了;同样,一味诚信,也会伤害别人,甚至损害共同利益;过度正直,一样会让人毛躁、急切,不通人情;勇敢走向极端,就可能胡作非为,甚至犯上作乱;刚强的反面,则是狂妄自大。

孔子解说"六言六蔽"意在表明,包括私德和公德在内的"德行"是一个整体,必须将不同的德行要素联系起来,做到和谐平衡,不可走极端,抓住一点,不及其余。任何一种德行走向极端,都会变成一种认识上的蒙蔽,导致一叶障目、不见泰山;走向极端的德行便不再是德行,而变成了过错。这便是"过犹不及"、"物极必反"的道理。

如果能够保持各种德行的和谐平衡,也就是达到了儒家所倡导的"中庸之德",这才是德行的最高境界。要追求"中庸之德"的境界,避免极端化,最有效的方式就是学习。通过学习,才能透过现象看本质,超越自我,去掉蒙蔽,进而达到各种德行平衡和适度的要求。

管理精义

在组织管理中,经常出现这样的情况,一种策略、一项措施、一类活动,由于实施后成功了,便被迅速推广,甚至于不考虑具体情境,盲目使用,其结果往往走向反面,不仅没有收益,反而损失惨重。要避免这种情况出现,关键在于两个方面:第一,不能只知其然而不知其所以然，更不能只见其利而不计其弊，这就需要学习，只有学习才能更好地理解和把握是非、利弊；第二，不能只是单一思维，必须将某个特定策略、措施、活动等，纳入整个组织和管理体系进行全面考虑，这便是系统思考，而要达到系统思考，也离不开学习，尤其是团队学习。

17.9　子曰："小子！何莫学夫《诗》？《诗》，可以兴，可以观，可以群，可以怨。迩之事父，远之事君。多识于鸟兽草木之名。"

【今文意译】

孔子说："同学们！为什么不学习《诗经》呢？《诗经》可以激发联想，考察得失，促进合作，表达意见。既可以在家用来指导侍奉父母，又可以在外用来指导服务国君，还可以通过它，认识动植物名称，进而帮助理解各种社会角色及其规范。"

【分析解读】

本章承接上章，强调学习的重要性。在学习中，一方面要举一反三，另一方面又要学以致用，这样才能形成自己一以贯之的知识体系，避免认识上的蒙蔽。

孔子举学习《诗经》作例子，意在说明，通过举一反三，不仅能够丰富自己的知识背景，更深入地理解自我、他人以及管理之道，还能更好地指导自己"做人"和做管理。如同《诗经》学习，不仅在于记背词句，关键在于用它来激发联想、考察得失、促进合作和表达意见；看似在学习《诗经》，实则从中体会出了管理之道；将《诗经》看作一部管理经典著作，不仅用来指导"事父"和"事君"，还可以借助其中的"鸟兽草木之名"，来帮助理解各类社会角色及其规范。

孔子对《诗经》学习的建议和要求，再次体现出儒家广义管理学习的真谛：举一反三和学以致用。在儒家看来，管理者只有通过这种广义管理学习，才能真正超越自我，克服狭隘的极端化倾向。

管理精义

管理者只有通过学习，才能超越个人经验的局限性，避免固执僵化和自以为是，但是，管理者仅有学习的态度和愿望远远不够，还要会学习。只有掌握合理有效的学习方法，管理者才能在学习中有所收获，并真正做到学以致用。为此，管理者首先要有开阔的视野，将学习作广义的理解，学习无所不在，工作和生活本身都蕴藏着学习的机会；其次要善于将学习与反思联系在一起，通过持续反思，真正做到举一反三、学以致用。

17.10 子谓伯鱼曰:"女为①《周南》、《召南》②矣乎?人而不为《周南》、《召南》,其犹正墙面而立也与!"

【字词释义】

①为:这里是学习、研究的意思。
②《周南》、《召南》:都是《诗经》中的篇名,其中的诗篇大多有关夫妻或男女情感。儒家认为"夫妇是人伦之始,王化之端",因此,这些诗篇对于管理学习而言,具有非常重要的基础作用。

【今文意译】

孔子对伯鱼说:"你学习《周南》《召南》了吗?作为一个社会人,如果不学习《周南》、《召南》,就像面对墙壁站着,既无见识,又寸步难行。"

【分析解读】

本章在上章基础上,进一步用《诗经》学习作例子,说明学习对于"做人"和做管理的重要性。

孔子这句话的核心意思是,即便是学"做人",这看似完全体现在人伦日用的行动和经验之中,实际上也不能完全依赖自己的经验,还必须善于学习像《诗经》这样总结概括了前人丰富间接经验的经典。只有通过这种超越经验的学习,才能让人看得远,走得远;否则,就像面壁而立,既看不见,也没法走。

管理精义

管理者的学习和反思绝不能仅限于自己和他人的实际工作,也就是说,管理者不能仅仅满足于在"干中学"或经验中学习,还要善于进行理论学习。只有通过理论学习,特别是经典和前沿理论的学习,管理者才能慢慢养成理论化思维,真正做到超越经验,站得高,看得远,走得稳。

17.11 子曰:"礼云①礼云,玉帛云乎哉?乐云乐云,钟鼓云乎哉?"

【字词释义】

①云:这里是说的意思。

【今文意译】

孔子说:"人们整天讲礼仪,难道讲的礼仪就是指玉帛吗?人们也整天谈音乐,难道谈的音乐就是指钟鼓吗?"

【分析解读】

本章继续说明管理学习的关键在于学会透过现象看本质。

在儒家管理模式下,管理学习的内容不仅包括《诗经》,还有礼仪和音乐。正像学习《诗经》不能仅注重词句一样,学习礼仪和音乐也不能只看重形式。虽然玉帛是礼仪的重要载体或形式之一,钟鼓也是演奏音乐的重要工具之一,但礼仪却不等于玉帛,钟鼓也不等于音乐。礼仪和音乐像《诗经》一样,都具有重要的社会意义和管理蕴义;礼仪可以用来规范行为,建立秩序,音乐可以用来教化心灵,达到和谐。这才是儒家强调礼仪和音乐学习的重要意义所在。

> **管理精义**
>
> 管理者无论在经验学习还是理论学习时,都要善于理解和把握各种学习对象的内在价值,并将其与组织管理实践有机联系起来。这才有可能做到学以致用。管理学习切忌舍本逐末。管理者一定不能被各种学习对象的表面形式所左右,忘记了其对于做管理的内在价值。

17.12 子曰:"色厉①而内荏②,譬诸小人,其犹穿窬③之盗也与!"

【字词释义】

①厉:这里是严肃、严厉、严格的意思。
②荏:这里是软弱的意思。
③窬:通"逾",越过、超越的意思。

【今文意译】

孔子说:"表面上严厉,内心却软弱,这就像被管理者中,那些穿壁越墙做损害他人利益或共同利益的盗窃行为一样。"

【分析解读】

本章指出,要想理解人们的行为,也需要将表面形式与实质内容区别开来。

所有损人利己、损公肥私、违反规范的行为，表面上看都很"勇敢"，就像盗贼，穿壁越墙，看上去有多么"胆大"，但实际上都很害怕，很怯懦，既怕见人，又怕见光，总是偷偷摸摸，暗中行事。因此，孔子用"色厉内荏"这句话告诫管理者，要善于透过人们的表面行为，看到其内心实质，真正理解被管理者面对规则、规范和共同利益时的想法和态度。这样才能更好地预测被管理者的行为，也才能更有效地实施教育和管理；否则，极有可能被表象所蒙蔽，无法洞悉人们的行为趋势。

管理精义

管理学习除了经验学习和理论学习之外，还包括和别人互动中的社会学习。在社会学习中，同样要善于区分形式和内容，不能将两者简单等同。他人的外在行为表现，不一定就能充分反映内在的心理变化。虽然管理者要恪守"诚"，努力做到思言行一致，但在现实中，人们的思言行常常是不一致的，表面上的言行表现与内心真实想法有时正相反。在这种情况下，若不能准确地透过形式，把握实质，则很容易被误导，甚至做出完全相反的判断和决策。

从另外一个角度看，也许正因为现实中思言行往往不一致，才突显了思言行一致的可贵与重要，也才突出了"诚"作为管理者内在准则的重要价值。当然，管理者通过社会学习，目的在于更好地理解人们的言行，却不是要为自己的思言行不一致寻找理由。管理者只有在社会学习基础上，认识和理解了人们的言行，才能更好地实现"以己之诚导人之诚"。

17.13 子曰："乡原①，德之贼也。"

【字词释义】

①原：通"愿"，谨慎、拘谨的样子。

【今文意译】

孔子说："小心地迎合别人，以博得好名声，这恰是对德行的损害。"

【分析解读】

本章继续讲解在社会学习中要善于透过现象看本质，不要被现象所迷惑。

人们都说好的人，并不一定有德行；看似有着好名声的人，可能恰是没有原则，善于取悦和讨好别人的人。这样的"老好人"，缺失了作为德行根基的"诚"，即思言行的一致性；

在不断迎合每个人的过程中，常常口是心非、言不由衷；没有了"诚"，又谈何"德行"。但是，这种"老好人"的行为又非常具有欺骗性，容易让人们混淆德行准则。这种貌似"有德"的"老好人"，恰是对真正德行的最大伤害。所以，孔子才说这是"德之贼也"。

管理精义

组织中时常可见"老好人"的身影，他们处处留意别人的反应，极尽阿谀逢迎之能事，同时也很会研究组织的各类规则和规范，看上去各方面都非常符合组织规则和规范的要求，似乎成了人人夸赞的"模范"。这样的"模范人物"，恰需要特别警惕，他们难免不是"德之贼"和"规则之祸"。

17.14　子曰："道听而涂说，德之弃①也。"

【字词释义】

①弃：这里是蔑视、忽视的意思。

【今文意译】

孔子说："只是在道路上听到的东西，就随便传播出去，这恰是对德行的蔑视。"

【分析解读】

本章说明管理者应有责任意识，认真对待各种外部信息，没有深入分析和验证，不随意发布和传播信息。

在当时条件下，信息来源有限，主要依靠人们口口相传，连书籍都不多，因此，很多信息都是在道路上随机交流和传播。但是，这种信息的可信度显然不高，传播者也没有责任意识，以至于虚假信息流传。如果管理者也不加区分和验证地将听到的信息传播出去，那么，可以想见的是，管理决策的信息基础将会如何？这种不负责任地对待信息的态度和行为，既不符合个人私德的要求，更难以达到管理公德的要求。

管理精义

管理者的责任意识，在很大程度上表现为慎重决策，而决策离不开信息；没有信息，就没有办法进行比较、选择、判断和决策。因此，管理者在决策上的严谨慎重，直接表现为慎重对待各类信息，绝不"道听途说"。

17.15 子曰:"鄙^①夫可与事君也与哉?其未得之也,患得之;既得之,患失之。苟患失之,无所不至矣。"

【字词释义】

①鄙:这里是低俗、粗俗、浅陋的意思。

【今文意译】

孔子说:"可以和低俗的人一起服务国君吗?没有得到,就唯恐得不到;一旦得到,又唯恐失去。既然唯恐失去,就无所不用其极了。"

【分析解读】

本章讲管理团队中不应该有患得患失的人,这样的人往往没有底线原则,会破坏管理团队的共同追求。

孔子这里讲的"事君",也可以广义理解为"共事"或一起做管理,成为管理团队中的同事。在第十五篇第39章中,孔子曾讲过"道不同,不相为谋",那是就共同追求而言,强调同事只有拥有共享愿景、共同价值观或管理公德,才能走到一起。与此不同,本章讲的是个人私德而非管理公德。

孔子在这里将"患得患失"视为个人私德不足以担当管理责任的典型表现。对那些习惯于患得患失的人来说,做任何事情,首先考虑的是个人得失。在没有得到之前,满脑子盘算的是怎样得到,或者说,唯恐得不到。本质上说,"盘算怎样得到"和"担心得不到"是一样的,都是在没有得到之前的心理状态,因此,孔子用"其未得之也,患得之"来表达这种心理状态,其含义与"唯恐得不到"本质相同。患得患失之人一旦得到了某种利益,又唯恐失去;为了确保不失去,就有可能无所不用其极地去维护,这样一来,"做人"的底线原则就会失去。

在孔子看来,以患得患失的心态来做管理,不仅自己无法担当追求共同利益的责任,还会将团队氛围搞坏,涣散团队凝聚力。因此,在建立管理团队时,不仅要考量共同愿景和管理公德,也要从个人私德来进行考察,那些在私利上患得患失的人,很难胜任管理工作的要求。

管理精义

选择管理者,固然主要考虑职业公德和专业素养,但由于管理职业对责任意识的特殊要求,那些公心不足,过于看重私人利益,甚至会丧失底线原则或没有底线原则地追求私人利益的人,不适合选择管理职业、从事管理工作。

17.16 子曰:"古者民有三疾①,今也或是之亡也。古之狂②也肆③,今之狂也荡;古之矜④也廉⑤,今之矜也忿戾;古之愚也直,今之愚也诈而已矣。"

【字词释义】

①疾:这里是不足、毛病的意思。
②狂:这里是任性、不受拘束的意思。
③肆:是形声字,本义为长发,这里是放纵、放肆、不受拘束、不被限制的意思。
④矜:这里是谨慎、矜持的意思。
⑤廉:这里是品行端正、有棱角的意思。

【今文意译】

孔子说:"古时候人们有三方面不足,如今或许已经没有了。古时候的任性是不拘小节,如今的任性已到了放荡不羁的地步;古时候的矜持是棱角分明,如今的矜持已到了愤世嫉俗的地步;古时候的愚钝是执著率直,如今的愚钝已到了狡诈虚伪的地步了。"

【分析解读】

本章借古喻今,指出人们普遍存在的三方面不足,这给管理教育和管理实践提出了很大挑战。

孔子在这里先指出古时候人们有三方面不足,然后又说今天或许已经没有了,看似在说今天人们进步了,但实际上是反讽今天的人们连古人的纯朴都不具备。也就是说,古人的三方面不足,都是纯朴的表现,无论是任性到不拘小节,还是矜持到棱角分明,抑或愚钝到执着率直,这些虽是用"不足"来表述,但都是本性纯朴的典型表现,正是这些纯朴近乎天然的本性,才可以施以教化和培养,进而做到"有质有文"。

但遗憾的是,如今人们连这种纯朴都没有了,以至于任性到了放荡不羁的地步,矜持到了愤世嫉俗的地步,愚钝到了狡诈虚伪的地步。这样一来,管理教育便失去了基础。连"文质彬彬"的管理者都难以培养出来,更奢谈理想管理体制的确立、迂回管理方式的实施、"有耻且格"目标的实现了。

【管理精义】

组织总是植根于社会之中,管理也离不开特定的社会文化背景,因此,在建设特定的管理文化和组织文化,推行特定的管理体制和管理模式时,必须联系着时代背景和社会环境状况。这并不是说组织和管理完全被动地依赖于外部环境因素,只能随波逐流,而是强调组织和管理在深入理解和把握环境因素的前提下,才能更好、更主动地应对文化建设和管理实践中出现的各种问题。毕竟组织中的人以及各种利益相关者都是社会人或社会组织,他们不可能脱离特定的时代背景和社会环境状况而孤立存在,没有从更大背景出发对他们的心理和行为的理解,所有组织和管理政策措施可能都会事与愿违。因此,做管理绝不是在封闭系统中的自娱自乐,管理者更不是"独行侠";只有准确认识环境的力量,才能寻求组织和管理发展变化的有效方式。

17.17 子曰:"巧言令色,鲜矣仁。"

【今文意译】

孔子说:"那些工于辞令,善于逢迎的人,其实很少有孝悌仁爱之心。"

【分析解读】

孔子这句话已在第一篇第3章中出现过,那里用这句话,在于说明"做人"要体现在行动中,不能流于口头和形式;而这里再次用这句话,是承接上章,进一步说明,现在的社会风气已失去了古时候的纯朴,只注重表面形式,把"做人"的根本——仁爱,早已忘到了脑后。在孔子看来,割裂形式和内容,只追求表面形式,造成各种各样的虚伪和混乱,正是当时社会问题的核心所在。

管理精义

管理者考虑环境因素,并不意味着一定要顺从甚至迎合环境,而是要更清醒地认识到环境中可能存在的表象乃至假象,并能将其与环境发展的大趋势区别开来,不为其所迷惑和诱惑,从而沿着正确的方向前进,并通过自己的组织和管理努力,成为引领和推动环境发展变化的正向力量。要做到这一点,管理者及其团队,就必须有信念、有公德、有知识、有能力,这样才能真正做到"透过现象看本质",不迷失于纷繁复杂的现象之中。

17.18 子曰:"恶紫之夺朱也,恶郑声之乱雅①乐也,恶利口之覆邦家者。"

【字词释义】

①雅:这里是规范、正确的意思。

【今文意译】

孔子说:"讨厌紫色混淆了红色,厌恶郑国的音乐扰乱了规范的音乐,憎恨伶牙俐齿败坏国和家的人。"

【分析解读】

本章承接上章，继续举例说明，当人们热衷于追求表面形式之后，可能带来的各种错位、混乱的结果。

紫色和红色虽相近，但红色被称为"正色"，紫色是"间色"，作为间色的紫色，容易混淆作为正色的红色，以此隐喻主次不分的混乱局面；"郑声"与"雅乐"的关系也一样，在第十五篇第10章中曾提到"放郑声"，因为"郑声淫"，而"雅乐"则是像《韶》、《舞》这样的规范或经典的音乐，当郑国音乐流行时，就会扰乱规范音乐应有的地位和作用。

与颜色和音乐上的混淆可能产生不良后果一样，在管理上，若让那些表面上能说会道、伶牙俐齿的人当管理者，也会给诸侯国和家族带来灾难。在第十五篇第10章中也提到要"远佞人"，因为"佞人殆"。在孔子看来，这些"利口"、"佞人"的最大危害，就在于混淆了管理原则和管理公德，以至于让人们无从判断什么样的管理者才是真正符合要求的管理者。这种视听混淆所带来的结果，很有可能就是"逆向选择"，这会从根本上扭曲管理职业规范，败坏管理职业共同体。如此一来，诸侯国和大家族的管理，岂不是都要面临倾覆的危险吗？

【管理精义】

组织和管理时刻面临着正本清源的挑战。因为在快速变化的全球化时代，各种时髦的管理理念、模式及措施，像流行风一样，一波波吹来，管理者若没有一定之规，不能以我为主，便会眼花缭乱，难辨真伪，以至于迷失自我，误入歧途。如何才能做到立足自我，正本清源，不为所惑呢？关键还在于管理者有自己明确的信念和愿景，恪守基本管理职业规范和职业公德，这样才会有一定之规和万变不离之宗。以此为基础，管理者才有可能对各类所谓"流行"和"时尚"进行分辨和选择，真正做到"为我所用"。

17.19 子曰："予欲无言。"子贡曰："子如不言，则小子何述焉？"子曰："天何言哉？四时行焉，百物生焉；天何言哉？"

【今文意译】

孔子说："我不想再说了。"

子贡说："您若不说，那我们如何记述和遵行呢？"

孔子说："上天说什么呢？四季循环往复，万物生生不息；上天说什么呢？"

【分析解读】

本章承接上章，继续讲解管理贵在"行"而不在"言"；避免以"言"代"行"，甚至以"言"乱"行"，才是管理者的当务之急。

具体地说，孔子这句话至少包含了三层意思。首先，在当时人们都热衷于以"言"来做管理的大背景下，孔子不想再说什么了。在这种背景下，说得越多，混淆反而会越大，以至于人们会将儒家管理模式也看成是热衷于"言"，只不过说的不一样而已。这岂不是更大的误解。因此，与其用"言"辩"言"，引起误解，还不如用"行"和"沉默"，让清者自清，浊者自浊。

其次，孔子举"上天"或"自然"的例子，意在说明，管理的本质在"行"而不在"言"。大自然是"管理"的典范，四时各有其序，万物各得其所；四时运行，万物生长，井然有序。大自然如此出色的"管理"，又说了些什么呢？只不过体现在有序行动中罢了。所以，要学管理和做管理，最好的榜样就是大自然，从中体会自然之道，也就是管理之道。理解了这一点，学习和践行管理之道，又岂能专在"言"上下工夫？这正是"君子欲讷于言而敏于行"的道理所在。

最后，孔子用大自然作比喻，也是再次告诫学生们，既然来学管理，就不要只是想着记述老师的话，并按照老师说的话去做，更要善于立体式学习，从老师的言行以及言行赖以嵌入的社会环境等入手，全方位地观察、体会和领悟管理之道。这层含义，与第七篇第23章所讲的"二三子以我为隐乎？吾无隐乎尔。吾无行而不与二三子者，是丘也"，本质上是一样的。

管理精义

组织管理需要有超越于个体管理者意志之上的体制、模式和运行机制，正是在这样的体制、模式和运行机制下，管理者才不需要时时命令、指挥，而被管理者也自然知道该做什么、怎么做，各项任务也能得以按部就班地完成。这正是现代组织管理得以产生有效性的前提，同儒家管理模式一直倡导的"管理者无为"内涵一致。

当然，这里的体制、模式和运行机制，本质上是一整套正式的规则体系，这套规则体系的建立和设计，离不开指导原则和共享价值观，而这套规则能够被严谨执行，也离不开组织成员及利益相关者认同指导原则和共享价值观。因此，正式规则和文化规范是相互支撑的配套关系，两者不可偏废。

儒家管理模式认识到文化规范的重要性，但相对忽视了正式规则的作用。在正式规则缺位的情况下，儒家管理模式只好依赖于管理者个人私德和职业公德的统一，但效果难以保证。历史一再表明，组织管理的有效性，依赖于规则、规范和管理者的三位一体，缺一不可。

17.20 孺悲①欲见孔子，孔子辞以疾。将命②者出户，取瑟而歌，使之闻之。

【字词释义】

①孺悲：鲁国人。　　　　　　　　　②将命：这里是传话的意思。

【今文意译】

孺悲想见孔子，孔子说身体不好不见。传话的人刚出房门，孔子就拿起琴来弹奏歌唱，让人们都听到。

【分析解读】

本章承接上章，用具体事例再次说明行为的重要性，行为可以传递出更多信息，也更值得人们体味学习。

虽然孔子不想见孺悲的具体原因已不得而知，但这个事例本身，却生动地再现了"言"和"行"的关系及其所包含信息的重要性。"孔子辞以疾"是"言"，"取瑟而歌"是"行"，孔子不见他这件事本身也是"行"。通过孔子的"言"即"辞以疾"，孺悲恐怕无法理解孔子为什么不见他这个行动，因为说身体不好，可能真也可能假，无从判断；而现在有了"取瑟而歌"这个"行"，孺悲不仅可以更准确地判断"辞以疾"之"言"，也可以更深入地理解孔子不见他这个行动的原因，同时还可以借助孔子这个"行"，更深入地反思自己的"行"，以便从这件事中汲取教训。

由孔子不见孺悲这件事，再次生动说明，"行"比"言"蕴涵着更为丰富的信息，从"行"上可以获得更多启发和借鉴。这再次阐明了儒家管理模式所强调的"行胜于言"的管理意义。学管理和学"做人"一样，必须善于体察"行"，感悟"行"，进而才能准确而有效地"行"。

管理精义

既然行为中所蕴藏的信息比语言中丰富得多，管理者要想做出有效决策，就不能忽略对各种人和组织的行为的细致观察和深入分析。在日常管理中，人们往往对书面和口头的语言比较敏感，一想到有效决策离不开充分信息，就热衷于从各类书面和口头语言中去搜寻和分析决策信息，而忽略了对各类生动的个人行为和组织行为的观察和分析，这样不仅可能漏掉大量有意义的信息，而且还有可能被语言的虚假信息所蒙蔽，做出错误判断，贻误管理时机。因此，管理者应学会立体而全面地获取信息，尤其注重对各类行为的意义解读。

17.21 宰我问:"三年之丧,期已久矣。君子三年不为礼,礼必坏;三年不为乐,乐必崩。旧谷既没,新谷既升①,钻燧②改火,期可已矣。"子曰:"食夫稻③,衣夫锦④,于女安乎?"曰:"安。""女安,则为之!夫君子之居丧,食旨⑤不甘,闻乐不乐,居处不安,故不为也。今女安,则为之!"宰我出。子曰:"予⑥之不仁也!子生三年,然后免于父母之怀。夫三年之丧,天下之通丧也。予也有三年之爱于其父母乎?"

【字词释义】

①升:这里是成熟的意思。

②燧:古代取火的用具,不同季节用以取火的木材不同,"钻燧改火"意指季节更替。

③稻:即稻子,北方稻子少,稻米为稀有美食,在守孝期间不宜吃。

④锦:即色彩艳丽的丝织品,用锦做的华丽衣服,在守孝期间不能穿。

⑤旨:这里是味美的食物、美味佳肴的意思。

⑥予:即宰我。

【今文意译】

宰我问:"守孝三年,时间太长了吧。管理者三年不从事礼仪活动,礼仪必定毁坏;三年不参加音乐活动,音乐必定荒废。旧谷吃完,新谷成熟,四季更替,守孝一年就够了。"

孔子说:"父母去世一年之后,就吃稻米,穿锦衣,你心安吗?"

宰我回答说:"我心安。"

孔子说:"你心安就做吧!管理者在守孝期间,吃佳肴不觉得甜美,听音乐不觉得快乐,日常起居都内心不安,所以,就不这样做。如今你觉得心安,就这样做吧!"

宰我出去后,孔子又说:"宰我没有仁爱之心啊!孩子长到三岁才能脱离父母的怀抱。守孝三年是天下通行的规范。宰我对他的父母是不是也有三年的爱心呢?"

【分析解读】

本章用守孝做例子,再次说明,像守孝这样的礼仪规范,重在"行"而不在"言",并不是看是否会讲大道理,关键在于能否切实践行,而"行"贵在"心安",用心于"行",方能真正理解礼仪规范的意义。

在当时,"丧礼"是非常重要的礼仪规范之一,它体现了"为人之本",即"孝"。包括"丧礼"在内的各种礼仪规范,本质上都不在于形式,而在于其所具有的实际内涵,即"仁"。在孔子看来,当涉及像"丧礼"这样的礼仪规范时,关键在于两点,一是内心感受,二是行为表现。这两点与大道理无关。

所以，当宰我想和孔子讨论"丧礼"，并陈述将"三年之丧"改为"一年之丧"的理由时，孔子并没有直接去反驳或讨论他的理由，而只是问他，一年守孝之后就"吃稻米、穿锦衣"是否"心安"？在"丧礼"面前，各种"理由"，甚至大道理都是苍白的，只有内心感受和切实行动才有价值。这就是为什么当宰我说"我心安"之后，孔子也没有和他辩论或用理由说服他，而是说"你心安就去做吧"。

但是，真正的管理者在守孝期间这样做，却于心不安。因为他们真诚地相信这种"天下通行的规范"，不需要理由；这也就是"仁爱之心"，是一种内在的"亲情"或天然情感，不必讲大道理。能讲道理的人，却不一定会这样做；既然已经这样做了，还需要什么道理呢？这就是孔子为什么直斥宰我没有仁爱之心的原因。

当然，这里用"丧礼"只是作为例子，意在说明，真正有效的管理规范都是直指内心和行动，而不是诉诸语言的。管理者只有认识到这一点，从自身做起，切实将各种规范内化为自己的行为准则，并落实到行动上，以身作则，率先垂范，各种规范才能真正确立起来，并为人们所遵行。

管理精义

在组织文化规范面前，关键不是说得多动人，而是能否行得通。这里所谓"行得通"，不单纯指做下去或保持下去的意思，更强调能否直指"人心"，为人们所认可、接受、认同并践行。组织文化规范要"行得通"，并不完全靠语言和理由，而主要依赖于管理者的认同和行为。如果管理者只是将大道理讲得天花乱坠，内心却并不认同，行为又完全是另一回事，那么，大道理再完美周全，也无法让组织文化规范深入人心，更别说体现在组织行为上了。

17.22 子曰："饱食终日，无所用心，难矣哉！不有博弈者乎？为之犹贤乎已。"

【今文意译】

孔子说："吃饱了饭，整天不用心、不做事，实在难长久啊！不是有下棋的吗？也比没事做强。"

【分析解读】

本章讲做管理就是要让人们有事可做，无所事事，必定会带来各种意想不到的结果。

可以将本章与第十五篇第16章联系起来理解。在那里，孔子说，"群居终日，言不及义，好行小慧，难矣哉！"说的是管理者之间的互动，若没有共同追求，这样的合作群体不可能长久。本章则可以理解为提醒管理者注意，无论是管理者个人还是被管理者，若整天无所用心，无所事事，同样也不可能长久；与其这样，还不如去下围棋，动动脑子，也比什么都不做强得多。因此，管理者要善于合理安排工作，让自己和别人都有事可做。这也是自我管理和组织管理的要义所在。

> **管理精义**
>
> 做管理，当然离不开合理分工。没有合理而有效的分工，人们就无从知道该做什么。组织要实现所谓"一加一大于二"，也只能是一句空话。

17.23 子路曰："君子尚勇乎？"子曰："君子义以为上。君子有勇而无义为乱，小人有勇而无义为盗。"

【今文意译】

子路问："管理者崇尚勇敢吗？"

孔子说："管理者首先考虑的是职责，做应该做的事。管理者勇敢，却不做应该做的事，就会犯上作乱；被管理者勇敢，却不做应该做的事，就会损害他人利益。"

【分析解读】

本章阐述在分工基础上各司其职的重要性；若没有合理分工，职责不明，人们就会有越轨行为。

其实，无论是管理者还是被管理者，都要首先从职业角色规范出发，只有明确角色分工，做应该做的事，行为才合乎"义"或"正义"，而个人的勇敢则应该用到履行岗位职责和角色规范上去；否则，"有勇而无义"，无论管理者还是被管理者，都会导致越轨行为，管理者可能僭越作乱，被管理者可能窃取别人财物。

> **管理精义**
>
> 组织的规则和规范是为了更好地明确岗位角色分工和协作。无论管理者还是被管理者，都必须首先理解并扮演好自己的角色，严格遵从角色规范。只有这样，组织才能做到分工明确、各司其职、有效协同。

17.24 子贡曰:"君子亦有恶乎?"子曰:"有恶:恶称人之恶者,恶居下流而讪①上者,恶勇而无礼者,恶果敢而窒②者。"曰:"赐也亦有恶乎?""恶徼③以为知者,恶不孙以为勇者,恶讦④以为直者。"

【字词释义】

①讪:这里是讥讽、诽谤的意思。
②窒:这里是阻塞、不通的意思。
③徼:这里是抄取、窃取的意思。
④讦:攻击或揭发别人的隐私、短处。

【今文意译】

子贡问:"管理者也有所厌恶吗?"

孔子说:"有的:厌恶说别人坏话,厌恶做下属却诽谤上司,厌恶有勇气却不守规范,厌恶虽果敢却不通事理。"

孔子接着问道:"子贡,你也有所厌恶吗?"

子贡回答说:"我厌恶把抄袭别人当作有智慧,厌恶把不谦逊当作有勇气,厌恶把揭别人的隐私当作正直。"

【分析解读】

本章强调指出,管理者的好恶判断应该以规范为基础,且要指向行为而非个人。

在孔子和子贡的对话中,无论是孔子的"厌恶"还是子贡的"厌恶",都可以理解为管理者的"职业厌恶",而非个人厌恶。严格来说,管理者只厌恶行为,不厌恶人本身,因为,任何人都是可以改变的;而且,即便是对那些不良行为表现的厌恶态度,也是从职业规范的角度进行判断和选择的结果,而不是基于个人好恶标准的厌恶。这正是第四篇第3章所讲的"唯仁者能好人,能恶人"的道理。

另外,无论是孔子的"四恶"之事,还是子贡的"三恶"之事,都是儒家管理者所必须避免的行为,如"称人之恶"、"居下讪上"、"勇而无义或无礼"、"果敢而窒"等。因此,孔子和子贡的对话,也可以理解为对管理者捍卫规范的职责要求,即:既要自己明确职业规范,做应该做的事;又要对各种不符合规范的行为进行批评和纠正。

管理精义

组织的规则和规范,同时也是组织成员的行为准则。以此为基础,管理者对组织成员行为的判断、认可或批评,就不应从个人好恶出发,而应依据组织的规则和规范。这也是对管理者必须具有一视同仁态度的具体要求。

17.25 子曰:"唯女子与小人为难养①也,近之则不孙,远之则怨。"

【字词释义】

①养:是会意字,像手持鞭杖牧羊,本义指供给生命以生存和成长所需,这里可以引申为对付、应付、处理的意思。

【今文意译】

孔子说:"处理与被管理者的关系,就像处理与女人的关系一样难啊,和他们太亲近,就会得不到尊重,太疏远,他们又会有怨气。"

【分析解读】

本章通过类比,说明管理者应如何与被管理者建立良好的互动关系。

管理者总是要面对被管理者,如何在被管理者面前,处理好岗位角色与私人角色之间的关系,既能有效激励被管理者,又不至于产生负面影响,确实是管理者所面临的一项重大挑战。

在孔子看来,处理与被管理者的关系,就像处理与女人的关系一样,太亲近,则会混淆岗位角色和私人角色,以私乱公,用"亲情"代替了"规范",那样的话,建立在岗位角色之上的尊重、恭敬和谦逊,就会慢慢消失,反而影响工作的正常进行。更何况,被管理者不止一个人或少数几个人,管理者不可能与所有被管理者都如此亲近,这势必在被管理者中造成基于管理者个人好恶的亲疏远近关系。这样一来,不仅那些"亲近"的下属会因亲近而不尊重管理者,即便那些没有被"亲近"的下属,看到管理者对下属有亲疏远近区分而不能一视同仁,也会失去对管理者的尊重。

反过来,若管理者一切都从岗位角色出发,公事公办,也会出问题。典型的情况是,当意外的事件出现,或额外的突发任务降临,管理者需要被管理者付出额外努力时,被管理者会以现有的分工或岗位职责为借口,拒绝承担新任务,这时管理者若动用权力,强行安排任务,虽然被管理者不得不接受,但心中必有怨气,还会广为散布,最终影响士气和氛围。

由此可见,管理者与被管理者之间关系的处理,并不是一件容易的事情,既不能公私角色不分,也不能分得太清楚,关键在于"适度"。这正像男人处理与女人之间的情感关系一样,是艺术问题,不是纯粹理性所能解决的。

管理精义

做管理,离不开权变原则。尤其是涉及人与人之间的关系处理时,原则虽已明确,但如何运用,却是艺术。要恰到好处,因人而异。

17.26 子曰:"年四十而见恶焉,其终也已。"

【今文意译】

孔子说:"到了四十岁,还有不符合职业规范的行为,职业发展也就到头了。"

【分析解读】

本章提醒管理者,必须持续进行德行修养,按照职业规范严格要求自己,不要做违反职业规范的事情。

孔子这里所说的"年四十",可以与"四十而不惑"联系起来,意在说明,到四十岁时,人们应该能够充分理解和把握自己以及所从事的职业,进而将职业规范内化为自己的行为准则。当然,对于不同职业而言,理解和把握住职业规范和精神的关键年龄阶段,不一定都正好是"四十岁";但不管什么职业,都会有一个从业周期,在这个周期的某个特定阶段,从业者都应该将这种职业的规范和精神内化于心,此后才有可能上升到更高的职业境界。

在孔子看来,至少对于做管理的人来说,"四十岁"可能是一个非常重要的职业关键期;到了四十岁,管理者应该对职业规范和职业公德有比较深刻的理解和把握,这是下一步职业发展的重要基础。若到了四十岁,还不能真正理解管理职业的规范要求,时常出现违反规范的行为,也就是"见恶",即做出违反职业规范,让人厌恶的行为,那么,其职业生涯的发展前景也就可想而知了。

孔子这样说,并不是歧视那些"年四十而见恶"的管理者,而是告诫管理者,要勤于自省,严格自律,将职业规范和职业公德真正内化为自己的行为准则,努力践行,不断学习,才能持续提升自己,在职业道路上走得更远。

管理精义

职业生命周期总是有限的。管理者要在有限的职业生命周期中做出更大的贡献,实现更大的价值,就必须不断深化对管理职业规范和职业公德的理解,并努力践行;同时还要持续提升自己的专业知识和能力水平;进而将公德、知识和能力融为一体,在遵循规范,注重贡献的同时,实现职业理想和自我价值。

微子第十八

本篇导读

本篇讲管理公德与个人私德对管理者行为的不同要求,一方面说明,借助私德修养或公德修养都可以达到仁爱境界,另一方面,又区分了儒家与隐士在追求仁爱境界上的不同表现。既然儒家同样非常强调管理者个人的私德修养,做管理要先"做人",那么,当私德与公德的要求不一致时,特别是在环境不良或"天下无道"的时候,到底是应该遵从私德的要求,去避世隐居,还是听从公德的召唤,主动改变环境?对此,本篇用各种典型情境下的事例,阐明儒家所坚持的公德优先原则。

本篇大致可以分为两个部分。第一部分由第1章到第7章的内容构成,通过具体事例,说明儒家在不良环境中的行为表现和隐士们不一样。其中,第1章用商纣王"昏庸无道"时期三位著名"仁人"的不同行为表现,点明本篇的主题,即追求仁爱境界可以有不同途径,循个人私德修养,同样可以达到仁爱境界;第2章举柳下惠的例子,说明忍辱负重、出污泥而不染,也是追求仁爱境界的重要表现;第3章用孔子不接受齐景公所给待遇的例子,阐明管理者对委托人的选择,孔子离开齐国并不是避世,而是要选择更合适的服务对象;第4章用孔子辞职离开鲁国的例子,强调指出,管理者也要选择合作伙伴,"道不同,不相为谋",孔子离开鲁国也不是避世,而是要选择更合适的合作伙伴;第5章用楚国隐士接舆的事例,说明孔子与隐士们的行为准则不同;第6章用隐士长沮和桀溺的事例,再次突显了孔子致力于改变环境的不懈努力;第7章通过丈人隐士的例子,借子路的话,点明孔子致力于恪守和践行的是管理公德,而隐士们则希望保全的是个人私德。

第二部分包括第8章到第11章的内容,在上一部分所述的事例基础上,着重分析儒家和隐士们在志向追求和行为表现上的差异,突出儒家的立足点是管理职业规范和职业公德,而不完全是独善其身的个人私德修养。其中,第8章借孔子对著名隐士的评论,指出儒家所信奉的是职业公德准则,而非个人私德准则,从管理公德的角度看,个人的选择就变得"无可无不可"了;第9章用当时已比较成熟的乐师职业作类比,说明管理者也要像乐师一样,不能用个人私德或个体好恶取代音乐的职业规范和标准;第10章引用周公的话,进一步说明,管理职业的本质就在于公私分明,不仅不能用个人私德取代管理公德,也不能用私人关系代替公共事务准则;第11章继续用周王朝初年管理人才众多的例子,阐明管理职业和管理人才，是一国乃至天下兴亡的关键所在，这也是为什么孔子要致力于倡导管理职业规范和职业公德，培养管理人才，寻求改变当时诸侯国乃至天下管理环境的根本原因。

儒家历来强调个人私德的重要性，甚至将其置于做管理的基础地位，但儒家更强调管理者要超越个人私德，以管理公德为准绳，进行管理的职业选择，指导具体的管理实践。

18.1　微子①去之，箕子②为之奴，比干③谏而死。孔子曰："殷有三仁焉。"

【字词释义】

①微子：商纣王的长兄。
②箕子：商纣王的大臣。
③比干：商纣王的大臣。

【今文意译】

在商纣王时期，微子离开去隐居，箕子被囚禁成为奴隶，比干进谏被杀。孔子说："商朝有三位达到仁爱境界的人。"

【分析解读】

本章讲达到仁爱境界可以有不同的途径和表现形式。

孔子用商朝三位大臣的不同选择做例子，说明管理者要达到仁爱境界，可以有不同的道路，尤其是在"天下无道"时期，既可以选择隐居避祸，以全其志，求其道，也可以直言进谏，"杀身成仁"。无论哪一种形式，都可以视为达到"仁爱"境界的具体表现。

管理精义

管理者要达致管理成功，可以有不同的途径，正所谓"殊途同归"。虽然管理职业有共同的规则和规范，也有成功的标准，但管理者在规则、规范和标准下的行为却是艺术，不仅每个管理者的行为都不一样，遇到的情境因素也各不相同。管理者要实现职业成功，既要善于学习，又要勇于探索，才能走上有特色的成功之路。

18.2　柳下惠为士师①，三黜②。人曰："子未可以去乎？"曰："直道而事人，焉往而不三黜？枉道而事人，何必去父母之邦？"

【字词释义】

①士师：狱官。
②黜：这里是贬降、贬退的意思。

【今文意译】

柳下惠在鲁国做狱官,多次被贬降。人们说:"你为什么不离开鲁国呢?"

柳下惠说:"公正地做管理,到哪里还不是一样被贬降?不公正地做管理,又何必离开鲁国呢?"

【分析解读】

本章用柳下惠的例子,说明做管理应遵循职业规范行事,不能因谋求个人职位而迎合时世。

本章再次表明,在大环境不好的情况下,恪守职业规范,按原则办事,公正地做管理,就是在追求管理之道和仁爱境界,不能仅看是否达到更高的职位。这再次体现出儒家对成功的理解,即管理成功在"达"而不在"闻"。

管理精义

管理成功可能有多种标准,但践行职业规范和职业公德,努力探索、认识、领悟和把握现代职业管理的内在规律,无疑应该是当代职业管理成功的重要内在标准。

18.3 齐景公待孔子,曰:"若季氏,则吾不能;以季、孟间待之。"曰:"吾老矣,不能用也。"孔子行。

【今文意译】

关于给孔子什么样的待遇,齐景公说:"像季氏那样的待遇,我无法提供,可以介于季氏和孟氏之间。"但又说:"我老了,不能用他了。"孔子听说后,便离开了齐国。

【分析解读】

本章说明,作为代理人的管理者要发挥作用,关键不在于眼前的待遇,而在于委托人的气度和志向。

在当时的鲁国,季氏位列群臣之首,孟氏次之。齐景公在考虑给孔子什么样的待遇时,用介于季氏和孟氏之间的规格,已经很高了。从待遇的角度看,孔子应该是可以接受的,但遗憾的是,齐景公只打算给孔子相应的待遇,而不交付给他实际的管理职权。齐景公的借口是自己老了,不想再做什么大事了。孔子不愿意接受这种有名无实的状态,遂离开齐国。这说明孔子做管理,既不只看待遇,也不消极避世,而是积极选择志同道合的委托人,以实现自己的管理理想。

管理精义

管理作为职业当然离不开应有的物质待遇，但待遇本身并不意味着管理成功，更不应成为职业管理者追求的目标。管理的价值在于贡献，包括对组织和对社会的贡献；只有在追求贡献中，管理者才能实现自己的价值，达致管理成功。

18.4 齐人归①女乐。季桓子②受之，三日不朝。孔子行。

【字词释义】

①归：通"馈"，馈赠、赠送。　　②季桓子：鲁国大夫，名斯。

【今文意译】

齐国送来歌舞女。季桓子接受后，多日都不举行朝会议事。孔子便辞职离开了鲁国。

【分析解读】

本章讲作为代理人的管理者之间的合作，同样要遵循管理之道和管理规范，"道不同，不相为谋"。

这里说的是孔子在鲁国任司寇代摄相事三月后辞官的事情。虽然孔子辞去鲁国管理职位的具体原因可能更为复杂，但至少透过这件事可以看出，季桓子与孔子志不同、道不合，很难在鲁国高层管理团队共事。既然季桓子已经把持鲁国国政，孔子无法实现管理理想，那么，辞职离开鲁国便是明智的选择。

管理精义

管理团队成员贵在志同道合，否则，便难以共同践行职业规范和职业公德，更难以共同确立并坚守组织文化。与其貌合神离，有损管理规范和组织规范，还不如各走各的路。

18.5 楚狂接舆①歌而过孔子，曰："凤兮，凤兮！何德之衰？往者不可谏②，来者犹可追。已而，已而！今之从政者殆而！"孔子下，欲与之言。趋而辟③之，不得与之言。

【字词释义】

①接舆：楚国的隐士。　　②谏：这里是纠正、挽救的意思。
③辟：同"避"，躲避。

【今文意译】

楚国狂人接舆，唱着歌从孔子车边经过，说道："凤鸟！凤鸟！德行为何如此衰落？过去的已无法挽回，新来的还可以避免。罢了，罢了！如今做管理太危险了！"孔子下了车，想和他说话。他却快步离开，不和孔子说话。

【分析解读】

本章说明，管理者找不到志同道合者，要做管理，将面临巨大挑战。

孔子离开鲁国后，周游列国来到楚国，希望能有实现儒家管理理想，施展抱负的机会，而楚国的隐士接舆暗示孔子，楚国和鲁国一样，早已没有了管理规范和管理公德的底线。接舆将孔子比喻为凤鸟，用反问句"何德之衰"，暗指楚国目前的管理状况。在这种状况下，那些已误入楚国管理歧途的人是没办法挽救了，但对于孔子这位新来的人，他还可以提醒要避免重蹈覆辙。因此，劝孔子说，"罢了，罢了！如今做管理实在太危险"。当孔子下车想和接舆交流时，他却避孔子而去，隐含的意思是："该说的话都已说完，没什么好谈的，你自己看着办吧。"这正是当时那些看破管理现实的隐士们的行事风格。

管理精义

组织管理的职业化不完全是管理者个人的事情，也不仅是个别组织的事情，而是从组织到个人，再到社会的立体化管理生态环境建设问题，其中，管理的教育机构应该扮演着启动者的角色，要从管理人才培养的理念和模式探索入手，为职业化管理生态环境的建设奠基。

18.6 长沮、桀溺①耦②而耕，孔子过之，使子路问津③焉。长沮曰："夫执舆者为谁？"子路曰："为孔丘。"曰："是鲁孔丘与？"曰："是也。"曰："是知津矣。"问于桀溺，桀溺曰："子为谁？"曰："为仲由。"曰："是鲁孔丘之徒与？"对曰："然。"曰："滔滔者天下皆是也，而谁以易之？且而④与其从辟人之士也，岂若从辟世之士哉？"耰⑤而不辍。子路行以告。夫子怃⑥然曰："鸟兽不可与同群，吾非斯人之徒与而谁与？天下有道，丘不与易也。"

【字词释义】

①长沮、桀溺：是两位隐士。
②耦：两人一起执耜耕地。
③津：渡口。
④而：通"尔"，这里指子路。
⑤耰：古代一种榔头状的用以敲碎土块、平整土地的农具。
⑥怃：怅然失意的样子。

【今文意译】

长沮和桀溺一起在地里耕种，孔子从这儿经过，让子路去打听渡口的位置。

长沮问："车上那人是谁？"子路说："是孔丘。"

长沮又问："是鲁国孔丘吗？"子路说："是的。"

长沮说："那他应该知道渡口在哪里呀。"

子路又去问桀溺，桀溺反问道："你是谁？"子路说："我是仲由。"

桀溺又问："是鲁国孔丘的学生吗？"子路回答："是的。"

桀溺说："看这滔滔河水，普天下都一样，谁又能改变呢？你与其跟随孔丘这位避免与恶人为伍的人，还不如跟随我们这些避免与乱世同行的人呢？"说完继续埋头干活。

子路走回来告诉孔子，孔子怅然若失地说："我不可能和鸟兽生活在一起，若不和天下人在一起，又能和谁在一起呢？如果天下和谐太平、治理有方，我也用不着去改变了。"

【分析解读】

本章承接上章，继续用隐士和孔子做对比，说明儒家致力于改变环境，而不是等待适宜的环境到来。

孔子周游列国，四处碰壁，广为人知。即便各地的隐士，也都知道孔子这位想施展抱负，"知其不可而为之"的人。所以，当长沮得知车上的人是孔子时，便说"是知津矣"，意思是，他既然周游列国，这条河必定已走过多次，自然知道渡口在哪里。言外之意就是，"天下无道，哪还有路可走？哪还有舟桥可渡？"只有像他们这样隐居避世才行。

接着子路又去问桀溺，桀溺则直白地将这层意思表达了出来。他将孔子看做是"避人"之人，也就是避免与恶人或不符合规范的人为伍，但在桀溺看来，天下每个诸侯国国君都是不讲规范的委托人，当天下乌鸦一般黑时，又如何能避得开呢？这就是"滔滔者天下皆是也"的意思。既然如此，那么，除了像他们这样"避世"，还有别的选择吗？

很显然，在长沮和桀溺这些隐士们眼里，孔子的努力是徒劳无益的。当孔子听完子路的转述，虽然怅然若失，但仍坚持自己的理想和做法。人之为人，不可能与鸟兽为伍，虽然也不能与恶人为伍，但一方面，孔子相信天下大多数人并非恶人，而是"性相近，习相远"，可以通过教育和学习改变；另一方面，既然选择了管理这个职业，当天下还有人在期盼着太平和善治的时候，就说明还有机会，就要付出努力，为这些人创造福祉。如果真的"天下有道"，也不需要再改变了。

从孔子和两位隐士的观点差异不难理解，孔子并非只是要墨守成规、恢复传统，而是看到当时的现实环境中普遍存在着严重的管理问题，希望通过自己的努力改变现状；为了让人们更清晰地看到和理解理想的状态是怎样的，才不断举古代的例子。这也许只是一种"托古改制，借古喻今"的愿景表达方式和变革策略选择罢了。从根本上说，孔子是一位积极的行动者，以主动行为，创造条件，实现改变。这与当时的隐士们有本质区别。

> **管理精义**
>
> 变革是管理的永恒主题之一。管理者不仅面临着环境的变革，更面对着组织和自身的变革。变革并不意味着随波逐流，被动地跟着环境变革的潮流走；而是要有自己的内在信念、愿景和价值选择，通过自己的主动探索和组织管理的持续努力，创造适合自己和组织的环境变革。这才是管理变革的真正含义。

18.7 子路从而后，遇丈人，以杖荷蓧①。子路问曰："子见夫子乎？"丈人曰："四体不勤，五谷不分，孰为夫子？"植②其杖而芸③。子路拱④而立。止子路宿，杀鸡为黍而食之，见其二子焉。明日，子路行，以告。子曰："隐者也。"使子路反⑤见之。至则行矣。子路曰："不仕无义。长幼之节⑥，不可废也；君臣之义，如之何其废之？欲洁其身，而乱大伦。君子之仕也，行其义也。道之不行，已知之矣。"

【字词释义】

①蓧：古代用来除草的工具。
②植：这里是竖立的意思。
③芸：通"耘"，除草、割草。
④拱：这里指抱拳、拱手，表示礼貌。
⑤反：通"返"，返回。
⑥节：这里是常规、礼节、法度的意思。

【今文意译】

子路和孔子走散了，遇见一位老人，用拐杖挑着除草工具。子路问道："您看见我的老师了吗？"

老人说："一天到晚不爱劳动，连五谷也分不清楚。谁是你的老师？"说完便竖起拐杖，开始除草。子路拱手站在一旁。

老人留子路过夜，杀鸡煮饭招待子路，还让两个儿子和子路相见。

第二天，子路辞行，找到孔子后，告知此事。孔子说："这是位隐士。"让子路返回去再见他。

当子路到达时，老人已经离开。子路说："不做管理不应该。长幼之间所应遵循的规矩，尚且不能废弃；君臣之间所应履行的职责，又怎能废弃呢？能只想着洁身自好，却破坏了重要的社会规范吗？管理者之所以做管理，是为了履行职责，做应该做的事。管理之道得不到遵行的情况，早就预料到了，但不能因此就不做管理。"

【分析解读】

本章继续讲隐士与儒家的观点差异。

作为隐士的老人，虽然表面上讥讽孔子和他的学生们"四体不勤，五谷不分"，但实际上仍很尊重孔子，这从他招待子路，并请儿子出来和子路相见，就能体会出来。老人之所以这样说，可能是要提醒孔子，天下国君都一样，已不再有所谓"有道明君"这样的委托人了，想做管理，只能和他们同流合污，丧失管理原则和规范；与其那样，还不如早点醒悟，自食其力，耕田种地，隐居山林，岂不更好。孔子当然不能接受这种观点和行为，他想让子路回去再和老人相见，以便进一步阐明自己的观点，但这位老人就像本篇第5章里的楚国狂人接舆一样，根本不想和孔子讨论此事，早知道子路会回来，便提前避开了。

子路最后说的那段话，实际上代表了孔子的观点，也可能就是孔子要子路回来准备向那位老人说的话。这段话的核心意思就是"君子之仕，行其义"。既然选择了管理职业，就要遵循管理规范，恪守管理公德，履行管理职责；即便在看似无道的环境中，也要通过自己的努力去推行管理之道，改变环境，既不能同流合污，也不可避世自洁；与其让那些不奉行管理之道的人做管理，还不如由遵行管理之道人出来做管理，这样的话，天下的环境还有改变的可能。

管理精义

做管理，可能面临的组织和社会环境千差万别。虽然在不同的环境中做管理的具体策略和方式会有所不同，但管理作为一种职业，却有着超越具体环境的一般职业规范和职业公德要求，这是做管理的基本原则或底线条件。当然，除了规范和公德外，管理也已成为科学知识体系的重要组成部分，因而有不依赖于特定组织和社会环境的一般原理或规则要求。要做管理，却又不相信超越具体环境之上的基本原则和一般原理，可能就难以具备职业化管理者所应有的精神气质了。

18.8 逸①民：伯夷、叔齐、虞仲、夷逸、朱张、柳下惠、少连②。子曰："不降其志，不辱其身，伯夷、叔齐与！"谓："柳下惠、少连，降志辱身矣。言中伦，行中虑，其斯而已矣。"谓："虞仲、夷逸，隐居放③言，身中清，废④中权。我则异于是，无可无不可。"

【字词释义】

①逸：这里是隐逸、隐居的意思。

②伯夷、叔齐、虞仲、夷逸、朱张、柳下惠、少连：都是著名隐士。

③放：放置、安置，这里有沉默的意思。

④废：放置，这里有自我放逐的意思。

【今文意译】

著名的隐士有伯夷、叔齐、虞仲、夷逸、朱张、柳下惠、少连。孔子说:"能做到不降低志向,不辱没自己,当属伯夷、叔齐啊!"

接着说:"柳下惠和少连,虽然降低志向,辱没自己,但言谈中规中矩,行为深思熟虑,这样已实属不易了。"

又说:"虞忠和夷逸,则隐居沉默,洁身自好,即便自我放逐,也符合权变要求。我和他们都不一样,我奉行的原则是,一切以职业规范为基准,对个人而言,没有什么可以做,也没有什么不可以做。"

【分析解读】

在上述几章的基础上,本章概括评价了一些著名隐士,以明确儒家与隐士的根本区别。

这里的七位隐士,虽然行为表现不同,但都做到了执着坚守、严格自律,出污泥而不染,因此,孔子从个人德行的角度给予他们很高评价,认为他们像本篇第 1 章提到的微子等人一样,都是"仁人"。但是,孔子本人和他所倡导的儒家管理模式,却不仅限于追求个人德行修养,还要履行管理职责,践行管理公德。基于职业规范和管理公德,孔子更强调积极入世,寻求改变,而不是避世隐居。

虽然在环境不良的前提下,从保全个人私德的角度,人们选择洁身自好、避世隐居,也未尝不可,但是,若从弘扬管理公德和管理之道的角度来看,则应超越单纯自我私德的考量,为实现职业理想和弘扬管理公德而献身。孔子最后讲"我则异于是,无可无不可",说的就是,要从超越个人私德准则的管理公德角度考虑问题。这正像第四篇第 10 章所讲的那样,"君子之于天下也,无适也,无莫也,义之与比"。

孔子在这里强调管理公德,并不意味着否定个人私德。应该说,在当时条件下,私德是公德的重要保证。这些隐士都是私德高尚的人,但要做管理,仅有私德还不够,必须在私德基础上,强化公德对管理者的职业选择和管理实践的指导和规范作用。这正是孔子和隐士们的本质区别。

管理精义

管理者的"做人"和个人修养非常重要,但如果一名管理者过于看重或在意自己的私德和"做人",反而有可能限制他在职业上的进取和发展。现实中的管理者,必须明确私德和公德的界限,处理好两者的关系,既能让私德很好地支撑公德,又不因私德的考量而影响公德的践行和管理事务的决策。

18.9 大师①挚适齐，亚饭②干适楚，三饭缭适蔡，四饭缺适秦。鼓方叔入于河，播鼗③武入于汉，少师阳、击磬襄④入于海。

【字词释义】

①大师：首席乐师。
②亚饭：次席乐师。以下三饭、四饭，也可以理解为三席、四席乐师。
③鼗：古代乐器名，一种有柄的小鼓，像今天的拨浪鼓。
④挚、干、缭、缺、方叔、武、阳、襄：都是乐师的名字。

【今文意译】

首席乐师挚到了齐国，次席乐师干到了楚国，三席乐师缭到了蔡国，四席乐师缺到了秦国。打大鼓的方叔去了黄河边，摇小鼓的武去了汉水边，伴奏乐师阳和击磬的襄去了海滨。

【分析解读】

本章用乐师职业作例子，说明管理职业本质上和乐师职业一样，都要从职业公德而非个人私德出发，来选择服务对象。

在当时，乐师也是一种职业，有特定的职业规范和职业公德。乐师本人当然有自己的私德修养，但是，乐师在选择服务对象，发挥音乐才能时，主要是从职业规范和职业公德出发考虑问题。尽管当时号称"天下无道"，少见"有道明君"，但这些著名乐师还是照样去各个诸侯国从事音乐服务，并没有隐居起来。

在儒家看来，音乐本身具有重要的社会教育功能，乐师们如果要遵行职业公德，恰恰需要到各诸侯国去，用"尽善尽美"的音乐影响人们、改变人们，而不能完全从私德出发，洁身自好，隐居山林。

由此不难理解，本章用乐师这个在当时更为专业、更成熟的职业做类比，以启发人们思考管理职业本身的问题，从而将上章讲的"无可无不可"的职业原则具体化。

管理精义

管理职业像其他社会职业一样，都有超越个人的规范和知识要求。选择管理职业，首先要认同管理职业的规范和公德要求，其次要对管理专业知识有内在兴趣，并愿意终身学习和持续提升。只有这样，才能更好地满足管理职业要求，做好管理。严格来说，从事任何职业，都不仅是依靠先天禀赋和后天经验，更需要经历一个持续不断的职业学习过程。在这个过程中，既包括专业化知识和能力的学习，更包括渗透在知识和能力学习以及职业实践中的规范和公德学习。后者更为重要，它帮助从业者建立起职业言行准则。通常所说的职业素养或职业化精神，主要体现在从业者的规范和公德认同上，而不仅是专业知识和能力的拥有上。

18.10 周公谓鲁公①曰："君子不施②其亲，不使大臣怨乎不以③。故旧无大故，则不弃也。无求备于一人！"

【字词释义】

①鲁公：周公的儿子伯禽。
②施：这里是给予恩惠的意思。
③以：这里是使用的意思。

【今文意译】

周公对他儿子伯禽说："管理者不应特别照顾关系亲密的人，不能让下属们埋怨得不到重用。在私人交往中，老朋友没有大过错，就不要遗弃。在公共事务中，不能苛求别人样样都要好！"

【分析解读】

本章用周公的话，继续说明做管理，应将公与私区别开来，不仅不宜用个人私德代替公德，也不能用私人关系或小圈子代替公共事务处理中的职业准则。

孔子个人的职业理想，就是要做周公那样的管理者，使天下得以和谐太平，而孔子所倡导的理想管理体制和管理模式，在很大程度上，也是以周朝初年周公"制礼作乐"为模板。因此，在前面两章列举和分析管理职业公德与个人私德的差异之后，本章则引用当年周公教诲儿子伯禽的话，意在说明，做管理就要将公私区别开来，不仅不能用个人私德代替管理公德做判断和选择，也不能用私人关系代替公共岗位的职责关系。

具体来说，做管理，首先不能"任人唯亲"，这就是"君子不施其亲"的含义；其次，要"知人善任"，只有实现了"人职匹配"，人们才不会产生不被重视和重用的感觉，这就是"不使大臣怨乎不以"所要讲的意思；最后，无论在私人关系，还是公共事务中，都要宽容，但私人关系中的宽容，体现为"故旧无大故，则不弃也"，而公共事务中的宽容则有所不同，强调不应求全责备，不要希望每个人都是全才，样样都行。能做到这三个方面，就说明管理者恪守了"公私分明，公正无私"的职业原则，真正将管理公德与个人私德区别开来。

管理精义

管理者必须做到公私分明,不以私代公。这是职业管理的基本要求。管理者的组织管理实践,必须建立在职业规范、职业公德和专业知识的基础上,以此来训练思维,约束行为,而不能让个人私德甚至好恶来左右管理行动。

18.11 周有八士:伯达、伯适、仲突、仲忽、叔夜、叔夏、季随、季騧。

【今文意译】

周王朝初期至少有八位著名管理人才,他们是:伯达、伯适、仲突、仲忽、叔夜、叔夏、季随、季騧。

【分析解读】

本章承接上章,继续说明,周朝初年之所以能繁荣昌盛,关键在于管理人才众多,管理职业兴旺,由此突显管理职业和管理人才对社会发展的重要性。

在当时历史条件下,管理人才是一国乃至天下兴亡的关键所在,由此也可以理解孔子致力于复兴理想管理体制和管理模式,重振管理职业,培养管理人才的深刻用意。在孔子看来,要改变当时不良环境状况,只有从管理改革入手,为此,就必须重新定位管理职业和管理人才培养模式。这正是他一生为之奋斗的理想。

管理精义

组织得以兴旺发达的关键因素之一,就是管理和管理人才。因此,组织既要重视管理体制、模式和机制的探索和建设,又必须注重管理人才的培养、使用和储备。唯其如此,组织才能超越个人生命周期,实现可持续发展。

子张第十九

本篇导读

本篇用孔子学生的话，重温孔子的管理思想，并概述儒家管理之道和管理模式的核心内容。

本篇大致可以分为四个部分。第一部分由第1章到第8章的内容构成，侧重于说明管理职业规范和职业公德及其与个人私德的区别，并阐明管理学习的本质在于理解和把握管理职业规范和职业公德。其中，第1章重述管理职业规范的"忠信"内涵；第2章说明由职业规范内在化而来的管理公德，是管理行为的内在准则；第3章以人际交往为例，阐明管理公德和个人私德对行为要求的差异；第4章强调管理者应遵循管理之道，不断提升自己的管理公德境界；第5章再次阐述了管理学习的基本原则；第6章重温管理学习在于经世致用；第7章用能工巧匠的职业学习做类比，说明管理学习是保证管理者遵循管理之道的根本途径；第8章用被管理者的职业特点做对比，阐明在管理学习中，管理者不应掩饰错误，反而应将错误看成学习机会。

第二部分包括第9章到第13章的内容，重点在于解释管理职业的角色要求、岗位职责以及履行职责的学习要求。其中，第9章刻画出管理者的角色形象；第10章着重指出，管理者的岗位职责及其履行，要以信任为基础，没有信任，管理者与上下级的沟通都会出问题；第11章强调管理者在岗位职责履行上，不能违背规范和公德，但个人私德只要不影响管理公德，却可以有一定的灵活性；第12章基于管理角色和职责要求，再次阐述学"做人"和学管理的关系；第13章说明做管理的本质是学习，学管理的本质是实践，学管理和做管理本为一体。

第三部分涵盖第14章到第19章的内容，主要讲解管理形式和内容的区别，以及管理的本质内涵体现在职业规范和公德上，而不仅仅是各类知识和技能。其中，第14章再次用"丧礼"做例子，说明管理重在内容而不是形式；第15章用子张做例子，进一步阐明，对管理者而言，"才能"是表现形式，以"仁爱"为核心的管理公德，才是管理者之所以为管理者的本质内涵，但"仁爱"之心和"仁爱"境界又很难观察，很难评价；第16章继续用子张做例子，说明"才能"和"仁爱"并不一定完全匹配；第17章重温孔子的思想，用以阐明管理公德以"仁爱"为本；第18章再次引用孔子的话，强调以私德保证公德的重要性；第19章重温儒家管理模式的根本目标是教育、改变和培养人，而不是强迫、命令和惩罚人。

第四部分由第20章到25章的内容构成，着重阐述管理者的自律、谦逊，并概括总结儒家管理模式的核心思想。其中，第20章重述管理者追求"名副其实"的内在自律要求；第21章用日食和月食作比喻，提醒管理者在履行管理职责时犯错误是正常的，关键在于正确认识和及时改正错误；第22章阐明管理学习本质上是对传统的继承、融合和变革过程，因此，管理者只有尊重传统，兼收并蓄，才能将传统发扬光大；第23章再次阐明管理者谦逊的重要性，没有谦逊，就不可能认真开展管理学习，自然就难以具有远见卓识，这不仅是管理者个人的缺陷和损失，更会造成共同利益无法挽回的损失；第24章说明管理者要尊重每个人的独特价值，只有发现、尊重和理解独特性，才能发挥每个人的专长，否则，管理者既不会有宽容，更容易犯无知和自不量力的错误；第25章再次强调不宜对人进行简单比较和评价，同时也概括了儒家管理模式的核心思想。

本篇体现出孔子学生对儒家管理思想的理解、继承和发扬，其中主要记述的是子张、子夏、子游、曾子和子贡的言论。通过这五位学生具有代表性的言论，一方面可以看到儒家管理思想的不同侧面，另一方面也能体会到不同学生对孔子管理思想理解上的差异，而这些差异，恰好生动体现出孔子管理思想的丰富性。

19.1　子张曰："士见危致①命，见得思义，祭思敬，丧思哀，其可已矣。"

【字词释义】

①致：这里是用的意思。

【今文意译】

子张说："学管理的人，面临危险要不惜牺牲生命，面对收益要想到公平分配，祭祀时要恭敬，守孝时要悲痛，这样才行啊。"

【分析解读】

本章概括管理职业规范的基本要求。

子张这里所讲的"见危致命，见得思义"，就是孔子在第十四篇第13章所讲的"见利思义，见危授命"，用词虽略有不同，但语义一致；另外，子张所说的"祭思敬，丧思哀"，其含义也与孔子在第三篇第26章所说的"居上不宽，为礼不敬，临丧不哀，吾何以观之哉"相似。因此，子张这句话，可以看作是对儒家管理职业规范的概括总结。

"见危致命"强调的是责任担当，"见得思义"突出的是公正无私，"祭思敬，丧思哀"正像曾子讲"慎终追远"一样，侧重于信念、价值观的认同和恪守。这三个方面无疑是做管理非常重要的职业规范要求。责任担当和公正无私相当于尽己尽责，即"忠"；而"祭思敬，丧思哀"则是"信"的重要表现形式，即表里如一，诚实守信。子张在这里再次阐述了儒家管理职业规范的"忠信"要求。

> **管理精义**
>
> 做管理，首先想到的应该是职业规范。对管理者而言，他首先不是某个特定组织的管理者，而是管理职业的从业者，不管为哪个组织做管理，都应该恪守和践行超越任何具体组织的管理职业规范。因此，管理者在自己的职业生涯中，必须时刻铭记并践行职业规范。不管时代如何变化，管理职业都有其不变的内在核心价值原则，这本质上与管理职业所具有的公共属性联系在一起。具体地说，管理职业不变的核心价值原则至少包括：一是公共责任意识，二是基于共同利益追求的公正意识，三是以共享愿景、信念和价值观为核心的文化意识。

19.2 子张曰："执德不弘①，信道不笃②，焉能为有？焉能为亡？"

【字词释义】

①弘：这里是广大、宏大的意思。　　②笃：这里是坚决、坚固的意思。

【今文意译】

子张说："对德行的理解和把握太狭窄，对管理之道的信念和追求不坚定，怎么能算有？怎么能算无？"

【分析解读】

本章继续讲职业规范和职业公德应成为管理者的行为准则和决策依据。

子张这里所讲的"德"，指管理职业公德，并非狭义的个人私德。正是因为人们仅仅将"德"理解为个人私德，才会"执德不弘"，进而对"管理之道"的信念就不坚定；离开了管理公德和管理之道这样的职业准则，又如何去判断一个人有还是没有管理职业规范呢？

换句话说，如果只将"德"理解为个人私德，即便有了私德，也不一定具备公德，自然就不能说有广义的德行，当然也不能说无德行；同样，若"信道不笃"，也很难说有信念，但也不能说完全没有信念。这便处在一种模棱两可的状态，对于管理者来说，既然模棱两可，那么，管理者与非管理者又有什么区别呢？

当然，若将"德"理解为管理公德，那么，按照儒家管理模式的要求，修养管理公德的前提是先有私德；将私德和公德相结合，就能够做到"执德弘，信道笃"，便可以称为"有"了，也就意味着有了内在动机和追求，去"践行管理公德，坚信管理之道"。

> **管理精义**
>
> 管理者所理解和信奉的德行，应该是公德，而不仅是私德；管理者所坚持和遵行的理念和原则，也应该是管理职业的理念和原则，而不应该简单化为个体为人处世的理念和原则。只有切实做到公私分明，管理者才有可能成为有信念、有操守、有知识、有能力的职业管理者。

19.3 子夏之门人问交①于子张。子张曰："子夏云何？"对曰："子夏曰：'可者与之，其不可者拒之。'"子张曰："异乎吾所闻：'君子尊贤而容众，嘉②善而矜③不能。'我之大贤与，于人何所不容？我之不贤与，人将拒我，如之何其拒人也？"

【字词释义】

①交：这里是结交、交往的意思。
②嘉：这里是赞许、赞美、表彰的意思。
③矜：这里是怜悯、同情的意思。

【今文意译】

子夏的学生向子张请教如何与人交往。子张问："子夏怎么说？"

学生回答道："子夏讲：'可以交往的，就交往；不可以交往的，就拒绝。'"

子张说："这和我听说的不一样：管理者尊重有贤能的人，也包容普通人，赞许做得好的人，也同情才能不足的人。如果我的贤能很高，对别人为什么不包容？如果我的贤能不够，别人自然拒绝我，我又如何去拒绝别人呢？"

【分析解读】

本章再次说明管理公德与个人私德不同，这也体现在与人交往中。

关于如何与人交往，子夏与子张的观点差异，本质在于私人与公共的区分。子夏所说的"可者与之，其不可者拒之"，可以理解为私人之间交往的原则，是建立在个人私德准则和情投意合之上的。子张所讲的"君子尊贤而容众，嘉善而矜不能"，显然是管理者在公共事务处理中，所应遵循的与人交往原则，是建立在管理公德准则和管理规范之上的，不以个人好恶为转移；而且，管理职责所系，管理者也不能随意拒绝或遗弃任何人。因此，在管理交往中，管理者既要"尊贤"，又要"容众"，既需"嘉善"，又需"矜不能"。

如果一个人具备了管理职业公德，被别人选择为管理者，自然就要履行管理职责，包容各种人；如果一个人不具备这样的管理职业公德，就不会被别人选择为管理者，也就会被别人拒绝，自然就没有机会履行管理职责，又何谈拒绝别人呢？这正是子张最后说"我之大贤与，于人何所不容？我之不贤与，人将拒我，如之何其拒人也"所要表达的意思。

由此可见，子夏和子张所阐述的"交往原则"并无对错之分，只是所适用的领域不同而已，一个是私人领域中的私人交往原则，一个是公共领域中的管理交往原则。对管理者而言，两个领域都存在，两个原则都要遵循，但更重要的是，如何明确区分两个领域，恰当运用两个原则，不可越界和乱用。

管理精义

> 管理者总是要在公私两个领域中行动，又不可避免地要在这两个领域中与人交往，而其中还有不少交往对象是跨领域的，既有私人关系，又是同事或合作伙伴关系。在这种情况下，如何处理好公私两个领域中的人际交往问题，确实是对管理者的严峻考验。一个值得思考和谨记的基本原则是：公私活动界限应分明，公私交往准则要不同。尤其是涉及可能跨公私边界的人际交往时，这个基本原则更需铭记。公就是公，私就是私；既不可因公去私，更不能以私乱公。

19.4 子夏曰："虽小道，必有可观者焉；致①远恐泥，是以君子不为也。"

【字词释义】

①致：这里是达到、到达的意思。

【今文意译】

子夏说："即便是小路，也会有吸引人的景观；但走远了就可能泥泞不通，所以，管理者不会走小路。"

【分析解读】

本章讲管理者应有明确的志向追求，不可见异思迁，为眼前利益所诱惑，迷失了管理正途。子夏这句话用的是隐喻，将管理者应该遵循的管理之道，隐喻为大路正途；将管理者不应该流连其间的管理模式或技巧，隐喻为小路危途。虽然一些管理上的小技巧、小招数也可能带来眼前利益，但这样的小技巧、小招数不足以保证组织的可持续发展，正像那些小路虽景观不错，但没走多远，就泥泞不通了。因此，管理者要为组织的长远可持续发展负责，就不能贪图眼前利益，走小路，迷失了志向追求和发展大方向。

> **管理精义**
>
> 对于组织的可持续发展来说，道路的选择非常重要。这涉及组织的战略定位和策略选择问题。管理者在这些战略问题上，必须立足共同利益及其可持续发展，明确组织愿景和价值追求，不能为眼前利益所诱惑，寄希望于走捷径、抄小路，那样只会因小失大，从根本上损害组织的可持续发展。

19.5 子夏曰："日知其所亡，月无忘其所能，可谓好学也已矣。"

【今文意译】

子夏说："每天通过学习都能收获不知道的，每月借助反思都不忘记已掌握的，这才称得上好学。"

【分析解读】

本章讲管理者终身学习的重要性。

子夏这里讲的内容，可以与上章联系起来看。上章讲管理者不可为"小路"、眼前利益和各种管理之"术"所迷惑，但是，这并不等于说管理者不需要各种具体的专业知识和技能，而是说，管理者要在管理之道的统摄下学习各种"术"。用道路做隐喻就是，管理者要在管理大路上保持终身学习、持续提升的态度和行动，这才是子夏所说的"好学"。换句话说，走上了管理大道，并不意味着可以自动达到管理的理想境界，还必须在管理之道上时时刻刻学习各类具体管理专业知识和技能才行。

> **管理精义**
>
> 管理职业规范和职业公德代替不了管理专业知识和技能，却可以引导并规范这些专业知识和技能的使用。因此，管理者在明确职业规范和职业公德基础上，还必须持续学习和扎实掌握各类管理专业知识和技能，并借此更深入地理解管理职业规范和职业公德。

19.6 子夏曰:"博学而笃志①,切问而近思,仁在其中矣。"

【字词释义】

①志:同"誌",记、记住。

【今文意译】

子夏说:"广泛学习,牢固掌握,虚心请教,切实思考,仁爱便在其中了。"

【分析解读】

本章承接上章,继续讲学习的重要性,并强调学以致用,在解决现实管理问题中体现出仁爱之心。

在子夏这句话中,广泛学习知识不是目的,关键在于将知识转化成能力,即牢固掌握才更重要;同样,诚恳或虚心求教本身也不是目的,关键在于解决现实问题。在这里,"近思"指的是,联系着实际进行思考,学以致用。将"所学"转化成"所能",又运用"所能",结合向别人请教,再加上独立思考,解决了现实问题,创造了共同利益,"仁爱"自然就在其中了。

管理精义

管理者必须将学习和实践结合起来,学以致用。这既是管理学习和管理工作的特点使然,也是管理职业规范和职业公德的基本要求。

19.7 子夏曰:"百工居肆①以成其事,君子学以致其道。"

【字词释义】

①肆:这里是作坊的意思,可以引申为市场、店铺。

【今文意译】

子夏说:"能工巧匠在作坊里互相切磋,才能做好他们的工作;管理者只有通过学习,才能达致管理之道。"

【分析解读】

本章继续讲管理学习的重要性。

这里用能工巧匠做类比，突出管理学习的独特性和重要性。能工巧匠们必须在作坊或特定工作场所中，才能做好他们的事情，一是要依赖专有工具，二是要通过相互交流切磋，掌握工具的使用及做事的方法和技巧。对管理学习来说，道理一样。管理者只有不断努力，终身学习，再加上团队的切磋交流，才有可能理解并掌握管理之道。

管理精义

在管理学习中，无论是规范和公德的学习，还是知识和技能的学习，都既需要管理者个人的持续努力，又需要借助团队学习来共同推进。

19.8 子夏曰："小人之过也必文①。"

【字词释义】

①文：这里是掩饰的意思。

【今文意译】

子夏说："被管理者犯了错误，必定会掩饰。"

【分析解读】

本章解释被管理者由于岗位职责的原因，常常不会将过错看作学习机会，而是担心因犯错受惩罚，会掩饰过错。

除非是组织中的最高管理者，严格来说，一般管理者同时也是被管理者。对于被管理者来说，都会有一种推卸责任的本能，担心犯错误，受惩罚。要改变这种状况，一方面，管理者要宽容地对待被管理者，容许犯错误和改正错误；另一方面，鼓励被管理者将犯错误看成一种难得的学习机会，进而形成良好的学习氛围。当"过则勿惮改"真正成为大家都广泛接受的原则后，"文过饰非"的现象自然就会减少。

因此，子夏这句话也可以理解为陈述了一种管理中普遍存在的现象，并不含有对被管理者指责的意味。如果联系着前几章讲管理学习的内容，可以看出，这句话也是提醒管理者，应该将犯错误和改正错误看成一种学习机会，鼓励被管理者在"试错"中学习。

管理精义

在环境变化日益加剧的背景下,被管理者和管理者一样,都面临着新工作的不断挑战。在这些挑战面前,要进行探索、创造和创新,犯错误就不可避免,特别是组织中专门负责创新型工作的部门,犯错误往往成为日常工作的组成部分。因此,培育宽容的组织文化,允许通过"试错"学习,将犯错误看作一种重要的学习方式,而不是一种要惩罚的非正常情况,就变得非常重要。这也是对现代组织管理提出的新挑战。

19.9 子夏曰:"君子有三变:望之俨①然,即②之也温,听其言也厉③。"

【字词释义】

①俨:是形声字,本义指昂头,这里是庄重、恭敬的意思。

②即:这里是靠近、走近的意思。

③厉:这里是严肃、严格的意思。

【今文意译】

子夏说:"管理者的形象有三个侧面:远看庄重,走近温和,讲话严肃。"

【分析解读】

本章讲管理者的言行表现。

子夏这句话所要刻画的是管理者在公共场合,扮演管理角色,履行管理职责时的言行表现。远远望去,管理者给人的第一印象是庄重严肃;走近接触,则感觉平易近人,温和可亲;待听讲话,却又严谨准确,不虚言假文。管理者之所以会"听其言也厉",关键在于管理岗位职责所系,说出来的话就是正式的管理承诺,必须兑现。既然"君子无戏言",讲起话来当然要严肃认真。

管理精义

管理者在公共场合中所表现出来的良好形象,绝不是刻意表演,也非一日之功,而是建立在个人私德和管理公德的长期修养基础上,是管理者"做人"和做管理的内在素养的自然流露。

19.10 子夏曰:"君子信而后劳其民,未信则以为厉①己也;信而后谏,未信则以为谤己也。"

【字词释义】

①厉:这里是病、损害的意思。

【今文意译】

子夏说:"管理者赢得人们信任后,才会让人们劳作,否则,人们会认为这是在损害他们的利益;管理者赢得上司信任后,才会进谏,否则,上司会认为这是在诽谤自己。"

【分析解读】

本章重申管理信任的重要性。

无论是在管理者与被管理者之间,还是在管理者与上司之间,信任都是最基本的关系状态;失去了信任,再好的愿望和努力,都会适得其反。子夏这句话,也可以看作是对第十二篇第7章所讲的"信任是第一管理要素"的进一步说明。

> 管理精义
>
> 管理信任是开展各项组织工作的前提。没有人们对管理者和组织的信任,一切人与人之间的互动都会走样。因而,管理者赢得信任,是做管理的第一要务。

19.11 子夏曰:"大德不逾①闲②,小德出入可也。"

【字词释义】

①逾:这里是跳过、越过的意思。　　②闲:这里是范围、法度的意思。

【今文意译】

子夏说:"对管理者而言,管理公德的界限不可逾越,但个人私德略有欠缺也是可以的。"

【分析解读】

本章讲管理公德和个人私德对管理者而言的重要性不同。

虽然儒家强调做管理先"做人",用个人私德来保证管理公德,但对于管理者而言,公德与私德相较,当然公德更重要;而且,在管理实践中,公德是衡量管理者是否达到职业要求的基本准则。因此,管理公德在管理者的选择和评价中是不能含糊和妥协的。至于私德,只要没有影响到管理公德和管理职责,即便有所不足或出入,也是可以接受的。这也在一定程度上体现了儒家所奉行的原则性和灵活性的统一。

管理精义

管理职业规范和职业公德是判断管理者是否符合职业要求的根本准则,绝不能借口个人私德,就在职业规范和管理公德上打折扣或妥协。在管理者的选择、任用、评价、晋升上,更要强调公私分明,"公不逾闲,私出入可也"。

19.12 子游曰:"子夏之门人小子,当洒扫、应对、进退,则可矣。抑①末也,本之则无。如之何?"子夏闻之,曰:"噫②!言游过矣!君子之道,孰先传焉?孰后倦焉?譬诸草木,区以别矣。君子之道,焉可诬也?有始有卒③者,其惟圣人乎!"

【字词释义】

①抑:语助词,用于句首,无实际意义。
②噫:表感叹。
③卒:这里是终了、结束的意思。

【今文意译】

子游说:"当子夏的学生,只要学做一些洒水扫地、人际交往、日常起居的小事就可以了。这些都是做管理的细枝末节,管理之道的根本都没有学到。这怎么行呢?"

子夏听说后,感叹道:"唉!子游错了!管理之道,什么应该先传授?什么后传授就会倦怠?这就像对各类草木也要加以区别一样。管理之道,怎么可以乱说一通呢?不分次序,将开头和结尾混在一起,却又能融会贯通,恐怕只有圣人才能做到吧!"

【分析解读】

本章讲学"做人"和学管理的关系。

同为孔子的学生,子游和子夏教管理的理念和方法很不相同。子夏坚持学管理应从学

"做人"开始。若在人伦日用的私德修养上达不到一定境界,则很难进入管理职业规范的学习,也难以学好各类管理知识和技能,更不要说恰当运用了。因而,在子夏看来,管理学习是一个从学"做人"开始的由小到大、循序渐进的过程。这种管理学习模式应该是儒家管理学习的主流,在第一篇中得到充分阐释,尤其是第一篇第 6 章所讲的"弟子,入则孝,出则弟,谨而信,泛爱众,而亲仁。行有馀力,则以学文",可以说就是子夏教育学生的指导思想。

子游则持不同的观点,他强调应更多地学习管理职业规范、专业知识和技能,这样才能更快地学到做管理所需要的根本。但问题是,这样学到的东西能否真正理解、把握,并落实到行动中去?更重要的是,即便掌握了规范、知识和技能,能否保证运用到有利于共同利益追求的正确方向上?这些问题在管理教育和管理学习之初,都必须认真思考。

当然,严格来说,学"做人"与学管理是一个持续不断的交互影响、共同推进的过程。因为学"做人"和学管理都不是一日之功,学"做人"贯穿于人生全过程,学管理也体现在整个管理职业生涯中;学"做人"和学管理在持续展开的过程中,总是要互相影响、相互促进。这也是儒家强调终身学习、持续修养的意义所在。

管理精义

今天的专业化管理学习,同样面临着学"做人"和学管理的先后顺序的困惑。在日益深化的社会分工和职业导向的专业化教育背景下,今天广义的学"做人"更适合蕴于专业学习之中。也就是说,在学管理的过程中,无时无刻不渗透着广义"做人"、职业规范和职业公德的学习,将传统的、孤立的学"做人",细化到每一个具体的管理专业知识和技能的学习和实践之中;而且,要将这种立体化的管理专业学习,从学校教育延伸到组织管理实践之中,真正把知识学习、实践学习、个体学习和团队学习融为一体,使学"做人"和学管理交织于管理者职业生涯乃至人生的全过程之中。当然,这种立体化管理职业学习模式,对管理的研究者、教育者和实践者及其组织,都提出了新的更高要求。

19.13 子夏曰:"仕而优则学,学而优则仕。"

【今文意译】

子夏说:"管理做得好,就是在学管理;管理学得好,就是在做管理。"

【分析解读】

本章讲学管理和做管理本为一体。不经历对"做人"和做管理的扎实学习过程,很难做好管理;同样,没有切身实践做管理的过程,学管理也很难达到更高境界。

管理是一种实践,而"做人"同样是一种实践。儒家之所以强调学管理先学"做人",

并认为学"做人"与学管理具有内在相通性,很大程度上就是因为看到了两者所共同具有的"实践导向"的特点。无论是学"做人",还是学管理,都不是纯粹的知识学习,而是德行、知识、能力三位一体的学习,这种立体化学习的核心要义恰在于"实践导向"。

基于此,子夏这句话就比较容易理解了。这里的"学",并不是一般意义上的"知识学习",而是可以理解为实践导向的管理学习,而"仕"则专指做管理。这样一来,"学"和"仕"便是一体。也就是说,学管理和做管理是一致的,一方面,要用"所学"服务于经世致用,做管理;另一方面,做管理本身也是一个持续不断的"干中学"过程。这也符合儒家管理模式对管理者终身学习的要求。

管理精义

在缺乏比较细化的职业分工的传统社会,虽然有管理者和被管理者的分工,但在职业管理实践者、研究者和教育者之间,却没有明确分工,往往是实践者、研究者和教育者三者合一,孔子本人就是这种"三合一"的典型代表,这也正是儒家强调学管理和做管理一体化的原因。今天,即便已经有了职业管理实践者、研究者和教育者之间更为细化的社会分工,但不容否认,管理作为一门学科和一个职业教育领域,仍带有很强的"实践导向"性,这就需要实践者、研究者和教育者之间密切地互动与合作,才能推进现代职业管理的实践、研究和教育活动的同步发展。

19.14 子游曰:"丧,致①乎哀而止。"

【字词释义】

①致:这里是表达、传达的意思。

【今文意译】

子游说:"办丧礼,关键在于表达哀情,不可过于铺张。"

【分析解读】

本章再次阐述了儒家一贯强调的内容与形式相统一的观点,不能因形式而害了内容,更不能为形式而形式。

在第三篇第4章中,孔子曾说:"礼,与其奢也,宁俭;丧,与其易也,宁戚。"本章中子游这句话,即是对孔子观点的进一步阐释,再次强调了内容与形式相统一的观点。在办丧礼上,即便不能保持形式和内容的完全一致,也宁可要"悲伤"的内容,而不可过于追求铺张的形式。

管理精义

在现代组织管理实践中,管理者无时不面对着形式和内容相统一的挑战。之所以将管理中的形式和内容相统一称作挑战,原因在于,两者不统一的情况经常出现,相统一却实属不易。毕竟形式上的东西,看得见、摸得着,很容易产生结果、传递信号,对组织的"贡献"也更容易测量;但实质内容的达成或改进,则非一日之功,而且常常难以测度和把握,也不容易为别人所理解,甚至努力的结果是吃力不讨好。在这样的背景下,致力于内容和形式相统一,甚至在难以保证内容和形式相统一的时候,宁可要内容,而不追求形式,这岂不是对管理者的真正挑战?要应对挑战,对管理者而言,可能关键不在于管理专业化知识和技能的准备,而在于管理职业公德的持续修养。

19.15 子游曰:"吾友张也,为难能①也,然而未仁。"

【字词释义】

①能:这里指有才能的人。

【今文意译】

子游说:"我的同学子张,实在是难得的人才,但不知道有没有达到仁爱境界。"

【分析解读】

本章再次说明,才能是管理者的外在表现,而"仁爱"则是内在本质;可以评论别人的才能,但难以判断别人的仁爱境界。

子游在这里对子张的评论,秉承了孔子评论学生们的一贯做法:只评论才能或外在表现,不轻易评论内在"仁爱"或德行。例如,在第五篇第7章中,孔子对子路等学生的评论,都说"不知其仁也"。"仁爱"境界是需要终生修养的内在精神境界,很难从外部一两次表现或单侧面的形象就可以下定论。因此,虽然儒家倡导"为政以德",将个人私德和管理公德视为做管理的基础,但在面对人的时候,却极少做"仁爱"、德行方面的评论。这恰恰体现出儒家对人的尊重。

管理精义

在管理实践中,将内容与形式相统一的原则用到人身上时,内容就相当于人的内在德行，形式则类似于外在才能，两者的统一，也就是人们常说的"德才兼备"。但问题是，才能是外在表现，易于观察，而德行是内在精神，难以判断。因此，在面对人的时候，管理者同样无法回避内容和形式相统一的挑战。

19.16　曾子曰："堂堂乎张也，难与并为仁矣。"

【今文意译】

曾子说："仪表堂堂、能力很强的子张，很难说他的仁爱境界就像他的能力一样啊。"

【分析解读】

本章承接上章，继续讲仁爱和才能不一定完全一致，因此，不宜用才能来推断仁爱。

曾子这句话和子游上章的话都并非批评子张"缺乏仁爱"或"难以共同追求仁爱"。如果真是在批评子张，岂不是违背了孔子忌讳评论"仁爱"境界的诫训？另外，同学之间，尤其是孔门同学之间，似乎不应该在德行问题上相互诋毁。

因此，关于这两章内容，合理的解释似乎应该是，子张能力强，为同学们所公认，大家愿意用子张作例子，来说明儒家既强调能力，更看重德行，特别是管理公德。但德行不像能力那样容易观察，而且需要更长时间来修养、提升，并保持一致。正因为如此，儒家强调德行，但又不轻易对人的德行做出评价，而用子张作例子，则可以更好地体现出这一基本原则，也符合第九篇第1章所讲的"子罕言利与命与仁"的精神。

管理精义

个人私德和管理公德都属于内隐的精神层面，很难通过特定的行为或语言完全表现出来；即便私德和公德总是体现在行动中，也不是说一两次或短时间内可观察的行为就能直接反映出私德和公德。要对一个人的私德和公德进行评价，往往需要更全面、更长期的信息收集和分析，这在现实中几乎不太可能。

从这个意义上说，包括私德与公德在内的德行，虽然应该倡导，但是难以评价，只能成为一种个人持续自我修养的内隐过程；而且，从另外一个角度看，如果一个人做符合规范、有德行的事是为了得到好评，这本身是否符合德行的要求又是一个值得深思的问题。因此，人们在德行上的修养，应该是内在的自我要求，这的确取决于文化氛围熏陶，尤其是管理者行为的正向影响，但是，又的确很难借助外部评价机制来推动。

19.17 曾子曰:"吾闻诸夫子:'人未有自致者也,必也亲丧乎!'"

【今文意译】

曾子说:"我听先生讲过:'人不可能自动达到情感的极致状态,要达到这种状态,一定是因父母去世啊!'"

【分析解读】

本章强调人的情感总是与亲情联系在一起,这一方面体现了"仁爱",另一方面也说明以"仁爱"为核心的社会规范的合理性。

儒家认为,人总是处在特定的社会关系之中,而不是孤立存在的个体;人的情感首先表现为亲情,特别是情感的极致状态,必定指向双亲。正因为如此,以亲情为基础的"孝悌"自然成为"仁爱"的核心内涵,而"丧礼"也就成为社会规范中最重要的规范之一。这再次表明亲情和"仁爱"在儒家管理模式中所处的重要地位。

管理精义

人首先是社会人,而社会的基础细胞是家庭。个人私德的培养,自然不能离开家庭中的亲情关系。学"做人"和学管理的起点,都深深植根于家庭之中。

19.18 曾子曰:"吾闻诸夫子:'孟庄子①之孝也,其他可能也;其不改父之臣与父之政,是难能也。'"

【字词释义】

①孟庄子:鲁国大夫,名速,他的父亲是孟献子,名蔑。

【今文意译】

曾子说:"我听先生讲过:'孟庄子对父亲孟献子的孝,其他方面也许都容易做到;但他能沿用父亲在世时的大臣,不改变父亲在世时的政策法令,则是难能可贵的。'"

【分析解读】

本章承接上章,将亲情、私德与公德联系起来,突出以私德保证公德的重要性。

据记载，孟庄子的父亲孟献子做鲁国大夫，有贤能之名，后来孟庄子继任父亲的大夫职位，续用父亲时期的属下，执行原来制定的政策法令，取得了很好的管理成效。孟庄子的做法，不仅符合儒家所倡导的私德和孝道，也是用个人私德保证管理公德，进而保持管理政策的连续性和管理模式的稳定性的典范。

当然，孟庄子这样做还有一个基本前提，即他父亲孟献子以贤能著称，所用之人都比较优秀，制定的政策法令也产生了良好效果。即便如此，在当时历史条件下，经常出现的情况却是，换了管理者，就意味着他直接管辖的下属和职责范围内的政策法令都可能发生彻底改变。也许正因为如此，儒家才在外部制度不完善的前提下，强调管理者私德的重要性，希望用私德来保证公德。这也是在当时历史条件下不得已而为之的做法。

管理精义

在组织发展过程中，管理体制、模式和机制的连续性和稳定性非常重要。管理活动和其他专业活动有所不同，在其他专业活动中，尤其是与科技相关的专业活动中，有为和创新是主要特点，而管理活动则强调无为和稳定。从组织长远发展来看，适度保守的管理风格往往效果更好。

19.19 孟氏使阳肤①为士师，问于曾子。曾子曰："上失其道，民散久矣。如得其情②，则哀矜而勿喜。"

【字词释义】

①阳肤：曾子的学生。　　　　　　　　②情：这里是实情的意思。

【今文意译】

孟氏任命阳肤做狱官，阳肤去向曾子请教。曾子说："在上的人管理无方，失去人心已很长时间了。你作为狱官，若查到实情，应同情犯错的人，而不要沾沾自喜。"

【分析解读】

本章讲管理过程同时也是教育过程，被管理者犯错误，根本原因在管理者，因而，管理者应面对被管理者的错误，反思自己，改进管理。

曾子讲这番话针对的是当时鲁国乃至天下的实际情况。根据儒家管理模式，管理者同时也是教育者，管理过程就是教育过程，因此，信奉儒家管理模式的管理者，就不能像法家管理者那样，单纯用命令和刑罚来实施管理，并以查到或抓获违反命令或刑律的人，作为自己的"政绩"而沾沾自喜。儒家管理者既是引导者，又是教育者；当被管理者犯了过错，管理者首先应该反思自己的行为和管理政策，而不能简单处罚了事。更何况，在当时的鲁国乃至天下，"上失其道，民散久矣"，也就是说，管理者不奉行真正的管理之道，导致人心涣散，行为失范；这样即便被管理者犯了过错，也不能全怪被管理者，其实管理者的责任更大。

因此，曾子告诫阳肤，"如得其情，则哀矜而勿喜"。这句话包含了两层意思：一是要"以教育为本"，而不要"以惩罚为乐"；二是在"天下无道"的前提下，更要同情那些已失去信心，不知道该相信什么、信任谁的普通人。曾子这句话既不迂腐，也不软弱，坚守了孔子的理想，不避世隐居，不同流合污，执着地从自身做起，用切实的行动影响和改变环境。

管理精义

在组织管理中，管理者的责任意识同时包含着对下属负责的要求，其中，最重要的是对下属的工作行为和结果负责，当然也包括对下属工作中所犯的错误负责。因此，管理者对于下属的错误，绝不能只是批评甚至惩罚了事，还必须有深刻的自我反思，并以此为契机，完善管理机制，提升自我和下属的工作胜任力。

19.20 子贡曰："纣之不善，不如是之甚也。是以君子恶①居下流，天下之恶②皆归焉。"

【字词释义】

①恶：这里是讨厌、厌恶的意思。　　②恶：这里是罪过、罪恶、过错的意思。

【今文意译】

子贡说："商纣王作恶，原本不像人们说的那样严重。所以，管理者厌恶自我放纵堕落，那样的话，各种罪过都会被归结到自己名下。"

【分析解读】

本章讲管理者应有自律意识。

可以将子贡这句话，与第十五篇第19章孔子所讲的"君子疾没世而名不称焉"联系起来理解。对"身后名"的重视和追求，是儒家管理者自我约束或自律的重要力量源泉之一。由于管理责任的整体性和长远性，一旦管理者犯了错误，尤其是由于自律不严而连续犯错，不仅管理者所犯错误本身会影响"身后名"，而且，很多原本不属于管理者的错误，也都会因为他所犯的错误，被归结到他头上来。这就像水流一样，各种脏东西总是要被冲到下游，汇聚在一起。正因为如此，管理者才要不断提升自己的境界，在德行修养和管理水平上力争上游，避免重蹈商纣王的覆辙。

错误或罪恶如此，荣誉也一样。一些原本不该属于管理者的荣誉，也会因为管理者所拥有的权力或已取得的荣誉，而被加到管理者头上。可以说，荣誉和罪恶就像一对孪生兄弟，对管理者来说总是如影随形。因此，管理者不仅要避免罪恶汇聚，也要避免虚假的荣誉积聚，这都属于"没世而名不称焉"。

> **管理精义**
>
> 管理责任具有广泛性和长远性，这在一定程度上使管理者有可能"名实不符"，既有可能"过誉"，也有可能"过损"。但不管怎样，历史总是公正的，在时间长河中，清者自清，浊者自浊。从根本上说，要保证管理者"名副其实"，自律比任何外部力量都重要。

19.21 子贡曰："君子之过也，如日月之食焉：过也，人皆见之；更也，人皆仰①之。"

【字词释义】

①仰：是形声字，本义指抬头、面朝上，这里是依靠、仰赖的意思。

【今文意译】

子贡说："管理者的过错，就像日食、月食一样：有了过错，人们都能看到；改正了，人们照样信赖。"

【分析解读】

本章讲管理者在公共事务上应如何正确对待自己的错误。

管理者既然扮演的是公共角色，其所从事的公共活动就应该公正、公开、透明。这就像太阳和月亮一样，都正大光明地在那里，并无隐私。在这种情况下，即便出现过错，那也不是因私心、私行、私利使然，乃是公正、公开、透明的过错。这也像日食和月食一样，出现了，谁都看得见，改正了，人们仍会仰视信赖。

子贡这句话再次将管理者的公共角色和私人角色区别开来。既然公共角色是公正、公开、透明的职责履行，那么，其成绩和过错一样，都在人们的视野里。对管理者而言，关键不是掩饰过错，而是正视过错，改正过错。只有这样做，人们才会真正信任管理者。

> **管理精义**
>
> 管理活动是组织中的公共活动，关乎组织最广泛的利益相关者的切身利益，因此，公正、公开和透明就是对管理活动的基本要求，也是管理者必须遵循的职业规范的基本原则。以此为基础，管理者在履行职责时，才有可能做到正视错误、改正错误，而不是掩饰错误，进而也才能将错误看成一种提升管理能力和组织绩效的学习机会。

19.22　卫公孙朝①问于子贡曰："仲尼焉学？"子贡曰："文、武②之道，未坠于地，在人。贤者识其大者，不贤者识其小者，莫不有文、武之道焉。夫子焉不学？而亦何常师之有？"

【字词释义】

①公孙朝：卫国大夫。　　　　　　　　②文、武：周文王、周武王。

【今文意译】

卫国公孙朝问子贡："仲尼的管理之道是从哪里学来的呢？"

子贡说："周文王和周武王的管理之道并没有被埋没，都有传人。贤能的人领会了它的大义，愚钝的人把握了它的小节，其实都是在传承周文王和周武王的管理之道。先生无所不学，又何尝有固定的老师？"

【分析解读】

本章讲管理学习应博采众家之长，最终实现传承、融合与变革。

包括思想、规范、公德、知识和技能在内的广义管理之道，并非凭空产生，也没有一位管理者能不经学习就掌握它。从源头上说，儒家管理之道来自周王朝初年的管理思想、管理体制、管理模式及各种具体典章制度，子贡将其称为"文武之道"。这种管理之道总有不同性质的传人，"贤者识大体，不贤者识小用"；从贤者和不贤者身上各学所长，并实现传承、融合和变革，就形成了儒家管理之道。所以，子贡说孔子无所不学，且没有某个特定的老师。

子贡这句话，也体现了儒家对管理者历史责任意识的具体要求：面向传统，既要继承，又要融合，更要变革，这样才能将传统发扬光大。第十五篇第28章里孔子讲"人能弘道，非道弘人"，说的正是这个道理。

管理精义

虽然时代在不断发展变化，尤其是信息技术和全球化，更使得变化节奏空前加快，但这并不意味着组织和管理可以脱离传统而存在。实际上，传统本身也处在变与不变之间，关键是如何面对传统，理解传统，不断创造出传统得以适应新环境的新成分、新功能。

19.23 叔孙武叔①语大夫于朝，曰："子贡贤于仲尼。"子服景伯以告子贡。子贡曰："譬之宫墙，赐之墙也及肩，窥见室家之好。夫子之墙数仞②，不得其门而入，不见宗庙之美、百官③之富。得其门者或寡矣。夫子之云，不亦宜④乎！"

【字词释义】

①叔孙武叔：鲁国大夫，名州仇，谥号为武。
②仞：古时的长度单位，八尺或七尺为一仞。
③官：这里是房屋、房舍的意思。
④宜：似乎、大概，表示推测。

【今文意译】

叔孙武叔在朝堂上对大夫们说："子贡比仲尼更贤能。"

子服景伯将这话告诉子贡。子贡说："这就好比围墙，我家的围墙只有肩膀这么高，外面的人自然能看到墙内的房屋很好。先生家的围墙高得很，不找到大门进到里面，根本看不到宗庙的美好，房屋的富丽。能找到先生家大门的人或许并不多啊。也难怪叔孙武叔会这样说了！"

【分析解读】

本章讲管理者的谦逊意识。

子贡这段话再次阐明了儒家对管理者谦逊意识的要求。正像第二篇第17章中孔子对子路讲的一样，"知之为知之，不知为不知，是知也"。在这里，子贡针对叔孙武叔颇为无知的断语，给出一个非常形象的围墙比喻，借此再次提醒管理者，面对人和事的评论，尤其要谦逊和谨慎。

管理精义

管理者所面对的人和事总会有各种不确定性，也就是说，即便是经常遇到的人和事，也会有变化，更何况自己并不非常熟悉的人和事。在这种情况下，管理者应时刻保持一种谦逊的态度，认真学习和理解，不可贸然下结论。

19.24 叔孙武叔毁仲尼。子贡曰:"无以为也,仲尼不可毁也。他人之贤者,丘陵也,犹可逾也。仲尼,日月也,无得而逾焉。人虽欲自绝,其何伤于日月乎?多见其不知量也!"

【今文意译】

叔孙武叔诋毁仲尼。子贡说:"这样做没用,仲尼是不可能被诋毁的。其他贤能的人,像大小土山一样,还可以翻越过去。仲尼则像太阳和月亮一样,不可能超越。人们虽然要自绝于太阳和月亮,可又怎么能伤得到它们呢?只能表明不自量力罢了。"

【分析解读】

本章承接上章,继续讲管理者所应具备的谦逊态度。

子贡这里虽然用日月来比喻孔子不可超越,但用意仍是借批评叔孙武叔的无知和不自量力,来提醒管理者应时刻保持谦逊态度。

管理精义

管理者保持谦逊的态度,不仅是个人的修养问题,更是管理职业规范和职业公德的基本要求。在组织管理实践中,管理者态度上的谦逊和行为上的包容,有助于组织吸引到拥有各种专长的人才,也有利于组织获得不同的意见和建议。

19.25 陈子禽谓子贡曰:"子为恭也?仲尼岂贤于子乎?"子贡曰:"君子一言以为知,一言以为不知,言不可不慎也。夫子之不可及也,犹天之不可阶而升也。夫子之得邦家者,所谓立之斯立,道①之斯行,绥②之斯来,动之斯和。其生也荣,其死也哀。如之何其可及也!"

【字词释义】

①道:同"导",引导。　　②绥:这里是安慰、安抚的意思。

【今文意译】

陈子禽对子贡说:"你是谦虚吧,仲尼怎么可能比你更贤能呢?"

子贡说:"管理者说一句话,别人就能听出他有智慧还是无智慧,所以,管理者说话不能不谨慎啊。先生的境界难以企及,这就像不可能用梯子登天一样。先生如果能在诸侯国做管理，就会建立理想的管理体制和管理公德，也会用社会规范引导人们的行为，既能让人们安居乐业，又能让人们和睦共处。他活着，人们觉得荣耀，他去世，人们备感悲痛。这样的人怎么可能企及呀！"

【分析解读】

本章再次强调管理者不应轻易比较和评价人，也再次概述了儒家管理模式。

子贡在这里用"犹天之不可阶而升也"作比喻，和上章用"日月也，无得而逾焉"作比喻一样，说的都是孔子不可超越。但是，子贡说这话的语境，是在别人拿他和孔子作比较的时候，由此推断，子贡打这样的比方，隐含的意思或许是，每个人都是独特的、多侧面的，人和人是不可比较的；每个人就其独特性而言，都是日月，都是天，都不可能被别人复制和超越。这层含义也体现在第十四篇第31章中。针对"子贡方人"，孔子对他说："赐也贤乎哉？夫我则不暇。"也许子贡原本喜欢比较和评价别人，被孔子批评后便时刻铭记在心。当别人拿他和孔子作比较时，他不仅坚定地捍卫孔子的尊严，也更深刻地阐述了人不可以简单比较和评价的道理，并以此告诫陈子禽和管理者们，说话务必当心，不要轻易比较和评价别人。

另外，子贡也借此机会概述了儒家管理模式。子贡认为，孔子若有机会做管理，首先，一定会确立理想的管理体制和管理公德，即"立之斯立"。这体现的是"己欲立而立人"的理念。当然，这里的"己"，并非私人意义上的"己"，而是作为职业角色的管理者。管理者作为具有公共性的职业角色，得以确立的前提是管理体制和管理公德。有了管理体制和管理公德，不仅管理者立得住，诸侯国乃至天下也能立足。

其次，还会用规范来引导人们的行为，即"道之斯行"。这体现的是"己欲达而达人"的理念。这里的"己"同样指管理者，而"达"则是对规范的理解和把握，进而内化为行为准则的恪守和践行。只有这样，才能通过管理者对规范的践行，更好地引导人们，而不是用命令和惩罚来强迫人们。这集中体现了儒家管理模式"道之以德，齐之以礼"的基本要求。真正做到了这一点，人们自然就会"近悦远来"，安居乐业，这正是"绥之斯来"的状态；进而才有可能达到和谐共处，这便是"动之以和"的境界。能达到这种状态和境界，"有耻且格"的管理目标自然就实现了。

管理精义

做管理，关键在于发现和发挥人的潜在价值。严格来说，每个人都是独特的，正因为独特，才稀缺，才不可替代，才有价值。因而管理者做管理，贵在发现、理解、尊重和发挥人的独特性，而不是用一个尺度衡量所有人，通过比较和评价来强求一致。

尧曰第二十

本篇导读

本篇讲管理原则，包括管理者选择服务对象的原则、管理者实施管理的原则和管理者自我反思的原则。管理原则是管理模式得以贯彻落实的一般指导思想，也是管理者进行自我管理和组织管理的行动指南。管理原则具有超越具体管理情境的一般性，也是一种对管理思想和管理模式的总结和提炼。因此，在最后一篇集中阐述三方面的管理原则，既是对儒家管理思想和管理模式的集中概括，也起到了画龙点睛的作用，让整个儒家管理体系鲜活了起来，并使儒家管理模式的实际运用有了可行的依据。

本篇第 1 章专门讲解管理者选择管理服务对象的原则。在孔子所处时代，一方面周天子形同虚设，诸侯国各自为政，为管理者选择不同服务对象提供了可能，也为管理者实现职业理想和抱负创造了各种不同的平台和机会；另一方面，百家争鸣，管理学说林立，不同诸侯国的管理体制、管理模式、管理政策及所信奉的管理之道或管理思想也都各不相同，"道不同，不相为谋"，管理者只有选择了恰当的诸侯国，才有可能"君臣同道"，进而也才有可能创造出更大的诸侯国国家价值，并实现管理者个人价值。因此，当时管理者要实现职业理想和个人抱负，就不能不对服务对象做出选择，而这种选择也是完全合理的和可能的，这不同于秦汉以后"大一统"格局下管理者的别无选择。另外，孔子从对学生负责的角度出发，也要提醒学生注意选择服务对象，毕竟管理者的职业成功仅依靠个人的职业公德、专业知识和技能是远远不够的，还必须有诸侯国及其国君的支持等各种外部条件的匹配。也正因为如此，本章在总结上古历代明君的典型案例基础上，从管理体制、管理文化、管理政策和国君德行四个方面，提出了管理者选择服务对象所应遵循的基本原则。

第 2 章着重阐述管理者实施管理的基本原则。管理者在选择了恰当的服务对象之后，就必须有效地实施管理，才能为诸侯国创造价值，并实现管理者的个人价值。在当时的历史条件下，由于社会分工相对简单，技术水平和生产复杂程度都不高，因此，相对而言，管理有效性更依赖于人，而不是广义的技术手段。关于如何利用技术手段，并实现人与技术手段有效匹配的需要，对诸侯国管理来说并不迫切，管理者实施管理的重心在人，尤其是人与人之间关系的协调以及人的激励、教育等问题，这些都集中反映在儒家管理模式之中。由此不难理解，孔子在提出管理者实施管理的正向和负向原则的时候，都是围绕着人展开的。孔子在这里提出的五条正向的、要遵从的原则中，前三条围绕着处理与委托人、被管理者的关系，后两条则体现了自我管理在组织管理中的作用；四条负向的、要避免的原则，都是从管理者推卸责任和言行不一这两项管理大忌中推导来的。孔子之所以要提出正向和负向两类原则，可能意在提醒管理者，在实施管理过程中，不仅要牢记做什么和怎么做，同时也必须牢记不能做什么和不能怎么做。从实践的角度来看，管理者选择不做什么和不能怎么做，可能比选择做什么和应该怎么做更具有挑战性。若不提出"屏四恶"，管理者可能在"尊五美"的同时兼有"四恶"，也就是说，管理者在实施管理时"善行"和"恶行"并存，而这对组织和管理来说，都是非常可怕的事情。

第3章集中阐明管理者自我反思的原则。儒家管理模式是以管理者"自省"为立足点的。这在《论语》开篇讲学习时，就以曾子的"吾日三省吾身"的形式提了出来，但在第一篇第4章里，只是讲了反思的三方面内容，但并没有给出反思的原则。在《论语》最后一篇的最后一章里，提出自我反思的三条原则，即知命、知礼、知言，既是对开篇时提到的反思内容的回应，也突出了管理者"自省"对管理有效性的基础作用，同时，更借此给出了读《论语》、学管理的自我检查的标准。读完《论语》全书，掩卷默想，扪心自问，是否能够做到"知命、知礼、知言"，若不能，则还需要从头再学。这正是儒家管理模式所倡导的管理者终生学习、持续修养的真谛所在。《论语》正是这样一部指导管理者终生学习的纲领，浓缩了管理学习和管理实践的精义。

20.1 尧曰："咨①！尔舜！天之历数在尔躬，允②执其中。四海困穷，天禄永终。"舜亦以命禹。曰："予小子履③，敢④用玄牡⑤，敢昭⑥告于皇⑦皇后帝：有罪不敢赦。帝臣不蔽⑧，简⑨在帝心。朕躬有罪，无以万方；万方有罪，罪在朕躬。"周有大赉⑩，善人是富。"虽有周⑪亲，不如仁人。百姓有过，在予一人。"谨权⑫量⑬，审法度，修废官，四方之政行焉。兴灭国，继绝世，举逸民，天下之民归心焉。所重：民、食、丧、祭。宽则得众，信则民任焉，敏则有功，公则说。

【字词释义】

①咨：即咨嗟，嗟叹声。
②允：这里是诚信、诚实的意思。
③履：商汤的名字，"予小子"为上古君王自称，"予小子履"即是商汤自称。这段话是商汤向上天祈雨时，对上天所说。
④敢：谦辞，冒昧的意思。
⑤玄牡：指黑色公牛。
⑥昭：这里是显著、明显的意思。
⑦皇：这里是大、盛大的意思。
⑧蔽：这里是遮挡、遮掩的意思。
⑨简：通"检"，选择、选拔。
⑩赉：这里是赏赐、赠送的意思。
⑪周：这里形容人与人之间的关系密切，"周亲"即"至亲"的意思。
⑫权：这里指秤砣、秤。
⑬量：这里指测量物体多少的容器。

【今文意译】

尧传位给舜时说:"咦！舜啊！上天的使命该由你来承担了，你要诚实地坚守中庸之德。如果四海之内都陷入穷困之中，上天给你的恩赐也就永远终结了。"

舜传位给禹时也这样说。

商汤在祈雨时说:"我冒昧地用黑色公牛作牺牲，向伟大的上天祭拜，并坦诚地禀报：有罪不敢私自赦免。上天的臣民，我也不敢袒护，一切选择都在上天。我有罪，请不要惩罚天下人；天下人有罪，责任都在我。"

周朝得到上天恩赐，有贤能的人很多。周武王说:"虽然有至亲，却不如有仁爱之人。百姓有过错，都由我一人承担。"

这些都是古代著名君王，也是管理者所应选择的理想服务对象。概括地说，管理者选择服务对象，要从四个方面进行考虑：

首先，要看管理体制上是否能做到：谨慎制定标准体系，仔细审查规则规范，每个管理岗位都能让人有所作为。这样一来，各方面的管理事务就可以畅行无阻了。

其次，还要看管理规范或文化上是否能做到：接续和复兴已经衰微的国家、继承和发扬濒临断绝的传统文化，吸引和重用德才兼备的隐士。这样一来，普天下的人都真心向往这种规范或文化。

再次，则要看管理政策是否重视四个方面：以民为本、以粮食生产为中心、关心人们的身后事、注重祭祀活动。

最后，更要看国君的德行是否达到四种境界：宽容就能被大家所认可，诚信能让人们愿意为他做事，机敏就容易做出成绩，公正就能使人们心悦诚服。

【分析解读】

本章讲管理者选择管理服务对象的基本原则。

作为代理人，管理者不可能仅凭自己的德行和能力就取得管理成功，还有赖于委托人及其组织的支持，或者说，对于管理者的职业发展来说，委托人及其组织所提供的平台和条件同样非常重要。因此，一位成熟的管理者，首先表现在能够恰当地选择管理服务对象。在当时的历史条件下，能够为管理者提供舞台、创造条件的委托人和组织，主要是诸侯国及其国君。鉴于此，为了引出管理者选择管理服务对象的基本原则，本章先从尧、舜、禹、汤、周武王说起，用这些上古明君作为典型案例，形象地说明，一位值得选择的委托人或国君应该是什么样的。基于这些典型案例，本章总结出管理者选择诸侯国及其国君的四条基本原则。

第一，管理体制的严谨性原则。管理者要发挥作用，首先要有明确的岗位职责。如果没有清晰的标准，明确的规则和规范，那么，各种角色和岗位就会因人、因事而异。在这种情况下，很难建立起超越个人好恶的管理行为准则，管理者也难以遵循职业规范，只能完全受制于委托人或国君个人。这恰是儒家所反对的。

第二，管理文化的可行性原则。管理者要实施管理，就离不开人，更离不开人心所向，也就是为人们所信任，而信任的重要前提之一，是有共同的传统、共享的价值观和行为规范。因此，如果委托人能够重视传统、尊重人才，又能融会变化、发扬光大，自然就能赢得人心，为实施管理创造出良好的文化氛围。

第三，管理政策的合理性原则。在当时条件下，以民为本、重视农业生产，也就是今天所说的"以人为本、以经济建设为中心"，致力于解决的是"民生"问题；而关心身后事、注重祭祀活动，也就相当于今天意义上的社会保障和精神文明建设，致力于解决的是"民德"问题，这就是第一篇第9章所强调的"慎终追远，民德归厚"的意义所在。如果诸侯国的管理政策聚焦在民生和民德上，这便非常符合儒家的要求，到这样的诸侯国做管理，自然就会如鱼得水。

第四，国君德行的可接受性原则。对当时管理者的职业选择来说，仅考虑诸侯国的管理体制、管理文化、管理政策是不够的，还必须考虑作为委托人的国君本人的德行。在当时的时代背景下，若国君无德，再好的体制、文化和政策，也形同虚设。关于这一点，从本章所举的尧、舜、禹、汤、周武王的典型案例以及第八篇第18章到第21章的引述中，都可以很清晰地展现出来。因此，本章将国君德行的可接受性原则放在最后，并不意味着不重要，恰在于突出其重要性，意在提醒管理者：若没有国君德行的可接受性，前面三条原则便难以成立并起作用。

管理精义

当人们说"管理原则"的时候，通常仅是指管理者做管理所应遵循的基本原则，而在现实中，管理者要遵从这样的管理原则、做好管理的前提，却在于选择恰当的管理服务对象和适当的管理平台。因此，做管理的基本原则，必须建立在选择管理服务对象的基本原则之上。这才是对"管理原则"的广义理解。也就是说，狭义管理原则仅指做管理的基本原则，而广义的管理原则，还要包括选择管理服务对象所应遵循的基本原则。为此，儒家提出的四条选择管理服务对象的基本原则，对于今天的职业管理者选择委托人及其组织，应该仍具有借鉴价值。

20.2　子张问于孔子曰："何如斯可以从政矣？"子曰："尊五美，屏四恶，斯可以从政矣。"子张曰："何谓五美？"子曰："君子惠而不费，劳而不怨，欲而不贪，泰而不骄，威而不猛。"子张曰："何谓惠而不费？"子曰："因民之所利而利之，斯不亦惠而不费乎？择可劳而劳之，又谁怨？欲仁而得仁，又焉贪？君子无众寡，无小大，无敢慢，斯不亦泰而不骄乎？君子正其衣冠，尊其瞻视，俨然人望而畏之，斯不亦威而不猛乎？"子张曰："何谓四恶？"子曰："不教而杀谓之虐；不戒视成谓之暴；慢令致期谓之贼；犹之与人也，出纳之吝，谓之有司[①]。"

【字词释义】

①有司：这里特指负责财务工作的基层岗位，精打细算是其职责特点。

【今文意译】

子张向孔子请教说:"怎样才可以做管理呢?"

孔子说:"尊奉五条好的原则,摒弃四条坏的原则,就可以做管理了。"

子张问:"什么是五条好的原则?"

孔子说:"管理者施惠于人,却不浪费;让人们劳作,却没有怨气;激发人们的需要,却不贪婪;自己庄重,却不骄横;自己威严,却不粗鲁。"

子张又问:"怎么才能做到施惠于人,却不浪费呢?"

孔子说:"根据人们现实需要的定位,分别去满足他们,不一定非要都使用物质激励,这不就是施惠于人,却不浪费吗?根据每个人的特点来安排工作,让人们做最能体现他们特长、实现他们价值的事情,谁又会有怨气呢?激发和引导人们去追求仁爱,最后得到了仁爱,怎么能说是贪婪呢?管理者不管面对的人是多还是少,也不管面对的人地位高还是低,都不敢怠慢,这不就是庄重却不骄横吗?管理者衣着严整,目光端正,庄重的样子让人望而生畏,这不就是有威严却不粗鲁吗?"

子张再问:"什么是四条坏的原则呢?"

孔子说:"没有教育培养,就一棍子打死,是残忍;没有警示预告,就马上要结果,是粗暴;没有计划性,前松后紧,到期赶工,是祸害;承诺的奖励,兑现时又吝啬,是小气。"

【分析解读】

本章讲管理者做管理时所应遵循的基本原则。

孔子在这里提到九条原则,其中,前五条是要求管理者在做管理时,应该严格遵循的正向原则,后四条则是警示管理者应该坚决避免的负向原则。五条好的原则,都是针对管理者在现实中可能面对的矛盾或冲突情境,给出的应对和权衡原则。

第一条原则"惠而不费",针对的是管理者处于委托人和被管理者之间的两难情境:一方面,管理者要确保委托人的利益,另一方面又要对被管理者进行激励;这时,管理者若用物质手段激励被管理者,从被管理者的角度看是"施惠",但从委托人的角度看则是"花费"甚至浪费,那么,管理者如何才能做到既施惠于被管理者,又少花费或不浪费委托人的财物呢?孔子给出的应对原则是"因民之所利而利之",即:人们的需求层次不同,有的人需要物质激励,有的人需要发展机会,有的人则需要情感和精神满足;面向人们现实需要的不同定位,有针对性地去满足,不一定都要花费委托人的物质财富,损害委托人的利益。这样一来,不就做到了"惠而不费"吗?

第二条原则"劳而不怨",针对的也是一种矛盾情境。作为管理者,总是要让人们工作,而从被管理者的角度看,去劳作总是辛苦的事,有怨气似乎是自然的,因此,管理者便面对着既要让人们劳作,又要避免怨气的挑战。孔子给出的处理原则是"择可劳而劳之",这意味着,要"用人所长",实现"人职匹配";如此一来,每个人都做着自己有兴趣,又能做好的事，并以此实现了个人的价值，人们感激管理者还来不及，怎么会有怨气呢？

第三条原则"欲而不贪"，说的是这样一种两难情境：管理者要激发人们的工作热情，调动人们的积极性，就不可避免地要针对人们的欲求或需要，将人们的"胃口"吊起来，但这样又可能会面临欲壑难填的贪婪状态。对此，孔子给出的解决原则是，要用社会规范和自我价值等非物质手段来激励和引导人们；也就是说，要调动人们的精神需要而非物质需要，一旦人们追求的是仁爱，那岂不是多多益善，又怎么能说是贪婪呢？

第四条和第五条原则，都是针对管理者自己行为的原则，毕竟儒家强调"为政以德"，管理者个人行为在实施有效管理过程中非常重要。"泰而不骄"、"威而不猛"这两条原则，便是针对管理者可能面临的矛盾情境而寻求平衡的原则。"泰"很有可能被人视为"骄"，而"威"则很容易被看作"猛"，应如何妥善处理这对矛盾呢？孔子给出的原则是，用一视同仁和平等意识，就可以做到"泰而不骄"；以严肃认真和兢兢业业，就能够实现"威而不猛"。这其实指的就是，管理者通过修养个人私德和职业公德，在管理实践中切实做到公平公正、谨慎庄重。这也正是儒家管理模式对管理者的基本要求，前文曾反复强调。

关于四种要摈弃的、不好的做法，其核心要义在于不负责和言行不一。像"不教而杀"，明明是管理者没有尽到教育培养的责任，却在被管理者有过失或无法适应岗位要求时，弃之不用，一棒子打死，这便是典型的不负责任的表现。

"不戒视成"也一样，是管理者没有履行告知提醒、检查督促的责任，却又要按照自己的意志，想要什么结果，就要有什么结果，想什么时候要，就什么时候有，这同样是不负责任的做法。

再如"慢令致期"，则是管理者没有担负起合理计划安排的责任，致使前松后紧，为赶工期而偷工减料、降低质量，责任实际上在管理者而非被管理者。没有计划性是管理者不负责任的集中体现。

最后，"犹之与人也，出纳之吝啬"说的是管理者言行不一，不信守承诺。管理者刚开始信誓旦旦，若人们能完成特定任务，则会有特定奖励；但最后到了兑现奖励的时候，又推三阻四，环顾左右而言他，总想找点借口不兑现或少给点奖励。这种做法无疑会让管理者失信于人，涣散组织。

不难理解，这四条应该时刻注意避免的、不好的管理原则，正是儒家一贯反对的那些不负责任和不讲信用的做法。

管理精义

实施管理的基本原则，是现实管理工作的重要指导思想。它们虽然不像组织的规则和规范那样具体和明确，但往往渗透在各项具体而明确的规则和规范之中，并成为规则和规范的合理性的内在基础。也许正因为这些基本原则具有超越具体环境的抽象性、一般性和普适性，它们虽然可能历史悠久，但又历久弥新，能够更好地适应不同时代、不同情境、不同组织的管理需要。在某种意义上说，儒家管理模式下的九条原则，就是具有这种超越性的管理原则，至今仍具有深刻的启示意义。

20.3 子曰:"不知命,无以为君子也。不知礼,无以立也。不知言,无以知人也。"

【今文意译】

孔子说:"不理解命运趋势,无法做管理者。不理解社会规范,无法以管理职业立足。不理解语言,无法理解别人。"

【分析解读】

本章讲管理者自我反思的基本原则。

儒家管理模式的根基,在于管理者的自我修养和自我管理,而自我修养和自我管理的着力点就是自我反思。自我反思既要有内容,又要有原则。第一篇第 4 章给出了反思的内容:是否做到"忠信习";本章则强调了反思的原则:怎样做到"忠信习",这就要求管理者必须"知命、知礼、知人"。这也可以视为儒家管理模式对做管理的基本要求。

"知命"可以广义理解为,对自己、对组织、对社会发展趋势的理解和把握,也就是广义的"知己知彼"。这是做管理的基本前提。试想,如果一位管理者连自己和环境都无从把握,又如何能引领人们前进?"以其昏昏使人昭昭",岂非迷途而不知返?由此可见,"知命"就是管理者所必备的管理思路和战略眼光。

"知礼"则可以广义理解为,对各类组织和社会的规则、规范的理解和把握。一场体育比赛之所以能有序进行,关键在于有规则,而裁判之所以能在比赛中有权威并做出合理裁决,关键在于懂规则。一位根本不懂比赛规则的"裁判",又如何能在赛场上和裁判位子上立得住呢?在某种意义上说,管理者就像裁判一样,正是由规则和规范赋予了合法性和权威性,也只有通过理解、掌握和运用规则和规范,才能实现管理的有效性。因此,"不知礼"的管理者,确实"无以立也"。

最后,管理者的职责,主要不是通过亲自做事来履行的,而在于如何有效地将别人组织起来做事。这就对管理者的识人、用人,以及实现人与事的匹配,提出了更高的要求。因此,管理者必须时刻反思自己是否真正"知人",而要"知人",则无论如何绕不开语言,"知人"必先"知言"。"知言"不一定能"知人",但"不知言"肯定"无以知人"。从这个意义上说,管理者要反思自己的工作职责履行情况,或者说反思"习",就必须先从"知言"和"知人"入手。

由此不难理解,孔子最后提出这三条自我反思的原则,意在提醒管理者,必须时时审视自己,有没有"知命",有没有"知礼",有没有"知言";若没有,就很难保证"忠信习"的职业规范得以有效贯彻落实。因为要想做到"忠"或尽己尽责,就要首先"知命",即做到知己知彼;要想做到"信"或诚实守信,就要首先"知礼",即恪守社会规范,一个连社会规范都不能理解并恪守的人,又如何能做到诚实守信和取信于人?要想做到"习"或有执行力，就要首先"知人"，然后才能"善任"，即通过别人高效率地做事或完成任务。管理者借助这三条自我反思的原则，若发现自己还不能很好地"知命"、"知礼"、"知人"，那就还需要再持续学习。

严格说来，对"三知"的追求是无止境的，这就需要管理者终生学习和持续修养。这也正是《论语》和儒家管理的精义所在。

管理精义

即便在当代，从根本上说，管理者的组织管理水平，也主要体现在三个方面：战略眼光、规则意识和知人善任。这三方面管理水平并非依赖先天禀赋，而是都需要管理者持续学习和反复实践才能获得。在管理者的学习和实践过程中，最重要的是自我反思、自我训练和自我提升，这也是管理者自我修养和自我管理的根本要求。只有通过不懈的自我修养和自我管理，管理者才能不断提升自己的战略眼光、规则意识和知人善任等方面的管理水平。

主要参考书目

[1] 朱熹.四书集注[M].南京:凤凰出版社,2005.
[2] 刘宝楠.论语正义(上下卷)[M].北京:中华书局,1990.
[3] 杨树达.论语疏证[M].上海:上海古籍出版社,2007.
[4] 程树德.论语集释(一二三四卷)[M].北京:中华书局,1990.
[5] 杨伯峻.论语译注[M].北京:中华书局,2006.
[6] 钱穆.论语新解[M].北京:三联书店,2005.
[7] 南怀瑾.论语别裁[M].上海:复旦大学出版社,2005.
[8] 李泽厚.论语今读[M].北京:三联书店,2004.
[9] 钱穆.孔子传[M].北京:三联书店,2005.
[10] 匡亚明.孔子评传[M].南京:南京大学出版社,1990.
[11] 顾颉刚.中国史学入门[M].北京:中国青年出版社,2007.
[12] 张其昀.孔学今义[M].北京:北京大学出版社,2009.
[13] 杜维明.对话与创新[M].桂林:广西师范大学出版社,2005.
[14] 陈来.孔夫子与现代世界[M].北京:北京大学出版社,2011.
[15] 周生春.经典会读:论语[M].杭州:浙江大学出版社,2012.
[16] 郭齐勇.儒家文化研究(第三辑)[M].北京:三联书店,2010.
[17] 倪德卫,万白安.儒家之道[M].周炽成,译.南京:江苏人民出版社,2006.
[18] 郝大维,安乐哲.通过孔子而思[M].何金俐,译.北京:北京大学出版社,2005.
[19] 赫伯特·芬格莱特.孔子:即凡而圣[M].彭国翔,张华,译.南京:江苏人民出版社,2002.
[20] 许慎.说文解字[M].上海:上海古籍出版社,2007.
[21] 古代汉语字典[M].北京:商务印书馆,2005.
[22] 康熙字典[M].上海:上海辞书出版社,2007.